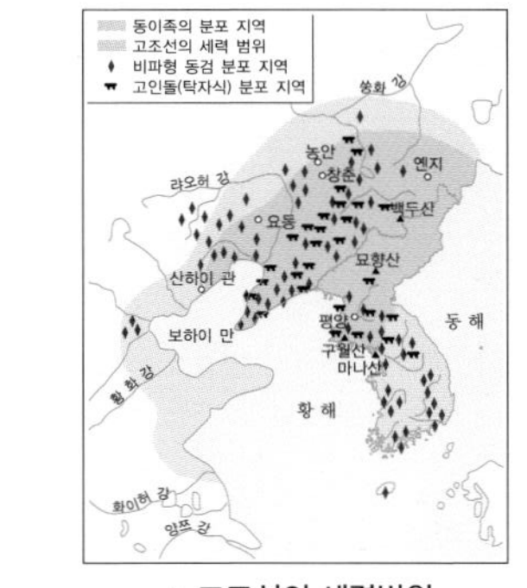

선사 시대, 연맹 왕국

구석기 시대	신석기 시대	청동기 시대	철기 시대
• 뗀석기 사용 • 불, 언어 사용 • 사냥, 채집 생활 • 동굴, 막집 거주 • 이동 사회 • 평등 사회 • 연천 전곡리 • 공주 석장리 • 단양 수양개	• 간석기 사용 • 빗살무늬 토기 사용 • 농경 시작(조, 피, 수수 등) • 갈돌, 갈판 • 가락바퀴, 뼈바늘 → 의복 제작 • 정착 생활 • 움집 거주 • 원시 신앙 • 서울 암사동 • 부산 동삼동	• 청동기 사용 • 비파형 동검 • 민무늬 토기, 미송리식 토기 • 벼농사 시작 • 반달 돌칼 • 계급 사회(고인돌) • 군장 국가 등장 • 부여 송국리 • 울주 반구대	• 세형 동검 • 철제 농기구 사용 • 농업 생산력 증가 • 빈부 격차 증가 • 명도전, 붓(중국과의 교역)

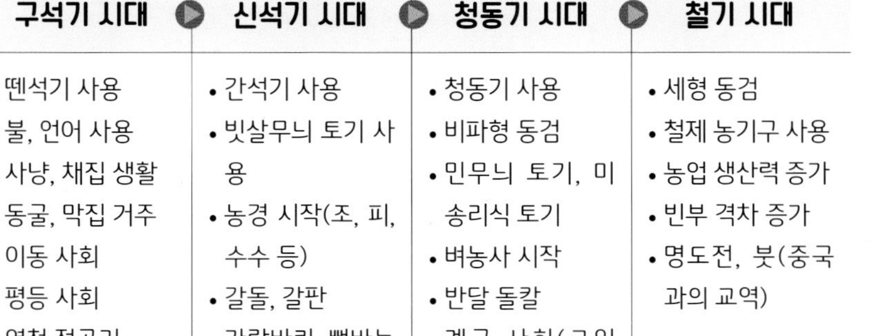

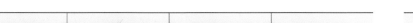

▲ 주먹 도끼 ▲ 빗살무늬 토기 ▲ 탁자식 고인돌 ▲ 세형 동검

고조선	위만 조선
• 단군 신화(『삼국유사』에 기록) • 청동기 문화 수용 • 비파형 동검, 고인돌 • 거친무늬 거울 • 8조법 • 사유 재산 중시 • 제정일치 사회	• 유이민 출신인 위만이 준왕을 몰아내고 권력 장악 • 철기 문화 수용 • 중계 무역 전개 • 한의 공격으로 멸망

▲ 고조선의 세력범위

연맹 왕국

부여	고구려	옥저	동예	삼한
• 5부족 연맹체 • 사출도(마가, 우가, 저가, 구가) • 순장 • 1책 12법 • 영고(12월) • 우제점법 • 반농반목	• 5부족 연맹체 • 상가, 고추가 등 • 사자, 조의, 선인 • 제가 회의 • 약탈 경제 • 서옥제 • 동맹(10월)	• 군장(읍군, 삼로) • 소금, 어물 등 풍부 • 고구려에 공물 납부 • 가족 공동묘 • 민며느리제	• 군장(읍군, 삼로) • 단궁, 과하마, 반어피 등 특산물 • 책화(부족 생활 중시) • 무천(10월)	• 군장(신지, 읍차) • 제사장(천군) • 소도(신성 지역) • 제정분리 사회 • 철 생산(변한) • 철제 농기구 활용 • 낙랑, 왜 등 철 수출 • 저수지 축조 • 수릿날(5월) • 계절제(10월)

현대

현대

1945~1960

미군정기
- 모스크바 3국 외상 회의(1945)
- 제1차 미 · 소 공동 위원회(1946)
- 좌우 합작 위원회(1946)
- 남북 협상(1948)
- 제주 4 · 3 사건(1948)
- 5 · 10 총선거, 제헌 국회, 대한민국 정부 수립(1948)

이승만 정부
- 반민족 행위 처벌법 제정(1948)
- 농지 개혁법 제정(1949)
- 농지 개혁 실시(1950)
- 6 · 25 전쟁(1950)
- 인천 상륙 작전(1950)
- 1 · 4 후퇴(1951)
- 휴전 회담 개최(1951)
- 발췌 개헌(1952)
- 지방 자치제 시행(1952)
- 반공 포로 석방(1953)
- 휴전 협정 체결(1953)
- 한미 상호 방위 조약(1953)
- 사사오입 개헌(1954)
- 우리말 큰사전 편찬(1957)
- 3 · 15 부정 선거(1960)
- 4 · 19 혁명(1960)
- 장면 내각 성립(1960)

▲ 4 · 19 혁명

1960~1970

- 5 · 16 군사 정변(1961)
- 제1차 경제 개발 5개년 계획 발표(1962)
- 박정희 정부 수립(1963)

박정희 정부
- 6 · 3 항쟁(1964)
- 베트남 파병(1964)
- 한일 국교 정상화(1965)
- 제2차 경제 개발 5개년 계획 발표(1967)
- 3선 개헌(1969)
- 새마을 운동 추진(1970)
- 경부 고속 도로 개통(1970)

▲ 베트남 파병

▲ 경부 고속 도로 개통

1970~1980

- 제3차 경제 개발 5개년 계획(1972)
- 7 · 4 남북 공동 성명(1972)
- 남북 조절 위원회 설치(1972)
- 10월 유신 발표(1972)
- 3 · 1 민주 구국 선언(1976)
- 제4차 경제 개발 5개년 계획(1977)
- 수출 100억 달러 달성(1977)
- YH 사건(1979)
- 부산 · 마산 민주 항쟁(1979)
- 10 · 26 사건(1979)
- 12 · 12 사태(1979)
- 5 · 18 민주화 운동(1980)

▲ 7 · 4 남북 공동 성명

▲ 5 · 18 민주화 운동

1980~1990

전두환 정부
- 공직자 윤리법(1981)
- 프로 야구 출범(1982)
- 남북 이산가족 상봉(1985)
- 4 · 13 호헌 조치, 6월 민주 항쟁, 6 · 29 선언(1987)

노태우 정부
- 제24회 서울 올림픽 개최(1988)
- 국민 연금 제도 도입(1988)
- 헝가리, 폴란드 등 동유럽 국가와 국교 수립(1989)
- 소련과 국교 수립(1990)

▲ 남북 이산가족 상봉

▲ 제24회 서울 올림픽

1990~2000

- 남북한 유엔 동시 가입(1991)
- 남북 기본 합의서(1991)
- 한반도 비핵화에 관한 공동 선언(1991)
- 중국과 국교 수립(1992)

김영삼 정부
- 금융 실명제, 공직자 재산 등록제 실시(1993)
- 민족 공동체 통일 방안 발표(1994)
- 지방 자치제 재시행(1995)
- 경제 협력 개발 기구(OECD) 가입(1996)
- IMF 구제 금융 신청(1997)

김대중 정부
- 금강산 관광 실시(1998)
- 남북 정상 회담(2000)
- 6 · 15 공동 선언(2000)
- 한일 월드컵 개최(2002)

노무현 정부
- 개성 공단 건설(2004)
- 한국 – 칠레 간 자유 무역 협정 체결(2004)
- KTX 개통(2004)
- 호주제 폐지(2005)
- 제2차 남북 정상 회담(2007)
- 10 · 4 남북 공동 선언(2007)
- 한국 – 미국 간 자유 무역 협정 체결(2007)

▲ 제1차 남북 정상 회담

조선

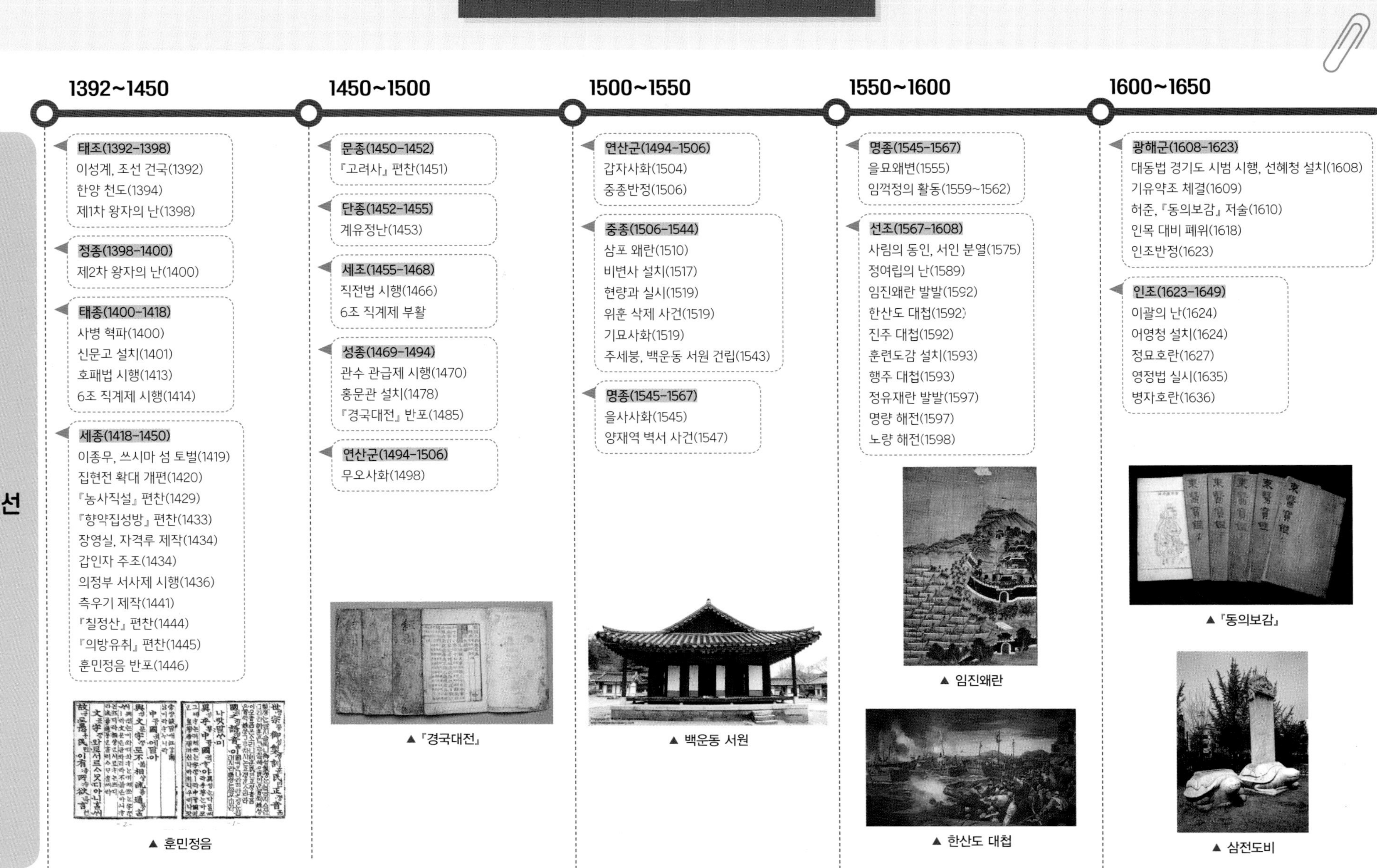
조선
1392~1450
태조(1392-1398)
이성계, 조선 건국(1392)
한양 천도(1394)
제1차 왕자의 난(1398)
정종(1398-1400)
제2차 왕자의 난(1400)
태종(1400-1418)
사병 혁파(1400)
신문고 설치(1401)
호패법 시행(1413)
6조 직계제 시행(1414)
세종(1418-1450)
이종무, 쓰시마 섬 토벌(1419)
집현전 확대 개편(1420)
『농사직설』 편찬(1429)
『향약집성방』 편찬(1433)
장영실, 자격루 제작(1434)
갑인자 주조(1434)
의정부 서사제 시행(1436)
측우기 제작(1441)
『칠정산』 편찬(1444)
『의방유취』 편찬(1445)
훈민정음 반포(1446)
1450~1500
문종(1450-1452)
『고려사』 편찬(1451)
단종(1452-1455)
계유정난(1453)
세조(1455-1468)
직전법 시행(1466)
6조 직계제 부활
성종(1469-1494)
관수 관급제 시행(1470)
홍문관 설치(1478)
『경국대전』 반포(1485)
연산군(1494-1506)
무오사화(1498)
1500~1550
연산군(1494-1506)
갑자사화(1504)
중종반정(1506)
중종(1506-1544)
삼포 왜란(1510)
비변사 설치(1517)
현량과 실시(1519)
위훈 삭제 사건(1519)
기묘사화(1519)
주세붕, 백운동 서원 건립(1543)
명종(1545-1567)
을사사화(1545)
양재역 벽서 사건(1547)
1550~1600
명종(1545-1567)
을묘왜변(1555)
임꺽정의 활동(1559~1562)
선조(1567-1608)
사림의 동인, 서인 분열(1575)
정여립의 난(1589)
임진왜란 발발(1592)
한산도 대첩(1592)
진주 대첩(1592)
훈련도감 설치(1593)
행주 대첩(1593)
정유재란 발발(1597)
명량 해전(1597)
노량 해전(1598)
1600~1650
광해군(1608-1623)
대동법 경기도 시범 시행, 선혜청 설치(1608)
기유약조 체결(1609)
허준, 『동의보감』 저술(1610)
인목 대비 폐위(1618)
인조반정(1623)
인조(1623-1649)
이괄의 난(1624)
어영청 설치(1624)
정묘호란(1627)
영정법 실시(1635)
병자호란(1636)

▲ 훈민정음

▲ 『경국대전』

▲ 백운동 서원

▲ 임진왜란

▲ 한산도 대첩

▲ 『동의보감』

▲ 삼전도비

고려

고려

918~1000

태조 왕건(918-943)
- 고려 건국(918)
- 흑창 설치(918)
- 신라의 투항(935)
- 후백제 멸망, 후삼국 통일(936)
- 사성 정책, 호족 통합 정책
- 역분전 지급(940)
- 훈요 10조(943)

정종(945-949)
- 광군 30만 조직(947)

광종(949-975)
- 노비안검법 시행(956)
- 과거 제도 시행(958)
- 백관 공복 제정(960)

경종(975-981)
- 시정 전시과 시행(976)

성종(981-997)
- 최승로, 시무 28조 건의(982)
- 12목 지방관 파견(983)
- 국자감 설치(992)
- 상평창 설치(993)
- 거란의 1차 침입(993), 서희의 외교 담판(993)
- 강동 6주 획득(994)

목종(997-1009)
- 개정 전시과 시행(998)

1000~1100

현종(1009-1031)
- 강조의 정변(1009)
- 거란의 2차 침입(1010)
- 초조대장경 간행 시작(1011)
- 거란의 3차 침입(1018)
- 강감찬, 귀주 대첩(1019)

정종(1034-1046)
- 천리장성 축조(1044)

문종(1046-1083)
- 경정 전시과 시행(1076)

숙종(1095-1105)
- 의천, 천태종 창시(1097)

▲ 귀주 대첩

1100~1200

숙종(1095-1105)
- 은병(활구) 제작(1101)
- 해동통보 주조(1102)
- 윤관, 별무반 설치(1104)

예종(1105-1122)
- 별무반 여진 정벌, 동북 9성 설치(1107)
- 7재 설치(1109)
- 양현고 설치(1119)

인종(1122-1146)
- 이자겸의 난(1126)
- 묘청의 서경 천도 운동(1135)
- 김부식, 『삼국사기』 편찬(1145)

의종(1146-1170)
- 무신 정변(1170)

명종(1170-1197)
- 무신 정권 시작(1170)
- 망이 · 망소이의 난(1176)
- 이규보, 『동명왕편』 집필(1193)
- 최충헌, 최씨 무신 정권 수립(1196)

신종(1197-1204)
- 만적의 난(1198)

▲ 은병(활구)

▲ 해동통보

1200~1300

고종(1213-1259)
- 몽골의 1차 침입(1231)
- 강화 천도(1232)
- 몽골의 2차 침입, 처인성 전투(1232)
- 팔만대장경 제작(1251)
- 쌍성총관부 설치(1258)

원종(1259-1274)
- 개경 환도, 무신 정권 종료(1270)
- 삼별초의 항쟁(1270~1273)

충렬왕(1274-1298, 1298-1308)
- 정동행성 설치(1280)
- 2차 일본 원정 실패(1281)
- 일연, 『삼국유사』 저술(1281)
- 이승휴, 『제왕운기』 저술(1287)

▲ 팔만대장경

▲ 『삼국유사』

1300~1392

충선왕(1298, 1308-1313)
- 연경에 만권당 설치(1314)

공민왕(1351-1374)
- 정방 폐지, 전민변정도감 설치(1352)
- 쌍성총관부 폐지(1356)
- 친원 세력 제거(1356)

우왕(1374-1388)
- 최영, 홍산 대첩(1376)
- 최무선, 화통도감 설치(1377)
- 이성계, 황산 대첩(1380)
- 최무선, 진포 대첩(1380)
- 이성계, 위화도 회군(1388)

공양왕(1389-1392)
- 박위, 쓰시마 섬 토벌(1389)
- 과전법 실시(1391)
- 고려 멸망(1392)

▲ 최무선 화포

삼국, 통일 신라 시대

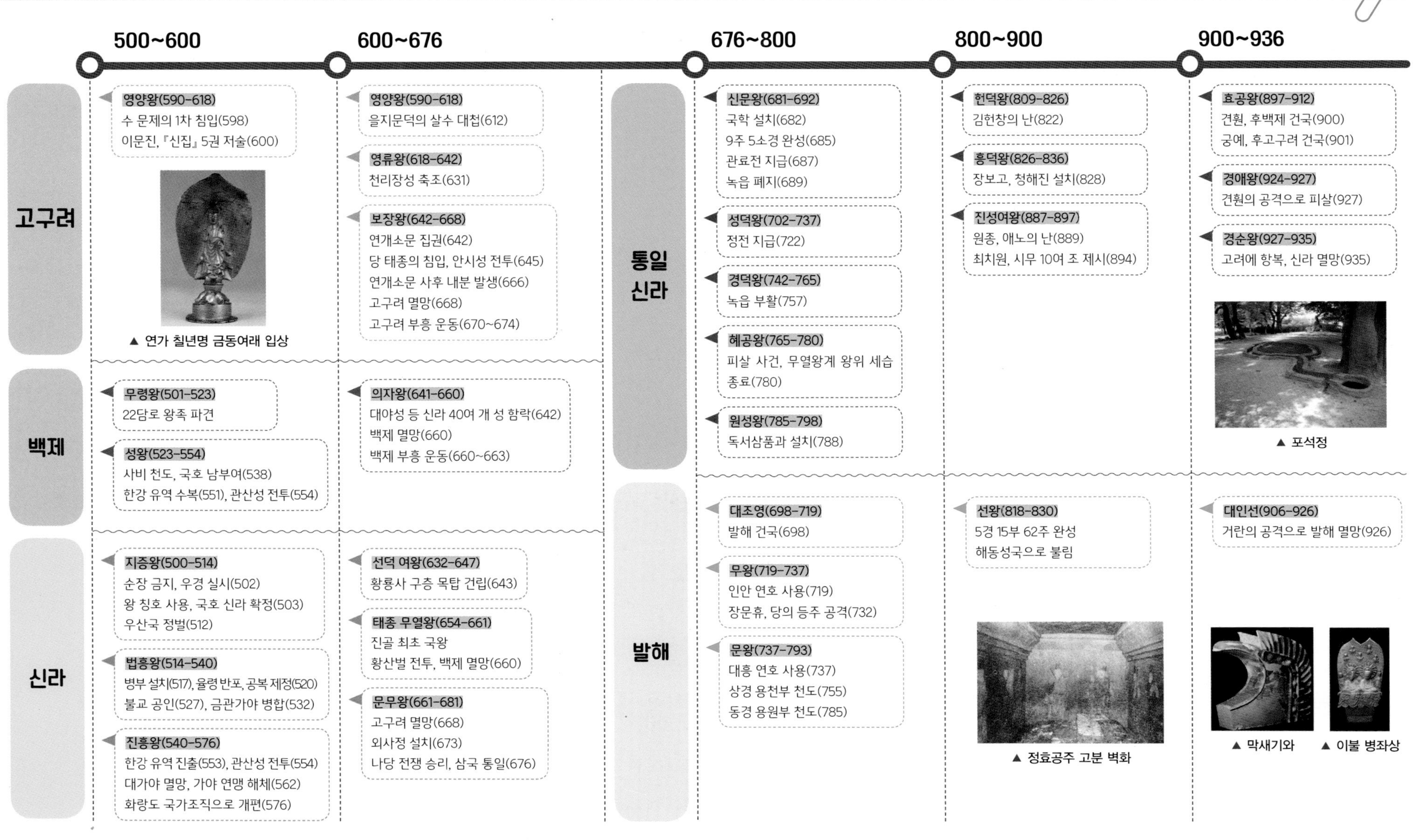

500~600

고구려
영양왕(590~618)
수 문제의 1차 침입(598)
이문진, 『신집』 5권 저술(600)

▲ 연가 칠년명 금동여래 입상

백제
무령왕(501~523)
22담로 왕족 파견

성왕(523~554)
사비 천도, 국호 남부여(538)
한강 유역 수복(551), 관산성 전투(554)

신라
지증왕(500~514)
순장 금지, 우경 실시(502)
왕 칭호 사용, 국호 신라 확정(503)
우산국 정벌(512)

법흥왕(514~540)
병부 설치(517), 율령 반포, 공복 제정(520)
불교 공인(527), 금관가야 병합(532)

진흥왕(540~576)
한강 유역 진출(553), 관산성 전투(554)
대가야 멸망, 가야 연맹 해체(562)
화랑도 국가조직으로 개편(576)

600~676

고구려
영양왕(590~618)
을지문덕의 살수 대첩(612)

영류왕(618~642)
천리장성 축조(631)

보장왕(642~668)
연개소문 집권(642)
당 태종의 침입, 안시성 전투(645)
연개소문 사후 내분 발생(666)
고구려 멸망(668)
고구려 부흥 운동(670~674)

백제
의자왕(641~660)
대야성 등 신라 40여 개 성 함락(642)
백제 멸망(660)
백제 부흥 운동(660~663)

신라
선덕 여왕(632~647)
황룡사 구층 목탑 건립(643)

태종 무열왕(654~661)
진골 최초 국왕
황산벌 전투, 백제 멸망(660)

문무왕(661~681)
고구려 멸망(668)
외사정 설치(673)
나당 전쟁 승리, 삼국 통일(676)

676~800

통일 신라
신문왕(681~692)
국학 설치(682)
9주 5소경 완성(685)
관료전 지급(687)
녹읍 폐지(689)

성덕왕(702~737)
정전 지급(722)

경덕왕(742~765)
녹읍 부활(757)

혜공왕(765~780)
피살 사건, 무열왕계 왕위 세습 종료(780)

원성왕(785~798)
독서삼품과 설치(788)

발해
대조영(698~719)
발해 건국(698)

무왕(719~737)
인안 연호 사용(719)
장문휴, 당의 등주 공격(732)

문왕(737~793)
대흥 연호 사용(737)
상경 용천부 천도(755)
동경 용원부 천도(785)

800~900

통일 신라
헌덕왕(809~826)
김헌창의 난(822)

흥덕왕(826~836)
장보고, 청해진 설치(828)

진성여왕(887~897)
원종, 애노의 난(889)
최치원, 시무 10여 조 제시(894)

발해
선왕(818~830)
5경 15부 62주 완성
해동성국으로 불림

▲ 정효공주 고분 벽화

900~936

통일 신라
효공왕(897~912)
견훤, 후백제 건국(900)
궁예, 후고구려 건국(901)

경애왕(924~927)
견훤의 공격으로 피살(927)

경순왕(927~935)
고려에 항복, 신라 멸망(935)

▲ 포석정

발해
대인선(906~926)
거란의 공격으로 발해 멸망(926)

▲ 막새기와 ▲ 이불 병좌상

조선

조선

1650~1700

효종(1649~1659)
- 북벌 운동 추진
- 시헌력 시행(1653)
- 제1차 나선 정벌(1654)
- 제2차 나선 정벌(1658)

현종(1659~1674)
- 기해예송(제1차 예송 논쟁, 1659)
- 갑인예송(제2차 예송 논쟁, 1674)

숙종(1674~1720)
- 상평통보 유통(1678)
- 경신환국(1680)
- 기사환국(1689)
- 갑술환국(1694)

▲ 상평통보

1700~1750

숙종(1674~1720)
- 대동법 확대 실시
- 백두산정계비 건립(1712)

영조(1724~1776)
- 탕평책 실시
- 탕평비 건립(1742)
- 『속오례의』 편찬(1744)
- 『속대전』 편찬(1746)
- 균역법 실시(1750)

▲ 백두산정계비

▲ 탕평비

1750~1800

영조(1724~1776)
- 조엄, 고구마 전래(1763)
- 유형원의 『반계수록』 간행(1770)
- 『동국문헌비고』 편찬(1770)

정조(1776~1800)
- 규장각 설치(1776)
- 박제가, 『북학의』 저술(1778)
- 초계문신제 시행(1781)
- 유득공, 『발해고』 저술(1784)
- 『대전통편』 편찬(1785)
- 장용영 설치(1788)
- 신해통공(1791)
- 신해박해(1791)
- 수원 화성 완성(1796)

▲ 수원 화성

1800~1850

순조(1800~1834)
- 공노비 해방(1801)
- 신유박해(1801)
- 홍경래의 난(1811)
- 정약용, 『목민심서』 저술(1818)

헌종(1834~1849)
- 기해박해(1839)

▲ 『목민심서』

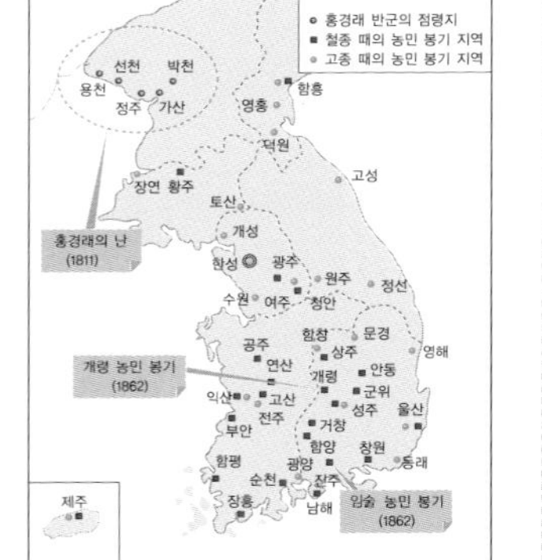

▲ 19세기 농민 운동

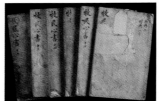

1850~1900

철종(1849~1863)
- 김정희, 『금석과안록』 저술
- 최제우, 동학 창시(1860)
- 임술 농민 봉기(1862)

고종(1863~1907)
- 흥선 대원군 집권(1863)
- 서원 철폐(1864)
- 비변사 폐지, 『대전회통』 편찬(1865)
- 경복궁 중건(1865~1868), 원납전 징수(1865)
- 당백전 발행(1866), 사창제 시행(1866)
- 병인박해, 병인양요, 제너럴셔먼호 사건(1866)
- 오페르트 도굴 사건(1868)
- 신미양요, 척화비 건립, 호포제 시행(1871)
- 운요호 사건(1875)
- 강화도 조약 체결, 수신사 파견(1876)
- 영선사 파견, 조사 시찰단 파견, 영남 만인소(1881)
- 임오군란, 조청 상민 수륙 무역 장정(1882)
- 제물포 조약, 조미 수호 통상 조약(1882)
- 보빙사 파견, 원산 학사 설립(1883)
- 갑신정변(1884)
- 한성 조약, 거문도 사건(1885)
- 육영 공원 설립(1886)
- 동학 농민 운동, 청일 전쟁, 갑오개혁(1894)
- 이제마, 『동의수세보원』 저술(1894)
- 교육입국조서 반포(1895)
- 을미사변, 을미개혁, 을미의병(1895)
- 아관 파천, 독립 협회 결성, 독립신문 간행(1896)
- 대한 제국 선포(1897), 헌의 6조(1898)
- 대한국 국제 선포(1899)

근대, 일제 강점기

근대, 일제 강점기

1900~1910

고종(1863~1907)
- 지계아문 설치, 지계 발급(1901)
- 하와이 이주(1902)
- 한일 의정서(1904)
- 제1차 한일 협약(1904)
- 보안회 조직(1904)
- 러일 전쟁(1904)
- 을사늑약, 을사의병(1905)
- 경부선 개통(1905)
- 통감부 설치(1906)
- 대한 자강회 조직(1906)
- 헤이그 특사 파견, 고종 강제 퇴위(1907)

순종(1907~1910)
- 한일 신협약, 군대 해산, 정미의병(1907)
- 신민회 설립, 국채 보상 운동(1907)
- 오산 학교 설립(1907)
- 대성 학교 설립(1908)
- 13도 창의군, 서울 진공 작전(1908)
- 전명운 · 장인환, 스티븐스 저격(1908)
- 신채호, 『독사신론』 저술(1908)
- 안중근, 이토 히로부미 저격(1909)
- 간도 협약 체결(1909)
- 국권 피탈, 한일 병합 조약(1910)

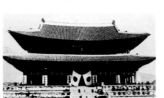

▲ 한일 병합(경술국치)

1910~1920

무단 통치 시기
- 회사령 시행(1910)
- 105인 사건(1911)
- 신민회 해체(1911)
- 제1차 조선 교육령(1911)
- 조선 태형령(1912)
- 토지 조사령(1912)
- 흥사단 조직(1913)
- 호남선 개통(1914)
- 대한 광복군 정부 설립(1914)
- 박은식, 『한국통사』 저술(1915)
- 김규식, 파리 강화 회의 참석(1919)
- 2 · 8 독립 선언서, 3 · 1 운동(1919)
- 의열단 조직(1919)
- 대한민국 임시 정부 수립(1919)
- 봉오동 전투, 청산리 전투(1920)

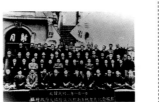

▲ 민족대표 33인

▲ 대한민국 임시 정부

1920~1930

문화 통치 시기
- 회사령 폐지(1920)
- 산미 증식 계획(1920)
- 물산 장려 운동(1920)
- 박은식, 『한국독립운동지혈사』 저술(1920)
- 자유시 참변(1921)
- 조선어 연구회 조직(1921)
- 제2차 조선 교육령(1922)
- 민립 대학 설립 운동(1922)
- 국민 대표 회의(1923)
- 형평 운동(1923)
- 신채호, 조선 혁명 선언 작성(1923)
- 암태도 소작 쟁의(1923)
- 경성 제국 대학 설립(1924)
- 조선 노농 총동맹 결성(1924)
- 치안 유지법(1925)
- 미쓰야 협정(1925)
- 6 · 10 만세 운동(1926)
- 정우회 선언(1926)
- 한용운, 『님의 침묵』 간행(1926)
- 신간회 조직(1927)
- 근우회 조직(1927)
- 원산 노동자 총파업(1929)
- 광주 학생 항일 운동(1929)

▲ 산미 증식 계획

1930~1940

민족 말살 통치기
- 조선어연구회, 조선어 학회로 개칭(1931)
- 브나로드 운동(1931)
- 한인 애국단 조직(1931)
- 이봉창, 윤봉길 의거(1932)
- 쌍성보 전투(1932)
- 흥경성 · 영릉가 전투(1932)
- 농촌 진흥 운동(1932)
- 백남운, 『조선사회경제사』 저술(1933)
- 조선 농지령(1934)
- 진단 학회 조직(1934)
- 황국 신민 서사 암송(1937)
- 국가 총동원령(1938)
- 제3차 조선 교육령(1938)
- 창씨개명(1939)
- 국민 징용령(1939)
- 미곡 공출제(1939)
- 식량 배급제(1939)
- 임시정부 충칭 정착(1940)
- 한국 광복군 조직(1940)

▲ 한국 광복군

1940~1945

- 국민 학교령(1941)
- 조선어 학회 사건(1942)
- 학도 지원병 제도(1943)
- 제4차 조선 교육령(1943)
- 카이로 회담(1943)
- 징병 제도(1944)
- 여자 정신 근로령(1944)
- 조선 건국 준비 위원회(1945)
- 얄타 회담(1945)
- 포츠담 회담(1945)
- 국내 진공 작전 준비(1945)
- 8 · 15 광복(1945)

▲ 8 · 15 광복

삼국 시대

	0~100	100~200	200~300	300~400	400~500
고구려	**동명성왕(BC 37-BC 19)** 고구려 건국(BC 37) **유리왕(BC 19-AD 18)** 국내성 천도(AD 3) ▲ 『무용총 수렵도』	**태조왕(53-146)** 고씨 왕위 독점 세습 중앙 집권 체제 정비 **고국천왕(179-197)** 왕위 부자 상속 진대법 실시(194)	**동천왕(227-248)** 요동 서안평 공격(242) 위 관구검 침입과 국내성 함락(244) ▲ 환도산성	**미천왕(300-331)** 서안평 점령(311) 낙랑군 축출(313) 대방군 축출(314) **고국원왕(331-371)** 백제와의 평양성 전투에서 전사(371) **소수림왕(371-384)** 태학 설립, 불교 수용(372) 율령 반포(373) **광개토 대왕(391-412)** 백제 관미성 함락(392) 숙신 정벌(398)	**광개토 대왕(391-412)** 신라에 지원군 파견(400) 후연 격퇴(407), 동부여 정벌(410) **장수왕(412-491)** 광개토 대왕릉비 건립(414) 평양성 천도(427) 백제 한성 함락, 개로왕 전사(475) ▲ 광개토 대왕릉비
백제	**온조왕(BC 18-AD 28)** 백제 건국(BC 18) ▲ 서울 풍납동 토성	▲ 석촌동 고분군	**고이왕(234-286)** 왕위 형제 상속 관등, 관복 제정(260) 율령 반포(260)	**근초고왕(346-375)** 왕위 부자 상속 평양성 공격(371) 고흥, 『서기』 편찬(375) **침류왕(384-385)** 불교 공인(384)	**비유왕(427-455)** 신라와 나제 동맹 체결(433) **개로왕(455-475)** 장수왕의 한성 침입으로 전사(475) **문주왕(475-477)** 웅진 천도(475) **동성왕(479-501)** 신라와 혼인 동맹 체결(493)
신라	**박혁거세(BC 57-AD 4)** 신라 건국(BC 57)			**내물 마립간(356-402)** 마립간(대군장) 칭호 사용 김씨 왕위 독점 세습 왜의 침입으로 광개토 대왕에게 군사 요청(399)	**눌지 마립간(417-458)** 백제와 나제 동맹 체결(433)

한국사 능력검정시험

심화 1·2·3급

시대별·주제별 기출문제집

시대에듀

한국사능력검정시험 알아보기

한국사능력검정시험이란?

한국사능력검정시험은 한 나라의 국민으로서 가져야 하는 기본적인 역사적 소양을 측정하고, 역사에 대한 전 국민적 공감대를 형성하기 위한 시험입니다. 한국사능력검정시험은 한국사에 관한 유일한 국가자격 시험으로, 국가기관인 교육부 직속 국사편찬위원회에서 직접 주관 · 시행하고 있습니다. 국사편찬위원회에서는 우리 역사에 대한 관심을 제고하고, 한국사 전반에 걸쳐 역사적 사고력을 평가하는 다양한 유형의 문항을 개발하고 있으며, 이를 통해 한국사 교육의 올바른 방향을 제공하고 있습니다. 특히, 한국사능력검정시험은 관공서나 기업체의 신규 채용이나 승진 시험 등에 다양하게 활용되면서 많은 사람들의 주목을 받고 있습니다.

한국사능력검정시험의 목적

1. 우리 역사에 대한 관심을 확산 · 심화시키는 계기를 마련함
2. 균형 잡힌 역사의식을 갖도록 함
3. 역사 교육의 올바른 방향을 제시함
4. 고차원적 사고력과 문제해결능력을 육성함

한국사능력검정시험의 특징

❶ 응시자의 계층이 매우 다양합니다.

한국사능력검정시험은 입시생이나 각종 채용 시험 준비생과 같은 동일한 집단이 아니라, 다양한 연령층과 직업군을 가진 사람들이 응시하고 있습니다. 한국사에 대한 관심과 애정만 있다면 응시자의 학력 수준이나 연령 등은 더욱 다양해질 것입니다.

❷ 국가기관인 국사편찬위원회가 주관합니다.

국사편찬위원회는 우리 역사에 대한 자료를 관장하고 있는 교육부 직속 기관입니다. 한국사능력검정시험은 우리나라 역사에 관한 자료를 조사 · 연구 · 편찬하는 국사편찬위원회가 주관 · 시행하여 문항의 수준이 높고 참신하며, 공신력 있는 관리를 통해 안정적으로 시험을 운영하고 있습니다.

❸ 참신한 문항 개발에 노력하고 있습니다.

매회 시험마다 단순 암기 위주의 보편적인 문항보다는, 다양한 영역에서 여러 접근 방법을 통해 풀 수 있는 참신한 문항을 새로 개발하고 있습니다. 또한, 탐구력을 증진할 수 있는 문항 개발을 통해 기존 시험의 틀을 탈피하려고 노력하고 있습니다.

❹ '선발 시험'이 아니라 '인증 시험'입니다.

합격의 당락을 결정하는 선발 시험의 성격이 아니라, 한국사의 학습 능력을 인증하는 시험입니다. 제시된 문제의 성격과 목적을 고려하여 절차와 방법에 따라 역사 탐구를 설계하고 수행할 수 있는 능력이 있는가를 묻고 있습니다.

한국사능력검정시험 종류 및 인증 등급

시험 종류	인증 등급	평가 수준	문항 수
심화	1급(80점 이상) / 2급(70~79점) / 3급(60~69점)	고등학교 심화 수준, 대학교 교양 및 전공 학습	50문항(5지 택1형)
기본	4급(80점 이상) / 5급(70~79점) / 6급(60~69점)	초등학교 심화 수준, 중 · 고등학교 학습	50문항(4지 택1형)

※ 배점: 100점 만점(문항별 1~3점 차등 배점)

한국사능력검정시험 시간

시험 종류	시간	내용	소요 시간
심화	10:00~10:10	오리엔테이션(시험 시 주의 사항)	10분
	10:10~10:15	신분증 확인(감독관)	5분
	10:15~10:20	문제지 배부	5분
	10:20~11:40	시험 실시(50문항)	80분
기본	10:00~10:10	오리엔테이션(시험 시 주의 사항)	10분
	10:10~10:15	신분증 확인(감독관)	5분
	10:15~10:20	문제지 배부	5분
	10:20~11:30	시험 실시(50문항)	70분

※ 시험 당일 시험장(시험실이 위치한 건물)은 08:30부터 10:00까지 입장 가능합니다.
※ 10:20(시험 시작) 이후에는 시험실에 들어갈 수 없습니다.

한국사능력검정시험 활용 및 특전

❶ 3급 이상 합격자에 한해 교원임용시험 응시자격 부여
❷ 2급 이상 합격자에 한해 인사혁신처 시행 5급 공무원 공개경쟁채용시험 및 외교관 후보자 선발 시험 응시자격 부여
❸ 2급 이상 합격자에 한해 인사혁신처 시행 지역인재 7급 수습직원 선발 시험 추천 자격 요건 부여
❹ 공무원 경력경쟁채용시험에 가산점 부여
❺ 군무원 공개경쟁채용시험에서 한국사 과목을 한국사능력검정시험으로 대체
❻ 국가직 · 지방직 공무원 7급 공개경쟁채용시험에서 한국사 과목을 한국사능력검정시험으로 대체
❼ 국비 유학생, 해외파견 공무원, 이공계 전문연구요원(병역) 선발 시 한국사 시험을 한국사능력검정시험(3급 이상 합격)으로 대체
❽ 2022년부터 경찰 공개경쟁채용시험에서 한국사 과목을 한국사능력검정시험으로 대체
❾ 2023년부터 소방공무원, 소방간부후보생 공개경쟁채용시험에서 한국사 과목을 한국사능력검정시험으로 대체
❿ 2024년부터 우정9급 우정서기보(계리) 공개경쟁채용시험에서 한국사 과목을 한국사능력검정시험으로 대체
⓫ 일부 대학의 수시모집 및 육군 · 해군 · 공군 · 국군간호사관학교 입시 가산점 부여
⓬ 일부 공기업 및 민간기업의 직원 채용이나 승진 시 반영

※ 인증서 유효 기간은 인증서를 요구하는 각 기관에서 별도로 정함
※ 인사혁신처 · 경찰청 · 소방청에서 시행하는 시험의 성적 인정 기간 폐지(단, 제1차 시험 시행 예정일 전날까지 등급이 발표되어야 함)

나만의 D.I.Y 한능검 비법서 만드는 법

1

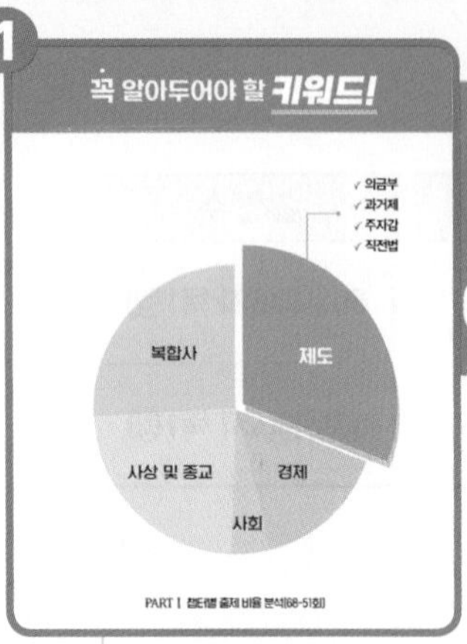

CHAPTER 01

제도

2

감 잡는 키워드 로드맵

발해 주자감, 5경 15부 62주 ▶ 통일 신라(신문왕) 국학, 9주 5소경 ▶ 고려(숙종) 별무반 ▶ 고려(숙종) 서적포

조선(세조) 직전법 ◀ 고려(공양왕) 과전법 ◀ 고려(예 7재, 양현고, 보문각

▼

조선(광해군) 대동법 ▶ 조선(영조) 균역법 ▶ 근대(흥선 대원군) 호포제

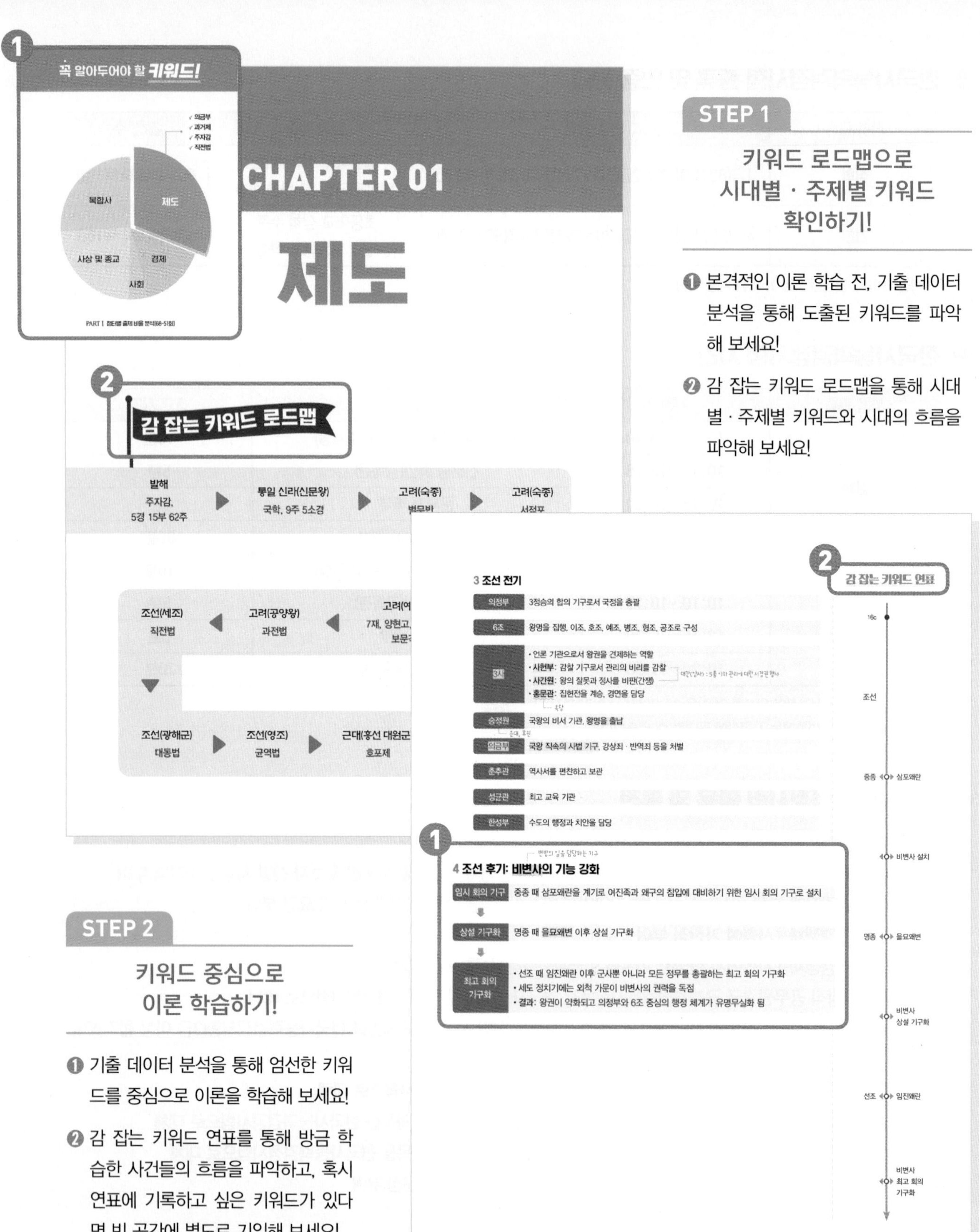

STEP 1

키워드 로드맵으로
시대별 · 주제별 키워드
확인하기!

❶ 본격적인 이론 학습 전, 기출 데이터 분석을 통해 도출된 키워드를 파악해 보세요!

❷ 감 잡는 키워드 로드맵을 통해 시대별 · 주제별 키워드와 시대의 흐름을 파악해 보세요!

3 조선 전기

의정부	3정승의 합의 기구로서 국정을 총괄
6조	왕명을 집행, 이조, 호조, 예조, 병조, 형조, 공조로 구성
3사	• 언론 기관으로서 왕권을 견제하는 역할 • **사헌부**: 감찰 기구로서 관리의 비리를 감찰 • **사간원**: 왕의 잘못과 정사를 비판(간쟁) • **홍문관**: 집현전을 계승, 경연을 담당
승정원	국왕의 비서 기관, 왕명을 출납
의금부	국왕 직속의 사법 기구, 강상죄 · 반역죄 등을 처벌
춘추관	역사서를 편찬하고 보관
성균관	최고 교육 기관
한성부	수도의 행정과 치안을 담당

1

4 조선 후기: 비변사의 기능 강화

임시 회의 기구	중종 때 삼포왜란을 계기로 여진족과 왜구의 침입에 대비하기 위한 임시 회의 기구로 설치
⬇	
상설 기구화	명종 때 을묘왜변 이후 상설 기구화
⬇	
최고 회의 기구화	• 선조 때 임진왜란 이후 군사뿐 아니라 모든 정무를 총괄하는 최고 회의 기구화 • 세도 정치기에는 외척 가문이 비변사의 권력을 독점 • 결과: 왕권이 약화되고 의정부와 6조 중심의 행정 체계가 유명무실화 됨

2

감 잡는 키워드 연표

16c
조선
중종 삼포왜란
비변사 설치
명종 을묘왜변
비변사 상설 기구화
선조 임진왜란
비변사 최고 회의 기구화

01 제도 7

STEP 2

키워드 중심으로
이론 학습하기!

❶ 기출 데이터 분석을 통해 엄선한 키워드를 중심으로 이론을 학습해 보세요!

❷ 감 잡는 키워드 연표를 통해 방금 학습한 사건들의 흐름을 파악하고, 혹시 연표에 기록하고 싶은 키워드가 있다면 빈 공간에 별도로 기입해 보세요!

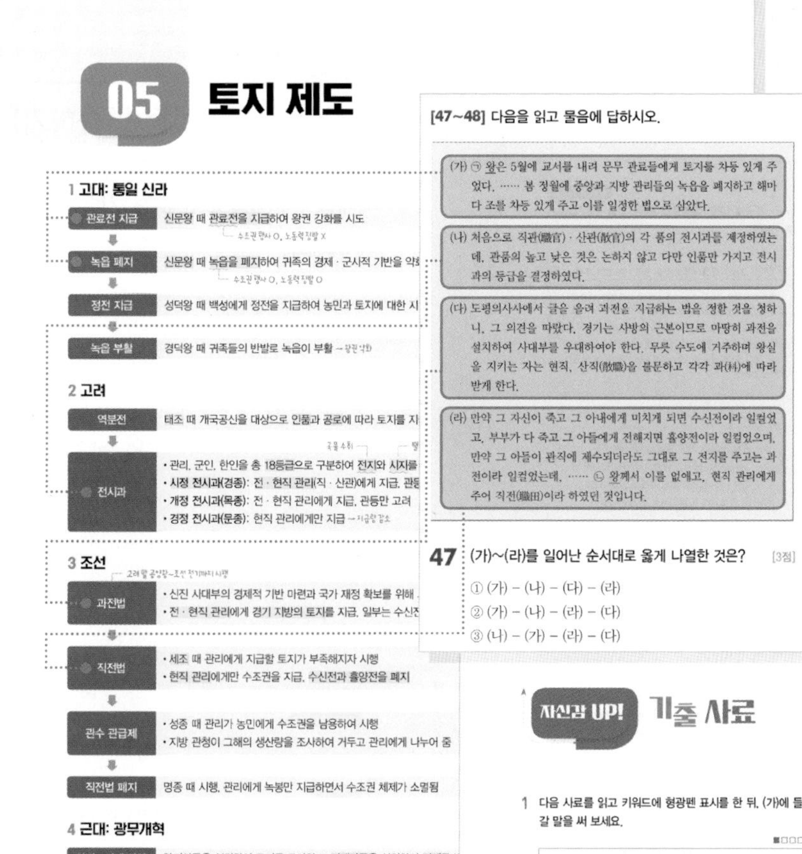

05 토지 제도

1 고대: 통일 신라

관료전 지급	신문왕 때 관료전을 지급하여 왕권 강화를 시도
녹읍 폐지	신문왕 때 녹읍을 폐지하여 귀족의 경제 · 군사적 기반을 약화
정전 지급	성덕왕 때 백성에게 정전을 지급하여 농민과 토지에 대한 시
녹읍 부활	경덕왕 때 귀족들의 반발로 녹읍이 부활

2 고려

역분전	태조 때 개국공신을 대상으로 인품과 공로에 따라 토지를 지
전시과	• 관리, 군인, 한인을 총 18등급으로 구분하여 전지와 시지를 • 시정 전시과(경종): 전 · 현직 관리(직 · 산관)에게 지급, 관등 • 개정 전시과(목종): 전 · 현직 관리에게 지급, 관등만 고려 • 경정 전시과(문종): 현직 관리에게만 지급

3 조선

과전법	• 신진 사대부의 경제적 기반 마련과 국가 재정 확보를 위해 • 전 · 현직 관리에게 경기 지방의 토지를 지급, 일부는 수신전
직전법	• 세조 때 관리에게 지급할 토지가 부족해지자 시행 • 현직 관리에게만 수조권을 지급, 수신전과 휼양전을 폐지
관수 관급제	• 성종 때 관리가 농민에게 수조권을 남용하여 시행 • 지방 관청이 그해의 생산량을 조사하여 거두고 관리에게 나누어 줌
직전법 폐지	명종 때 시행, 관리에게 녹봉만 지급하면서 수조권 체제가 소멸됨

4 근대: 광무개혁

양전 · 지계 사업	양지아문을 설치하여 토지를 조사하고, 지계아문을 설치하여 지계를 발

5 일제 강점기

토지 조사 사업 (1910~1918)	• 임시 토지 조사국을 설치하고 토지 조사령을 공포, 기한부 신고제를 • 미신고 토지 및 약탈 토지를 동양 척식 주식회사나 일본인에게 헐값

[47~48] 다음을 읽고 물음에 답하시오.

(가) ㉠ 왕은 5월에 교서를 내려 문무 관료들에게 토지를 차등 있게 주었다. …… 봄 정월에 중앙과 지방 관리들의 녹읍을 폐지하고 해마다 조를 차등 있게 주고 이를 일정한 법으로 삼았다.

(나) 처음으로 직관(職官) · 산관(散官)의 각 품의 전시과를 제정하였는데, 관품의 높고 낮은 것은 논하지 않고 다만 인품만 가지고 전시과의 등급을 결정하였다.

(다) 도평의사사에서 글을 올려 과전을 지급하는 법을 정할 것을 청하니, 그 의견을 따랐다. 경기는 사방의 근본이므로 마땅히 과전을 설치하여 사대부를 우대하여야 한다. 무릇 수도에 거주하며 왕실을 지키는 자는 현직, 산직(散職)을 불문하고 각각 과(科)에 따라 받게 한다.

(라) 만약 그 자신이 죽고 그 아내에게 미치게 되면 수신전이라 일컬었고, 부부가 다 죽고 그 아들에게 전해지면 휼양전이라 일컬었으며, 만약 그 아들이 관직에 제수되더라도 그대로 그 전지를 주고는 과전이라 일컬었는데, …… ㉡ 왕께서 이를 없애고, 현직 관리에게 주어 직전(職田)이라 하였던 것입니다.

47 (가)~(라)를 일어난 순서대로 옳게 나열한 것은? [3점]

① (가) – (나) – (다) – (라)
② (가) – (나) – (라) – (다)
③ (나) – (가) – (라) – (다)

STEP 3

신유형(시대 통합 문제) 공부법 파악하기

하나의 제시문에 여러 시대가 함께 나와 수험생들을 당혹스럽게 하는 시대 통합 문제! 기출 분석 하에 시대별로 정리해 놓은 시대 통합 주제를 학습해 신유형을 완전 정복해 보세요!

자신감 UP! 기출 사료

1 다음 사료를 읽고 키워드에 형광펜 표시를 한 뒤, (가)에 들어갈 말을 써 보세요.

■□□□□

(가) 관제에는 선조성이 있는데, 좌상 · 좌평장사 · 시중 · 좌상시 · 간의가 소속되어 있다. 중대성에는 우상 · 우평장사 · 내사 · 조고사인이 소속되어 있다. 정당성에는 대내상 1명을 좌 · 우상의 위에 두었고, 좌 · 우사정 각 1명을 좌 · 우평장사의 아래에 배치하였다.

–「신당서」–

① ( )

■□□□□

시정(時政)을 논박하고 풍속을 교정하며 규찰과 탄핵 업무를 담당하였다. 국초에는 사헌대(司憲臺)라 불렀다. 성종 14년에 (가) (으)로 고쳤으며 [관원으로] 대부, 중승, 시어사, 전중(殿中)시어사, 감찰어사가 있었다.

–「고려사」–

② ( )

■■□□□

오늘에 와서는 큰 일이건 작은 일이건 중요한 것으로 취급되지 않는 것이 없어, 의정부는 한갓 헛이름만 지니고 6조는 모두 그 직임을 상실하였습니다. 명칭은 '변방의 방비를 담당하는 것'이라고 하면서 과거 시험에 대한 판하(判下)*나 비빈 간택 등의 일까지도 모두 (가) 을/를 경유하여 나옵니다. 명분이 바르지 못하고 말이 이치에 맞지 않음이 이보다 심할 수가 없습니다. 신의 어리석은 소견으로는 (가) 을/를 고쳐 정당(政堂)으로 칭하는 것이 상책이라 생각합니다.

*판하(判下): 안건을 임금이 허가하는 것

③ ( )

감 잡는 키워드 체크

1 ① **발해**, 선조성, 중대성, 정당성 ② **어사대**, 풍속을 교정, 규찰과 탄핵 업무 ③ **비변사**, 의정부는 한갓 헛이름만 지니고, 6조는 직임을 상실, '변방의 방비를 담당하는 것'

자신감 UP! 기출 선지

1 다음 선지를 읽고 키워드에 형광펜 표시를 해 보세요.

■■□□□

① (통일 신라) 최고 행정 관서로 집사부를 두었다.

■■□□□

② (조선 – 비변사) 을묘왜변을 계기로 상설화되었다.

2 다음 선지를 읽고 키워드에 형광펜 표시를 한 뒤, 통치 기관의 이름을 써보세요.

■■□□□

① 화폐와 곡식의 출납에 대한 회계를 담당하였다. ( )

■■□□□

② 5품 이하의 관리 임명에 대한 서경권을 행사하였다. ( )

■■■■■

③ 사헌부, 사간원과 함께 3사로 불렸다. ( )

■■□□□

④ 옥당이라 불리며 경연을 담당하였다. ( )

■■■□□

⑤ (조선) 수도의 치안과 행정을 주관하였다. ( )

■■■□□

⑥ (조선) 왕명의 출납을 관장하였다. ( )

■■■□□

⑦ 은대(銀臺), 후원(喉院)이라고도 불리었다. ( )

■■■■■

⑧ 국왕 직속 사법 기구로 강상죄, 반역죄 등을 처결하였다. ( )

감 잡는 키워드 체크

1 ① 집사부 ② 을묘왜변, 상설화
2 ① (고려) 3사, 화폐와 곡식의 출납에 대한 회계 ② **대간(사헌부, 사간원)**, 서경권 ③ **홍문관**, 사헌부, 사간원, 3사 ④ **홍문관**, 옥당, 경연 ⑤ **한성부**, 수도의 치안 ⑥ **승정원**, 왕명의 출납 ⑦ **승정원**, 은대(銀臺), 후원(喉院) ⑧ **의금부**, 국왕 직속 사법 기구, 강상죄, 반역죄

8 이론편

STEP 4

기출 사료와 선지 속 키워드 뽑아내기!

실제 기출된 사료와 선지를 재구성한 미니 문제를 풀어 보고, 이론에서 배운 키워드에 형광펜 표시를 해 보세요!

나만의 D.I.Y 한능검 비법서 만드는 법

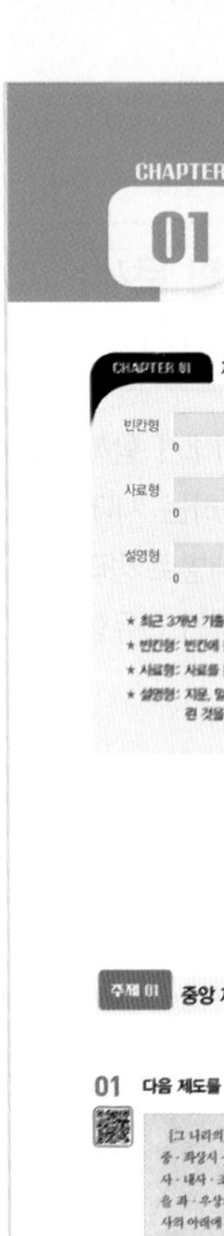

CHAPTER 01 제도

정답 및 해설 3권 02쪽

CHAPTER 01 제도 문제 유형 TOP3

빈칸형 0 100(%)

사료형 0 100(%)

설명형 0 100(%)

★ 최근 3개년 기출 분석(69~51회)
★ 빈칸형: 빈칸에 들어갈 내용에 대한 설명을 고르는 유형
★ 사료형: 사료를 통해 주제를 파악하는 유형
★ 설명형: 지문, 밑줄친 등에서 설명하는 주제에 대해 옳은 / 틀린 것을 고르는 유형

주제 01 중앙 제도

57회 9번 2점

01 다음 제도를 운영한 국가에 대한 설명으로 옳은 것은?

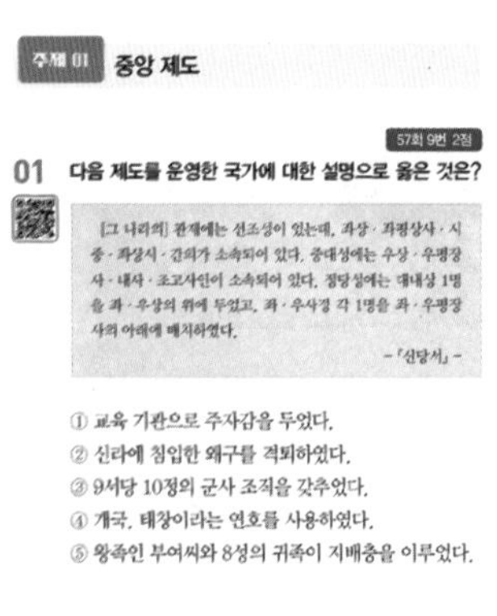

① 교육 기관으로 주자감을 두었다.
② 신라에 침입한 왜구를 격퇴하였다.
③ 9서당 10정의 군사 조직을 갖추었다.
④ 개국, 태창이라는 연호를 사용하였다.
⑤ 왕족인 부여씨와 8성의 귀족이 지배층을 이루었다.

67회 18번 2점

02 ㉠~㉣ 기구에 대한 설명으로 옳은 것을 〈보기〉에서 고른 것은?

〈보기〉
ㄱ. ㉠ – 군사 기밀과 왕명 출납을 담당하였다.
ㄴ. ㉡ – 소속 관원이 낭사와 함께 서경권을 행사하였다.
ㄷ. ㉢ – 화폐·곡식의 출납과 회계를 담당하였다.
ㄹ. ㉣ – 원 간섭기에 도평의사사로 개편되었다.

① ㄱ, ㄴ ② ㄱ, ㄷ ③ ㄴ, ㄷ
④ ㄴ, ㄹ ⑤ ㄷ, ㄹ

03 밑줄 그은

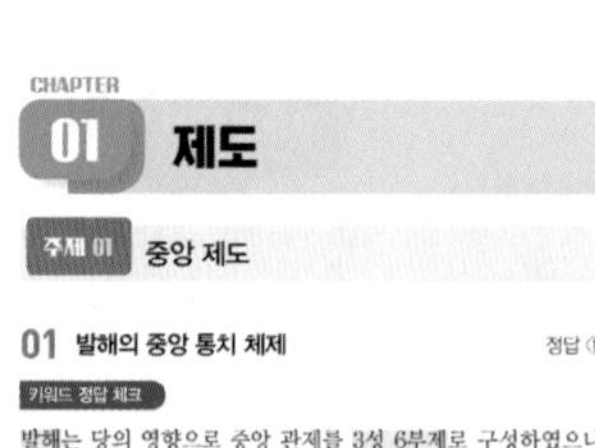

2 문제편

STEP 5

기출문제로 실전 연습하기!

시대별 · 주제별로 분류된 기출문제를 풀어 보세요!

CHAPTER 01 제도

주제 01 중앙 제도

01 발해의 중앙 통치 체제 정답 ①

키워드 정답 체크

발해는 당의 영향으로 중앙 관제를 3성 6부제로 구성하였으나 관청의 명칭과 실제 운영 방식은 독자적인 성격을 가지고 있었다. 정당성의 장관인 대내상이 국정을 총괄하였으며, 정당성 밑에는 행정 업무를 담당하는 6부를 두었는데 이를 둘로 나누어 좌사정과 우사정이 각각 맡아 운영하였다.

① 발해는 중앙에 최고 교육 기관인 주자감을 설치하였다.

오답 체크

② 고구려 광개토 대왕은 신라의 원군 요청을 받고 군대를 보내 신라에 침입한 왜를 격퇴하였다.
③ 통일 신라 신문왕은 중앙군을 9서당, 지방군을 10정으로 편성하여 군사 조직을 정비하였다.
④ 신라 진흥왕은 개국(開國), 태창(太昌) 등의 독자적인 연호를 사용하여 신라 발전의 발판으로 삼았다.
⑤ 백제의 지배층은 왕족인 부여씨와 8성의 귀족으로 이루어졌다.

02 고려의 정치 기구 정답 ①

키워드 정답 체크

ㄱ. 고려의 추밀원(중추원)은 비서 기구로 군사 기밀(추밀)과 왕명 출납(승선)을 담당하였다.
ㄴ. 고려의 어사대는 정치의 잘잘못을 논의하고 풍속을 교정하며 관리의 비리를 감찰하고 탄핵하였다. 또한, 어사대의 관원은 중서문하성의 낭사와 함께 대간이라고 불리며 서경·간쟁·봉박의 권한을 가지고 있었다. 이러한 권한은 왕이나 고위 관리들의 활동을 제약하여 정치 운영에 견제와 균형을 이루었다.

오답 체크

ㄷ. 조선 시대에 서경·간쟁·봉박의 권한을 가지고 있었던 삼사와 달리 고려 시대의 삼사는 화폐·곡식의 출납과 회계를 담당하였다.
ㄹ. 고려의 도병마사는 재신(중서문하성의 2품 이상)과 추밀(중추원의 2품 이상)이 국방 및 군사 문제를 논의하는 임시적인 회의 기구였다. 그러나 원 간섭기인 충렬왕 때 도평의사사로 명칭이 바뀌었고 최고 정무 기구로서 국사 전반에 관여하게 되었다.

03 승정원 정답 ①

키워드 정답 체크

① 승정원은 조선 시대 왕명의 출납을 관장하던 관청으로, 은대(銀臺), 후원(喉院) 등으로 불리기도 하였다.

오답 체크

② 조선의 홍문관은 성종 때 집현전을 계승하여 설치되었으며, 대표적인 언론 기관인 사헌부, 사간원과 함께 3사를 구성하였다.
③ 조선의 관상감은 천문, 지리, 기후 등에 관한 업무를 담당하였다.
④ 조선의 춘추관은 역사서를 보관·관리하기 위해 설치된 관청으로, 이곳에 설치된 실록청에서 실록 편찬을 담당하였다.
⑤ 조선의 의금부는 국왕 직속 사법 기구로서 강상죄, 반역죄 등을 저지른 중죄인을 다루었다.

04 사헌부 정답 ⑤

키워드 정답 체크

⑤ 사헌부는 조선 시대에 언론 활동, 풍속 교정, 백관에 대한 규찰과 탄핵 등을 관장하던 관청이다. 사간원과 함께 양사 또는 대간이라 불렸으며, 5품 이하 관리의 임명과 관련된 서경권을 행사하였다.

오답 체크

① 정조 때 창덕궁 후원에 설치된 왕실 도서관인 규장각에서 업무 일지인 『내각일력』을 작성하였다.
② 조선 시대에 서경, 간쟁, 봉박 등의 권한을 가지고 있었던 삼사와 달리 고려 시대의 삼사는 화폐·곡식의 출납과 회계를 담당하였다.
③ 승정원은 조선 시대 왕명의 출납을 관장하던 관청으로, 은대(銀臺), 후원(喉院) 등으로 불리기도 하였다.
④ 비변사는 조선 중종 때 삼포왜란이 일어나자 외적의 침입에 대비하기 위한 임시 기구로 처음 설치되었고, 명종 때 을묘왜변을 계기로 상설 기구화되었다. 임진왜란을 거치면서 조직과 기능이 확대되어 국정 전반을 총괄하는 실질적인 최고의 관청으로 성장하였다.

05 비변사 정답 ①

키워드 정답 체크

① 고려 충렬왕 때 설치한 순마소를 조선 태종 때 의금부로 개편하면서 국왕 직속 사법 전담 기관으로 독립시켰다. 강상죄, 반역죄 등을 저지른 중죄인을 다루도록 하여 왕권 확립에 기여하였다. 이와 같은 의금부의 활동은 조선 시대 중죄인의 조사·판결서를 모아 엮은 관찬서인 『추안급국안』에 기록되어 있다.

2 해설편

STEP 6

해설을 통해 학습 다지기!

답을 채점하고 난 뒤, 키워드 중심의 해설을 학습해 보세요!

STEP 7

문제별 해설 강의 QR코드로 추가 학습하기!

해설을 봐도 이해가 되지 않는 문제가 있다면, 문제편에 수록된 QR코드를 인식하여 문제별 해설 강의를 시청해 보세요!

STEP 8

시대별 연표로 마무리 학습하기!

시대별 연표를 통해 한국사의 전체적인 흐름을 파악하면서 학습을 마무리해 보세요!

" 정신없고 떨리는 시험 대기 시간, 나만의 D.I.Y 한능검 비법서에 표시되어 있는 키워드만 집중 공략해서 빠르게 머릿속에 저장해 보세요! "

이 책의 차례

제1권

PART I 시대 통합 주제

PART II 시대별 핵심 주제

제2권

PART Ⅰ 시대 통합 주제

PART Ⅱ 시대별 핵심 주제

제3권

PART Ⅰ 시대 통합 주제

PART Ⅱ 시대별 핵심 주제

PART I

시대 통합 주제

챕터별 출제 비율 분석(68-51회)

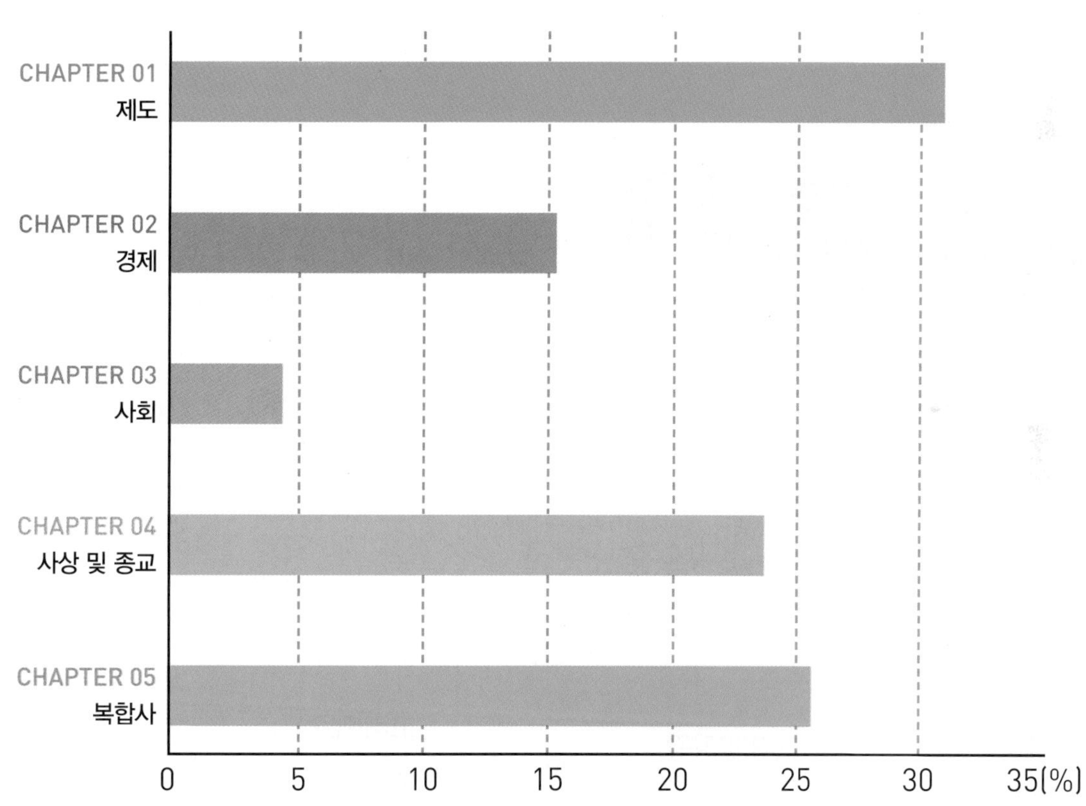

CHAPTER 01

제도

감 잡는 키워드 로드맵

발해
주자감,
5경 15부 62주
▶ 통일 신라(신문왕)
국학, 9주 5소경
▶ 고려(숙종)
별무반
▶ 고려(숙종)
서적포
▼ 고려(경종)
시정 전시과
◀ 고려(예종)
7재, 양현고, 청연각,
보문각
◀ 고려(공양왕)
과전법
◀ 조선(세조)
직전법
▼ 조선(광해군)
대동법
▶ 조선(영조)
균역법
▶ 근대(흥선 대원군)
호포제
▶ 근대(제2차 갑오개혁)
교육 입국 조서

꼭 알아두어야 할 키워드!

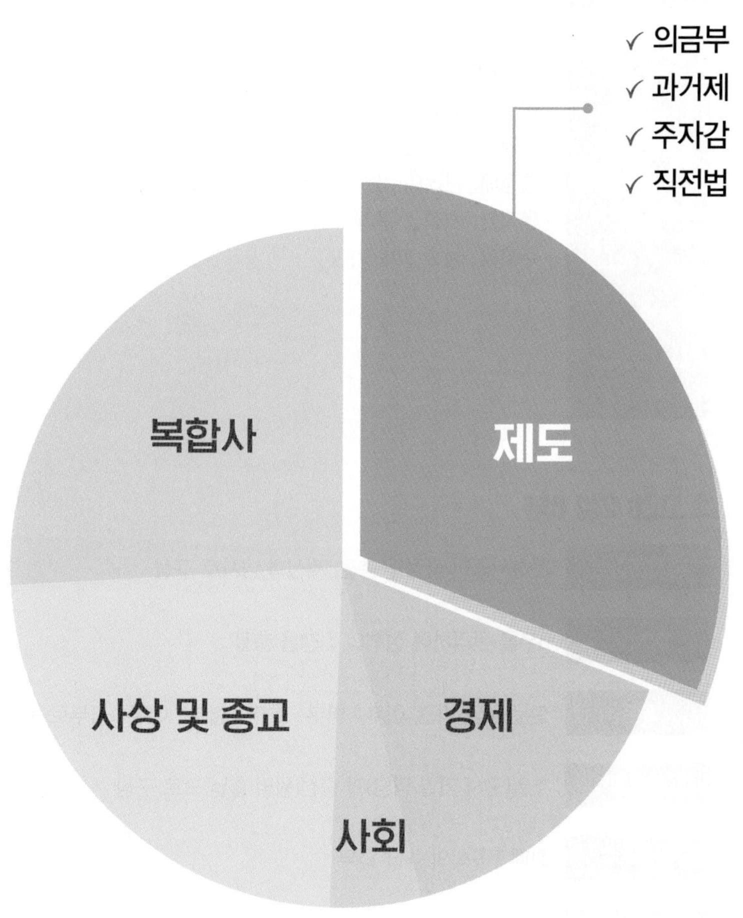

PARTⅠ 챕터별 출제 비율 분석[68-51회]

학습 길잡이

CHAPTER 01 제도에서는 주제 01 중앙 제도의 출제 비율이 가장 높습니다. 최근 들어 고려와 조선의 중앙 제도를 묻는 문제가 자주 출제되니 확실히 구분지어 암기해 두어야 합니다. 또한, 주제 04 관리 선발 제도도 중앙 제도 못지 않게 빈출 주제이니 키워드 중심으로 학습해야 합니다.

01 중앙 제도

감 잡는 키워드 연표

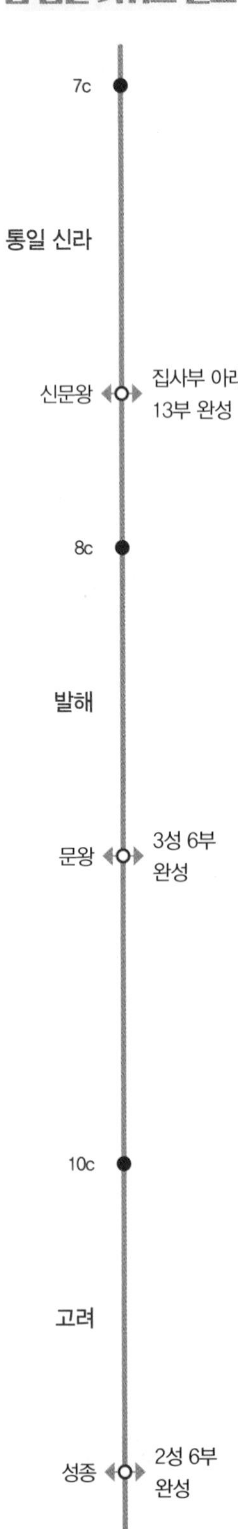

1 고대

통일 신라	집사부(시중) 아래 13부를 두어 행정 업무 분담
발해	• **3성 6부**: 당의 3성 6부를 수용하였으나, 운영 방식과 명칭은 독자적 • **정당성**: 장관인 대내상이 국정을 총괄 • **중정대**: 관리의 비리를 감찰 • **문적원**: 서적을 관리 • **주자감**: 최고 교육 기관

※ 괄호 안은 당의 관제

왕
- 정당성(상서성)
  - 좌사정: 충부 (이부), 인부 (호부), 의부 (예부)
  - 우사정: 지부 (병부), 예부 (형부), 신부 (공부)
- 선조성(문하성)
- 중대성(중서성)
- 중정대 (어사대) – 관리 비리 감찰
- 문적원 (비서성) – 서적관리
- 주자감 (국자감) – 국립대학

▲ 발해의 중앙 제도

2 고려: 2성 6부

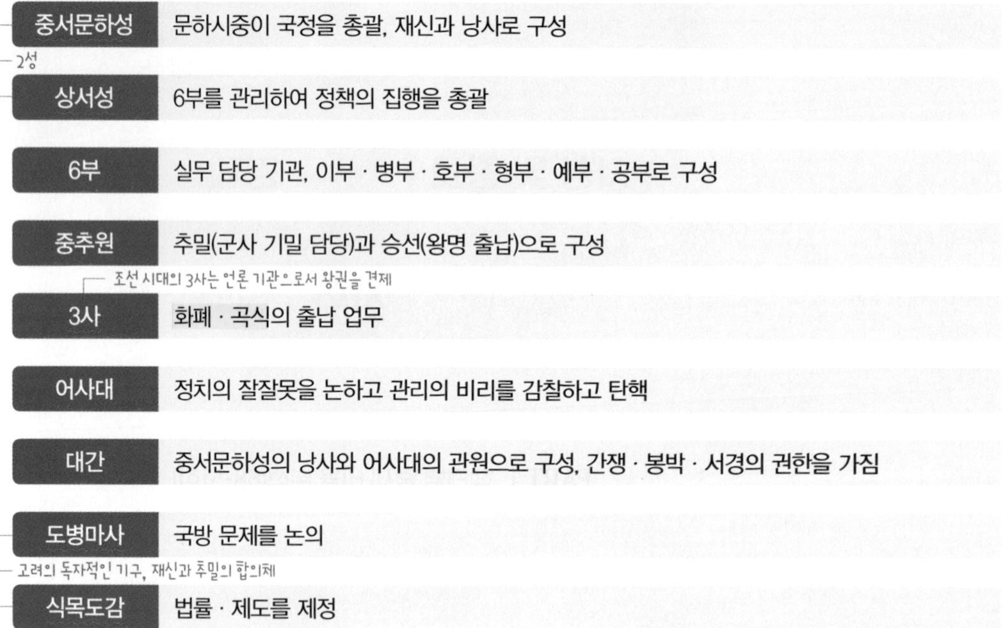

중서문하성	문하시중이 국정을 총괄, 재신과 낭사로 구성
상서성	6부를 관리하여 정책의 집행을 총괄
6부	실무 담당 기관, 이부 · 병부 · 호부 · 형부 · 예부 · 공부로 구성
중추원	추밀(군사 기밀 담당)과 승선(왕명 출납)으로 구성
3사	화폐 · 곡식의 출납 업무
어사대	정치의 잘잘못을 논하고 관리의 비리를 감찰하고 탄핵
대간	중서문하성의 낭사와 어사대의 관원으로 구성, 간쟁 · 봉박 · 서경의 권한을 가짐
도병마사	국방 문제를 논의
식목도감	법률 · 제도를 제정

3 조선 전기

의정부	3정승의 합의 기구로서 국정을 총괄
6조	왕명을 집행, 이조, 호조, 예조, 병조, 형조, 공조로 구성
3사	• 언론 기관으로서 왕권을 견제하는 역할 • **사헌부**: 감찰 기구로서 관리의 비리를 감찰 • **사간원**: 왕의 잘못과 정사를 비판(간쟁) (대간(양사) : 5품 이하 관리에 대한 서경권 행사) • **홍문관**: 집현전을 계승, 경연을 담당 (옥당)
승정원 (은대, 후원)	국왕의 비서 기관, 왕명을 출납
의금부	국왕 직속의 사법 기구, 강상죄 · 반역죄 등을 처벌
춘추관	역사서를 편찬하고 보관
성균관	최고 교육 기관
한성부	수도의 행정과 치안을 담당

4 조선 후기: 비변사의 기능 강화

(비변사: 변방의 일을 담당하는 기구)

임시 회의 기구	중종 때 삼포왜란을 계기로 여진족과 왜구의 침입에 대비하기 위한 임시 회의 기구로 설치
⬇	
상설 기구화	명종 때 을묘왜변 이후 상설 기구화
⬇	
최고 회의 기구화	• 선조 때 임진왜란 이후 군사뿐 아니라 모든 정무를 총괄하는 최고 회의 기구화 • 세도 정치기에는 외척 가문이 비변사의 권력을 독점 • **결과**: 왕권이 약화되고 의정부와 6조 중심의 행정 체계가 유명무실화 됨

감 잡는 키워드 연표

- 16c
- 조선
- 중종 — 삼포왜란
- 비변사 설치
- 명종 — 을묘왜변
- 비변사 상설 기구화
- 선조 — 임진왜란
- 비변사 최고 회의 기구화

자신감 UP! 기출 사료

1 다음 사료를 읽고 키워드에 형광펜 표시를 한 뒤, (가)에 들어갈 말을 써 보세요.

■□□□□

(가) 관제에는 선조성이 있는데, 좌상 · 좌평장사 · 시중 · 좌상시 · 간의가 소속되어 있다. 중대성에는 우상 · 우평장사 · 내사 · 조고사인이 소속되어 있다. 정당성에는 대내상 1명을 좌 · 우상의 위에 두었고, 좌 · 우사정 각 1명을 좌 · 우평장사의 아래에 배치하였다.

-『신당서』-

① ( )

■□□□□

시정(時政)을 논박하고 풍속을 교정하며 규찰과 탄핵 업무를 담당하였다. 국초에는 사헌대(司憲臺)라 불렸다. 성종 14년에 (가) (으)로 고쳤으며 [관원으로] 대부, 중승, 시어사, 전중(殿中)시어사, 감찰어사가 있었다.

-『고려사』-

② ( )

■■□□□

오늘에 와서는 큰 일이건 작은 일이건 중요한 것으로 취급되지 않는 것이 없어, 의정부는 한갓 헛이름만 지니고 6조는 모두 그 직임을 상실하였습니다. 명칭은 '변방의 방비를 담당하는 것'이라고 하면서 과거 시험에 대한 판하(判下)*나 비빈 간택 등의 일까지도 모두 (가) 을/를 경유하여 나옵니다. 명분이 바르지 못하고 말이 이치에 맞지 않음이 이보다 심할 수가 없습니다. 신의 어리석은 소견으로는 (가) 을/를 고쳐 정당(政堂)으로 칭하는 것이 상책이라 생각합니다.

*판하(判下): 안건을 임금이 허가하는 것

③ ( )

감 잡는 키워드 체크

1 ① **발해**, 선조성, 중대성, 정당성 ② **어사대**, 풍속을 교정, 규찰과 탄핵 업무 ③ **비변사**, 의정부는 한갓 헛이름만 지니고, 6조는 직임을 상실, '변방의 방비를 담당하는 것'

자신감 UP! 기출 선지

1 다음 선지를 읽고 키워드에 형광펜 표시를 해 보세요.

■■□□□

① (통일 신라) 최고 행정 관서로 집사부를 두었다.

■■□□□

② (조선 – 비변사) 을묘왜변을 계기로 상설화되었다.

2 다음 선지를 읽고 키워드에 형광펜 표시를 한 뒤, 통치 기관의 이름을 써보세요.

■■□□□

① 화폐와 곡식의 출납에 대한 회계를 담당하였다. ( )

■■□□□

② 5품 이하의 관리 임명에 대한 서경권을 행사하였다. ( )

■■■■■

③ 사헌부, 사간원과 함께 3사로 불렸다. ( )

■■□□□

④ 옥당이라 불리며 경연을 담당하였다. ( )

■■■□□

⑤ (조선) 수도의 치안과 행정을 주관하였다. ( )

■■■□□

⑥ (조선) 왕명의 출납을 관장하였다. ( )

■■■□□

⑦ 은대(銀臺), 후원(喉院)이라고도 불리었다. ( )

■■■■■

⑧ 국왕 직속 사법 기구로 강상죄, 반역죄 등을 처결하였다. ( )

감 잡는 키워드 체크

1 ① 집사부 ② 을묘왜변, 상설화

2 ① (고려) **3사**, 화폐와 곡식의 출납에 대한 회계 ② **대간(사헌부, 사간원)**, 서경권 ③ **홍문관**, 사헌부, 사간원, 3사 ④ **홍문관**, 옥당, 경연 ⑤ **한성부**, 수도의 치안 ⑥ **승정원**, 왕명의 출납 ⑦ **승정원**, 은대(銀臺), 후원(喉院) ⑧ **의금부**, 국왕 직속 사법 기구, 강상죄, 반역죄

02 지방 제도

1 고대

고구려	• 수도는 5부, 지방은 5부로 나눔 • 지방 장관으로는 욕살과 처려근지가 있음
백제	• 수도는 5부, 지방은 5방으로 나눔 • 특수 지방에는 22담로를 설치 (왕족을 파견하여 지방 통제)
통일 신라	• **통일 전**: 수도는 6부, 지방은 5주로 나눔 • 신문왕 때 전국을 9주로 나누고, 군사 · 행정상의 요지에 5소경 설치 (수도 금성의 지역적 편중을 보완) • **특수 행정 구역**: 향, 부곡, 소 • **지방 통제책**: 외사정(지방관 감찰), 상수리 제도(촌주를 일정 기간 동안 수도에 머무르게 함)
발해	전국을 5경(전략적 요충지) 15부 62주로 나눔 (상경용천부, 중경현덕부, 서경압록부, 동경용원부, 남경남해부)

2 고려

5도	일반 행정 구역으로 전국을 5도로 나누고 안찰사를 파견
양계	• 군사적 특수 지역으로 동계와 북계로 구성 • 병마사가 파견되고, 군사적 요충지에 진을 설치
주현과 속현	5도 아래 설치, 지방관이 파견된 주현보다 파견되지 않은 속현이 더 많음 (향리가 실무 담당)
향, 부곡, 소	• 특수 행정 구역으로 일반 양민에 비하여 과중한 세금을 부담 • 향 · 부곡의 주민은 농업, 소의 주민은 수공업과 광업에 종사

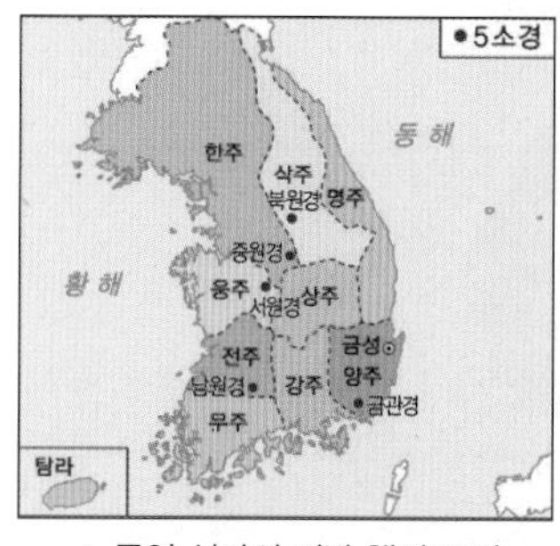

▲ 통일 신라의 지방 행정 조직

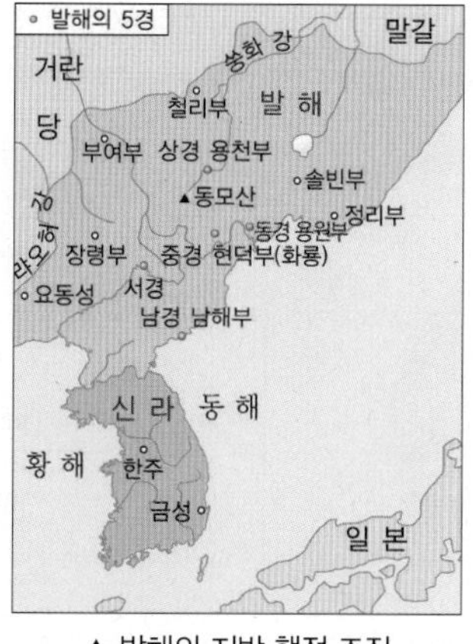

▲ 발해의 지방 행정 조직

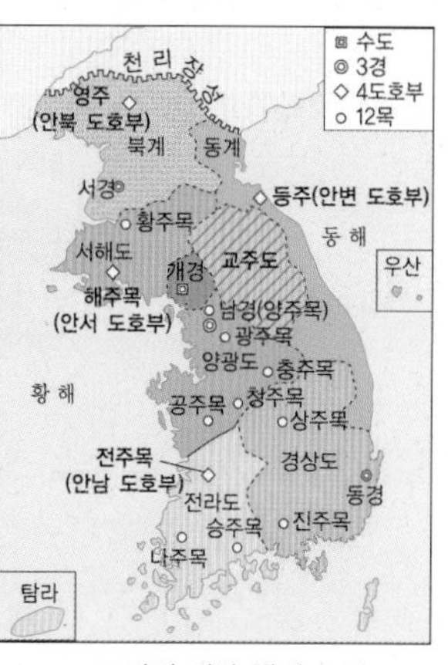

▲ 고려의 지방 행정 조직

감 잡는 키워드 연표

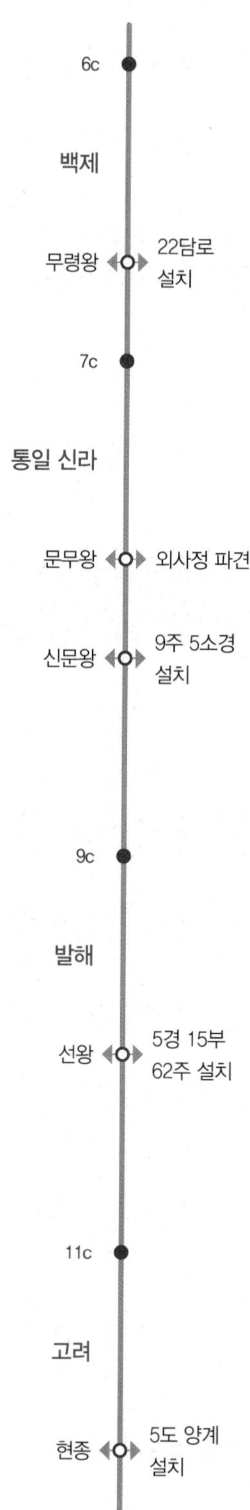

감 잡는 키워드 연표

- 14c
- 조선
- 태종 – 8도
- 19c
- 근대
- 제2차 갑오개혁 – 23부 337군
- 광무개혁 – 13도

3 조선

8도	전국을 8도로 나누고, 관찰사를 파견하여 수령의 비행을 견제
부 · 목 · 군 · 현	8도 아래에 설치, 수령을 파견
지방관 파견 원칙	상피제 시행, 관찰사는 1년, 수령은 5년으로 임기를 제한 └ 지방관을 출신 지역으로 임명하지 않는 제도
관찰사	• 전국 8도에 파견 • 감찰권 · 행정권 · 사법권 · 군사권을 행사, 수령을 지휘 · 감독
수령	• 모든 군현에 파견 → 수령의 권한 강화 • 왕의 대리인으로 지방의 행정 · 사법 · 군사권을 장악
향리	• 지역의 토착 세력으로 수령의 행정 실무를 보좌 • 직역을 세습하여 세습적 아전으로 격하 → 고려 시대보다 향리의 지위가 낮아짐 └ 이방, 호방 등 6방에 소속
유향소	• 지방 유력 양반들로 구성된 지방 자치 기구 • 수령을 보좌하고, 향리의 비리를 감찰, 백성을 교화 • 중앙에 설치된 경재소의 통제를 받음 • 좌수와 별감을 선출하여 운영 └ 세조 때 이시애의 난으로 폐지
경재소	중앙과 지방의 연락 업무를 담당

4 근대

제2차 갑오개혁	전국을 8도에서 23부 337군으로 개편
⬇	
광무개혁	23부에서 13도제로 변경

▲ 조선의 지방 행정 구역

▲ 근대의 지방 행정 구역

자신감 UP! 기출 사료

1 다음 사료를 읽고 키워드에 형광펜 표시를 한 뒤, 어느 시기의 지방 통치 체제인지 써 보세요.

■■□□□

> 완산주를 다시 설치하고 용원을 총관으로 삼았다. 거열주를 빼서 청주(菁州)를 두니 처음으로 9주가 되었다. 대아찬 복세를 총관으로 삼았다.

① (　　　　　　　　　　)

■□□□□

> 현종 초에 절도사를 폐지하고, 5도호와 75도 안무사를 두었으나, 얼마 후 안무사를 폐지하고, 4도호와 8목을 두었다. 그 이후로 5도 · 양계를 정하니, 양광 · 경상 · 전라 · 교주 · 서해 · 동계 · 북계가 그것이다.

② (　　　　　　　　　　)

■□□□□

> 각 도 각 고을의 이름을 고쳤다. …… 드디어 완산을 다시 '전주'라고 칭하고, 계림을 다시 '경주'라고 칭하고, 서북면을 '평안도'로 하고, 동북면을 '영길도'로 하였으니, 평양 · 안주 · 영흥 · 길주가 계수관이기 때문이다.

③ (　　　　　　　　　　)

■□□□□

> 전국을 23부의 행정 구역으로 나누어 아래에 열거하는 각 부를 둔다. …… 앞 조항 외에는 종래의 목, 부, 군, 현의 명칭과 부윤, 목사, 부사, 군수, 서윤, 판관, 현령, 현감의 관명을 다 없애고 읍의 명칭을 군이라고 하며 읍 장관의 관명을 군수라고 한다.

④ (　　　　　　　　　　)

감 잡는 키워드 체크

1 ① **통일 신라**, 9주 ② **고려**, 현종, 4도호와 8목, 5도 · 양계, 동계 · 북계 ③ **조선**, 평안도, 영길도 ④ **근대**, 23부

자신감 UP! 기출 선지

1 다음 선지를 읽고 키워드에 형광펜 표시를 해 보세요.

■■■■■

① (고구려) 지방 장관으로 욕살, 처려근지 등이 있었다.

■■■■■

② (통일 신라 – 문무왕) 지방관을 감찰하고자 외사정을 파견하였다.

■■□□□

③ (고려 – 병마사) 국경 지역인 북계와 동계에 배치되었다.

■■□□□

④ (조선 – 유향소) 좌수와 별감을 선발하여 운영하였다.

2 다음 선지를 읽고 키워드에 형광펜 표시를 한 뒤, 어느 시기의 지방 통치 체제인지 써 보세요.

■■■■□

① 지방 세력 견제를 목적으로 한 상수리 제도가 실시되었다.
(　　　　　　　　　　)

■■■■□

② 5경 15부 62주의 지방 행정 조직을 확립하였다.
(　　　　　　　　　　)

3 다음 선지를 읽고 키워드에 형광펜 표시를 한 뒤, 각 지방 통치 체제를 실시한 시기의 왕을 써 보세요.

■■□□□

① 9주 5소경의 지방 행정 제도를 정비하였다.
(　　　　　　　　　　)

■■□□□

② 지방 행정 구역이 8도에서 23부로 개편되었다.
(　　　　　　　　　　)

감 잡는 키워드 체크

1 ① 욕살, 처려근지 ② 지방관을 감찰, 외사정 ③ 국경 지역, 북계와 동계 ④ 좌수, 별감

2 ① **통일 신라**, 지방 세력 견제, 상수리 제도 ② **발해**, 5경 15부 62주

3 ① **신문왕**, 9주 5소경 ② **고종**, 23부

03 군사 제도

감 잡는 키워드 연표

1 고대

통일 신라	신문왕 때 9서당(중앙군), 10정(지방군)을 조직
발해	10위(중앙군)

2 고려

중앙군	2군(국왕의 친위 부대), 6위(수도와 국경을 방어)
지방군	주현군(5도의 일반 군현에 주둔하는 예비군), 주진군(양계에 주둔하는 상비군)
특수군	• **광군**: 정종 때 거란의 침입에 대비하기 위해 창설 • **별무반**: 숙종 때 여진의 침입에 대비하기 위해 창설, 신기군, 신보군, 항마군으로 구성 • **삼별초**: 좌 · 우별초와 신의군으로 구성, 개경 환도에 반대하며 항쟁

3 조선 전기

중앙군	5위로 구성, 궁궐과 수도를 방어
지방군	영진군 체제 → 세조 이후 진관 체제 실시 (영진군: 국방상 요지인 영이나 진에 소속 / 진관 체제: 지역 단위 방어 체제)
잡색군	서리, 잡학인, 신량역천인, 노비 등으로 구성된 일종의 예비군

4 조선 후기

1) 중앙군: 5군영 체제

훈련도감	임진왜란 중 유성룡의 건의로 설치, 직업적 상비군으로 삼수병(포수 · 사수 · 살수)을 양성
↓	
어영청	인조 때 인조반정 이후 설치, 효종의 북벌 추진 과정에서 기능이 강화됨
↓	
총융청	인조 때 이괄의 난 이후 경기 일대 방어를 위해 설치
↓	
수어청	인조 때 정묘호란 이후 수도 남부 방어를 위해 남한산성에 설치
↓	
금위영	숙종 때 왕실과 수도 방어를 위해 설치

2) 지방군

진관 체제	임진왜란 이후 제승방략 체제에서 진관 체제로 복구 (제승방략 체제: 도 단위 방어 체제, 중앙에서 장수 파견)
속오군	양반에서 노비까지 편제하여 평상시에는 생업에 종사, 유사시에 동원됨 (양반들의 회피로 상민과 노비의 부담이 가중됨)

자신감 UP! 기출 사료

1 다음 사료를 읽고 키워드에 형광펜 표시를 한 뒤, 어느 시기의 군사 제도인지 써 보세요.

■□□□□

> 목종 5년에 6위의 직원을 마련하여 두었는데, 뒤에 응양군(鷹揚軍)과 용호군(龍虎軍)의 2군을 설치하고, 6위의 위에 있게 하였다. 뒤에 또 중방을 설치하고, 2군 · 6위의 상장군과 대장군이 모두 회합하게 하였다.

( )

2 다음 사료를 읽고 키워드에 형광펜 표시를 한 뒤, (가)에 들어갈 말을 써 보세요.

■□□□□

> 처음에 최우가 나라 안에 도적이 많음을 근심하여 용사들을 모아 매일 밤 순행하면서 포악한 짓들을 금하였는데, 이로 인하여 이름을 야별초(夜別抄)라고 하였다. 도적들이 여러 도에서도 일어났으므로 별초를 나누어 보내 이들을 잡게 하였다. 그 군사가 매우 많아 마침내 나누어 좌우로 삼았다. 또 우리나라 사람으로서 몽골로부터 도망쳐 돌아온 자들을 한 부대로 삼아 신의군(神義軍)이라고 불렀는데, 이들이 (가) 이/가 되었다.

( )

감 잡는 키워드 체크

1 **고려**, 2군, 6위
2 **삼별초**, 최우, 야별초(夜別抄), 좌우, 신의군(神義軍)

자신감 UP! 기출 선지

1 다음 선지를 읽고 키워드에 형광펜 표시를 해 보세요.

■■■■■

① (조선 – 선조) 삼수병으로 구성된 훈련도감을 창설하였다.

■■□□□

② (조선 – 훈련도감) 포수, 살수, 사수의 삼수병으로 편제되었다.

■■■■■

③ (고려 – 삼별초) 개경 환도 결정에 반발하여 항쟁하였다.

2 다음 선지를 읽고 키워드에 형광펜 표시를 한 뒤, 어느 나라에 대한 고려의 군사 정책인지 써 보세요.

■■■■■

① 광군을 조직하여 침입에 대비하였다.

( )

■■■■■

② 신기군, 신보군, 항마군으로 구성된 별무반을 편성하였다.

( )

3 다음 선지를 읽고 키워드에 형광펜 표시를 한 뒤, 관련된 군사 제도를 실시한 시기의 왕을 써 보세요.

■■■■■

① 9서당과 10정의 군사 조직을 운영하였다.

( )

■■■□□

② 수도 방위를 위하여 금위영을 창설하였다.

( )

■■■■□

③ 어영청을 강화하는 등 북벌을 추진하였다.

( )

감 잡는 키워드 체크

1 ① 삼수병, 훈련도감 ② 포수, 살수, 사수, 삼수병 ③ 개경 환도 결정에 반발, 항쟁
2 ① **거란**, 광군 ② **여진**, 신기군, 신보군, 항마군, 별무반
3 ① **신문왕**, 9서당, 10정 ② **(조선)숙종**, 금위영 ③ **효종**, 어영청을 강화, 북벌

04 교육 및 관리 선발 제도

감 잡는 키워드 연표

- 4c
- 고구려
- 소수림왕 ◀○▶ 태학 설립
- 7c
- 통일 신라
- 신문왕 ◀○▶ 국학 설립
- 8c
- 발해
- 문왕 ◀○▶ 주자감 설립
- 10c
- 고려
- 광종 ◀○▶ 과거제 실시
- 성종 ◀○▶ 국자감 설립

1 고대

고구려	• **태학**: 소수림왕 때 설립, 중앙의 귀족 자제에게 유학을 교육 • **경당**: 장수왕 때 설립, 지방에서 유학과 무술을 교육
백제	5경 박사, 의박사, 역박사를 두어 유교 경전과 기술학을 교육
통일 신라	• **국학**: 신문왕 때 설립된 유학 교육 기관 • **독서삼품과**: 원성왕 때 유교 경전의 이해 수준에 따라 관리를 선발한 제도
발해	주자감을 두어 귀족 자제에게 유학을 교육

2 고려

1) 관리 선발 제도

과거제	• 광종 때 쌍기의 건의로 실시 • 법적으로 양인 이상이면 응시 가능 • 지공거(과거 시험관)와 급제자 사이에 좌주와 문생 관계가 성립
음서	문무 5품 이상 고위 관리의 자손 등이 과거를 거치지 않고 관료가 될 수 있는 제도

2) 교육 기관

관학	• **국자감**: 중앙에 설치, 유학부와 기술학부를 두고 신분별로 입학 • **향교**: 지방에 설치, 지방 관리와 서민 자제의 교육을 담당
사학	최충의 9재 학당(문헌공도) 등 사학 12도가 융성 → 관학 교육이 위축됨
관학 진흥책	• **숙종**: 국자감에 서적포를 설치 (서적포: 서적 간행) • **예종**: 국자감에 7재(전문 강좌), 양현고(장학 재단), 청연각 · 보문각 설치 (청연각 · 보문각: 왕실 도서관 겸 학문 연구소) • **인종**: 교육 과정을 경사 6학으로 정비 • **공민왕**: 성균관을 유학 교육 기관으로 개편 (성균관: 충렬왕 때 국자감에서 개칭)

3 조선

1) 관리 선발 제도

과거제	• **문과**: 소과(생원과, 진사과), 대과(초시, 복시, 전시) (문과: 탐관오리의 아들, 재가녀의 자손, 서얼은 응시 제한) • **무과**: 무신 선발 시험 • **잡과**: 기술관 선발 시험, 주로 중인이나 서얼이 응시
기타	• **음서**: 2품 이상의 고관 자제가 과거 없이 관료가 될 수 있는 제도 (2품 이상: 고려 시대보다 음서를 통한 관직 진출이 축소됨) • **천거**: 기존의 관리를 대상으로 고관의 추천을 받아 관리를 선발하는 제도 • **취재**: 서리 또는 하급 관리를 선발하기 위한 시험

2) 교육 기관

구분	기관	내용
관립	성균관	• 최고 교육 기관으로서 성현에 대한 제사와 유학을 교육 • 소과에 합격한 생원 · 진사가 입학 • 대성전(공자의 사당), 명륜당(강의실), 동 · 서재(기숙사) 등으로 구성
관립	4부 학당	서울에 설립된 중등 교육 기관, 교수나 훈도를 파견
관립	향교	• 지방민의 교화를 위하여 부 · 목 · 군 · 현에 각각 하나씩 설립 • 중앙에서 교수나 훈도를 파견
사립	서원	지방 사림이 선현에 대한 제사와 유학 교육을 위해 건립
사립	서당	초등 교육 기관으로서 선비와 평민의 자제를 교육

└ 주세붕의 백운동 서원이 시초

4 근대

1) 관리 선발 제도

과거제 폐지	제1차 갑오개혁 당시 과거제를 폐지

2) 교육 기관

기관	내용
동문학	정부가 세운 통역관 양성소
육영 공원	헐버트 등 미국인 교사 초빙, 상류층 자제에게 근대 학문을 교육
원산 학사	우리나라 최초의 근대식 사립학교
한성 사범 학교	제2차 갑오개혁 당시 교육 입국 조서를 반포하고 설립

5 일제 강점기: 조선 교육령

교육령	내용
1차 조선 교육령 (1911)	보통 교육의 수업 연한을 4년으로 단축
2차 조선 교육령 (1922)	• 보통 교육의 수업 연한을 6년으로 연장 • 조선어를 필수 과목으로 지정 • 한국인의 대학 입학 허용 → 민립 대학 설립 운동 탄압 → 경성 제국 대학 설립
3차 조선 교육령 (1938)	조선어를 선택 과목화
4차 조선 교육령 (1943)	전시 교육 체제하에 조선어 · 역사 과목을 폐지

감 잡는 키워드 연표

- 19c
- 근대
- 1883 동문학
- 1886 육영공원
- 1894 과거제 폐지
- 1895 교육 입국조서
- 20c
- 1911 1차 조선 교육령
- 1922 2차 조선 교육령
- 1924 경성 제국 대학 설립
- 1938 제3차 조선 교육령
- 1943 제4차 조선 교육령

자신감 UP! 기출 사료

1 다음 사료를 읽고 키워드에 형광펜 표시를 한 뒤, 관련된 교육 및 관리 선발 제도를 써 보세요.

■■■□□

> 쌍기가 의견을 올리니 처음으로 이 제도를 마련하여 시행하였다. 시 · 부 · 송 및 시무책으로 시험하여 진사를 뽑았으며, 겸하여 명경업 · 의업 · 복업 등도 뽑았다.

① (　　　　　　　　　　)

■□□□□

> 입학생은 생원 · 진사인 상재생과 유학(幼學) 중에서 선발된 기재생으로 구분되었다. 이들은 동재와 서재에 기숙하면서 공부하였으며, 아침 · 저녁 식당에 들어가 서명하면 원점 1점을 얻었다. 원점 300점을 얻으면 관시(館試)에 응시할 수 있었다.

② (　　　　　　　　　　)

■□□□□

> 제1조 조선에서의 교육은 본령에 의한다.
> 제2조 국어[일본어]를 상용(常用)하는 자의 보통 교육은 소학교령, 중학교령 및 고등 여학교령에 의한다.
> 제3조 국어[일본어]를 상용하지 않는 자에게 보통 교육을 하는 학교는 보통학교, 고등 보통학교 및 여자 고등 보통학교로 한다.
> 제5조 보통학교의 수업 연한은 6년으로 한다. …… 보통학교에 입학할 수 있는 자는 연령 6세 이상으로 한다.

③ (　　　　　　　　　　)

감 잡는 키워드 체크

1 ① **과거제**, 쌍기 ② **성균관**, 생원 · 진사, 동재와 서재 ③ **2차 조선 교육령**, 보통학교의 수업 연한은 6년

자신감 UP! 기출 선지

1 다음 선지를 읽고 키워드에 형광펜 표시를 해 보세요.

■■■■■

① (고려 – 광종) 쌍기의 건의를 수용하여 과거제를 실시하였다.

■■■■■

② (고려) 최충이 9재 학당을 설립하여 유학을 교육하였다.

■■■■■

③ (근대) 서양식 근대 교육 기관인 육영 공원을 설립하였다.

■■■■□

④ (근대 – 제2차 갑오개혁) 교육의 기본 방향을 제시한 교육 입국 조서가 반포되었다.

2 다음 선지를 읽고 키워드에 형광펜 표시를 한 뒤, 어느 시기의 교육 및 관리 선발 제도인지 써 보세요.

■■■■□

① 태학을 설립하여 인재를 양성하였다.
(　　　　　　)

■■■■■

② 주자감을 설치하여 인재를 양성하였다.
(　　　　　　)

■■■■■

③ 독서삼품과를 통해 인재를 등용하였어요.
(　　　　　　)

■■■■□

④ 국자감에 7재라는 전문 강좌를 운영하였다.
(　　　　　　)

■■■■□

⑤ 양현고를 설치하여 장학 기금을 마련하였어요.
(　　　　　　)

감 잡는 키워드 체크

1 ① 쌍기, 과거제 ② 최충, 9재 학당 ③ 서양식 근대 교육 기관, 육영 공원 ④ 교육 입국 조서
2 ① **고구려**, 태학 ② **발해**, 주자감 ③ **통일 신라**, 독서삼품과 ④ **고려**, 국자감, 7재 ⑤ **고려**, 양현고

05 토지 제도

1 고대: 통일 신라

관료전 지급	신문왕 때 관료전을 지급하여 왕권 강화를 시도 (관료전: 수조권 행사 O, 노동력 징발 X)
⬇	
녹읍 폐지	신문왕 때 녹읍을 폐지하여 귀족의 경제 · 군사적 기반을 약화시킴 (녹읍: 수조권 행사 O, 노동력 징발 O)
⬇	
정전 지급	성덕왕 때 백성에게 정전을 지급하여 농민과 토지에 대한 지배권을 강화
⬇	
녹읍 부활	경덕왕 때 귀족들의 반발로 녹읍이 부활 → 왕권 약화

2 고려

역분전	태조 때 개국공신을 대상으로 인품과 공로에 따라 토지를 지급
⬇	
전시과	• 관리, 군인, 한인을 총 18등급으로 구분하여 전지와 시지를 지급 (전지: 곡물 수취, 시지: 땔감 획득) • **시정 전시과(경종)**: 전 · 현직 관리(직 · 산관)에게 지급, 관등과 인품 고려 • **개정 전시과(목종)**: 전 · 현직 관리에게 지급, 관등만 고려 • **경정 전시과(문종)**: 현직 관리에게만 지급 → 지급량 감소

3 조선

과전법 (고려 말 공양왕~조선 전기까지 시행)	• 신진 사대부의 경제적 기반 마련과 국가 재정 확보를 위해 시행 • 전 · 현직 관리에게 경기 지방의 토지를 지급, 일부는 수신전 · 휼양전으로 세습
⬇	
직전법	• 세조 때 관리에게 지급할 토지가 부족해지자 시행 • 현직 관리에게만 수조권을 지급, 수신전과 휼양전을 폐지
⬇	
관수 관급제	• 성종 때 관리가 농민에게 수조권을 남용하여 시행 • 지방 관청이 그해의 생산량을 조사하여 거두고 관리에게 나누어 줌
⬇	
직전법 폐지	명종 때 시행, 관리에게 녹봉만 지급하면서 수조권 체제가 소멸됨

4 근대: 광무개혁

양전 · 지계 사업	양지아문을 설치하여 토지를 조사하고, 지계아문을 설치하여 지계를 발급

5 일제 강점기

토지 조사 사업 (1910~1918) (식민 통치에 필요한 재정 확보를 위해 실시)	• 임시 토지 조사국을 설치하고 토지 조사령을 공포, 기한부 신고제를 실시 • 미신고 토지 및 약탈 토지를 동양 척식 주식회사나 일본인에게 헐값으로 불하

감 잡는 키워드 연표

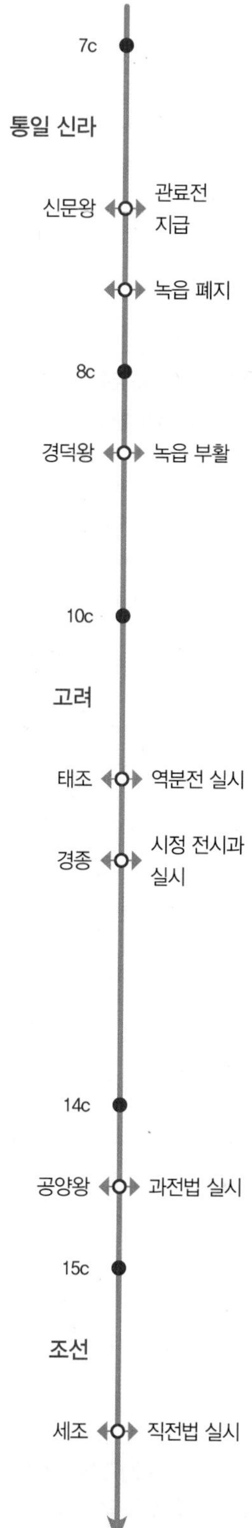

자신감 UP! 기출 사료

1 다음 사료를 읽고 핵심 키워드에 형광펜 표시를 한 뒤, (가)에 들어갈 말을 써 보세요.

■□□□□

> (가) 을/를 제정하였는데, 통일할 때의 조신(朝臣)이나 군사들은 관계(官階)를 따지지 않고 그 사람의 성품과 행동의 선악과 공로의 크고 작음을 보고 차등 있게 지급하였다.

( )

2 다음 사료를 읽고 키워드에 형광펜 표시를 한 뒤, 관련된 토지 제도를 써 보세요.

■■■□□

> 처음으로 직관(職官)과 산관(散官) 각 품의 전시과를 제정하였다. …… 과등(科等)에 미치지 못한 자는 모두 전지 15결을 지급하였다.

① ( )

■■□□□

> 도평의사사에서 글을 올려 과전을 지급하는 법을 정할 것을 청하니, 그 의견을 따랐다. …… 경기는 사방의 근본이므로 마땅히 과전을 설치하여 사대부를 우대하여야 한다. 무릇 수도에 거주하며 왕실을 지키는 자는 현직, 산직(散職)을 불문하고 각각 과(科)에 따라 받게 한다.

② ( )

감 잡는 키워드 체크

1 **역분전**, 성품과 행동의 선악, 공로의 크고 작음
2 ① **시정 전시과**, 직관(職官)과 산관(散官), 전시과, 전지 ② **과전법**, 도평의사사, 경기, 과전, 현직, 산직(散職)을 불문

자신감 UP! 기출 선지

1 다음 선지를 읽고 키워드에 형광펜 표시를 해 보세요.

■■■■■

① (근대 – 광무개혁) 지계아문을 설립하여 지계를 발급하였다.

■■■□□

② (일제 강점기) 근대적 토지 소유권 확립을 명분으로 토지 조사 사업을 시행하였다.

2 다음 선지를 읽고 키워드에 형광펜 표시를 한 뒤, 관련된 토지 제도의 이름을 써 보세요.

■■□□□

① 관리에게 전지와 시지를 지급하였다.
( )

■■□□□

② 지급 대상 토지를 원칙적으로 경기 지역에 한정하였다.
( )

■■■□□

③ 수신전, 휼양전 등의 명목으로 세습되는 토지를 폐지하였다.
( )

3 다음 선지를 읽고 키워드에 형광펜 표시를 한 뒤, 관련된 토지 제도를 실시한 시기의 왕을 써 보세요.

■■■■■

① 관료전을 지급하고 녹읍을 폐지하였다.
( )

■■■■■

② 현직 관리에게만 수조지를 지급하는 직전법을 시행하였다.
( )

감 잡는 키워드 체크

1 ① 지계아문, 지계 ② 토지 조사 사업
2 ① **전시과**, 관리, 전지, 시지 ② **과전법**, 경기 지역 ③ **직전법**, 수신전, 휼양전, 세습되는 토지를 폐지
3 ① **신문왕**, 관료전을 지급, 녹읍을 폐지 ② **세조**, 현직 관리에게만 수조지를 지급, 직전법

수취 제도

1 고대

1) 삼국

전세, 공납, 역	재산 정도에 따라 호를 나누어 곡물, 포, 특산물을 징수

2) 통일 신라

전세, 공납, 역	• **전세**: 생산량의 1/10 정도를 수취 • **공납**: 촌락 단위로 그 지역의 특산물을 징수 • **역**: 16~60세의 남자를 대상으로 군역과 요역에 동원
민정 문서 (신라 촌락 문서)	• 일본 도다이사 쇼소인에서 발견한 신라 시대 촌락에 관한 문서 • 세금 징수를 목적으로 촌주가 3년마다 작성 • 촌락마다 토지의 면적, 인구수, 소 · 말의 수 등 변동 사항을 기록

2 고려

전세, 공납, 역	• **전세**: 토지를 비옥도에 따라 3등급으로 구분하여 부과, 생산량의 1/10을 징수 • **공납**: 가호를 단위로 토산물을 징수, 중앙 관청에서 주현에 부과 • **역**: 16~60세의 남자를 대상으로 군역과 요역에 동원

3 조선

1) 전세

공법	• 세종 때 시행, 토지의 비옥도와 풍흉의 정도에 따라 세금을 차등 부과 • **전분 6등법**: 토지의 비옥도에 따라 6등급으로 나누어 1결의 면적을 확정 • **연분 9등법**: 풍흉의 정도에 따라 토지를 9등급으로 나누어 최대 20두~최소 4두까지 차등을 두어 조세 부과

⬇

영정법	• 인조 때 시행, 풍흉에 관계없이 토지 1결당 4~6두로 전세 고정 • 전세율이 인하되었지만 각종 부과세로 인하여 농민의 부담이 증가

⬇

삼정의 문란 (전정의 폐단)	세도 정치기에 전세에 잡세를 부과하여 농민의 부담이 강화됨

감 잡는 키워드 연표

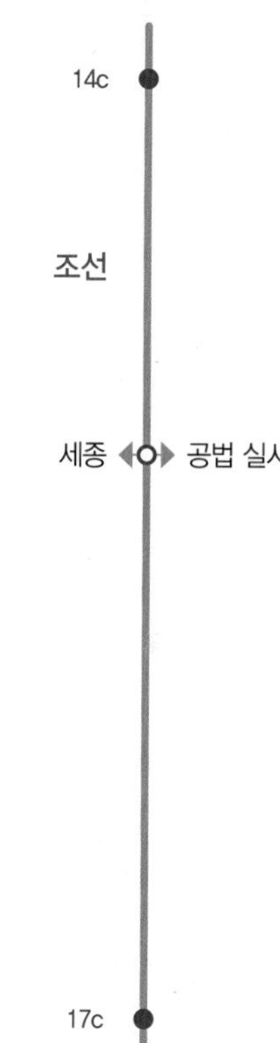

17c

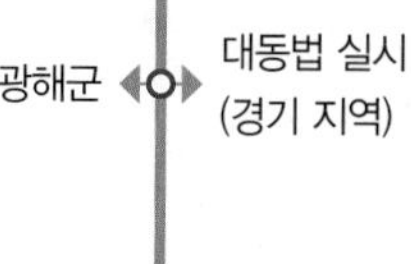

18c

19c

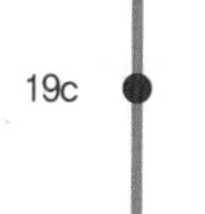

삼정의 문란

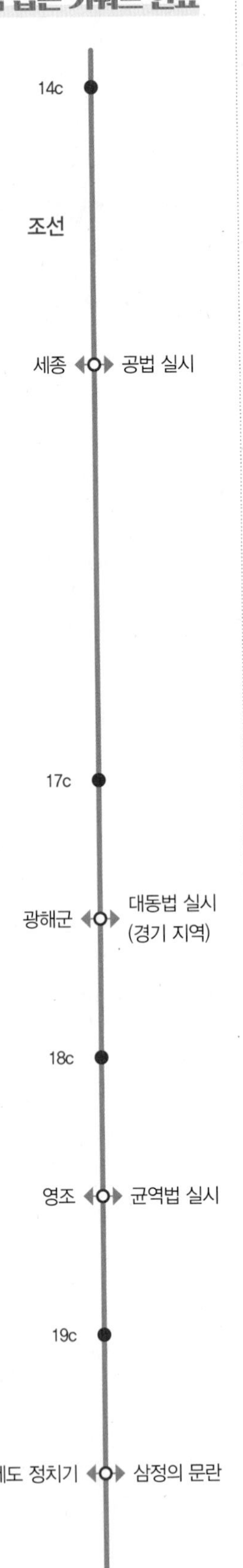

2) 공납

공납 제도: 중앙 관청에서 가호를 단위로 각 군현의 토산물을 징수

↓

방납의 폐단: 공물 징수 과정에서 하급 관리와 상인이 결탁해 공물을 대신 납부하고 농민에게 본래 물품의 가격보다 과도한 대가를 징수하는 폐단이 발생

↓

대동법
- 광해군 때 이원익의 건의로 선혜청을 설치하여 경기도에서 처음 시행 → 숙종 때 함경도와 평안도를 제외한 전국에서 실시
- **공납의 전세화**: 집집마다 부과하던 토산물을 토지를 기준으로 공납
- **조세의 금납화**: 토산물로 지급하던 공납을 쌀(토지 1결당 4~6두), 삼베, 무명, 돈으로 징수
- **결과**: 관청에 물품을 조달하는 공인이 등장하여 상품 화폐가 발달

3) 역

군역과 요역
- **군역**: 16~60세의 남자를 대상으로 전쟁 시 동원
- **요역**: 가호를 기준으로 성, 왕릉, 저수지 등의 공사에 동원

군역의 문란: 농민들의 요역 기피로 군역이 요역화되어 방군수포와 대립이 성행

(방군수포: 국가에 군포를 납부하면 군역을 면제해 줌 / 대립: 사람을 사서 군역을 대신하게 함)

↓

균역법
- 영조 때 군역의 부담을 줄이기 위해 1년에 2필이던 군포를 1필만 부과
- **재정 보완책**: 결작(토지 1결당 2두) 부과, 선무군관포(일부 상류층 대상), 어장 · 선박 · 소금세를 걷어 부족분 보충

↓

삼정의 문란 (군정의 폐단): 세도 정치기에 군정(군역)의 폐단이 계속되어 백골징포, 황구첨정, 인징 등이 성행

(백골징포: 죽은 사람에게 군포 부과 / 황구첨정: 어린 아이에게 군포 부과 / 인징: 도망간 군역 의무자들의 군포를 이웃에게 부과)

4 근대: 흥선 대원군의 삼정의 개혁

양전 사업
- 전정의 문란을 해결하기 위해 시행
- 은결을 색출하고 지방관과 토호의 토지 겸병을 금지

(은결: 토지 대장(양안)에서 빠진 토지)

호포제
- 군정의 문란을 해결하기 위해 시행
- 가호를 단위로 군포를 부과하여 양반에게도 군포를 징수

사창제
- 환곡의 문란을 해결하기 위해 시행
- 환곡제를 폐지하고 사창제를 실시하여 향촌민들이 자치적으로 운영하도록 함

(환곡의 문란: 고리대 수단으로 변질)

자신감 UP! 기출 사료

1 다음 사료를 읽고 키워드에 형광펜 표시를 한 뒤, 관련된 시기를 써 보세요.

■□□□□

> 비변사에서 임금에게 아뢰었다. "삼남에서 특산물로 종이를 바치는 공인이 청원하기를 '승려들의 숫자가 줄어 종이의 양이 부족한데도 각 지방의 군영과 관아에서 먼저 가져갑니다. 이로 인해 중앙에 공물로 납부할 종이가 부족해 공인이 처벌되는 일이 이어지고 있습니다. …… 송상들이 각 사찰에 출입하며 종이를 몰래 사들여 책문에 가서 시장을 만드는 행위를 엄금해 은밀히 국경을 넘는 폐단을 없애 주십시오.'라고 하였습니다."

(   )

2 다음 사료를 읽고 키워드에 형광펜 표시를 한 뒤, (가)에 들어갈 말을 써 보세요.

■□□□□

> 광해군 때 이원익이 방납의 폐단을 혁파하고자 선혜청을 두고 (가) 을/를 실시할 것을 청하였다. …… 맨 먼저 경기도 내에 시범적으로 실시하니 백성들은 대부분 편리하게 여겼다.
>
> -『국조보감』-

(   )

3 다음 사료를 읽고 키워드에 형광펜 표시를 한 뒤, 이 제도의 이름과 실시한 왕을 써 보세요.

■□□□□

> 왕은 늘 양역의 폐단을 염려하여 군포 한 필을 감하고 균역청을 설치하여 각 도의 어염 · 은결의 세를 걷어 보충하니, 그 은택을 입은 백성들은 서로 기뻐하였다.

(   )

감 잡는 키워드 체크

1 **조선 후기**, 비변사, 공인, 송상, 책문
2 **대동법**, 광해군, 이원익, 방납의 폐단을 혁파, 선혜청, 경기도 내에 시범적으로 실시
3 **균역법**, **영조**, 군포 한 필, 균역청, 어염 · 은결의 세

자신감 UP! 기출 선지

1 다음 선지를 읽고 키워드에 형광펜 표시를 해 보세요.

■■■□□

① (조선 – 광해군) 경기도에 한해서 대동법을 실시하였다.

■■□□□

② (조선 후기) 관청에 물품을 조달하는 공인이 등장하였다.

2 다음 선지를 읽고 키워드에 형광펜 표시를 한 뒤, 관련된 시기를 써 보세요.

■■□□□

조세 수취를 위해 촌락 문서를 작성하였다.

(   )

3 다음 선지를 읽고 키워드에 형광펜 표시를 한 뒤, 해당하는 수취 제도를 실시한 시기의 왕 또는 인물을 써 보세요.

■■■□□

① 전세를 풍흉에 따라 9등급으로 차등 과세하였다.

(   )

■■■□□

② 전세를 1결당 4~6두로 고정하는 영정법을 제정하였다.

(   )

■■■■□

③ 군역 부담을 줄이기 위해 균역법을 제정하였다.

(   )

■■■■■

④ 양반에게도 군포를 징수하는 호포제가 시행되었다.

(   )

■■■□□

⑤ 사창제가 실시되었다.

(   )

감 잡는 키워드 체크

1 ① 경기도, 대동법 ② 관청에 물품을 조달, 공인
2 **통일 신라**, 조세 수취, 촌락 문서
3 ① **세종**, 전세, 풍흉, 9등급 ② **인조**, 전세, 1결당 4~6두, 영정법 ③ **영조**, 군역, 균역법 ④ **흥선 대원군**, 양반에게도 군포를 징수, 호포제 ⑤ **흥선 대원군**, 사창제

CHAPTER 02

경제

감 잡는 키워드 로드맵

신라(지증왕) 우경, 동시전 ▶ 통일 신라 장보고, 청해진 ▶ 발해 솔빈부의 말, 영주도, 거란도 ▶ 고려 모내기법 보급

▼

고려(성종) 건원중보 ◀ 고려(숙종) 해동통보, 활구(은병) ◀ 조선(광해군) 대동법 ◀ 조선(효종) 설점수세제

▼

조선(명종) 『구황촬요』 ▶ 조선(숙종) 상평통보 법화 채택  조선(영조) 고구마 전래  조선(정조) 신해통공

꼭 알아두어야 할 키워드!

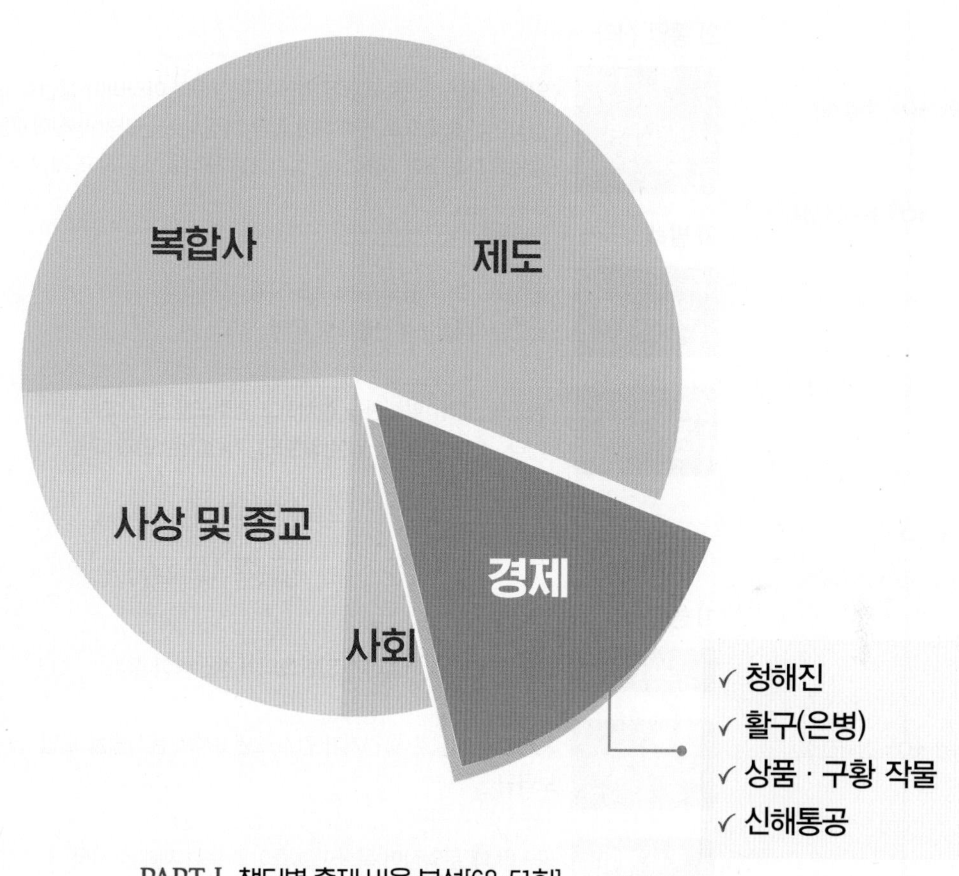

PART Ⅰ 챕터별 출제 비율 분석[68-51회]

학습 길잡이

CHAPTER 02 경제에서는 주제 07 고대~조선 전기의 경제의 출제 비율이 가장 높습니다. 한 문제 안에 발해, 통일 신라, 고려, 조선의 경제 상황을 묻는 문제가 출제되니 각 시대별로 두드러지는 특징을 암기해야 합니다.

07 고대~조선 전기의 경제

감 잡는 키워드 연표

6c
신라
지증왕 ◀○▶ 우경 실시
◀○▶ 동시전 설치
9c
통일 신라
흥덕왕 ◀○▶ 청해진 설치
14c
고려
충정왕 ◀○▶ 『농상집요』 소개

1 고대

1) 신라

우경	지증왕 때 우경이 실시되고 철제 농기구가 보급되면서 농업 생산력이 증가 (우경: 소를 이용하여 농사짓는 것)
동시전	지증왕 때 동시(시장)를 감독하는 관청으로 동시전을 설치

2) 통일 신라

대외 무역	• 당항성, 울산항 등 국제 무역항이 번성하여 아라비아 상인과 교역 • 신라인이 중국으로 진출하여 집단 거주지로 신라방과 신라관을 설치 • 장보고가 완도에 청해진을 설치하여 해적을 소탕하고 해상 무역권을 장악

3) 발해

농업과 목축	• 콩 · 조 · 보리 등의 밭농사를 진행 • 솔빈부의 말이 특산품으로 유명
대외 무역	• **당과의 무역**: 발해관을 설치하고 영주도를 통해 교류 (발해관: 당의 산둥 반도(등주)에 설치되었던 발해 사신의 숙소) • **기타**: 신라(신라도), 일본(일본도), 거란(거란도)과 교류

2 고려

1) 농업

깊이갈이	소를 이용한 깊이갈이가 일반화되어 생산력이 증가
농법의 발달	시비법의 발달로 휴경지가 감소, 2년 3작의 윤작법을 도입, 남부 일부 지방에 모내기법 등이 보급됨 (윤작법: 한 경작지에 여러 농작물을 교대로 재배하는 경작법 / 모내기법: 조선 후기에 전국적으로 실시)
목화 재배	공민왕 때 문익점이 목화씨를 들여와 목화 재배를 시작
『농상집요』	이암이 원의 농서인 『농상집요』를 소개

2) 수공업

고려 전기	관영 수공업과 소 수공업이 발달
↓	
고려 후기	민영 수공업과 사원 수공업이 발달

3) 상업

관영 상점	개경에는 시전, 대도시에는 관영 상점을 설치
경시서	시전의 상행위를 감시하기 위한 관청으로 경시서를 설치
화폐	• **건원중보**: 성종 때 만들어진 우리나라 최초의 철전 • **삼한통보 · 해동통보**: 숙종 때 의천의 건의로 주전도감에서 제작한 화폐 • **활구(은병)**: 우리나라 지형을 본떠 제작한 고가의 화폐

4) 대외 무역

벽란도	예성강 하류에 설치된 벽란도가 국제 무역항으로 발달
대외 무역	• **송과의 무역**: 왕실 · 귀족의 수요품을 수입하고 수공업품과 토산물을 수출 • **거란 · 여진과의 무역**: 은을 수입하고 농기구와 식량을 수출 • **일본과의 무역**: 수은 · 황 등을 수입하고 인삼 · 서적 등을 수출 • **아라비아와의 무역**: 수은 · 향료 등을 수입, 아라비아 상인들을 통하여 고려(Corea)의 이름이 서방에 알려짐

3 조선 전기

1) 농업

농서	『농사직설』(세종), 『금양잡록』(성종), 『구황촬요』(명종, 기근 대비책)

2) 수공업

관영 수공업	공장안에 등록된 기술자가 관청에 필요한 물품을 제작 · 공급
부역제의 해이	16세기 이후 부역제가 해이해지고 상업이 발전됨에 따라 관영 수공업이 쇠퇴

3) 상업

시전 상인	왕실이나 관청에 물품 공급의 대가로 특정 상품에 대한 독점 판매권인 금난전권 부여 → 육의전의 번성
경시서	시전 상인의 불법적인 상행위를 통제하기 위하여 경시서를 설치
장시	• 15세기 후반 지방에 등장하여 16세기 중엽 전국으로 확대 • 보부상이 판매와 유통을 확대

4) 대외 무역

명과의 무역	사신들이 왕래할 때 공무역과 사무역이 이루어짐
여진과의 무역	태종 때 무역소(경성 · 경원)를 통하여 교역
일본과의 무역	왜관(동래)을 중심으로 무역, 3포(부산포 · 염포 · 제포)를 개항

감 잡는 키워드 연표

자신감 UP! 기출 사료

1 다음 사료를 읽고 키워드에 형광펜 표시를 한 뒤, 관련된 시기를 써 보세요.

■■□□□

> ○ 주전도감에서 아뢰기를, "백성들이 비로소 동전 사용의 이로움을 알아 편리하게 여기고 있습니다."라고 하였다. 또한 이 해에 은병을 화폐로 삼았다. 은 1근으로 만들되 우리나라 지형을 본떠 만들었으며 속칭 활구라 하였다.
> ○ 저포, 은병으로 가치를 표준하여 교역하고 작은 일용품은 쌀로 가격을 계산하여 거래한다. 백성들은 그런 풍속에 익숙하여 편하게 여긴다.

(　　　　　　　　)

2 다음 사료를 읽고 키워드에 형광펜 표시를 한 뒤, 사료의 주제를 써 보세요.

■□□□□

> 명주의 정해현에서 순풍을 만나 3일이면 큰 바다 가운데로 들어가고, 다시 5일이면 흑산도에 도달하여 그 경계에 들어간다. 흑산도에서 섬들을 지나 7일이면 예성강에 이른다. …… 거기서 3일이면 연안에 닿는데, 벽란정(碧瀾亭)이라는 객관이 있다. 사신은 여기에서부터 육지에 올라 험한 산길을 40여 리쯤 가면 고려의 수도에 도달한다.
> －『송사』－

① (　　　　　　　　)

■□□□□

> 장보고가 귀국 후 왕을 알현하여, "온 중국이 우리나라 사람을 노비로 삼고 있습니다. 바라옵건대 청해에 진을 설치하여 해적이 사람을 중국으로 잡아가는 것을 막으십시오."라고 아뢰었다. 왕이 장보고에게 군사 1만 명을 주어서 지키게 하였다.

② (　　　　　　　　)

감 잡는 키워드 체크

1 **고려**, 주전도감, 은병, 활구
2 ① **벽란도**, 예성강, 벽란정(碧瀾亭), 고려 ② **장보고의 청해진 설치**, 장보고, 청해에 진, 해적

자신감 UP! 기출 선지

1 다음 선지를 읽고 키워드에 형광펜 표시를 한 뒤, 관련된 시기를 써 보세요.

■■■■■

① 청해진을 중심으로 해상 무역을 전개하다.
(　　　　　)

■■■■■

② 울산항, 당항성이 무역항으로 번성하였다.
(　　　　　)

■■■■■

③ 특산품으로 솔빈부의 말이 유명하였다.
(　　　　　)

■■■□□

④ 거란도, 영주도 등을 통해 주변국과 교역하였다.
(　　　　　)

■■□□□

⑤ 일본과 교역을 위해 부산포, 염포, 제포를 개항하였다.
(　　　　　)

■■■■■

⑥ 기근에 대비하기 위해『구황촬요』가 간행되었다.
(　　　　　)

2 다음 선지를 읽고 키워드에 형광펜 표시를 한 뒤, 관련된 왕을 써 보세요.

■■■□□

① 시장을 감독하기 위해 동시전을 설치하였다.
(　　　　　)

■■■■■

② 금속 화폐인 건원중보가 주조되었다.
(　　　　　)

■■■■■

③ 주전도감에서 해동통보를 만드는 장인
(　　　　　)

■■■■■

④ 활구라고 불리는 은병이 유통되었다.
(　　　　　)

감 잡는 키워드 체크

1 ① **통일 신라**, 청해진 ② **통일 신라**, 울산항, 당항성 ③ **발해**, 솔빈부의 말 ④ **발해**, 거란도, 영주도 ⑤ **조선**, 일본, 부산포, 염포, 제포 ⑥ **조선**, 기근에 대비,『구황촬요』
2 ① **지증왕**, 시장을 감독, 동시전 ② **(고려)성종**, 건원중보 ③ **(고려)숙종**, 주전도감, 해동통보 ④ **(고려)숙종**, 활구, 은병

조선 후기의 경제

1 농업

모내기법 확대	• 모내기법(이앙법)이 전국적으로 확대되면서 벼 · 보리의 이모작이 가능해짐 • 김매기에 필요한 노동력이 절감되면서 단위 면적당 생산력 증대, 1인당 경작지의 규모 확대 → 광작 유행
상품 작물 재배	• 인삼 · 면화 · 담배 · 고추 등의 상품 작물 재배가 확대됨 • 쌀의 상품화로 밭을 논으로 바꾸는 현상이 활발해짐
구황 작물 전래	고구마와 감자가 각각 일본과 청에서 전래

2 수공업

선대제	수공업자가 상인 물주에게 자금과 원료를 제공받아 물품을 생산하는 선대제가 유행
독립 수공업	18세기 후반 장인세를 내고 물품을 직접 판매하는 독립 수공업자가 등장

3 광업

1) 광산 정책

조선 초기	정부가 농민을 부역에 동원하여 광산을 직접 운영
⬇	
17세기	**설점수세제**: 효종 때 민간인의 광산 채굴을 허용하는 대신 세를 거둠
⬇	
18세기	민간 자본이 관청과 결탁하여 몰래 광산을 개발하는 잠채가 성행

2) 광산 경영

덕대	전문 경영인인 덕대가 물주의 자본을 조달받아 채굴업자와 채굴 · 제련 노동자를 고용하여 광산을 경영

감 잡는 키워드 연표

17c

조선

효종 ◀○▶ 설점수세제

18c

영조 ◀○▶ 고구마 전래

19c

감 잡는 키워드 연표

- 17c
- 조선
- 광해군 — 대동법 실시(경기 지역)
- 공인 등장
- 숙종 — 상평통보 유통(전국적)
- 18c
- 정조 — 신해통공 실시

4 상업

1) 사상의 성장

배경	**정조의 신해통공**: 육의전을 제외한 시전의 금난전권 폐지 → 사상(난전 상인)이 크게 성장
사상	17세기 후반 종루(종로 근처), 이현(동대문 안), 칠패(남대문 밖) 등지에 근거지를 마련하여 종래의 시전과 대립
대표적인 사상	• **경강상인(한양)**: 한강을 무대로 운송업에 종사 • **송상(개성)**: 인삼 재배 · 판매, 만상과 내상의 무역 활동 중계, 송방이라는 지점 설치 • **만상(의주)**: 대청 무역을 주도 • **내상(동래)**: 대일본 무역을 주도
공인	• 대동법의 실시로 등장 → 정부에서 공가를 받고 물품을 조달하는 어용 상인 • 도고(독점적 도매 상인)로 성장

2) 장시와 포구

장시	• 15세기 말 남부 지방에서 개설되기 시작, 18세기 중엽 전국적으로 확대 • **보부상의 활약**: 장시를 오가며 생산자와 소비자를 연결
포구	• **선상**: 선박을 이용해 물품 판매 → 전국의 포구를 하나의 유통망으로 연결 • **객주 · 여각**: 포구에서 상품의 매매 · 중개, 운송, 숙박, 금융 등의 업무를 담당

3) 화폐 경제의 발달

상평통보 유통	숙종 때 허적의 건의로 상평통보가 법화로 채택되어 전국적으로 유통
전황 발생	지주나 대상인들이 화폐를 재산 축적에 이용하여 유통 화폐가 부족해지는 현상인 전황이 발생
신용 화폐 등장	상품 화폐 경제가 진전되고 상업 자본이 성장하면서 환 · 어음 같은 신용 화폐가 등장

5 대외 무역

청과의 무역	• 개시(공무역), 후시(사무역)가 발달 • 만상(의주 상인)과 유상(평양 상인), 송상(개경 상인)이 활약
일본과의 무역	• 왜관(개시 · 후시)을 통한 무역이 활발 • 동래의 내상이 활약

자신감 UP! 기출 사료

1 다음 사료를 읽고 키워드에 형광펜 표시를 한 뒤, 관련된 시기를 써 보세요.

■■□□□

> 사행(使行)이 책문을 출입할 때에는 만상과 송상 등이 은과 인삼을 몰래 가지고 인부나 말 속에 섞여들어 물건을 팔아 이익을 꾀하였다. 되돌아올 때는 수레를 일부러 천천히 가게 하고 사신을 먼저 책문으로 나가게 하여 거리낄 것이 없게 한 뒤에 저희 마음대로 매매하고 돌아오는데 이것을 책문 후시라 한다.

① (　　　　　　　　　　　　　　　　)

■□□□□

> 선혜청 당상 민응수가 "지금 돈이 귀해진 것은 공가(公家)에서 거두어 숨겨 두고 부민(富民)들이 쌓아 두어 유통이 되지 않아서입니다. 만일 관가의 돈을 쌓아 두는 폐단을 없애고 민간의 돈을 유통시키는 효과가 있게 한다면, 전황(錢荒)의 폐단을 구할 수 있을 것입니다."라고 하였다. 임금이 말하기를, "더 주조하는 길밖에 다른 도리가 없으니, 후일 다시 의논하여 아뢰도록 하라."라고 하였다.

② (　　　　　　　　　　　　　　　　)

■□□□□

> 비변사에서 아뢰기를 "…… 우리나라는 물력(物力)이 부족하여 요역이 매우 무겁습니다. 매번 나라의 힘으로 채굴한다면, 노동과 비용이 많이 들어갑니다. 채은관(採銀官)에게 명해 광산을 개발한 이후 백성을 모집하여 [채굴할 것을] 허락하고 그로 하여금 세를 거두도록 하되 그 세금의 많고 적음은 [채은관이] 적당히 헤아려 정하게 한다면 관에서 힘을 들이지 않아도 세입이 저절로 많아질 것입니다. ……"라고 하니, 왕이 아뢴 대로 하라고 답하였다.

③ (　　　　　　　　　　　　　　　　)

감 잡는 키워드 체크

1 ① **조선 후기**, 사행(使行), 만상과 송상, 책문 후시 ② **조선 후기**, 선혜청, 돈이 귀해진 것은, 관가의 돈을 쌓아 두는 폐단, 전황(錢荒)의 폐단 ③ **조선 후기**, 비변사, 채굴, 채은관(採銀官), 광산, 백성을 모집, 세를 거두도록 하되

자신감 UP! 기출 선지

1 다음 선지를 읽고 키워드에 형광펜 표시를 해 보세요.

■■■■□

① (조선 후기) 송상이 전국 각지에 송방을 두었다.

■■■■■

② (조선 후기) 광산을 전문적으로 경영하는 덕대가 등장하였다.

■■■■□

③ (조선 후기) 장시에서 물품을 파는 보부상

■■■■■

④ (조선 후기) 구황 작물로 감자, 고구마를 널리 재배하였다.

■■■■■

⑤ (조선 후기) 인삼, 담배 등이 상품 작물로 재배되었다.

■■■■■

⑥ (조선 후기) 초량 왜관을 통해 일본과 교역하였다.

■■■■■

⑦ (조선 후기) 육의전을 제외한 시전 상인의 금난전권이 폐지되었다.

2 다음 선지를 읽고 키워드에 형광펜 표시를 한 뒤, 관련된 시기의 왕을 써 보세요.

■■■■□

① 상평통보가 발행되어 법화로 사용되었어요.
(　　　　　　　　)

■■□□□

② 민간의 광산 개발을 허용하는 설점수세제가 시행되었다.
(　　　　　　　　)

■■■■□

③ 시전 상인의 특권을 축소하는 신해통공이 단행되었다.
(　　　　　　　　)

감 잡는 키워드 체크

1 ① 송상, 송방 ② 광산, 덕대 ③ 장시, 보부상 ④ 구황 작물, 감자, 고구마 ⑤ 인삼, 담배, 상품 작물 ⑥ 초량 왜관, 일본 ⑦ 육의전을 제외한 시전 상인, 금난전권이 폐지

2 ① **(조선)숙종**, 상평통보, 법화 ② **효종**, 민간의 광산 개발을 허용, 설점수세제 ③ **정조**, 시전 상인의 특권을 축소, 신해통공

CHAPTER 03

사회

감 잡는 키워드 로드맵

고구려
제가 회의

고구려(고국천왕)
진대법

백제
부여씨, 8성의 귀족,
정사암 회의

신라
화백 회의, 골품제

신라(진흥왕)
화랑도 국가 조직화

고려
향 · 부곡 · 소

고려(태조)
흑창

고려(광종)
제위보

고려(성종)
의창

조선(정조)
서얼의 규장각 검서관 등용

조선(철종)
신해허통

조선(순조)
공노비 해방

꼭 알아두어야 할 키워드!

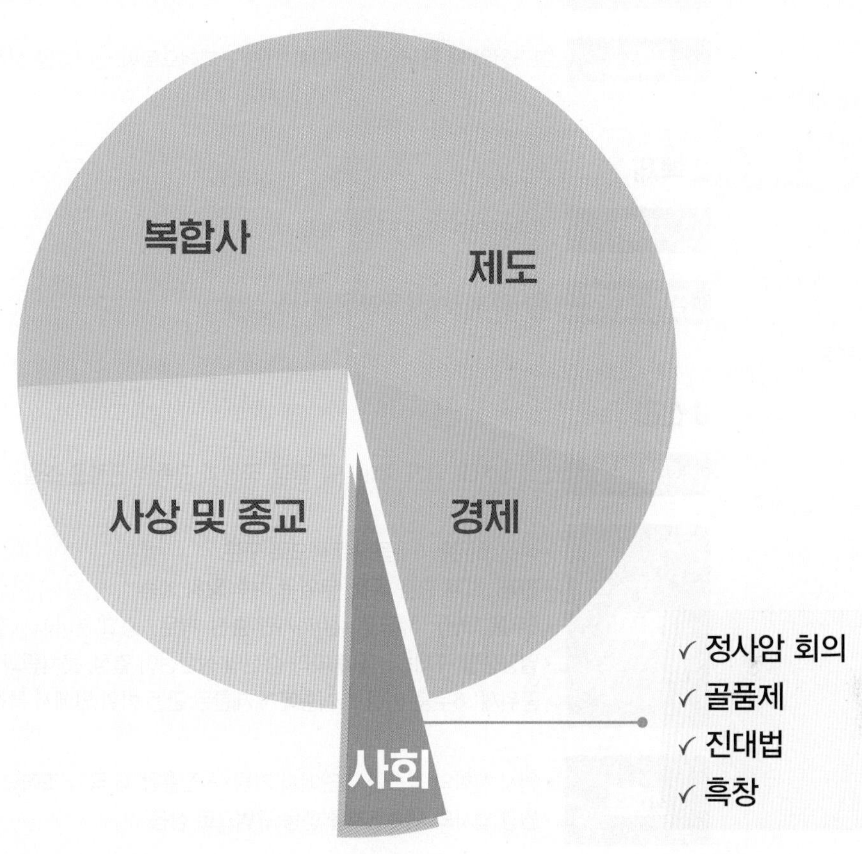

PART Ⅰ 챕터별 출제 비율 분석[68-51회]

학습 길잡이

CHAPTER 03 사회에서는 주제 11 고려~조선의 사회 모습의 출제 비율이 가장 높습니다. 이 챕터에서는 삼국 시대의 사회 모습, 고려 태조, 광종, 성종이 펼쳤던 사회 정책에 대해 묻는 문제가 집중적으로 출제되니 효율적으로 학습해야 합니다.

09 고대의 사회

감 잡는 키워드 연표

- 2c
- 고구려
- 고국천왕 ◀○▶ 진대법
- 6c
- 신라
- 진흥왕 ◀○▶ 화랑도의 국가 조직화

1 고구려

지배층	왕족인 고씨와 5부 출신의 귀족
제가 회의	제가 회의에서 국가 중대사를 결정
진대법	고국천왕 때 을파소의 건의로 빈민 구제책으로써 진대법을 실시

2 백제

지배층	왕족인 부여씨와 8성의 귀족
정사암 회의	정사암 회의에서 국가 중대사를 결정

3 신라

화백 회의	만장일치로 국가 중대사를 결정, 국왕과 귀족의 권력을 조절
골품제	• 성골, 6두품, 5두품, 4두품으로 구분 • **진골**: 고위 관등 독점, 무열왕 이후 왕위 계승 • **6두품(득난)**: 6등급(아찬)까지만 승진, 학문 · 종교 분야에서 활동, 당의 빈공과에 응시 • **일상생활 규제**: 골품에 따라 승진의 상한선이 결정, 옷차림과 집 · 수레의 크기까지 제한 • **중위제**: 6두품 이하의 계층에게 제한된 관등 범위 안에서 특진의 기회를 부여
화랑도	• 원시 사회의 청소년 집단에서 기원 → 진흥왕 때 국가 조직으로 확대 • 원광 법사의 세속 5계를 행동 규범으로 삼음

4 발해

지배층	왕족인 대씨, 귀족인 고씨 등 고구려계가 다수를 차지, 말갈계는 일부
피지배층	고구려에 편입된 말갈족이 대다수, 촌락 사회는 토착 세력이 통치

자신감 UP! 기출 사료

1 다음 사료를 읽고 키워드에 형광펜 표시를 한 뒤, 관련된 시기를 써 보세요.

■□□□□

> 왕의 성은 부여씨이고, [왕을] '어라하'라고 하며 백성들은 '건길지'라고 부른다. 모두 중국 말로 왕이라는 뜻이다. …… 도성에는 1만 가(家)가 거주하며 5부로 나뉘는데 상부 · 전부 · 중부 · 하부 · 후부라고 하며, 각각 5백 명의 군사를 거느린다. [지방의] 5방에는 각기 방령 1인을 두는데 달솔로 임명하고, 군에는 군장(郡將) 3인이 있으니 덕솔로 임명한다.

( )

감 잡는 키워드 체크

1 **백제**, 부여씨, 5부, 5방

자신감 UP! 기출 선지

1 다음 선지를 읽고 키워드에 형광펜 표시를 한 뒤, 관련된 시기를 써 보세요.

■■■■■

① 정사암 회의에서 국가 중대사를 논의하였다. ( )

■■■■■

② 왕족인 부여씨와 8성 귀족이 지배층을 이루었다. ( )

■■■■■

③ 골품에 따라 관등 승진에 제한이 있었다. ( )

■■■■■

④ 화랑도의 규범으로 세속 5계를 제시하였다. ( )

2 다음 선지를 읽고 키워드에 형광펜 표시를 한 뒤, 관련된 왕을 써 보세요.

■■■■■

① 을파소의 건의로 진대법을 실시하였다. ( )

■■■□□

② 국가적인 조직으로 화랑도를 개편하였다. ( )

감 잡는 키워드 체크

1 ① **백제**, 정사암 회의 ② **백제**, 부여씨, 8성 귀족 ③ **신라**, 골품, 관등 승진에 제한 ④ **신라**, 화랑도, 세속 5계
2 ① **고국천왕**, 을파소, 진대법 ② **진흥왕**, 국가적인 조직, 화랑도

고려~조선의 신분 제도

감 잡는 키워드 연표

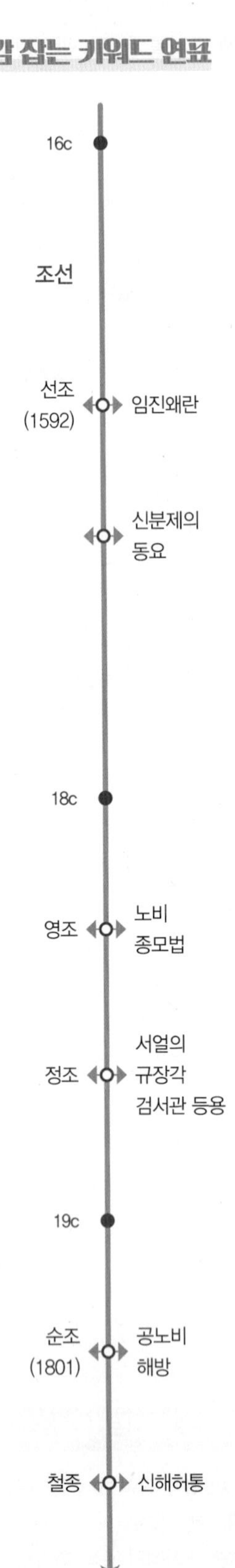

1 고려

구분	내용
귀족	왕족과 5품 이상 관료들로 구성, 음서와 공음전의 혜택을 받음
중류층	• 남반(궁중 실무 관리), 향리(지방 행정 실무 담당) 등으로 구성 • 고위 관직으로 진출이 어려움, 자손에게 신분을 세습
양민	• **백정**: 농업과 상공업에 종사, 조세 · 공납 · 역의 의무를 지님 • **향 · 부곡 · 소 주민**: 거주 이전의 자유가 제한, 백정보다 많은 세금을 부담
천민	대부분 노비이며 매매 · 상속 · 증여의 대상, 일천즉천

향리: 호장 · 부호장의 상층 향리와 하층 향리로 구성, 과거를 통하여 중앙 관리로 진출 가능

일천즉천: 부모 중 한 명이 노비이면 자식도 노비

2 조선 전기

구분	내용
양반	관료층이자 지주층, 과거 · 음서 · 천거로 관직을 독점, 국역이 면제됨
중인	• **서얼**: 양반 첩에게서 출생, 중인과 같은 신분적 처우, 문과 응시가 금지됨 • **서리, 향리, 기술관**: 직역 세습, 같은 신분끼리 혼인
상민	• 농민, 수공업자, 상인, 신량역천으로 구성 • 과거 응시 가능(실제적으로는 불가능)
천민	• 노비, 백정, 광대, 무당 등으로 구성 • **노비**: 매매 · 상속 · 양도 · 증여의 대상, 일천즉천

향리: 6방 소속, 아전화, 관인화 제한

신량역천: 신분은 양인이지만 천역을 담당하는 계층

백정: 도살업 종사자

3 조선 후기: 신분제의 동요

구분	내용
양반층의 분화	• 일부 양반에게 권력이 집중되면서 몰락 양반이 증가 • 권반(권력을 잡은 양반), 향반(향촌에서 위세를 유지하는 양반), 잔반(몰락한 양반)으로 분화
서얼	• 임진왜란 이후 납속책, 공명첩을 통해 관직에 진출 • 정조 때 유득공, 이덕무, 박제가 등 서얼 출신이 규장각 검서관으로 등용 • 철종 때 서얼들의 청요직 통청 요구를 수용(1851, 신해허통)
기술직 중인	• 철종 때 대규모 소청(통청) 운동을 전개하였으나 실패 • 시사(詩社)를 조직
상민	납속책, 공명첩 및 족보 매매 · 위조 등을 이용하여 양반 신분 획득
노비	• 도망, 납속책, 군공을 통해 신분 상승, 영조 때 노비 종모법을 실시 • **공노비 해방**(1801): 순조 때 중앙 관서의 공노비를 해방시킴

노비 종모법: 자식의 신분은 어머니에 따라 결정

자신감 UP! 기출 사료

1 고려의 신분 구조

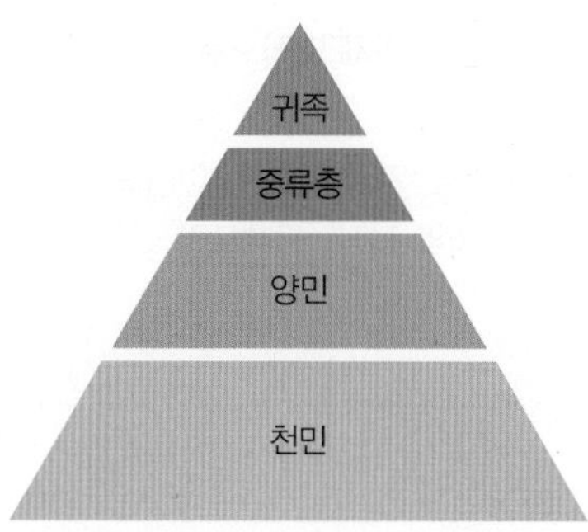

2 조선의 신분 구조

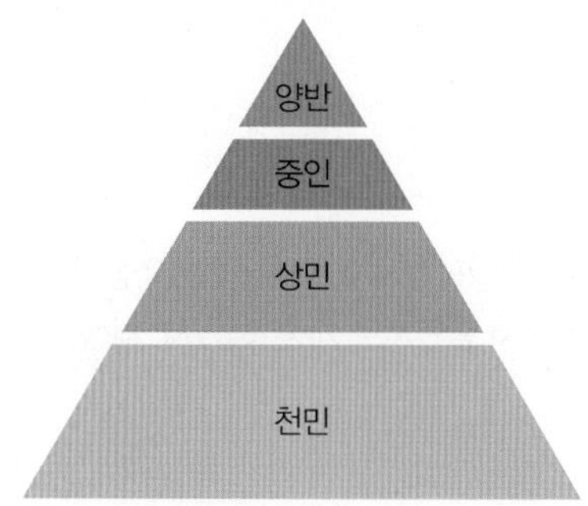

자신감 UP! 기출 선지

1 다음 선지를 읽고 키워드에 형광펜 표시를 한 뒤, 관련된 시기와 신분을 써 보세요.

■■■□□

① 공음전을 경제적 기반으로 삼았다.

( )

■■□□□

② 조선 후기에 통청 운동으로 청요직 진출을 시도하였다.

( )

■■□□□

③ 조선 순조 때 궁방과 중앙 관서에 소속된 6만여 명이 해방되었다.

( )

2 다음 선지를 읽고 키워드에 형광펜 표시를 한 뒤, 관련된 시기를 써 보세요.

■■□□□

① 특수 행정 구역인 소의 주민들이 차별을 받았다.

( )

■■□□□

② 서얼 출신 학자들이 검서관에 등용되었다.

( )

감 잡는 키워드 체크

1 ① **고려**, **귀족**, 공음전 ② **조선**, **서얼**, **기술직 중인**, 조선 후기, 통청 운동, 청요직 진출 ③ **조선**, **노비**, 조선 순조, 궁방과 중앙 관서에 소속, 해방

2 ① **고려**, 특수 행정 구역, 소의 주민, 차별 ② **조선 후기**, 서얼, 검서관

고려~조선의 사회 모습

감 잡는 키워드 연표

- 10c
- 고려
- 태조 — 흑창 설치
- 광종 — 제위보 설치
- 16c
- 조선
- 선조 (1592) — 임진왜란
- 향전 발생

1 고려

구분	내용
향도	불교의 신앙 조직(매향 활동, 불상 제작)에서 농민 공동체 조직으로 발전
사회 제도	• **빈민 구제**: 흑창(태조) → 의창(성종), 제위보(광종, 기금 마련 뒤 이자로 빈민 구제) • **의료 시설**: 동 · 서 대비원(환자 진료), 혜민국(의약 전담), 구제도감 · 구급도감(재해 시 임시 기관) • **기타**: 상평창(물가 조절)
가족 제도	• 연령순으로 호적에 등재, 여성도 호주 가능 • 자녀 균분 상속, 자녀 윤회 봉사 (조상의 제사를 여러 자녀가 나누어 맡음) • 사위와 외손자에게도 음서 혜택 부여 • 자유로운 재가를 허용

2 조선 전기

구분	내용
사회 제도	• **빈민 구제**: 환곡제(의창과 물가 조절 기구인 상평창에서 운영), 양반 중심의 사창 제도 운영 • **의료 시설**: 동 · 서 대비원 → 세조 때 동 · 서 활인서로 개칭, 혜민서, 제생원
가족 제도	• 부계와 모계가 함께 영향을 끼침 • 자녀 균분 상속, 자녀 윤회 봉사 • 재가녀의 자손은 문과 응시를 금지

3 조선 후기

1) 가족 제도

구분	내용
부계 중심	• 부계 중심의 가족 제도 • 장남이 제사를 주도하고 아들이 없는 경우 양자를 입양, 장남을 중심으로 재산 상속 • 과부의 재가를 금지

2) 향촌 질서의 변화

구분	내용
향전의 발생	• 신분제가 변동하여 신향(양반층으로 상승한 부농)이 등장, 양반의 향촌 지배력이 약화됨 • 향촌 지배권을 두고 신향과 구향(전통 사족)이 대립이 벌어짐

↓

구분	내용
관권의 강화	• 수령과 향리의 권한이 강화 • 향회는 수령의 세금 부과 자문 기구로 전락

자신감 UP! 기출 사료

1 다음 사료를 읽고 키워드에 형광펜 표시를 한 뒤, 관련된 시기를 써 보세요.

■□□□□

우리 태조께서 흑창을 두어 가난한 백성에게 진대(賑貸)하게 하셨다. 지금 백성들이 점차 늘어나고 있는데 저축한 바는 늘어나지 않았으니, 미(米) 1만 석을 더하고 이름을 의창(義倉)으로 고친다. 또한 모든 주와 부에도 각각 의창을 설치하도록 하라.

(　　　　　　　　)

감 잡는 키워드 체크 ✓

1 고려, 태조, 흑창, 진대(賑貸), 의창(義倉)

자신감 UP! 기출 선지

1 다음 선지를 읽고 키워드에 형광펜 표시를 한 뒤, 관련된 시기의 왕을 써 보세요.

■■■■■

① 빈민 구제 기관인 흑창을 설치하였다.

(　　　　　　　　)

■■■□□

② 기금을 모아 그 이자로 빈민을 구제하는 제위보를 운영하였다.

(　　　　　　　　)

감 잡는 키워드 체크 ✓

1 ① **(고려)태조**, 흑창 ② **광종**, 제위보

CHAPTER 04

사상 및 종교

감 잡는 키워드 로드맵

신라(법흥왕)
이차돈의 순교

신라
혜초의
『왕오천축국전』

통일 신라(진성 여왕)
최치원의
시무책 10여 조

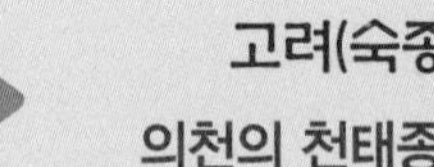

고려(숙종)
의천의 천태종 개창

고려(문종)
최충의 9재 학당

고려(무신 정권 시기)
지눌의
『권수정혜결사문』

고려(무신 정권 시기)
혜심의
『선문 염송집』

조선(선조)
김장생의
『가례집람』

조선(숙종)
정제두의 강화 학파

조선(영조)
홍대용의
『의산문답』

조선(정조)
정약용의
거중기 설계

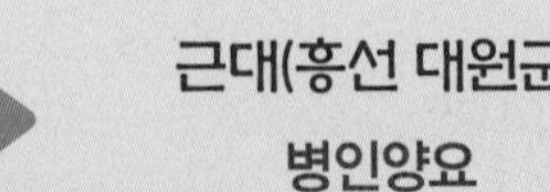

근대(흥선 대원군)
병인양요

꼭 알아두어야 할 키워드!

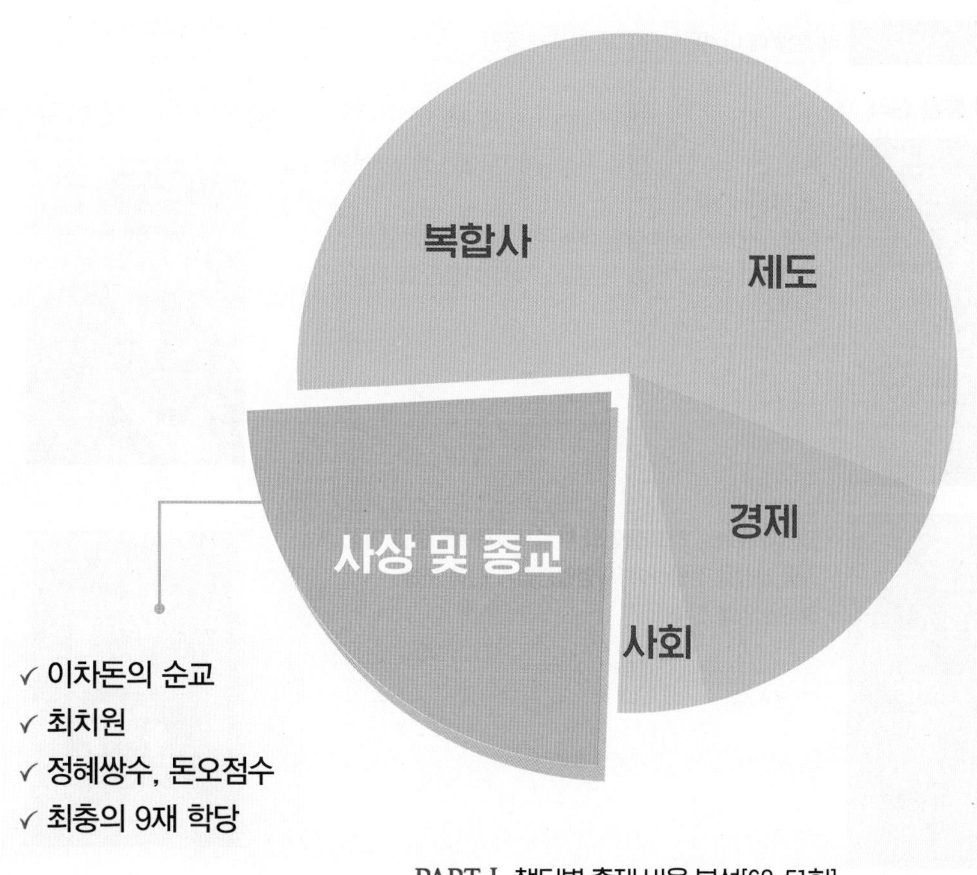

PART Ⅰ 챕터별 출제 비율 분석[68-51회]

학습 길잡이

CHAPTER 04 사상 및 종교에서는 주제 12 불교의 출제 비율이 가장 높습니다. 고대의 승려인 원효, 의상, 고려의 의천, 지눌, 혜초가 최다 출제되는 인물이며, 이들의 활동을 묻는 문제가 출제됩니다. 시대별 승려들의 활동을 집중적으로 학습해야 합니다.

12 불교

감 잡는 키워드 연표

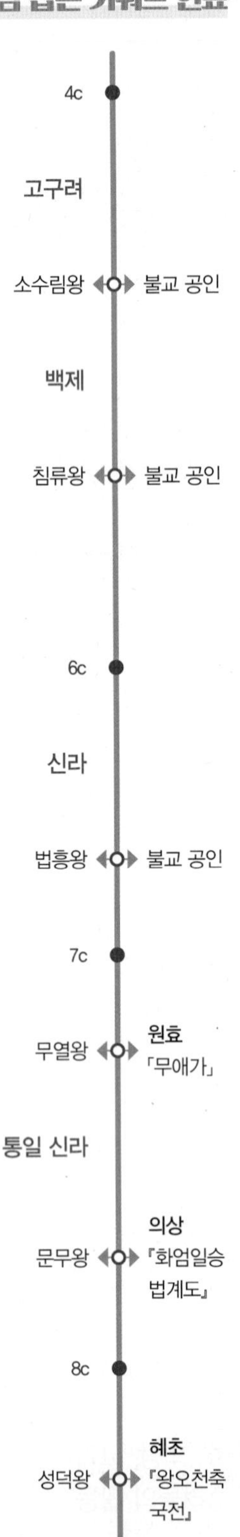

1 고대

1) 삼국

구분	내용
고구려	소수림왕 때 전진의 순도에 의해 불교가 공인
백제	침류왕 때 동진의 마라난타에 의해 불교가 공인
신라	법흥왕 때 이차돈의 순교로 불교가 공인

2) 통일 신라

구분	내용
원효	• **통일 전**: 아미타 신앙(나무아미타불만 외우면 극락왕생할 수 있다)을 주장하며 「무애가」를 전파하여 불교 대중화에 기여 • 화쟁 사상과 일심 사상을 내세우며 불교 종파를 통합 • 『금강삼매경론』, 『대승기신론소』, 『십문화쟁론』을 저술 
의상	• 당에서 유학을 하고 들어와 부석사에서 화엄종을 개창 • 화엄 사상을 정립하여 『화엄일승법계도』를 저술 • 관음 신앙을 전파(현세의 고난을 구제받고자 하는 신앙) 
혜초	인도와 서역을 순례하여 『왕오천축국전』을 저술
선종의 유행	참선을 중시, 호족의 후원으로 9산 선문을 성립

2 고려

1) 숭불 정책

태조	훈요 10조에서 연등회 · 팔관회의 성대한 개최를 당부
광종	승과 제도와 국사 · 왕사 제도를 정비
성종	최승로의 시무 28조를 수용하여 연등회와 팔관회를 중지

2) 승려

균여	귀법사를 창건, 「보현십원가」를 통해 불교 교리를 대중에게 전파
의천 (고려 문종의 아들)	• 교관겸수 주장 (이론의 연마(교)와 함께 실천(관)을 강조) • 국청사를 중심으로 해동 천태종을 창시하여 교종을 중심으로 선종을 통합하고자 노력 • 흥왕사에 교장도감을 설치하여 『교장』과 『신편제종교장총록』(송 · 요 · 일본의 불교 주석서 목록집)을 제작
지눌	• 순천 송광사를 중심으로 수선사(정혜) 결사 운동(승려 본연의 자세로 돌아가자)을 전개하여 불교 개혁을 주장 • 정혜쌍수(선을 중심으로 교종을 포용하자)와 돈오점수(단번에 깨닫고 꾸준히 실천하자)를 주장하여 선종을 중심으로 교종을 통합
요세	**백련 결사 운동**: 자신의 행동을 진정으로 참회하는 법화 신앙을 내세움
혜심	유불 일치설을 주장, 심성의 도야를 강조, 『선문 염송집』(당부터 북송 대까지 승려들의 선무공안을 모아 편찬한 불교서)을 편찬

감 잡는 키워드 연표

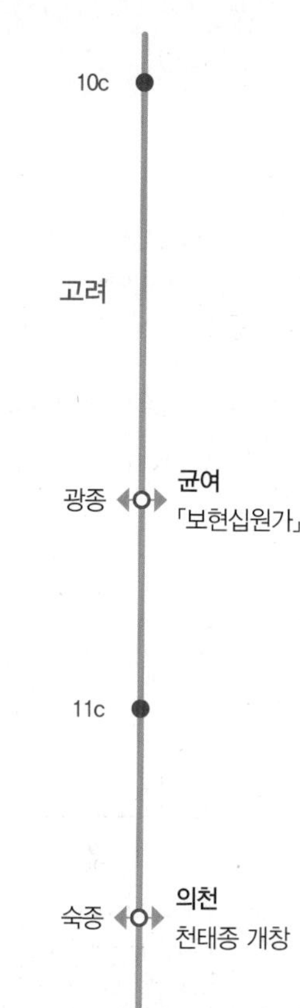

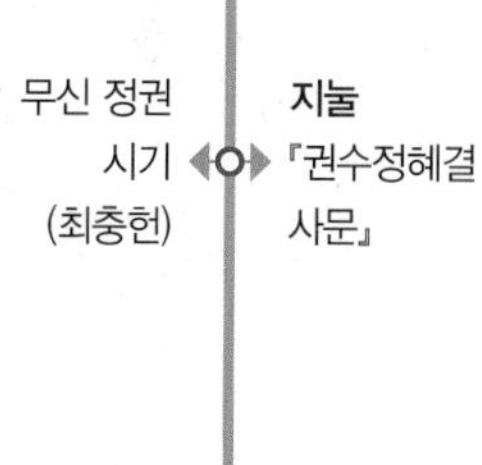

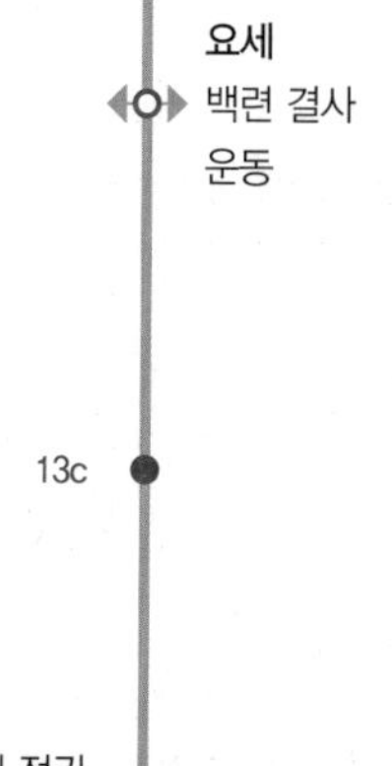

자신감 UP! 기출 사료

1 다음 사료를 읽고 핵심 키워드에 형광펜 표시를 한 뒤, (가)에 들어갈 알맞은 말을 써 보세요.

■□□□□

> (가) 은/는 화엄 사상의 요지를 정리한 『화엄일승법계도』를 저술하였다. 또한 부석사를 비롯한 여러 사원을 건립하였고, 현세의 고난에서 구제받고자 하는 관음 신앙을 강조하였다.

① (　　　　　　　　　　)

■□□□□

> (가) 은/는 문종의 아들로 태어나 11세에 출가하였다. 31세에 송으로 건너가 고승들과 불법을 토론하고 불교 서적을 수집하여 귀국하였다. 국청사를 중심으로 천태종을 창시하였으며, 교선 통합을 사상적으로 뒷받침하기 위해 교관겸수를 제창하였다.

② (　　　　　　　　　　)

■□□□□

> (가) 은/는 12세에 출가하였다. 수행상의 제약을 넘어서기 위해서는 천태의 교리에 의지해야 한다는 깨달음을 얻었다. 법화 신앙을 바탕으로 강진 만덕사에서 백련 결사를 결성하였다.

③ (　　　　　　　　　　)

감 잡는 키워드 체크

1 ① **의상**, 화엄 사상, 『화엄일승법계도』, 부석사, 관음 신앙 ② **의천**, 문종의 아들, 송으로 건너가, 국청사, 천태종, 교선 통합, 교관겸수 ③ **요세**, 법화 신앙, 백련 결사

자신감 UP! 기출 선지

1 다음 선지를 읽고 키워드에 형광펜 표시를 한 뒤, 관련된 승려의 이름을 써 보세요.

■■■■□

①「무애가」를 지어 불교 대중화에 기여하였다.
(　　　　　　　　)

■■■■■

② 인도와 중앙아시아를 순례하고 『왕오천축국전』을 남기다.
(　　　　　　　　)

■■□□□

③ 불교 개혁을 주장하며 수선사 결사를 제창하였다.
(　　　　　　　　)

■■■■■

④ 정혜쌍수와 돈오점수를 수행 방법으로 제시하였다.
(　　　　　　　　)

■■■□□

⑤ 불교 경전에 대한 주석서를 모아 『교장』을 편찬하였다.
(　　　　　　　　)

■■■□□

⑥ 『선문 염송집』을 편찬하고 유불 일치설을 제창하였다.
(　　　　　　　　)

2 다음 선지를 읽고 키워드에 형광펜 표시를 한 뒤, 관련된 시기를 써 보세요.

■■■■■

① 이차돈의 순교를 계기로 불교를 공인하였다.
(　　　　　　　　)

■■■□□

② 동진에서 온 마라난타를 통해 불교를 수용하였다.
(　　　　　　　　)

감 잡는 키워드 체크

1 ① **원효**, 「무애가」, 불교 대중화 ② **혜초**, 『왕오천축국전』 ③ **지눌**, 수선사 결사 ④ **지눌**, 정혜쌍수, 돈오점수 ⑤ **의천**, 『교장』 ⑥ **요세**, 『선문 염송집』, 유불 일치설

2 ① **신라**, 이차돈의 순교, 불교를 공인 ② **백제**, 동진, 마라난타, 불교를 수용

13 유학

1 고대: 통일 신라

김대문	진골 출신, 『화랑세기』·『고승전』·『한산기』를 저술
6두품 출신	• **강수**: 외교 문서인 『청방인문표』를 작성 (문무왕 때 당에 억류되어 있던 무열왕의 아들 김인문을 석방해 줄 것을 청한 문서) • **설총**: 이두 정리, 『화왕계』 저술 (이두: 한자의 음과 훈으로 우리말을 표기하는 방식) • **최치원**: 당의 빈공과에 급제, 귀국 후 진성 여왕에게 시무책 10여 조 건의

2 고려

1) 유학의 발달

최승로의 시무 28조	성종이 최승로의 시무 28조를 수용하여 유교 정치사상을 확립
⬇	
최충의 9재 학당	문종 때 최충이 9재 학당을 설치하고 해동공자로 칭송받음
⬇	
김부식의 『삼국사기』	김부식이 유교적 합리주의 사관에 입각하여 『삼국사기』를 저술
⬇	
안향의 성리학	원 간섭기 충렬왕 때 안향이 성리학을 소개

2) 성리학의 도입

이제현	만권당에서 원의 학자와 교류하며 안향이 도입한 성리학을 심화시킴
⬇	
이색	공민왕 때 성균관 대사성이었던 이색이 정몽주, 정도전 등을 가르쳐 성리학을 더욱 확산시킴
⬇	
영향	신진 사대부가 현실 사회의 모순을 개혁할 사상으로 성리학을 수용

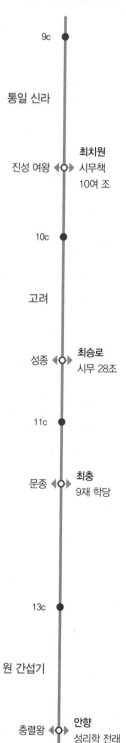

감 잡는 키워드 연표

- 9c
- 통일 신라
- 진성 여왕 ◆ **최치원** 시무책 10여 조
- 10c
- 고려
- 성종 ◆ **최승로** 시무 28조
- 11c
- 문종 ◆ **최충** 9재 학당
- 13c
- 원 간섭기
- 충렬왕 ◆ **안향** 성리학 전래

감 잡는 키워드 연표

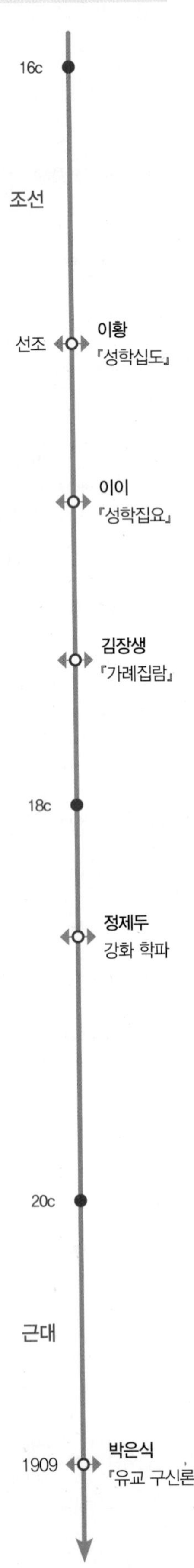

3 조선

1) 성리학의 발달

이황	• 영남학파(동인)가 형성되어 주리(理)론을 수립 • 일본 성리학의 발전에 영향을 끼침 • 기대승과 사단칠정 논쟁을 전개 • 예안 향약을 실시하여 향촌 교화를 위해 노력 • 『주자서절요』, 『성학십도』를 저술 (군주의 덕을 도식으로 설명)
이이	• 기호학파가 형성되어 주기(氣)론을 성립 • 해주 향약을 실시하여 향촌 교화를 위해 노력 • 『동호문답』, 『성학집요』를 저술
예학의 발달	성리학 이론을 윤리 강령으로 구체화, 김장생의 『가례집람』

2) 성리학의 변화

성리학의 절대화	인조반정 이후 송시열을 중심으로 명분론이 강화되면서 주자 중심의 성리학을 절대화함
탈성리학	• **윤휴**: 주자와는 다르게 성리학을 독자적으로 해석 • **박세당**: 『사변록』에서 주자의 학설을 비판하여 서인(노론)으로부터 사문난적으로 몰림

3) 호락 논쟁

의미	18세기에 심성론에 대한 관심이 증대되면서 노론 내부에서 논쟁이 전개
호론	• 충청도 지역의 노론 • 인물성이론(인간과 사물의 본성은 다르다) → 위정척사 사상으로 계승
낙론	• 서울 · 경기 지역의 노론 • 인물성동론(인간과 사물의 본성은 같다) → 북학파 · 개화사상에 영향을 끼침

4) 양명학의 수용

정제두	• 18세기 초 체계적으로 양명학을 연구하며 강화 학파를 형성 • 지행합일(知行合一), 치양지(致良知)의 실천을 강조

4 근대

박은식	『유교 구신론』을 저술하여 유교의 개혁을 주장하면서 양명학을 강조

자신감 UP! 기출 사료

1 다음 사료를 읽고 핵심 키워드에 형광펜 표시를 한 뒤, 주제를 써 보세요.

■□□□□

> 유 · 불 · 도 삼교(三敎)는 각자 업(業)으로 삼아 수행하는 바가 있으니, 섞어서 하나로 할 수는 없습니다. 부처의 가르침을 행하는 것은 수신(修身)의 근본이요, 유교의 가르침을 행하는 것은 나라를 다스리는 근원이니, 수신은 다음 생을 위한 바탕이 되고, 나라를 다스리는 것은 곧 오늘날에 힘쓸 일입니다. 오늘날은 지극히 가깝고 다음 생은 지극히 먼 것인데, 가까운 것을 버리고 먼 것을 구한다면 이는 잘못된 것이 아니겠습니까.

① (　　　　　　　　　　)

■□□□□

> 제6도 심통성정도(心統性情圖) 중에서 하도(下圖)는 이(理)와 기(氣)를 합하여 말한 것이니, …… 예를 들면 사단(四端)의 정은 이가 발하고 기가 따르니, 본래 순선(純善)하여 악이 없으나, 반드시 이의 발함이 온전하게 이루어지기 전에 기에 가려진 연후에야 선하지 않게 됩니다. 칠정(七情)은 기가 발하고 이가 그것에 타는 것이니, 역시 선하지 않음이 없으나, 만약 기가 발하는 것이 절도에 맞지 않으면 그 이를 멸하게 되어 악이 됩니다.

② (　　　　　　　　　　)

감 잡는 키워드 체크

1 ① **최승로의 시무 28조**, 유교의 가르침, 나라를 다스리는 근원 ② **이황과 기대승의 사단칠정 논쟁**, 사단(四端)의 정, 칠정(七情)

자신감 UP! 기출 선지

1 다음 선지를 읽고 키워드에 형광펜 표시를 해 보세요.

■■■■□

① 최승로가 시무 28조를 건의하였다.

■■■■■

② 최충이 9재 학당을 설립하여 유학을 교육하였다.

2 다음 선지를 읽고 키워드에 형광펜 표시를 한 뒤, 관련된 유학자의 이름을 써 보세요.

■■■■■

① 외교 문서인 「청방인문표」를 작성하다.
(　　　　　　)

■■■■■

② 진성 여왕에게 시무책 10여 조를 올리다.
(　　　　　　)

■■□□□

③ 왕명에 의해 『삼국사기』를 편찬하였다.
(　　　　　　)

■■■□□

④ 향촌의 풍속 교화를 위해 예안 향약을 시행하였다.
(　　　　　　)

■■□□□

⑤ 군주가 수양해야 할 덕목과 지식을 담은 『성학집요』를 집필하였다.
(　　　　　　)

■■■■■

⑥ 예학을 조선의 현실에 맞게 정리한 『가례집람』을 지었다.
(　　　　　　)

■■■■■

⑦ 양명학을 연구하여 강화 학파를 형성하였다.
(　　　　　　)

감 잡는 키워드 체크

1 ① 최승로, 시무 28조 ② 최충, 9재 학당
2 ① **강수**, 「청방인문표」 ② **최치원**, 진성 여왕, 시무책 10여 조 ③ **김부식**, 『삼국사기』 ④ **이황**, 예안 향약 ⑤ **이이**, 『성학집요』 ⑥ **김장생**, 예학, 『가례집람』 ⑦ **정제두**, 양명학, 강화 학파

실학

감 잡는 키워드 연표

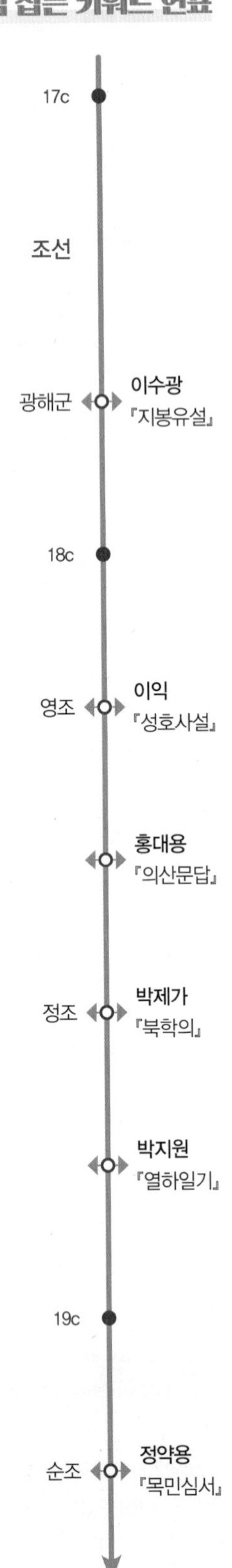

1 실학의 등장

배경	17~18세기 사회 · 경제적 변동에 따른 사회 모순을 해결하기 위해 대두
이수광	• 실학의 선구자 • 『지봉유설』을 저술하여 『천주실의』를 소개

2 농업 중심의 개혁론

특징	남인 중심, 토지 제도 개혁을 통한 자영농의 육성을 추구
유형원	• 『반계수록』을 저술하여 균전론을 주장 • **균전론**: 자영농 육성을 위해 신분에 따라 균일하게 토지를 차등 배분
이익	(노비 제도, 과거 제도, 양반 문벌 제도, 사치와 미신, 승려, 게으름) • 『성호사설』을 저술하여 나라를 좀먹는 6가지 폐단(6좀)을 지적 • 『곽우록』을 저술하여 한전론을 주장 • **한전론**: 자영농 육성을 위해 생계에 필요한 일정 규모의 토지인 영업전의 매매를 금지 • **폐전론**: 화폐의 폐단을 지적
정약용	• 『목민심서』(지방 행정 개혁안), 『경세유표』(중앙 행정 개혁안)를 저술 • **여전론**: 토지 공동 소유 · 경작, 노동량에 따른 분배 주장 → 이후 현실에 맞게 정전제 실시 주장 • 배다리를 설계하고 『기기도설』을 참고하여 거중기를 제작

3 상업 중심의 개혁론

특징	서울 노론 중심, 상공업의 진흥과 기술의 혁신, 청의 문물 수용을 주장
유수원	『우서』를 저술하여 사농공상의 직업적 평등과 전문화를 주장
홍대용	(허자와 실옹의 문답 형식) • 『의산문답』을 저술하여 지전설과 무한 우주론을 주장, 중국 중심 세계관을 비판 • 『담헌서』를 저술하여 「임하경륜」을 통해 과거제 철폐를 주장 • 천문 관측 기구인 혼천의를 제작
박제가	• 『북학의』를 저술하여 수레와 선박의 이용을 주장 • 생산의 자극을 위한 소비를 권장(우물에 비유) • 서얼 출신으로 정조 때 규장각 검서관으로 등용
박지원	(연행사를 따라 청에 다녀온 후 쓴 기행문) • 『열하일기』를 저술하여 수레 · 선박 및 화폐 유통의 필요성을 강조 • 「양반전」, 「허생전」을 저술하여 양반 사회의 모순을 비판

자신감 UP! 기출 사료

1 다음 사료를 읽고 핵심 키워드에 형광펜 표시를 한 뒤, 관련된 실학자를 써 보세요.

■□□□□

실옹이 웃으며 말하기를, "…… 대저 땅덩이는 하루 동안에 한 바퀴를 도는데, 땅 둘레는 9만 리이고 하루는 12시이다. 9만 리 넓은 둘레를 12시간에 도니 번개나 포탄보다도 더 빠른 셈이다."라고 하였다.

① (　　　　　　　　)

■□□□□

허생이 말하기를, "우리 조선은 배가 외국과 통하지 못하고, 수레가 국내에 두루 다니지 못하는 까닭에 온갖 물건이 나라 안에서 생산되어 소비되곤 하지 않나. …… 어떤 물건 하나를 슬그머니 독점한다면, 그 물건은 한 곳에 갇혀서 유통되지 못하니 이는 백성을 못살게 하는 방법이야."라고 하였다.

② (　　　　　　　　)

감 잡는 키워드 체크

1 ① **홍대용**, 실옹, 땅덩이는 하루 동안에 한 바퀴를 도는데 ② **박지원**, 허생, 배, 수레

자신감 UP! 기출 선지

1 다음 선지를 읽고 키워드에 형광펜 표시를 한 뒤, 관련된 실학자를 써 보세요.

■■■□□

① 양반의 허례와 무능을 풍자한 「양반전」을 저술하였다.

(　　　　　　　　)

■■□□□

② 『열하일기』에서 수레와 선박의 필요성을 강조하다.

(　　　　　　　　)

■■■□□

③ 『북학의』에서 절약보다 적절한 소비를 권장하였다.

(　　　　　　　　)

■■■■■

④ 『의산문답』에서 중국 중심의 세계관을 비판하였다.

(　　　　　　　　)

■■□□□

⑤ 『곽우록』에서 토지 매매를 제한하는 한전론을 주장하였다.

(　　　　　　　　)

■■□□□

⑥ 『경세유표』를 집필하여 국가 제도의 개혁 방향을 제시하였다.

(　　　　　　　　)

■■■■■

⑦ 『기기도설』을 참고하여 거중기를 설계하였다.

(　　　　　　　　)

감 잡는 키워드 체크

1 ① **박지원**, 양반의 허례와 무능, 「양반전」 ② **박지원**, 『열하일기』, 수레와 선박의 필요성 ③ **박제가**, 『북학의』, 절약보다 적절한 소비 ④ **홍대용**, 『의산문답』, 중국 중심의 세계관을 비판 ⑤ **이익**, 『곽우록』, 토지 매매를 제한, 한전론 ⑥ **정약용**, 『경세유표』, 국가 제도의 개혁 방향 ⑦ **정약용**, 『기기도설』, 거중기

천주교

감 잡는 키워드 연표

- 18c
- 조선
- 정조 1791 신해박해
- 19c
- 순조 1801 신유박해
- 1866 병인박해
- 병인양요

1 조선 후기

1) 천주교의 전래

서학	17세기에 중국 왕래 사신에 의해 서학으로 포교
이수광	『지봉유설』에서 마테오리치의 『천주실의』를 소개 (천주실의: 천주교 교리서)

2) 천주교의 확산

남인의 수용	18세기 후반 남인 계열 실학자가 신앙으로 받아들임
이승훈	청에서 서양 신부에게 세례를 받고 돌아옴
교리	인간 평등, 내세 사상 등의 교리가 백성들에게 인기를 얻어 확산

3) 천주교 탄압

박해의 이유	조상에 대한 제사를 거부, 인간 평등 사상하에 신분 질서를 부정
신해박해 (1791)	• 정조 때 윤지충과 권상연이 조상의 신주를 불태운 사건 • 윤지충과 권상연을 처형, 천주교를 사교로 규정
신유박해 (1801)	• 순조 즉위 후 노론이 집권하면서 남인을 탄압하면서 천주교도를 처형 • 이승훈을 처형, 정약용을 강진으로 유배보냄 • **황사영 백서 사건**: 황사영이 서양인 선교사에게 보낸 편지가 발각되면서 신유박해가 심화됨

2 근대

병인박해 (1866)	프랑스 신부와 수천 명의 천주교 신도가 처형됨
병인양요 (1866)	• **원인**: 병인박해 때 프랑스 선교사를 처형 • **경과**: 로즈 제독이 이끄는 프랑스 함대가 강화도에 침입 → 문수산성에서 한성근 부대, 정족산성에서 양헌수 부대가 프랑스군 격퇴 • **결과**: 프랑스 함대가 퇴각하면서 외규장각을 불태우고 의궤를 약탈 (의궤: 박병선 작가 등의 노력으로 2011년에 조건부 반환받음)
조불 수호 통상 조약 (1886)	조선과 프랑스가 조약을 맺어 천주교의 포교권을 인정
애국 계몽 운동	애국 계몽 운동에 참여하여 고아원과 교육 기관을 설립

자신감 UP! 기출 사료

1 다음 사료를 읽고 키워드에 형광펜 표시를 한 뒤, 관련된 사건을 써 보세요.

■□□□□

> 전라도 관찰사 정민시가 [진산의] 죄인 윤지충과 권상연에 대한 조사 결과를 아뢰었다. "…… 근래에 그들은 평소 살아 계신 부모나 조부모처럼 섬겨야 할 신주를 태워 없애면서도 이마에 진땀 하나 흘리지 않았으니 정말 흉악한 일입니다. 제사를 폐지한 일은 오히려 부차적입니다."

① (　　　　　　　　　　)

■■□□□

> 북경 주재 프랑스 공사가 청에 보내온 문서에 의하면, "조선에서 프랑스 주교 2명 및 선교사 9명과 조선의 많은 천주교 신자가 처형되었다. 이에 제독에게 요청하여 며칠 안으로 군대를 일으키도록 할 것이다."라고 되어 있습니다.

② (　　　　　　　　　　)

■■□□□

> 매우 가난하게 보이는 강화도에서 각하에게 보내드릴 만한 것은 아무것도 없습니다. 그러나 조선 임금이 소유하고 있지만 거처하지 않는 저택의 도서관에는 매우 중요한 서적이 많이 소장되어 있습니다. 세심하게 공들여 꾸며진 340권을 수집하였으며 기회가 되는 대로 프랑스로 보내겠습니다.
>
> – G. 로즈 –

③ (　　　　　　　　　　)

감 잡는 키워드 체크

1 ① **신해박해**, 진산, 윤지충, 권상연, 신주를 태워 없애, 제사를 폐지 ② **병인박해**, 프랑스, 선교사, 천주교 신자가 처형 ③ **병인양요**, 강화도, 도서관, 서적, 프랑스로 보내, 로즈

자신감 UP! 기출 선지

1 다음 선지를 읽고 키워드에 형광펜 표시를 해 보세요.

■■□□□

① 이수광이 『지봉유설』에서 『천주실의』를 소개하였다.

■■□□□

② 신유박해로 많은 천주교도가 처형되었다.

■■□□□

③ 병인박해로 천주교 선교사와 신자들이 처형되었다.

■■□□□

④ (조불 수호 통상 조약) 프랑스와 조약을 체결하여 천주교 포교가 허용되었다.

2 다음 선지를 읽고 키워드에 형광펜 표시를 한 뒤, 관련된 사건을 써 보세요.

■■■□□

① 황사영이 외국 군대의 출병을 요청하는 백서를 작성하였다. (　　　　　)

■■■□□

② 양헌수 부대가 정족산성에서 적군을 물리쳤다. (　　　　　)

■■■■□

③ 외규장각 도서가 약탈되는 결과를 가져왔다. (　　　　　)

감 잡는 키워드 체크

1 ① 이수광, 『지봉유설』, 『천주실의』 ② 신유박해 ③ 병인박해 ④ 프랑스와 조약, 천주교 포교가 허용
2 ① **신유박해(황사영 백서 사건)**, 황사영, 백서 ② **병인양요**, 양헌수 부대, 정족산성 ③ **병인양요**, 외규장각 도서, 약탈

CHAPTER 05

복합사

감 잡는 키워드 로드맵

조선
경희궁(서궐)

▶

조선(선조)
임진왜란 중
송상현의 순절(부산)

▶

조선(정조)
『발해고』(유득공)

▶

조선(철종)
『금석과안록』(김정희)

▼

근대(흥선 대원군)
신미양요(강화도, 초지진, 덕진진, 광성보)

근대(동학 농민 운동)
전주 화약(전주)

일제 강점기
서전서숙
(북간도)

일제 강점기
조선 형평사
(진주)

일제 강점기
조선 혁명 간부 학교
(김원봉)

일제 강점기
조선 의용대
(김원봉)

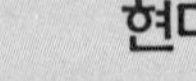

현대
제1 · 2차 미소 공동 위원회
(덕수궁)

현대
남북 협상
(김구, 김규식)

꼭 알아두어야 할 키워드!

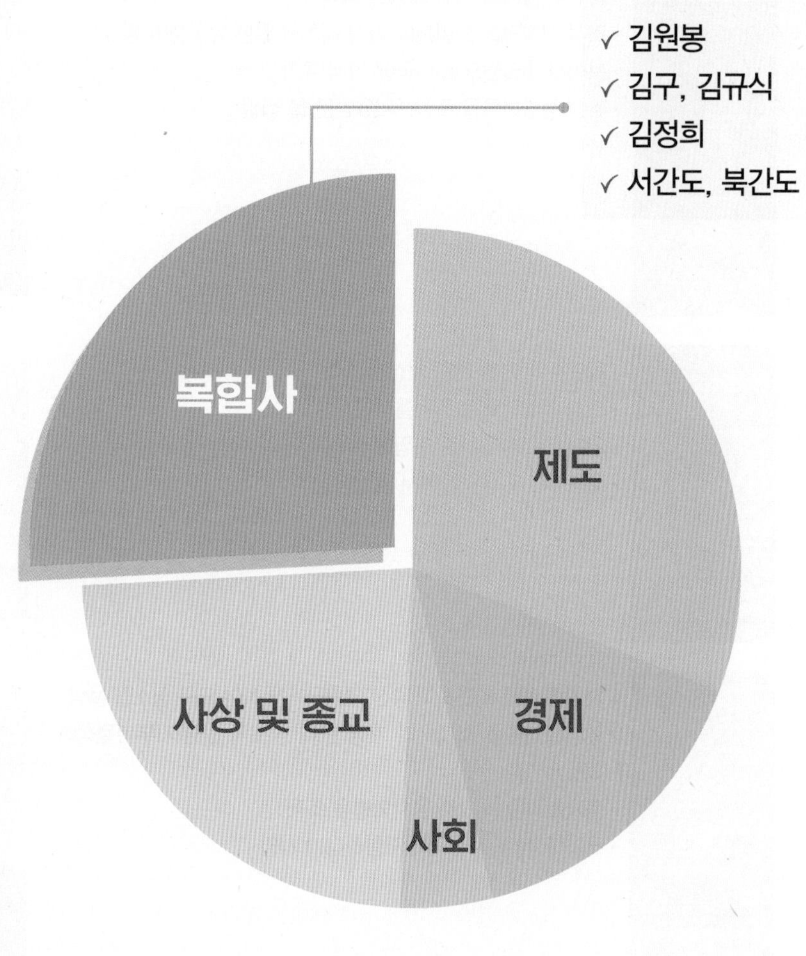

PART Ⅰ 챕터별 출제 비율 분석[68-51회]

학습 길잡이

CHAPTER 05 복합사에서는 주제 16 근현대 주요 인물의 출제 비율이 가장 높습니다. 인물을 소개하는 제시문이 어렵고 복잡해 보일 수 있으나 중요 키워드만 찾아낸다면 어떤 인물인지 알 수 있습니다. 또한, 정답 선지가 쉽게 출제되는 편이기에 겁먹지 않고 차근차근 푼다면 맞출 수 있습니다.

16 근현대 주요 인물

감 잡는 키워드 연표

- 19c
- 근대
- 1885 거문도 사건
- **유길준** 조선 중립화론
- 1894 **김옥균** 갑신정변
- 20c
- 1905 을사조약
- 1906 **최익현** 을사의병
- 1907 한일 신협약(정미 7조약)
- 1909 **안중근** 이토 히로부미 사살

1 근대

인물	내용	사진
유길준	• 박규수 등에게 개화 사상을 습득 • 조사 시찰단으로 일본에 가서 최초의 일본 유학생이 됨 • 보빙사의 일원으로 미국에 가서 유학 • 조선 중립화론을 주장, 『서유견문』을 집필	
김옥균	• 박규수 등에게 개화 사상을 습득 • 조사 시찰단으로 일본을 시찰 • 일본으로부터 차관 도입에 실패하자 갑신정변을 주도 • 홍종우에게 상하이에서 암살당함	
최익현	• 서원 철폐를 비판하며 흥선 대원군에게 하야 요구 상소를 올림 • 왜양일체론을 내세우며 개항 반대 상소를 올림(지부복궐척화의소) • 을사조약을 계기로 을사의병을 조직 • 쓰시마 섬에 유배되어 저항하다가 사망	
안중근	• 연해주로 건너가 의병 운동을 전개 • 단지회라는 비밀 결사를 조직 • 하얼빈에서 이토 히로부미를 사살 • 뤼순 감옥에서 『동양평화론』을 저술	

2 일제 강점기~현대

김원봉

- 길림에서 의열단을 조직
- 황푸 군관 학교에 입소
- 조선 의용대를 편성, 조선 혁명 간부 학교를 설립
- 임시 정부에 합류하여 한국 광복군 부사령관에 취임

김구

- 3 · 1 운동 후 상하이로 망명
- 상하이에서 한인 애국단을 조직
- 대한민국 임시 정부 주석으로 취임
- 신탁 통치 반대 운동을 전개
- 남한만의 단독 선거에 반대하며 김규식과 함께 남북 협상을 주도

여운형

- 신한 청년당을 창당
- 대한민국 임시 정부의 수립을 주도
- 조선 건국 동맹을 결성
- 안재홍과 함께 조선 건국 준비 위원회를 결성
- 김규식과 좌우 합작 운동을 전개

이승만

- 대한민국 임시 정부의 대통령을 역임
- 1925년 탄핵으로 대한민국 임시 정부 대통령에서 면직된 후 구미 위원회에서 활동
- **정읍 발언**: 정읍에서 단독 정부 수립을 주장
- 대한민국 초대 대통령으로 선출됨
- 4 · 19 혁명으로 하야

감 잡는 키워드 연표

- 20c
- 일제 강점기
- 1919 3 · 1 운동
- **김원봉** 의열단
- 1931 **김구** 한인 애국단
- 1944 **여운형** 조선 건국 동맹
- 현대
- 1945 8 · 15 광복
- 1946 제1차 미소 공동 위원회 결렬
- **이승만** 정읍 발언
- 1946~1947 **여운형** 좌우 합작 운동

자신감 UP! 기출 사료

1 다음 사료를 읽고 키워드에 형광펜 표시를 한 뒤, (가)에 들어갈 말을 써 보세요.

■□□□□

> 최익현이 상소를 올려 (가) 의 잘못을 탄핵하기를, "만약 그 지위가 아닌데도 국정에 관여하는 자는 단지 그 지위와 녹을 중요하게 여기기 때문입니다."라고 하였다. 왕은 너그러운 비답을 내려 특별히 그를 호조 참판에 발탁하고 총애하였다.

① (　　　　　　　　　　　　　　　　　　　)

■□□□□

> 우리는 조국 흥망의 관두(關頭)*에서 이 위기를 극복하기 위해 오직 민족 자결 원칙에 의하여 조국의 남북통일과 민주 독립을 촉진해야겠다. 우리 민족자주연맹 중앙집행위원회는 (가) 선생과 김규식 박사의 제안에 의하여 실현되는 남북 정치 협상을 전적으로 지지하며, 아울러 그 성공을 위하여 적극적으로 협력할 것을 결의한다.
>
> *관두: 가장 중요한 지점

② (　　　　　　　　　　　　　　　　　　　)

2 다음 사료를 읽고 키워드에 형광펜 표시를 한 뒤, 주제를 써 보세요.

■■■□□

> 김옥균이 일본 공사 다케조에에게 국왕의 호위를 위해 일본군이 필요하다고 요청하였다. 그는 호위를 요청하는 국왕의 친서가 있으면 투입하겠다고 약속하였다. 친서는 박영효가 전달하기로 합의하였다. 다케조에는 조선에 주둔한 청군 1천 명이 공격해 들어와도 일본군 1개 중대면 막을 수 있다고 장담하였다.

(　　　　　　　　　　　　　　　　　　　)

감 잡는 키워드 체크

1 ① **흥선 대원군**, 최익현, 상소, 탄핵 ② **김구**, 남북통일, 김규식, 남북 정치 협상
2 **갑신정변**, 김옥균, 일본 공사 다케조에, 일본군, 박영효

자신감 UP! 기출 선지

1 다음 선지를 읽고 키워드에 형광펜 표시를 한 뒤, 관련된 인물을 써 보세요.

■■□□□
① 조선 중립화론을 건의하였다.
(　　　　　　　)

■■□□□
② 하얼빈에서 이토 히로부미를 사살하였다.
(　　　　　　　)

■■■■□
③ 조선 혁명 간부 학교를 세워 독립군을 양성하였다.
(　　　　　　　)

■■■□□
④ 중국 국민당과 협력하여 조선 의용대를 창설하였다.
(　　　　　　　)

■■□□□
⑤ 상하이에서 한인 애국단을 조직하였다.
(　　　　　　　)

■■■□□
⑥ 분단을 막기 위해 남북 협상에 참석하였다.
(　　　　　　　)

■■□□□
⑦ 일제 패망과 광복에 대비하여 조선 건국 동맹을 결성하였다.
(　　　　　　　)

■■□□□
⑧ 좌우 합작 위원회가 출범하였다.
(　　　　　　　)

감 잡는 키워드 체크

1 ① **유길준**, 조선 중립화론 ② **안중근**, 하얼빈, 이토 히로부미 ③ **김원봉**, 조선 혁명 간부 학교 ④ **김원봉**, 중국 국민당, 조선 의용대 ⑤ **김구**, 상하이, 한인 애국단 ⑥ **김구**, **김규식**, 남북 협상 ⑦ **여운형**, 조선 건국 동맹 ⑧ **여운형**, 좌우 합작 위원회

17 주요 지역 1

1 간도

조선	• 숙종 때 청과의 국경 확정 후 백두산정계비 건립(1712) • 19세기 후반 토문강 해석 문제로 조 · 청 간 영유권 분쟁 발생
근대	• 간도 관리사(이범윤)를 파견하여 행정 구역으로 편입 • 일본과 청의 간도 협약으로 청의 영토로 인정(1909)
일제 강점기	• **서간도**: 경학사, 신흥 무관 학교 설립, 간도 참변 • **북간도**: 서전서숙, 명동학교, 중광단, 간민회, 북로 군정서 설립

2 평양

고대	• 백제 근초고왕이 평양성을 공격하여 고국원왕을 전사시킴 • 고구려 장수왕의 남진 정책하에 평양 천도 진행
고려	묘청의 서경 천도 운동의 근거지
조선	조명 연합군의 평양성 탈환(임진왜란)
근대	제너럴 셔먼호 사건(1866, 박규수 주도)
일제 강점기	조선 물산 장려회 조직(조만식), 강주룡의 을밀대 농성

3 개성

고대	후고구려의 수도(송악)
고려	고려의 수도, 만적의 난 발생지(무신 정권 시기)
조선	송상의 주요 활동 지역(조선 후기, 송방 설치)
현대	6 · 25 휴전 회담 개최지, 6 · 15 남북 공동 선언(2000, 개성 공단 설치 합의)

4 원산

조선	덕원 원산장(조선 후기 대표 장시)
근대	원산 학사(최초의 근대적 사립 학교)
일제 강점기	원산 총파업(1929)의 발생지

5 강화도

고려	몽골의 침입 당시 천도(1232), 삼별초의 항쟁지(배중손)
조선	• 정묘호란 당시 인조의 피란지 • 병인양요(정족산성), 신미양요(초지진, 덕진진, 광성보)의 발생지

감 잡는 키워드 연표

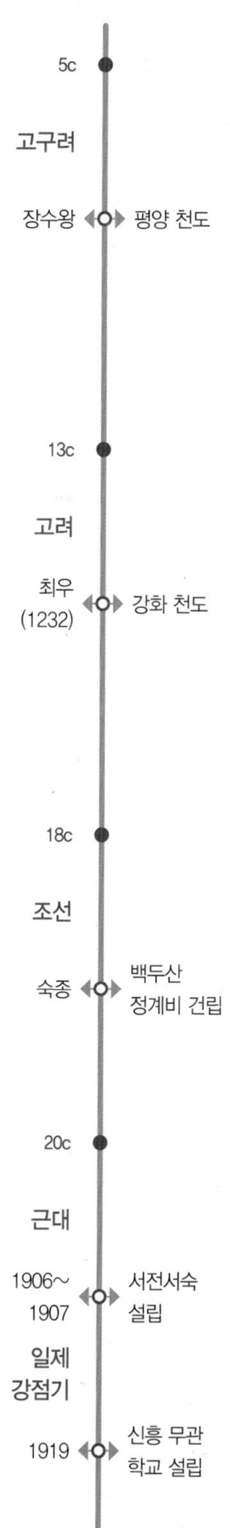

감 잡는 키워드 연표

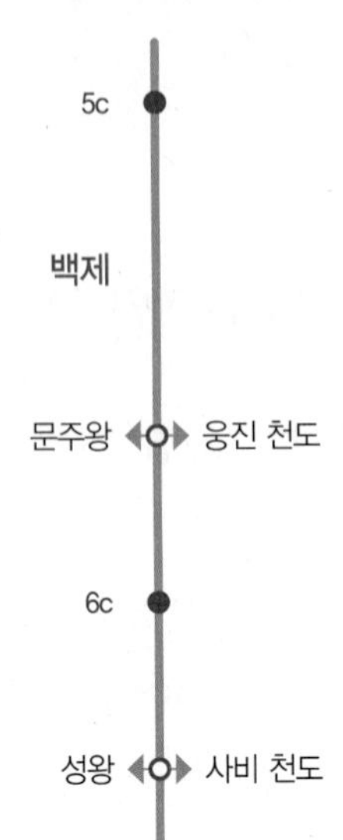

6 서울

선사	서울 암사동 유적지(신석기 시대 움집)
고대	신라 진흥왕의 북한산 순수비 건립
조선	조선의 도읍지(정도전이 한양의 기본 계획을 수립, 한성부)
조선의 궁궐	• **경복궁**: 왜란 시 소실되었다가 흥선 대원군의 주도로 재건, 근정전을 정전으로 함 • **창덕궁**: 태종 때 건설, 후원에는 왕실 도서관인 규장각 설치 • **창경궁**: 일제 때 창경원으로 격하, 동물원 설치 • **덕수궁(경운궁)**: 왜란 이후 선조가 이궁으로 건설, 인목 대비가 광해군에 의해 유폐, 석조전에서 제1 · 2차 미소 공동 위원회가 개최됨 • **경희궁(경덕궁)**: 광해군 때 완성, 서궐이라 불림
일제 강점기	강우규의 일본 사이토 총독 폭탄 투척 사건

7 충주

고대	충주 고구려비(고구려의 한강 유역 확보)
고려	김윤후의 충주성 전투
조선	임진왜란 당시 신립의 충주 탄금대 전투

8 공주

선사	석장리 유적(남한 최초로 발굴된 구석기 유적지)
고대	• 백제 문주왕의 웅진 천도(475) • 백제 역사 유적 지구, 공주 송산리 고분군, 무령왕릉(벽돌무덤)
고려	명학소 망이 · 망소이의 난 발생지(무신 정권 시기)
근대	동학 농민 운동 당시 우금치 전투(1894)

9 부여

선사	송국리 유적지(청동기 시대 탄화미 발견)
고대	백제 성왕의 사비(부여) 천도

10 전주

고대	후백제의 도읍지(견훤, 900)
고려	전주 관노의 난
조선	경기전(태조의 어진, 『조선왕조실록』의 사고)
근대	동학 농민 운동 당시 전주 화약 체결(1894)

11 안동

고대	고려와 후백제의 고창(안동) 전투
고려	홍건적의 침입 당시 공민왕의 피난처(안동 놋다리밟기 유래)
조선	도산 서원(퇴계 이황 제향), 하회 마을(유네스코 세계 문화유산)

자신감 UP! 기출 사료

1 다음 사료를 읽고 핵심 키워드에 형광펜 표시를 한 뒤, (가)에 들어갈 알맞은 말을 써 보세요.

■□□□□

> 고구려 병사는 비록 물러갔으나 성이 파괴되고 왕이 죽어서 [문주가] 왕위에 올랐다. …… 겨울 10월, (가) 으로 도읍을 옮겼다.
>
> –『삼국사기』–

(　　　　　　　　　　)

2 다음 사료를 읽고 핵심 키워드에 형광펜 표시를 한 뒤, 관련된 지역을 써 보세요.

■■□□□

> 진무사 정기원의 장계에, "초지와 덕진을 제대로 지키지 못한 것도 저의 불찰인데, 광성보에서는 군사가 다치고 장수가 죽었으니 저의 죄가 더욱 큽니다."라고 하였다. 이에 전교하기를, "병가의 승패는 늘 있는 일이다. 저 흉측한 무리들이 지금 다소 물러가기는 했으나 목전의 방비를 더욱 소홀히 할 수 없다."라고 하였다.

(　　　　　　　　　　)

감 잡는 키워드 체크

1 **웅진(공주)**, 문주, 도읍을 옮겼다
2 **강화도**, 초지와 덕진, 광성보

자신감 UP! 기출 선지

1 다음 선지를 읽고 키워드에 형광펜 표시를 한 뒤, 관련된 지역을 써 보세요.

■■■■□

① 동학 농민군과 정부 사이에 화약이 체결된 곳이다.
(　　　　　　)

■■□□□

② 강우규가 일본 총독에게 폭탄을 던진 장소
(　　　　　　)

■■■■■

③ 서전서숙을 설립하여 민족 교육을 실시하였다.
(　　　　　　)

■■■■■

④ 독립군 양성을 위한 신흥 무관 학교가 설립되었다.
(　　　　　　)

2 다음 선지를 읽고 키워드에 형광펜 표시를 한 뒤, 관련된 궁의 이름을 써 보세요.

■■□□□

① 인목 대비가 광해군에 의해 유폐된 장소이다.
(　　　　　　)

■■■□□

② 도성 내 서쪽에 있어 서궐이라고 불렸다.
(　　　　　　)

■■□□□

③ 제1차 미소 공동 위원회가 개최되었다.
(　　　　　　)

■■□□□

④ 일제에 의해 동물원 등이 설치되었다.
(　　　　　　)

■■□□□

⑤ 후원에 왕실 도서관인 규장각이 있었다.
(　　　　　　)

감 잡는 키워드 체크

1 ① **전주**, 동학 농민군, 정부, 화약 ② **서울**, 강우규, 일본 총독, 폭탄 ③ **북간도**, 서전서숙 ④ **서간도**, 신흥 무관 학교
2 ① **덕수궁(경운궁)**, 인목 대비, 광해군, 유폐 ② **경희궁(경덕궁)**, 서궐 ③ **덕수궁**, 제1차 미소 공동 위원회 ④ **창경궁**, 일제, 동물원 ⑤ **창덕궁**, 후원, 규장각

18 주요 지역 2

감 잡는 키워드 연표

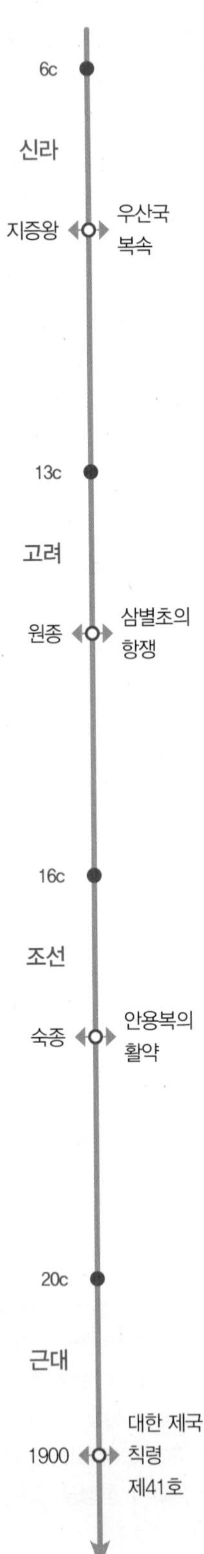

1 부산

선사	부산 동삼동 유적(신석기 시대 유적)
조선	• 왜관 설치, 내상의 주요 활동 지역 • 임진왜란 중 송상현과 정발의 순절
일제 강점기	의열단원 박재혁의 부산 경찰서 투탄(1920)
현대	• 6 · 25 전쟁 중 임시 수도, 발췌 개헌 단행 • 부마 민주 항쟁(1979)

2 진주

조선	• 임진왜란 당시 진주 대첩(김시민) • 임술 농민 봉기(1862)
일제 강점기	조선 형평사 창립(1923)

3 제주도

선사	제주 한경 고산리 유적(신석기 시대 유적)
고려	• 김통정이 이끄는 삼별초가 항파두리성에서 항쟁(무신 정권 시기) • 탐라총관부 설치(원 간섭기)
조선	• 광해군과 김정희의 유배지 • 네덜란드인 벨테브레이와 하멜의 표류지 • 거상 김만덕의 선행 지역
현대	4 · 3 사건(1948, 남한만의 단독 선거 반대 투쟁)

4 독도

고대	신라 지증왕 때 이사부의 우산국(울릉도, 독도) 복속
조선	• 『세종실록지리지』에 독도 기록 • 숙종 때 안용복이 일본 에도 막부로부터 울릉도와 독도가 우리 영토임을 확인받음
근대	• **대한 제국 칙령 제41호**: 울릉도를 울도군으로 승격하고 독도가 우리 영토임을 선포 • **일본의 시마네현 고시**: 러일 전쟁 중 불법적 영토 편입(1905) • **일본의 태정관 문서**: 독도와 울릉도를 조선 영토로 인정
현대	**연합국 최고 사령관 각서**: 독도를 일본 영토에서 제외(1946)

기출 사료

1 다음 사료를 읽고 키워드에 형광펜 표시를 한 뒤, 관련된 지역을 써 보세요.

■□□□□

> 부사 송상현은 왜적이 바다를 건넜다는 소식을 듣고 지역 주민과 군사 그리고 이웃 고을의 군사를 모두 불러 모아 성에 들어가 지켰다. …… 성이 포위당하자 상현이 성의 남문에 올라가 전투를 독려하였으나 한나절 만에 성이 함락되었다. 상현은 갑옷 위에 조복(朝服)*을 입고 의자에 앉아 움직이지 않았다. …… 적이 모여들어 생포하려고 하자 상현이 발로 걷어차면서 항거하다가 마침내 해를 입었다.
>
> *조복(朝服): 관원이 조정에 나아가 하례할 때 입던 예복

(　　　　　　　　　　)

2 다음 사료를 읽고 키워드에 형광펜 표시를 한 뒤, 주제를 써 보세요.

■■□□□

> 왜장이 군사 수만 명을 모두 동원하여 진주성을 포위하였는데 성 안의 군사는 3천여 명이었다. 진주 목사 김시민이 여러 성첩을 나누어 지키게 하였다. …… 10여 일 동안 4~5차례 큰 전투를 벌이면서 안팎에서 힘껏 싸웠으므로 적이 먼저 도망하였다.

(　　　　　　　　　　)

감 잡는 키워드 체크

1 **부산**, 송상현, 왜적
2 **진주 대첩(임진왜란)**, 왜장, 진주성, 김시민

자신감 UP!

기출 선지

1 다음 선지를 읽고 키워드에 형광펜 표시를 한 뒤, 관련된 지역을 써 보세요.

■■□□□

① 조선 형평사 창립 총회가 개최된 곳이다.

(　　　　　　)

■■□□□

② 박재혁이 경찰서에서 폭탄을 터뜨리는 의거를 일으켰어요.

(　　　　　　)

■■□□□

③ 러일 전쟁 때 일본이 불법으로 자국 영토로 편입하였다.

(　　　　　　)

감 잡는 키워드 체크

1 ① **진주**, 조선 형평사 ② **부산**, 박재혁, 경찰서, 폭탄 ③ **독도**, 러일 전쟁, 일본, 불법, 자국 영토로 편입

19 주요 역사서

감 잡는 키워드 연표

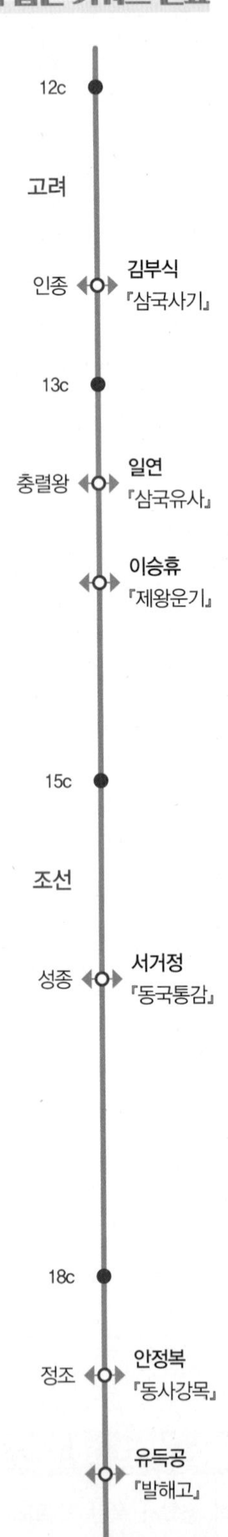

1 고려

『삼국사기』	• 현존하는 우리나라 최고(最古) 역사서 • 김부식이 유교적 합리주의 사관에 입각하여 기전체로 서술 (└ 본기, 열전, 연표, 잡지 등으로 구성)
『동명왕편』	• 이규보가 고구려 건국 시조 주몽의 일대기를 서사시로 표현 • 문집 『동국이상국집』에 수록
『해동고승전』	각훈이 삼국 시대 승려들의 일대기를 저술
『삼국유사』	• 일연이 불교사를 중심으로 고대의 민간 설화를 수록 • 고조선의 건국 이야기를 수록 • 왕력(王歷), 기이(紀異), 흥법(興法), 탑상(塔像), 의해(義解) 등 9편목으로 구성
『제왕운기』	이승휴가 단군~충렬왕의 역사를 서사시로 표현
『사략』	이제현이 성리학적 유교 사관에 입각하여 저술

2 조선

1) 조선 전기

고려사 정리	『고려사』는 기전체, 『고려사절요』는 편년체로 고려 역사를 정리
『조선왕조 실록』	• 춘추관 실록청에서 사관의 사초와 시정기를 바탕으로 편찬 • 태종~철종의 역사를 편년체로 정리 • 4대 사고에 보관
『동국통감』	서거정이 고조선~고려의 역사를 편년체로 정리

2) 조선 후기

『동사강목』	안정복이 고조선~고려의 역사를 강목체로 서술
『발해고』	• 유득공이 저술 • 남북국이라는 용어를 처음으로 사용, 발해를 우리 역사의 일부로 편입
『연려실기술』	이긍익이 기사 본말체로 조선의 사회와 문화를 실증적 · 객관적으로 서술
『금석과안록』	김정희는 북한산비가 진흥왕 순수비임을 밝힘

기출 사료

1 **다음 사료를 읽고 키워드에 형광펜 표시를 한 뒤, 관련된 역사서를 써 보세요.**

■□□□□

> 우리 해동의 삼국도 역사가 오래되었으니 마땅히 책을 써야 합니다. 그러므로 폐하께서 이 늙은 신하에게 편찬하도록 하셨습니다. 폐하께서 이르시기를, "삼국은 중국과 통교하였으므로 『후한서』나 『신당서』에 모두 삼국의 열전이 있지만, 상세히 실리지 않았다. 우리의 옛 기록은 빠진 사실이 많아 후세에 교훈을 주기 어렵다. 그러므로 뛰어난 역사서를 완성하여 물려주고 싶다."라고 하셨습니다.

① (　　　　　　　　)

■□□□□

> 옛 성인은 예악으로 나라를 일으켰고 인의로 가르침을 폈으니 괴력난신은 말하지 않았다. 그러나 제왕이 일어날 때는 반드시 보통 사람과 다른 점이 있었고, 그러한 후에야 제왕의 지위를 얻고 대업을 이루었다. …… 그러므로 삼국의 시조가 모두 신이한 데서 나왔다고 해서 무엇이 괴이하다고 하겠는가. 이것이 책 머리편에 기이편이 실린 까닭이다.

② (　　　　　　　　)

■□□□□

> 옛날에 고씨가 북쪽에 살면서 고구려라 하였고, 부여씨가 서남쪽에 살면서 백제라 하였으며, 박 · 석 · 김씨가 동남쪽에 살면서 신라라고 하였으니, 이것이 삼국이다. 그러니 마땅히 삼국사가 있어야 할 것이다. …… 부여씨가 망하고 고씨가 망하니 김씨가 그 남쪽 땅을 차지하고 대씨가 그 북쪽 땅을 차지하여 발해라 하였다. 이것을 남북국이라 한다. 그러니 마땅히 남북국사가 있어야 한다.

③ (　　　　　　　　)

감 잡는 키워드 체크

1 ① **『삼국사기』**, 해동의 삼국, 이 늙은 신하 ② **『삼국유사』**, 괴력난신, 삼국의 시조, 기이편 ③ **『발해고』**, 고씨, 발해, 남북국

자신감 UP!

기출 선지

1 **다음 선지를 읽고 키워드에 형광펜 표시를 한 뒤, 관련된 인물을 써 보세요.**

■■□□□

① 승려들의 전기를 정리하여 『해동고승전』을 편찬하였다.
(　　　　　　　　)

■■■■■

② 『금석과안록』에서 북한산비가 진흥왕 순수비임을 고증하였다.
(　　　　　　　　)

■■■■■

③ 『발해고』에서 남북국이라는 용어를 처음 사용하였다.
(　　　　　　　　)

2 **다음 선지를 읽고 키워드에 형광펜 표시를 한 뒤, 관련된 역사서를 써 보세요.**

■■□□□

① 현존하는 우리나라 최고(最古)의 역사서이다.
(　　　　　　　　)

■■□□□

② 본기, 열전 등 기전체 형식으로 서술되었다.
(　　　　　　　　)

■■■□□

③ 고구려 시조의 일대기가 서사시로 표현되었다.
(　　　　　　　　)

■■□□□

④ 불교사를 중심으로 민간 설화 등을 수록하였다.
(　　　　　　　　)

■■■■■

⑤ 사초와 시정기를 바탕으로 편찬되었다.
(　　　　　　　　)

감 잡는 키워드 체크

1 ① **각훈**, 승려들의 전기, 『해동고승전』 ② **김정희**, 『금석과안록』, 북한산비, 진흥왕 순수비 ③ **유득공**, 『발해고』, 남북국
2 ① **『삼국사기』**, 현존하는 우리나라 최고(最古)의 역사서 ② **『삼국사기』**, 본기, 열전, 기전체 ③ **『동명왕편』**, 고구려 시조, 서사시 ④ **『삼국유사』**, 불교사, 민간 설화 ⑤ **『조선왕조실록』**, 사초와 시정기

PART II

시대별 핵심 주제

CHAPTER 01 선사

CHAPTER 02 고대

CHAPTER 03 고려

CHAPTER 04 조선 전기

CHAPTER 05 조선 후기

CHAPTER 06 근대

CHAPTER 07 일제 강점기

CHAPTER 08 현대

챕터별 출제 비율 분석(68-51회)

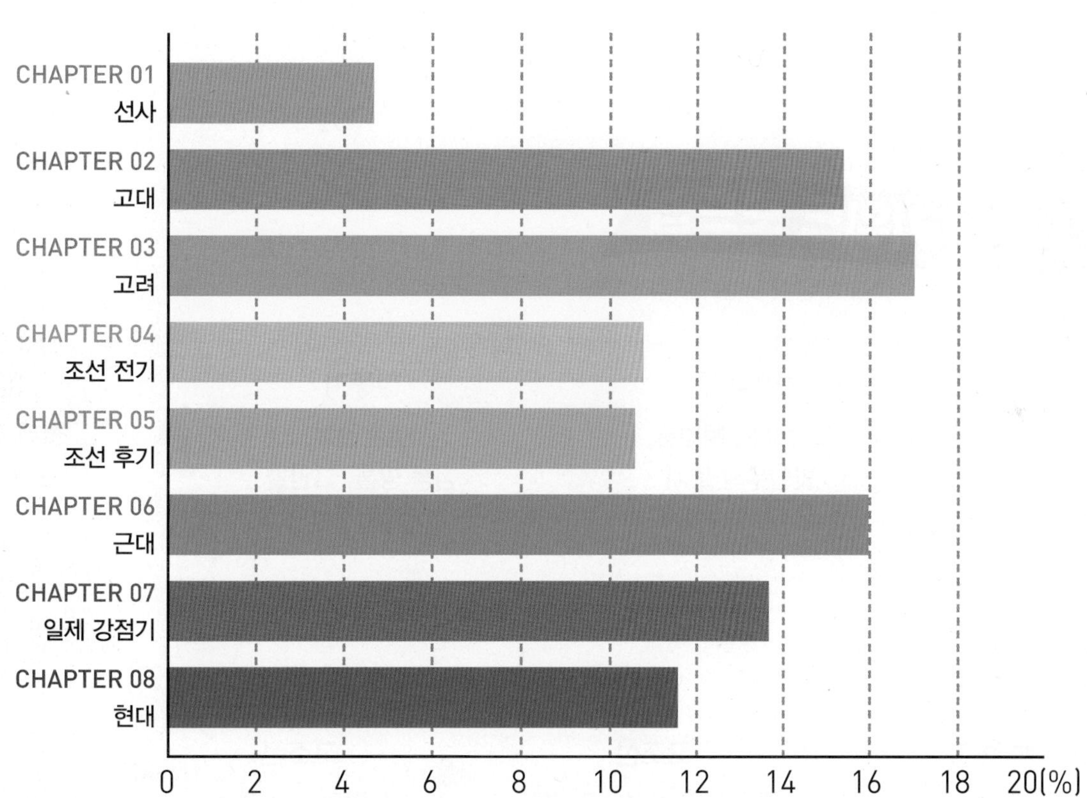

CHAPTER 01

선사

감 잡는 키워드 로드맵

구석기
동굴, 막집
▶
신석기
가락바퀴, 뼈바늘, 빗살무늬 토기
▶
청동기
반달 돌칼, 청동 방울, 고인돌
▶
철기
철제 농기구, 명도전, 반량전
▼
고조선
연 진개의 침입
◀
고조선
위만의 왕위 찬탈
◀
고조선
한 무제의 침입으로 멸망
◀
부여
사출도 통치, 영고
▼
고구려
부경, 서옥제, 동맹
▶
옥저
민며느리제
▶
동예
단궁, 과하마, 반어피, 책화, 무천
▶
삼한
천군, 소도, 낙랑과 왜에 철 수출

꼭 알아두어야 할 키워드!

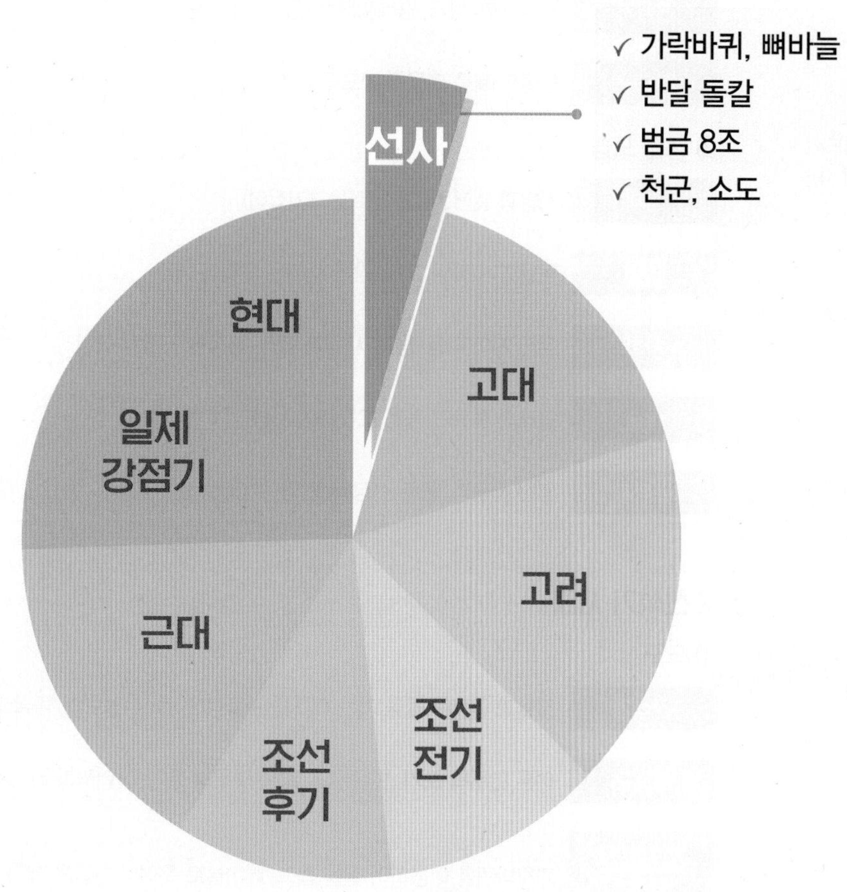

PART Ⅱ 챕터별 출제 비율 분석[68-51회]

학습 길잡이

CHAPTER 01 선사에서는 주제 04 여러 나라의 성장의 출제 비율이 가장 높습니다. 여러 나라의 특징을 제시문으로 소개하여 나라에 대한 힌트를 준 뒤, 그 나라의 또 다른 특징을 고르게끔 하는 문제로 출제되고 있습니다. 나라별 특징을 꼼꼼히 구분지어 학습해야 합니다.

구석기 · 신석기 시대

감 잡는 키워드 연표

- 70만 년 전
- 구석기: 주먹도끼, 찍개 사용
- 막집 거주
- 기원전 8000년경
- 신석기: 갈돌, 갈판 사용
- 가락바퀴, 뼈바늘 사용
- 빗살무늬 토기 사용
- 농경 및 목축 시작

1 구석기 시대 — 한반도에서 약 70만 년 전에 시작

1) 도구

뗀석기	주먹도끼, 찍개, 슴베찌르개, 긁개, 밀개 등
뼈도구	동물의 뼈를 이용한 뼈도구

2) 생활 모습

경제	사냥과 열매 채집, 어로(물고기잡이)
주거	동굴이나 바위 그늘, 강가에 지은 막집에 거주
사회	무리 지어 이동 생활, 사냥과 채집, 평등한 공동체 생활
예술	고래와 물고기 등을 조각하여 사냥감의 번성을 빔
유적지	연천 전곡리, 공주 석장리, 단양 수양개 등

2 신석기 시대 — 기원전 8000년경부터 시작

1) 도구

간석기	갈돌과 갈판(곡물을 가는 데 사용), 돌괭이, 돌살, 돌보습, 돌날 등
뼈도구	이른 민무늬 토기, 빗살무늬 토기, 덧무늬 토기, 눌러찍기무늬 토기 등
가락바퀴, 뼈바늘	가락바퀴를 이용하여 실을 뽑고, 뼈바늘로 옷이나 그물을 제작

2) 생활 모습

경제	• 신석기 혁명으로 농경 및 목축이 시작 • 조 · 피 · 수수 등의 잡곡류를 경작, 탄화된 좁쌀이 출토
주거	• 정착 생활이 시작 • 바닥이 원형 또는 모서리가 둥근 사각형의 움집에 거주
사회	• **부족 사회**: 혈연을 바탕으로 한 씨족이 기본 구성 단위 • **평등 사회**: 경험이 많은 자나 연장자가 부족을 이끌어 감
예술	흙을 빚어 구운 얼굴 모습, 조개껍데기 가면 등을 제작
유적지	제주 한경 고산리, 서울 암사동, 평양 남경 등

자신감 UP! 기출 사료

1 구석기 시대

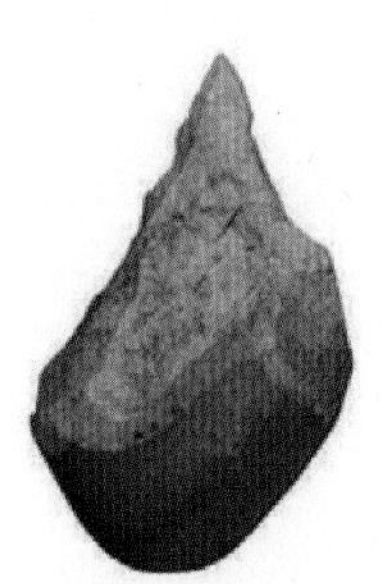
▲ 주먹도끼

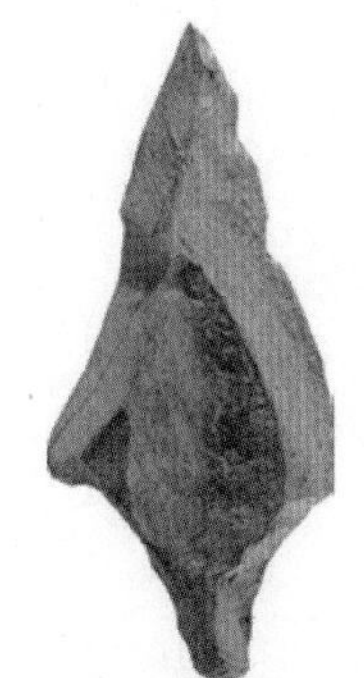
▲ 슴베찌르개

2 신석기 시대

▲ 갈돌과 갈판

▲ 가락바퀴

▲ 빗살무늬 토기

▲ 움집

자신감 UP! 기출 선지

1 다음 선지를 읽고 키워드에 형광펜 표시를 한 뒤, 관련된 시기를 써 보세요.

■■■■■

① 주로 동굴이나 강가의 막집에서 거주하였다.
( )

■■■■■

② 가락바퀴와 뼈바늘을 이용하여 옷을 만들기 시작하였다.
( )

■■□□□

③ 주먹도끼, 찍개 등 뗀석기를 만들기 시작하였다.
( )

■■□□□

④ 농경과 목축을 통하여 식량을 생산하였다.
( )

■■■■□

⑤ 빗살무늬 토기를 제작하여 식량을 저장하였다.
( )

감 잡는 키워드 체크

1 ① **구석기**, 동굴이나 강가, 막집 ② **신석기**, 가락바퀴, 뼈바늘 ③ **구석기**, 주먹도끼, 찍개, 뗀석기 ④ **신석기**, 농경과 목축 ⑤ **신석기**, 빗살무늬 토기

02 청동기 · 철기 시대

감 잡는 키워드 연표

- 기원전 2000년경
- 청동기: 반달 돌칼 사용
- 청동 방울 사용
- 고인돌 사용
- 비파형 동검 사용
- 기원전 5c경
- 철기: 철제 농기구 사용
- 명도전, 반량전 사용

1 청동기 시대 – 기원전 2000년경에서 1500년경

1) 도구

구분	내용
석기	반달 돌칼, 바퀴날 도끼, 홈자귀 등
청동기	비파형 동검, 거친무늬 거울, 청동 방울 등
토기	미송리식 토기, 민무늬 토기, 붉은 간토기 등

2) 생활 모습

구분	내용
경제	조 · 보리 · 콩 · 수수 등 밭농사 중심, 일부 저습지에서 벼농사 시작
주거	• 전통적인 배산임수 지형에 위치 • 대체로 직사각형 형태, 움집에서 점차 지상 가옥으로 변화, 화덕이 가장자리로 이동 • **부여 송국리 유적**: 목책과 환호 등의 방어 시설이 형성되어 있음
사회	• 사유 재산과 계급이 발생 • 정복 전쟁의 과정에서 군장(족장)이 출현 • 군장이 제사와 정치를 주관하는 제정일치 사회
무덤	고인돌(지배층의 무덤), 돌널무덤 등
유적지	부여 송국리, 여주 흔암리, 의주 미송리 등

2 철기 시대 – 기원전 5c경

1) 도구

구분	내용
철기	• 철제 농기구(호미, 쟁기, 쇠스랑)의 사용으로 농업 생산력이 증가 • 철제 무기를 사용하여 정복 활동을 전개
청동기	• 의식용 도구로 변화 • 세형 동검, 잔무늬 거울, 거푸집

└ 세형 동검: 청동기 후기~초기 철기에 사용

2) 생활 모습

구분	내용
무덤	널무덤, 독무덤(항아리 무덤)
중국과의 교류	• 명도전 · 반량전 · 오수전 등의 중국 화폐가 출토됨 • 창원 다호리 유적의 붓이 출토됨(한자 사용의 근거)

자신감 UP! 기출 사료

1 청동기 시대

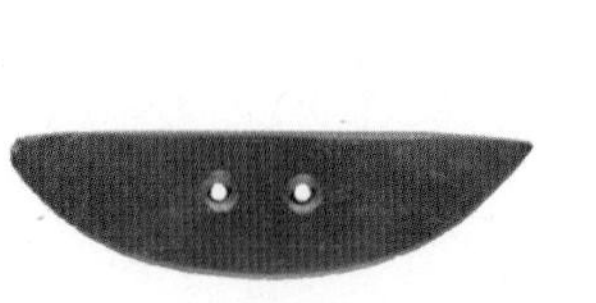

▲ 반달 돌칼

▲ 비파형 동검

▲ 고인돌

▲ 미송리식 토기

2 철기 시대

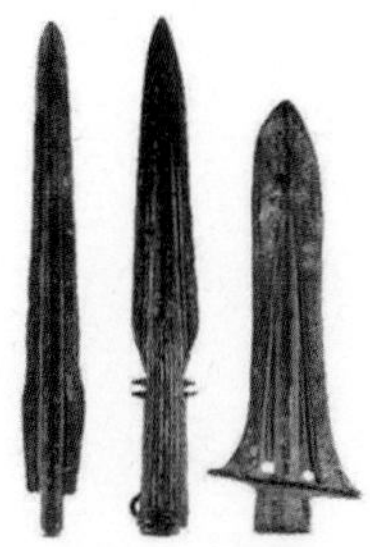

▲ 세형 동검

▲ 잔무늬 거울

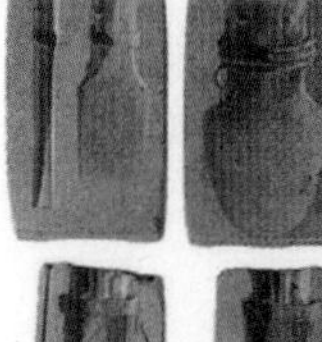

▲ 거푸집

▲ 독무덤

자신감 UP! 기출 선지

1 다음 선지를 읽고 키워드에 형광펜 표시를 한 뒤, 관련된 시기를 써 보세요.

■■■■■

① 반달 돌칼로 벼를 수확하였다.

( )

■■■□□

② 청동 방울 등을 의례 도구로 이용하였다.

( )

■■■■■

③ 지배층의 무덤으로 고인돌을 만들었다.

( )

■■■■■

④ 거푸집을 사용하여 세형 동검을 제작하였다.

( )

■■■■■

⑤ 호미, 쇠스랑 등의 철제 농기구를 제작하였다.

( )

■■■□□

⑥ 명도전, 반량전 등의 화폐가 유통되었다.

( )

■■■□□

⑦ 명도전을 이용하여 중국과 교역하였다.

( )

감 잡는 키워드 체크

1 ① **청동기**, 반달 돌칼, 벼 ② **청동기**, 청동 방울 ③ **청동기**, 고인돌 ④ **청동기 후기~초기 철기**, 거푸집, 세형 동검 ⑤ **철기**, 호미, 쇠스랑, 철제 농기구 ⑥ **철기**, 명도전, 반량전, 화폐 ⑦ **철기**, 명도전, 중국과 교역

03 고조선

감 잡는 키워드 연표

- 기원전 2333년 고조선 건국
- 연의 침입
- 위만 이주
- 준왕 축출
- 진번 · 임둔 정복
- 우거왕 피살
- 왕검성 함락
- 멸망

1 고조선의 건국

건국	기원전 2333년 청동기 문화를 기반으로 단군왕검이 고조선을 건국
단군 이야기	• 환인의 아들인 환웅과 웅녀 사이에서 낳은 단군이 고조선을 건국 → 선민사상, 환웅 부족과 곰 토템 부족의 결합 • 제정일치 사회 → 단군(제사장) + 왕검(정치적 지도자인 군장)
세력 범위	• 요령 지방을 중심으로 성장하여 점차 한반도까지 발전 • 비파형 동검, 미송리식 토기, 탁자식 고인돌 등의 유물로 세력 범위를 추정할 수 있음

└ 『삼국유사』, 『동국통감』 등에 기록

2 고조선의 성장

정치	• '준왕', '부왕' 등 강력한 왕이 등장 • 상, 대부, 장군 등 관직을 설치
연나라와 대립	• 요서 지방을 경계로 연나라와 대립 • 연나라 장수 '진개'의 침입으로 수도를 왕검성으로 옮김

3 위만 조선

정권 교체	• 진 · 한 교체기에 중국 유이민 집단과 함께 위만이 고조선으로 이주 • 이주민 세력을 통솔하면서 위만이 세력을 확대 • 준왕을 몰아내고 왕위를 찬탈(기원전 194년)
철기 문화 수용	철기 문화를 본격적으로 수용하여 활발한 정복 사업 전개 → 진번 · 임둔 정복
중계 무역	중국의 한과 한반도 남부의 진을 연결하는 중계 무역을 진행하며 성장
멸망	• 우거왕 때 중계 무역에 불만을 품은 한 무제가 침입 • 지배층의 내분으로 우거왕이 피살, 왕검성이 함락되면서 멸망(기원전 108년) → 한 군현 설치

4 고조선의 사회

범금 8조 (8조법)	• 사람을 죽인 자는 즉시 죽인다 → 생명 · 노동력 중시 • 남에게 상처를 입힌 자는 곡식으로 갚는다 → 농업 사회 • 도둑질을 한 자는 노비로 삼되, 용서받고자 하는 자는 50만 전을 내야 한다 → 사유 재산 중시, 계급 사회(노비의 발생), 화폐 사용
사회 변화	한 군현이 설치된 후 법 조항이 60여 개 조로 증가하는 등 풍속이 각박해짐

기출 사료

1 고조선

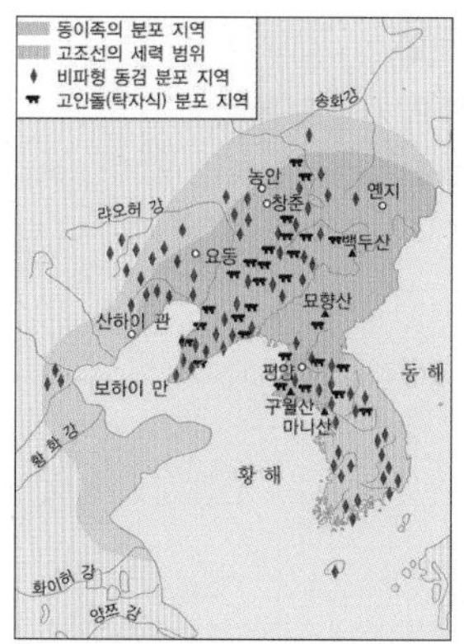

▲ 고조선의 세력 범위

2 **다음 사료를 읽고 핵심 키워드에 형광펜 표시를 한 뒤, (가)에 알맞은 말을 써 보세요.**

■□□□□

> ○ 좌장군은 (가) 의 패수 서쪽에 있는 군사를 쳤으나 이를 격파해서 나가지는 못했다. …… 누선장군도 가서 합세하여 왕검성의 남쪽에 주둔했지만, 우거왕이 성을 굳게 지키므로 몇 달이 되어도 함락시킬 수 없었다.
>
> ○ 마침내 한 무제는 동쪽으로는 (가) 을/를 정벌하고 현도군과 낙랑군을 설치했으며, 서쪽으로는 대완과 36국 등을 병합하여 흉노 좌우의 후원 세력을 꺾었다.

① (　　　　　　　　　　　　　　　　　　　　　　)

■□□□□

> 연(燕)의 (가) 이/가 망명하여 오랑캐의 복장을 하고 동쪽으로 패수를 건너 준왕에게 항복하였다. …… (가) 이/가 망명자들을 꾀어내어 그 무리가 점점 많아지자, 준왕에게 사람을 보내 "한의 군대가 열 갈래로 쳐들어오니 [왕궁에] 들어가 숙위하기를 청합니다."라고 속이고 도리어 준왕을 공격하였다.
>
> －『삼국지』 동이전－

② (　　　　　　　　　　　　　　　　　　　　　　)

감 잡는 키워드 체크

2 ① **고조선**, 왕검성, 우거왕, 한 무제 ② **위만**, 연(燕), 준왕

기출 선지

1 **다음 선지를 읽고 키워드에 형광펜 표시를 해 보세요.**

■■■■■

① (고조선) 사회 질서를 유지하기 위해 범금 8조를 두었다.

■■■■□

② (고조선) 연의 장수 진개의 공격을 받았다.

■■■□□

③ (고조선) 한 무제의 공격으로 멸망하였다.

감 잡는 키워드 체크

1 ① 범금 8조 ② 연의 장수 진개 ③ 한 무제, 멸망

04 여러 나라의 성장

감 잡는 키워드 연표

- 기원전 2c
- 부여 건국
- 기원전 1c
- 고구려 건국
- 5c 부여 편입

1 부여 — 만주 송화강 유역에서 건국

정치	• 왕에게 자연재해의 책임을 묻는 등 왕권이 미약 • **5부족 연맹체**: 왕의 중앙 통치 + 각 가(加)들의 사출도 통치 (가(加): 마가, 우가, 저가, 구가)
경제	농경과 목축 위주
사회	• 순장, 형사취수제, 우제점법, 1책 12법 • **제천 행사**: 영고(12월)

2 고구려 — 졸본 지역에서 건국

정치	5부족 연맹체, 왕 아래 대가들이 사자 · 조의 · 선인을 거느림
경제	주변 나라를 약탈하여 약탈품을 부경(창고)에 저장
사회	• 서옥제(데릴사위제), 형사취수제, 1책 12법 • **제천 행사**: 동맹(10월)

3 옥저 — 함경도 동해안 지역에서 건국

정치	군장 국가: 왕이 없고 읍군 · 삼로 등의 군장이 자기 부족을 통치 (군장 국가: 동예도 동일)
경제	해산물이 풍부하여 고구려에 공납
사회	민며느리제, 가족 공동 무덤(골장제) (민며느리제: 어린 여자아이를 남자 집으로 데려와 키우다가 혼인시키는 풍습)

4 동예 — 강원도 북부 동해안 지역에서 건국

경제	단궁, 과하마, 반어피 등의 특산물이 유명
사회	• **책화**: 다른 부족의 생활권을 침범할 시 노비 · 소 · 말로 변상 • **제천 행사**: 무천(10월)

5 삼한

정치	• 마한, 진한, 변한으로 구성된 연맹 왕국 • 왕이 없고 신지 · 읍차라 불리는 군장이 지배 • **제정 분리 사회**: 제사장인 천군이 군장의 세력이 미치지 않는 소도를 지배
경제	변한은 철을 화폐처럼 사용하고 낙랑과 왜 등에 철을 수출
제천 행사	수릿날(5월), 계절제(5월 · 10월)

자신감 UP! 기출 사료

1 다음 사료를 읽고 키워드에 형광펜 표시를 한 뒤, 관련된 나라를 써 보세요.

■□□□□

> ○ 이 나라의 풍속에는 가뭄이나 장마가 계속되어 오곡이 영글지 않으면, 그 허물을 왕에게 돌려 "왕을 마땅히 바꾸어야 한다."고 하거나 "죽여야 한다."라고 하였다.
> ○ 이 나라 사람들은 …… 활 · 화살 · 칼 · 창으로 무기를 삼았다. 가축의 이름으로 관직명을 지으니 마가 · 우가 · 구가 등이 있었다. 그 나라의 읍락은 모두 여러 가(加)에 소속되었다.

① (　　　　　　　　　　)

■□□□□

> 읍마다 우두머리가 있어 세력이 강대하면 신지라 하고, …… 그 다음은 읍차라 하였다. 나라에는 철이 생산되는데 예(濊), 왜(倭) 등이 와서 사간다. 무역에서 철을 화폐로 사용한다.

② (　　　　　　　　　　)

■■□□□

> 대군장이 없고 관직으로는 후 · 읍군 · 삼로가 있다. …… 해마다 10월이면 하늘에 제사를 지내는데, 밤낮으로 술 마시고 노래 부르며 춤추니 이를 무천이라 한다. …… 낙랑의 단궁이 그 지방에서 산출되고 무늬 있는 표범이 많다. 과하마가 있으며 바다에서는 반어가 난다.
> –『후한서』–

③ (　　　　　　　　　　)

감 잡는 키워드 체크 ✓

1 ① **부여**, 허물을 왕에게 돌려, 마가 · 우가 · 구가 ② **삼한**, 신지, 읍차, 철, 왜(倭) ③ **동예**, 읍군 · 삼로, 10월, 무천, 단궁, 과하마, 반어

자신감 UP! 기출 선지

1 다음 선지를 읽고 키워드에 형광펜 표시를 한 뒤, 관련된 나라를 써 보세요.

■■■■■
① 여러 가(加)가 별도로 사출도를 다스렸어요. (　　　　　　)

■■■■□
② 12월에 영고라는 제천 행사를 열었다. (　　　　　　)

■■■■■
③ 집집마다 부경이라는 창고가 있었다. (　　　　　　)

■■■■□
④ 서옥제라는 혼인 풍습이 있었다. (　　　　　　)

■■■□□
⑤ 혼인 풍속으로 민며느리제가 있었다. (　　　　　　)

■■■■■
⑥ 읍락 간의 경계를 중시하는 책화가 있었어요. (　　　　　　)

■■■■□
⑦ 특산물로 단궁, 과하마, 반어피가 유명하였다. (　　　　　　)

■■■■■
⑧ 제사장인 천군과 신성 지역인 소도가 존재하였어요. (　　　　　　)

■■■□□
⑨ 낙랑과 왜에 철을 수출하였다. (　　　　　　)

■■■■□
⑩ 신지, 읍차라 불린 지배자가 있었다. (　　　　　　)

감 잡는 키워드 체크 ✓

1 ① **부여**, 여러 가(加), 사출도 ② **고구려**, 12월, 영고 ③ **고구려**, 부경 ④ **고구려**, 서옥제 ⑤ **옥저**, 민며느리제 ⑥ **동예**, 책화 ⑦ **동예**, 단궁, 과하마, 반어피 ⑧ **삼한**, 제사장인 천군, 신성 지역인 소도 ⑨ **삼한**, 낙랑과 왜, 철을 수출 ⑩ **삼한**, 신지, 읍차

CHAPTER 02

고대

감 잡는 키워드 로드맵

백제(성왕)
사비 천도

신라(선덕 여왕)
황룡사 구층 목탑 건립

신라(진덕 여왕)
나당 동맹 체결

백제(의자왕)
멸망

백제
백강 전투

고구려(보장왕)
멸망

신라(문무왕)
나당 전쟁 승리

발해(무왕)
장문휴의 등주 공격

신라(혜공왕)
진골 귀족들의
왕위 쟁탈전

신라(문성왕)
장보고의 난

후백제
견훤의 건국

후고구려
궁예의 건국

꼭 알아두어야 할 키워드!

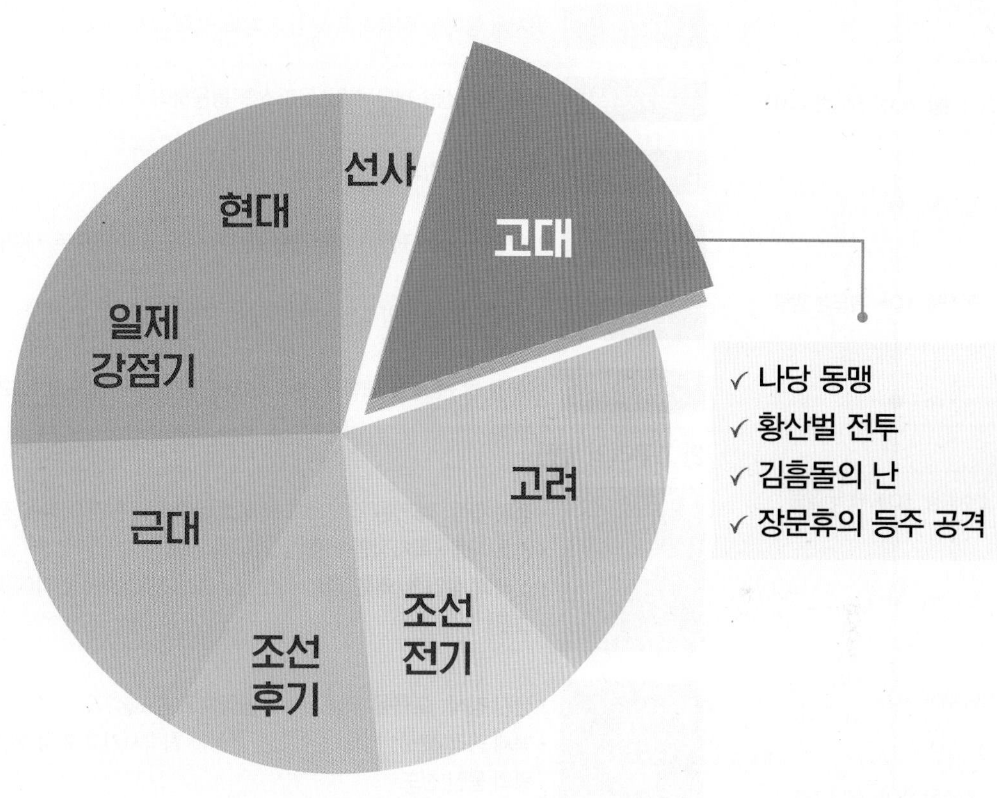

PART Ⅱ 챕터별 출제 비율 분석[68-51회]

학습 길잡이

CHAPTER 02 고대에서는 주제 08 남북국의 성립과 발전의 출제 비율이 가장 높습니다. 통일 신라 신문왕의 정책, 통일 신라 말의 혼란스러웠던 사회 상황, 후백제와 후고구려의 정책을 잘 알아두어야 합니다.

05 삼국의 성립과 발전 1

감 잡는 키워드 연표

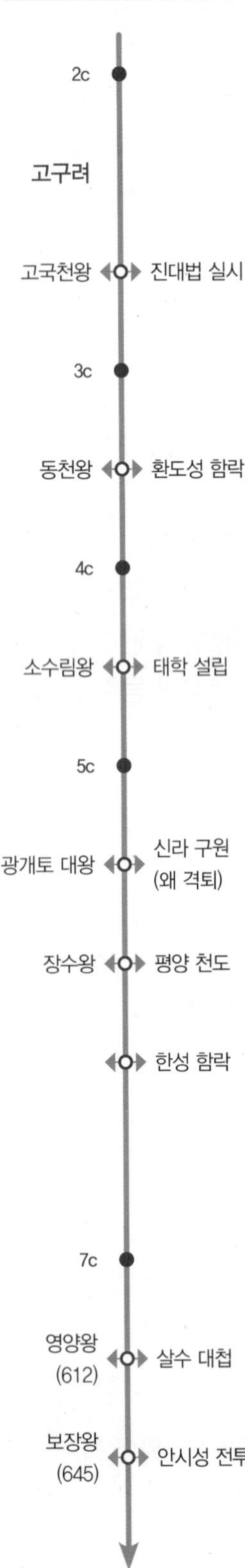

1 고구려

1) 고구려의 건국과 성장

주몽	• **건국**: 부여 계통의 이주민인 주몽이 졸본성을 중심으로 고구려를 건국 • **국내성 천도**: 유리왕 때 국내성으로 천도하면서 세력을 확대
태조왕	옥저와 동예를 정복하고 요동 지방을 공격
고국천왕	왕위 부자 상속제를 수립, 을파소를 등용하여 진대법을 실시
동천왕	위나라 관구검의 공격으로 환도성이 함락됨
미천왕	서안평을 점령, 낙랑 · 대방군을 축출하며 요동 지역으로 세력을 확대
고국원왕	백제 근초고왕과의 평양성 전투에서 전사
소수림왕	율령을 반포(373), 태학을 설립, 불교를 공인(전진의 순도, 372)

2) 고구려의 발전

광개토 대왕	• **정복 활동**: 후연을 정복하고 백제를 압박하여 한강 이북을 점령 • **연호 사용**: 독자적인 연호인 '영락'을 사용 • **신라에 침입한 왜를 격퇴**(400): 금관가야가 해체, 신라에 대한 영향력 확대(호우총 청동 그릇)
장수왕	• **남진 정책**: 도읍을 국내성에서 평양으로 천도(427) • **백제 공격**(475): 백제의 수도인 한성을 함락시키고 한강 유역 확보 → 개로왕(부여경)의 전사, 문주왕의 웅진 천도 • 광개토 대왕릉비와 충주(중원) 고구려비를 건립

3) 고구려의 대외 항쟁

고구려 vs 수	수의 중국 통일(589) → 고구려의 요서 지방 선제 공격 → 수 문제의 30만 대군이 고구려 공격, 고구려에게 대패 → 수 우중문의 30만 별동대가 평양성 공격 → 을지문덕이 살수 대첩에서 수 격퇴(612)
고구려 vs 당	당의 침략에 대비하기 위해 천리장성 축조 → 연개소문(천리장성 축조 감독)의 정변, 대당 강경책 실시 → 당 태종의 침입 → 양만춘의 안시성 전투 승리로 당군 격퇴(645)

2 가야 – 낙동강 하류 변한 지역의 소국이 모여 가야 연맹 성립

1) 전기 가야 연맹

발전	• 김수로왕이 김해에 금관가야를 건국, 3세기경 전기 가야 연맹이 형성됨 • 농경 및 철기 문화가 발달 • 철(덩이쇠)이 풍부하게 생산되어 낙랑과 왜에 수출 • 낙랑과 왜를 연결하는 중계 무역이 발달
쇠퇴	• **포상 8국의 난**(3세기): 8개의 소국이 가야를 침공하여 신라가 구원 • **고구려의 공격**(5세기): 신라를 후원하는 고구려 광개토 대왕의 공격으로 전기 가야 연맹이 쇠퇴
멸망	신라 법흥왕에 의해 금관가야가 멸망(532)

2) 후기 가야 연맹

멸망	5세기 후반 고령 지방의 대가야가 후기 가야 연맹의 새로운 맹주로 등장
변천	6세기 초 신라 법흥왕과 결혼 동맹을 체결
멸망	신라 진흥왕의 공격으로 대가야가 멸망(562)

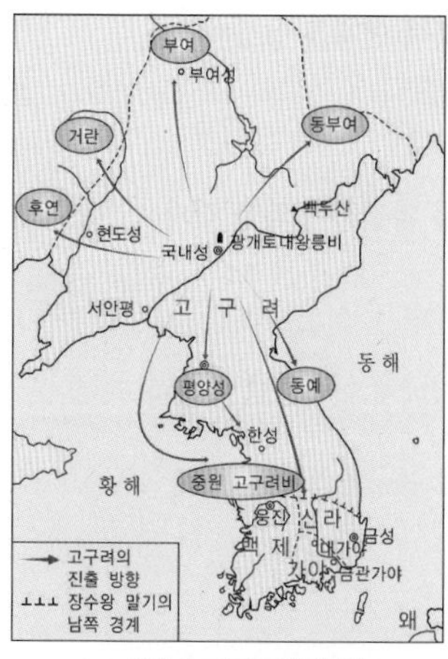

▲ 5세기 고구려의 발전

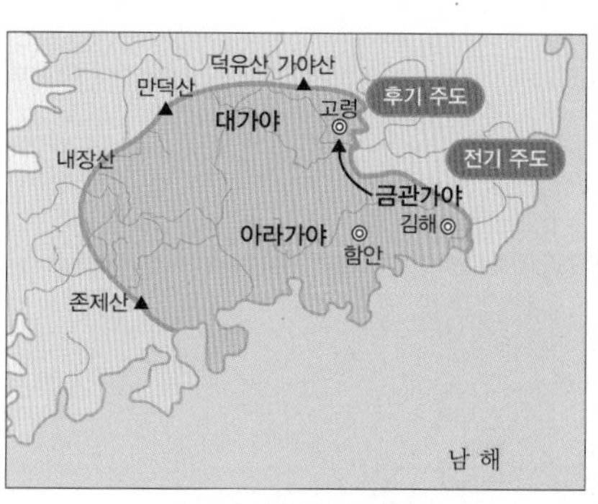

▲ 가야 연맹의 발전

감 잡는 키워드 연표

- 3c
- 가야: 전기 가야 연맹 형성
- 5c
- 고구려의 공격
- 후기 가야 연맹 형성
- 6c
- 금관가야 멸망
- 대가야 멸망

자신감 UP! 기출 사료

1 다음 사료를 읽고 키워드에 형광펜 표시를 한 뒤, 주제를 써 보세요.

■■□□□

> 10월에 백제왕이 병력 3만 명을 거느리고 평양성을 공격해 왔다. 왕이 군대를 출정시켜 백제군을 막다가 날아온 화살에 맞아 이달 23일에 세상을 떠났다.

① (   )

■□□□□

> 9월에 왕이 병력 3만 명을 거느리고 백제를 침략하여 도읍 한성을 함락하였다. 백제 왕 부여경을 죽이고 남녀 8천 명을 포로로 잡아 돌아왔다.

② (   )

■□□□□

> 정관 16년에 …… 여러 대신들과 건무가 의논하여 개소문을 죽이고자 하였다. 일이 누설되자 개소문은 부병을 모두 불러 모아 군병을 사열한다고 말하고 …… 왕궁으로 달려 들어가 건무를 죽인 다음 대양의 아들 장을 왕으로 세우고 스스로 막리지가 되었다.
>
> -『구당서』 동이전 -

③ (   )

감 잡는 키워드 체크

1 ① **고국원왕의 전사**, 백제왕, 평양성을 공격, 화살에 맞아, 세상을 떠났다 ② **장수왕의 한성 함락**, 백제를 침략, 한성을 함락, 백제 왕 부여경을 죽이고 ③ **연개소문의 정변**, 개소문, 스스로 막리지가 되었다

자신감 UP! 기출 선지

1 다음 선지를 읽고 키워드에 형광펜 표시를 한 뒤, 관련된 나라를 써 보세요.

■■■■■

① 을지문덕이 살수에서 승리하였다.

(   )

■■■□□

② 당의 침입에 대비하여 천리장성을 축조하였다.

(   )

■■■■■

③ 낙랑군과 왜에 철을 수출하였다.

(   )

2 다음 선지를 읽고 키워드에 형광펜 표시를 한 뒤, 관련된 왕을 써 보세요.

■■■■■

① 빈민을 구제하기 위해 진대법을 시행하였다.

(   )

■■■□□

② 관구검의 공격으로 환도성이 함락되었다.

(   )

■■■■□

③ 태학을 설립하여 인재를 양성하였다.

(   )

■■■■□

④ 신라에 군대를 파견하여 왜를 격퇴하였다.

(   )

■■■■□

⑤ 도읍을 국내성에서 평양으로 옮겼다.

(   )

감 잡는 키워드 체크

1 ① **고구려**, 을지문덕, 살수 ② **고구려**, 당의 침입에 대비, 천리장성 ③ **금관가야**, 낙랑군과 왜, 철을 수출
2 ① **고국천왕**, 진대법 ② **동천왕**, 관구검, 환도성이 함락 ③ **소수림왕**, 태학 ④ **광개토 대왕**, 신라에 군대를 파견, 왜를 격퇴 ⑤ **장수왕**, 도읍, 국내성, 평양

삼국의 성립과 발전 2

1 백제

1) 백제의 건국과 성장

온조	온조가 한강 유역의 하남 위례성에서 백제를 건국
고이왕	• 목지국을 병합하여 한강 유역을 완전히 장악 • 6좌평의 관제 마련, 관리의 복색 제정, 율령 반포

2) 백제의 발전

근초고왕	• **정복 활동**: 마한 세력을 정복하고 평양성 전투에서 고구려 고국원왕을 전사시킴 • **해외 진출**: 중국의 요서 · 산둥, 일본의 규슈에 진출(왜왕에게 칠지도 하사) • **역사서**: 고흥이 『서기』를 편찬
침류왕	동진의 마라난타에 의해 불교를 수용
비유왕	고구려 장수왕의 평양 천도 이후 신라 눌지왕과 나제 동맹을 체결(433)

3) 백제의 위기와 중흥

개로왕	고구려 장수왕의 공격으로 한성이 함락되고 개로왕이 전사
문주왕	웅진으로 천도(475)
동성왕	신라와의 결혼 동맹을 통해 나제 동맹을 강화
무령왕	• 22담로에 왕족을 파견하여 지방 통제를 강화 • 중국 남조 문화를 도입(무령왕릉)
성왕	• 사비로 천도하고 남부여로 개칭 • 중앙 관청을 22부, 행정 구역을 5부(수도) · 5방(지방)으로 정비 • 신라와 연합하여 한강 유역 일시 회복 → 진흥왕의 배신으로 관산성 전투에서 전사 → 나제 동맹 결렬
무왕	미륵사 등 대규모 사찰을 건립하고 금마저(익산) 천도 계획을 수립
의자왕	• 윤충이 신라의 대야성 및 40여 개의 성을 점령(642) • 나당 연합군의 공격으로 멸망(660)

감 잡는 키워드 연표

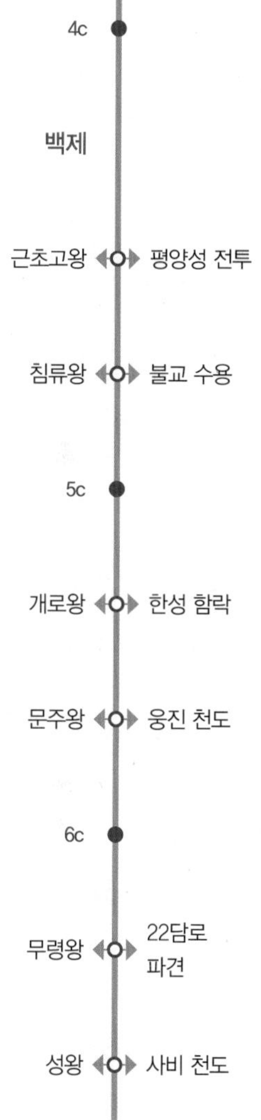

감 잡는 키워드 연표

시기	왕	사건
5c		
신라		
	내물왕	왜 격퇴
6c		
	지증왕	우산국 정복
	법흥왕	금관가야 정복
	진흥왕	한강 상류 확보
		관산성 전투
		한강 하류 확보
7c		
	선덕 여왕 (642)	대야성 전투
	진덕 여왕 (648)	나당 동맹 결성

2 신라

1) 신라의 건국과 성장

박혁거세	진한 소국의 하나인 사로국에서 출발하여 박혁거세가 신라를 건국
내물왕	• 김씨의 왕위 계승권을 확립하고 왕호를 '마립간'으로 변경 • 광개토 대왕의 도움으로 왜의 침입을 격퇴(400)

2) 신라의 발전

눌지왕	고구려 장수왕의 남진 정책으로 백제 비유왕과 나제 동맹을 체결
지증왕	• 국호를 신라, 왕호를 왕으로 변경 • 순장을 금지, 우경을 실시, 동시전을 설치 • 이사부가 우산국(울릉도)을 정복
법흥왕	• '건원' 연호를 사용 • 병부와 상대등을 설치, 율령을 반포, 공복을 제정 • 이차돈의 순교로 불교를 공인(527) • 금관가야를 병합(532)
진흥왕	• 화랑도를 국가 조직으로 정비 • 거칠부가 『국사』를 편찬 • **한강 지역 확보**: 백제 성왕과 연합해 한강 상류 지역 확보 → 백제가 회복한 한강 하류 지역 차지(성왕과의 관산성 전투) • 대가야 병합(562), 함경도 지역까지 영토 확대 • **순수비 건립**: 단양 적성비와 4개의 순수비를 건립 └ 이사부, 사다함의 활약 / └ 북한산비, 창녕비, 황초령비, 마운령비
진평왕	원광 법사에게 걸사표를 짓게 함 └ 수에게 군사를 요청하는 외교 문서
선덕 여왕	• **대야성 전투**(642): 백제 의자왕이 대야성을 공격하여 함락 • 비담 · 염종의 난이 일어나 김유신과 김춘추가 진압 • 황룡사 9층 목탑을 건립(자장의 건의), 분황사를 창건, 첨성대를 건립
진덕 여왕	집사부를 설치, 김춘추를 파견해 나당 동맹을 결성(648)

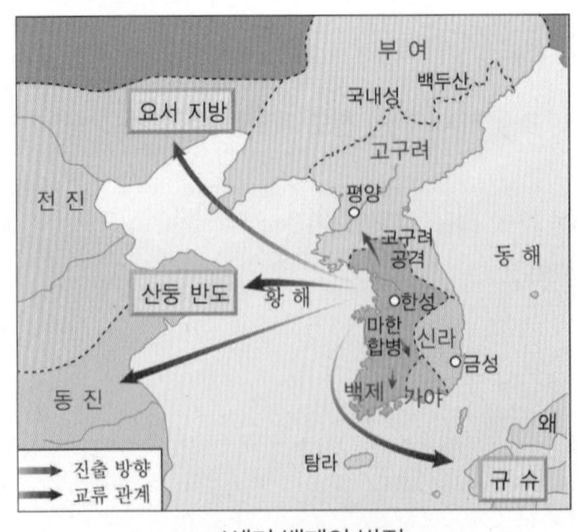

▲ 4세기 백제의 발전

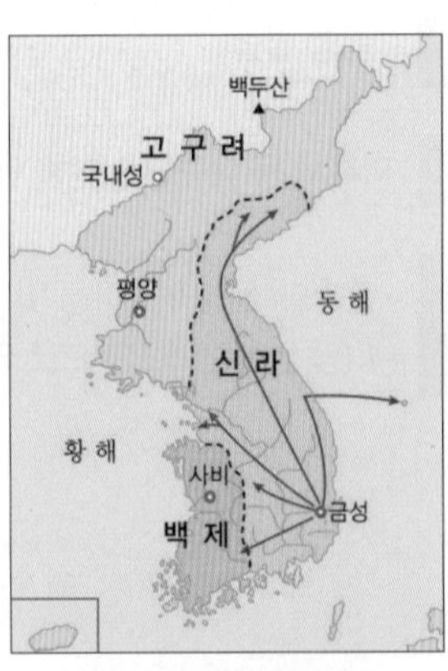

▲ 6세기 신라의 발전

자신감 UP! 기출 사료

1 다음 사료를 읽고 키워드에 형광펜 표시를 한 뒤, 관련된 왕을 써 보세요.

■□□□□

> ○ 담당 관청에 명하여 월성의 동쪽에 새 궁궐을 짓게 하였는데, 그곳에서 황룡이 나타났다. 왕이 이것을 기이하게 여기고는 [계획을] 바꾸어 사찰을 짓고, '황룡'이라는 이름을 내려 주었다.
> ○ [거칠부가] 왕의 명령을 받들어 여러 문사(文士)를 모아 국사를 편찬하였다.
>
> –『삼국사기』–

(　　　　　　　　)

2 다음 사료를 읽고 키워드에 형광펜 표시를 한 뒤, (가)에 들어갈 말을 써 보세요.

■□□□□

> 고구려 병사는 비록 물러갔으나 성이 파괴되고 왕이 죽어서 (가) 이/가 왕위에 올랐다. …… 겨울 10월, 웅진으로 도읍을 옮겼다.

① (　　　　　　　　)

■□□□□

> (가) 이/가 신라를 습격하고자 몸소 보병과 기병 50명을 거느리고 밤에 구천(狗川)에 이르렀는데, 신라 복병을 만나 그들과 싸우다가 살해되었다.

② (　　　　　　　　)

■□□□□

> 진흥왕이 이찬 이사부에게 명령하여 (가) 을/를 공격하게 하였다. 이때 사다함은 나이가 15~16세였는데 종군하기를 청하였다. …… (가) 사람들이 뜻하지 않은 병사들의 습격에 놀라 막아내지 못하였고, 대군이 승세를 타서 마침내 멸망시켰다.

③ (　　　　　　　　)

감 잡는 키워드 체크 ✓

1 **진흥왕**, 황룡, 거칠부, 국사
2 ① **문주왕**, 웅진으로 도읍을 옮겼다 ② **성왕**, 신라를 습격, 살해되었다 ③ **대가야**, 진흥왕, 이사부, 사다함

자신감 UP! 기출 선지

1 다음 선지를 읽고 키워드에 형광펜 표시를 한 뒤, 관련된 왕을 써 보세요.

■■■■□
① 내신좌평, 위사좌평 등 6좌평의 관제를 마련하였다.
(　　　　　　　　)

■■■■□
② 평양성 전투에서 고국원왕을 전사시켰다.
(　　　　　　　　)

■■■■■
③ 22담로에 왕족을 파견하였다.
(　　　　　　　　)

■■■■■
④ 사비로 천도하고 국호를 남부여로 고쳤다.
(　　　　　　　　)

■■■■■
⑤ 금마저에 미륵사를 창건하였다.
(　　　　　　　　)

■■■■■
⑥ 시장을 감독하기 위해 동시전을 설치하였다.
(　　　　　　　　)

■■■■■
⑦ 이사부를 보내 우산국을 복속시켰다.
(　　　　　　　　)

■■■■■
⑧ 자장의 건의로 황룡사 구층 목탑을 건립하였다.
(　　　　　　　　)

■■■■■
⑨ 김춘추가 당과의 군사 동맹을 성사시켰다.
(　　　　　　　　)

■■■■■
⑩ 윤충이 대야성을 공격하여 함락하였다.
(　　　　　　　　)

감 잡는 키워드 체크 ✓

1 ① **고이왕**, 6좌평의 관제 ② **근초고왕**, 평양성 전투, 고국원왕, 전사 ③ **무령왕**, 22담로 ④ **성왕**, 사비, 남부여 ⑤ **무왕**, 금마저, 미륵사 ⑥ **지증왕**, 동시전 ⑦ **지증왕**, 이사부, 우산국 ⑧ **선덕 여왕**, 자장, 황룡사 구층 목탑 ⑨ **진덕 여왕**, 김춘추, 당과의 군사 동맹 ⑩ **선덕 여왕**, **의자왕**, 윤충, 대야성을 공격, 함락

07 신라의 삼국 통일

감 잡는 키워드 연표

1 백제와 고구려의 멸망

나당 동맹	• **배경**: 한강 유역을 빼앗긴 이후 백제와 신라의 관계가 악화되어 의자왕이 신라 대야성 함락 → 김춘추가 고구려에 구원을 요청하였으나 거절 • **전개**: 김춘추가 당으로 건너가 나당 동맹을 체결(648)

⬇

백제 멸망 (660)	나당 연합군의 공격 → 김유신과 계백의 황산벌 전투(신라 승) → 나당 연합군의 사비성 함락 → 백제 멸망

⬇

고구려 멸망 (668)	• **배경**: 연개소문 사후 고구려 지배층 내부에서 분열이 발생 • **과정**: 나당 연합군의 공격 → 평양성 함락 → 고구려 멸망

2 백제와 고구려의 부흥 운동

1) 백제 부흥 운동

백제 유민의 저항	주류성의 복신과 도침, 임존성의 흑치상지 등이 부여풍을 왕으로 추대하고 백제 부흥 운동을 전개

⬇

백강 전투 (663)	• 백제 부흥군을 지원하기 위해 왜가 군대를 파견 • 백강 전투의 패배와 지배층의 내분으로 부흥 운동이 실패

2) 고구려 부흥 운동

고구려 유민의 저항	• 오골성의 고연무가 고구려 부흥 운동을 전개 • 한성(황해도 재령)의 검모잠이 보장왕의 아들 안승을 왕으로 추대

⬇

지배층의 내분	안승이 검모잠을 죽이는 등 지배층의 내분이 발생하여 고구려 부흥 운동이 실패

⬇

신라의 지원	• 신라 문무왕이 당의 세력을 몰아내기 위해 안승을 금마저(익산) 보덕국의 왕으로 임명 • 안승에게 금마저(익산) 땅을 주어 고구려 부흥 운동을 지원

3 나당 전쟁과 신라의 삼국 통일

배경	당이 한반도 전체를 지배하려는 야욕을 표출하면서 백제의 옛 땅에 웅진 도독부, 경주에 계림 도독부, 고구려 옛 땅에 안동 도호부를 설치
나당 전쟁	매소성(675) · 기벌포 전투(676)에서 당군을 격퇴하면서 삼국 통일을 완성(676, 문무왕)

└ 당의 설인귀 vs 신라의 사찬 시득

자신감 UP! 기출 사료

1 다음 사료를 읽고 키워드에 형광펜 표시를 한 뒤, 주제를 써 보세요.

■■■□□

[당의] 고종이 소정방을 신구도대총관(神丘道大摠管)으로 삼아 군사를 이끌고 바다를 건너 신라와 함께 백제를 정벌하도록 하였다. 계백은 장군이 되어 죽음을 각오한 군사 5천 명을 뽑아 이들을 막고자 하였다. …… 황산의 벌판에 이르러 세 개의 군영을 설치하였다. 신라군을 만나 전투를 시작하려고 하자, [계백은] 여러 사람 앞에서 맹세하며 "지난날 구천(句踐)은 5천 명으로 오(吳)의 70만 무리를 격파하였다. 오늘 마땅히 힘써 싸워 승리함으로써 나라의 은혜에 보답하자."라고 하였다. 드디어 격렬히 싸우니, 일당천(一當千)이 아닌 자가 없었다.

－『삼국사기』－

① (　　　　　　　　)

■■□□□

손인사, 유인원과 신라왕 김법민은 육군을 거느려 나아가고, 유인궤와 별수(別帥) 두상과 부여융은 수군과 군량을 실은 배를 거느리고 백강으로 가서 육군과 합세하여 주류성으로 갔다. 백강 어귀에서 왜국 군사를 만나 …… 그들의 배 4백 척을 불살랐다.

② (　　　　　　　　)

■■□□□

이근행이 군사 20만 명을 이끌고 매소성에 머물렀다. 신라군이 공격하여 달아나게 하고 말 3만 여 필을 얻었는데, 노획한 병장기의 수도 그 정도 되었다.

③ (　　　　　　　　)

감 잡는 키워드 체크

1 ① **황산벌 전투**, 당, 소정방, 신라와 함께 백제를 정벌, 계백, 황산의 벌판 ② **백강 전투**, 신라왕 김법민, 백강, 왜국 군사 ③ **매소성 전투**, 이근행, 매소성, 신라군

자신감 UP! 기출 선지

1 다음 선지를 읽고 키워드에 형광펜 표시를 해 보세요.

■■■■■

① (나당 동맹) 김춘추가 당과의 군사 동맹을 성사시켰다.

■■■■■

② (황산벌 전투) 계백의 결사대가 황산벌에서 패배하였다.

■■■□□

③ (백제 부흥 운동) 복신과 도침이 부여풍을 왕으로 추대하였다.

■■■□□

④ (백제 부흥 운동) 흑치상지가 임존성에서 군사를 일으켰다.

■■■□□

⑤ (백강 전투) 부여풍이 왜군과 함께 백강에서 당군에 맞서 싸웠다.

■■■■■

⑥ 당이 안동 도호부를 평양에 설치하였다.

■■□□□

⑦ 신라가 매소성 전투에서 승리하였다.

■■■□□

⑧ (기벌포 전투) 사찬 시득이 기벌포에서 당군을 격파하였다.

2 다음 선지를 읽고 키워드에 형광펜 표시를 한 뒤, 관련된 왕을 써 보세요.

■■■■■

안승을 보덕국왕으로 임명하였다.

(　　　　　　　　)

감 잡는 키워드 체크

1 ① 김춘추, 당과의 군사 동맹 ② 계백, 황산벌 ③ 복신과 도침, 부여풍 ④ 흑치상지, 임존성 ⑤ 부여풍, 왜군, 백강, 당군 ⑥ 당, 안동 도호부 ⑦ 신라, 매소성 전투 ⑧ 사찬 시득, 기벌포, 당군

2 **문무왕**, 안승, 보덕국왕

08 남북국의 성립과 발전

감 잡는 키워드 연표

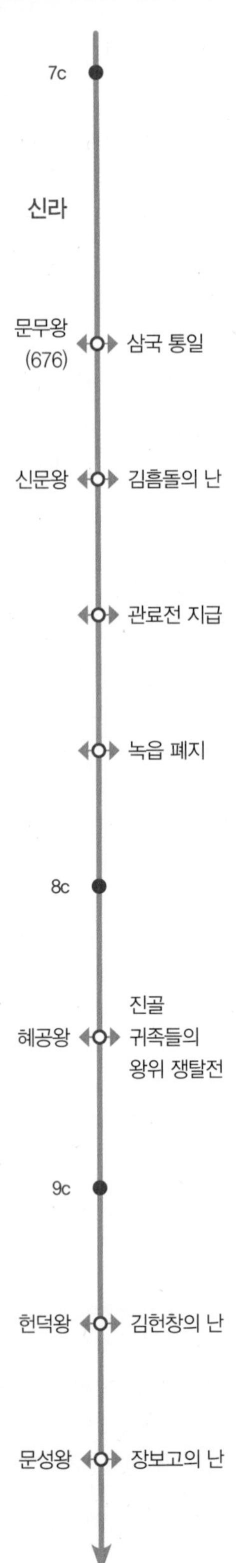

1 통일 신라

1) 전제 왕권의 확립

무열왕	최초의 진골 출신 왕, 혜공왕까지 무열왕의 직계 자손이 왕위를 계승
문무왕	• 삼국 통일을 완성(676) • 지방관 감찰을 위해 외사정을 파견
신문왕	• 김흠돌의 난을 진압하면서 귀족 세력을 숙청 • 9주 5소경의 지방 행정 체제를 완비, 9서당 10정의 군사 조직을 정비 • 관료전을 지급하고 녹읍을 폐지 • 국학을 설립하고 감은사를 건립(만파식적 설화)
성덕왕	백성에게 정전을 지급하여 국가의 토지 지배권을 강화
경덕왕	진골 귀족 세력의 반발로 녹읍이 부활

2) 쇠퇴

왕위 쟁탈전	경덕왕 사후 어린 혜공왕의 즉위 → 진골 귀족들의 왕위 쟁탈전
지방 세력의 반란	• **김헌창의 난**(822): 아버지 김주원이 원성왕과의 왕위 다툼에서 패배하자 난을 일으킴 • **장보고의 난**(846): 장보고가 자신의 딸을 왕비로 세우려다 실패하자 자신의 근거지인 청해진을 중심으로 반란을 일으켰으나 실패
농민 봉기	진성 여왕 때 원종과 애노의 난(889), 적고적의 난(896)이 발생
새로운 세력의 성장	ex) 최치원 • **6두품 세력**: 골품제를 비판하고 새로운 정치 이념과 사회상을 제시 • **호족 세력**: 중앙 정부의 통제에서 벗어나 성주 · 장군을 자처, 지방의 행정권과 군사권을 장악하여 반독립적인 세력으로 성장 ex) 궁예, 왕건
새로운 사상의 유행	선종과 풍수지리설(호족의 세력 기반), 유교(6두품 세력)가 유행

3) 후삼국

후백제 (900)	• 견훤이 완산주(전주)에 도읍을 정하고 후백제를 건국 • 후당과 오월에 사신을 파견 • 신라에 적대적 → 신라 경애왕을 죽게 함

후고구려 (901)	• 신라 왕족의 후예인 궁예가 송악(개성)을 근거지로 후고구려를 건국 • 국호를 '마진'으로 하여 철원으로 천도, 이후에 '태봉'으로 국호를 변경 • 정치 기구로 광평성을 설치하고 광치나, 서사 등의 관원을 둠 • 지나친 조세 수취와 미륵 신앙을 이용한 전제 정치로 궁예가 축출당함

2 발해

1) 건국

대조영	고구려 장군 출신 대조영(고왕)이 고구려 유민과 말갈족을 이끌고 동모산에 발해를 건국(698)

2) 발전과 멸망

무왕 (대무예)	• **연호**: '인안'을 사용 • **당 · 신라와 적대 관계**: 대문예에게 흑수말갈족을 정벌하게 하여 당 견제, 장문휴를 보내 당의 등주(산둥 지방) 공격(732)

문왕 (대흠무)	• **연호**: '대흥'을 사용 • **당 · 신라와 친선 관계**: 신라도 · 발해관을 설치, 당의 문물 제도를 수용 • **체제 정비**: 당의 3성 6부제를 수용, 주자감을 설치, 수도를 중경에서 상경으로 천도 • **고구려 계승 의식**: 일본에 보낸 국서에 '고려국왕'이라 표현

선왕 (대인수)	• **연호**: '건흥'을 사용 • **영토 확장**: 대부분의 말갈족 복속, 요동 진출 → 전성기를 이루면서 주변국들에게 해동성국이라 불림 • **체제 정비**: 5경 15부 62주의 지방 행정 체제를 확립

멸망	거란의 침략을 받아 멸망(926)

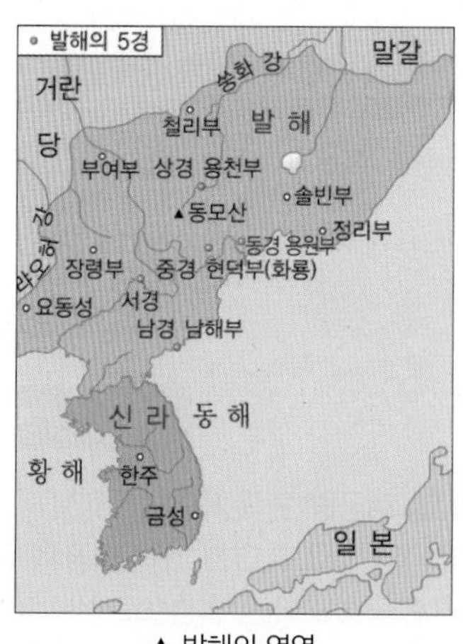

▲ 발해의 영역

▲ 후삼국의 성립

감 잡는 키워드 연표

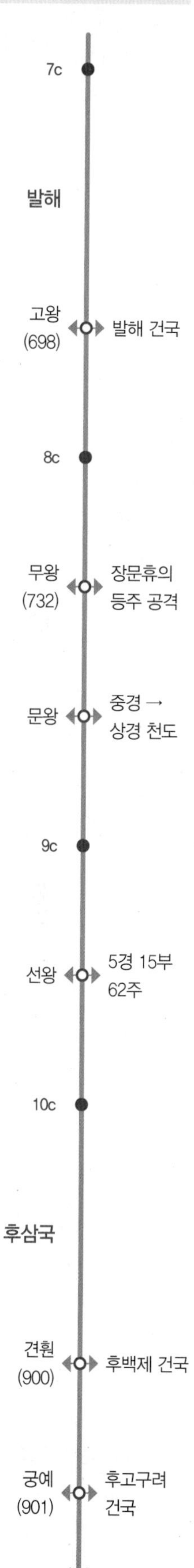

자신감 UP! 기출 사료

1 다음 사료를 읽고 키워드에 형광펜 표시를 한 뒤, 주제를 써 보세요.

■□□□□

> 청해진의 궁복은 왕이 딸을 [왕비로] 받아들이지 않은 것에 원한을 품고 반란을 일으켰다. …… 무주 사람 염장이란 자는 용맹하고 씩씩하기로 당시에 소문이 났는데, 와서 아뢰기를 "조정에서 다행히 신의 말을 들어주신다면 신은 한 명의 병졸도 번거롭게 하지 않고 맨주먹으로 궁복의 목을 베어 바치겠습니다."라고 하였다. 왕이 그의 말을 따랐다.
>
> -『삼국사기』-

(　　　　　　　　　　)

2 다음 사료를 읽고 키워드에 형광펜 표시를 한 뒤, (가)에 들어갈 말을 써 보세요.

■□□□□

> 대무예가 대장 장문휴를 보내 수군을 거느리고 등주를 공격하였다. 당 현종은 급히 대문예에게 유주의 군사를 거느리고 반격하게 하고, 태복경 김사란을 보내 신라군으로 하여금 (가) 의 남쪽을 치게 하였다. 날씨가 매우 추운데다 눈이 한 길이나 쌓여서 군사들이 태반이나 얼어 죽으니, 공을 거두지 못하고 돌아왔다.

① (　　　　　　　　　　)

■□□□□

> 처음에 (가) 의 왕이 자주 학생들을 경사의 태학에 보내어 고금의 제도를 배우고 익혀 가더니, 드디어 해동성국이 되었다. 그 땅에는 5경 15부 62주가 있다.
>
> -『신당서』-

② (　　　　　　　　　　)

감 잡는 키워드 체크

1 **장보고의 난**, 청해진, 궁복, 딸을 [왕비로] 받아들이지 않은 것, 반란

2 ① **발해**, 대무예, 장문휴, 등주, 당 현종 ② **발해**, 해동성국, 5경 15부 62주

자신감 UP! 기출 선지

1 다음 선지를 읽고 키워드에 형광펜 표시를 한 뒤, 관련된 시기를 써 보세요.

■■□□□

혜공왕이 귀족 세력에게 피살되었다.

(　　　　　　　　　　)

2 다음 선지를 읽고 키워드에 형광펜 표시를 한 뒤, 관련된 인물을 써 보세요.

■■■■■

① 후당과 오월에 사신을 파견하였다.

(　　　　　　　　　　)

■■■□□

② 신라를 공격하여 경애왕을 죽게 하였다.

(　　　　　　　　　　)

■■■□□

③ 국호를 마진으로 바꾸고 철원으로 천도하였다.

(　　　　　　　　　　)

■■■■■

④ 광평성 등의 정치 기구를 마련하였다.

(　　　　　　　　　　)

3 다음 선지를 읽고 키워드에 형광펜 표시를 한 뒤, 관련된 왕을 써 보세요.

■■■■■

① 김흠돌이 반란을 도모하였다.

(　　　　　　　　　　)

■■■■■

② 원종과 애노가 사벌주에서 봉기하였다.

(　　　　　　　　　　)

■■■■■

③ 장문휴를 보내 등주를 공격하였다.

(　　　　　　　　　　)

감 잡는 키워드 체크

1 **통일 신라 말**, 혜공왕, 귀족 세력에게 피살

2 ① **견훤**, 후당과 오월 ② **견훤**, 신라를 공격, 경애왕을 죽게 하였다 ③ **궁예**, 국호를 마진, 철원으로 천도 ④ **궁예**, 광평성

3 ① **신문왕**, 김흠돌, 반란, ② **진성 여왕**, 원종과 애노 ③ **문왕**, 장문휴, 등주

고대의 문화

1 탑

익산 미륵사지 석탑 (백제)	부여 정림사지 오층 석탑 (백제)	경주 분황사 모전 석탑 (신라)
• 현존 최고의 석탑, 목탑 양식 • 금제 사리 봉안기가 발견됨	• 미륵사지 석탑을 계승 • 당의 소정방이 자신의 업적을 새김	석재를 벽돌 모양으로 만들어 쌓음
경주 황룡사 구층 목탑 (신라)	**경주 감은사지 삼층 석탑 (통일 신라)**	**경주 불국사 삼층 석탑 (통일 신라)**
자장의 건의로 건축 (복원 모형)	이중 기단 위에 3층으로 쌓는 전형적인 통일 신라의 석탑 양식	「무구정광대다라니경」이 발견됨
경주 불국사 다보탑 (통일 신라)	**양양 진전사지 삼층 석탑 (통일 신라)**	**영광탑 (발해)**
• 화강석 석탑 • 균형감과 신라의 아름다움을 표현	기단과 탑신에 불상을 조각	당 문화의 영향을 받아 벽돌로 쌓은 전탑

감 잡는 키워드 연표

7c

백제

무왕 — 익산 미륵사지 석탑 건립

신라

선덕 여왕 — 황룡사 구층 목탑 건립

감 잡는 키워드 연표

4c

백제

근초고왕 ◀○▶ 칠지도 제작

6c

성왕 ◀○▶ 노리사치계 파견

2 불상

금동 연가 7년명 여래 입상 (고구려)	금동 미륵보살 반가사유상 (삼국)	서산 용현리 마애여래 삼존상 (백제)
경주 배동 석조여래 삼존 입상 (신라)	**석굴암 본존불 (통일 신라)**	**이불 병좌상 (발해)**

3 종교 및 사상

1) 도교

특징	산천 숭배나 신선 사상과 결합, 불로장생을 추구
고구려	• 연개소문이 불교 세력을 억압하기 위해 도교를 장려 • **고구려 사신도**: 사후 세계를 수호하기 위한 방위신을 그린 그림
백제	• **백제 금동 대향로**: 신선들이 사는 이상 세계를 표현, 부여 능산리 절터에서 출토 • **백제 산수무늬 벽돌**: 산과 신선이 그려져 있음

2) 풍수지리설

전래	신라 말기 도선 등 선종 승려들에 의해 전래
영향	선종 사찰 건립 및 호족 세력의 근거지 마련에 활용

4 일본으로의 문화 전파

고구려	• **담징**: 종이 · 먹 제조법을 전파, 호류사 벽화를 그림 • **혜자**: 쇼토쿠 태자의 스승 • **다카마쓰 고분 벽화**: 고구려 수산리 고분 벽화와 유사
백제	• **칠지도**: 근초고왕 때 왜의 왕에게 보낸 칼 • 아직기(한자 교육), 왕인(천자문, 논어 전달), 노리사치계(불경, 불상 전달)
신라	선술, 축제술 등 전파 → 한인의 연못 축조
가야	토기 제작 기술 전파 → 일본 스에키 토기에 영향

자신감 UP! 기출 사료

1 도교

▲ 백제 금동 대향로

▲ 사신도(현무)

▲ 산수무늬 벽돌

2 일본으로의 문화 전파

▲ 고구려 수산리 고분 벽화

▲ 일본 다카마쓰 고분 벽화

▲ 가야의 스에키 토기

자신감 UP! 기출 선지

1 다음 제시문을 읽고 키워드에 형광펜 표시를 한 뒤, 관련된 문화유산을 써 보세요.

국보 제119호인 이 불상은 고구려의 승려들이 만들어 유포한 천불(千佛) 중의 하나로, 경상남도 의령에서 출토되었습니다. 연가(延嘉) 7년이라는 명문이 새겨져 있어 제작 연대를 추정할 수 있습니다.
?

① ( )

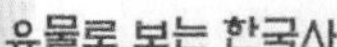

[해설]

경주 불국사에 있는 이 탑의 해체 보수 과정에서 발견된 금동제 사리외함이다. 2층 탑신부에 봉안되어 있던 이 유물 안에는 은제 사리 내·외합과 무구정광대다라니경 등이 함께 놓여 있었다. 이를 통해 당시의 뛰어난 공예 기술 및 사리장엄 방식과 특징을 알 수 있다.

② ( )

감 잡는 키워드 체크

1 ① **금동 연가 7년명 여래 입상**, 고구려, 연가(延嘉) 7년 ② **경주 불국사 삼층 석탑**, 경주 불국사, 금동제 사리외함, 무구정광대다라니경

고대의 고분

감 잡는 키워드 연표

- 6c
- 백제
- 성왕 ↔ 무령왕릉
- 8c
- 문왕 ↔ 정혜 공주 무덤
- 정효 공주 무덤

1 고구려

돌무지무덤 (초기)
- 만주 집안(지안) 일대에 분포
- 장군총이 대표적인 돌무지무덤

↓

굴식 돌방무덤 (후기)
- 돌로 널방을 짜고 그 위를 흙으로 덮어 봉분을 만듦
- 내부의 벽과 천장에 벽화가 그려져 있음

(벽화 — 무용총의 접객도, 각저총의 씨름도)

2 백제

돌무지무덤 (한성 시기)
- 고구려의 돌무지무덤과 유사한 형태
- 백제의 건국 세력이 고구려와 같은 계통임을 뒷받침해 줌

↓

벽돌무덤 (웅진 시기)
- 중국 남조의 영향을 받아 널길과 널방을 벽돌로 쌓음
- 무덤의 주인을 알려주는 묘지석이 출토
- 송산리 6호분, 무령왕릉(송산리 7호분)

↓

굴식 돌방무덤 (사비 시기)

부여 능산리 고분군: 근처 절터에서 백제 금동 대향로가 출토

3 신라

돌무지 덧널무덤 (신라)
- 나무로 널을 만든 후 그 위에 돌을 쌓은 다음 봉분을 덮어 완성
- 도굴이 어려워 많은 껴묻거리가 그대로 보존되어 있음
- 경주의 황남대총(황남대총 북분 금관 출토), 호우총(호우총 청동 그릇 출토), 천마총(천마도 출토)

↓

굴식 돌방무덤 (통일 신라)
- 무덤 봉토 주위를 둘레돌로 두르고 12지 신상을 조각
- 경주 김유신 묘

4 발해

굴식 돌방무덤 (정혜 공주 무덤)

고구려 양식을 계승(모줄임 천장 구조)

벽돌무덤 (정효 공주 무덤)

(당의 양식 — 벽돌무덤; 고구려 양식 — 평행고임 천장 구조)
- 당의 양식과 고구려 양식이 혼합된 벽돌무덤
- 묘지석을 통해 발해가 황제국 체제였음을 알 수 있음

자신감 UP! 기출 사료

1 고구려

▲ 장군총

▲ 굴식 돌방무덤

2 백제

▲ 석촌동 고분

▲ 무령왕릉

3 신라

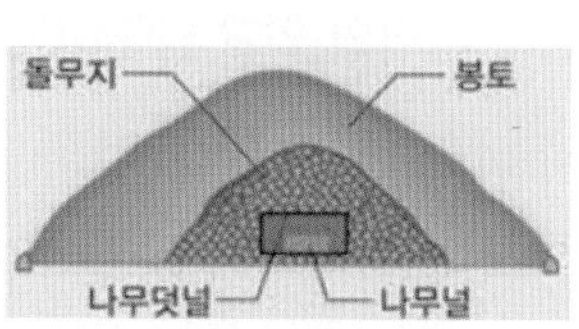

▲ 돌무지 덧널무덤

▲ 천마총 출토 천마도

4 발해

▲ 정효 공주 무덤

▲ 발해 돌사자상

자신감 UP! 기출 선지

1 다음 제시문을 읽고 키워드에 형광펜 표시를 한 뒤, (가)에 들어갈 말을 써 보세요.

학술 대회 안내

올해는 백제의 고분 중 피장자와 축조 연대가 확인되는 유일한 무덤인 (가) 발굴 50주년이 되는 해입니다. 우리 학회는 이를 기념하여 '(가) 출토 유물로 본 동아시아 문화 교류'를 주제로 학술 대회를 개최합니다.

◆발표 주제◆
- 진묘수를 통해 본 도교 사상
- 금동제 신발의 제작 기법 분석
- 금송으로 만든 관을 통해 본 일본과의 교류

■ 일시: 2021년 ○○월 ○○일 13:00~17:00
■ 장소: □□박물관 강당
■ 주최: △△ 학회

( )

감 잡는 키워드 체크

1 **무령왕릉**, 백제의 고분, 피장자와 축조 연대가 확인되는 유일한 무덤, 진묘수, 금송으로 만든 관, 일본과의 교류

CHAPTER 03

고려

감 잡는 키워드 로드맵

고려(태조)
후삼국 통일

고려(광종)
광덕, 준풍,
노비안검법, 과거제

고려(성종)
12목 설치,
최승로의 시무 28조

고려(성종)
서희의 외교 담판(거란)

고려(현종)
강감찬의 귀주 대첩(거란)

고려(숙종)
동북 9성 축조

고려(인종)
이자겸의 난,
묘청의 난

고려(의종)
무신 정변

고려(명종)
망이 · 망소이의 난

고려(고종)
강화 천도

고려(고종)
삼별초의 항쟁

고려(공민왕)
반원 자주 정책

꼭 알아두어야 할 키워드!

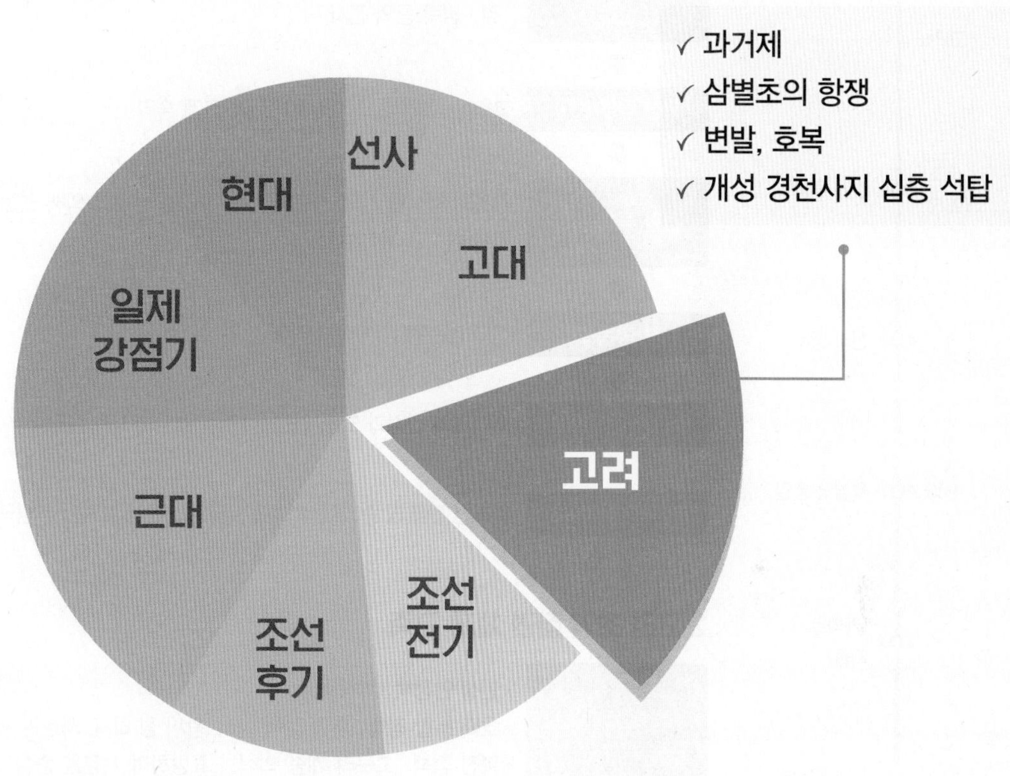

PART Ⅱ 챕터별 출제 비율 분석[68-51회]

학습 길잡이

CHAPTER 03 고려에서는 주제 14 고려의 대외 관계의 출제 비율이 가장 높습니다. 거란, 여진, 몽골 각 나라에 대한 고려의 대응책이 무엇인지 확실히 구분해 두어야 합니다.

고려의 건국과 후삼국 통일

감 잡는 키워드 연표

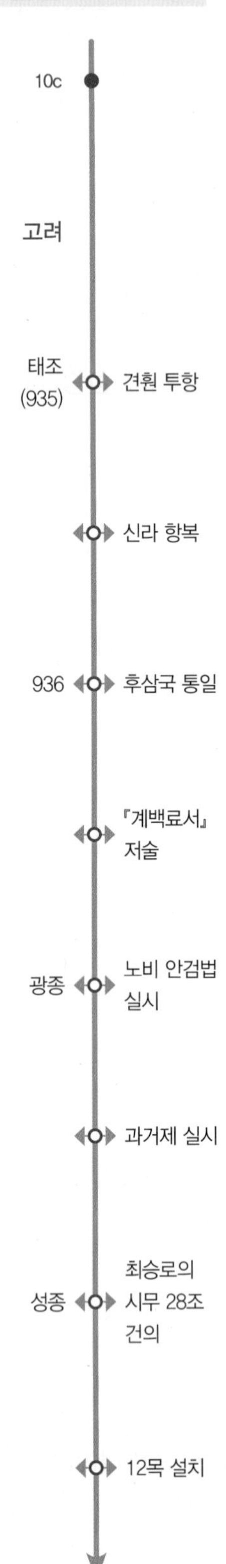

1 후삼국 통일 과정

고려 건국(918)	왕건이 후고구려 궁예의 휘하에 있다가 궁예를 축출하고 고려를 건국
⬇	
공산 전투(927)	• 후백제의 견훤이 신라를 공격해 경애왕을 죽게 함 • 신라의 군사 요청을 받은 고려가 후백제와의 공산(고창) 전투에서 패배 → 고려 신숭겸 · 김락 등의 전사
⬇	
고창 전투(930)	고창(안동)에서 고려가 후백제에 크게 승리
⬇	
견훤 투항(935)	견훤의 자식들 간의 권력 다툼으로 아들 신검에 의해 견훤이 금산사에 유폐됨 → 견훤이 탈출하여 고려에 투항
⬇	
신라 항복(935)	신라 경순왕(김부)이 고려에 항복
⬇	
일리천 전투(936)	후백제의 신검과 고려 왕건의 대결 끝에 고려가 승리
⬇	
후삼국 통일(936)	일리천 전투의 승리로 후백제가 멸망하면서 고려가 후삼국을 통일

2 고려 초기 집권 체제 구축

태조	• **민생 안정책**: 흑창을 설치 (흑창: 빈민 구제 기관) • **호족 통합 정책**: 혼인 정책 실시, 왕씨 성 하사, 사심관 제도와 기인 제도 실시 (사심관 제도: 호족이나 공신들을 사심관으로 삼아 출신 지역을 다스리게 한 제도 / 기인 제도: 호족의 자제를 일정 기간 개경에 머물도록 한 제도) • **북진 정책**: 고구려 계승 의식을 표방하며 서경을 중심으로 청천강에서 영흥만까지 국경선을 확장 • **편찬 사업**: 『정계』, 『계백료서』를 통해 관리의 규범 제시, 훈요 10조를 통해 후대 왕들이 지켜야 할 정책 방향 제시
광종	• **노비안검법**: 불법으로 노비가 된 자를 해방시켜 호족 세력을 약화시킴 • **과거제**: 후주 출신 쌍기의 건의를 받아들여 인재 등용을 위해 실시 • **칭제 건원**: 황제 칭호 사용, 광덕 · 준풍 등 독자적인 연호 사용 • 관리의 공복을 제정, 제위보를 설치 (제위보: 기금을 모아 그 이자로 빈민 구제)
성종	• **최승로의 시무 28조**: 유교를 통치 이념으로 채택하고 통치 체제를 정비할 것을 건의 • **통치 체제 정비**: 중앙을 2성 6부로 정비, 지방에는 12목을 설치하고 지방관 파견, 교육 기관으로 국자감 설립 • **사회 시설 정비**: 의창과 상평창(물가 조절 기구)을 설치
현종	5도 · 양계 · 경기로 지방 행정 조직을 정비

기출 사료

1 다음 사료를 읽고 키워드에 형광펜 표시를 한 뒤, 주제를 써 보세요.

■□□□□

> 왕이 천덕전에 거둥하여 백관을 모아놓고 말하기를, "내가 신라와 굳게 동맹을 맺은 것은 두 나라가 같이 우호를 유지하고 각자의 사직(社稷)을 보전하기 위해서였다. 지금 신라왕이 굳이 신하로 있겠다고 요청하고 그대들도 그것이 옳다고 하니, 나의 마음이 매우 부끄러우나 여러 사람의 뜻을 거스르기가 어렵다."라고 하였다. 이에 신라왕이 뜰에서 예를 올리니 여러 신하가 하례하여 함성이 궁궐을 진동하였다. …… 신라국을 없애 경주라 하고, 그 지역을 김부의 식읍으로 하사하였다.

① (   )

■■■□□

> 처음으로 12목을 설치하고 조서를 내려 말하기를, "부지런히 정사를 돌보면서 매번 신하들의 충고를 구하고 있다. 낮은 곳의 이야기를 듣고 멀리 보고자 어질고 현명한 이들의 힘을 빌리려고 한다. 이에 수령들의 공로에 의지해 백성들의 바람에 부합하고자 한다. 「우서(虞書)」의 12목 제도를 본받아 시행하니, 주나라가 8백 년간 지속하였듯이 우리의 국운도 길이 이어질 것이다."라고 하였다.

② (   )

감 잡는 키워드 체크

1 ① **고려에 대한 신라의 항복**, 신라왕이 신하로 있겠다고 요청, 김부의 식읍으로 하사 ② **성종의 12목 설치**, 12목

자신감 UP! 기출 선지

1 다음 선지를 읽고 키워드에 형광펜 표시를 한 뒤, 관련된 왕을 써 보세요.

■■■■□

① 일리천 전투에서 신검의 군대를 격퇴하였다.
(   )

■■■■■

② 『정계』와 『계백료서』를 지어 관리가 지켜야 할 규범을 제시하였다.
(   )

■■■■■

③ 빈민 구제 기관인 흑창을 설치하였다.
(   )

■■■■■

④ 광덕, 준풍 등의 연호가 사용되었다.
(   )

■■■■■

⑤ 호족 세력을 견제하기 위해 노비안검법을 실시하였다.
(   )

■■■■■

⑥ 쌍기의 건의를 수용하여 과거제를 시행하였다.
(   )

■■■■■

⑦ 12목을 설치하고 지방관을 파견하였다.
(   )

■■■■□

⑧ 최승로가 시무 28조를 건의하였다.
(   )

감 잡는 키워드 체크

1 ① **태조**, 일리천 전투, 신검 ② **태조**, 『정계』와 『계백료서』 ③ **태조**, 흑창 ④ **광종**, 광덕, 준풍 ⑤ **광종**, 노비안검법 ⑥ **광종**, 쌍기, 과거제 ⑦ **성종**, 12목 ⑧ **성종**, 최승로, 시무 28조

12 문벌 귀족 사회와 무신 정변

감 잡는 키워드 연표

- 12c
- 고려
- 인종(1126) – 이자겸의 난
- 1135 – 묘청의 난
- 의종(1170) – 무신 정변
- 명종/이의방 – 김보당의 난
- 명종/정중부 – 조위총의 난

1 문벌 귀족 사회의 성립

성립	지방 호족과 6두품 출신 유학자가 여러 대에 걸쳐 중앙 고위 관직을 차지
특징	• 과거와 음서를 통해 관직을 독점 (음서: 고관의 자손 등이 과거를 거치지 않고 관료가 될 수 있는 제도) • 전시과의 과전과 공음전의 혜택 (공음전: 5품 이상의 관료에게 지급하는 세습이 가능한 토지) • 중첩된 혼인 관계를 형성, 왕실과 혼인 관계를 맺으며 권력을 장악
변화	지방 출신 관리 중 일부가 왕과 밀착하여 측근 세력을 형성

2 문벌 귀족 사회의 동요

이자겸의 난(1126)	• **배경**: 경원 이씨가 왕실의 외척으로 권력을 독점해 왕의 측근 세력과 갈등이 발생 • **전개**: 이자겸과 척준경의 권력 장악 → 척준경이 이자겸을 배신하여 이자겸 제거 → 인종이 척준경 축출 • **결과**: 문벌 귀족 사회의 붕괴 촉진, 왕권 약화, 서경 천도론의 대두
묘청의 난(1135)	• **배경**: 문벌 귀족 사회의 분열 • **원인**: 서경파와 개경파의 대립 • **경과**: 묘청이 서경 천도, 칭제 건원, 금국 정벌 주장 → 개경파 김부식 세력과 대립 → 묘청이 국호를 '대위', 연호를 '천개'로 하여 반란 → 개경파인 김부식이 이끄는 관군에 의해 1년 만에 진압 • **결과**: 문벌 귀족 사회의 동요가 심화

3 무신 정변(1170)

배경	문벌 귀족 지배 체제의 모순이 심화되면서 무신 차별 풍조가 형성됨
전개	정중부, 이의방 등의 무신이 보현원에서 문신을 죽이고 의종을 폐위하면서 정권을 장악(1170)
정권자 변화	이의방 → 정중부 → 경대승 → 이의민 → 최충헌 → 최우
정치 기구	**중방**: 최고 무신 회의 기구, 상장군 · 대장군이 참석
무신 정권에 대한 반발	동북면병마사 김보당의 난, 서경유수 조위총의 난

자신감 UP! 기출 사료

1 다음 사료를 읽고 키워드에 형광펜 표시를 한 뒤, 주제를 써 보세요.

■■□□□

> 이자겸과 척준경이 왕을 위협하여 남궁(南宮)으로 거처를 옮기게 하고 안보린, 최탁 등 17인을 죽였다. 이외에도 죽인 군사가 헤아릴 수 없을 정도였다.

① (　　　　　　　　　　　　　　　　)

■□□□□

> 묘청이 서경을 근거지로 삼고 반란을 일으켰다. …… 국호를 대위, 연호를 천개, 그 군대를 천견충의군이라 불렀다.

② (　　　　　　　　　　　　　　　　)

■■□□□

> 왕이 보현원 문에 들어서자 …… 이고 등이 왕을 모시던 문관 및 대소 신료, 환관들을 모두 살해하였다. …… 정중부 등이 왕을 모시고 환궁하였다.

③ (　　　　　　　　　　　　　　　　)

■□□□□

> 조위총이 동 · 북 양계(兩界)의 여러 성에 격문을 돌려 군사를 불러 모아 말하기를, "소문에 따르면 개경의 중방(重房)에서 '북계의 여러 성은 거칠고 사나운 무리를 많이 거느리고 있으니 토벌해야 한다.'고 논의하고 이미 많은 병력을 동원했다고 하니 어찌 가만히 앉아서 스스로 죽을 수 있겠는가? 각자 군사와 말을 규합하여 빨리 서경으로 달려와야 한다."라고 하였다.

④ (　　　　　　　　　　　　　　　　)

감 잡는 키워드 체크

1 ① **이자겸의 난**, 이자겸과 척준경 ② **묘청의 난**, 묘청, 서경, 국호를 대위, 연호를 천개 ③ **무신 정변**, 보현원, 정중부 ④ **조위총의 난**, 조위총, 동 · 북 양계, 중방(重房)

자신감 UP! 기출 선지

1 다음 선지를 읽고 키워드에 형광펜 표시를 해 보세요.

■■□□□

① (이자겸의 난) 왕실의 외척인 이자겸이 권력을 독점하였다.

■■■■□

② (묘청의 난) 묘청이 칭제 건원과 금국 정벌을 주장하였다.

■■■□□

③ (묘청의 난) 김부식이 묘청의 난을 진압하였다.

■■■■□

④ (무신 정변) 정중부 등이 정변을 일으켜 권력을 차지하였다.

■■□□□

⑤ (조위총의 난) 조위총이 군사를 일으켜 정중부 등의 제거를 도모하였다.

■■■■■

⑥ (김보당의 난) 김보당이 의종 복위를 주장하며 동계에서 군사를 일으켰다.

감 잡는 키워드 체크

1 ① 왕실의 외척, 이자겸 ② 묘청, 칭제 건원, 금국 정벌 ③ 김부식, 묘청의 난을 진압 ④ 정중부, 정변 ⑤ 조위총, 정중부 등의 제거를 도모 ⑥ 김보당, 의종 복위, 동계

13 무신 정권

감 잡는 키워드 연표

- 12c
- 고려
- 명종/정중부 — 망이·망소이의 난
- 명종/이의민 — 김사미·효심의 난
- 명종/최충헌 — 봉사 10조 건의
- 신종/최충헌 — 만적의 난
- 13c
- 희종/최충헌 — 교정도감 설치
- 고종/최우 — 정방 설치
- 1232 — 강화 천도

1 최씨 무신 정권

1) 최충헌

봉사 10조	봉사 10조를 통해 사회 개혁책을 제시
교정도감 설치	• 최씨 정권의 반대 세력을 제거하는 최고 권력 기구인 교정도감을 설치 • 교정도감의 우두머리인 교정별감이 되어 국정을 총괄
도방 확대 · 개편	• 신변 보호를 위한 사병 기관인 도방을 확대 · 개편 • 삼별초와 함께 최씨 정권을 유지하는 군사적 기반이 됨

2) 최우

정방 설치	모든 관직에 대한 인사권을 장악하기 위해 정방을 설치
서방 설치	문학적 소양과 행정 실무 능력을 갖춘 문신을 등용
삼별초 조직	• 좌별초, 우별초, 신의군으로 구성 • 도방과 함께 최씨 정권의 신변을 경호
대몽 항쟁	• 몽골과의 장기 항전을 위해 강화도로 천도 • 몽골의 침입을 불교의 힘으로 격퇴하고자 팔만(재조)대장경 조판을 시작

2 무신 정권 시기의 사회 동요

1) 농민의 봉기

망이 · 망소이의 난	특수 행정 구역(향 · 부곡 · 소)인 공주 명학소에서 무거운 조세 부담에 반발하며 봉기
김사미 · 효심의 난	지배층의 가혹한 수탈에 반발하며 경상도의 운문과 초전을 중심으로 봉기

2) 천민의 신분 해방 운동

전주 관노의 난	지방관의 가혹한 수탈에 반발
만적의 난	만적(최충헌의 사노비)이 '천민을 없애자'라는 구호 아래 신분 해방 운동 주도 → 사전에 발각되어 실패

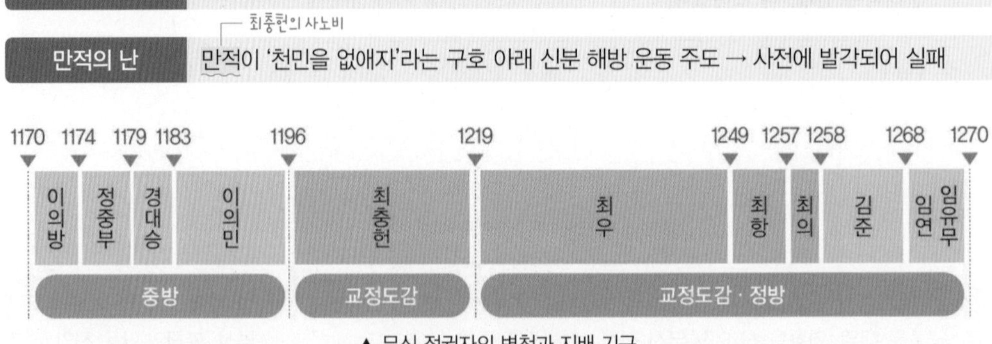

▲ 무신 정권자의 변천과 지배 기구

자신감 UP! 기출 사료

1 다음 사료를 읽고 키워드에 형광펜 표시를 한 뒤, (가)에 들어갈 말을 써 보세요.

■□□□□

처음에 최우가 나라 안에 도적이 많음을 근심하여 용사들을 모아 매일 밤 순행하면서 포악한 짓들을 금하였는데, 이로 인하여 이름을 야별초(夜別抄)라고 하였다. 그 군사가 매우 많아 마침내 나누어 좌우로 삼았다. 또 우리나라 사람으로서 몽골로부터 도망쳐 돌아온 자들을 한 부대로 삼아 신의군(神義軍)이라고 불렀는데, 이들이 (가) 이/가 되었다.

( )

2 다음 사료를 읽고 키워드에 형광펜 표시를 한 뒤, 주제를 써 보세요.

■□□□□

- 명학소의 백성 망이·망소이 등이 무리를 모아서 산행병마사라고 자칭하고는 공주를 공격하여 함락하였다.
- 망이의 고향인 명학소를 충순현으로 승격시키고 양수탁을 현령으로, 김윤실을 현위로 임명하여 그들을 달래었다.

① ( )

■□□□□

만적 등 6명이 북산에서 땔나무를 하다가, 공사(公私)의 노복들을 불러 모아 모의하며 말하기를, "국가에서 경인년과 계사년 이래로 높은 관직도 천예(賤隷)에서 많이 나왔으니, 장상(將相)에 어찌 씨가 있겠는가?"라고 하였다. 여러 노(奴)들이 모두 그렇다고 하였다. …… 가노(家奴) 순정이 한충유에게 변란을 고하자 한충유가 최충헌에게 알렸다. 마침내 만적 등 100여 명을 체포하여 강에 던졌다.

② ( )

감 잡는 키워드 체크

1 **삼별초**, 최우, 야별초(夜別抄), 신의군(神義軍)
2 ① **망이·망소이의 난**, 명학소, 망이·망소이, 공주, 충순현
② **만적의 난**, 만적, 장상(將相)에 어찌 씨가 있겠는가?, 최충헌

자신감 UP! 기출 선지

1 다음 선지를 읽고 키워드에 형광펜 표시를 해 보세요.

■■□□□

① 최충헌이 봉사 10조를 올려 시정 개혁을 건의하였다.

■■■□□

② 최충헌이 교정도감을 설치하여 국정을 총괄하였다.

■■■■□

③ 최우가 인사 행정 담당 기구로 정방을 설치하였다.

■■■■□

④ 최우가 강화도로 도읍을 옮겨 장기 항전을 준비하였다.

2 다음 선지를 읽고 키워드에 형광펜 표시를 한 뒤, 관련된 무신 정권자의 이름을 써 보세요.

■■□□□

① 만적이 개경에서 노비를 모아 반란을 모의하였다.
( )

■■■■■

② 망이·망소이 등이 명학소에서 봉기하였다.
( )

■■■■■

③ 강화도로 도읍을 옮겨 항전하였다.
( )

감 잡는 키워드 체크

1 ① 최충헌, 봉사 10조 ② 최충헌, 교정도감 ③ 최우, 정방 ④ 최우, 강화도, 장기 항전
2 ① **최충헌**, 만적, 노비 ② **정중부**, 망이·망소이, 명학소 ③ **최우**, 강화도로 도읍을 옮겨 항전

03 고려

14 고려의 대외 관계

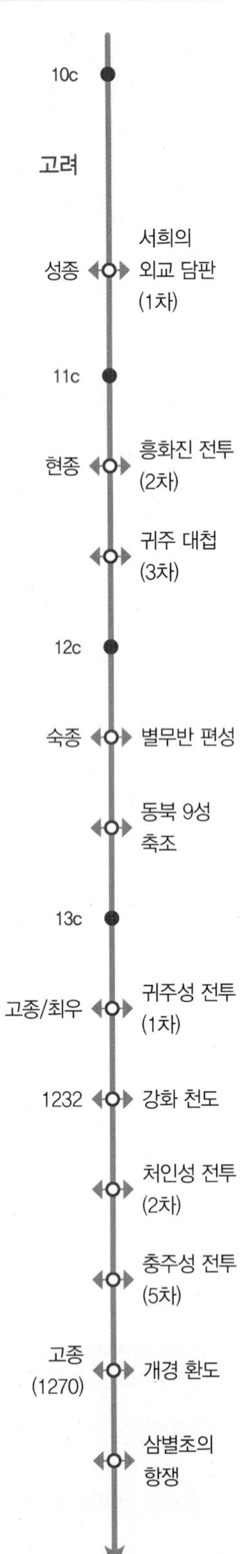

1 거란

1차 침입	소손녕과 서희의 외교 담판으로 강동 6주를 확보
2차 침입	• 거란이 강조의 정변을 구실로 재침입 • 수도 개경이 함락당하자 현종이 나주로 피난 • 양규가 흥화진 전투에서 활약
3차 침입	• 고려가 거란의 강동 6주 반환 요구를 거부 • **귀주 대첩**: 강감찬이 귀주에서 거란군을 격퇴
영향	개경 주위에 나성과 천리장성을 축조, 초조대장경을 간행 (천리장성: 압록강~도련포)

2 여진

별무반 편성	• 여진 대비를 위해 윤관이 별무반을 편성 • 신기군, 신보군, 항마군으로 구성
동북 9성 축조	여진을 몰아내고 동북 9성 축조 → 수비의 어려움과 여진의 요구로 반환
금의 사대 요구 수용	• 세력이 강성해진 여진이 금을 건국하여 고려에 군신 관계를 요구 • 인종 때 이자겸이 금의 사대 요구를 수용

3 몽골

1차 침입	• 몽골 사신 저고여의 피살 사건을 구실로 살리타가 침입 • 박서의 귀주성 전투 이후 몽골과 강화가 성립됨
강화 천도	장기 항전을 위해 최우가 강화도로 천도(1232)
2차 침입	• **처인성 전투**: 승려 김윤후가 처인성에서 살리타를 사살 • 초조대장경이 소실됨
3차 침입	• 몽골 격퇴를 기원하며 팔만대장경을 제작 • 황룡사 9층 목탑이 소실됨
5차 침입	김윤후가 충주성 전투에서 승리
개경 환도(1270)	최씨 무신 정권의 붕괴 → 몽골과의 강화 후 개경으로 환도
삼별초의 항쟁	• 고려 정부의 개경 환도에 반발 • 강화도, 진도(배중손) → 제주도(김통정)로 근거지를 옮기며 항쟁

기출 사료

1 다음 사료를 읽고 키워드에 형광펜 표시를 한 뒤, (가)에 들어갈 말을 써 보세요.

■■■■□

> ○ (가) 임금이 강조를 토벌한다는 구실로 친히 군사를 거느리고 와서 흥화진을 포위하였다. 양규는 도순검사가 되어 성문을 닫고 굳게 지켰다. ……
> ○ (가)의 병사들이 귀주를 지나가자 강감찬 등이 동쪽 교외에서 전투를 벌였다. …… 적병이 북쪽으로 달아나자 아군이 그 뒤를 쫓아가서 공격하였는데, 석천을 건너 반령에 이르기까지 시신이 들에 가득하였다.

① (　　　　　　)

■□□□□

> 현종 2년에 (가)의 군주가 크게 군사를 일으켜 정벌하러 오자 왕이 남쪽으로 피란하였는데, (가) 군대는 여전히 송악성에 주둔하고 물러가지 않았습니다. 이에 현종이 여러 신하와 함께 더할 수 없는 큰 바람을 담아 대장경판을 새겨서 완성할 것을 맹세한 뒤에야 적의 군대가 스스로 물러갔습니다.
>
> -『동국이상국집』-

② (　　　　　　)

■■□□□

> 김윤후가 충주산성 방호별감이 되었는데 (가)의 군대가 쳐들어 와 충주성을 70여 일간 포위하였다. 군량이 거의 바닥나자 김윤후가 군사들에게 "만약 힘내 싸운다면 귀천을 가리지 않고 모두 관작을 내리겠다."라고 하였다. 마침내 관노비의 문서를 불태우고 노획한 소와 말을 나누어 주었다. 사람들이 모두 죽음을 무릅쓰고 싸우니 적의 기세가 꺾여 남쪽으로 침략하는 것을 막을 수 있었다.

③ (　　　　　　)

감 잡는 키워드 체크

1 ① **거란**, 강조를 토벌, 흥화진, 양규, 귀주, 강감찬 ② **거란**, 현종, 대장경판 ③ **몽골**, 김윤후, 충주산성

자신감 UP! 기출 선지

1 다음 선지를 읽고 키워드에 형광펜 표시를 한 뒤, 어느 나라에 대한 고려의 대응인지 써 보세요.

■■■■■
① 서희가 외교 담판을 통해 강동 6주를 획득하였다. (　　　　)

■■■■■
② 강조가 정변을 일으켜 목종을 폐위하였다. (　　　　)

■■■■■
③ 국난 극복을 기원하며 초조대장경이 조판되었다. (　　　　)

■■■□□
④ 개경을 방어하기 위해 나성을 축조하였다. (　　　　)

■■□□□
⑤ 강감찬이 귀주에서 대승을 거두었다. (　　　　)

■■■■■
⑥ 대장도감에서 팔만대장경이 간행되었다. (　　　　)

■■■■■
⑦ 신기군, 신보군, 항마군으로 구성된 별무반을 편성하였다. (　　　　)

■■■■■
⑧ 김윤후가 처인성에서 살리타를 사살하였다. (　　　　)

■■■■■
⑨ 삼별초를 이끌고 진도 용장성에서 항전하였다. (　　　　)

감 잡는 키워드 체크

1 ① **거란**, 서희, 외교 담판, 강동 6주 ② **거란**, 강조, 정변 ③ **거란**, 초조대장경 ④ **거란**, 나성 ⑤ **거란**, 강감찬, 귀주 ⑥ **몽골**, 팔만대장경 ⑦ **여진**, 별무반 ⑧ **몽골**, 김윤후, 처인성, 살리타 ⑨ **몽골**, 삼별초, 진도 용장성

15 원 간섭기와 공민왕의 개혁 정치

감 잡는 키워드 연표

- 13c
- 고려
- 고종 – 쌍성총관부 설치
- 충렬왕 – 일본 원정
- 14c
- 충숙왕 – 만권당 설치
- 충목왕 – 정치도감 설치

1 원 간섭기의 변화

왕실의 호칭 격하	조 · 종 → 왕, 폐하 → 전하, 짐 → 고, 태자 → 세자
관제 격하	2성(중서문하성, 상서성) → 첨의부, 6부 → 4사, 중추원 → 밀직사
영토 상실	원이 쌍성총관부, 동녕부, 탐라총관부를 설치
내정 간섭 기구	• **정동행성**: 일본 원정을 위한 기구였다가 이후 내정 간섭 기구가 됨 • **다루가치**: 내정 간섭을 위해 원에서 감찰관으로 다루가치를 파견
인적 · 물적 수탈	• **공녀 징발**: 결혼도감을 설치하여 공녀를 강제로 징발 • **특산물 징수**: 금, 은, 베, 인삼, 매(응방 설치)
몽골풍 유행	고려에서 변발, 몽골식 의복(호복) 등 몽골의 풍습이 유행
권문세족의 성장	• 원 간섭기에 권문세족이 새로운 지배층으로 등장 • 친원적 성향, 주로 음서로 관직에 진출, 도평의사사를 장악 • 대농장을 차지하여 농민 핍박 → 충목왕 때 폐정개혁을 위해 정치도감 설치
개혁 정치	• **충렬왕**: 동녕부와 탐라총관부를 회복 • **충선왕**: 소금 전매제 시행, 원에 만권당 설치(충숙왕 때)

2 공민왕의 개혁 정치

반원 자주 정책	• 쌍성총관부를 공격하여 철령 이북의 땅을 수복 • 기철 등 친원 세력을 숙청 • 왕실의 호칭 및 관제를 복구, 도평의사사를 정비, 몽골풍을 금지, 정동행성 이문소를 폐지
왕권 강화 정책	• 정방을 폐지, 성균관을 정비(신진 사대부의 성장의 토대를 마련) • **전민변정도감 설치**: 신돈을 등용하여 불법으로 점탈된 토지와 노비를 해방시킴

▲ 공민왕의 영토 수복

3 고려의 멸망

홍건적의 침입	수도 개경이 함락되어 공민왕이 복주(안동)로 피난
⬇	
왜구의 침입	• 최영의 홍산 대첩, 이성계의 황산 대첩 승리로 왜구 토벌 • 최무선이 화통도감을 설치하여 화약 · 화포 제작 → 진포 대첩 승리 • 박위의 대마도(쓰시마) 정벌
⬇	
신흥 무인 세력의 성장	홍건적과 왜구를 격퇴하는 과정에서 최영 · 이성계 등 신흥 무인 세력이 성장
⬇	
요동 정벌	명의 철령위 설치 통고를 받고 최영이 요동 정벌을 단행
⬇	
위화도 회군	이성계가 4불가론에 의거하여 요동 정벌을 반대하고 위화도에서 회군
⬇	
과전법 실시	• 우왕과 창왕을 폐위, 공양왕을 옹립 • 과전법을 실시하여 신진 사대부의 경제적 기반을 마련
⬇	
조선 건국	• 정도전 등의 급진 개혁파가 정몽주 등의 온건 개혁파를 제거 • 이성계가 왕으로 추대되면서 조선 왕조를 건국

감 잡는 키워드 연표

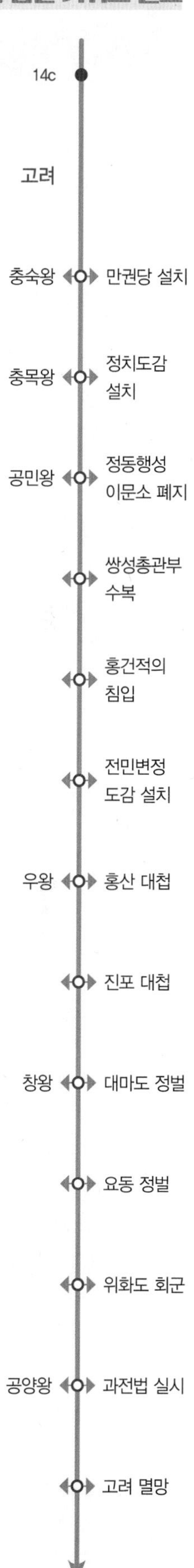

자신감 UP! 기출 사료

1 다음 사료를 읽고 키워드에 형광펜 표시를 해 보세요.

■□□□□

①

> 왕이 이분희 등에게 변발을 하지 않았다고 책망하였더니 그들이 대답하기를 "신 등이 변발하는 것을 싫어해서가 아니라 오직 뭇 사람들이 그렇게 하여 상례(常例)가 되기를 기다렸을 뿐입니다."라고 하였다. …… 왕은 입조(入朝)하였을 때에 이미 변발하였지만, 나라 사람들이 아직 하지 않았기 때문에 이를 책망한 것이다.

■□□□□

②

> 다루가치가 왕을 비난하면서 말하기를, "선지(宣旨)라 칭하고, 짐(朕)이라 칭하고, 사(赦)라 칭하니 어찌 이렇게 참람합니까?"라고 하였다. …… 이에 선지를 왕지(王旨)로, 짐을 고(孤)로, 사를 유(宥)로, 주(奏)를 정(呈)으로 고쳤다.

2 다음 사료를 읽고 키워드에 형광펜 표시를 한 뒤, 주제를 써 보세요.

■■□□□

> 왜구가 배 5백 척을 이끌고 진포 입구에 들어와서는 큰 밧줄로 배를 서로 잡아매고 병사를 나누어 지키다가, 해안에 상륙하여 여러 고을로 흩어져 들어가 불을 지르고 노략질을 자행하였다. …… 나세, 심덕부, 최무선 등이 진포에 이르러, 최무선이 만든 화포를 처음으로 사용하여 그 배들을 불태웠다.

① (　　　　　　　　)

■□□□□

> 대군이 압록강을 건너서 위화도에 머물렀다. …… 이성계가 회군한다는 소식을 듣고 앞다투어 모여든 사람이 천여 명이나 되었다.

② (　　　　　　　　)

감 잡는 키워드 체크

1 ① 변발 ② 다루가치, 짐을 고(孤)로
2 ① **진포 대첩**, 왜구, 진포, 나세, 심덕부, 최무선, 화포 ② **위화도 회군**, 위화도, 이성계, 회군

자신감 UP! 기출 선지

1 다음 선지를 읽고 키워드에 형광펜 표시를 해 보세요.

■■■■■

① (고려) 지배층을 중심으로 변발과 호복이 유행하였다.

■■■■■

② (고려) 공녀를 보내기 위해 결혼도감을 설치하였다.

■■■■■

③ (고려 – 공민왕) 신돈이 전민변정도감의 판사가 되었다.

■■■■□

④ (고려 – 일본) 최영이 홍산에서 대승을 거두었다.

■■■■■

⑤ (고려 – 일본) 최무선의 건의로 화통도감이 설치되었다.

■■■■■

⑥ (고려 – 일본) 박위로 하여금 쓰시마섬을 정벌하게 하였다.

■■■■□

⑦ 최영이 철령위 설치에 반발하여 요동 정벌을 추진하였다.

2 다음 선지를 읽고 키워드에 형광펜 표시를 한 뒤, 관련된 왕을 써 보세요.

■■■□□

① 폐정 개혁을 목표로 정치도감을 설치하였다.

(　　　　　　　　)

■■■■■

② 만권당을 세워 학문 교류를 장려하였다.

(　　　　　　　　)

■■□□□

③ 국자감을 성균관으로 개칭하고 유학 교육을 장려하였다.

(　　　　　　　　)

■■■■■

④ 쌍성총관부를 공격하여 철령 이북을 수복하였다.

(　　　　　　　　)

감 잡는 키워드 체크

1 ① 변발, 호복 ② 공녀, 결혼도감 ③ 신돈, 전민변정도감 ④ 최영, 홍산 ⑤ 최무선, 화통도감 ⑥ 박위, 쓰시마섬 ⑦ 최영, 철령위 설치에 반발, 요동 정벌
2 ① **충목왕**, 정치도감 ② **충선왕**, 만권당 ③ **공민왕**, 국자감을 성균관으로 개칭, 유학 교육을 장려 ④ **공민왕**, 쌍성총관부를 공격, 철령 이북을 수복

고려의 문화

1 건축

안동 봉정사 극락전	영주 부석사 무량수전	예산 수덕사 대웅전	사리원 성불사 응진전
• 주심포 양식, 맞배지붕 • 현존 최고(最古) 목조 건축물	• 주심포 양식 • 배흘림 기둥	• 주심포 양식 • 맞배 지붕	다포 양식

주심포 양식: 기둥 위에만 공포를 짜 올리는 방식

다포 양식: 기둥과 기둥 사이에도 공포 설치

2 탑

평창 월정사 팔각 구층 석탑	개성 경천사지 십층 석탑
송의 영향을 받은 다각다층탑	• 원의 영향을 받은 대리석 탑 • 조선의 원각사지 십층 석탑으로 계승됨

3 불상

하남 하사창동 철조 석가여래 좌상	논산 관촉사 석조 미륵보살 입상	안동 이천동 마애여래 입상

파주 용미리 마애이불 입상	영주 부석사 소조 아미타여래 좌상

감 잡는 키워드 연표

- 10c
- 고려
- 광종: 논산 관촉사 석조 미륵보살 입상 건축
- 14c
- 충렬왕: 예산 수덕사 대웅전 건축
- 충목왕: 개성 경천사지 십층 석탑 건축

감 잡는 키워드 연표

12c
고려
현종 – 초조대장경 제작
13c
고종 – 팔만대장경 제작
14c
공민왕 – 「천산대렵도」 제작
우왕 – 『직지심체요절』 제작

4 인쇄술의 발달

1) 목판 인쇄술

초조대장경	• 현종 때 불력으로 거란을 물리치고자 제작 • 몽골의 2차 침입으로 소실
교장	• 의천이 초조대장경을 보완하기 위해 교장도감을 설치해 제작 • 송, 요, 일본의 불교 주석서 목록집 • 몽골의 2차 침입으로 소실
팔만대장경 (재조대장경)	• 몽골의 침입을 막기 위해 제작 • 합천 해인사 장경판전에 보관 • 유네스코 세계 기록 유산에 등재

2) 활판 인쇄술

『직지심체요절』	• 청주 흥덕사에서 간행 • 현존 세계 최초의 금속 활자본, 유네스코 세계 기록 유산에 등재 • 현재 프랑스 국립 도서관에 소장되어 있음
『상정고금예문』	• 금속 활자를 이용한 최초의 책 • 강화도에서 인쇄되었다는 기록이 남아있음

5 천문학과 의학

천문학	• **사천대(서운관)**: 일식 · 혜성 · 태양 흑점 등을 기록 • **역법**: 당의 선명력에서 원의 수시력을 사용
의학	• **태의감**: 의료 업무 수행, 의학 교육 실시, 의과 시행 • **『향약구급방』**: 현존하는 가장 오래된 의학 서적

6 예술

청자	• **순수청자**: 11세기에 발전한 아무 장식도 없는 비색의 청자 • **상감청자**: 12세기 상감 기법이 개발된 이후 발달됨 (상감 기법: 그릇 표면을 파낸 자리에 백토, 흑토를 메워 무늬를 내는 기법)
공예	• **은입사 기술**: 청동기 표면을 파내고 실처럼 만든 은을 채워 넣어 무늬를 장식하는 기술 • **나전 칠기**: 옻칠한 바탕에 자개를 붙여 무늬를 새김
회화	공민왕의 「천산대렵도」, 혜허의 「양류관음도」, 「수월관음도」

자신감 UP! 기출 사료

1 청자

▲ 청자 상감 모란문 표주박 모양 주전자

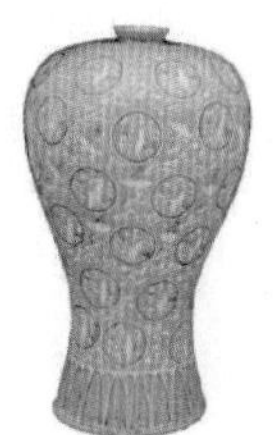
▲ 청자 상감 운학무늬 매병

▲ 청동 은입사 포류수금문 정병

2 공예

▲ 나전 국화 넝쿨무늬 합

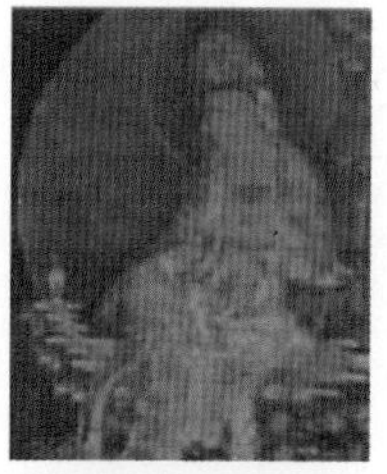
▲ 혜허의 「수월관음도」

▲ 공민왕의 「천산대렵도」

▲ 혜허의 「양류관음도」

자신감 UP! 기출 선지

1 다음 제시문을 읽고 키워드에 형광펜 표시를 한 뒤, 관련된 문화유산을 써 보세요.

우리나라에 현존하는 가장 오래된 목조 건축물에 대해 이야기해 보자.
공민왕 때 지붕을 크게 수리했다는 상량문의 기록을 통해 건축 연대를 추정할 수 있지.
공포가 기둥 위에만 있는 주심포 양식의 건물로, 지붕의 형태는 맞배지붕이야.

① (　　　　　　　　　　)

주제: 우리나라 불교 문화유산
이 탑은 개성에 있었는데 지금 국립 중앙 박물관에 전시되고 있어.
원의 영향을 받은 다각 다층의 대리석 탑이야.
원각사지 십층 석탑에 영향을 주기도 하였지.

② (　　　　　　　　　　)

감 잡는 키워드 체크

1 ① **안동 봉정사 극락전**, 우리나라에 현존하는 가장 오래된 목조 건축물, 주심포 양식, 맞배지붕 ② **개성 경천사지 십층 석탑**, 국립 중앙 박물관, 원의 영향, 다각 다층의 대리석 탑, 원각사지 십층 석탑에 영향

CHAPTER 04

조선 전기

감 잡는 키워드 로드맵

조선(세종)
『농사직설』, 『칠정산』, 갑인자

▶

조선(세조)
계유정난

▶

조선(성종)
『경국대전』, 『악학궤범』

▶

조선(연산군)
무오사화, 갑자사화

▼

조선(중종)
중종반정, 기묘사화

◀

조선(명종)
을사사화

◀

조선(선조)
임진왜란

◀

조선(광해군)
대동법, 중립외교

▼

조선(인조)
인조반정

▶

조선(인조)
정묘호란, 병자호란

조선(효종)
북벌 운동

▶

조선(현종)
기해예송, 갑인예송

꼭 알아두어야 할 키워드!

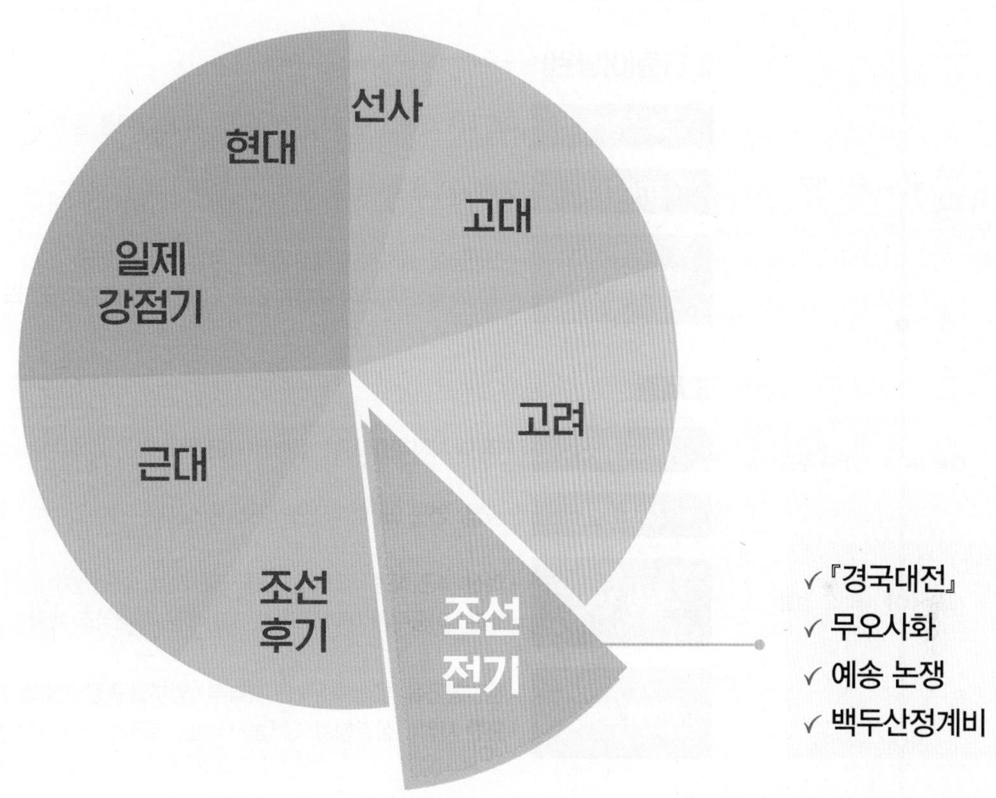

PART Ⅱ 챕터별 출제 비율 분석[68-51회]

학습 길잡이

CHAPTER 04 조선 전기에서는 주제 17 조선의 건국과 국가 기반 확립의 출제 비율이 가장 높습니다. 태조~성종의 경제 · 군사 · 사회 · 문화 정책이 고루 나오니 왕별로 정책을 구분하여 학습해야 합니다.

조선의 건국과 국가 기반 확립

감 잡는 키워드 연표

1 태조(이성계)

기틀 마련	개경에서 한양으로 천도, 경복궁 등 주요 궁궐과 종묘 · 사직단을 설립
정도전의 활약	• 경복궁과 근정전 등 주요 전각의 이름을 지음 • **저술**: 『조선경국전』, 『경제문감』, 『불씨잡변』 (억불 정책에 기반)

2 태종(이방원) — 두 차례의 왕자의 난을 거쳐 즉위

국왕 중심 통치	6조 직계제(왕이 직접 6조 관할)를 시행, 사간원을 독립, 사병 철폐를 통해 왕권을 강화
경제 정책	양전 사업과 호패법을 실시
사회 · 문화 정책	• 신문고를 설치하여 백성의 억울함을 직접 들어줌 • 주자소를 설치하여 계미자를 주조, 혼일강리역대국도지도를 제작

3 세종

유교 정치	의정부 서사제(6조에서 올라오는 모든 일이 의정부를 거쳐 왕에게 보고됨)를 시행, 집현전(학문 연구 기관)을 설치
경제 정책	• **공법**: 연분 9등법(풍흉에 따라)과 전분 6등법(비옥도에 따라)을 실시
대외 정책	• **여진**: 4군(최윤덕)과 6진(김종서)을 개척 • **일본**: 이종무가 대마도 정벌, 3포 개항, 계해약조(일본과의 교역 규모를 정함) 체결
문물 정비	• 훈민정음을 창제, 측우기 · 자격루 · 앙부일구(장영실)와 갑인자를 제작 • **편찬 사업**: 『삼강행실도』, 『농사직설』, 『칠정산』, 『향약집성방』

4 세조

계유정난	• 수양 대군(세조)이 단종을 몰아내고 왕위에 오름 • 단종 복위 운동을 벌였던 사육신(성삼문, 박팽년 등)이 처형됨
왕권 강화	6조 직계제를 실시, 집현전과 경연 제도를 폐지, 『경국대전』 편찬을 시작
직전법 시행	관리에게 지급할 토지가 부족해지자 현직 관리에게만 토지를 지급

5 성종

통치 체제 확립	• 조선 왕조의 기본 법전인 『경국대전』이 완성 • 홍문관(집현전 계승)을 설치하고 경연을 강화
관수 관급제 시행	지방 관청이 그해의 생산량을 조사하여 거두고 관리에게 나누어 줌
편찬 사업	『국조오례의』, 『동국여지승람』, 『동국통감』, 『악학궤범』

자신감 UP! 기출 사료

1 다음 사료를 읽고 키워드에 형광펜 표시를 한 뒤, 주제를 써 보세요.

■□□□□

저 불씨(佛氏)는 사람이 사악한지 정의로운지 올바른지 그른지는 가리지 않고 말하기를, "우리 부처에게 오는 자는 화를 면하고 복을 얻을 수 있다."라고 한다. 이것은 비록 열 가지의 큰 죄악을 지은 사람일지라도 부처에게 귀의하면 화를 면하게 되고, 아무리 도가 높은 선비일지라도 부처에게 귀의하지 않으면 화를 면할 수 없다는 말이다. 가령 그 말이 거짓이 아니라 할지라도 모두 사사로운 마음에서 나온 것이요, 올바른 도리가 아니므로 징계해야 할 것이다.

① (   )

■□□□□

우리 주상 전하께서는 오방의 풍토가 같지 아니하여 곡식을 심고 가꾸는 데 각기 적당한 방법이 있다고 하셨다. 이에 여러 도의 감사에게 명하기를, 주현의 나이든 농부들을 방문하여 농사지은 경험을 아뢰게 하시고 또 신(臣) 정초에게 그 까닭을 덧붙이게 하셨다. 중복된 것을 버리고, 요약한 것만 뽑아 한 편의 책으로 만들고 제목을 농사직설이라고 하였다.

② (   )

■□□□□

교지를 내려 이르기를, "전날 성삼문 등이 상왕(上王)도 그 모의에 참여하였다고 인정하자, 백관들이 상왕도 종사(宗社)에 죄를 지었으니 편안히 도성에 거주하는 것은 마땅치 않다고 하였다. …… 상왕을 노산군(魯山君)으로 낮추고, 궁에서 내보내 영월에 거주시키도록 하라."라고 하였다.

③ (   )

감 잡는 키워드 체크

1 ① **정도전의 『불씨잡변』**, 불씨(佛氏), 부처 ② **『농사직설』**, 나이든 농부, 농사지은 경험, 정초, 농사직설 ③ **계유정난**, 성삼문, 노산군(魯山君), 영월

자신감 UP! 기출 선지

1 다음 선지를 읽고 키워드에 형광펜 표시를 한 뒤, 관련된 인물 또는 왕을 써 보세요.

■■■■□
① 『불씨잡변』을 지어 불교를 비판함
(   )

■■■■■
② 주자소에서 계미자를 주조하였다.
(   )

■■■■□
③ 압록강 상류 지역을 대척하여 4군을 설치하였다.
(   )

■■■■□
④ 김종서를 보내 6진을 개척하였다.
(   )

■■■■□
⑤ 이종무가 왜구의 근거지인 쓰시마를 정벌하였다.
(   )

■■■■■
⑥ 일본과의 교역 규모를 규정한 계해약조를 체결하였다.
(   )

■■■■■
⑦ 삼남 지방의 농법을 소개한 『농사직설』이 편찬되었다.
(   )

■■■■■
⑧ 조선의 기본 법전인 『경국대전』이 완성되었다.
(   )

■■■■■
⑨ 국가 의례를 정비한 『국조오례의』를 완성하였다.
(   )

■■■■□
⑩ 음악 이론 등을 집대성한 『악학궤범』이 간행되었다.
(   )

감 잡는 키워드 체크

1 ① **정도전**, 『불씨잡변』 ② **태종**, 주자소, 계미자 ③ **세종**, 최윤덕, 4군 ④ **세종**, 김종서, 6진 ⑤ **세종**, 이종무, 왜구, 쓰시마를 정벌 ⑥ **세종**, 일본, 계해약조 ⑦ **세종**, 『농사직설』 ⑧ **성종**, 『경국대전』 ⑨ **성종**, 『국조오례의』 ⑩ **성종**, 『악학궤범』

사림의 성장과 사화의 발생

감 잡는 키워드 연표

- 15c
- 조선
- 연산군 ◀○▶ 무오사화
- 16c
- 연산군 ◀○▶ 갑자사화
- 중종 ◀○▶ 중종반정
- ◀○▶ 기묘사화
- 명종 ◀○▶ 을사사화

1 훈구파와 사림파

구분	훈구파	사림파
기원	**급진 개혁파**: 조선 건국의 개국공신으로서 세조의 집권 이후 정권 장악	**온건 개혁파**: 고려 왕조 유지 주장, 조선 건국 후 낙향, 성종 때 중앙 진출
특징	부국강병 추구, 고위관직 독점	왕도 정치 · 향촌 자치 추구
사상	성리학 이외의 사상에 관대	성리학 이외의 사상 배격
영향	15세기 문물 정비	16세기 이후 성리학 발달

2 사림의 성장과 사화의 발생

1) 사림의 성장

사림의 성장	• 성종이 훈구 세력을 견제하기 위해 사림을 등용 • 사림이 3사에 진출하여 훈구 세력을 비판하면서 갈등이 심화됨

2) 사화의 발생

(김종직의 조의제문: 김종직이 초의 마지막 왕 의제를 애도하는 글로, 세조의 왕위 찬탈을 풍자)

무오사화 (연산군)	• 훈구 세력이 김종직의 조의제문을 문제 삼아 사림을 축출 • 김종직이 부관참시 당하고 김일손이 처형됨

⬇

갑자사화 (연산군)	• 연산군의 측근 세력이 연산군의 생모 폐비 윤씨 사사 사건을 고발 • 사건을 주도한 훈구 세력과 김굉필 등 사림 세력이 제거됨

⬇

중종반정	반정으로 왕위에 오른 중종이 훈구를 견제하기 위해 사림을 중용

⬇

기묘사화 (중종)	• **조광조의 개혁**: 현량과 실시, 반정 공신들의 위훈 삭제, 소격서 폐지 • 훈구가 조광조의 개혁에 반발하며 조광조 등 사림 세력을 제거

⬇

을사사화 (명종)	인종의 외척인 대윤(윤임)과 명종의 외척인 소윤(윤원형) 간의 권력 다툼 과정에서 윤임을 지원했던 사림이 피해를 입음

3 사림의 세력 기반

향약	• **시초**: 중종 때 조광조가 처음 시행 → 이황(예안 향약)과 이이(해주 향약)의 노력으로 널리 확대 • **기능**: 풍속 교화, 향촌 사회의 질서 유지 등 향촌 자치 기능을 수행 • **조직**: 향민 전원이 회원으로 편성, 지방 사족이 주로 직임(도약정 · 부약정 · 직월 · 유사)에 임명 • **영향**: 유교 윤리가 정착되고 지방 사림의 지위가 강화됨

(향약: 향촌 자치 규약)

서원	• **시초**: 중종 때 주세붕이 세운 백운동 서원(명종 때 이황의 건의로 소수 서원으로 사액됨) • **기능**: 선현에 대한 제사 진행, 학문을 연구하고 제자 양성

자신감 UP! 기출 사료

1 다음 사료를 읽고 키워드에 형광펜 표시를 한 뒤, 주제를 써 보세요.

■■■□□

> 왕이 전지하기를, "김종직은 보잘것없는 시골의 미천한 선비였는데, 선왕께서 발탁하여 경연에 두었으니 은혜와 총애가 더없이 컸다고 하겠다. 그런데 지금 그의 제자 김일손이 사초에 부도덕한 말로써 선왕 대의 일을 거짓으로 기록하고, 또 스승인 김종직의 조의제문을 싣고서 그 글을 찬양하였으니, 형명(刑名)을 의논하여 아뢰어라."라고 하였다.

① ( )

■■□□□

> 정국공신은 이미 10년이 지난 일이지만 허위가 많았습니다. 공신 기록을 유자광이 홀로 맡아서 이렇게까지 외람되었습니다. 지금 고치지 않으면 개정할 수 없을 것입니다.

② ( )

■■□□□

> 윤필상, 유순 등이 폐비(廢妃) 윤씨의 시호를 의논하며 "시호와 휘호를 함께 의논하겠습니까?"라고 아뢰니, "시호만 정하는 것이 합당하겠다."라고 하였다. …… 승정원에 전교하기를 "폐비할 때 의논에 참여한 재상, 궁궐에서 나갈 때 시위한 재상, 사약을 내릴 때 나가 참여한 재상 등을 승정원일기에서 조사하여 아뢰라."라고 하였다.

③ ( )

감 잡는 키워드 체크

1 ① **무오사화**, 김종직, 김일손, 조의제문 ② **조광조의 위훈 삭제 건의(기묘사화)**, 정국공신, 허위 ③ **갑자사화**, 폐비(廢妃) 윤씨

자신감 UP! 기출 선지

1 다음 선지를 읽고 키워드에 형광펜 표시를 한 뒤, 관련된 사건을 써 보세요.

■■■■■

① 조의제문이 발단이 되어 김일손 등이 화를 입었다. ( )

■■■■□

② 폐비 윤씨 사사 사건의 전말이 알려져 김굉필 등이 처형되었다. ( )

■■■■□

③ 인재 등용을 위해 현량과 실시를 제안함 ( )

■■■■□

④ 반정 공신의 위훈 삭제를 주장한 조광조가 사사되었다. ( )

■■■■□

⑤ 외척 간의 대립으로 윤임이 제거되었다. ( )

감 잡는 키워드 체크

1 ① **무오사화**, 조의제문, 김일손 ② **갑자사화**, 폐비 윤씨 사사 사건, 김굉필 등이 처형 ③ **기묘사화**, 현량과 실시 ④ **기묘사화**, 반정 공신의 위훈 삭제, 조광조 ⑤ **을사사화**, 외척 간의 대립, 윤임

19 붕당의 형성과 붕당 정치의 전개

감 잡는 키워드 연표

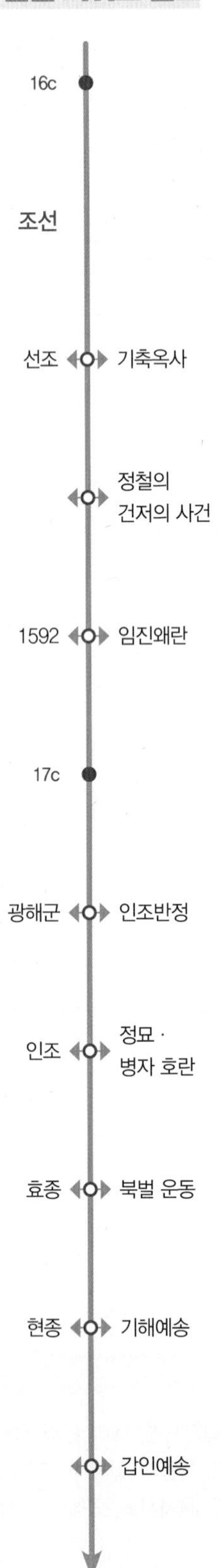

1 붕당의 출현

사림의 정국 주도	선조 즉위 이후 사림 세력이 중앙 정계로 대거 진출하여 정국을 주도
붕당의 형성	척신 정치 잔재의 청산과 이조 전랑의 임명 문제를 둘러싸고 동인과 서인으로 분화 (척신 정치: 외척이 주도하는 정치)
동인	• 이황, 조식, 서경덕의 학문을 계승한 김효원 중심의 신진 사림 • 척신 정치의 과감한 개혁을 주장
서인	• 이이와 성혼의 문인을 기반으로 형성된 심의겸 중심의 기성 사림 • 척신 정치 청산에 소극적

2 붕당 정치의 전개

1) 동인의 분화

기축옥사	서인이었던 정여립이 동인으로 옮기자 정철(서인)이 사건을 처리하면서 동인을 희생시킴 (기축옥사: 정여립 모반 사건)
정철의 건저의 사건	• 정철이 선조에게 광해군을 세자로 정할 것을 건의하였다가 선조의 미움을 사게됨 → 정철이 파직되면서 동인이 권력을 잡음 • 밀려난 서인의 처리를 놓고 동인이 북인과 남인으로 분화
북인과 남인	• **북인**: 서인 처리에 있어서 급진파, 조식의 문인 • **남인**: 서인 처리에 있어서 온건파, 이황의 문인

2) 임진왜란 이후의 붕당 정치

광해군	• 임진왜란 때 의병장을 배출한 북인이 정국을 주도 • **인조반정**: 서인이 광해군의 폐모살제와 중립 외교 정책에 반발하며 반정을 일으킴 → 북인의 몰락, 서인의 집권
인조	서인이 남인 일부와 연합하여 정국을 운영, 친명 배금 정책을 시행
효종	두 차례의 호란 이후 추진된 북벌 운동으로 남인과 서인이 대립 (서인: 북벌 주장)

3) 예송 논쟁

1차 예송 논쟁 (기해예송)	• 효종 사망 이후 자의대비의 복상 기간을 두고 논란 • **서인**: 1년 복상(기년설)을 주장하여 채택 • **남인**: 3년 복상을 주장

⬇

2차 예송 논쟁 (갑인예송)	• 효종비가 사망하자 자의대비의 복상 기간을 두고 논란 • **서인**: 9개월 복상을 주장 • **남인**: 1년 복상(기년설)을 주장하여 채택됨

자신감 UP! 기출 사료

1 다음 사료를 읽고 키워드에 형광펜 표시를 한 뒤, 주제를 써 보세요.

■□□□□

> 처음에 심의겸이 외척으로 권세를 부리니 당시 명망 있는 사람들이 섬겨 따랐다. 그런데 김효원이 전랑(銓郞)이 되어 그들을 배척하자 심의겸의 무리가 그를 미워하니, 점차 사림이 나뉘어 동인과 서인이라는 말이 나오게 되었다.

① (   )

■□□□□

> 기해년에 왕이 승하하자 재신 송시열이 사종(四種)의 설을 인용하여 "대행 대왕은 왕대비에게 서자가 된다. 왕통을 이었으나 장자가 아닌 경우이니 기년복(朞年服)*을 입어야 마땅하다."라고 하였다. 이에 대해 허목 등 신하들은 전거를 들어 다투기를, "대행 대왕은 왕대비에게 서자가 아니라 장자가 된 둘째이니, 삼년복을 입어야 한다."라고 하였다.
>
> *기년복(朞年服): 1년 동안 입는 상복

② (   )

■□□□□

> 선전관 이용준 등이 정여립을 토벌하기 위하여 급히 전주에 내려갔다. 무리들과 함께 진안 죽도에 숨어 있던 정여립은 군관들이 체포하려 하자 자결하였다.

③ (   )

감 잡는 키워드 체크

1 ① **사림의 분화**, 심의겸, 김효원, 전랑(銓郞), 사림, 동인과 서인 ② **1차 예송(기해예송)**, 기해년, 왕이 승하, 송시열, 왕대비, 기년복(朞年服), 허목, 삼년복 ③ **기축옥사(정여립 모반 사건)**, 정여립

자신감 UP! 기출 선지

1 다음 선지를 읽고 키워드에 형광펜 표시를 해 보세요.

■■■■■

① 정여립 모반 사건을 계기로 기축옥사가 발생하였다.

■■□□□

② 기축옥사로 이발 등 동인 세력이 제거되었다.

■■■■□

③ 인조반정으로 북인 세력이 몰락하였다.

■■■■□

④ (인조반정) 서인이 폐모살제를 이유로 반정을 일으켰다.

■■■■■

⑤ (1 · 2차 예송 논쟁) 자의 대비의 복상 문제로 예송이 전개되었다.

감 잡는 키워드 체크

1 ① 정여립 모반 사건, 기축옥사 ② 기축옥사, 동인 세력이 제거 ③ 인조반정, 북인 세력이 몰락 ④ 서인, 폐모살제, 반정 ⑤ 자의 대비의 복상 문제, 예송

20 조선 전기의 문화

감 잡는 키워드 연표

15c
조선
- 태종: 혼일강리역대국도지도 제작
- 세종: 『농사직설』 편찬
- 『향약집성방』 편찬
- 『삼강행실도』 편찬
- 성종: 『경국대전』 완성
- 『동국여지승람』 편찬

1 편찬 사업

1) 지도 · 지리서

혼일강리역대국도지도	• 태종 때 제작한 현존 동양 최고의 세계 지도 • 중국 중심의 세계관을 반영
『동국여지승람』	• 성종 때 편찬된 지리서 • 군현의 연혁, 지세, 인물, 풍속, 산물, 교통 등을 수록 • 『팔도지리지』에 『동문선』을 첨가

▲ 혼일강리역대국도지도

2) 법전

『조선경국전』	정도전이 편찬, 재상 중심의 정치를 강조
『경국대전』	• 세조 때 편찬을 시작하고 성종 때 완성 · 반포한 조선의 기본 법전 • 유교적 통치 제도를 완성

3) 윤리 · 의례서

『삼강행실도』	세종 때 삼강오륜의 모범이 되는 충신 · 효자 · 열녀들의 행실을 글과 그림으로 설명한 윤리서
『국조오례의』	성종 때 국가의 여러 행사에 필요한 의례를 정비하여 편찬한 의례서

2 과학 기술

1) 천문 · 역법

천문	혼천의(천체 관측 기구), 앙부일구(해시계), 자격루(물시계), 측우기, 천상열차분야지도(천문도)
역법	**『칠정산』**: 세종 때 중국과 아라비아의 역법을 참조하여 제작, 한양을 기준으로 천체 운동 계산

2) 농업 · 의약학

『농사직설』	세종 때 농부들의 영농 경험을 수록하여 조선의 실정에 맞는 독자적인 농법을 정리한 농서
『금양잡록』	성종 때 강희맹이 경기 지방의 농사법을 정리한 농서
『향약집성방』	세종 때 우리 풍토에 맞는 약재와 치료 방법을 개발 · 정리한 의서

3 건축

궁궐 · 성문	경복궁, 창덕궁, 창경궁, 숭례문을 건립
해인사 장경판전	• 팔만대장경을 보관하기 위한 건물 • 유네스코 세계 문화유산에 등재됨
원각사지 십층 석탑	• 세조 때 건립된 대리석 탑 • 고려의 월정사 팔각 구층 석탑에 영향을 받음 • 화려한 조각이 돋보이는 석탑  ▲ 원각사지 십층 석탑

4 문학과 예술

1) 문학

『동문선』	삼국 시대부터 조선 초기까지 시와 산문 가운데 뛰어난 것을 골라 편집한 시문집
여류 문인들의 활동	황진이, 허난설헌 등의 여류 문인들이 활발히 활동

2) 예술

회화	「몽유도원도」(안견), 「고사관수도」(강희안), 「초충도」(신사임당)
공예	• **분청사기**(15c): 청자에 백토의 분을 칠한 것으로 고려자기의 기법을 계승한 회청색 자기 • **백자**(16c): 청자보다 깨끗하고 담백하며 순백의 고상함을 풍겨 선비들의 취향과 어울림
음악	• **세종**: 박연이 악기를 개량하고 악보 정리, 종묘제례악 완성 • **성종**: 성현이 『악학궤범』을 편찬하여 궁중 음악을 집대성

▲ 「몽유도원도」(안견)

▲ 「초충도」(신사임당)

▲ 분청사기

▲ 백자

감 잡는 키워드 연표

- 15c 조선
- 세종: 「몽유도원도」 제작
- 세조: 원각사지 십층 석탑 건축
- 성종: 『악학궤범』 편찬

자신감 UP! 기출 사료

1 다음 사료를 읽고 키워드에 형광펜 표시를 한 뒤, 주제를 써 보세요.

■□□□□

> 무술년 봄에 양성지가 팔도지리지를 바치고, 서거정 등이 동문선을 바쳤더니, 전하께서 드디어 노사신, 양성지, 서거정 등에게 명하여 시문을 팔도지리지에 넣게 하셨습니다. …… 연혁을 앞에 둔 것은 한 고을의 흥함과 망함을 먼저 알아야 하기 때문이며 …… 경도(京都)의 첫머리에 팔도총도를 기록하고, 각 도의 앞에 도별 지도를 붙여서 양경(兩京) 8도로 50권을 편찬하여 바치나이다.

(　　　　　　　　　　　　　　　)

감 잡는 키워드 체크

1 『동국여지승람』, 팔도지리지, 동문선

자신감 UP! 기출 선지

1 다음 제시문을 읽고 키워드에 형광펜 표시를 한 뒤, (가)에 들어갈 말을 써 보세요.

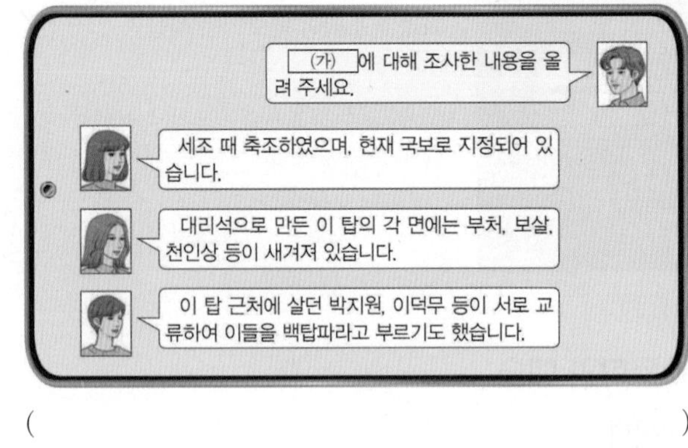

(가) 에 대해 조사한 내용을 올려 주세요.
세조 때 축조하였으며, 현재 국보로 지정되어 있습니다.
대리석으로 만든 이 탑의 각 면에는 부처, 보살, 천인상 등이 새겨져 있습니다.
이 탑 근처에 살던 박지원, 이덕무 등이 서로 교류하여 이들을 백탑파라고 부르기도 했습니다.

(　　　　　　　　　　　　　　　)

2 다음 선지를 읽고 키워드에 형광펜 표시를 한 뒤, 관련된 왕을 써 보세요.

■■■■■

① 한양을 기준으로 한 역산서인 『칠정산』을 만들었다. (　　　　　)

■■■■□

② 국산 약재와 치료법을 소개한 『향약집성방』을 편찬하였다. (　　　　　)

■■■■■

③ 삼남 지방의 농법을 소개한 『농사직설』을 편찬하였다. (　　　　　)

■■■■□

④ 음악 이론 등을 집대성한 『악학궤범』이 간행되었다. (　　　　　)

■■■■■

⑤ 조선의 기본 법전인 『경국대전』이 완성되었다. (　　　　　)

감 잡는 키워드 체크

1 **원각사지 십층 석탑**, 세조 때 축조, 대리석으로 만든 이 탑

2 ① **세종**, 『칠정산』 ② **세종**, 『향약집성방』 ③ **세종**, 『농사직설』 ④ **성종**, 『악학궤범』 ⑤ **성종**, 『경국대전』

21 임진왜란

1 임진왜란 전의 상황

일본의 무역 확대 요구	일본이 무역 확대를 요구하자 조선 정부가 통제
삼포왜란	• 중종 때 일본이 조선 정부의 통제에 반발하여 3포에서 난을 일으킴 • 비변사를 임시 회의 기구로 설치
을묘왜변	• 명종 때 조선 정부의 통제가 강화되자 전라도 연안에서 왜구가 난을 일으킴 • 일본과 교류가 일시 단절됨, 비변사가 상설 기구화 됨

2 임진왜란의 전개 과정

초기 패전	부산진 전투(정발), 동래성 전투(동래부사 송상현) 패배(1592) → 왜군의 북상 → 신립의 충주 탄금대 전투 패배 → 선조의 평양 · 의주 피난, 명에 원군 요청
수군의 승리	이순신이 한산도 대첩(학익진 전법)에서 승리하면서 남해의 해상권을 장악, 전라도의 곡창 지대를 수호
의병의 활약	곽재우(경상도 의령), 김천일(전라도 나주), 정문부(함경도 길주), 조헌(충청도 옥천, 금산), 휴정(서산대사, 묘향산), 유정(사명대사, 금강산) 등의 활약
전세 변화	• 조명 연합군이 평양을 탈환 • 권율이 행주산성에서 왜군을 격퇴, 김시민이 진주 대첩에서 승리
휴전 협상	• 왜군이 휴전 협상을 제의 • **조선의 전열 정비**: 휴전 협상 중 유성룡의 건의로 훈련도감 및 속오군을 설치
정유재란(1597)	휴전 협상이 결렬되자 왜군이 재침 → 이순신의 명량 대첩 · 노량 해전으로 일본군이 철수

3 임진왜란의 결과

대내적 영향	• 비변사의 기능이 확대됨 • 국가 재정을 메우고자 공명첩이 발행되어 신분제가 동요
일본과의 관계	• 일본에 성리학 · 도자기가 전래 • **포로 송환**: 유정(사명대사)을 파견하여 일본과 강화하고 포로를 귀환시킴 • **기유약조**: 일본 에도 막부의 요청으로 국교가 재개됨, 부산포에 왜관을 설치 • **통신사 파견**: 에도 막부의 요청으로 대규모 외교 사절을 파견

감 잡는 키워드 연표

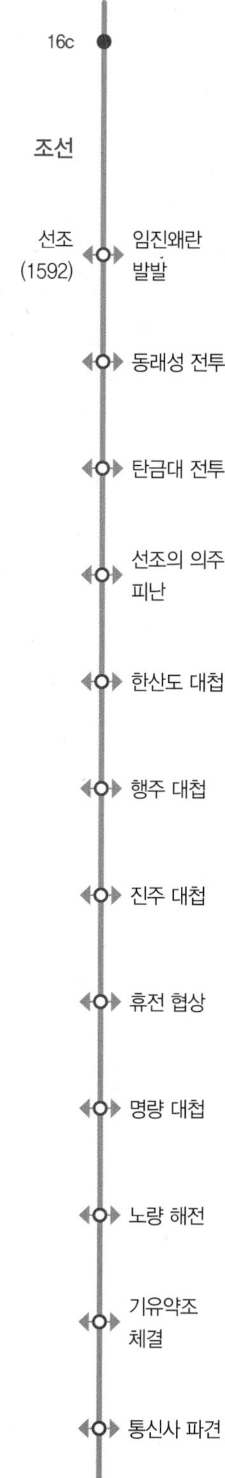

자신감 UP! 기출 사료

1 다음 사료를 읽고 키워드에 형광펜 표시를 한 뒤, 주제를 써 보세요.

■□□□□

> 부사 송상현은 왜적이 바다를 건넜다는 소식을 듣고 지역 주민과 군사 그리고 이웃 고을의 군사를 모두 불러 모아 성에 들어가 지켰다. …… 성이 포위당하자 상현이 성의 남문에 올라가 전투를 독려하였으나 한나절 만에 성이 함락되었다. 상현은 갑옷 위에 조복(朝服)*을 입고 의자에 앉아 움직이지 않았다. …… 적이 모여들어 생포하려고 하자 상현이 발로 걷어차면서 항거하다가 마침내 해를 입었다.
>
> *조복(朝服): 관원이 조정에 나아가 하례할 때 입던 예복

① ( )

■□□□□

> 권율이 정병 4천 명을 뽑아 행주산 위에 진을 치고는 책(柵)을 설치하여 방비하였다. …… 적은 올려다보고 공격하는 처지가 되어 탄환도 맞히지 못하는데 반해 호남의 씩씩한 군사들은 모두 활쏘기를 잘하여 쏘는 대로 적중시켰다. …… 적이 결국 패해 후퇴하였다.
>
> -『선조수정실록』-

② ( )

■□□□□

> 왜장이 군사 수만 명을 모두 동원하여 진주성을 포위하였는데 성 안의 군사는 3천여 명이었다. 진주 목사 김시민이 여러 성첩을 나누어 지키게 하였다. …… 10여 일 동안 4~5차례 큰 전투를 벌이면서 안팎에서 힘껏 싸웠으므로 적이 먼저 도망하였다.

③ ( )

감 잡는 키워드 체크

1 ① **동래성 전투**, 부사 송상현, 왜적 ② **행주 대첩**, 권율, 행주산 ③ **진주 대첩**, 왜장, 진주성, 진주 목사 김시민

자신감 UP! 기출 선지

1 다음 선지를 읽고 키워드에 형광펜 표시를 해 보세요.

■■■□□

① (동래성 전투) 송상현이 동래성에서 항전하였다.

■■■■□

② (탄금대 전투) 신립이 탄금대에서 배수의 진을 치고 왜군에 항전하였다.

■■■□□

③ (임진왜란) 곽재우가 의병장이 되어 의령 등에서 활약하였다.

■■■■□

④ (행주 대첩) 권율이 행주산성에서 적군을 격퇴하였다.

■■□□□

⑤ (진주 대첩) 김시민이 진주성에서 적군을 크게 물리쳤다.

■■■□□

⑥ (임진왜란) 조명 연합군이 평양성을 탈환하였다.

■■■■■

⑦ (임진왜란) 유성룡이 삼수병으로 구성된 훈련도감을 창설하였다.

■■■■■

⑧ (조선 – 일본) 포로 송환을 목적으로 유정을 회답 겸 쇄환사로 파견하였다.

■■■■□

⑨ (조선 – 일본) 통신사를 파견하여 조선의 문물을 전파하였다.

감 잡는 키워드 체크

1 ① 송상현, 동래성 ② 신립, 탄금대 ③ 곽재우, 의병장 ④ 권율, 행주산성 ⑤ 김시민, 진주성 ⑥ 조명 연합군, 평양성을 탈환 ⑦ 유성룡, 삼수병, 훈련도감 ⑧ 포로 송환, 유정, 회답 겸 쇄환사 ⑨ 통신사

22 광해군의 정책과 호란의 발생

1 광해군의 정치와 인조반정

전후 복구 사업	• 임진왜란 때 소실된 토지 대장과 호적을 재정비 • **대동법**: 기존에 부과하던 토산물 대신 토지의 결수에 따라 쌀이나 동전 징수 → 농민의 부담 완화 • **『동의보감』**: 허준이 선조의 명에 따라 전통 한의학을 정리
중립 외교	• 후금의 선전포고를 들은 명이 조선에 원군을 요청하자 사르후 전투에 강홍립 파병 → 상황에 따라 대처하도록 명령하여 강홍립이 항복 • 명과 후금 사이에서 실리를 추구하는 중립 외교를 전개
인조반정 (1623)	• 폐모살제(인목 대비 폐위, 영창 대군 살해)와 중립 외교를 구실로 서인이 인조반정을 일으켜 광해군을 축출 • 서인이 집권하여 친명배금 정책을 실시

2 정묘호란과 병자호란

정묘호란 (1627)	• **배경**: 서인의 친명배금 정책, 이괄의 난(잔당들이 인조반정의 부당성을 후금에게 호소) • **전개**: 후금의 조선 침략(1627) → 인조의 강화도 피난, 관군(김상용)과 의병(정봉수, 이립(용골산성에서 항쟁))의 활약으로 적의 보급로 차단 • **결과**: 후금과 형제의 맹약을 맺고 강화 체결
병자호란 (1636)	• **원인**: 후금이 국호를 청으로 고친 후 조선에 군신 관계 요구 • **경과**: 조선에서 주화론(최명길)과 주전론(윤집)이 대립하다 주전론이 우세하여 청의 요구를 거부 • **전개**: 청의 조선 공격 → 임경업이 백마산성, 김준룡이 광교산에서 항전, 인조의 남한산성 피신 • **결과**: 삼전도의 굴욕(청 태종에게 항복)과 함께 조선과 청이 군신 관계 체결 → 소현 세자와 봉림 대군이 청에 인질(볼모)로 끌려감

▲ 삼전도비

감 잡는 키워드 연표

17c

조선

광해군 — 대동법 실시

사르후 전투

인조 (1623) — 인조반정

1627 — 정묘호란

1636 — 병자호란

감 잡는 키워드 연표

3 호란 이후 청과의 관계

북벌 운동	• 병자호란 이후 청에 대한 적개심과 복수심이 고조되어 효종 때 송시열 등의 서인을 중심으로 북벌 운동이 전개됨 • 어영청을 강화하고 성곽 수리 등을 추진하였지만 효종의 사망으로 북벌 운동이 실패
나선 정벌	• 효종 때 청과 러시아 사이에 국경 분쟁이 발생 • 청이 조선에 지원군을 요청하여 두 차례에 걸쳐 조총 부대를 파견
북학론의 대두	• 청의 선진 문물을 수용하여 부국강병을 이루자는 주장 • 박지원, 홍대용, 박제가 등 북학파 실학자들이 전개
백두산정계비	• 청과 만주 일대를 둘러싸고 국경 분쟁이 발생 • 숙종 때 국경을 확정하고 정계비를 건립(서쪽으로는 압록강, 동쪽으로는 토문강) • 19세기에 정계비 해석에 대해 조선과 청이 서로 다른 주장을 펼치면서 간도 귀속 분쟁이 발생

자신감 UP! 기출 사료

1 다음 사료를 읽고 키워드에 형광펜 표시를 한 뒤, 주제를 써 보세요.

■□□□□

> 왕은 군사를 일으켜 왕대비를 받들어 복위시킨 뒤 경운궁에서 즉위하였다. 광해군을 폐위시켜 강화로 내쫓고 이이첨 등을 처형한 다음 전국에 대사령을 내렸다.

① (   )

■□□□□

> 왕에게 이괄 부자가 역적의 우두머리라고 고해바친 자가 있었다. 하지만 왕은 "반역은 아닐 것이다."라고 하면서도, 이괄의 아들인 이전을 잡아오라고 명하였다. 이에 이괄은 군영에 있던 장수들을 위협하여 난을 일으켰다.

② (   )

■□□□□

> 비국(備局)에서 아뢰기를, "적병이 두 차례나 용골산성을 공격해 왔지만 정봉수는 홀로 고립된 성을 지키면서 충성과 용맹을 더욱 떨쳤습니다. …… 죽음을 두려워하지 않는 용사를 더 모집하여 육로로 혹은 배편으로 달려가서 기세(氣勢)를 돕게 하소서. 용골산성이 비록 포위에서 풀렸으나 이 일은 그만둘 수 없을 듯합니다."라고 하니, 왕이 따랐다.

③ (   )

■□□□□

> 최명길을 보내 오랑캐에게 강화를 청하면서 그들의 진격을 늦추도록 하였다. 왕이 수구문(水溝門)을 통해 남한산성으로 향했다. 변란이 창졸 간에 일어났기에 도보로 따르는 신하도 있었고 성안 백성의 통곡 소리가 하늘을 뒤흔들었다. 초경을 지나 왕의 가마가 남한산성에 도착하였다.

④ (   )

감 잡는 키워드 체크

1 ① **인조반정**, 광해군, 폐위 ② **이괄의 난**, 이괄, 난 ③ **정묘호란**, 용골산성, 정봉수 ④ **병자호란**, 최명길, 오랑캐, 강화, 남한산성

자신감 UP! 기출 선지

1 다음 선지를 읽고 키워드에 형광펜 표시를 해 보세요.

■■■■□

① 강홍립이 사르후 전투에 참전하였다.

■■■■■

② (이괄의 난) 이괄이 난을 일으켜 한양을 점령하였다.

■■□□□

③ (정묘호란) 김상용이 강화도에서 순절하였다.

■■■□□

④ (정묘호란) 정봉수와 이립이 용골산성에서 항쟁하였다.

■■■□□

⑤ (병자호란) 임경업이 백마산성에서 적의 침입에 대비하였다.

■■□□□

⑥ (병자호란) 김준룡이 광교산 전투에서 승리하였다.

2 다음 선지를 읽고 키워드에 형광펜 표시를 한 뒤, 관련된 왕을 써 보세요.

■■■■■

① 우리나라와 중국의 의서를 망라한 『동의보감』을 간행하였다. (   )

■■■■□

② 어영청을 강화하는 등 북벌을 추진하였다. (   )

■■■■■

③ 청의 요청으로 나선 정벌에 조총 부대를 파견하였다. (   )

■■■■■

④ 청과의 국경을 정한 백두산정계비를 세웠다. (   )

감 잡는 키워드 체크

1 ① 강홍립, 사르후 전투 ② 이괄 ③ 김상용, 강화도에서 순절 ④ 정봉수와 이립, 용골산성 ⑤ 임경업, 백마산성 ⑥ 김준룡, 광교산 전투

2 ① **광해군**, 『동의보감』 ② **효종**, 어영청을 강화, 북벌 ③ **효종**, 청의 요청, 나선 정벌, 조총 부대 ④ **숙종**, 청과의 국경, 백두산정계비

CHAPTER 05

조선 후기

감 잡는 키워드 로드맵

조선(숙종) 경신환국 ▶ 조선(숙종) 기사환국 ▶ 조선(숙종) 갑술환국 ▶ 조선(영조) 이인좌의 난

▼

조선(영조) 탕평비, 『속대전』 ◀ 조선(영조) 균역법 ◀ 조선(정조) 규장각, 초계문신제 ◀ 조선(정조) 『신해통공』

▼

조선(정조) 신해박해 ▶ 조선(순조) 신유박해, 황사영 백서 사건  조선(순조) 홍경래의 난  조선(철종) 임술 농민 봉기

꼭 알아두어야 할 키워드!

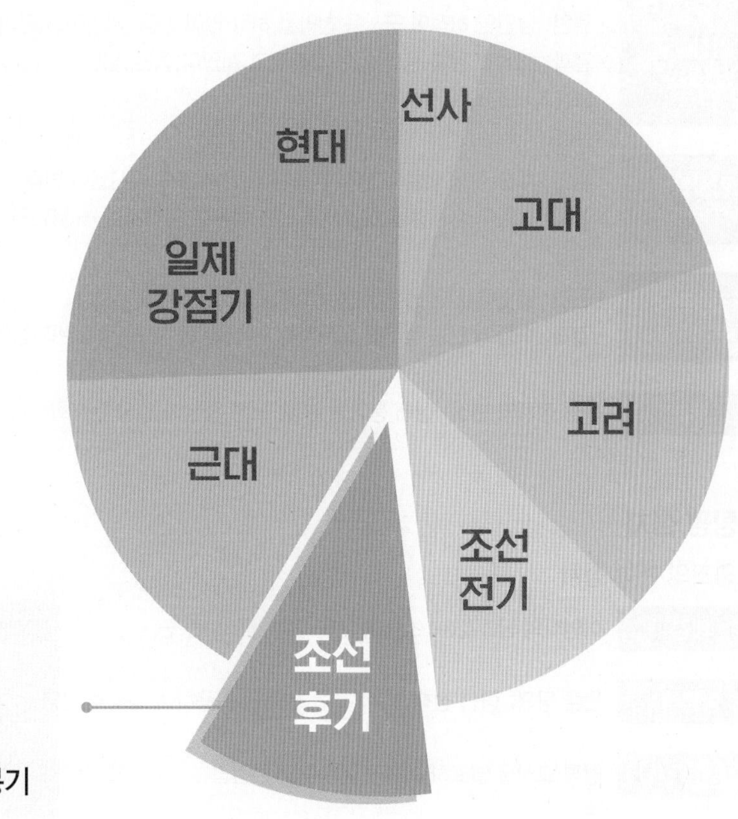

PART Ⅱ 챕터별 출제 비율 분석[68-51회]

학습 길잡이

CHAPTER 05 조선 후기에서는 주제 23 조선 후기의 정치의 출제 비율이 가장 높습니다. 숙종 대의 환국 정치와 더불어 영조와 정조의 개혁 정치를 중심으로 학습해야 합니다. 주제 25 조선 후기의 문화 속 서민 문화의 발달도 매회 출제되니 키워드 위주로 암기해야 합니다.

23 조선 후기의 정치

감 잡는 키워드 연표

1 붕당 정치의 변질

1) 현종 대의 예송 논쟁: 효종과 효종비가 사망하자 자의대비의 복상 문제를 둘러싸고 두 차례의 예송 논쟁이 발생되어 서인과 남인이 대립

2) 숙종 대의 환국 정치 — 정국을 주도하던 붕당이 교체되면서 정국이 급격하게 바뀌는 상황

구분	내용
경신환국 (1680)	• **원인:** 남인인 허적이 군사용 천막을 허락 없이 사용, 서인이 허견(허적의 서자)의 역모 사건을 고발 • **결과:** 허적과 윤휴 등 남인이 축출되고 서인이 집권, 남인에 대한 처벌 문제를 놓고 서인이 노론(강경파)과 소론(온건파)으로 분화
기사환국 (1689)	• **원인:** 희빈 장씨 아들의 원자 책봉을 서인의 영수 송시열이 반대 • **결과:** 숙종이 송시열을 처형하고 인현 왕후를 폐위시킴 → 남인의 권력 장악
갑술환국 (1694)	• **원인:** 남인이 인현 왕후의 복위 문제로 서인을 무고 • **결과:** 숙종이 인현 왕후를 복위시킴 → 남인 몰락, 서인의 권력 장악
결과	**붕당 정치의 변질:** 상대 붕당을 부정, 노론 중심의 일당 전제화

2 탕평 정치

1) 영조의 개혁 정치

구분	내용
배경	**이인좌의 난**(1728): 소론과 남인 일부가 일으킨 난 (영조의 정통성 부정, 경종의 죽음에 영조가 관여되어 있음을 주장)
탕평책	**완론 탕평:** 탕평 정책에 동의하는 인물을 등용하여 정국을 운영
탕평비 건립	탕평 교서를 발표하고 성균관에 탕평비 건립
서원 정리	산림의 존재를 부정하고 서원을 정리
이조 전랑의 권한 축소	후임자와 삼사의 관리를 임명하던 이조 전랑의 권한을 폐지
신문고 부활	백성의 억울함을 듣고 정치에 반영하기 위해 신문고를 부활시킴
균역법 실시	군역 부담 완화를 위해 군포를 1년에 2필에서 1필로 경감
청계천 준설	준천사를 신설하여 청계천 준설 사업을 실시
편찬 사업	• **『속대전』:** 『경국대전』의 속편으로, 통치 체제를 정비한 법전 • **『동국문헌비고』:** 역대 문물을 정리한 백과사전

2) 정조의 개혁 정치

배경	사도세자의 죽음과 시파 · 벽파의 갈등을 경험
탕평책	**준론 탕평**: 권력에서 소외되었던 소론 일부와 남인 계열도 중용, 각 붕당의 옳고 그름을 명백히 가리는 적극적인 탕평책을 실시
장용영 설치	• 왕권 강화를 위해 국왕의 친위 부대인 장용영을 설치 • 서울에 내영, 수원 화성에 외영을 배치
수원 화성 건설	• 정조의 정치적 포부가 담긴 도시 • 수원 화성에 정치 · 군사적 기능을 부여
규장각 설치	• 창덕궁 후원에 위치한 왕실 도서관 • 유득공, 이덕무 등 서얼 출신을 규장각 검서관으로 등용
초계문신제 시행	유능한 관리를 양성하기 위해 초계문신을 선발하여 재교육
신해통공 시행	육의전을 제외한 시전 상인의 금난전권을 폐지
편찬 사업	• **『대전통편』**: 『경국대전』과 『속대전』 및 여러 법령을 통합한 법전 • **『무예도보통지』**: 이덕무 등이 훈련 교범으로 편찬한 병법서 • **『동문휘고』**: 청 · 일본과의 교섭 문서를 집대성한 외교 문서집

감 잡는 키워드 연표

18c

조선

정조 ◀○▶ 규장각 설치

◀○▶ 초계문신제 시행

◀○▶ 신해통공 시행

자신감 UP! 기출 사료

1 다음 사료를 읽고 키워드에 형광펜 표시를 한 뒤, 주제를 써 보세요.

■■□□□

임금이 궐내에 있던 기름 먹인 장막을 허적이 벌써 가져갔음을 듣고 노하여 이르기를, "궐내에서 쓰는 것을 마음대로 가져가는 것은 한명회도 못하던 짓이다."라고 하였다. …… 임금이 허적의 당파가 많아 기세가 당당하다는 말을 듣고 그들을 제거하고자 결심하였다.

① (　　　　　　　　　　)

■■□□□

비망기를 내려, "국운이 안정되어 왕비가 복위하였으니, 백성에게 두 임금이 없는 것은 고금을 통한 의리이다. 장씨의 왕후 지위를 거두고 옛 작호인 희빈을 내려주되, 세자가 조석으로 문안하는 예는 폐하지 않도록 하라."라고 하였다.

② (　　　　　　　　　　)

■■□□□

대전통편이 완성되었는데, 나라의 제도 및 법식에 관한 책이다. …… 왕이 말하기를, "속전(續典)은 갑자년에 이루어졌는데, 선왕의 명령으로서 갑자년 이후에 이루어진 것도 많으니 어찌 감히 지금과 가까운 것만을 내세우고 먼 것은 소홀히 할 수 있겠는가?"라고 하였다. 이에 김치인 등에게 명하여 원전(原典)과 속전 및 지금까지의 왕명을 모아 한 책으로 편찬한 것이었다.

③ (　　　　　　　　　　)

감 잡는 키워드 체크

1 ① **경신환국**, 기름 먹인 장막, 허적 ② **갑술환국**, 왕비가 복위, 장씨의 왕후 지위, 옛 작호인 희빈 ③ **『대전통편』**, 대전통편, 나라의 제도 및 법식에 관한 책, 원전(原典)과 속전 및 지금까지의 왕명을 모아 한 책으로 편찬

자신감 UP! 기출 선지

1 다음 선지를 읽고 키워드에 형광펜 표시를 한 뒤, 관련된 환국을 써 보세요.

■■■□□

허적과 윤휴 등 남인이 대거 축출되다.

(　　　　　　)

2 다음 선지를 읽고 키워드에 형광펜 표시를 한 뒤, 관련된 왕을 써 보세요.

■■■■■

① 붕당 정치의 폐단을 경계하고자 탕평비를 세웠다.

(　　　　　　)

■■■■■

② 통치 제도를 정비하고자 『속대전』을 편찬하였다.

(　　　　　　)

■■■■□

③ 역대 문물제도를 정리한 『동국문헌비고』가 간행되었다.

(　　　　　　)

■■■■■

④ 육의전을 제외한 시전 상인의 금난전권이 폐지되었다.

(　　　　　　)

■■■■□

⑤ 시전 상인의 특권을 축소하는 신해통공이 단행되었다.

(　　　　　　)

■■■■■

⑥ 친위 부대로 장용영을 설치하였다.

(　　　　　　)

■■■■■

⑦ 초계문신제를 시행하여 문신을 재교육하였어요.

(　　　　　　)

■■■■■

⑧ 서얼 출신 학자들이 규장각 검서관에 등용되었다.

(　　　　　　)

감 잡는 키워드 체크

1 **경신환국**, 허적, 윤휴, 남인이 대거 축출
2 ① **영조**, 탕평비 ② **영조**, 『속대전』 ③ **영조**, 『동국문헌비고』 ④ **정조**, 육의전을 제외한 시전 상인, 금난전권이 폐지 ⑤ **정조**, 신해통공 ⑥ **정조**, 친위 부대, 장용영 ⑦ **정조**, 초계문신제 ⑧ **정조**, 서얼 출신 학자, 규장각 검서관

세도 정치와 농민 봉기

1 세도 정치

배경	정조 사후에 정치 세력 간의 균형이 붕괴됨
전개	3대(순조, 헌종, 철종)에 걸쳐 안동 김씨, 풍양 조씨 등 왕의 외척 세력이 권력을 독점 └ 정순 왕후의 수렴청정
폐단	• **비변사의 권한 강화**: 세도 가문이 권력을 독점 • **부정 부패 심화**: 매관매직이 성행하고 과거 제도가 문란해짐 • **삼정의 문란**: 탐관오리가 수취 제도를 악용하여 농민 수탈 → 전정 · 군정 · 환곡의 폐단 심화

2 사회 변혁의 움직임: 새로운 사상의 등장

예언 사상	• **『정감록』**: 왕조 교체와 변란을 예고한 예언서 • **미륵 신앙**: 미래불인 미륵불이 중생을 구제한다는 미륵 신앙이 유행
천주교의 전파	• 18세기 남인 계열 실학자가 서학을 신앙으로 받아들임 • 진산 사건(권상연과 윤지충이 신주를 불태움) → 신해박해 • 신유박해 → 황사영 백서 사건 → 신유박해의 심화
홍경래의 난 (1811)	• **원인**: 평안도 지역(서북인)에 대한 차별 대우, 세도 정치기의 농민 수탈 • **전개**: 몰락 양반 홍경래와 우군칙의 주도하에 농민 · 광산 노동자 등이 가산에서 봉기 → 청천강 이북 대부분 장악 • **결과**: 5개월 만에 정부군에 진압됨
동학의 발생	• 경주 출신 최제우가 유 · 불 · 선에 민간 신앙을 결합하여 동학을 창시 • 시천주(侍天主), 인내천 사상(인간 평등 사상), 후천 개벽 사상을 중심으로 신분 질서를 부정 • 혹세무민을 이유로 최제우가 처형됨 • 2대 교주 최시형이 교세를 확대하고 『동경대전』, 『용담유사』를 편찬하여 교리를 정리
임술 농민 봉기 (1862)	• **원인**: 세도 정치기 삼정의 문란, 탐관오리 경상 우병사 백낙신의 횡포 • **전개**: 몰락 양반 유계춘의 주도하에 임술 농민 봉기가 발발하여 전국으로 확산됨 • **정부의 대책**: 안핵사로 박규수가 파견되어 진상 조사, 삼정이정청 설치(삼정의 문란을 해결하기 위해) → 근본적으로는 해결하지 못함

감 잡는 키워드 연표

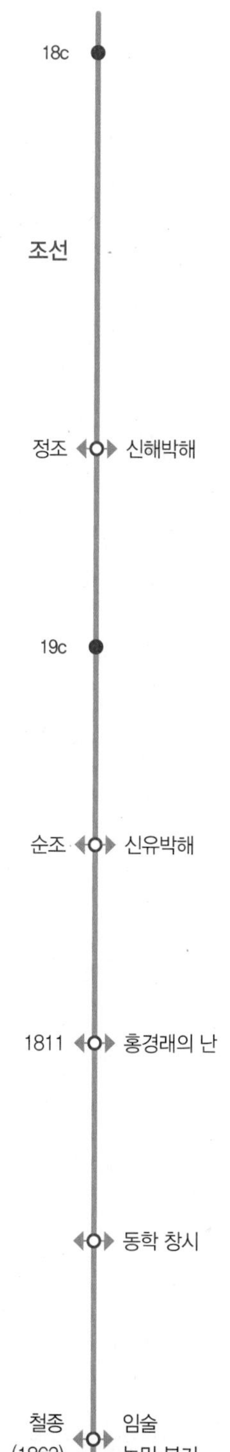

05 조선 후기

자신감 UP! 기출 사료

1 다음 사료를 읽고 키워드에 형광펜 표시를 한 뒤, 주제를 써 보세요.

■■□□□

> 진주 안핵사 박규수에게 하교하기를, "얼마 전에 있었던 진주의 일은 전에 없던 변괴였다. 관원은 백성을 달래지 못하였고, 백성은 패악한 습관을 버리지 못하였다. 누가 그 허물을 책임져야 하겠는가. 신중을 기하여 혹시 한 사람이라도 억울하게 처벌 받는 일이 없게 하라. 그리고 포리(逋吏)*를 법에 따라 처벌할 경우 죄인을 심리하여 처단할 방법을 상세히 구별하라."라고 하였다.
>
> *포리(逋吏): 관아의 물건을 사사로이 써버린 아전

① (　　　　　　　　　　)

■■□□□

> 경상 감사 이돈영이 진주의 백성들이 변란을 일으켜 경상 우병사 백낙신을 협박하고 인명을 살상하였다고 보고하니, 왕이 하교하였다. "난민들의 행동이 극에 달했으니, 만약 평시에 백성들을 잘 위로하고 달랬다면 어찌 이런 일이 있었겠는가. 대신들은 의논하여 조처할 방안을 마련하도록 하라."

② (　　　　　　　　　　)

■□□□□

> 평안 감사가 "이달 19일에 관군이 정주성을 수복하고 두목 홍경래 등을 죽이거나 사로잡았습니다."라고 임금께 보고하였다.

③ (　　　　　　　　　　)

감 잡는 키워드 체크

1 ① **임술 농민 봉기**, 진주 안핵사 박규수 ② **임술 농민 봉기**, 진주, 경상 우병사 백낙신 ③ **홍경래의 난**, 평안 감사, 정주성, 홍경래

자신감 UP! 기출 선지

1 다음 선지를 읽고 키워드에 형광펜 표시를 한 뒤, 관련된 사건을 써 보세요.

■■■□□

① 황사영 백서 사건의 원인이 되었다.
(　　　　　　　　　　)

■■■□□

② 홍경래, 우군칙 등이 주도하였다.
(　　　　　　　　　　)

■■□□□

③ 홍경래 등이 봉기하여 정주성을 점령하였다.
(　　　　　　　　　　)

■■■□□

④ 서북인에 대한 차별에 반발하여 일어났다.
(　　　　　　　　　　)

■■■□□

⑤ 박규수가 안핵사로 파견되는 계기가 되었다.
(　　　　　　　　　　)

■■■■■

⑥ 삼정의 문란을 시정하고자 삼정이정청을 설치하였다.
(　　　　　　　　　　)

감 잡는 키워드 체크

1 ① **신유박해**, 황사영 백서 사건의 원인 ② **홍경래의 난**, 홍경래, 우군칙 ③ **홍경래의 난**, 홍경래, 정주성 ④ **홍경래의 난**, 서북인에 대한 차별에 반발 ⑤ **임술 농민 봉기**, 박규수, 안핵사 ⑥ **임술 농민 봉기**, 삼정의 문란, 삼정이정청

25 조선 후기의 문화

1 국학

1) 지리

『동국지리지』	한백겸이 지은 역사 지리서
『아방강역고』	정약용이 지은 우리나라의 역사 지리서
『택리지』	이중환이 각 지방의 자연환경 · 풍속 · 인물 등을 수록한 인문 지리서

2) 지도

동국지도	영조 때 정상기가 최초로 100리 척을 사용한 지도
대동여지도	• 김정호가 산맥 · 하천 · 포구 · 도로망을 정밀하게 표시한 지도 • 10리마다 눈금 표시, 목판으로 대량 제작

3) 역사

『동사강목』	안정복이 고조선~고려의 역사를 강목체로 서술
『발해고』	• 유득공이 『발해고』에서 남북국이라는 용어를 처음으로 사용 • 발해를 우리 역사의 일부로 편입
『연려실기술』	이긍익이 기사 본말체로 조선의 사회와 문화를 실증적 · 객관적으로 서술
『금석과안록』	김정희가 북한산비를 연구하여 진흥왕 순수비임을 밝힘

2 과학 기술의 발달

천문학	• **홍대용**: 지전설과 무한 우주론을 주장하며 성리학적 세계관을 비판 • **최한기**: 『지구전요』를 저술하여 서양의 과학 기술을 정리
지리학	곤여만국전도가 전래되어 정확한 지도 제작이 가능해지고 조선인의 세계관이 확대됨 └ 선교사 마테오리치가 제작한 세계 지도
역법	김육의 노력으로 서양 선교사 아담 샬이 만든 시헌력이 채택됨
의학	• **『동의보감』**: 허준이 전통 한의학을 정리하여 편찬한 의서 • **『마과회통』**: 정약용이 종두법에 관하여 연구한 의서 • **『동의수세보원』**: 이제마가 사상 의학에 관한 이론과 치료법을 확립한 의서
농업	『농가집성』(신속), 『색경』(박세당), 『임원경제지』(서유구)

감 잡는 키워드 연표

- 18c
- 조선
- 영조 — 정상기 동국지도 제작
- 정조 — 유득공 『발해고』 편찬
- 19c
- 순조 — 김정희 『금석과안록』 편찬
- 철종 — 최한기 『지구전요』 편찬

감 잡는 키워드 연표

- 18c
- 조선
- 영조 — 정선 「인왕제색도」 제작
- 정조 — 박지원 「양반전」 저술
- 19c
- 헌종 — 김정희 「세한도」 제작

3 서민 문화의 발달

판소리	• 이야기를 창(노래)과 사설로 엮어 솔직한 감정을 표현하여 서민층의 호응을 받음 • **대표작**: 「춘향가」, 「심청가」, 「흥부가」, 「적벽가」, 「수궁가」
한글 소설	• **「홍길동전」(허균)**: 최초의 한글 소설 • 「춘향전」, 「별주부전」, 「심청전」 등
탈놀이	• 탈춤, 산대놀이 등이 향촌에서 굿의 일부로 공연되어 양반과 승려의 위선을 폭로 • 황해도의 봉산 탈춤, 안동의 하회탈춤, 양주의 별산대놀이 등
사설시조	형식에 구애받지 않고 감정을 구체적으로 표현
시사(時社)	중인층과 서민층이 조직한 시인 동호회

4 문화의 새 경향

1) 그림

진경산수화	• 정선의 「인왕제색도」, 「금강전도」 • 우리 경치를 사실적으로 묘사
풍속화	• **김홍도**: 서민의 생활상을 소탈하고 익살스럽게 묘사 → 「서당」, 「씨름」 • **신윤복**: 양반의 풍류 생활과 남녀 간의 애정을 감각적이고 해학적으로 묘사 → 「단오풍정」, 「월하정인」 • **김득신**: 당시의 생활상을 있는 그대로 표현 → 「파적도」
기타	김정희의 「세한도」, 강세황의 「영통동구도」

2) 문학 · 공예 · 건축

한문학	박지원이 「양반전」, 「허생전」 등을 저술하여 양반의 위선을 비판
공예	**청화백자**: 순백자에 코발트계의 청색 안료로 문양을 그린 후 유약을 바르고 다시 구워낸 자기
건축	김제 금산사 미륵전, 구례 화엄사 각황전, 보은 법주사 팔상전(우리나라 유일의 목조 오층탑, 규모가 큰 다층 건물로 내부는 하나로 통하는 구조)

▲ 김제 금산사 미륵전

▲ 구례 화엄사 각황전

▲ 보은 법주사 팔상전

자신감 UP! 기출 사료

1 진경산수화

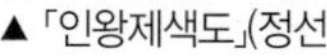

▲ 「인왕제색도」(정선)

▲ 「금강전도」(정선)

2 풍속화

▲ 「씨름도」(김홍도)

▲ 「단오풍정」(신윤복)

▲ 「월하정인」(신윤복)

▲ 「파적도」(김득신)

3 기타

▲ 「영통동구도」(강세황)

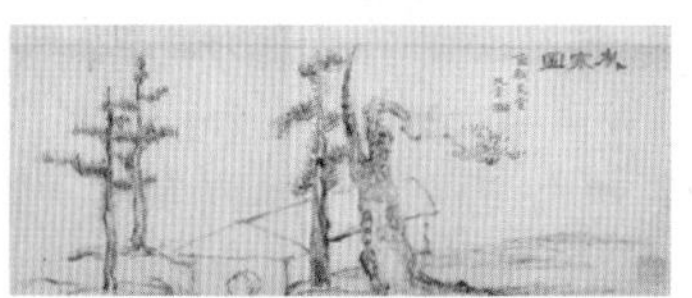

▲ 「세한도」(김정희)

자신감 UP! 기출 선지

1 다음 선지를 읽고 키워드에 형광펜 표시를 해 보세요.

■■■□□

① (조선 후기) 춘향가, 흥보가 등의 판소리가 유행하였다.

■■■■□

② (조선 후기) 양반의 위선을 풍자한 탈춤이 공연되었다.

■■■■□

③ (조선 후기) 송파장에서 산대놀이를 공연하는 광대

■■■□□

④ (조선 후기) 한글 소설을 읽어 주는 전기수

■■□□□

⑤ (조선 후기) 「홍길동전」, 「박씨전」 등의 한글 소설이 널리 읽혔다.

■■■■■

⑥ (조선 후기) 시사를 조직하여 활동하는 중인

2 다음 선지를 읽고 키워드에 형광펜 표시를 한 뒤, 관련된 인물을 써 보세요.

■■■□□

① 최초로 100리 척을 사용한 동국지도를 제작하였다.

(　　　　　　)

■■■□□

② 서양의 과학 기술을 정리한 『지구전요』를 저술하였다.

(　　　　　　)

■■■□□

③ 양반의 허례와 무능을 풍자한 「양반전」을 저술하였다.

(　　　　　　)

감 잡는 키워드 체크

1 ① 춘향가, 흥보가, 판소리 ② 탈춤 ③ 송파장, 산대놀이 ④ 한글 소설, 전기수 ⑤ 「홍길동전」, 「박씨전」, 한글 소설 ⑥ 시사, 중인

2 ① **정상기**, 최초로 100리 척을 사용, 동국지도 ② **최한기**, 『지구전요』 ③ **박지원**, 「양반전」

CHAPTER 06

근대

감 잡는 키워드 로드맵

근대(고종) 운요호 사건 ▶ 근대(고종) 강화도 조약 ▶ 근대(고종) 임오군란 ▶ 근대(고종) 갑신정변

▼

근대(고종) 동학 농민 운동 ▶ 근대(고종) 갑오 · 을미개혁 ▶ 근대(고종) 대한 제국 ▶ 근대(고종) 한일 의정서

▼

근대(고종) 제1차 한일 협약 ▶ 근대(고종) 제2차 한일 협약 (을사늑약) ▶ 근대(고종) 한일 신협약 (정미 7조약) ▶ 근대(순종) 한일 병합 조약

꼭 알아두어야 할 키워드!

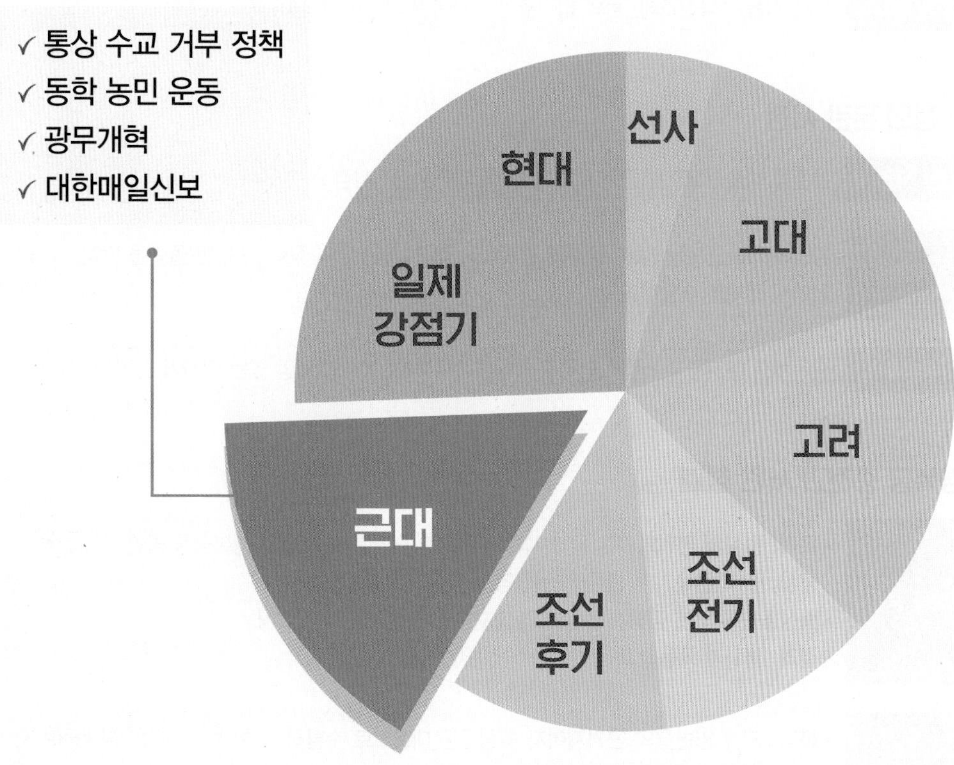

PART Ⅱ 챕터별 출제 비율 분석[68-51회]

학습 길잡이

CHAPTER 06 근대에서는 주제 33 독립 협회와 대한 제국의 출제 비율이 가장 높습니다. 독립 협회와 보안회, 신민회 및 타 단체의 활동을 구분지어 암기해야 합니다. 또한, 대한 제국 황제로 즉위한 고종이 펼친 광무개혁의 내용은 단골 출제 주제이니 확실하게 숙지해두도록 합니다.

26 흥선 대원군의 개혁

감 잡는 키워드 연표

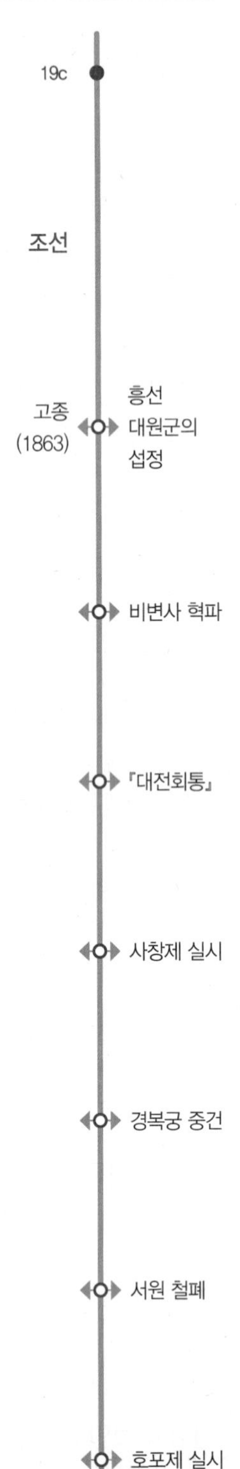

1 중앙 기구의 개편

구분	내용
세도 정치 타파	안동 김씨 가문을 축출하고 능력을 기준으로 인재를 등용
비변사 혁파	의정부와 삼군부의 기능을 부활시켜 정치와 군사 업무를 분리
법전 정비	『대전회통』, 『육전조례』 등의 법전을 편찬하여 통치 체제를 정비

2 삼정의 문란 시정

구분	내용
양전 사업	은결을 색출하고 지방관과 토호의 토지 겸병을 금지시킴
호포제	양반에게도 군포를 징수, 신분에 관계없이 집집마다 2냥씩 징수 → 농민 몰락을 방지하고 공평하게 조세를 부담하게 함
사창제	환곡제를 폐지하고 리(里) 단위로 사창을 설치하여 향촌의 덕망 있는 인사가 운영하도록 함

3 경복궁 중건과 서원 철폐

구분	내용
경복궁 중건	• **목적**: 왕실의 권위와 위엄을 과시하기 위해 임진왜란 때 소실된 경복궁을 중건 • 공사비를 마련하기 위해 원납전을 강제 징수하고 당백전을 남발 • 백성들을 노역에 징발하고 양반의 묘지림을 벌목하여 목재로 사용 • **결과**: 물가가 폭등하고 양반층과 백성들이 반발
서원 철폐	• **목적**: 지방 양반들의 근거지이자 백성들을 대상으로 수탈하는 수단인 서원을 철폐하여 지방 통제력을 강화하고자 함 • 만동묘 철폐 • 47개소의 사액 서원 이외는 모두 철폐하고 서원에 딸린 토지와 노비를 몰수 • **결과**: 유생들의 강력한 반발을 초래

▲ 흥선 대원군

자신감 UP! 기출 사료

1 다음 사료를 읽고 키워드에 형광펜 표시를 한 뒤, 주제를 써 보세요.

■□□□□

> 대왕대비께서 전교하기를, "이번에 이렇게 만동묘를 철폐하고 다른 곳으로 옮겨 모시는 것에 대해서 선현의 혼령이 알게 되더라도 올바른 예법이라고 여기고 유감이 없을 것이다."라고 하였다.

( )

2 다음 사료를 읽고 키워드에 형광펜 표시를 한 뒤, (가)에 들어갈 말을 써 보세요.

■□□□□

> 왕이 말하였다. "요즘에 서원마다 사무를 자손들이 주관하고 붕당을 각기 주장하니, 이로 인한 폐해가 백성들에게 미치는 경우가 많다고 한다. (가) 의 분부대로 서원을 철폐하고 신주를 땅에 묻어 버리는 등의 절차를 거행하도록 전국에 알려라."

① ( )

■□□□□

> 대왕대비가 전교하였다. " (가) 은/는 우리 왕조에서 수도를 세울 때 맨 처음 지은 정궁이다. …… 그러나 불행하게도 전란에 의해 불타버린 후 미처 다시 짓지 못하여 오랫동안 뜻있는 선비들의 개탄을 자아내었다. …… 이 궁궐을 다시 지어 중흥의 큰 업적을 이루려면 여러 대신과 함께 의논해보지 않을 수 없다."
>
> -『고종실록』-

② ( )

감 잡는 키워드 체크

1 **흥선 대원군의 만동묘 철폐**, 만동묘를 철폐
2 ① **흥선 대원군**, 서원을 철폐 ② **경복궁**, 수도를 세울 때 맨 처음 지은 정궁, 전란에 의해 불타버린 후 미처 다시 짓지 못하여

자신감 UP! 기출 선지

1 다음 선지를 읽고 키워드에 형광펜 표시를 해 보세요.

■■■□□

① (흥선 대원군) 통치 체제를 정비하기 위해『대전회통』을 편찬하였다.

■■■□□

② (흥선 대원군) 사창제가 실시되었다.

■■□□□

③ (흥선 대원군) 양반에게도 군포를 징수하는 호포제가 시행되었다.

■■□□□

④ (흥선 대원군) 왕실의 위엄을 높이기 위해 경복궁을 중건하였다.

2 다음 선지를 읽고 키워드에 형광펜 표시를 한 뒤, 관련된 기관 혹은 건물을 써 보세요.

■■□□□

① 당백전을 발행하여 건설 비용에 충당하였다.
( )

■■□□□

② 흥선 대원군이 집권한 시기에 혁파되었다.
( )

감 잡는 키워드 체크

1 ①『대전회통』 ② 사창제 ③ 양반에게도 군포를 징수, 호포제 ④ 경복궁을 중건
2 ① **경복궁**, 당백전 ② **비변사**, 흥선 대원군, 혁파

27 통상 수교 거부 정책

감 잡는 키워드 연표

- 19c
- 조선
- 고종 (1866) 병인박해
- 제너럴 셔먼호 사건
- 병인양요
- 1868 오페르트 도굴 사건
- 1871 신미양요
- 척화비 건립

1 국내외 정세

러시아의 남하	러시아가 연해주를 획득하고 조선에 통상을 요구
천주교 교세의 확장	프랑스 선교사가 입국하여 활동하면서 천주교가 확산됨

2 통상 수교 거부 정책

병인박해 (1866.1.)	흥선 대원군이 프랑스 신부와 수천 명의 천주교 신도를 처형
제너럴 셔먼호 사건 (1866.7.)	• **배경**: 미국 상선 제너럴 셔먼호가 평양(대동강)에 접근하여 통상을 요구 • **전개**: 통상 요구를 거부하자 미국 상인들이 민가를 약탈하고 살육을 자행 • **결과**: 평안 감사 박규수의 지휘하에 평양 관민들이 셔먼호를 소각하고 침몰시킴
병인양요 (1866.9.)	• **원인**: 병인박해를 구실로 프랑스 군대가 조선에 침입 • **전개**: 프랑스 로즈 제독의 함대가 강화도에 침입하자 한성근 부대(문수산성)와 양헌수 부대(정족산성)가 프랑스군을 격퇴시킴 • **결과**: 프랑스 함대가 퇴각하였지만 외규장각이 소각되고 의궤 등의 문화유산을 약탈
오페르트 도굴 사건 (1868)	• **원인**: 독일 상인 오페르트가 통상을 요구하였지만 흥선 대원군이 거절 • **전개**: 오페르트가 충남 덕산에 있는 흥선 대원군의 아버지인 남연군의 묘의 도굴을 시도하였으나 실패 • **결과**: 천주교에 대한 탄압과 통상 수교 거부 정책을 강화
신미양요 (1871)	• **원인**: 미국이 제너럴 셔먼호 사건을 구실로 통상을 요구 • **전개**: 미군이 강화도를 침략하여 초지진과 덕진진을 점령, 광성보에서 어재연 장군이 항전 • **결과**: 미군이 퇴각하면서 어재연 장군의 수(帥)자기를 약탈
척화비 건립 (1871)	• **시기**: 신미양요 직후에 종로 거리와 전국 각지에 건립됨 • **목적**: 서양 침입에 대한 강경 대응 및 통상 수교 거부 의지를 밝힘 • **내용**: '서양 오랑캐가 침입할 때 싸우지 않으면 화친하자는 것이요, 화친을 주장하는 것은 곧 나라를 파는 것이다.'

자신감 UP! 기출 사료

1 다음 사료를 읽고 키워드에 형광펜 표시를 한 뒤, 관련된 사건을 써 보세요.

■□□□□

온 성의 군민이 모두 울분을 품고, …… 총환과 화살을 어지러이 발사하였으며 사생을 잊고 위험을 무릅쓰지 않는 자가 없었으니, 반드시 오랑캐를 도륙하고야 말 태세였습니다. 강 아래 위의 요해처에서 막고, 마침내 화선(火船)으로 불길이 옮겨붙게 함으로써 모조리 죽여 살아남은 종자가 없게 된 것은 모두 이들이 …… 용감하게 싸운 것에 기인한 것이었습니다.

① (　　　　　　　　　　)

■□□□□

매우 가난하게 보이는 강화도에서 각하에게 보내드릴 만한 것은 아무것도 없습니다. 그러나 조선 임금이 소유하고 있지만 거처하지 않는 저택의 도서관에는 매우 중요한 서적이 많이 소장되어 있습니다. 세심하게 공들여 꾸며진 340권을 수집하였으며 기회가 되는 대로 프랑스로 보내겠습니다.

– G. 로즈 –

② (　　　　　　　　　　)

■□□□□

진무사 정기원의 장계에, "초지와 덕진을 제대로 지키지 못한 것도 저의 불찰인데, 광성보에서는 군사가 다치고 장수가 죽었으니 저의 죄가 더욱 큽니다."라고 하였다. 이에 전교하기를, "병가의 승패는 늘 있는 일이다. 저 흉측한 무리들이 지금 다소 물러가기는 했으나 목전의 방비를 더욱 소홀히 할 수 없다."라고 하였다.

③ (　　　　　　　　　　)

감 잡는 키워드 체크

1 ① **제너럴 셔먼호 사건**, 강 아래 위의 요해처, 화선(火船) ② **병인양요**, 강화도, 도서관, 매우 중요한 서적, 프랑스, G. 로즈 ③ **신미양요**, 초지와 덕진, 광성보

자신감 UP! 기출 선지

1 다음 선지를 읽고 키워드에 형광펜 표시를 해 보세요.

■■■□□

① (흥선 대원군) 종로와 전국 각지에 척화비가 세워졌다.

■■■■■

② (오페르트 도굴 사건) 독일 상인 오페르트가 남연군 묘 도굴을 시도하였다.

2 다음 선지를 읽고 키워드에 형광펜 표시를 한 뒤, 관련된 사건을 써 보세요.

■■□□□

① 평양 관민이 제너럴 셔먼호를 불태웠다.
(　　　　　　)

■■■□□

② 양헌수 부대가 정족산성에서 적군을 물리쳤다.
(　　　　　　)

■■■■□

③ 외규장각 건물이 불타고 의궤가 약탈당하였다.
(　　　　　　)

■■□□□

④ 어재연 부대가 광성보에서 항전하였다.
(　　　　　　)

3 다음 선지를 읽고 키워드에 형광펜 표시를 한 뒤, 관련된 인물을 써 보세요.

■■■□□

① 통상 수교 거부 의지를 담은 척화비가 건립되었다.
(　　　　　　)

■■■■■

② 대동강에 침입한 제너럴 셔먼호를 격침하였다.
(　　　　　　)

감 잡는 키워드 체크

1 ① 척화비 ② 독일 상인 오페르트, 남연군 묘 도굴
2 ① **제너럴 셔먼호 사건**, 평양 관민, 제너럴 셔먼호 ② **병인양요**, 양헌수 부대, 정족산성 ③ **병인양요**, 외규장각, 의궤가 약탈 ④ **신미양요**, 어재연, 광성보
3 ① **흥선 대원군**, 통상 수교 거부 의지, 척화비 ② **박규수**, 대동강, 제너럴 셔먼호

28 개항과 불평등 조약

감 잡는 키워드 연표

1 일본과의 조약 체결과 개항

운요호 사건 (1875)	일본이 강화도의 초지진과 영종도를 공격하면서 개항을 요구
강화도 조약 (조일 수호 조규, 1876)	• 최초의 근대적 조약이자 불평등 조약 • 조선이 자주국임을 명시(청의 간섭을 배제하려는 의도) • 부산 · 원산 · 인천을 개항, 해안 측량권을 허용, 치외 법권을 인정
부속 조약	• **조일 수호 조규 부록**(1876): 일본 상인의 활동 지역 제한(간행이정 10리), 일본 외교관의 여행의 자유 보장, 개항장에서 일본 화폐 유통 등을 규정 • **조일 무역 규칙**(1876): 양곡의 무제한 유출 허용, 일본의 수출입 상품에 대한 무관세 원칙 허용
조일 통상 장정 (1883)	• 일본 상품에 대한 관세 부과 규정, 최혜국 대우 규정 (최혜국 대우: 가장 유리한 대우를 조약상대국에게 부여하는 것) • **방곡령 선포 규정**: 일본으로의 곡물 유출을 잠정적으로 금지하는 법령, 해당 지역의 지방관은 방곡령 시행 1개월 전에 일본 영사관에 통고해야 함

2 서양 열강과의 조약 체결

조미 수호 통상 조약 (1882)	• **배경**: 김홍집이 황쭌셴의 『조선책략』 유포, 청의 알선으로 체결 (『조선책략』: 러시아의 남하에 대응하기 위한 대책으로 친중국(親中國), 결일본(結日本), 연미국(聯美國) 주장) • **내용**: 거중 조정 조항, 치외 법권 인정, 최혜국 대우 최초 규정, 관세 부과 • **성격**: 서양과 맺은 최초의 조약이자 불평등 조약 • **결과**: 홍영식, 민영익, 서광범으로 구성된 보빙사가 미국에 파견됨
조청 상민 수륙 무역 장정(1882)	• **배경**: 임오군란을 계기로 체결 • **내용**: 청 상인의 내륙 진출 허용(내지 통상권), 한성과 양화진에 점포 개설 허용
조불 수호 통상 조약(1886)	프랑스와 맺은 조약으로 천주교 포교권을 인정

자신감 UP! 기출 사료

1 다음 사료를 읽고 키워드에 형광펜 표시를 한 뒤, 관련된 조약을 써 보세요.

■□□□□

> 제1관 조선국은 자주 국가로서 일본국과 평등한 권리를 보유한다. ……
> 제10관 일본국 인민이 조선국 지정의 각 항구에 머무르는 동안 죄를 범한 것이 조선국 인민에게 관계되는 사건은 모두 일본국 관원이 심리하여 판결한다. ……

① ( )

■□□□□

> 제37관 조선국에서 가뭄과 홍수, 전쟁 등의 일로 국내에 양식이 부족할 것을 우려하여 일시 쌀 수출을 금지하려고 할 때에는 1개월 전에 지방관이 일본 영사관에 통지하고, 미리 그 기간을 항구에 있는 일본 상인들에게 전달하여 일률적으로 준수하는 데 편리하게 한다.

② ( )

■■■□□

> 제1관 앞으로 대조선국 군주와 대미국 대통령 및 그 인민은 각각 모두 영원히 화평하고 우애 있게 지낸다. ……
> 제5관 …… 미국 상인과 상선이 조선에 와서 무역을 할 때 입출항하는 화물은 모두 세금을 바쳐야 하며, 세금을 거두는 권한은 조선이 자주적으로 행사한다. ……

③ ( )

감 잡는 키워드 체크

1 ① **강화도 조약**, 조선국은 자주 국가, 일본국 관원이 심리하여 판결(치외 법권) ② **조일 통상 장정**, 쌀 수출을 금지, 1개월 전에 지방관이 일본 영사관에 통지 ③ **조미 수호 통상 조약**, 대미국, 미국 상인과 상선, 무역을 할 때 모두 세금을 바쳐야 하며

자신감 UP! 기출 선지

1 다음 선지를 읽고 키워드에 형광펜 표시를 해 보세요.

■■■■□

① (김홍집)『조선책략』을 처음으로 소개하였다.

■■■■■

② (운요호 사건) 일본 군함 운요호가 영종도를 공격하였다.

■■■■■

③ 조청 상민 수륙 무역 장정이 체결되었다.

2 다음 선지를 읽고 키워드에 형광펜 표시를 한 뒤, 관련된 조약을 써 보세요.

■■■□□

① 부산, 원산, 인천 항구가 개항되었다.
( )

■■■■□

② 방곡령 시행에 대한 규정을 명시하였다.
( )

■■■□□

③ 프랑스와 조약을 체결하여 천주교 포교가 허용되었다.
( )

감 잡는 키워드 체크

1 ①『조선책략』 ② 일본 군함 운요호, 영종도 ③ 조청 상민 수륙 무역 장정
2 ① **강화도 조약**, 부산, 원산, 인천, 개항 ② **조일 통상 장정**, 방곡령 ③ **조불 수호 통상 조약**, 프랑스, 천주교 포교가 허용

29 개화 정책과 위정척사 운동

감 잡는 키워드 연표

- 19c 조선
- 1876 1차 수신사 파견
- 1881 조사 시찰단 파견
- 별기군 창설
- 영선사 파견
- 1883 보빙사 파견
- 기기창 설립

1 개화파의 형성

통상 개화론자	박규수, 오경석(『해국도지』, 『영환지략』 도입), 유홍기 등이 문호 개방과 서양과의 교류를 주도
개화파의 형성	통상 개화론자의 지휘 아래 신사상을 습득한 개화파가 형성되어 정부의 개화 정책에 주도적으로 참여

2 정부의 개화 정책

1) 개화 정책

통리기무아문	통리기무아문과 그 아래 12사를 두어 개화 정책을 담당하게 함
5군영 축소	5군영을 무위영과 장어영의 2영으로 개편
별기군 창설	무위영 아래에 신식 군대인 별기군을 창설
근대 시설 도입	박문국(1883, 근대식 인쇄 출판 기관), 기기창(1883, 무기 제조 공장), 전환국(1883, 화폐 주조 기관) 설립

2) 해외 시찰단 파견

수신사 (일본)	• **1차 수신사**(1876): 강화도 조약 이후 김기수가 파견됨 • **2차 수신사**(1880): 김홍집이 파견되어 『조선책략』을 소개 • **3차 수신사**(1882): 임오군란 이후 박영효가 파견됨
조사 시찰단 (일본)	• 어윤중, 홍영식, 유길준, 박정양 등이 암행어사 신분으로 파견됨 • 일본의 정치 · 경제 · 사회 · 군사 · 문화 등을 시찰
영선사 (청)	• 김윤식을 필두로 청의 기기국에 파견되어 근대적 무기 제조법과 군사 훈련법을 습득 • 조선으로 돌아와 무기 제조 공장인 기기창을 설립
보빙사 (미국)	• 민영익, 홍영식, 서광범 등으로 구성 • 조미 수호 통상 조약을 계기로 미국에 파견됨

3 위정척사 운동

시기	시대적 상황	주장	중심 인물
1860년대	열강의 통상 요구, 병인양요	통상 반대 운동(척화주전론) → 흥선 대원군의 대외 정책 지지	이항로, 기정진 등
1870년대	강화도 조약의 체결	개항 반대 운동(왜양일체론)	최익현 등
1880년대	『조선책략』 유포	개화 반대 운동, 영남 만인소	이만손

자신감 UP! 기출 사료

1 다음 사료를 읽고 키워드에 형광펜 표시를 한 뒤, 주제를 써 보세요.

■□□□□

> 저들이 비록 왜인이라고는 하나 실은 양적(洋賊)입니다. 화친이 한번 이루어지면 사학(邪學)의 서책과 천주의 초상이 교역하는 속에 섞여 들어오게 되고, 조금 지나면 전도사와 신도가 전수하여 사학이 온 나라에 두루 가득 차게 될 것입니다.

① (　　　　　　　　　　)

■□□□□

> 수신사 김기수가 나와 엎드리니 왕이 말하였다. "전선, 화륜과 농기계에 관하여 들은 것은 없는가? 저 나라에서 이 세 가지 일을 제일 급하게 힘쓰고 있다고 하는데, 그러하던가?" 김기수가 "과연 그러하였습니다."라고 아뢰었다.

② (　　　　　　　　　　)

■□□□□

> 어윤중이 동래부 암행어사로 임명되어 왕에게서 받은 봉해진 서신을 열어보니, "일본 조정의 논의와 정국의 형세, 풍속 · 인물 · 교빙 · 통상 등의 대략을 염탐하는 것이 좋겠다."라는 내용이었다.

③ (　　　　　　　　　　)

■□□□□

> 지금 조정에서는 어찌 백해무익한 일을 하여 러시아가 없는 마음을 먹게 하고, 미국이 의도하지 않았던 일을 만들어 오랑캐를 끌어들이려 하십니까? 저 황준헌이라는 자는 스스로 중국에서 태어났다고 하면서도, 일본을 위해 말하고 예수를 좋은 신이라 하며, 난적의 앞잡이가 되어 스스로 짐승과 같은 무리가 되었습니다. 고금천하에 어찌 이런 이치가 있겠습니까?

④ (　　　　　　　　　　)

감 잡는 키워드 체크

1 ① **최익현의 왜양일체론**, 왜인이라고는 하나 실은 양적(洋賊) ② **1차 수신사**, 수신사 김기수 ③ **조사 시찰단**, 어윤중, 암행어사, 일본 조정, 염탐 ④ **이만손의 영남 만인소**, 황준헌

자신감 UP! 기출 선지

1 다음 선지를 읽고 키워드에 형광펜 표시를 해 보세요.

■■■■■

① (위정척사 운동) 이만손 등이 영남 만인소를 올렸다.

■■■■□

② (김윤식) 유학생과 기술자들을 이끄는 영선사로 청에 파견되었다.

■■■■■

③ (개화 정책) 5군영에서 2영으로 군제를 개편하였다.

■■■■□

④ (개화 정책) 신식 군대인 별기군을 창설하였다.

■■■■■

⑤ 개화 정책을 총괄하는 통리기무아문이 설치되었다.

■■□□□

⑥ (개화 정책) 무기 제조 공장인 기기창이 설립되었다.

■■■■■

⑦ (조미 수호 통상 조약) 보빙사가 파견되었다.

2 다음 선지를 읽고 키워드에 형광펜 표시를 한 뒤, 관련된 조약을 써 보세요.

■■■■■

① 민영익 등이 보빙사로 파견되는 계기가 되었다.
(　　　　　　　　)

■■■■■

② 김기수가 수신사로 파견되는 결과를 가져왔다.
(　　　　　　　　)

감 잡는 키워드 체크

1 ① 이만손, 영남 만인소 ② 영선사, 청 ③ 5군영에서 2영 ④ 신식 군대, 별기군 ⑤ 통리기무아문 ⑥ 기기창 ⑦ 보빙사
2 ① **조미 수호 통상 조약**, 민영익, 보빙사 ② **강화도 조약**, 김기수, 수신사

30 임오군란과 갑신정변

감 잡는 키워드 연표

- 19c 조선
- 고종(1882) 선혜청 도봉소 사건
- 임오군란
- 흥선 대원군 집권
- 민씨의 재집권
- 조청 상민 수륙 무역 장정 체결
- 제물포 조약 체결

1 임오군란(1882)

1) 배경

일본의 경제 침탈	개항 후 일본으로 곡물이 대량으로 유출되어 하층민의 부담이 증가
구식 군인에 대한 차별 대우	• 5군영을 2영으로 개편하여 실직 군인이 증가 • 신식 군대인 별기군과 비교하여 차별 대우를 받음

2) 전개

선혜청 도봉소 사건	• 선혜청 도봉소에서 월급에 모래와 겨를 섞어 지급 • 분노한 구식 군인들이 민씨 정권 고관의 집을 습격하고 관리를 살해

⬇

일본 공사관 습격	하층민이 가세하여 별기군의 일본인 교관을 살해하고 일본 공사관과 궁궐을 습격

⬇

흥선 대원군의 재집권	흥선 대원군이 재집권하여 통리기무아문과 별기군을 폐지하고 5군영을 복구

⬇

청군의 개입	• 청군이 개입하여 흥선 대원군을 청으로 압송하고 임오군란을 진압 • 민씨가 재집권

3) 결과

청의 내정 간섭 강화	• 청군을 조선에 주둔시킴 • 마젠창을 정치 고문으로, 묄렌도르프를 외교 고문으로 파견
조청 상민 수륙 무역 장정 (1882)	• **내지 통상권**: 청 상인의 내륙 진출을 허용 • 한성과 양화진에 점포 개설을 허용
제물포 조약 (1882)	• 일본 공사관에 경비병 주둔을 허용하고 배상금을 지불 • 사과의 의미로 박영효가 3차 수신사로 파견

2 갑신정변(1884)

1) 개화파의 분열(임오군란 이후)

구분	온건 개화파	급진 개화파
중심인물	김홍집, 어윤중, 김윤식	김옥균, 박영효, 홍영식, 서광범
정치적 입장	친청 사대 정책, 민씨 정권과 결탁	청의 간섭을 반대, 민씨 정권에 비판적, 입헌 군주제 추구
개혁 방안	점진적인 개혁 추진 (동도서기론에 입각)	급진적인 개혁 추진

2) 전개

일본 공사관의 약속	급진 개화파가 일본 공사 다케조에에게 재정과 군사 지원을 약속받음
⬇	
갑신정변 발발	우정총국 개국 축하연을 계기로 김옥균 등의 급진 개화파가 정변을 도모하여 민씨 고관을 살해
⬇	
14개조 개혁 정강	개화당 정부를 수립하여 입헌 군주제 수립을 목표로 14개조 개혁 정강을 발표
⬇	
실패	• 청군이 개입하여 3일 만에 실패 • 급진 개화파가 일본으로 망명하자 분노한 군중들이 일본 공사관을 파괴

3) 결과

한성 조약 (조 – 일)	배상금을 지불하고 공사관 신축비를 보상하도록 약속
톈진 조약 (조 – 청)	청 · 일 양국 군대의 동시 철수와 조선에 군대 파병 시 상대국에 통보 규정을 수록

4) 갑신정변 이후의 국내 정세

거문도 사건	러시아의 남하를 견제한다는 구실로 영국군이 거문도를 불법 점령
조선 중립화론	• **배경**: 갑신정변과 거문도 사건으로 한반도 내에 긴장감이 고조된 상황 • **내용**: 조선 주재 독일 부영사 부들러와 미국 유학에서 돌아온 유길준이 중립화론을 주장

감 잡는 키워드 연표

- 19c 조선
- 1884 갑신정변
- 한성 조약 체결
- 1885 톈진 조약 체결
- 1885~1887 거문도 사건
- 1885 유길준 조선 중립화론 주장

자신감 UP! 기출 사료

1 다음 사료를 읽고 키워드에 형광펜 표시를 한 뒤, 관련된 사건을 써 보세요.

■■□□□

> 우정국 총판 홍영식이 우정국의 개국 축하연을 열면서 각국의 공사도 초청했다. …… 8시를 알리는 종이 울리자 담장 밖에서 불길이 치솟았다. …… 우영사 민영익이 불을 끄려고 먼저 일어나서 문밖으로 나왔는데, 자객 다섯 명이 잠복하고 있다가 칼을 휘두르며 습격했다. 민영익이 중상을 입고 되돌아와서 대청 위에 쓰러졌다.
>
> -『대한계년사』-

① (   )

■□□□□

> 심히 급박한 상황 중에 나는 적의 활동과 청국 군대의 내습을 우려하여 주상을 모시고 지키기 편리한 경우궁으로 옮기시게 한 후 일본 병사로 하여금 호위할 방침을 세웠다. 곧이어 주상께 일본군의 지원을 구하도록 요청하니, 주상은 곧 영숙문 앞 노상에서 연필로 "일본 공사는 와서 나를 보호하라."라는 글을 친히 쓰시어 주시는지라. …… 졸지에 변란을 만난 사대당의 거두들은 주상께서 경우궁에 계심을 듣고 입궐하다가 …… 민영목, 민태호 등은 용감한 우리 집행원의 손에 비참한 최후를 당하였다.

② (   )

2 다음 사료를 읽고 키워드에 형광펜 표시를 한 뒤, (가)에 들어갈 말을 써 보세요.

■□□□□

> (가) 에게 군국사무를 처리하라는 명이 내려지자 그는 궐내에서 거처하며 5군영의 군사 제도를 복구하고 군량을 지급하게 하였다. 그리고 난병(亂兵)들을 물러가게 하고 대사면령을 내렸다.

(   )

감 잡는 키워드 체크

1 ① **갑신정변**, 홍영식, 우정국의 개국 축하연, 민영익 ② **갑신정변**, 청국 군대의 내습, 일본 병사로 하여금 호위할 방침
2 **흥선 대원군**, 5군영의 군사 제도를 복구

자신감 UP! 기출 선지

1 다음 선지를 읽고 키워드에 형광펜 표시를 해 보세요.

■■□□□
① (임오군란) 선혜청과 일본 공사관을 공격하였다.

■■□□□
② (임오군란) 제물포 조약의 체결로 이어졌다.

■■■□□
③ (임오군란) 조청 상민 수륙 무역 장정이 체결되었다.

■■■■□
④ (제물포 조약) 일본 공사관에 경비병이 주둔하는 계기가 되었다.

■■■■□
⑤ (갑신정변) 우정총국 개국 축하연을 이용하여 일어났다.

■■■□□
⑥ (갑신정변) 입헌 군주제 수립을 목표로 전개되었다.

■■□□□
⑦ (갑신정변) 3일 만에 실패로 끝나 주동자들이 해외로 망명하였다.

■■■■■
⑧ (갑신정변, 임오군란) 청군의 개입으로 종결되었다.

■■■□□
⑨ (갑신정변) 한성 조약이 체결되는 결과를 가져왔다.

■■■■■
⑩ (거문도 사건) 영국이 거문도를 불법으로 점령하였다.

감 잡는 키워드 체크

1 ① 선혜청, 일본 공사관 ② 제물포 조약 ③ 조청 상민 수륙 무역 장정 ④ 일본 공사관, 경비병이 주둔 ⑤ 우정총국 개국 축하연 ⑥ 입헌 군주제 ⑦ 3일 만에 실패 ⑧ 청군의 개입 ⑨ 한성 조약 ⑩ 영국, 거문도

동학 농민 운동

1 교조 신원 운동

삼례 집회	교조 최제우의 신원과 동학에 대한 탄압 중지를 호소
⬇	
보은 집회	동학교도들이 '척왜양창의'를 기치로 탐관오리 숙청, 일본과 서양 세력의 배척을 요구

2 고부 농민 봉기

배경	고부 군수 조병갑이 만석보를 강제로 개수하는 등 탐학을 부림
전개	전봉준 등이 사발통문을 돌려 고부 관아를 습격하고 만석보를 파괴
결과	신임 군수가 폐정 시정을 약속하여 자진 해산

3 1차 동학 농민 운동

백산 봉기	• 안핵사 이용태가 봉기의 주도자를 체포하자 농민들이 이에 반발 • 백산에서 4대 강령을 발표하고 제폭구민을 기치로 봉기를 일으킴
⬇	
황토현 · 황룡촌 전투	전라도 감영군과 서울에서 파견된 경군을 격파하면서 동학 농민군이 전주성에 입성
⬇	
청 · 일의 군대 파병	조선 정부의 청군 파병 요청으로 청이 조선에 상륙하자 톈진 조약을 구실로 일본도 군대를 파병
⬇	
전주 화약	외국 군대의 개입을 우려한 농민군이 정부와 전주 화약을 체결하여 자진 해산
⬇	
집강소 설치	• 전주 화약의 체결에 따른 폐정 개혁을 실현하기 위해 집강소를 설치 • 정부는 교정청을 실시하여 자주적인 내정 개혁을 시도

4 2차 동학 농민 운동

일본의 경복궁 점령	일본이 내정 개혁을 요구하며 경복궁을 기습 점령
⬇	
청일 전쟁 발발	일본이 승리한 후 청과 시모노세키 조약을 체결
⬇	
논산 집결	• 반외세를 목적으로 동학 농민군이 재봉기 • 남접(전라도)과 북접(충청도)이 연합하여 논산에 집결
⬇	
우금치 전투	전봉준이 보국안민을 기치로 공주 우금치에서 맞섰으나 일본군과 관군에 패배하고 체포됨

감 잡는 키워드 연표

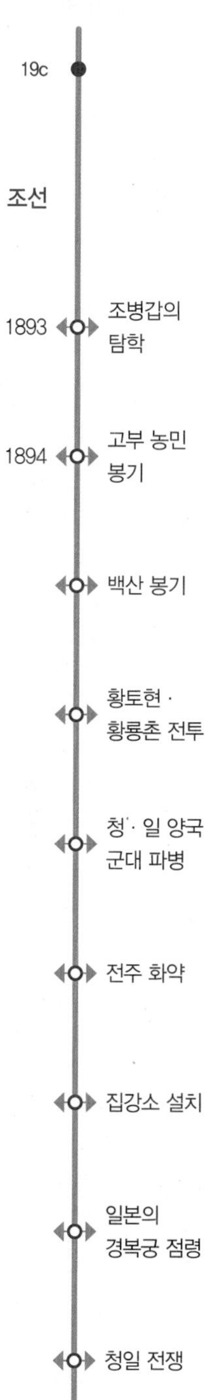

자신감 UP! 기출 사료

1 **다음 사료를 읽고 키워드에 형광펜 표시를 한 뒤, 관련된 사건을 써 보세요.**

■□□□□

> 군수 조병갑은 탐학이 심하여 군민들이 그 주구에 시달려왔다. 그러던 중 조병갑이 다시 만석보 보수를 빙자하여 백성을 강제 노역시키고 불법적인 징세를 자행하였기에 군민들이 더욱 한을 품게 되었다. …… 전봉준은 백성을 이끌고 일어나 관아를 습격하고 관청에서 쌓은 보를 허물어 버렸다.

① (　　　　　　　　　　　　　　　　　　)

■□□□□

> 동학 농민군은 거짓으로 패한 것처럼 꾸며 황토현에 진을 쳤다. 관군은 밀고 들어가 그 아래에 진을 쳤다. …… 농민군이 삼면을 포위한 채 한쪽 모퉁이만 빼고 크게 함성을 지르며 압박하자 관군은 일시에 무너졌다.

② (　　　　　　　　　　　　　　　　　　)

감 잡는 키워드 체크

1 ① **고부 농민 봉기**, 조병갑, 탐학, 만석보, 전봉준 ② **2차 동학 농민 운동(황토현 전투)**, 동학 농민군, 황토현, 관군

자신감 UP! 기출 선지

1 **다음 선지를 읽고 키워드에 형광펜 표시를 해 보세요.**

■■■□□

① (1 · 2차 동학 농민 운동) 보국안민, 제폭구민을 기치로 내걸었다.

■■■□□

② (교조 신원 운동) 교조 신원을 요구하는 삼례 집회가 열리다.

■■□□□

③ (1차 동학 농민 운동) 집강소를 중심으로 폐정 개혁안을 실천하다.

■■■■□

④ (1차 동학 농민 운동) 개혁 추진을 위해 교정청을 설치하였다.

2 **다음 선지를 읽고 키워드에 형광펜 표시를 한 뒤, 사건이 발생한 순서대로 기호를 나열해 보세요.**

■■■■■

① 남접과 북접이 연합하여 전개되었다.

■■□□□

② 백산에 모여 4대 강령을 선포하다.

■■□□□

③ 황토현 전투에서 승리하다.

■■■■□

④ 고부 농민들이 조병갑의 탐학에 맞서 만석보를 파괴하였다.

■■□□□

⑤ 일본이 군대를 동원하여 경복궁을 점령하였다.

■■■■□

⑥ 동학 농민군이 정부와 화해하는 약조를 맺었다.

■■■■■

⑦ 보국안민을 기치로 우금치에서 일본군 및 관군에 맞서 싸웠다.

(　　　　　　　　　　　　　　　　　　)

감 잡는 키워드 체크

1 ① 보국안민, 제폭구민 ② 교조 신원, 삼례 집회 ③ 집강소, 폐정 개혁안 ④ 교정청

2 ④ 고부 농민, 조병갑의 탐학, 만석보 → ② 백산, 4대 강령 → ③ 황토현 전투 → ⑥ 동학 농민군, 정부와 화해, 약조 → ⑤ 일본, 경복궁을 점령 → ① 남접과 북접이 연합 → ⑦ 보국안민, 우금치

32 갑오개혁과 을미개혁

1 제1차 갑오개혁(1894)

배경	일본군이 경복궁을 점령하고 청일 전쟁을 일으킨 뒤, 내정 개혁을 요구하며 교정청을 폐지하고 군국기무처를 설치
추진	제1차 김홍집 내각(흥선 대원군의 섭정)
내용	• **정치**: 개국 기년 사용, 6조를 8아문으로 개편, 과거제 폐지 • **경제**: 재정의 일원화(탁지아문), 은 본위 화폐 제도 실시 • **사회**: 공 · 사 노비 제도 폐지, 과부의 재가 허용, 연좌제 폐지

2 제2차 갑오개혁(1894~1895)

배경	청일 전쟁에서 승기를 잡은 일본이 조선에 대한 내정 간섭을 강화하기 위해 군국기무처를 폐지
추진	• 제2차 김홍집 내각(김홍집 · 박영효 연립 내각) • 고종이 국정 개혁의 기본 강령인 홍범 14조를 반포
내용	• **정치**: 의정부 · 8아문을 내각 · 7부로 개편, 지방 행정 구역을 8도에서 23부 337군으로 개편, 재판소 설치 • **교육**: 교육 입국 조서에 따라 한성 사범 학교를 설립

3 을미개혁(1895)

청일 전쟁 종결 후 일본이 랴오둥 반도를 획득하자 러 · 프 · 독이 반환 요구

배경	• 삼국 간섭 이후 민씨 정권이 친러 정책을 추진 • 을미사변으로 일본이 명성 황후를 시해하고 친일 내각을 수립
내용	• **정치**: '건양'이라는 연호 제정 • **군사**: 친위대(중앙), 진위대(지방) 설치 • **사회**: 단발령 실시, 태양력 사용 • **교육**: 소학교 설치
결과	아관 파천으로 을미개혁이 중단됨

아관: 러시아 공사관

4 아관 파천(1896)

내용	을미사변과 단발령으로 반일 감정이 고조되고 고종이 신변을 위협받자 러시아 공사관으로 거처를 옮김
결과	친러 내각이 수립되어 러시아의 내정 간섭과 열강의 이권 침탈이 심화됨

감 잡는 키워드 연표

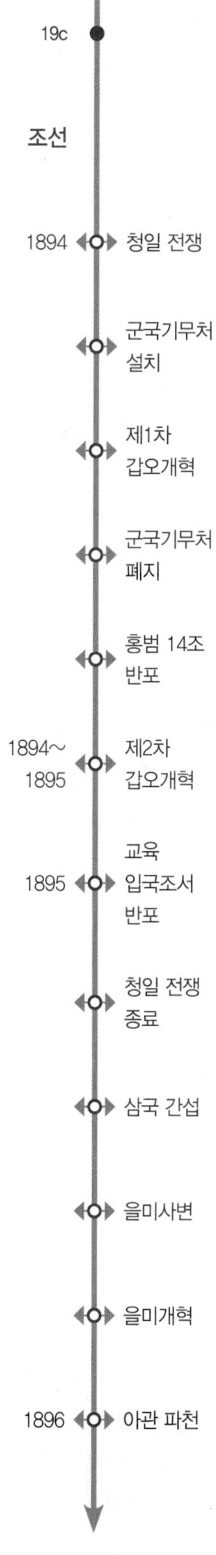

자신감 UP! 기출 사료

1 다음 사료를 읽고 키워드에 형광펜 표시를 한 뒤, 관련된 개혁을 써 보세요.

■□□□□

> 1. 문벌, 양반과 상인들의 등급을 없애고 귀천에 관계없이 인재를 선발하여 등용한다.
> 1. 공노비와 사노비에 관한 법을 일체 혁파하고 사람을 사고파는 일을 금지한다.

① (　　　　　　　　)

■□□□□

> 전국을 23부의 행정 구역으로 나누어 아래에 열거하는 각 부를 둔다. …… 앞 조항 외에는 종래의 목, 부, 군, 현의 명칭과 부윤, 목사, 부사, 군수, 서윤, 판관, 현령, 현감의 관명을 다 없애고 읍의 명칭을 군이라고 하며 읍 장관의 관명을 군수라고 한다.

② (　　　　　　　　)

■□□□□

> 대군주 폐하께서 내리신 조칙에서 "짐이 신민(臣民)에 앞서 머리카락을 자르니, 너희들은 짐의 뜻을 잘 본받아 만국과 나란히 서는 대업을 이루라."라고 하셨다.

③ (　　　　　　　　)

감 잡는 키워드 체크

1 ① **제1차 갑오개혁**, 귀천에 관계없이 인재를 선발, 공노비와 사노비에 관한 법, 일체 혁파 ② **제2차 갑오개혁**, 23부, 읍의 명칭을 군 ③ **을미개혁**, 머리카락을 자르니

자신감 UP! 기출 선지

1 다음 선지를 읽고 키워드에 형광펜 표시를 한 뒤, 관련된 개혁을 써 보세요.

■■■■■

① 공사 노비법이 혁파되었다.
(　　　　　　　　)

■■□□□

② 과거제를 폐지하였다.
(　　　　　　　　)

■■□□□

③ 지방 행정 구역이 8도에서 23부로 개편되었다.
(　　　　　　　　)

■■■■□

④ 교육 입국 조서가 반포되었다.
(　　　　　　　　)

■■■■■

⑤ 개혁의 기본 방향을 제시한 홍범 14조를 반포하다.
(　　　　　　　　)

■■■■□

⑥ 태양력을 공식 채택하였다.
(　　　　　　　　)

■■■■■

⑦ 건양이라는 연호를 사용하였다.
(　　　　　　　　)

2 다음 선지를 읽고 키워드에 형광펜 표시를 한 뒤, 관련된 사건을 써 보세요.

■■□□□

고종이 러시아 공사관으로 거처를 옮겼다.
(　　　　　　　　)

감 잡는 키워드 체크

1 ① **제1차 갑오개혁**, 공사 노비법, 혁파 ② **제1차 갑오개혁**, 과거제, 폐지 ③ **제1차 갑오개혁**, 23부 ④ **제2차 갑오개혁**, 교육 입국 조서 ⑤ **제2차 갑오개혁**, 홍범 14조 ⑥ **을미개혁**, 태양력 ⑦ **을미개혁**, 건양
2 **아관 파천**, 고종, 러시아 공사관

33 독립 협회와 대한 제국

1 독립 협회

1) 창립

 과정	아관 파천 이후 열강의 이권 침탈 심화 → 을미사변 이후 서재필이 미국에서 귀국 → 독립신문 창간 → 독립 협회 창립  독닙신문 ▲ 독립신문
창립	서재필, 윤치호, 이상재 등의 개혁 사상을 지닌 지식인이 지도부가 되어 독립 협회를 창립

2) 활동

 민중 계몽 운동	• 독립관과 독립문을 건립 • 민중 계몽을 위해 토론회 · 강연회를 개최  ▲ 독립문
자주 국권 운동	• 러시아의 절영도 조차 요구 반대 운동, 한러 은행 폐쇄 • 고종에게 환궁을 요구 • 만민 공동회를 개최하여 러시아의 침략을 규탄
자유 민권 운동	기본권 운동과 참정권 운동을 전개
자강 개혁 운동	• **의회 설립 운동**(입헌 군주제 지향): 중추원을 의회로 개편하는 관제를 반포 • **관민 공동회 개최**: 헌의 6조(중추원 개편을 통한 의회 설립 방안 제시) 건의 → 고종의 재가

3) 해산

배경	만민 공동회의 적극적인 정치 활동으로 보수파의 위기 의식이 고조
과정	익명서 사건(보수파 관료들이 독립 협회가 공화정을 실시하려 한다고 모함) → 고종이 독립 협회에 해산 명령을 내림 → 독립 협회 회원들이 만민 공동회를 개최하여 항의 → 고종이 황국 협회와 군대를 동원하여 독립 협회를 강제 해산시킴

감 잡는 키워드 연표

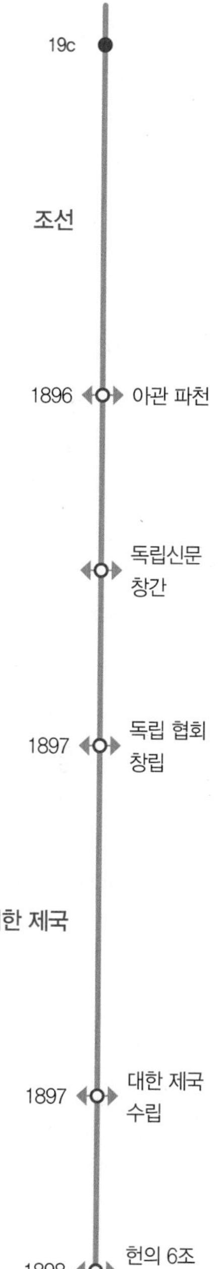

2 대한 제국

1) 대한 제국의 수립

배경	열강의 이권 침탈이 심화되자 독립 협회와 국민들이 고종에게 환궁을 요구
전개	• 고종이 경운궁으로 환궁하고 국호를 대한 제국, 연호를 광무로 하여 칭제건원 • 환구단에서 황제 즉위식을 거행하고 대한 제국 선포(1897) ▲ 환구단

2) 광무개혁

기본 방향	갑오 · 을미개혁의 급진성을 비판하면서 복고주의와 구본신참(옛것을 기본으로 삼고 새것을 참고한다)의 원칙하에 점진적인 개혁을 추진
대한국 국제 반포(1899)	대한 제국이 전제 정치 국가이며, 황제권의 무한함을 강조
원수부 설치	황제 직속 군수 기관으로 원수부를 설치하고 중앙과 지방의 군대를 지휘 · 감독 → 황제의 군사권을 강화시키고자 함
양전 사업과 지계 발급	• 양지아문을 설치하여 토지를 측량 • 지계아문을 통해 지계(토지 소유권 보장 문서)를 발급
실업 교육 강조	상공학교, 외국어 학교 등을 설립하고 유학생을 파견
대한 제국 칙령 41호 반포	울릉도를 군으로 승격시키고 독도를 관할 구역에 포함시킴
간도 관리사 파견	간도에 간도 관리사 이범윤을 파견

감 잡는 키워드 연표

- 19c 대한 제국
- 1897 대한 제국 수립
- 1899 대한국 국제 반포
- 원수부 설치
- 1900 대한 제국 칙령 41호 반포
- 1903 간도 관리사 파견

자신감 UP! 기출 사료

1 다음 사료를 읽고 키워드에 형광펜 표시를 한 뒤, (가)에 들어갈 말을 써 보세요.

■□□□□

> (가) 은/는 독립관에서 경축 모임을 열었다. 회장은 모임을 여는 큰 뜻을 설명하였다. "오늘은 황제 폐하께서 대황제라는 존귀한 칭호를 갖게 되신 계천(繼天) 경축일이니, 대한의 신민은 이를 크게 경축드립니다. 우리는 관민 공동회에서 황실을 공고히 하고 인민을 문명 개화시키며 영토를 보존하고자 여섯 개 조항의 의견안을 바쳤습니다."라고 말하였다. …… 이어 회원들은 조칙 5조와 헌의 6조 10만 장을 인쇄하여 온 나라에 널리 배포하고 학생들에게 그것을 배우고 익히도록 하였다. 경축연을 마친 회원들은 울긋불긋한 종이꽃을 머리에 꽂은 채 국기와 (가) 의 깃발을 세우고 경축가를 부르며 인화문 앞으로 가서 만세를 외치고 종로의 만민 공동회로 갔다.

(　　　　　　　　　　　　　　　　)

감 잡는 키워드 체크

1 **독립 협회**, 독립관, 황제 폐하, 계천(繼天) 경축일, 대한의 신민, 관민 공동회, 헌의 6조, 만민 공동회

자신감 UP! 기출 선지

1 다음 선지를 읽고 키워드에 형광펜 표시를 해 보세요.

■■■■□

① (독립 협회) 관민 공동회를 개최하여 헌의 6조를 결의하다.

■■■■□

② (독립 협회) 러시아의 절영도 조차 요구를 저지하였어요.

■■■□□

③ (독립 협회) 중추원 개편을 통한 의회 설립을 추진하였다.

■■□□□

④ (독립 협회) 독립문 건립을 위한 모금 활동을 전개하였다.

■■■■■

⑤ (광무개혁) 군 통수권 장악을 위해 원수부를 두었다.

■■■■■

⑥ (광무개혁) 지계아문을 설립하여 지계를 발급하였다.

■■□□□

⑦ (광무개혁) 이범윤을 간도 관리사로 파견하였다.

■■■■□

⑧ (광무개혁) 대한국 국제를 반포하였다.

감 잡는 키워드 체크

1 ① 관민 공동회, 헌의 6조 ② 러시아, 절영도 조차 요구를 저지 ③ 중추원 개편, 의회 설립 ④ 독립문 ⑤ 원수부 ⑥ 지계아문, 지계 ⑦ 이범윤, 간도 관리사 ⑧ 대한국 국제

34 일제의 국권 침탈

감 잡는 키워드 연표

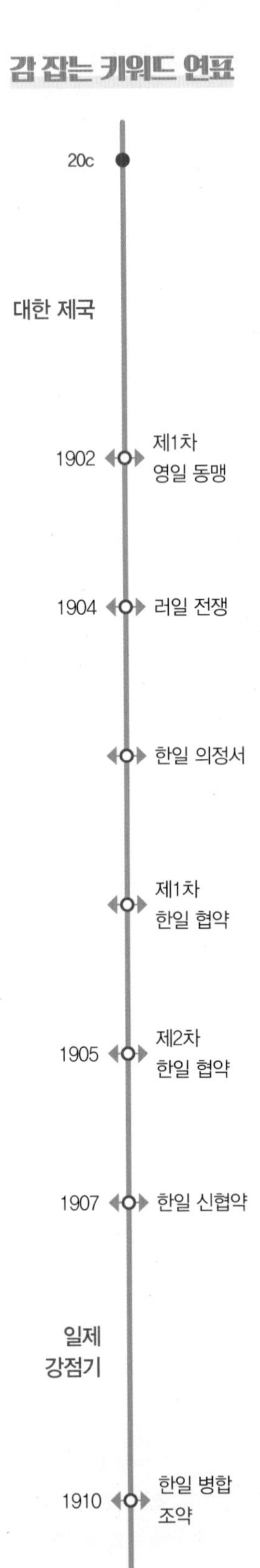

1 한반도를 둘러싼 러시아와 일본의 대립

용암포 사건(1903)	러시아가 용암포를 무력을 점령하고 조차를 요구
러일 전쟁 (1904)	• 러일 전쟁 직전 대한 제국이 각국에 중립 선언을 통고 • 일본이 러시아 함대를 선제 공격하면서 러시아에 선전 포고

2 일제의 국권 침탈

한일 의정서 (1904.2.)	일본이 군사 전략상의 요지를 임의로 사용
제1차 한일 협약 (1904.8.)	**고문 정치**: 메가타(화폐 정리 사업 시행)를 재정 고문, 스티븐스를 외교 고문으로 파견하면서 대한 제국의 내정을 간섭
열강들의 국제적 승인	• 가쓰라 · 태프트 밀약(1905.7., 미 – 일), 제2차 영일 동맹(1905.8., 영 – 일) 체결 • **포츠머스 조약**(1905.9.): 일본이 러일 전쟁에서 승리하면서 러시아가 일본의 한국 지배를 인정
제2차 한일 협약 (을사늑약, 1905)	• 대한 제국의 외교권을 박탈하고 통감부를 설치(초대 통감: 이토 히로부미) • **을사늑약에 대한 저항** – 고종의 을사늑약 무효 선언 – 미국에 헐버트 파견 – **헤이그 특사 파견**(1907): 네덜란드 만국 평화 회의에 이상설, 이준, 이위종 파견 → 고종의 강제 퇴위 – 상소(이상설), 자결(민영환이 글을 남기고 자결), 애국 논설(황성신문에 장지연의 시일야방성대곡 게재) – 5적 암살을 위해 자신회 조직(나철), 을사의병(최익현, 신돌석 등)
한일 신협약 (정미 7조약, 1907)	• **차관 정치**: 정부 각 부에 일본인 차관을 배치하여 행정권을 장악 • 통감이 법령 제정 및 고등 관리 임명 등 내정권을 장악 • 대한 제국의 군대를 해산시킴 → 정미의병이 발생
기유각서(1909)	사법권 및 감옥 사무권을 박탈하고 이후 경찰권을 강탈(1910)
한일 병합 조약 (1910.8.)	• 이완용과 통감 데라우치가 한일 병합 조약을 발표 • 한국이 일본에 강제 병합되고 국권이 피탈됨 • 총독부를 설치하고 총독 정치를 실시

자신감 UP! 기출 사료

1 다음 사료를 읽고 키워드에 형광펜 표시를 한 뒤, 관련된 조약을 써 보세요.

■■□□□

> 오늘 신문에 강화(講和) 조약 전문이 공개되었다. 러시아는 일본이 조선에서 갖고 있는 막대한 정치적 · 군사적 · 경제적 이익을 인정하고, 일본이 조선의 내정을 지도 · 보호 및 감리(監理)하는 데 필요하다고 여기는 어떠한 조치도 방해하거나 간섭하지 않을 것을 약속하였다. …… 러시아는 전쟁으로 교훈을 얻었다. 일본은 전쟁으로 영예를 얻었다. 조선은 전쟁으로 최악의 것을 얻었다.

① (　　　　　　　　　　)

■■□□□

> 제2조　일본국 정부는 한국과 타국 사이에 현존하는 조약의 실행을 완수하는 책임을 지며 한국 정부는 금후 일본국 정부의 중개를 거치지 않고서는 국제적 성질을 가진 어떤 조약이나 약속을 맺지 않을 것을 약속한다.
> 제3조　일본국 정부는 그 대표자로서 한국 황제 폐하의 아래에 1명의 통감을 두되, 통감은 오로지 외교에 관한 사항을 관리하기 위하여 서울에 주재하고 직접 한국 황제 폐하를 궁중에서 알현할 권리를 가진다.

② (　　　　　　　　　　)

■■□□□

> 박승환은 병대(兵隊)에 대한 해산 소식을 듣고 통곡하며 부하들에게 말하기를, "이제 국가가 망하였는데도 일본인 하나를 죽이지 못하였으니 죽어도 그 죄를 씻지 못할 것이다. 나는 차마 제군들이 병대를 떠나도록 놓아둘 수 없다. 차라리 내가 죽고 말겠다."라고 하면서 결국 자결하였다.

③ (　　　　　　　　　　)

감 잡는 키워드 체크

1 ① **포츠머스 조약**, 러시아, 일본이 조선에서 갖고 있는, 이익을 인정 ② **제2차 한일 협약(을사늑약)**, 일본국 정부의 중개를 거치지 않고서는, 어떤 조약이나 약속을 맺지 않을 것을 약속, 통감 ③ **한일 신협약(정미 7조약)**, 박승환, 병대(兵隊)에 대한 해산 소식, 자결

자신감 UP! 기출 선지

1 다음 선지를 읽고 키워드에 형광펜 표시를 해 보세요.

■■■□□

① (용암포 사건) 러시아가 용암포를 점령하고 조차를 요구하였다.

■■□□□

② (나철) 5적 처단을 위해 자신회를 조직하였다.

■■□□□

③ 대한 제국이 기유각서를 통해 일제에 사법권을 박탈당하였다.

2 다음 선지를 읽고 키워드에 형광펜 표시를 한 뒤, 관련된 조약을 써 보세요.

■■■■□

① 메가타가 재정 고문으로 부임하였다.
(　　　　　　　　　　)

■■■■■

② 외교권이 강탈되고 통감부가 설치되었다.
(　　　　　　　　　　)

■■■□□

③ 헤이그에서 열린 만국 평화 회의에서 특사로 파견되었다.
(　　　　　　　　　　)

■■□□□

④ 대한 제국의 군대가 해산되었다.
(　　　　　　　　　　)

감 잡는 키워드 체크

1 ① 러시아, 용암포 ② 5적 처단, 자신회 ③ 대한 제국, 기유각서, 사법권, 박탈
2 ① **제1차 한일 협약**, 메가타, 재정 고문 ② **제2차 한일 협약(을사늑약)** 외교권이 강탈, 통감부가 설치 ③ **한일 신협약(정미 7조약)**, 헤이그, 만국 평화 회의, 특사 ④ **한일 신협약(정미 7조약)**, 대한 제국의 군대, 해산

35 의병 운동과 애국 계몽 운동

감 잡는 키워드 연표

1 의병 운동

을미의병 (1895)	• **배경**: 을미사변과 을미개혁으로 인한 단발령 강제 시행 • **대표 의병장**: 유인석, 이소응, 허위 등 유생 의병장 • **해산**: 고종이 해산 권고 조칙을 발표하자 자진 해산

⬇

을사의병 (1905)	• **배경**: 제2차 한일 협약(을사늑약) 체결 • **대표 의병장**: 최익현(유생 출신, 전북 태인에서 임병찬과 함께 봉기), 민종식(홍주성 점령), 신돌석(평민 의병장)

⬇

정미의병 (1907)	• **배경**: 고종 황제의 강제 퇴위와 대한 제국의 군대 해산 • **특징**: 해산 군인의 참여로 의병의 전투력 강화, 의병 전쟁으로 발전 • **활동**: 13도 창의군 결성(총대장 이인영, 참모장 허위) → 서울 주재 각국 영사관에 서신 발송, 국제법상 교전 단체로 승인할 것을 요구 → 서울 진공 작전을 시도하였지만 일본군에 패배(1908) • **쇠퇴**: 일본의 남한 대토벌 작전으로 의병 활동이 위축됨

2 의거 활동

전명운, 장인환	미국 샌프란시스코에서 친일파 미국인 스티븐스를 사살(1908)
안중근	만주 하얼빈에서 이토 히로부미를 처단(1909), 『동양평화론』을 저술
이재명	명동 성당 앞에서 이완용 암살을 시도(1909)

3 애국 계몽 운동

보안회	• 송수만 등이 중심이 되어 설립됨 • 일제의 황무지 개간권 요구 반대 운동을 전개하여 저지에 성공
대한 자강회	• 전국에 지회 설치하고 『대한 자강회』 월보를 간행 • 고종의 강제 퇴위 반대 투쟁을 전개하여 일제의 탄압으로 해산됨(1907)
신민회	• **결성**: 안창호, 양기탁 등이 비밀 결사의 형태로 조직(1907) • **목표**: 국권 회복과 공화 정체의 근대 국가 건설 • 활동 – 대성 학교(평양, 안창호), 오산 학교(정주, 이승훈) 설립 – 자기회사(평양), 태극 서관(계몽 서적 보급, 평양 · 서울) – 서간도 삼원보에 독립운동 기지를 건설, 신흥 강습소(신흥 무관 학교)를 설립 • **해체**: 일제가 조작한 105인 사건으로 와해(1911)

자신감 UP! 기출 사료

1 다음 사료를 읽고 키워드에 형광펜 표시를 한 뒤, 주제를 써 보세요.

■■□□□

> 이인영을 총대장으로 추대하고, 허위를 군사장으로 삼아 …… 각 도에 격문을 전하니 전국에서 불철주야 달려온 지원자들이 만여 명이더라. 이에 서울로 진군하여 국권을 회복하고자 …… 먼저 이인영은 심복을 보내 각국 영사에게 진군의 이유를 상세히 알리며 도움을 요청하고, 각 도의 의병으로 하여금 일제히 진군하게 하였다.

① (　　　　　　　　　　)

■■□□□

> 송수만은 보안회라는 것을 설립하여 그 회장이 됨. 종로 백목전 도가에서 날마다 회원을 모집하여 집회 · 논의하고 있는 자임. 오늘 경부와 순사 두 사람이 출장하여 송수만에게 공사관으로 동행하기를 요구하였음. …… 이때 회원과 인민들 약 200명 정도가 떠들썩하게 모여들어 송수만의 동행을 막음.

② (　　　　　　　　　　)

감 잡는 키워드 체크

1 ① **정미의병**, 이인영, 허위, 서울로 진군, 의병 ② **보안회**, 송수만, 보안회

자신감 UP! 기출 선지

1 다음 선지를 읽고 키워드에 형광펜 표시를 한 뒤, 관련된 인물을 써 보세요.

■■■□□

① 13도 창의군의 총대장으로 서울 진공 작전을 지휘하였다.
(　　　　　　　　　　)

■■■□□

② 명동 성당 앞에서 이완용을 습격하였다.
(　　　　　　　　　　)

■■□□□

③ 하얼빈에서 이토 히로부미를 사살하였다.
(　　　　　　　　　　)

2 다음 선지를 읽고 키워드에 형광펜 표시를 한 뒤, 관련된 단체를 써 보세요.

■■■■■

① 일제의 황무지 개간권 요구를 저지하였다.
(　　　　　　　　　　)

■■■□□

② 고종 강제 퇴위 반대 운동을 주도하다.
(　　　　　　　　　　)

■■■■■

③ 태극 서관을 설립하여 계몽 서적을 보급하였다.
(　　　　　　　　　　)

■■■■■

④ 독립군 양성을 위한 신흥 무관 학교가 설립되었다.
(　　　　　　　　　　)

■■■■■

⑤ 일제가 조작한 105인 사건으로 조직이 해체되었다.
(　　　　　　　　　　)

감 잡는 키워드 체크

1 ① **이인영**, 13도 창의군, 총대장, 서울 진공 작전 ② **이재명**, 명동 성당, 이완용 ③ **안중근**, 하얼빈, 이토 히로부미
2 ① **보안회**, 일제의 황무지 개간권 요구를 저지 ② **대한 자강회**, 고종 강제 퇴위 반대 운동 ③ **신민회**, 태극 서관 ④ **신민회**, 신흥 무관 학교 ⑤ **신민회**, 105인 사건, 해체

36 경제 침탈과 경제적 구국 운동

감 잡는 키워드 연표

1 개항 이후의 무역 상황

1) 개항 초기: 일본 상인의 무역 독점

거류지 무역	개항 초기 개항장의 외국인 거류지에서 조선 상인을 매개로 이루어진 무역 → 개항장 10리로 무역 활동을 제한
중계 무역	영국산 면직물과 공산품을 가지고 와서 팔고 그 대신 곡물(미곡, 콩) · 쇠가죽 · 금 등의 매입에 주력하여 막대한 이득을 취함

2) 임오군란 이후: 청 · 일 간의 경쟁

청 상인의 진출	임오군란 이후 청나라 상인들이 대거 진출하면서 일본 상인들과 치열한 경쟁에 돌입
조청 상민 수륙 무역 장정	청 상인의 내지 통상권이 허용되어 양화진에 점포를 세우는 등 조선에서의 상권을 확대
조일 통상 장정	최혜국 대우 인정 조항에 따라 청 상인과 동일하게 일본 상인의 내지 통상권이 허용되면서 청 · 일 간의 경쟁이 심화됨

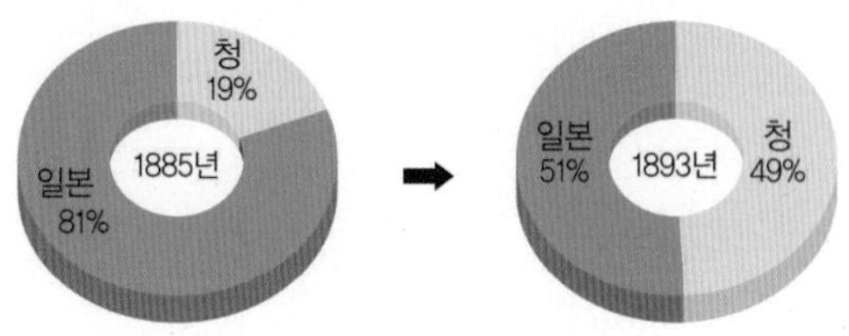

▲ 임오군란 이후 청과 일본으로부터의 수입액 비교

3) 청일 전쟁 이후: 일본 상인의 독점

일본 상인의 독점	• 청일 전쟁에서 승리한 일본이 상인 상권을 독점 • 조선의 중개 상인이 몰락하고 시전 상인들이 타격을 입음

2 일본의 경제 침탈

화폐 정리 사업 (1905~1909)	• **내용**: 재정 고문 메가타가 주도하여 백동화를 갑 · 을 · 병종으로 구분하고 일본 제일 은행권으로 교체(병종은 교환에서 제외) • **결과**: 조선 상인이 파산하고 사업 과정에서 일본에게 막대한 빚을 지게 됨
토지 약탈	• 군용지 및 철도 부지 확보를 명분으로 토지를 약탈하고 황무지 개간권을 요구 • 동양 척식 주식회사를 설립하여(1908) 토지를 수탈하고 약탈 토지를 관리

3 제국주의 열강의 이권 침탈

배경	청일 전쟁과 아관 파천 이후 열강들이 최혜국 대우를 내세워 이권을 침탈
철도 부설권	경인선(미국 → 일본), 경의선(프랑스 → 일본), 경부선(일본)
광산 채굴권	운산(미국), 은산(영국), 당현(독일), 직산(일본)
삼림 채벌권	압록강 · 두만강 · 울릉도 삼림 채벌권(러시아)
기타	미국(전등 · 전화 · 전차 부설권), 러시아(한러 은행 설치), 일본(연안 어업권)

4 경제적 구국 운동

방곡령	• **배경**: 개항 이후 곡물이 대량으로 일본에 유출되어 곡물 가격이 폭등하고 조선의 식량 난이 가중됨 • **전개**: 황해도 관찰사 조병철과 함경도 관찰사 조병식의 방곡령 선포 → 일본이 조일 통상 장정의 1개월 전 통보 조항을 위반했다고 주장하며 항의 • **결과**: 방곡령을 철회하고 청에서 막대한 차관을 빌려와 배상금을 지불
독립 협회의 이권 수호 운동	러시아의 절영도 조차 요구 반대 운동을 전개하고 한러 은행을 폐쇄
상권 수호 운동	외국 상인들의 상권 침탈이 심화되자 서울의 시전 상인들이 철시 파업을 하고 황국 중앙 총상회를 조직
황무지 개간권 요구 반대 운동	• 보안회가 황무지 개간권 반대 운동을 전개하여 저지에 성공 • 일부 실업인과 관리들이 농광 회사 설립 → 우리 손으로 황무지를 개간할 것을 주장
은행 설립	조선 은행(관료 자본 중심), 한성 은행, 대한 천일 은행 등을 설립
국채 보상 운동	• **배경**: 대한 제국을 경제적으로 예속시키기 위해 일제가 차관을 강요하여 빚이 1,300만 원에 달함 • **전개**: 대구에서 서상돈, 김광제를 중심으로 국채 보상 운동이 시작 → 서울에 국채 보상 기성회를 설립하고 전국적인 모금 활동 전개 → 대한매일신보, 황성신문 등 언론 기관이 후원하면서 각계각층이 동참 • **결과**: 통감부의 방해로 실패

감 잡는 키워드 연표

- 19c
- 조선
- 1889 방곡령 선포
- 대한 제국
- 1898 절영도 조차 요구 반대 운동
- 황국 중앙 총상회 조직
- 20c
- 1904 황무지 개간권 요구 반대 운동
- 1907 국채 보상 운동

자신감 UP! 기출 사료

1 다음 사료를 읽고 키워드에 형광펜 표시를 한 뒤, 주제를 써 보세요.

■□□□□

> 한국에서 유통되는 백동화에 대한 처분안을 들어보면,
> 갑(甲) 구 백동화는 1개당 신화폐 2전 5리의 비율로 교환한다.
> 을(乙) 부정한 구 백동화는 1개당 신화폐 1전의 비율로 매수한다. 매수를 바라지 않는 것은 정부가 그것을 절단하여 소유자에게 환부한다.
> 병(丙) 형체와 품질이 화폐라고 인정하기 어려운 것은 정부가 매수하지 않는다.
> ⋮
> 이른바 폐제(幣制) 개혁은 통화를 금절(禁絶)하여 소의 뿔을 바로잡으려다가 소를 죽이는 결과를 가져왔습니다.
> -「한국 폐제 개혁에 관한 진정서」-

① ( )

■□□□□

> 우리나라가 채무를 지고 우리 백성이 채노(債奴)*가 된 것이 여러 해가 되었습니다. …… 대황제 폐하께서 진 외채가 1,300만 원이지만 채무를 청산할 방법이 없어 밤낮으로 걱정하시니, 백성된 자로서 있는 힘을 다하여 보상하려고 해도 겨를이 없습니다. …… 우리 동포는 빨리 단체를 결성하여 열성적으로 의연금을 내어 채무를 상환하고 채노에서 벗어나, 머리는 대한의 하늘을 이고, 발은 대한의 땅을 밟도록 해 주시기를 눈물을 머금고 간절히 요구합니다.
> *채노(債奴): 빚을 갚지 못해 노비가 된 사람

② ( )

감 잡는 키워드 체크

1 ① **화폐 정리 사업**, 백동화, 교환, 갑(甲), 을(乙), 병(丙), 폐제(幣制) 개혁 ② **국채 보상 운동**, 채무, 채노(債奴), 외채가 1,300만 원

자신감 UP! 기출 선지

1 다음 선지를 읽고 키워드에 형광펜 표시를 해 보세요.

■■■□□

① (조일 통상 장정) 함경도 관찰사 조병식이 방곡령을 선포하는 계기가 되었다.

■■■■□

② (근대) 메가타의 주도로 화폐 정리 사업이 실시되었다.

■■□□□

③ (근대) 동양 척식 주식회사가 설립되었다.

■■■■■

④ (근대) 황국 중앙 총상회의 상권 수호 운동이 전개되었다.

■■■■■

⑤ (국채 보상 운동) 김광제 등의 발의로 본격화되었다.

■■■■□

⑥ (국채 보상 운동) 대한매일신보의 후원을 받아 전국으로 확산되었다.

■■■■■

⑦ (국채 보상 운동) 통감부의 방해와 탄압으로 중단되었다.

감 잡는 키워드 체크

1 ① 함경도 관찰사 조병식, 방곡령 ② 메가타의 주도, 화폐 정리 사업 ③ 동양 척식 주식회사 ④ 황국 중앙 총상회, 상권 수호 운동 ⑤ 김광제 ⑥ 대한매일신보의 후원 ⑦ 통감부의 방해와 탄압

37 개항 이후 사회 · 문화의 변화

1 근대 언론 기관

한성순보(1883)	순한문으로 쓰여진 우리나라 최초의 근대 신문, 박문국에서 10일마다 발행
한성주보(1886)	최초로 상업 광고를 게재, 일주일에 한 번씩 간행
독립신문(1896)	• 서재필이 창간한 우리나라 최초의 민간 신문 • 한글과 영문으로 발행, 최초로 한글에 띄어쓰기를 도입
황성신문(1898)	• 국한문 혼용체, 을사늑약 체결 이후 장지연의 시일야방성대곡 게재 • 국채 보상 운동을 후원
제국신문(1898)	순한글, 서민층과 부녀자를 대상으로 발행
대한매일신보(1904)	영국인 베델과 양기탁이 합작하여 창간, 국채 보상 운동을 후원

2 근대 문물의 수용

근대 시설	박문국(신문 간행, 1883), 기기창(무기 제조, 1883), 전환국(화폐 발행, 1883)
통신 · 전기	• **전화**: 경운궁 안에 최초로 가설(1898) → 서울과 시내 민가로 확대 • **우편**: 우정국 설치(1884) → 개국 축하연에서 갑신정변 발생(1884) • **전기**: 경복궁 건천궁 내에 전등 가설(1887), 황실과 콜브란의 합자로 한성 전기 회사 설립(1898)
교통	• **철도**: 경인선(1899, 노량진~제물포), 경부선(1905)(러일 전쟁 중 군사적 목적으로 부설), 경의선(1906) • **전차**: 최초로 서대문~청량리 간 운행(1899)
의료	**광혜원**(1885): 알렌의 건의로 설립된 최초의 근대식 병원, 이후 제중원으로 이름 변경
건축	독립문(1897), 명동 성당(1898), 덕수궁 석조전(1910), 손탁 호텔(1902)

▲ 경인선 개통식

▲ 전차

▲ 덕수궁 석조전

감 잡는 키워드 연표

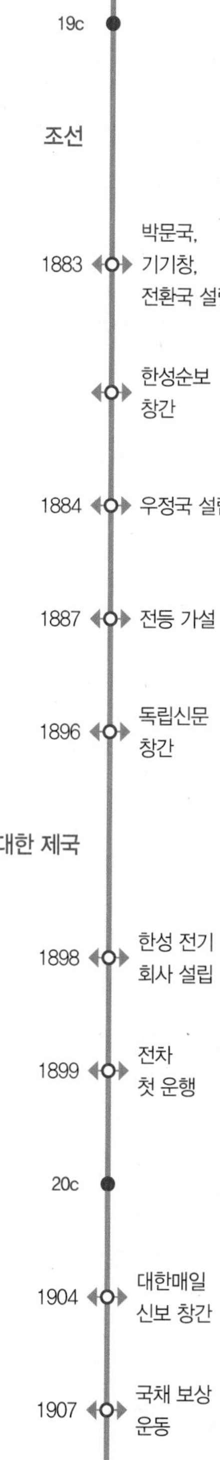

감 잡는 키워드 연표

- 19c
- 조선
- 1883 동문학 설립
- 원산 학사 설립
- 1885 배재 학당 설립
- 1886 육영 공원 설립
- 이화 학당 설립
- 1895 교육 입국 조서 반포
- 한성 사범 학교 설립
- 20c
- 대한 제국
- 1907 대성 학교, 오산 학교 설립
- 1908 원각사 설립

3 근대 교육 기관

1) 근대 교육의 시작

동문학	정부가 통역관을 양성하기 위해 설립
원산 학사	우리나라 최초의 근대식 사립 학교로 함경도 덕원 주민이 설립
육영 공원	헐버트 등 미국인 교사를 초빙하여 상류층 자제에게 근대 학문을 교육

2) 관립 학교의 설립

한성 사범 학교	2차 갑오개혁 때 반포된 교육 입국 조서를 계기로 설립

3) 사립 학교의 설립

배재 학당	개신교 선교사 아펜젤러가 설립한 근대식 중등 교육 기관
이화 학당	개신교 선교사 스크랜튼이 설립한 최초의 여자 사립 학교
대성 학교, 오산 학교	신민회가 애국 계몽 운동의 일환으로 대성 학교와 오산 학교를 설립

4 국학 연구와 문예 활동

1) 국학

국어	**국문 연구소**: 주시경, 지석영 등이 설립한 국어 연구 기관으로 한글을 체계적으로 연구 (학부 안에 설치)
역사	**신채호의 「독사신론」**: 민족주의 역사학의 연구 방향을 제시

2) 문예

문학	• **신소설**: 이인직의 「혈의 누」, 안국선의 「금수회의록」 • **신체시**: 최남선의 「해에게서 소년에게」
연극	**원각사**(1908): 최초의 서양식 극장으로 「은세계」, 「치악산」 등을 공연

5 종교의 변화

유교	박은식이 『유교 구신론』을 저술하여 유교의 개혁과 유림계의 단결을 주장
불교	한용운이 『조선 불교 유신론』을 저술하여 불교의 혁신과 자주성의 회복을 주장
천주교	고아원과 교육 기관 설립하고 경향신문을 발간
개신교	의료 · 교육 사업을 전개하여 근대 문화와 근대 교육 발달에 기여
천도교	• 손병희가 동학을 천도교로 개칭 • 천도교 기관지인 『만세보』를 발행
대종교	나철 · 오기호 등이 단군 신앙을 체계화하며 대종교를 창시

자신감 UP! 기출 사료

1 **다음 사료를 읽고 키워드에 형광펜 표시를 한 뒤, 관련된 근대 교육 기관이 설립된 계기를 써 보세요.**

■□□□□

> **한성 사범 학교 규칙**
>
> 제1조 한성 사범 학교는 칙령 제79호에 의해 교원에 활용할 학생을 양성함
>
> 제2조 한성 사범 학교의 졸업생은 소학교 교원이 되는 자격이 있음
>
> 제3조 한성 사범 학교의 본과 학생이 수학할 학과목은 수신 · 교육 · 국문 · 한문 · 역사 · 지리 · 수학 · 물리 · 화학 · 박물 · 습자 · 작문 · 체조로 함
>
> ⋮

(　　　　　　　　　　　　　　　　　　　　)

감 잡는 키워드 체크

1 **2차 갑오개혁 때 반포된 교육 입국 조서**, 한성 사범 학교 규칙

자신감 UP! 기출 선지

1 **다음 선지를 읽고 키워드에 형광펜 표시를 해 보세요.**

■■■■■

① (근대 언론 기관) 박문국을 설치하여 한성순보를 발간하였다.

■■■■■

② 서양식 근대 교육 기관인 육영 공원을 설립하였다.

■■□□□

③ (근대 교육 기관) 정부가 동문학을 세워 통역관을 양성하였다.

■■□□□

④ (근대 문물) 한성 전기 회사가 설립되었다.

■■■■■

⑤ (양기탁) 베델과 함께 대한매일신보를 창간하였다.

■■■□□

⑥ (개신교) 여성 교육 기관인 이화 학당을 설립하였다.

■■■■■

⑦ (개신교) 배재 학당을 세워 신학문 보급에 기여하다.

■■□□□

⑧ (신채호) 「독사신론」을 저술하여 민족주의 사학의 기반을 마련하였다.

■■■■■

⑨ (주시경) 국문 연구소를 두어 한글을 체계적으로 연구하였다.

2 **다음 선지를 읽고 키워드에 형광펜 표시를 한 뒤, 관련된 근대 언론 기관을 써 보세요.**

■■■■■

상업 광고를 처음으로 실었다.

(　　　　　　　　　)

감 잡는 키워드 체크

1 ① 박문국, 한성순보 ② 서양식 근대 교육 기관, 육영 공원 ③ 동문학, 통역관 ④ 한성 전기 회사 ⑤ 베델, 대한매일신보 ⑥ 이화 학당 ⑦ 배재 학당 ⑧ 「독사신론」, 민족주의 사학 ⑨ 국문 연구소

2 **한성주보**, 상업 광고

CHAPTER 07

일제 강점기

감 잡는 키워드 로드맵

무단 통치기
헌병 경찰 제도,
토지 조사 사업

무단 통치기
3 · 1 운동,
대한민국 임시 정부

문화 통치기
치안 유지법,
산미 증식 계획

문화 통치기
봉오동 전투,
청산리 전투

문화 통치기
형평 운동

문화 통치기
6 · 10 만세 운동

문화 통치기
신간회 결성

문화 통치기
광주 학생 항일 운동

민족 말살 통치기
황국 신민화 정책

민족 말살 통치기
한중 연합 작전

민족 말살 통치기
조선 의용대

민족 말살 통치기
한국 광복군의
대일 선전 포고

꼭 알아두어야 할 키워드!

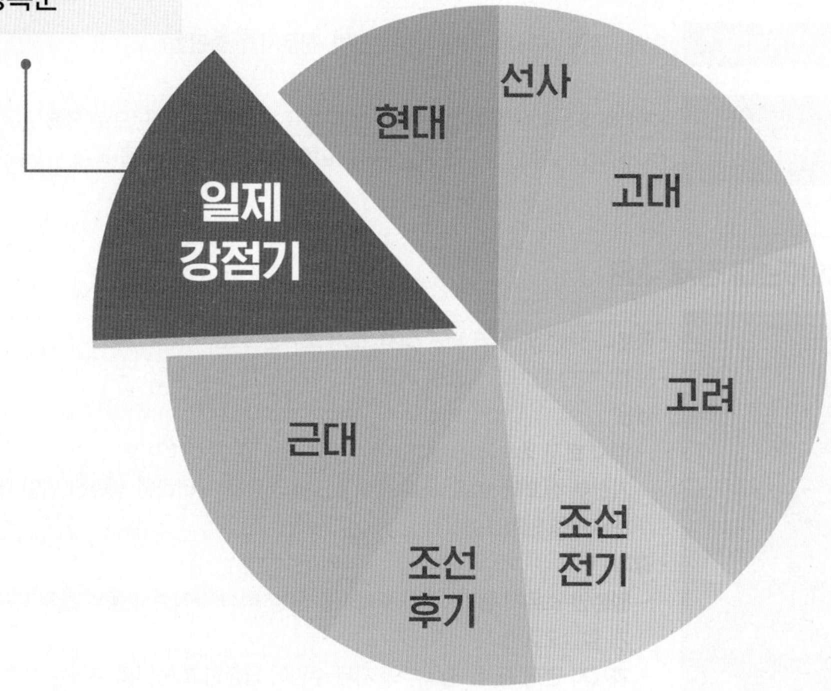

PART Ⅱ 챕터별 출제 비율 분석[68-51회]

학습 길잡이

CHAPTER 07 일제 강점기에서는 주제 41 1910년대 항일 민족 운동의 출제 비율이 가장 높습니다. 서간도, 북간도, 연해주, 중국 관내, 미주 지역에서 일어난 항일 민족 운동을 구분하는 문제가 출제되니 지역별 설립 단체와 활동을 암기해야 합니다.

38 1910년대 무단 통치

감 잡는 키워드 연표

- 20c 일제 강점기
- 1910~1918 토지 조사 사업
- 1910 회사령 제정
- 1911 제1차 조선 교육령 제정
- 1912 조선 태형령 제정

1 1910년대 무단 통치

구분	내용
조선 총독부	• 일제 식민 통치의 중추 기관으로 일본군 현역 대장 중에서 조선 총독을 임명 • 전국을 13도 12부 220군으로 편성하는 등 지방 행정 조직을 개편
헌병 경찰 제도	• 헌병이 경찰 업무를 수행 • 조선 태형령(1912)과 범죄 즉결례(1910)를 제정 • 학교 교원이 제복을 입고 칼을 차고 수업하도록 함
기본권 박탈	출판 · 언론 · 결사의 자유 박탈(보안법, 신문지법, 출판법)
교육 정책	• **제1차 조선 교육령 제정**(1911): 보통 교육 수업 연한을 4년으로 단축 • 사립 학교 규칙(1911)과 서당 규칙(1918)을 제정하여 교육을 통제

2 1910년대 경제 수탈

구분	내용
토지 조사 사업 (1910~1918)	• **명분**: 근대적인 등기 제도 실시, 토지 소유권 보호 • **목적**: 식민 통치에 필요한 재정 확보, 한국인의 토지 약탈 • **내용** – 임시 토지 조사국 설치(1910) → 토지 조사령 공포(1912) – **기한부 신고제**: 토지 소유자가 필요한 서류를 구비하여 정해진 기일 내에 신고해야 소유권을 인정 • **결과** – **일본인 소유지 증가**: 빼앗은 토지를 동양 척식 주식회사 등의 토지 회사나 일본인에게 헐값으로 불하 – **과세지 면적 증가**: 총독부의 지세 수입이 급증하고 농민의 부담은 가중됨 – **식민지 지주제 강화**: 지주의 소유권 및 권한이 강화됨 – **소작농의 권리 상실**: 소작 농민이 관습상의 경작권 상실, 기한부 계약에 의해 소작농으로 전락 → 소작 쟁의 발생 – **농민의 몰락**: 화전민이 되거나 만주, 연해주 등지로 이주
회사령 제정 (1910)	• **목적**: 한국인의 회사 설립 억제, 민족 자본의 성장 방지 • **내용**: 회사 설립 시 총독의 허가가 필요
자원 침탈	어업령(1911), 삼림령(1911), 임야 조사령(1918), 광업령(1915) 제정

자신감 UP! 기출 사료

1 다음 사료를 읽고 키워드에 형광펜 표시를 한 뒤, 주제를 써 보세요.

■■□□□

> 제1조 경찰서장 또는 그 직무를 취급하는 자는 그 관할 구역 안의 다음 각호의 범죄를 즉결할 수 있다.
>
> ……
>
> 제2조 즉결은 정식 재판을 하지 않으며 피고인의 진술을 듣고 증빙을 취조한 후 즉시 언도해야 한다.

① (　　　　　　　　　　　　　　　　　　　　)

■□□□□

> **임시 토지 조사국 조사 규정**
>
> 제1장 면과 동의 명칭 및 강계(疆界) 조사와 토지 신고서의 접수
>
> 제2장 지주 지목(地目) 및 강계 조사
>
> 제3장 분쟁지와 소유권에 부의(付疑)* 있는 토지 및 신고하지 않은 토지에 대한 재조사
>
> 제4장 지위(地位) 등급 조사
>
> ⋮
>
> – 조선 총독부 관보 –
>
> *부의(付疑): 이의를 제기함

② (　　　　　　　　　　　　　　　　　　　　)

자신감 UP! 기출 선지

1 다음 선지를 읽고 키워드에 형광펜 표시를 해 보세요.

■■■■■

① (1910년대 무단 통치) 회사 설립 시 총독의 허가를 받도록 하는 회사령이 공포되었다.

■■■■■

② (1910년대 무단 통치) 조선 태형령이 제정되었다.

■■■■■

③ (1910년대 무단 통치) 강압적 통치를 목적으로 헌병 경찰 제도를 실시하였다.

■■■■□

④ (1910년대 무단 통치 – 조선 태형령) 조선인에게 태형을 집행하는 헌병 경찰

■■■□□

⑤ (1910년대 무단 통치 – 토지 조사 사업) 근대적 토지 소유권 확립을 명분으로 토지 조사 사업을 시행하였다.

감 잡는 키워드 체크

1 ① **범죄 즉결례**, 범죄를 즉결 ② **토지 조사 사업**, 임시 토지 조사국, 토지 신고서

감 잡는 키워드 체크

1 ① 회사 설립, 총독의 허가, 회사령 ② 조선 태형령 ③ 헌병 경찰 제도 ④ 태형, 헌병 경찰 ⑤ 토지 조사 사업

39 1920년대 문화 통치

감 잡는 키워드 연표

- 20c
- 일제 강점기
- 1920~1934 산미 증식 계획
- 1920 회사령 폐지
- 1922 제2차 조선 교육령 제정
- 1924 경성 제국 대학 설립
- 1925 치안 유지법 제정

1 1920년대 문화 통치

1) 실시 배경과 목적

배경	일제의 무단 통치에 대한 반발로 3·1 운동이 발생하고 국제 여론이 악화되자 일본이 무단 통치의 한계를 인식

목적	친일파 양성 → 우리 민족의 분열을 꾀한 기만적인 통치 정책

2) 정책과 실상

정책	실상
문관 총독 임명 가능	문관 총독이 임명되지 않음
헌병 경찰제를 보통 경찰제로 전환	경찰서와 경찰관 수 증가, 고등 경찰제 실시
치안 유지법 제정(1925)	사회주의 운동과 노동·농민 운동 탄압
• 제2차 조선 교육령(1922): 보통학교 교육 연한을 4년에서 6년으로 연장, 조선어를 필수 과목으로 지정 • 경성 제국 대학 설립(1924)	고등 교육의 기회 부재, 한국인의 취학률 저조
참정권 부여 → 도·부·면에 평의회, 협의회 설치	친일파로 구성, 의결권이 없는 자문 기구
언론·출판·집회·결사의 자유 부분 허용 → 조선일보·동아일보 창간	신문 기사의 검열, 삭제, 압수, 정간 등 탄압 강화

2 1920년대 경제 수탈

산미 증식 계획 (1920~1934)	• **배경**: 일본의 급격한 공업화로 인하여 식량 부족과 쌀값 폭등 현상이 발생 • **목적**: 조선의 쌀 생산량을 늘려 일본으로 반출하려는 의도 • **내용**: 품종 개량, 비료 사용 확대, 수리 시설 확충을 통해 쌀 생산 증대 계획을 수립 • **결과** – **식량 사정의 악화**: 증산량은 목표에 미치지 못했으나 수탈은 계획대로 강행 → 조선의 식량 사정이 악화되어 조선에서 만주산 잡곡 수입 – **농민 몰락**: 수리 조합비, 품종 개량비, 비료 대금 등 증산 비용을 농민들에게 전가하여 소작 쟁의가 격화됨 – **농업 구조의 변화**: 일본으로 쌀을 수출하기 위해 벼농사를 강요하면서 쌀 중심의 단작형 농업 구조로 변화

회사령 폐지 (1920)	허가제에서 신고제로 전환하여 일본 기업이 조선에 진출

(신고제: 일본 독점 자본의 한국 침투를 쉽게 하려는 목적)

관세 철폐 (1923)	일본 상품에 대한 관세가 철폐되어 값싼 일본 제품의 수입이 증가하고 국내 기업이 몰락

자신감 UP! 기출 사료

1 다음 사료를 읽고 키워드에 형광펜 표시를 한 뒤, 주제를 써 보세요.

■■□□□

> 총독 임용의 범위를 확장하고 경찰 제도를 개정하며, 또한 일반 관리나 교원 등의 복제를 폐지함으로써 시대의 흐름에 순응하고 …… 조선인의 임용과 대우 등에 관해 더욱 고려하여 …… 정치 · 사회상의 대우에서도 내지인과 동일한 취급을 할 궁극의 목적을 달성하고자 하는 바이다.

① (　　　　　　　　　　　　　　　　　　)

■□□□□

> 제2조　총장은 조선 총독의 감독을 받아 경성 제국 대학 일반 사무를 담당하며 소속 직원을 통독(統督)한다.
> 제4조　경성 제국 대학에 예과를 둔다.

② (　　　　　　　　　　　　　　　　　　)

■□□□□

> ○ 내지(內地)는 심각한 식량 부족을 보여 매년 300만 석에서 500만 석의 외국 쌀을 수입하였다. …… 내지에서는 쌀의 증산에 많은 기대를 걸 수 없었다. 반면 조선은 관개 설비가 잘 갖춰지지 않아서 대부분의 논이 빗물에 의존하는 상태였기에, 토지 개량 사업을 시작한다면 천혜의 쌀 생산지가 될 수 있었다.
> ○ 대개 조선인들이 생산한 쌀을 내지로 반출할 때, 결코 자신들이 충분히 소비하고 남은 것을 수출하는 것이 아니다. 생계가 곤란하여 먹을 것을 먹지 못하고 파는 것이다. …… 만주산 잡곡의 수입이 증가하는 사실은 조선인의 생활난이 점점 심각해지고 있음을 실증하는 것이다.

③ (　　　　　　　　　　　　　　　　　　)

감 잡는 키워드 체크

1 ① **1920년대 문화 통치**, 총독 임용의 범위를 확장, 경찰 제도를 개정, 일반 관리나 교원 등의 복제를 폐지 ② **경성 제국 대학 설립**, 경성 제국 대학 ③ **산미 증식 계획**, 쌀의 증산, 토지 개량 사업, 조선인들이 생산한 쌀을 내지로 반출, 만주산 잡곡의 수입이 증가, 조선인의 생활난

자신감 UP! 기출 선지

1 다음 선지를 읽고 키워드에 형광펜 표시를 해 보세요.

■■□□□

① (3 · 1 운동) 일제가 이른바 문화 통치를 실시하는 배경이 되었다.

■■■■■

② (1920년대 문화 통치) 사회주의자를 탄압하기 위한 치안 유지법을 제정하였다.

■■■■■

③ (1920년대 문화 통치) 경성 제국 대학을 설립하였다.

■■□□□

④ (1920년대 문화 통치) 산미 증식 계획의 실상을 조사한다.

감 잡는 키워드 체크

1 ① 문화 통치를 실시하는 배경 ② 사회주의자를 탄압, 치안 유지법 ③ 경성 제국 대학 ④ 산미 증식 계획

07 일제 강점기

40 1930년대 이후 민족 말살 통치

감 잡는 키워드 연표

- 20c
- 일제 강점기
- 1932~1940 농촌 진흥 운동
- 1937 황국 신민 서사 암송
- 1938 국가 총동원법 제정
- 1939 창씨개명
- 1942 조선어 학회 사건

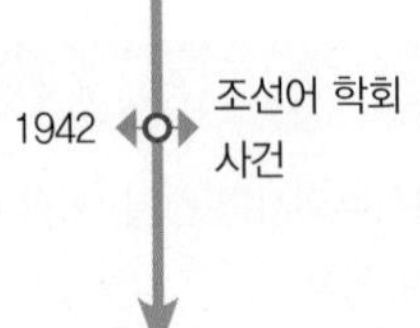

1 1930년대 이후 민족 말살 통치

구분	내용
황국 신민화 정책	• **내선일체, 일선동조론**: '한국인과 일본인은 하나'라는 주장을 내세우며 한국인을 침략 전쟁에 동원 • 황국 신민 서사 암송(1937), 신사 참배, 궁성 요배 강요 • **창씨개명**(1939): 한국인의 성명을 일본식으로 고치도록 강요
교육 통제	• **제3차 조선 교육령**(1938): 한국어와 한국사 교육을 사실상 금지, 일본어 사용을 강요 • **국민학교령**(1941): 소학교의 명칭을 국민학교로 변경 (황국 신민의 학교) • **제4차 조선 교육령**(1943): 전시 교육 체제하에 조선어 · 역사 과목 폐지
통제 정책 강화	• 조선일보와 동아일보 폐간(1940) • 조선 사상범 보호 관찰령(1936), 조선 사상범 예방 구금령(1941) 제정 • **조선어 학회 사건**(1942): 『우리말 큰사전』 편찬을 준비하던 조선어 학회 회원들을 치안 유지법 위반으로 구속하여 탄압

▲ 황국 신민 서사 암송

2 1930년대 이후 경제 수탈

1) 농촌 진흥 운동

구분	내용
농촌 진흥 운동 (1932~1940)	• **배경**: 대공황의 영향으로 농촌 경제가 피폐해지고 소작 쟁의가 확산됨 • **내용**: 조선 농지령(1934)을 제정하여 지주와 마름의 횡포를 제한

2) 병참 기지화 정책

구분	내용
병참 기지화 정책	• **배경**: 대공황으로 인한 사회 혼란을 극복하기 위해 침략 전쟁을 일으킴 → 전쟁 수행을 위한 물자 조달의 필요성 자각 • **식민지 공업화 정책**: 북부 지방에 중화학 공업을 집중적으로 육성 • **남면북양 정책**: 공업 제품의 원료 공급을 위해 남부에 면화 재배, 북부에 양 사육을 장려

3) 전시 동원 체제 강화

국가 총동원법 (1938)	• 한국을 전쟁에 필요한 인적 · 물적 자원을 마음대로 수탈할 수 있는 전시 동원 체제로 재편 • 국민정신 총동원 연맹을 조직하고 마을마다 애국반을 편성
인적 수탈	• **노동력**: 국민 징용령(1939)을 통해 탄광, 공장, 철도 건설 등에 동원 • **병력**: 지원병제(1938), 학도 지원병제(1943), 징병제(1944)를 실시 • **여성 동원**: 여자 정신 근로령(1944)을 통해 일본군 위안부 강요, 여성에게 몸뻬 바지 착용 강요
물적 수탈	• **산미 증식 계획 재개**: 중단되었던 산미 증식 계획을 재개하여 군량미를 확보 • **미곡 공출제**: 미곡의 시장 유통을 금지 • **식량 배급제**: 식량 소비를 규제하며 수탈 • **전쟁 물자 공출**: 무기 생산에 필요한 쇠붙이를 공출

▲ 강제 징집당한 한국인 노동자

▲ 일본군 위안부

▲ 놋그릇 공출

감 잡는 키워드 연표

20c

일제 강점기

1938 지원병제 제정

국가 총동원법 제정

1939 국민 징용령 제정

1943 학도 지원병제 제정

1944 징병제 제정

여자 정신 근로령 제정

기출 사료

1 다음 사료를 읽고 키워드에 형광펜 표시를 한 뒤, 관련된 법령을 써 보세요.

■■□□□

> 제1조 치안 유지법의 죄를 범한 자에 대해 형의 집행 유예 언도가 있었을 경우 또는 소추를 필요로 하지 않기 때문에 공소를 제기하지 않은 경우에는 보호 관찰 심사회의 결의에 따라 보호 관찰에 부칠 수 있다. 형의 집행을 마치거나 또는 가출옥을 허락받았을 경우도 역시 같다.

(   )

감 잡는 키워드 체크

1 **조선 사상범 보호 관찰령**, 치안 유지법, 보호 관찰

자신감 UP! 기출 선지

1 다음 선지를 읽고 키워드에 형광펜 표시를 해 보세요.

■■■■□

① (1930년대 이후 민족 말살 통치) 일제가 조선 사상범 예방 구금령으로 독립운동을 탄압하였다.

■■■■■

② (1930년대 이후 민족 말살 통치 – 황국 신민화 정책) 내선일체를 강조한 황국 신민 서사의 암송이 강요되었다.

■■■■■

③ (1930년대 이후 민족 말살 통치) 국민학교에서 공부하는 학생

■■■■□

④ (1930년대 이후 민족 말살 통치) 식량 배급 및 미곡 공출제를 시행하였다.

■■□□□

⑤ (1930년대 이후 민족 말살 통치) 조선어 학회 사건으로 탄압받는 한글 학자

■■□□□

⑥ (1930년대 이후 민족 말살 통치) 애국반을 조직하여 한국인의 생활을 통제하였다.

■■■□□

⑦ (1930년대 이후 민족 말살 통치) 국가 총동원법을 공포하였다.

■■□□□

⑧ (1930년대 이후 민족 말살 통치) 국민 징용령이 제정되었다.

감 잡는 키워드 체크

1 ① 일제, 조선 사상범 예방 구금령 ② 내선일체, 황국 신민 서사의 암송 ③ 국민학교 ④ 식량 배급, 미곡 공출제 ⑤ 조선어 학회 사건 ⑥ 애국반 ⑦ 국가 총동원법 ⑧ 국민 징용령

41 1910년대 항일 민족 운동

1 1910년대 국외 항일 민족 운동

서간도	• **삼원보**: 이회영 형제 등 신민회 회원들이 이주하여 독립운동 기지로 개척 • **경학사**: 신민회의 자치 기관 • **서로 군정서**: 한족회가 상하이 임시 정부와 연합하여 개편 • **신흥 강습소**: 독립군 양성소로 이후에 신흥 무관 학교로 발전 (한족회: 경학사 → 부민단 → 한족회)
북간도	• 용정촌, 명동촌, 밀산부 한흥동 등 한인 집단촌을 형성 • 서전서숙(이상설), 명동 학교를 설립하여 민족 교육을 실시 • **중광단**: 대종교가 중심이 되어 설립, 이후 북로 군정서로 개편
연해주	• **신한촌**: 유인석, 이상설 등이 러시아 블라디보스토크에서 조직 • **권업회**: 자치 단체로서 권업신문을 발행 • **대한 광복군 정부**: 이상설과 이동휘가 중심이 되어 조직 • **대한 국민 의회**: 3 · 1 운동 이후 성립되어 손병희가 대통령으로 임명됨
중국 관내	**상하이 신한 청년당**: 파리 강화 회의에 김규식을 대표로 파견
미주 지역	• **대한인 국민회**: 샌프란시스코에서 이승만, 박용만, 안창호가 조직하여 외교 활동을 전개 • **흥사단**: 샌프란시스코에서 안창호가 기독교인을 중심으로 조직 • **대조선 국민 군단**: 하와이에서 박용만이 독립군 사관을 양성하기 위해 조직 • **숭무 학교**: 멕시코에서 박용만이 독립군을 양성하기 위해 조직

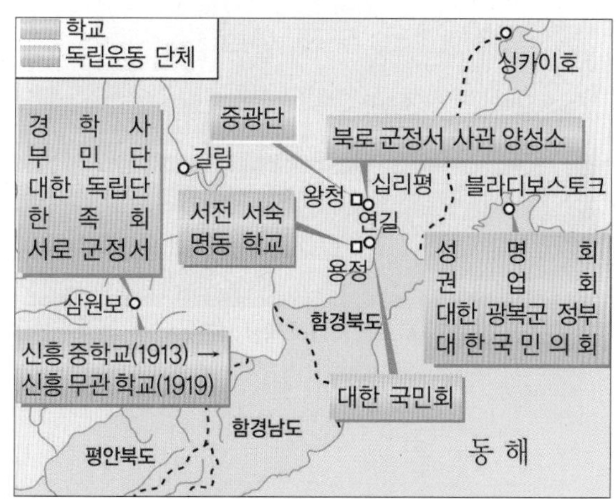

▲ 1910년대 국외 독립운동 기지 건설

감 잡는 키워드 연표

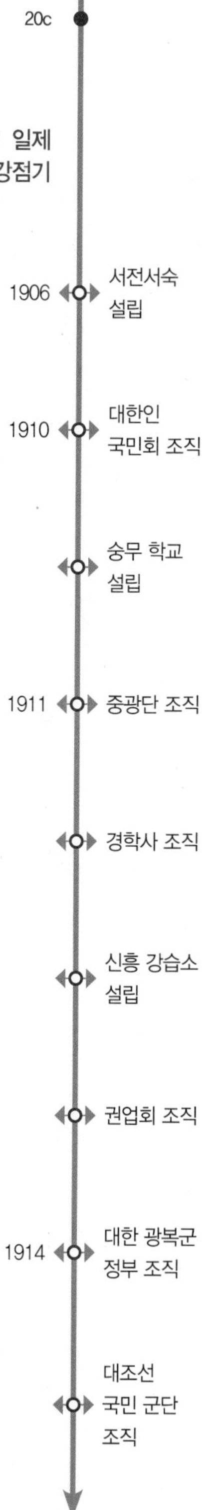

감 잡는 키워드 연표

20c		
일제 강점기		
1912	독립 의군부 결성	
1915	대한 광복회 결성	
1919	무오 독립 선언 발표	
	2·8 독립 선언 발표	
	3·1 운동	

2 1910년대 국내 항일 민족 운동

1) 주요 단체

독립 의군부	• 의병장 임병찬이 고종의 밀명을 받아 비밀리에 조직 • 복벽주의를 표방하여 일본에 국권 반환 요구서 발송을 시도
대한 광복회	• 대구에서 박상진(총사령)이 결성, 공화 정체의 근대 국가 수립을 목표로 함 • 상덕태상회를 통하여 군자금을 마련하고 친일파를 처단

2) 3·1 운동

배경	• **국외**: 윌슨의 민족 자결주의 주창, 만주 지역의 무오 독립 선언, 도쿄 유학생의 2·8 독립 선언, 상하이의 신한 청년당이 파리 강화 회의에 김규식을 파견하여 독립 청원서 제출, 상하이에서 김규식 등이 대동 단결 선언 발표 • **국내**: 일제의 무단 통치에 대한 반발, 고종 황제의 독살설
전개 과정	• **독립 선언 낭독**: 종교계(천도교의 손병희, 기독교의 이승훈, 불교의 한용운) 인사들이 민족 대표 33인 결성 → 태화관에서 독립 선언서 낭독 후 자진 체포 → 탑골 공원에서 학생·시민들이 독립 선언서를 낭독한 후 3·1 운동이 서울 시내로 확산 • **확산**: 전국 10여 개 도시에서 독립 선언식 개최, 주요 도시로 만세 운동이 확산되면서 상인과 노동자도 동참 → 중소 도시와 농촌에서 농민들이 참여하면서 무력 시위로 변모 → 만주·연해주·미주·일본 등지의 이주 동포들이 만세 운동 전개
일제의 탄압	유관순의 순국, 화성 제암리 학살 사건을 비롯하여 전국 각지에서 학살이 자행됨
의의 및 영향	• 우리 역사상 최대 규모의 민족 운동 • 무단 통치에서 문화 통치로 전환되는 계기가 됨 • 대한민국 임시 정부 수립과 국외 무장 투쟁이 활성화되는 계기가 마련됨 • 중국의 5·4 운동, 인도의 반영 운동 등에 영향을 끼침

▲ 화성 제암리 학살 사건

자신감 UP! 기출 사료

1 다음 사료를 읽고 키워드에 형광펜 표시를 한 뒤, 주제를 써 보세요.

■■□□□

> 조선 청년 독립단은 우리 2천만 민족을 대표하여 정의와 자유를 쟁취한 세계 모든 나라 앞에 독립을 성취할 것을 선언한다. …… 우리 민족은 정당한 방법으로 우리 민족의 자유를 추구할 것이나, 만일 이번에 성공하지 못하면 우리 민족은 생존의 권리를 위하여 온갖 자유행동을 취하여 최후의 일인까지 자유를 위해 뜨거운 피를 흘릴 것이니, …… 일본이 만일 우리 민족의 정당한 요구에 불응한다면 우리는 일본에 대하여 영원의 혈전을 선포하노라.
>
> – 재일본 동경 조선 청년 독립단 대표 11인 –

(　　　　　　　　　　　　　　　　　　)

감 잡는 키워드 체크

1 **2·8 독립 선언**, 조선 청년 독립단, 재일본 동경 조선 청년 독립단 대표 11인

자신감 UP! 기출 선지

1 다음 선지를 읽고 키워드에 형광펜 표시를 해 보세요.

■■■■■

① (임병찬) 고종의 밀지를 받아 독립 의군부를 조직하였다.

■■□□□

② (독립 의군부) 조선 총독에게 제출하기 위해 국권 반환 요구서를 작성하였다.

■■■■□

③ (박상진) 대한 광복회를 조직하여 친일파를 처단하였다.

2 다음 선지를 읽고 키워드에 형광펜 표시를 한 뒤, 관련된 지역을 써 보세요.

■■■■■

① 독립군 양성을 위한 신흥 무관 학교가 설립되었다.
(　　　　　　)

■■■■■

② 유학생들이 중심이 되어 2·8 독립 선언서를 발표하였다.
(　　　　　　)

■■■□□

③ 박용만의 주도로 대조선 국민 군단이 창설되었다.
(　　　　　　)

■■■■■

④ 숭무 학교를 설립하여 무장 투쟁을 준비하였어요.
(　　　　　　)

■■■■■

⑤ 권업회가 설립되어 권업신문을 발간하였다.
(　　　　　　)

감 잡는 키워드 체크

1 ① 고종의 밀지, 독립 의군부 ② 조선 총독, 국권 반환 요구서 ③ 대한 광복회, 친일파를 처단

2 ① **서간도**, 신흥 무관 학교 ② **도쿄**, 유학생, 2·8 독립 선언서 ③ **하와이**, 박용만, 대조선 국민 군단 ④ **멕시코**, 숭무 학교 ⑤ **연해주**, 권업회, 권업신문

42 대한민국 임시 정부

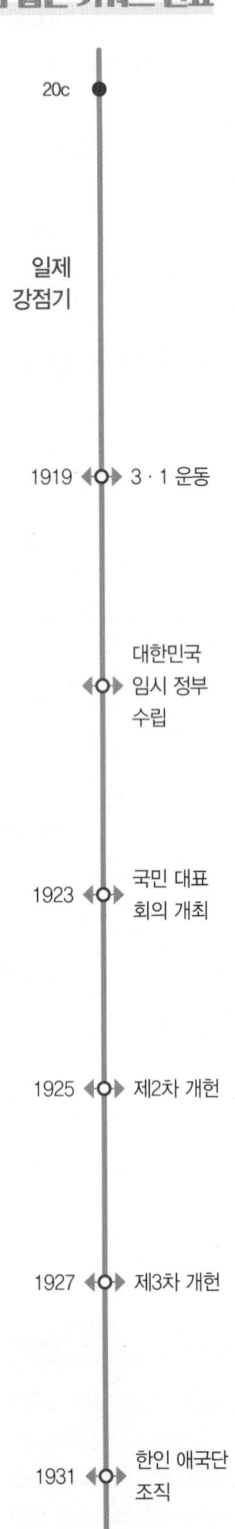

1 대한민국 임시 정부의 수립과 주요 활동

1) 수립

배경	• 3·1 운동 이후 독립운동을 조직적으로 이끌 지도부의 필요성이 대두됨 • **여러 임시 정부의 활동**: 연해주의 대한 국민 의회, 상하이의 대한민국 임시 정부, 서울의 한성 정부
수립	상하이에서 3권 분립에 입각한 통합 대한민국 임시 정부가 수립(1919)
지도부	임시 대통령에 이승만, 국무총리에 이동휘를 임명

2) 주요 활동

비밀 행정 조직	• **연통제**: 국내외 업무를 연락하기 위한 비밀 행정 조직 • **교통국**: 정보 수집·분석과 통신을 담당
군자금 마련	독립 공채를 발행하여 백산 상회(부산)와 이륭양행(만주)을 거쳐 임시 정부에 전달
외교 활동	• 파리 위원부(김규식)와 구미 위원부(이승만)를 설치 • 파리 강화 회의에 김규식이 파견되어 독립 청원서를 제출
군사 활동	• 서로 군정서·북로 군정서 등 유력한 독립군을 군무부 산하로 편제 • 미국에 한인 비행 학교를 세워 독립군 비행사를 양성
문화 활동	임시 사료 편찬회를 설치하여 『한일 관계 사료집』을 간행

2 국민 대표 회의(1923)

배경	• **임시 정부의 위축**: 연통제와 교통국이 일제에 발각되어 와해 • **임시 정부 내부의 갈등**: 이념과 노선 차이로 갈등을 빚어 이승만이 위임 통치 요청 → 신채호, 박용만 등이 임시 정부와 의정원의 해산 요구
전개	독립운동의 새로운 활로를 모색할 목적으로 국민 대표 회의 개최 → 창조파와 개조파로 나누어 대립 → 독립운동 세력의 분열
결과	• **제2차 개헌**(1925): 이승만이 탄핵되고 박은식이 2대 대통령으로 임명, 국무령 중심의 내각 책임제로 개편 • **제3차 개헌**(1927): 임시 정부의 안정화를 위해 국무위원 중심의 집단 지도 체제로 개편 • **한인 애국단 조직**(1931): 김구가 대한민국 임시 정부의 침체를 극복하기 위해 상하이에서 한인 애국단을 조직

3 1940년대 임시 정부의 활동(충칭 시기)

한국 독립당 설립(1940)	김구를 중심으로 민족주의 3개 정당을 합당하여 설립 └ 김구의 한국 국민당, 조소앙의 한국 독립당, 지청천의 조선 혁명당
⬇	
충칭 정착(1940)	중일 전쟁 이후 중국 국민당 정부를 따라 충칭에 정착
⬇	
한국 광복군 창설(1940)	김구의 주도로 지청천을 총사령관으로 하여 충칭에서 한국 광복군을 창설
⬇	
제4차 개헌(1940)	주석 중심제로 헌법을 개정하고 주석으로 김구가 취임
⬇	
대한민국 건국 강령 발표(1941)	조소앙의 삼균주의를 수용하며 대한민국 건국 강령을 발표
⬇	
제5차 개헌(1944)	주석 · 부주석제를 채택하고 주석으로 김구, 부주석으로 김규식이 취임

감 잡는 키워드 연표

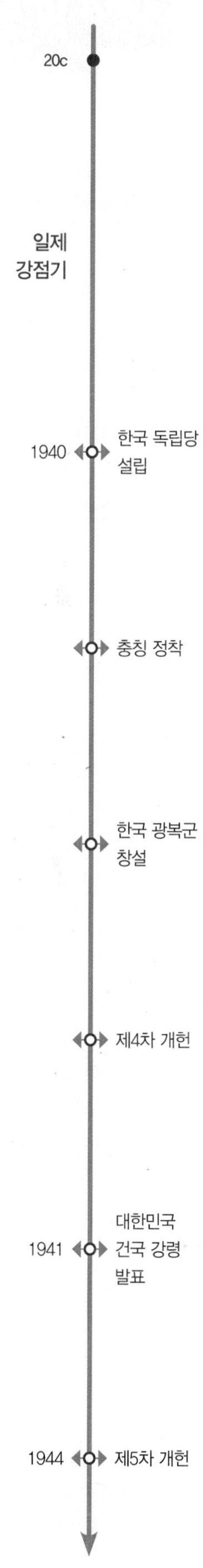

자신감 UP! 기출 사료

1 다음 사료를 읽고 키워드에 형광펜 표시를 한 뒤, (가)에 들어갈 말을 써 보세요.

■□□□□

> 도내 관공서의 조선인 관리 · 기타 조선인 부호 등에게 빈번하게 불온 문서를 배부하는 자가 있어서 수사한 결과 이○○의 소행으로 판명되어 그의 체포에 노력하고 있다. …… 그는 (가) 의 교통부 차장과 재무부 총장 등으로부터 여러 가지 명령을 받았다. 조선에 돌아가서 인쇄물을 뿌리는 등 인심을 교란하는 동시에 (가) 이/가 발행한 독립 공채를 판매하는 한편, 조선 내부와의 연락 및 기타 기관을 충분히 갖추게 하는 것 등이었다.
>
> –『고등 경찰 요사』–

① (　　　　　　　　　　　　　　　　　　　　)

■□□□□

> 우리는 삼천만의 한국인 및 정부를 대표하여 중국, 영국, 미국, …… 기타 국가들이 일본에 대해 전쟁을 선포한 것을 삼가 축하한다. 이것은 일본을 격패(擊敗)시키고 동아시아를 재건하는 가장 유효한 수단이다. 이에 특별히 다음과 같이 성명한다.
>
> 1. 한국 전체 인민은 현재 이미 반침략 전선에 참여한 상태이며 하나의 전투 단위로서 추축국에 전쟁을 선포한다.
> 2. 1910년의 합병 조약 및 일체 불평등 조약이 무효임을 재차 선포한다. 아울러 반침략 국가가 한국에 지닌 합리적 기득 권익을 존중한다.
> 3. 왜구를 한국, 중국 및 서태평양에서 완전히 축출하기 위하여 혈전으로 최후의 승리를 거둔다.

② (　　　　　　　　　　　　　　　　　　　　)

감 잡는 키워드 체크

1 ① **대한민국 임시 정부**, 독립 공채 ② **한국 광복군의 대일 선전 포고**, 일본에 대해 전쟁을 선포

자신감 UP! 기출 선지

1 다음 선지를 읽고 키워드에 형광펜 표시를 해 보세요.

■■■■■

① (대한민국 임시 정부) 외교 활동을 펼치기 위해 구미 위원부를 설치하였다.

■■■■■

② (대한민국 임시 정부) 독립운동 자금 마련을 위해 독립 공채를 발행하였다.

■■■■■

③ (대한민국 임시 정부) 임시 사료 편찬회를 두어 『한일 관계 사료집』을 간행하였다.

■■□□□

④ (대한민국 임시 정부) 이륭양행에 교통국을 설치하여 국내와 연락을 취하였다.

■■□□□

⑤ (대한민국 임시 정부) 비밀 행정 조직으로 연통제를 실시하였다.

■■□□□

⑥ (대한민국 임시 정부) 독립운동의 방략을 논의하고자 국민 대표 회의가 개최되었다.

■■■■■

⑦ (대한민국 임시 정부, 김규식) 파리 강화 회의에 독립 청원서를 제출하였다.

■■■■■

⑧ (대한민국 임시 정부) 삼균주의를 기초로 한 건국 강령을 선포하였다.

감 잡는 키워드 체크

1 ① 구미 위원부 ② 독립 공채 ③ 임시 사료 편찬회, 『한일 관계 사료집』 ④ 이륭양행, 교통국 ⑤ 연통제 ⑥ 국민 대표 회의 ⑦ 파리 강화 회의, 독립 청원서 ⑧ 삼균주의, 건국 강령

43 실력 양성 운동과 사회 운동

1 실력 양성 운동

물산 장려 운동	• **배경**: 회사령이 철폐되고(1920) 일본이 조선 관세령을 폐지할 조짐이 보임 • **전개**: 평양에서 조만식을 중심으로 조선 물산 장려회 설립(1920) → 서울에도 조선 물산 장려회 조직(1923) → 자작회와 토산 애용 부인회가 결성되면서 전국적으로 확산 • **활동**: '내 살림 내 것으로', '조선 사람 조선 것' 등의 구호를 제창 • **한계**: 사회주의 계열에서 자본가(부르주아)를 위한 운동이라고 비판
민립 대학 설립 운동	• **전개**: 이상재, 윤치호 등이 조선 민립 대학 기성회를 결성(1922) • **활동**: '한민족 1천만이 한 사람이 1원씩'이라는 구호를 외치면서 모금 운동을 전개 • **결과**: 일제가 무마책으로 경성 제국 대학을 설립(1924)
문맹 퇴치 운동	• **문자 보급 운동**(1929~1934): 조선일보의 주도로 '아는 것이 힘, 배워야 산다'의 구호를 외치며 전개, 『한글원본』 발간 • **브나로드 운동**(1931~1934): 동아일보의 주도로 '배우자, 가르치자, 다 함께 브나로드'의 구호를 외치며 농촌 계몽 운동이 전개

2 사회 운동

형평 운동	• **배경**: 신분 제도가 갑오개혁 당시 철폐되었음에도 백정에 대한 사회적 차별이 만연 • **조선 형평사**(1923): 신분 차별과 멸시 타파를 목표로 진주에서 창립
농민 운동	• 소작권 이전, 고율 소작료 반대 투쟁, 생존권 투쟁을 위해 조선 농민 총동맹을 결성(1927) • **암태도 소작 쟁의**(1923): 지주 문지철의 횡포에 반발 → 소작료 인하에 성과를 얻음
여성 운동	신간회가 자매단체로 근우회(1927)를 조직하여 여성 계몽 운동을 전개
노동 운동	• **노동 운동 단체**: 조선 노동 공제회(1920)와 조선 노동 총동맹(1927)을 결성 • **원산 노동자 총파업**(1929): '라이징 선' 석유회사의 일본인 감독이 한국인 노동자를 폭행한 사건이 계기가 되어 전개, 세계 각지 노동자들이 격려 전문을 보냄 • **평원 고무 공장 쟁의**(1931): 임금 삭감에 항의하며 강주룡이 을밀대 지붕에 올라가 고공 농성을 벌임
소년 운동	• 천도교의 방정환이 소년 운동을 전개 • 어린이날을 제정하고 잡지 『어린이』를 발간

감 잡는 키워드 연표

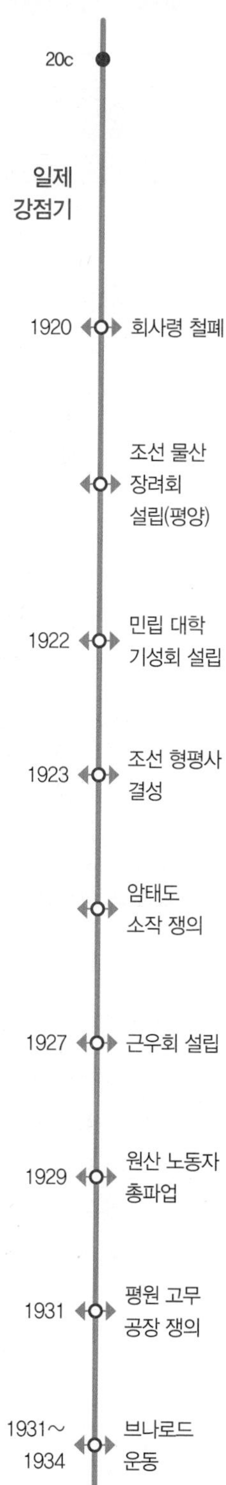

자신감 UP! 기출 사료

1 물산 장려 운동

▲ 국산품 선전 광고

2 문맹 퇴치 운동

▲ 동아일보의 브나로드 운동

3 다음 사료를 읽고 키워드에 형광펜 표시를 한 뒤, 관련된 단체를 써 보세요.

■□□□□

> **행동 강령**
>
> 1. 여성에 대한 사회적 · 법률적 일체 차별 철폐
> 2. 일체 봉건적 인습과 미신 타파
> 3. 조혼 폐지 및 결혼의 자유
> 4. 인신매매 및 공창 폐지
> 5. 농민 부인의 경제적 이익 옹호
> 6. 부인 노동의 임금 차별 철폐 및 산전 산후 임금 지불
> 7. 부인 및 소년공의 위험 노동 및 야업 폐지

(　　　　　　　　　　)

감 잡는 키워드 체크

3 **근우회**, 여성에 대한 사회적 · 법률적 일체 차별 철폐

자신감 UP! 기출 선지

1 다음 선지를 읽고 키워드에 형광펜 표시를 해 보세요.

■■□□□

① 이상재 등의 주도로 민립 대학 설립 운동을 전개하였다.

■■□□□

② 조선 노동 총동맹과 조선 농민 총동맹이 설립되었다.

■■■■■

③ (동아일보) 농촌 계몽을 위한 브나로드 운동을 전개하였다.

■■■■■

④ 지주 문재철의 횡포에 맞서 암태도 소작 쟁의가 전개되었다.

■■■■□

⑤ (평원 고무 공장 쟁의 – 강주룡) 임금 삭감에 저항하여 을밀대 지붕에서 농성하다.

■■■■■

⑥ (천도교) 어린이날을 제정하고 소년 운동을 추진하다.

2 다음 선지를 읽고 키워드에 형광펜 표시를 한 뒤, 관련된 사회 운동을 써 보세요.

■■□□□

① 자작회, 토산 애용 부인회 등의 단체가 활동하였다.

(　　　　　　　　　　)

■■■■■

② 백정에 대한 사회적 차별 철폐를 주장하였다.

(　　　　　　　　　　)

■■■■■

③ 일본, 프랑스 등지의 노동 단체로부터 격려 전문을 받았다.

(　　　　　　　　　　)

감 잡는 키워드 체크

1 ① 이상재, 민립 대학 설립 운동 ② 조선 노동 총동맹, 조선 농민 총동맹 ③ 농촌 계몽, 브나로드 운동 ④ 지주 문재철의 횡포, 암태도 소작 쟁의 ⑤ 임금 삭감에 저항, 을밀대 지붕에서 농성 ⑥ 어린이날, 소년 운동

2 ① **물산 장려 운동**, 자작회, 토산 애용 부인회 ② **형평 운동**, 백정, 사회적 차별 철폐 ③ **원산 총파업**, 일본, 프랑스 등지의 노동 단체, 격려 전문

44 학생 운동과 신간회

1 학생 운동

구분	내용
6·10 만세 운동(1926)	• **배경**: 일제의 수탈과 식민지 교육 정책에 대한 반발, 순종의 죽음을 계기로 민족 감정이 고조 • **전개**: 조선 공산당(사회주의 계열), 천도교(민족주의 계열), 학생 단체가 연합하여 만세 시위 준비 → 준비 과정에서 발각되어 학생 단체만이 순종의 인산일에 맞춰 전개 • **의의**: 민족주의 계열과 사회주의 계열이 함께 추진하면서 민족 유일당 운동의 계기가 됨, 신간회 결성에 영향을 미침
광주 학생 항일 운동(1929)	• **배경**: 6·10 만세 운동 이후 동맹 휴학이 활성화 • **전개**: 광주에서 일본인 학생이 한국인 여학생을 희롱하며 한·일 학생 간 충돌 → 일본 경찰의 편파적인 처벌로 인해 광주 지역 학생들이 대규모 시위 전개, 동맹 휴학 → 신간회가 진상 조사단을 파견하여 전국적인 항일 운동으로 발전 • **의의**: 3·1 운동 이후 최대 규모의 민족 운동

2 민족 유일당 운동과 신간회

1) 민족 유일당 운동

구분	내용
국외	• 중국에서 제1차 국공 합작이 성립되어 한국 독립 유일당 북경 촉성회가 조직 • 만주에서 3부 통합 운동을 전개
국내	**정우회 선언 발표**(1926): 사회주의 세력이 비타협적 민족주의 세력과의 협동 전선 강조 → 신간회 결성

2) 신간회(1927~1931)

구분	내용
결성(1927)	• 비타협적 민족주의 계열과 사회주의 계열이 연대 • 회장에 이상재, 부회장에 홍명희를 선출 • 자매 단체로서 근우회를 조직
강령	민족의 단결, 정치적·경제적 각성 촉구, 기회주의자 배격
활동	• **민중 계몽 활동**: 민중 대회와 순회 강연회를 개최 • **대중 운동**: 노동·농민·청년·여성 운동과 형평 운동 등을 지원 • **광주 학생 항일 운동 지원**: 진상 조사단을 파견하고 대규모 민중 대회를 계획
해소(1931)	내부의 이념 대립과 코민테른의 지시로 사회주의 계열이 협동 전선을 포기
의의	민족주의 계열과 사회주의 계열의 민족 협동 전선으로 결성된 일제 강점기 최대 합법 반일 사회단체

감 잡는 키워드 연표

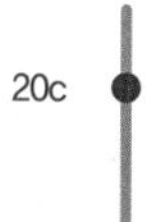

- 20c
- 일제 강점기
- 1919 3·1 운동
- 1926 6·10 만세 운동
- 1927 신간회 결성
- 1929 광주 학생 항일 운동
- 1931 신간회 해소

자신감 UP! 기출 사료

1 다음 사료를 읽고 키워드에 형광펜 표시를 한 뒤, 주제를 써 보세요.

■□□□□

> 조선 사회 운동 단체인 정우회는 며칠 전 선언서를 발표하였다. 선언서에서 민족주의 세력과 과도기적 동맹자적 관계를 구축해야 한다고 밝히고 타협과 항쟁을 분리시켜 사회 운동 본래의 사명을 잊지 말자는 것을 말하였다.

① ( )

■□□□□

> 조선 민족 운동의 중추 기관이 되려는 사명을 띠고 창립되었던 신간회가 비로소 첫 번째 전체 대회를 개최하였다. 그러나 간신히 열리는 전체 대회에서 해소 문제 토의를 최대 의제로 하게 된 것은 조선의 현 상황이 아니고서는 보기 어려운 기현상이다.

② ( )

감 잡는 키워드 체크

1 ① **정우회 선언**, 조선 사회 운동 단체, 정우회, 민족주의 세력과 과도기적 동맹자적 관계 ② **신간회 해소**, 조선 민족 운동의 중추 기관, 신간회, 해소 문제 토의

자신감 UP! 기출 선지

1 다음 선지를 읽고 키워드에 형광펜 표시를 한 뒤, 관련된 학생 운동을 써 보세요.

■■■□□

① 순종의 인산일을 기회로 삼아 추진되었다. ( )

■■□□□

② 민족 협동 전선인 신간회 결성에 영향을 미쳤다. ( )

■■■□□

③ 한국인 학생과 일본인 학생 간의 충돌에서 비롯되었다. ( )

■■■■■

④ 신간회에서 진상 조사단을 파견하여 지원하였다. ( )

2 다음 선지를 읽고 키워드에 형광펜 표시를 한 뒤, 관련된 단체를 써 보세요.

■■□□□

정우회 선언의 영향으로 결성되었다. ( )

감 잡는 키워드 체크

1 ① **6·10 만세 운동**, 순종의 인산일 ② **6·10 만세 운동**, 민족 협동 전선, 신간회 결성에 영향 ③ **광주 학생 항일 운동**, 한국인 학생과 일본인 학생 간의 충돌 ④ **광주 학생 항일 운동**, 신간회, 진상 조사단을 파견
2 **신간회**, 정우회 선언

의열단과 한인 애국단

1 의열단(1919)

결성	• 3 · 1 운동 이후 강력한 무장 조직의 필요성을 인식 • 김원봉, 윤세주 등이 만주 지린성에서 결성
초기 활동	• 주로 상하이와 국내를 중심으로 1920년대에 활발한 무장 투쟁 전개 • 신채호의 조선 혁명 선언을 행동 강령으로 삼음
의거 활동	박재혁의 부산 경찰서 투탄(1920), 김익상의 조선 총독부 투탄(1921), 김상옥의 종로 경찰서 투탄(1923), 김지섭의 일본 황궁 투탄(1924), 나석주의 동양 척식 주식회사와 식산 은행 투탄(1926)
활동 방향의 전환	• **배경**: 개별적인 폭력 투쟁의 한계를 인식하고 조직적인 무장 투쟁의 필요성을 자각 • **황포 군관 학교 입교**(1926): 김원봉을 비롯한 단원들이 황포 군관 학교에 입교하여 군사 훈련을 받음 • **조선 혁명 간부 학교 설립**(1932): 중국 국민당의 지원을 받아 난징에 조선 혁명 간부 학교를 설립하여 독립군을 양성 • **민족 혁명당 결성**(1935): 중국 관내 독립운동 단체의 통일 전선 형성을 추진

2 한인 애국단(1931)

결성	• 국민 대표 회의 이후 대한민국 임시 정부가 침체되자 활로를 모색 • 김구가 상하이에서 한인 애국단 결성
활동	• **이봉창 의거**(1932.1.): 도쿄에서 일왕의 마차에 폭탄 투척 → 중국의 관심이 집중되고 언론에서 실패에 대한 아쉬움 표현 → 상하이 사변 발생(1932.1.) • **윤봉길 의거**(1932.4.): 상하이 훙커우 공원에서 열린 상하이 사변 축하 기념장에서 윤봉길이 폭탄 투척 → 중국 국민당 정부의 대한민국 임시 정부 지원, 일본의 강력한 탄압으로 대한민국 임시 정부가 상하이를 떠나 이동 생활 시작(1940년에 충칭에 정착)

3 기타 의거

강우규	노인 동맹단의 강우규가 사이토 총독에게 폭탄을 투척
박열	일본 국왕의 암살을 기도
조명하	타이완에서 일본 육군 대장을 칼로 찌름

감 잡는 키워드 연표

- 20c
- 일제 강점기
- 1919 김원봉 의열단
- 1926 나석주 동양 척식 주식회사 투탄
- 1931 김구 한인 애국단
- 1932 이봉창 의거
- 윤봉길 의거

자신감 UP! 기출 사료

1 한인 애국단

▲ 윤봉길 의사

▲ 이봉창 의사

2 다음 사료를 읽고 키워드에 형광펜 표시를 한 뒤, 주제를 써 보세요.

■□□□□

> 강도 일본을 쫓아내려면 오직 혁명으로만 가능하며, 혁명이 아니고는 강도 일본을 쫓아낼 방법이 없는 바이다. …… 민중은 우리 혁명의 대본영(大本營)이다. 폭력은 우리 혁명의 유일한 무기이다. 우리는 민중 속으로 가서 민중과 손을 맞잡아 끊임없는 폭력, 암살, 파괴, 폭동으로써 강도 일본의 통치를 타도하고, 우리 생활에 불합리한 일체의 제도를 개조하여, 인류로써 인류를 압박하지 못하며, 사회로써 사회를 박탈하지 못하는 이상적 조선을 건설할지니라.
>
> – 신채호 –

(   )

감 잡는 키워드 체크

2 **조선 혁명 선언**, 강도 일본, 혁명, 폭력은 우리 혁명의 유일한 무기

자신감 UP! 기출 선지

1 다음 선지를 읽고 키워드에 형광펜 표시를 한 뒤, 관련된 단체를 써 보세요.

■■■■■

① 조선 혁명 선언을 활동 지침으로 삼았다.

(   )

■■□□□

② 조선 혁명 간부 학교를 설립하였다.

(   )

2 다음 선지를 읽고 키워드에 형광펜 표시를 한 뒤, 관련된 인물 써 보세요.

■■□□□

① 조선 혁명 간부 학교를 세워 독립군을 양성하였다.

(   )

■■□□□

② 의열단의 활동 강령인 조선 혁명 선언을 작성하였다.

(   )

■■■□□

③ 동양 척식 주식회사에 폭탄을 투척하였다.

(   )

■■□□□

④ 상하이에서 한인 애국단을 조직하였다.

(   )

감 잡는 키워드 체크

1 ① **의열단**, 조선 혁명 선언 ② **의열단**, 조선 혁명 간부 학교
2 ① **김원봉**, 조선 혁명 간부 학교 ② **신채호**, 의열단의 활동 강령, 조선 혁명 선언 ③ **나석주**, 동양 척식 주식회사, 폭탄을 투척 ④ **김구**, 상하이, 한인 애국단

46 1920년대 무장 독립 전쟁

1 1920년대 무장 독립 전쟁의 전개

무장 독립운동 단체의 결성	3 · 1 운동 이후 민족의 역량에 대한 자신감, 조직적인 무장 투쟁의 필요성 자각 → 독립군 단체 결성(북로 군정서, 서로 군정서, 대한 독립군, 광복군 사령부 등)
봉오동 전투 (1920.6.)	홍범도의 대한 독립군, 최진동의 군무도독부, 안무의 국민회군 등의 연합 부대가 봉오동에서 일본군을 상대로 승리
청산리 전투 (1920.10.)	• 일제가 훈춘 사건을 조작하고 일본인의 안전을 구실로 만주에 침입 • 홍범도의 대한 독립군과 김좌진의 북로 군정서가 연합하여 백운평, 어랑촌 등지에서 일본군과 교전 • 일본군에 대승리, 독립 전쟁 사상 최대 규모로 승리한 전투

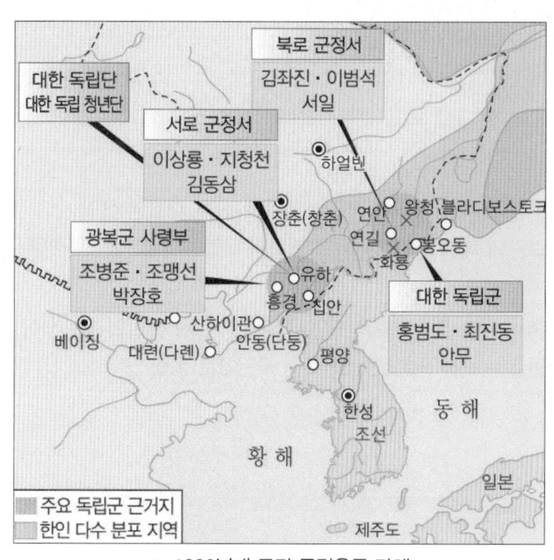

▲ 1920년대 무장 독립운동 단체

2 독립군의 시련

간도 참변 (1920)	봉오동 전투와 청산리 전투에서 패배한 일본군이 보복으로 간도 지역의 한인을 학살
대한 독립 군단 조직	간도 참변으로 독립군이 간도를 탈출하고 밀산부로 이동 → 서일을 총재로 하여 대한 독립 군단 조직 → 러시아령 자유시로 이동
자유시 참변 (1921)	소련의 자유시로 이동한 독립군 사이에서 지휘권을 둘러싼 갈등 발생 → 러시아 혁명군의 무장 해제 요구 거부 → 대한 독립 군단의 세력이 위축되고 다수의 독립군이 희생당하면서 다시 만주로 이동

감 잡는 키워드 연표

- 20c
- 일제 강점기
- 1920 봉오동 전투
- 청산리 전투
- 간도 참변
- 대한 독립 군단 조직
- 1921 자유시 참변

감 잡는 키워드 연표

20c

일제 강점기

1924~1925 3부 성립

1925 미쓰야 협정

1928~1929 3부 통합 운동

3 독립군의 재정비

압록강 연안

3부의 성립	• 자유시 참변 이후 독립군을 재정비할 필요성이 대두됨 • 참의부, 정의부, 신민부를 결성 • 3부를 행정 · 입법 · 사법 조직으로 구성하고 세금을 걷어 조직과 군대를 운영

남만주 일대 — 북만주 일대

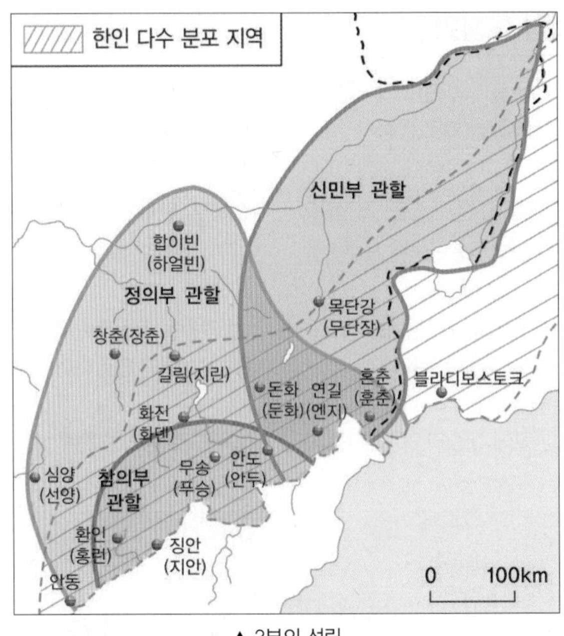

▲ 3부의 성립

미쓰야 협정 (1925)	• 조선 총독부와 만주 군벌 장쭤린 사이에서 체결된 협약 • 독립군의 체포 · 인도 등에 합의하여 독립군의 활동이 위축됨

3부 통합 운동	• 민족 유일당 운동이 확산되면서 독립군 단체 통합의 필요성이 제기됨 • 북만주는 혁신 의회로, 남만주는 국민부로 통합

자신감 UP! 기출 사료

1 다음 사료를 읽고 키워드에 형광펜 표시를 한 뒤, 주제를 써 보세요.

■□□□□

> 북간도에 주둔한 아군 7백 명은 북로 사령부 소재지인 봉오동을 향해 행군하다가 적군 3백 명을 발견하였다. 아군을 지휘하는 홍범도, 최진동 두 장군은 즉시 적을 공격하여 120여 명을 살상하고 도주하는 적을 추격하였다.
>
> -『독립신문』-

① (　　　　　　　　　　)

■□□□□

> 경신년 시월에 일본 토벌대들이 전 만주를 휩쓸어 애국지사들은 물론이고 농민들도 무조건 잡아다 학살하였다. …… 독립군의 성과가 컸기 때문에 그에 대한 보복으로 일본군이 대학살을 감행한 것이었다. 이것이 이른바 경신 참변이다. 그래서 애국지사들은 가족들을 두고 단신으로 길림성 오상현, 흑룡강성 영안현 등으로 흩어졌다.
>
> -『아직도 내 귀엔 서간도 바람소리가』-

② (　　　　　　　　　　)

감 잡는 키워드 체크

1 ① **봉오동 전투**, 북간도, 봉오동, 홍범도, 최진동 ② **간도 참변**, 경신년, 일본 토벌대, 만주를 휩쓸어, 학살, 독립군의 성과가 컸기 때문, 그에 대한 보복, 경신 참변, 서간도

자신감 UP! 기출 선지

1 다음 선지를 읽고 키워드에 형광펜 표시를 해 보세요.

■■■■■

① 만주 군벌과 일제 사이에 미쓰야 협정이 체결되었다.

■■□□□

② (청산리 전투) 독립군 연합 부대가 청산리에서 큰 승리를 거두었다.

2 다음 선지를 읽고 키워드에 형광펜 표시를 한 뒤, 관련된 무장 독립 단체를 써 보세요.

■■■■□

① 독립군이 봉오동에서 큰 승리를 거두었다.
(　　　　　　　　)

■■■□□

② 홍범도 부대와 연합하여 청산리에서 일본군과 교전하였다.
(　　　　　　　　)

■■■■□

③ 간도 참변 이후 자유시로 이동하였다.
(　　　　　　　　)

■■■□□

④ 자유시 참변 이후 세력이 약화되었다.
(　　　　　　　　)

감 잡는 키워드 체크

1 ① 만주 군벌, 일제, 미쓰야 협정 ② 독립군 연합 부대, 청산리
2 ① **대한 독립군**, **군무도독부**, **국민회군**, 봉오동 ② **북로 군정서**, 홍범도 부대, 청산리 ③ **대한 독립 군단**, 간도 참변, 자유시로 이동 ④ **대한 독립 군단**, 자유시 참변

1930년대 이후 무장 독립 전쟁

감 잡는 키워드 연표

- 20c
- 일제 강점기
- 1932 영릉가 전투
- 쌍성보 전투
- 1935 민족 혁명당 창당
- 1938 조선 의용대 결성
- 1941 호가장 전투
- 1942 **조선 의용대** 한국 광복군 합류

1 1930년대 무장 독립 전쟁

1) 한중 연합 작전

배경	만주 사변(1931) 이후 중국 내 항일 감정이 고조되자 독립군과 중국군이 연합 전선을 형성
조선 혁명군	• **총사령**: 양세봉 • 남만주 조선 혁명당의 군사 조직으로, 중국 의용군과 연합 작전을 전개 • 영릉가 · 흥경성 전투에서 승리
한국 독립군	• **총사령**: 지청천 • 북만주 한국 독립당의 군사 조직으로 중국 호로군과 연합 작전을 전개 • 쌍성보 · 사도하자 · 대전자령 · 동경성 전투 등에서 승리

2) 중국 관내의 무장 독립 전쟁

민족 혁명당	• **결성**: 김원봉의 의열단, 조소앙의 한국 독립당, 지청천의 조선 혁명당 등 중국 본토의 항일 독립운동 세력을 통합하며 창당(1935) • **분열**: 사회주의 계통인 의열단이 민족 혁명당을 주도하자 지청천과 조소앙 등 민족주의 계열이 탈퇴 • **변화**: 민족 혁명당이 조선 민족 혁명당으로 개편되고 여러 단체와 통합되면서 조선 민족 전선 연맹 결성(1937) → 중국 국민당의 지원을 받아 조선 의용대 창설
조선 의용대	• **결성**: 김원봉이 중국 한커우에서 중국 국민당 정부의 지원을 받아 조선 민족 전선 연맹 산하의 군사 조직으로 조선 의용대를 창설(1938) • **특징**: 중국 관내 최초의 한인 무장 부대 • **분화** – 일부 세력이 화북 지방으로 이동하여 조선 의용대 화북 지대 결성(1941) → 중국 팔로군과 함께 호가장 전투에 참여 – 김원봉 등 나머지 세력은 충칭으로 이동하여 한국 광복군에 합류(1942)

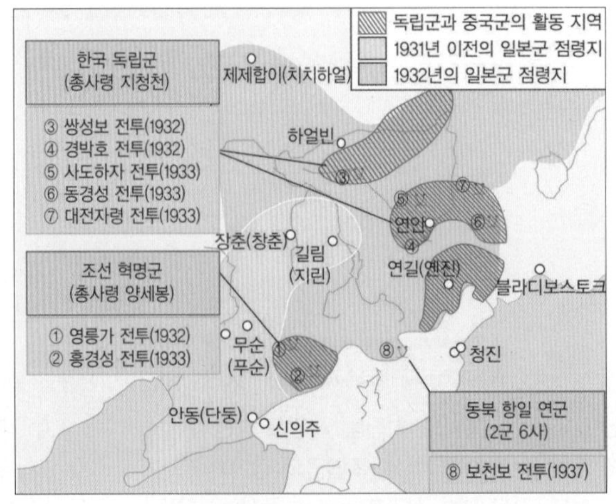

▲ 1930년대 무장 독립 전쟁

2 1940년대 무장 독립 전쟁

한국 광복군	• **창설**: 대한민국 임시 정부 산하의 부대로 한국 광복군을 창설(1940, 총사령관 지청천) • **대일 선전 포고**: 태평양 전쟁이 발발한 후 일본에 대일 선전을 포고(1941) • **군사력 증강**: 김원봉의 조선 의용대를 흡수(1942) • **연합 작전 전개**: 영국군의 요청으로 연합군과 인도 · 미얀마 등지에서 연합 작전을 전개(1943~1945) • **국내 진공 작전**: 미국 전략 정보국(OSS)의 지원하에 국내 진공 작전을 준비하였지만 일본의 패망으로 실패
조선 독립 동맹	• 화북 지역 공산주의자들이 조선 의용대 화북 지대와 연합하여 화북 조선 청년 연합회를 결성(1941) • 조선 독립 동맹으로 조직을 확대 · 개편하여 김두봉을 위원장으로 선출하고 조선 의용대 화북 지대를 조선 의용군으로 개편(1942)
조선 의용군	• 조선 독립 동맹 산하의 군사 조직 • 화북 각지에서 중국 공산당(팔로군)과 함께 항일전에 참여 • 광복 이후 중국 국공 내전에 참가한 후 북한 인민군으로 편입

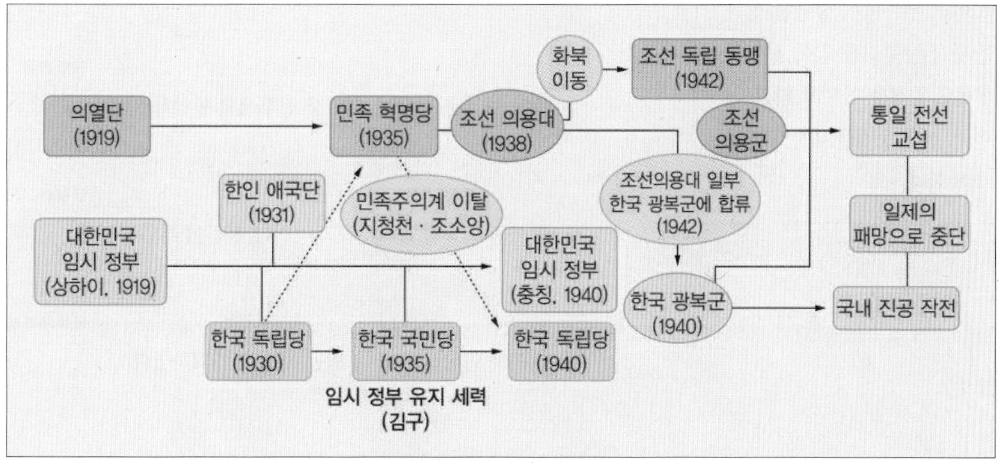

▲ 대한민국 임시 정부와 통일 전선

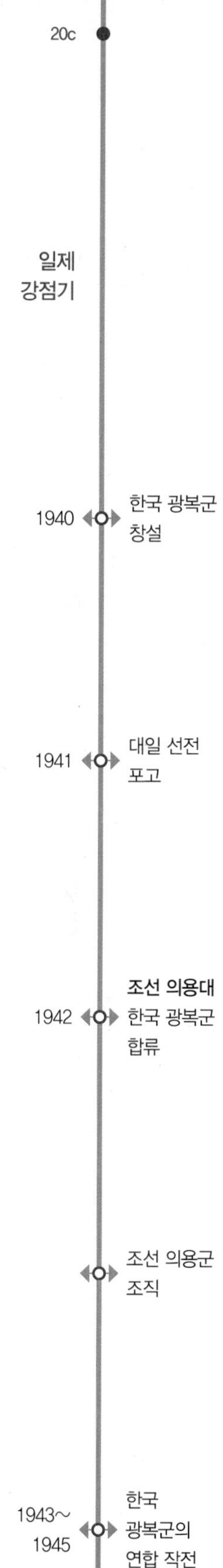

자신감 UP! 기출 사료

1 다음 사료를 읽고 키워드에 형광펜 표시를 한 뒤, (가)에 들어갈 말을 써 보세요.

■■□□□

> (가) 의 총사령 양세봉, 참모장 김학규 등은 일부 병력을 이끌고 중국 의용군 부대와 합세하였다. 일본군과 만주군이 신빈현성의 고지대를 거점으로 삼아 먼저 공격했으나 아군이 응전하여 이를 탈취하였다. 아군은 승세를 몰아 적들을 추격한 끝에 당일 오후 3시경 영릉가성을 점령하였다. 5일간의 격렬한 전투에서 한중 연합군은 신빈현 일대 여러 곳을 점령하는 등 커다란 수확을 거두었다.

① (　　　　　　　　)

■□□□□

> 인도 전선에서 (가) 이/가 활동에 나선 이래, 각 대원은 민족의 영광을 위해 빗발치는 탄환도 두려워하지 않고 온갖 고초를 겪으며 영국군의 작전에 협조하였다. (가) 은/는 적을 향한 육성 선전, 방송, 전단 살포, 포로 신문, 정찰, 포로 훈련 등 여러 부분에서 상당한 성과를 거두었다. 그 결과 영국군 당국은 우리를 깊이 신임하고 있으며, 한국 독립에 대해서도 동정을 아끼지 않고 있다. 충칭에 거주하고 있는 한국 청년 동지들이 인도에서의 공작에 다수 참여하기를 희망한다.

② (　　　　　　　　)

감 잡는 키워드 체크

1 ① **조선 혁명군**, 총사령 양세봉, 중국 의용군, 영릉가성, 한중 연합군 ② **한국 광복군**, 인도 전선, 영국군의 작전에 협조

자신감 UP! 기출 선지

1 다음 선지를 읽고 키워드에 형광펜 표시를 한 뒤, 관련된 군사 단체를 써 보세요.

■■■■■

① 중국 의용군과 연합하여 영릉가 전투에서 승리하였다. (　　　　)

■■■□□

② 중국 의용군과 연합하여 흥경성에서 승리하였다. (　　　　)

■■■■■

③ 대전자령 전투에서 일본군에 대승을 거두었다. (　　　　)

■■■■□

④ 쌍성보 전투에서 한중 연합 작전을 전개하였다. (　　　　)

■■■□□

⑤ 중국 관내(關內)에서 결성된 최초의 한인 무장 부대이다. (　　　　)

■■□□□

⑥ 대원 일부가 한국 광복군에 합류하였다. (　　　　)

■■■■□

⑦ 중국 팔로군과 함께 호가장 전투에서 활약하였다. (　　　　)

■■■□□

⑧ 영국군의 요청으로 인도 · 미얀마 전선에 투입되었다. (　　　　)

■■■■■

⑨ 미군과 연합하여 국내 진공 작전을 계획하였다. (　　　　)

감 잡는 키워드 체크

1 ① **조선 혁명군**, 중국 의용군, 영릉가 전투 ② **조선 혁명군**, 중국 의용군, 흥경성 ③ **한국 독립군**, 대전자령 전투 ④ **한국 독립군**, 쌍성보 전투, 한중 연합 작전 ⑤ **조선 의용대**, 중국 관내(關內)에서 결성된 최초의 한인 무장 부대 ⑥ **조선 의용대**, 한국 광복군에 합류 ⑦ **조선 의용대**, 중국 팔로군, 호가장 전투 ⑧ **한국 광복군**, 영국군의 요청, 인도 · 미얀마 전선에 투입 ⑨ **한국 광복군**, 미군과 연합, 국내 진공 작전

48 민족 문화 수호 운동

1 한국사 연구

1) 민족주의 사학

박은식	• 양명학자로 『유교 구신론』을 저술 • 『한국통사』, 『한국독립운동지혈사』를 저술 • 민족의 '혼'을 강조 
신채호	• **『조선상고사』**: 역사를 아(我)와 비아(非我)의 투쟁으로 봄 • **『조선사연구초』**: 묘청의 서경 천도 운동을 '조선 일천년래 제일대 사건'으로 평가 • 고대사 연구를 통해 우리 민족의 고유한 문화를 강조 • 낭가 사상을 강조 
조선학 운동	1930년대 안재홍, 정인보 등이 『여유당전서』를 간행하면서 조선학을 제창 (정약용의 저술 정리)

2) 사회 경제 사학

백남운	• 『조선사회경제사』, 『조선봉건사회경제사』를 저술 • 유물사관을 바탕으로 식민 사학의 정체성론을 반박하면서 한국사가 세계사적 발전 과정과 같다고 주장 

3) 실증 사학

진단 학회	• 객관적 사실에 근거하는 문헌 고증의 입장을 띰 • 이병도, 손진태가 진단 학회를 조직하고 『진단학보』를 발간

2 국어 연구

조선어 연구회	• 이윤재, 최현배 등이 조직 • 잡지 『한글』을 간행하고 가갸날을 제정
조선어 학회	• 조선어 연구회를 확대 · 개편하여 조직 • 한글 맞춤법 통일안과 표준어 사정안을 제정 • 『우리말 큰사전』의 편찬을 준비하다가 조선어 학회 사건(1942)으로 강제 해산

감 잡는 키워드 연표

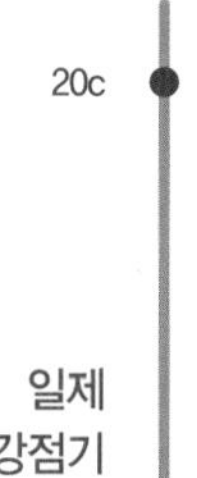

- 20c 일제 강점기
- 1915 박은식 『한국통사』
- 1921 조선어 연구회 조직
- 1931 조선어 학회 조직
- 신채호 『조선상고사』
- 1933 백남운 『조선사회경제사』
- 1934 진단 학회 『진단학보』
- 1942 조선어 학회 사건

감 잡는 키워드 연표

20c

일제
강점기

1916 원불교 창시

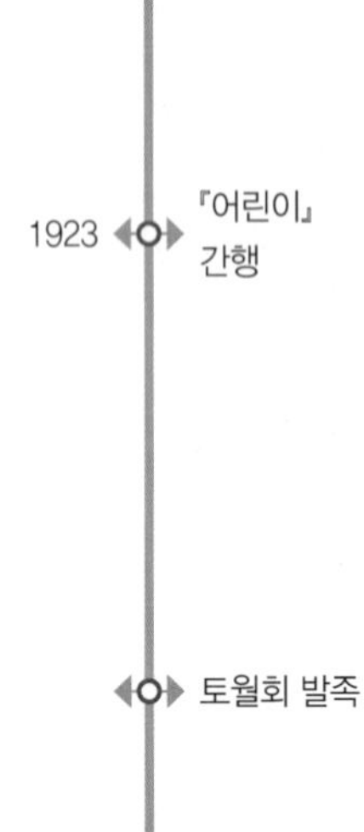

1923 『어린이』 간행

토월회 발족

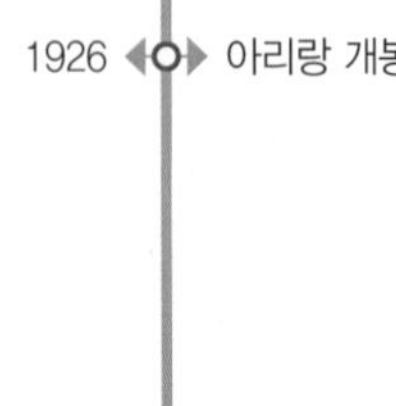

1926 아리랑 개봉

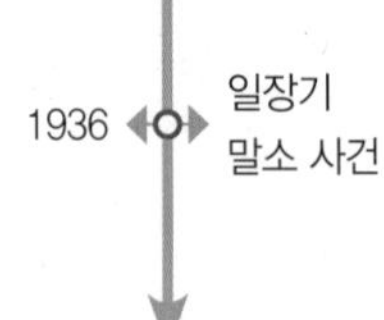

1936 일장기 말소 사건

3 문학과 예술

1) 문학

1920년대	• 동인지를 발간 • **신경향파 문학**(식민지 현실 고발, 계급 의식 고취): 사회주의의 영향으로 등장, KAPF를 결성 • **저항 문학**: 한용운의 「님의 침묵」
1930년대	• **저항 문학**: 이육사의 「청포도」, 윤동주의 「하늘과 바람과 별과 시」 • **친일 문학**: 1930년대 이후 이광수, 최남선 등 많은 문인이 일제의 식민주의 정책에 협력

2) 예술

영화	**나운규의 아리랑**(1926): 단성사에서 개봉
연극	**토월회**(1923): 본격적인 신극 운동을 전개

나운규의 아리랑 ▶

4 종교와 언론

1) 종교

불교	한용운이 조선 불교 유신회를 조직하고 사찰령 폐지 운동을 주도
원불교	1916년에 박중빈이 창시, 금주 · 단연 등의 새생활 운동을 전개
천도교	• **소년 운동**: 어린이날 제정, 잡지 『어린이』 간행 • 천도교 기관지로서 만세보를 발행 • 『개벽』, 『신여성』 등의 잡지를 간행
천주교	• 잡지 『경향』을 발간 • 의민단을 조직하여 청산리 전투에 참가
개신교	1930년대 후반 이후 신사 참배 거부 운동을 전개
대종교	교단 본부를 만주로 옮겨 중광단과 북로 군정서를 조직

잡지 『어린이』 ▶

2) 언론

일장기 말소 사건(1936)	• 동아일보가 베를린 올림픽 마라톤 경기에서 우승한 손기정 선수의 가슴에 달린 일장기를 삭제하여 보도 • 일장기 말소 사건을 계기로 조선일보와 동아일보가 폐간됨

자신감 UP! 기출 사료

1 민족주의 사학

①

> 옛 사람들이 말하기를 나라는 가히 멸할 수 있으나, 역사는 가히 멸할 수 없으니, 대개 나라는 형(形)이나 역사는 신(神)이기 때문이다.
>
> – 박은식, 『한국통사』 서문 –

②

> 역사란 무엇이뇨, …… 무릇 주체적 위치에 선 자를 아라 하고, 그 밖에는 비아라 하는데, 이를테면 조선 사람은 조선을 아라 하고, …… 그러므로 역사는 아(我)와 비아(非我)의 투쟁의 기록인 것이다.
>
> – 신채호, 『조선상고사』 총론 –

2 사회 경제 사학

> 우리 조선의 역사적 발전의 전 과정은 …… 세계사적인 일원론적 역사 법칙에 의해 다른 민족과 거의 같은 궤도로 발전 과정을 거쳐 온 것이다. 그 발전 과정의 완만한 템포, 문화의 특수적인 농담(濃淡)은 결코 본질적인 특수성이 아니다.
>
> – 백남운, 『조선사회경제사』 –

기출 선지

1 다음 선지를 읽고 키워드에 형광펜 표시를 해 보세요.

■■■■□

① 나운규가 감독한 아리랑의 첫 상영을 준비하는 단성사 직원

■■■■■

② (조선어 학회) 한글 맞춤법 통일안과 표준어 사정안을 제정하였다.

■■■■■

③ (동아일보) 일장기를 삭제한 손기정 사진을 게재하였다.

2 다음 선지를 읽고 키워드에 형광펜 표시를 한 뒤, 관련된 종교를 써 보세요.

■■■■■

① 어린이날을 제정하고 소년 운동을 추진하다.

(　　　　　　　)

■■■■■

② 박중빈을 중심으로 새생활 운동을 추진하였다.

(　　　　　　　)

■■■■□

③ 중광단을 조직하여 항일 무장 투쟁을 전개하였다.

(　　　　　　　)

3 다음 선지를 읽고 키워드에 형광펜 표시를 한 뒤, 관련된 인물을 써 보세요.

■■□□□

① 『여유당전서』를 간행하고 조선학 운동을 주도하였다.

(　　　　　　　)

■■■■■

② 국권 침탈 과정을 정리한 『한국통사』를 저술하였다.

(　　　　　　　)

감 잡는 키워드 체크

1 ① 나운규, 아리랑, 단성사 ② 한글 맞춤법 통일안, 표준어 사정안 ③ 일장기를 삭제, 손기정
2 ① **천도교**, 어린이날, 소년 운동 ② **원불교**, 박중빈, 새생활 운동 ③ **대종교**, 중광단
3 ① **안재홍**, **정인보**, 『여유당전서』, 조선학 운동 ② **박은식**, 『한국통사』

CHAPTER 08

현대

감 잡는 키워드 로드맵

미군정
모스크바 3국 외상 회의

미군정
제1차
미소 공동 위원회

미군정
좌우 합작 운동,
남북 협상

미군정
5 · 10 총선거,
대한민국 정부 수립

이승만 정부
6 · 25 전쟁

이승만 정부
4 · 19 혁명

박정희 정부
5 · 16 군사 정변

박정희 정부
유신 헌법,
부마 민주 항쟁

전두환 정부
6월 민주 항쟁

김영삼 정부
금융 실명제,
OECD 가입

김대중 정부
제1차 남북 정상 회담

노무현 정부
개성 공업 지구 착공

꼭 알아두어야 할 키워드!

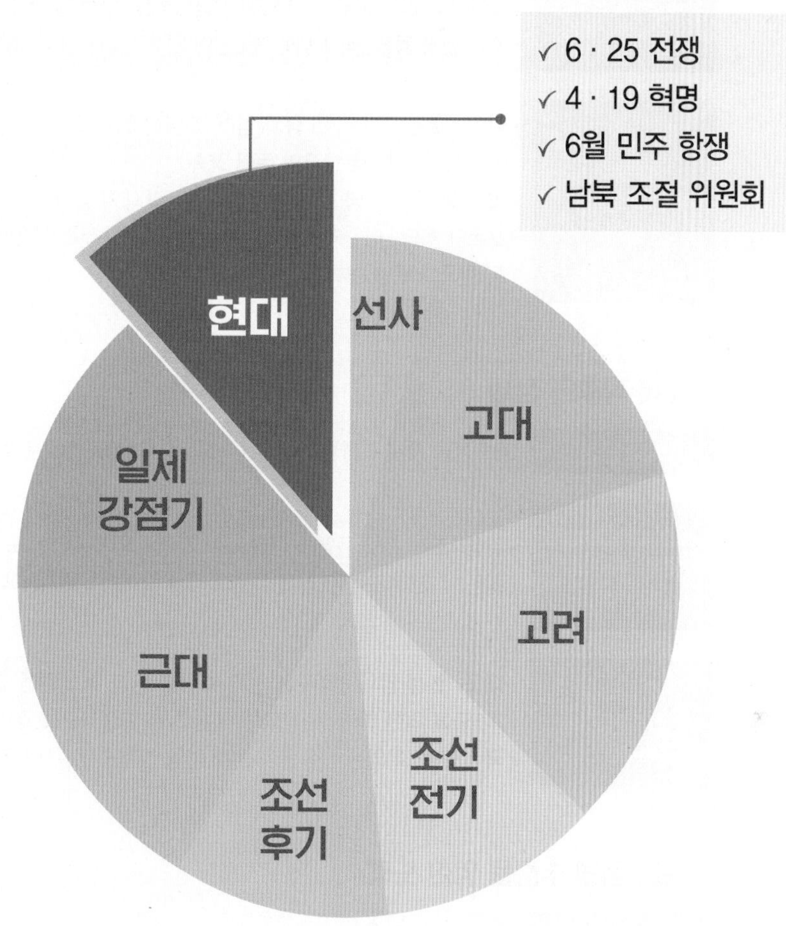

PART Ⅱ 챕터별 출제 비율 분석[68-51회]

학습 길잡이

CHAPTER 08 현대에서는 주제 52 박정희 정부의 출제 비율이 가장 높습니다. 박정희 정부의 정치 · 경제 · 사회 · 통일 정책을 고루 묻는 문제가 다수 출제되니 정부별 정책을 비교하여 공부해야 합니다.

49 통일 정부 수립을 위한 노력

감 잡는 키워드 연표

1 광복 직전의 건국 준비 활동

건국 준비 활동	• **대한민국 임시 정부**: 조소앙의 삼균주의를 바탕으로 건국 강령을 발표(1941) • **조선 건국 동맹**: 국내에서 여운형이 일제의 패망에 대비하여 조직
열강의 한국 문제 논의	• **카이로 회담**: 미 · 영 · 중의 참가, 적당한 절차를 거쳐 적절한 시기에 한국을 독립시키기로 결의, 최초로 한국의 독립 약속 • **얄타 회담**: 미 · 영 · 소의 참가, 소련군의 대일 참전 결정 • **포츠담 회담**: 미 · 영 · 중 · 소의 참가, 일본의 무조건 항복 요구, 카이로 회담에서 논의된 한국의 독립 재확인

2 광복 직후의 정세

미소 군정	38도선을 경계로 미국은 남한을, 소련은 북한을 각각 분할 점령
조선 건국 준비 위원회 결성(1945.8.)	• **결성**: 조선 건국 동맹을 중심으로 여운형, 안재홍이 주도하여 결성 • **활동**: 치안대 조직, 조선 인민 공화국 수립, 전국 각 지역에 조선 인민 위원회 조직
모스크바 3국 외상 회의(1945.12.)	• **내용**: 조선 임시 민주주의 정부 수립을 위한 미소 공동 위원회 설치와 미 · 영 · 중 · 소 4개국에 의한 최대 5년간의 신탁 통치를 확정적으로 결의 • **국내 반응**: 우익은 신탁 통치 반대 운동 전개, 좌익은 모스크바 3국 외상 회의 결정 지지

3 통일 정부 수립을 위한 노력

제1차 미소 공동 위원회(1946.3.)	임시 정부 참여 단체에 대한 미국과 소련의 대립으로 휴회 (미국: "모든 단체를 포함하자" / 소련: "반대하는 정당이나 단체는 제외하자")
⬇	
이승만의 정읍 발언(1946.6.)	이승만이 남한만의 단독 정부 수립을 주장
⬇	
좌우 합작 운동(1946~1947)	• 김규식과 여운형을 중심으로 좌우 합작 위원회를 결성 • 미군정의 지원 아래 좌우 합작 7원칙을 발표(1946.10.) • 여운형의 암살로 인해 좌우 합작 운동이 실패

한국 문제의 유엔 상정

- 제2차 미소 공동 위원회가 결렬되면서 미국이 한반도 문제를 유엔에 이관
- **유엔 총회**(1947.11.): 인구 비례에 따른 남북한 자유 총선거를 결의하여 유엔 한국 임시 위원단 파견 → 북한과 소련의 위원단 입북 거부로 남북한 총선거 실패
- **유엔 소총회**(1948.2.): 한국 임시 위원단의 활동이 가능한 지역(└ 남한)에서만 선거를 실시하도록 결의

제주 4 · 3 사건 (1948.4.3.)

- 남한만의 단독 선거를 반대하며 제주도의 좌익 세력이 무장 봉기를 일으킴 → 진압 과정에서 많은 양민이 희생당함 → 희생자들의 명예 회복을 위한 특별법 제정(2000)
- 5 · 10 총선거 때 제주도 2개 구에서 선거가 무효 처리

남북 협상 (1948.4.26.~30.)

- **김구와 김규식의 방북**: 김구, 김규식이 평양을 방문하여 남북 정치 지도자 회의를 개최
- **결과**: 별다른 성과를 거두지 못하면서 통일 정부 수립 노력이 실패

5 · 10 총선거 (1948.5.10.)

- **내용**: 우리나라 역사상 최초의 민주 보통 선거, 임기 2년의 제헌 국회의원 선출
- **한계**: 김구 · 김규식 등 남북 협상파의 선거 불참, 제주도 2개 구의 선거 무효 처리

제헌 헌법 공포 (1948.7.17.)

- **특징**: 3 · 1 운동 정신과 대한민국 임시 정부의 법통을 계승한 민주 공화국임을 밝힘
- **내용**: 3권 분립, 대통령 중심제의 단원제 국회, 국회에서 임기 4년(└ 1회에 한해 중임을 허용)의 대통령을 간접 선거로 선출한다는 내용을 주요로 함

대한민국 정부 수립(1948.8.15.)

- 국회 간선제로 대통령에 이승만, 부통령에 이시영이 선출됨
- 유엔 총회(1948.12.)를 통해 한반도 유일의 합법 정부로 승인 받음

여수 · 순천 10 · 19 사건 (1948.10.19.)

제주 4 · 3 사건 잔여 세력의 진압을 명령받은 여수 주둔 군대 내 일부 세력이 통일 정부 수립을 주장하면서 무장 반란을 일으켜 여수 · 순천을 점령

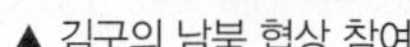

▲ 김구의 남북 협상 참여

▲ 대한민국 정부 수립

감 잡는 키워드 연표

- 20c
- 현대
- 1947 유엔 총회
- 1948 유엔 소총회
- 제주 4 · 3 사건
- 남북 협상
- 5 · 10 총선거
- 제헌 헌법 공포
- 대한민국 정부 수립
- 여수 · 순천 10 · 19 사건

자신감 UP! 기출 사료

1 다음 사료를 읽고 키워드에 형광펜 표시를 한 뒤, 주제를 써 보세요.

■□□□□

> 군정 장관 아놀드 소장은 12월 29일 오전 10시 30분 군정청 제1회의실에서 신문 기자단과 회견하고 신탁 통치에 관한 질문에 대략 다음과 같은 견해를 표명하고 일문일답을 하였다. "…… 신탁 통치는 조선 임시 민주 정부를 수립코자 함이 목적일 것이다. 우선 조선인이 당면한 경제 산업에 있어 유의하여 신탁 관리 문제로 모든 기관이 중지 상태로 들어가지 않기를 요망한다.

① (   )

■□□□□

> 우리는 조국 흥망의 관두(關頭)에서 이 위기를 극복하기 위해 오직 민족 자결 원칙에 의하여 조국의 남북통일과 민주 독립을 촉진해야겠다. 우리 민족자주연맹 중앙 집행위원회는 김구 선생과 김규식 박사의 제안에 의하여 실현되는 남북 정치 협상을 전적으로 지지하며, 아울러 그 성공을 위하여 적극적으로 협력할 것을 결의한다.

② (   )

■□□□□

> 올해 10월 19일 제주도 사건 진압 차 출동하려던 여수 제14연대 소속 3명의 장교 및 40여 명의 하사관들은 각 대대장의 결사적 제지에도 불구하고 남로당 계열 분자 지도하에 반란을 일으켰다. 동월 20일 8시 여수를 점령하는 한편, 좌익 단체 및 학생들을 인민군으로 편성하여 동일 8시 순천을 점령하였다.

③ (   )

감 잡는 키워드 체크

1 ① **모스크바 3국 외상 회의**, 군정 장관 아놀드 소장, 군정청, 신탁 통치 ② **남북 협상**, 김구, 김규식, 남북 정치 협상 ③ **여수 · 순천 10 · 19 사건**, 10월 19일, 제주도 사건 진압, 여수, 순천

자신감 UP! 기출 선지

1 다음 선지를 읽고 키워드에 형광펜 표시를 해 보세요.

■■■□□

① 모스크바 3국 외상 회의가 개최되었다.

■■□□□

② 유엔 총회에서 인구 비례에 의한 남북 총선거가 의결되었다.

■■□□□

③ 유엔 소총회에서 남한만의 단독 총선거가 결의되었다.

■■□□□

④ 여운형 등의 주도로 좌우 합작 위원회가 발족되었다.

■■■■■

⑤ (좌우 합작 위원회) 좌우 합작 7원칙을 발표하였다.

■■□□□

⑥ (제주 4 · 3 사건) 희생자들의 명예 회복을 위한 특별법이 제정되었다.

■■■■■

⑦ 여수 · 순천 10 · 19 사건이 일어났다.

감 잡는 키워드 체크

1 ① 모스크바 3국 외상 회의 ② 유엔 총회, 인구 비례, 남북 총선거 ③ 유엔 소총회, 남한만의 단독 총선거 ④ 여운형, 좌우 합작 위원회 ⑤ 좌우 합작 7원칙 ⑥ 희생자들의 명예 회복을 위한 특별법 ⑦ 여수 · 순천 10 · 19 사건

50 제헌 국회와 6·25 전쟁

1 제헌 국회의 활동

1) 반민족 행위 처벌법(1948.9.)

목적	제헌 국회에서 친일파 처벌을 위해 제정
반민족 행위 특별 조사 위원회 설치	• 반민족 행위 특별 조사 위원회(반민 특위)를 설치 • 이광수, 최남선 등을 친일 혐의자로 체포 · 조사
실패	이승만 정부의 소극적인 태도와 비협조(국회 프락치 사건, 경찰의 반민 특위 습격)로 친일파 청산이 실패하고 반민 특위가 해체

2) 농지 개혁법(1949)

내용	• 지주의 토지를 유상 매입하고 농민에게 유상 분배 • 한 가구당 3정보로 토지 소유를 상한
과정	농지 개혁법 공포(1949) → 개혁 시행(1950) → 개혁 종결(1957)
결과	• 농민 중심의 토지 소유가 확립 • 경자유전 원칙에 따라 지주 · 소작제가 소멸 (경자유전: 농사짓는 사람이 땅을 가져야 한다)
한계	• 농지가 아닌 토지는 개혁 대상에서 제외 • 개혁 실시 시기가 늦어져 지주들이 토지를 매각해 대상 토지가 감소 • 반민족 행위자의 토지 몰수 조항이 없음

3) 귀속 재산 처리법(1949)

내용	• 미군정이 광복 직후 귀속 재산 처리를 위해 신한 공사 설립 → 신한 공사 해체, 귀속 재산의 처분권을 한국 정부로 이관 • 일제로부터 미군정이 몰수한 재산을 민간에 매각

2 6·25 전쟁

1) 배경

애치슨 선언(1950.1.)	미국이 태평양 지역 방위선에서 한국과 타이완을 제외하여 군사적 충돌이 일어날 경우, 미국은 개입하지 않겠다고 선언

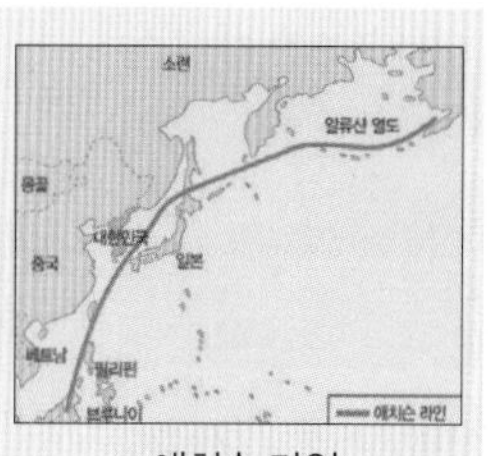

▲ 애치슨 라인

감 잡는 키워드 연표

- 20c
- 현대
- 1948 반민족 행위 처벌법 제정
- 1949 농지 개혁법 제정
- 귀속 재산 처리법 제정
- 1950 애치슨 선언 발표

08 현대

감 잡는 키워드 연표

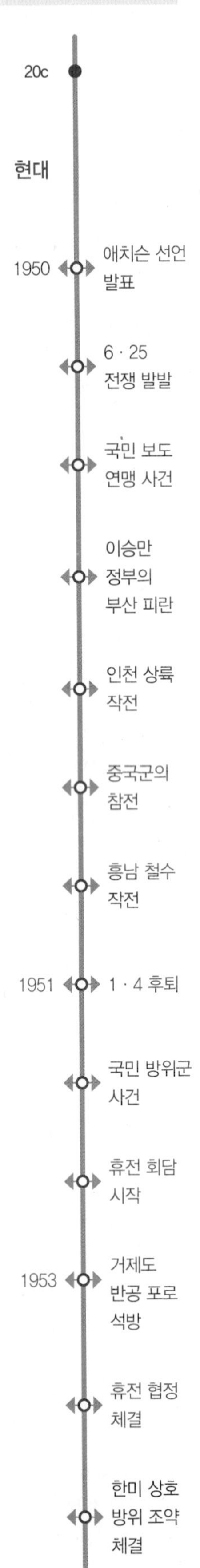

2) 전개 과정

북한의 남침 (1950.6.25.)	• 북한군의 기습 남침으로 전쟁이 발발 • 서울이 함락되어 북한군의 남하를 막기 위해 한강의 인도교를 폭파 • 국군이 후퇴하고 정부가 부산으로 피란(부산을 임시 수도로 정함)
⬇	
유엔군 참전 (1950.7.)	유엔의 결의에 따라 유엔군이 참전
⬇	
인천 상륙 작전 및 서울 수복 (1950.9.)	• 맥아더 장군의 지휘 하에 인천 지역에서 대규모 상륙 작전을 전개 • 인천 상륙 작전의 성공으로 서울을 수복하고 38도선을 돌파하여 압록강까지 진격하면서 전세를 역전시킴
⬇	
중국군 참전 (1950.10.)	중국이 유엔군의 북한 진입을 경계하며 6 · 25 전쟁에 참여
⬇	
흥남 철수 작전 (1950.12.)	유엔군과 국군이 흥남 철수 작전을 실시하면서 후퇴
⬇	
1 · 4 후퇴 (1951.1.4.)	유엔군과 국군의 후퇴로 서울이 재함락당함
⬇	
서울 재수복 (1951.3.)	서울을 재수복하는 등 38도선 일대에서 치열한 공방전을 벌임
⬇	
휴전 회담 시작 (1951.7.)	소련의 제안으로 유엔군 · 북한군 · 중국군 간에 휴전 회담이 진행됨
⬇	
거제도 반공 포로 석방 (1953.6.)	이승만이 휴전 반대와 북진 통일을 주장하면서 거제도의 반공 포로를 석방
⬇	
휴전 협정 체결 (1953.7.)	군사 분계선 및 비무장 지대를 설정하고 포로 교환 문제 등을 타협

3) 전쟁의 피해와 영향

주요 사건	• **국민 보도 연맹 사건**(1950): 국군과 경찰이 좌익 전향자를 계몽하고 지도하기 위한 단체인 국민 보도 연맹의 회원을 처형 • **국민 방위군 사건**(1951): 국민 방위군의 고위 장교들이 군수물자를 부정으로 착복하여 수많은 병력이 아사 및 동사
한미 상호 방위 조약 체결	• 한국 정부가 북한의 재침에 대비하여 미국 정부에게 군사 동맹을 요구하여 체결 • 한국군의 작전 지휘권을 유엔군 사령부에 양도

자신감 UP! 기출 사료

1 다음 사료를 읽고 키워드에 형광펜 표시를 한 뒤, 주제를 써 보세요.

■□□□□

> 개성에서 열린 첫 정전 회담에서 UN군 대표단은 어떠한 정치적 또는 경제적 문제의 논의를 단호히 거부하는 동시에 침략 재발의 방지를 보장하는 화평만이 전쟁을 종식시킬 수 있다고 공산군 대표단에게 경고하였다.

① (　　　　　　　　　　)

■□□□□

> 상호적 합의에 의하여 미합중국의 육군, 해군과 공군을 대한민국의 영토 내와 그 부분에 배치하는 권리를 대한민국은 허락해 주고 미합중국은 수락한다.

② (　　　　　　　　　　)

감 잡는 키워드 체크

1 ① **정전 회담**, 개성, 첫 정전 회담, UN군 대표단, 공산군 대표단 ② **한미 상호 방위 조약**, 상호적 합의, 미합중국의 육군, 해군과 공군, 대한민국의 영토 내와 그 부분에 배치하는 권리

자신감 UP! 기출 선지

1 다음 선지를 읽고 키워드에 형광펜 표시를 해 보세요.

■■■□□

① (제헌 국회) 반민족 행위 처벌법을 제정하였다.

■■■■□

② (제헌 국회) 반민족 행위 특별 조사 위원회가 설치되었다.

■■■■■

③ (제헌 국회) 유상 매수, 유상 분배 원칙의 농지 개혁법이 제정되었다.

■■■■■

④ (미군정) 귀속 재산 처리를 위해 신한 공사를 설립하였다.

■■■■■

⑤ (6 · 25 전쟁) 애치슨 선언이 발표되었다.

■■■□□

⑥ (6 · 25 전쟁) 흥남 철수 작전이 전개되었다.

■■■■□

⑦ (6 · 25 전쟁) 국회에서 국민 방위군 사건이 폭로되었다.

■■■■■

⑧ (6 · 25 전쟁) 한미 상호 방위 조약이 체결되었다.

감 잡는 키워드 체크

1 ① 반민족 행위 처벌법 ② 반민족 행위 특별 조사 위원회 ③ 유상 매수, 유상 분배, 농지 개혁법 ④ 귀속 재산 처리, 신한 공사 ⑤ 애치슨 선언 ⑥ 흥남 철수 작전 ⑦ 국민 방위군 사건 ⑧ 한미 상호 방위 조약

51 이승만 정부와 4·19 혁명

감 잡는 키워드 연표

1 이승만 정부의 장기 집권

발췌 개헌 (1952, 제1차 개헌)	• **배경**: 제2대 국회의원 선거(1950) 결과 이승만의 지지 세력이 급감 • **과정**: 자유당을 창당하고 임시 수도였던 부산 일대에 계엄령 선포 → 정부 개헌안에 반대하는 야당 의원을 연행하면서 발췌 개헌안을 통과 • **내용**: 대통령 직선제, 양원제 국회 • **결과**: 제2대 대통령 선거(1952)에서 이승만 대통령이 재선에 성공
사사오입 개헌 (1954, 제2차 개헌)	• **과정**: 사사오입의 논리로 개헌안을 불법으로 통과 • **내용**: 초대 대통령에 한해 중임 제한 규정을 철폐 • **결과**: 제3대 대통령 선거(1956)에서 이승만 대통령이 3선에 성공
독재 체제 강화	• **진보당 사건**(1958): 반공을 내세워 진보 세력인 조봉암(제3대 대통령 선거에서 활약)을 간첩 혐의로 사형 • **보안법 파동**(1958): 자유당 의원 단독으로 국가 보안법(반공 체제 강화)을 개정 • **경향신문 폐간**(1959): 정부에 비판적이었던 언론을 탄압

2 4·19 혁명(1960.4.)

배경	자유당 정권의 3·15 부정 선거, 2·28 대구 민주 운동(자유당이 민주당 장면 후보의 선거 유세장에 가지 못하게 조치한 것에 대해 반발)
전개	부정 선거 규탄 시위 도중 마산에서 김주열 학생의 시신 발견 → 고려대 학생들이 시위 후 귀가 중 피습 → 시위대가 경무대로 향하던 중 경찰이 발포하여 사상자 발생, 정부에서 비상 계엄령 선포 → 서울 시내 대학 교수단의 시위 → 이승만 대통령의 하야 성명 발표
결과	• 허정 과도 정부가 수립됨 • **제3차 개헌**(1960.6.): 내각 책임제와 민의원·참의원의 양원제 국회로 헌법을 개정

3 이승만 정부 시기 경제 발전

미군정기	귀속 재산을 처리하기 위해 신한 공사를 설립
미국의 경제 원조	• 한미 원조 협정을 체결하여 원조 물자를 들여옴 • 밀·설탕·밀가루 등의 소비재를 이용하여 삼백 산업이 성장

4 장면 정부

수립	대통령에 윤보선, 국무총리에 장면을 선출
활동	• 경제 개발 5개년 계획을 수립(실시는 박정희 정부), 지방 자치제를 부분 실시 • **제4차 개헌**(1960.11.): 3·15 부정 선거자를 처벌할 수 있도록 헌법을 개정

자신감 UP! 기출 사료

1 다음 사료를 읽고 키워드에 형광펜 표시를 한 뒤, 주제를 써 보세요.

■□□□□

> 1. 이 사건은 검찰이 아무런 증거도 없이 공소 사실도 특정하지 못한 채 조봉암 등 진보당 간부들에 대해 국가 변란 혐의로 기소를 하였고 ……
>
> ⋮
>
> 5. 이 사건은 정권에 위협이 되는 야당 정치인을 제거하려는 의도에서 표적 수사에 나서 극형인 사형에 처한 것으로 민주국가에서 있어서는 안 될 비인도적, 반인권적 인권 유린이자 정치 탄압 사건이다.
> 6. 국가는 …… 피해자와 유가족에게 총체적으로 사과하고 화해를 이루는 등 적절한 조치를 취하여야 하며, 명예를 회복시키기 위해 형사소송법이 정한 바에 따라 재심 등 상응한 조치를 취하는 것이 필요하다.

① (   )

■□□□□

> 첫째는 국민이 원한다면 대통령직을 사임할 것이며, 둘째는 지난번 정 · 부통령 선거에 많은 부정이 있었다고 하니, 선거를 다시 하도록 지시하였고, 셋째는 선거로 인연한 모든 불미스러운 것을 없애게 하기 위해서, 이미 이기붕 의장이 공직에서 완전히 물러나겠다고 결정한 것이다.

② (   )

감 잡는 키워드 체크

1 ① **진보당 사건**, 조봉암, 진보당, 사형에 처한 것 ② **4 · 19 혁명**, 대통령직을 사임, 정 · 부통령 선거에 많은 부정

자신감 UP! 기출 선지

1 다음 선지를 읽고 키워드에 형광펜 표시를 해 보세요.

■■□□□

① (이승만 정부 – 발췌 개헌) 비상 계엄이 선포된 가운데 발췌 개헌안이 통과되었다.

■■■□□

② 조봉암이 혁신 세력을 규합하여 진보당을 창당하였다.

■■□□□

③ (이승만 정부) 원조 물자를 가공하는 삼백 산업이 발달하였다.

■■■□□

④ (이승만 정부) 국가 보안법 개정안을 통과시킨 보안법 파동이 일어났다.

■■□□□

⑤ (이승만 정부) 정부에 비판적이던 경향신문이 폐간되었다.

■■■□□

⑥ (이승만 정부 – 4 · 19 혁명) 경무대로 향하던 시위대가 경찰의 총격을 받았다.

■■■□□

⑦ (이승만 정부 – 4 · 19 혁명) 3 · 15 부정 선거에 항의하며 시위가 시작되었다.

■■■■□

⑧ (이승만 정부 – 4 · 19 혁명) 허정 과도 정부가 구성되는 계기가 되었다.

■■■■□

⑨ (허정 과도 정부) 민의원과 참의원의 양원제로 운영되었다.

■■□□□

⑩ (이승만 정부 – 4 · 19 혁명) 장면 내각이 출범하는 배경이 되었다.

감 잡는 키워드 체크

1 ① 비상 계엄, 발췌 개헌안 ② 조봉암, 진보당 ③ 원조 물자, 삼백 산업 ④ 국가 보안법 개정안, 보안법 파동 ⑤ 경향신문, 폐간 ⑥ 경무대, 시위대, 경찰의 총격 ⑦ 3 · 15 부정 선거에 항의 ⑧ 허정 과도 정부가 구성되는 계기 ⑨ 민의원, 참의원, 양원제 ⑩ 장면 내각이 출범하는 배경

52 박정희 정부

감 잡는 키워드 연표

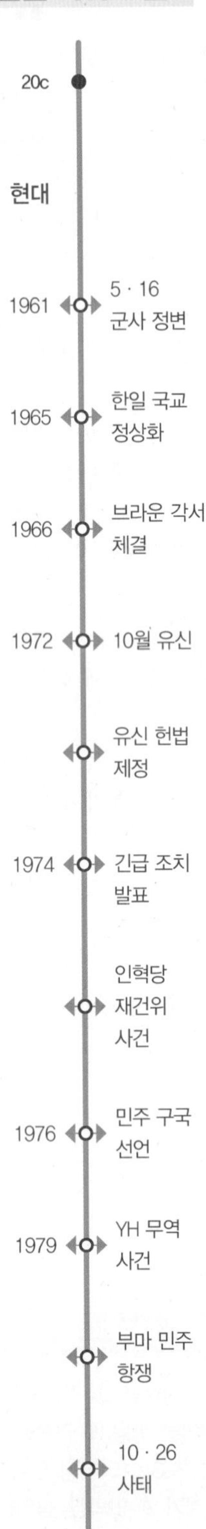

1 5·16 군사 정변과 박정희 정부

5·16 군사 정변(1961)	박정희 등 일부 군인들의 권력 장악 → 혁명 공약 발표, 국가 재건 최고 회의를 창설하며 군정 실시
제5차 개헌 (1962.12.)	대통령 중심제와 단원제 국회를 골자로 하는 헌법을 개정하고 박정희가 대통령에 당선
한일 국교 정상화(1965) (경제 개발에 필요한 자금 확보를 위해 체결)	• **과정**: 김종필·오히라의 비밀 회담 → 6·3 시위(굴욕적인 한일 국교 정상화 반대) → 한일 협정 체결(1965) • **한계**: 일본의 식민 지배에 대한 사과와 보상이 이루어지지 않음, 독도 문제 미해결
베트남 파병 (1964~1973)	**브라운 각서**(1966): 베트남 파병에 대한 대가로 미국의 군사적·경제적 지원을 약속받음 → 베트남 특수로 경제 발전  ▲ 베트남 파병
3선 개헌 (1969, 제6차 개헌)	대통령 3선 연임을 허용하는 개헌 단행 → 3선 성공(1971, 제7대 대선)

2 유신 체제의 성립과 붕괴

1) 유신 체제의 성립

성립	10월 유신(비상 계엄령 선포, 국회 해산, 정당 및 정치 활동 금지) → 유신 헌법 제정(1972, 제7차 개헌) → 국민 투표로 확정
유신 헌법	• **내용**: 대통령 간선제(통일 주체 국민 회의에서 선출, 임기 6년), 대통령 중임 제한 조항 삭제, 대통령에게 긴급 조치권, 국회 해산권, 국회의원 1/3 추천권 부여 • **반대 투쟁**: 장준하 등이 개헌 청원 백만인 서명 운동 전개(1973) → 긴급 조치 발표, 민청학련 사건과 인혁당 재건위 사건 조작(1974) → 김대중·윤보선 등이 3·1 민주 구국 선언을 발표하며 긴급 조치 철폐 주장(1976)

2) 유신 체제의 붕괴

YH 무역 사건(1979)	YH 무역 폐업에 항의하며 신민당사에서 농성을 벌이던 여성 노동자들을 강제 진압하던 중 노동자 한 명이 숨짐
부마 민주 항쟁(1979)	김영삼이 국회의원직에서 제명당하자 부산과 마산에서 유신 정권의 퇴진을 외치는 민주 항쟁이 발생
10 · 26 사태 (1979)	중앙정보부장 김재규가 대통령 박정희 대통령을 저격하면서 유신 체제가 붕괴

3 박정희 정부의 경제·사회 정책

제1 · 2차 경제 개발 5개년 계획 (1962~1971)	• 경공업(가발 · 섬유 산업) 중심의 소비재 산업을 육성하고자 함 • 경부 고속 도로를 개통(1970) • **한계**: 낮은 임금과 열악한 노동 환경으로 전태일이 근로 기준법 준수를 요구하며 분신 자살(전태일 분신 사건, 1970)
제3 · 4차 경제 개발 5개년 계획 (1972~1981)	• 중화학 공업에 주력 • 제1차 석유 파동(1973) 때 중동에 건설 사업을 진출하면서 극복 • 제2차 석유 파동(1979)으로 심한 경제적 타격을 입음 • 포항 제철소 준공(1973), 수출액 100억 달성(1977) • **한계**: 저임금 · 저곡가 정책으로 농촌과 도시의 빈부 격차가 심화  ▲ 수출 100억 달성
국민 교육 헌장(1968)	대한민국 교육이 지향해야 할 이념과 목표를 담아 반포
새마을 운동 (1970)	농촌 근대화를 목적으로 근면 · 자조 · 협동을 내세우며 전개
광주 대단지 사건(1971)	서울 도심 정비를 위해 정부가 시민들을 경기도 광주로 이주시키자 이에 대한 반발로 시위가 전개

감 잡는 키워드 연표

- 20c
- 현대
- 1962~1971 제1 · 2차 경제 개발 5개년 계획
- 1968 국민 교육 헌장 발표
- 1970 경부 고속 도로 개통
- 전태일 분신 사건
- 1971 광주 대단지 사건
- 1972~1981 제3 · 4차 경제 개발 5개년 계획

자신감 UP! 기출 사료

1 다음 사료를 읽고 키워드에 형광펜 표시를 한 뒤, 주제를 써 보세요.

■■□□□

제1조 ① 대한민국은 민주 공화국이다.
② 대한민국의 주권은 국민에게 있고, 국민은 그 대표자나 국민 투표에 의하여 주권을 행사한다.
제39조 ① 대통령은 통일 주체 국민 회의에서 토론 없이 무기명 투표로 선거한다.
제47조 대통령의 임기는 6년으로 한다.
제59조 ① 대통령은 국회를 해산할 수 있다.

① ( )

■■□□□

대통령 긴급 조치 제9호

국가안전과 공공질서의 수호를 위한 대통령 긴급 조치

1. 다음 각 호의 행위를 금한다.
 가. 유언비어를 날조, 유포하거나 사실을 왜곡하여 전파하는 행위.
 나. 집회 · 시위 또는 신문 · 방송 · 통신 등 공중 전파 수단이나 문서 · 도서 · 음반 등 표현물에 의하여 대한민국 헌법을 부정 · 반대 · 왜곡 또는 비방하거나 그 개정 또는 폐지를 주장 · 청원 · 선동 또는 선전하는 행위.

⋮

8. 이 조치 또는 이에 의한 주무부 장관의 조치에 위반한 자는 법관의 영장 없이 체포 · 구금 · 압수 또는 수색할 수 있다.

⋮

13. 이 조치에 의한 주무부 장관의 명령이나 조치는 사법적 심사의 대상이 되지 아니한다.

② ( )

감 잡는 키워드 체크

1 ① **유신 헌법**, 통일 주체 국민 회의, 대통령의 임기는 6년, 대통령은 국회를 해산할 수 있다 ② **긴급 조치**, 대통령 긴급 조치

자신감 UP! 기출 선지

1 다음 선지를 읽고 키워드에 형광펜 표시를 해 보세요.

■■□□□

① (박정희 정부) 한일 국교 정상화에 반대하는 6 · 3 시위가 전개되었다.

■■■□□

② (박정희 정부) 통일 주체 국민 회의에서 대통령이 선출되었다.

■■□□□

③ (박정희 정부) 베트남 파병에 관한 브라운 각서가 체결되었다.

■■■□□

④ (박정희 정부) 경부 고속 도로가 개통되었다.

■■■■■

⑤ (박정희 정부) 3 · 1 민주 구국 선언을 통해 긴급 조치 철폐 등을 주장하였다.

■■■□□

⑥ (박정희 정부) 국회 해산, 헌법의 일부 효력 정지를 담은 10월 유신이 선포되었다.

■■□□□

⑦ (박정희 정부) 농촌 근대화를 표방하는 새마을 운동이 추진되었다.

2 다음 선지를 읽고 키워드에 형광펜 표시를 한 뒤, 관련된 사건을 써 보세요.

■■■■□

① 야당 총재의 국회의원직 제명으로 촉발되었다. ( )

■■□□□

② 유신 체제가 붕괴되는 결과를 가져왔다. ( )

감 잡는 키워드 체크

1 ① 한일 국교 정상화에 반대, 6 · 3 시위 ② 통일 주체 국민 회의 ③ 베트남 파병, 브라운 각서 ④ 경부 고속 도로 ⑤ 3 · 1 민주 구국 선언, 긴급 조치 철폐 ⑥ 국회 해산, 헌법의 일부 효력 정지, 10월 유신 ⑦ 새마을 운동
2 ① **부마 민주 항쟁**, 야당 총재의 국회의원직 제명 ② **부마 민주 항쟁**, 유신 체제가 붕괴

53 전두환 정부

1 5·18 민주화 운동(1980)

신군부의 등장	전두환 중심의 신군부 세력이 군사권 장악(12 · 12 사태, 1979) → 신군부에 저항하는 민주화 운동 전개 → 신군부가 계엄령 선포
5 · 18 민주화 운동(1980)	• **과정**: 광주에서 시민들이 계엄령 철폐를 요구하며 민주화 시위 전개 → 계엄군이 폭력 진압 및 발포 → 자발적으로 시민군을 조직하였으나 계엄군에게 무력으로 진압 • **의의**: 5 · 18 민주화 운동 기록물이 유네스코 세계 기록 유산으로 등재
신군부의 권력 장악	국가 보위 비상 대책 위원회를 조직하여 권력을 장악

2 전두환 정부

성립	• **통일 주체 국민 회의**: 제11대 대통령으로 전두환을 선출 • **제8차 개헌**(1980): 대통령 선거인단에 의해 대통령 간선제와 대통령 7년 단임제로 개헌, 제12대 대통령으로 전두환 선출(1981)
강압 정책	언론 통폐합, 삼청 교육대 설치
유화 정책	야간 통행금지 해제, 해외 여행 자유화, 최저 임금 위원회 설치, 과외 전면 금지
경제 정책	3저 호황(저유가 · 저금리 · 저달러)으로 국제 무역 수지 흑자를 달성

3 6월 민주 항쟁(1987)

박종철 고문치사 사건	서울대 재학생 박종철이 경찰의 물고문으로 사망하여 전국적으로 항위 시위가 발발
↓	
4 · 13 호헌 조치	개헌 논의를 중단시키고 대통령 간선제를 유지
↓	
이한열의 사망	연세대 재학생 이한열이 시위 도중 경찰의 최루탄에 맞아 사망
↓	
6 · 10 국민 대회	전국 각지에서 호헌 철폐와 독재 타도를 외치며 시위가 전개
↓	
6 · 29 민주화 선언	5년 단임의 대통령 직선제 개헌(제9차 개헌, 1987)이 이루어짐

감 잡는 키워드 연표

20c

현대

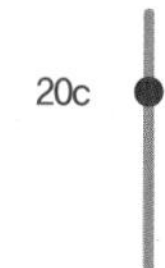

1979 12 · 12 사태

1980 5 · 18 민주화 운동

1981 전두환 정부의 성립

1987 박종철 고문치사 사건

4 · 13 호헌 조치

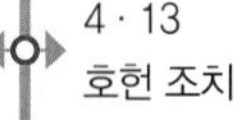

6 · 10 국민 대회 개최

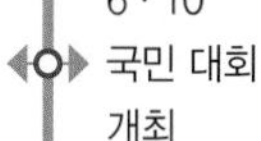

6 · 29 민주화 선언

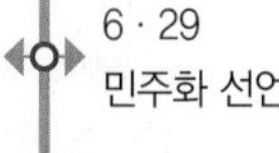

자신감 UP! 기출 사료

1 다음 사료를 읽고 키워드에 형광펜 표시를 한 뒤, 주제를 써 보세요.

■□□□□

> 제39조 ① 대통령은 대통령 선거인단에서 무기명 투표로 선거한다.
> 제40조 ① 대통령 선거인단은 국민의 보통·평등·직접·비밀 선거에 의하여 선출된 대통령 선거인으로 구성한다.
> 제45조 대통령의 임기는 7년으로 하며, 중임할 수 없다.

① (　　　　　　　　　　)

■□□□□

> **껍데기 정부와 계엄 당국을 규탄한다.**
>
> 껍데기 과도 정부와 계엄 당국은 민주의 피맺힌 소리를 들으라! …… 모든 시민과 학생들은 처음부터 평화적이고 질서정연한 투쟁을 전개하려고 노력해 왔다. 그러나 계엄 당국이 진지하고도 순수한 데모 대열에 무차별한 사격을 가하여 남녀노소를 불문하고 수많은 사상자가 발생하였고, 부상자 및 연행자는 추계가 불가능한 실정이다. …… 계엄 당국과 정부는 광주 시민과 전 국민의 민주 염원을 묵살함은 물론 민주 투사들을 난동자·폭도로 몰아 무력으로 진압하려고 하고 있다.

② (　　　　　　　　　　)

■□□□□

> 제67조 ① 대통령은 국민의 보통·평등·직접·비밀 선거에 의하여 선출한다.
> ② 제1항의 선거에 있어서 최고 득표자가 2인 이상인 때에는 국회의 재적 의원 과반수가 출석한 공개 회의에서 다수표를 얻은 자를 당선자로 한다.
> 제70조 대통령의 임기는 5년으로 하며, 중임할 수 없다.

③ (　　　　　　　　　　)

감 잡는 키워드 체크

1 ① **제8차 개헌**, 대통령 선거인단, 대통령의 임기는 7년 ② **5·18 민주화 운동**, 계엄 당국, 광주 시민, 민주 염원, 무력으로 진압 ③ **제9차 개헌**, 대통령의 임기는 5년, 중임할 수 없다

자신감 UP! 기출 선지

1 다음 선지를 읽고 키워드에 형광펜 표시를 해 보세요.

■■■□□

① (전두환 정부) 최저 임금 결정을 위한 최저 임금 위원회가 설치되었다.

■■■■□

② (전두환 정부) 저유가·저금리·저달러의 3저 호황이 있었다.

2 다음 선지를 읽고 키워드에 형광펜 표시를 한 뒤, 관련된 사건을 써 보세요.

■■■■■

① 관련 기록물이 유네스코 세계 기록 유산으로 등재되었다.
(　　　　　　)

■■■■■

② 신군부의 비상계엄 확대와 무력 진압에 저항하였다.
(　　　　　　)

■■□□□

③ 전개 과정에서 시민군이 자발적으로 조직되었다.
(　　　　　　)

■■■□□

④ 박종철 고문치사 사건의 진상 규명을 요구하였다.
(　　　　　　)

■■■■■

⑤ 4·13 호헌 조치에 반발하며 호헌 철폐 등의 구호를 내세웠다.
(　　　　　　)

■■■■□

⑥ 5년 단임의 대통령 직선제 개헌을 이끌어냈다.
(　　　　　　)

감 잡는 키워드 체크

1 ① 최저 임금 위원회 ② 저유가·저금리·저달러, 3저 호황
2 ① **5·18 민주화 운동**, 관련 기록물, 유네스코 세계 기록 유산 ② **5·18 민주화 운동**, 신군부, 비상계엄 확대, 무력 진압에 저항 ③ **5·18 민주화 운동**, 시민군 ④ **6월 민주 항쟁**, 박종철 고문치사 사건 ⑤ **6월 민주 항쟁**, 4·13 호헌 조치, 호헌 철폐 ⑥ **6월 민주 항쟁**, 5년 단임의 대통령 직선제 개헌

54 노태우 정부~현재

1 노태우 정부

3당 합당	3당이 합당하여 민주 자유당을 결성
북방 외교	소련 · 중국 · 동유럽 등 공산주의 국가들과 수교를 맺음
서울 올림픽 개최(1988)	서울 올림픽을 성공적으로 개최하여 국제적으로 한국의 위상을 높임

2 김영삼 정부

지방 자치제 전면 실시	지방 자치 단체장 선거를 시행하며 지방 자치제를 전면 실시
금융 실명제 실시(1993)	대통령 긴급 명령으로 은행이나 금융 기관과 거래할 때 실제 명의로 하도록 함
WTO 출범(1995)	세계 무역 기구(WTO)의 설립으로 농산물 시장이 개방
OECD 가입(1996)	경제 협력 개발 기구(OECD)에 가입하여 선진국 반열에 오름
외환 위기 발생(1997)	외환 부족으로 인한 경제 위기를 극복하기 위해 국제 통화 기금(IMF)에 지원을 요청
역사 바로 세우기 운동	• 일제의 잔재인 조선 총독부 건물을 철거하고 국민학교를 초등학교로 개칭 • 12 · 12 사태를 반란으로 규정하고 5 · 18 민주화 운동의 진상을 조사

3 김대중 정부

노사정 위원회 구성(1998)	노사정 협력 방안 등을 협의하기 위해 대통령 직속 자문 기구인 노사정 위원회를 구성
외환 위기 극복	금모으기 운동 등을 전개하여 국제 통화 기금(IMF)의 지원금을 조기 상환

4 노무현 정부

FTA 체결	• 한 · 칠레 자유 무역 협정(FTA)을 체결(2004) • 한 · 미 자유 무역 협정(FTA)을 체결(2007)
호주제 폐지(2005)	양성 평등의 실현을 위해 호주제를 폐지

감 잡는 키워드 연표

20c

현대

- 노태우 정부 (1988) — 서울 올림픽 개최
- 김영삼 정부 (1993) — 금융 실명제 시행

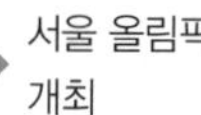

- 1995 — WTO 출범
- 1996 — OECD 가입
- 1997 — 외환 위기
- 김대중 정부 (1998) — 노사정 위원회 구성
- 노무현 정부 (2007) — 한 · 미 FTA 체결

자신감 UP! 기출 사료

1 다음 사료를 읽고 키워드에 형광펜 표시를 한 뒤, 관련된 정부를 써 보세요.

■□□□□

> 헌법 제76조 제1항의 규정에 의거하여 「금융실명거래 및 비밀보장에 관한 대통령 긴급재정경제명령」을 반포합니다. …… 금융 실명제 없이는 건강한 민주주의도, 활력이 넘치는 자본주의도 꽃피울 수가 없습니다. 정치와 경제의 선진화를 이룩할 수가 없습니다. 금융 실명제는 '신한국'의 건설을 위해서 그 어느 것보다도 중요한 제도 개혁입니다.

① (　　　　　　　　)

■□□□□

> 지난 5년 동안 우리 국민은 세계가 놀라워하는 업적을 이룩해냈습니다. 외환 위기를 맞이하자 우리 국민은 '금 모으기'를 전개하여 전 세계를 감동시켰습니다. …… 금융, 기업, 공공, 노사의 4대 개혁을 고통과 희생을 감내하면서 지지하고 적극 협력함으로써 우리 경제는 3년을 앞당겨 IMF 관리 체제에서 벗어날 수 있었습니다. …… 고용 보험, 산재 보험, 건강 보험, 국민연금 등 4대 보험의 틀을 갖추고 국민 기초 생활 보장법을 시행한 것을 비롯해 선진국 수준의 복지 체제를 완비했습니다.

② (　　　　　　　　)

감 잡는 키워드 체크

1 ① **김영삼 정부**, 금융 실명제 ② **김대중 정부**, 외환 위기, '금 모으기', 금융, 기업, 공공, 노사의 4대 개혁, IMF 관리 체제에서 벗어날 수 있었습니다, 국민 기초 생활 보장법

자신감 UP! 기출 선지

1 다음 선지를 읽고 키워드에 형광펜 표시를 한 뒤, 관련된 정부를 써 보세요.

■■□□□

① 서울 올림픽이 개최되었다. (　　　　　　)

■■□□□

② 지방 자치제가 전면 시행되었다. (　　　　　　)

■■■■■

③ 경제 협력 개발 기구(OECD)의 회원국이 되었다. (　　　　　　)

■■■■■

④ 대통령 긴급 명령으로 금융 실명제가 실시되었다. (　　　　　　)

■■■□□

⑤ 대통령 직속 자문 기구인 노사정 위원회가 구성되었다. (　　　　　　)

■■■■■

⑥ 미국과의 자유 무역 협정(FTA)이 체결되었다. (　　　　　　)

■■□□□

⑦ 양성 평등의 실현을 위해 호주제를 폐지하였다. (　　　　　　)

■■□□□

⑧ 한 · 칠레 자유 무역 협정(FTA)의 비준을 보도하는 기자 (　　　　　　)

감 잡는 키워드 체크

1 ① **노태우 정부**, 서울 올림픽 ② **노태우 정부**, 지방 자치제, 전면 시행 ③ **김영삼 정부**, 경제 협력 개발 기구(OECD) ④ **김영삼 정부**, 대통령 긴급 명령, 금융 실명제 ⑤ **김대중 정부**, 대통령 직속 자문 기구, 노사정 위원회 ⑥ **노무현 정부**, 미국, 자유 무역 협정(FTA) ⑦ **노무현 정부**, 호주제를 폐지 ⑧ **노무현 정부**, 한 · 칠레 자유 무역 협정(FTA)

55 통일을 위한 노력

1 남북의 대립과 갈등

이승만 정부	반공을 강조하고 북진 통일론을 주장하면서 평화 통일론을 탄압(진보당 사건)
장면 정부	유엔 감시하의 남북 총선거를 통한 통일을 주장
박정희 정부	반공 정책 실시, 남북간의 긴장 고조 → 1 · 21 청와대 습격 사건, 푸에블로호 사건, 울진 · 삼척 무장 공비 침투 사건

2 남북 관계의 진전

1) 박정희 정부

남북 적십자 회담(1971)	이산가족 문제를 협의하고 회담을 진행
7 · 4 남북 공동 성명 (1972)	• 자주 · 평화 · 민족 대단결의 3대 통일 원칙을 제시 • 실무 진행을 위해 남북 조절 위원회를 설치

2) 전두환 정부

민족 화합 민주 통일 방안 제시 (1982)	민족자결, 민주적 절차, 평화적 방법을 원칙으로 하는 민족 화합 민주 통일 방안을 제시
최초 남북 이산가족 상봉 (1985)	• 최초로 남북 이산가족이 고향을 방문 • 예술 공연단이 서울과 평양을 교환으로 방문

▲ 최초의 남북 이산가족 고향 방문단

감 잡는 키워드 연표

- 20c
- 현대
- 박정희 정부 (1971) — 남북 적십자 회담 개최
- 1972 — 7 · 4 남북 공동 성명 발표
- 전두환 정부 (1985) — 최초 남북 이산가족 상봉

감 잡는 키워드 연표

20c

현대

노태우 정부 (1991) — 남북한 유엔 동시 가입

남북 기본 합의서 채택

한반도 비핵화 공동 선언 발표

김대중 정부 (2000) — 6 · 15 남북 공동 선언 발표

노무현 정부 (2007) — 10 · 4 남북 공동 선언 발표

3) 노태우 정부

남북한 유엔 동시 가입 (1991)	적극적인 북방 외교의 결과, 남북 고위급 회담이 개최되어 남북한이 유엔에 동시 가입
남북 기본 합의서 채택 (1991)	• 남북한 정부 간 최초의 공식 합의서 • 서로의 체제를 인정하고 상호 화해 · 불가침에 합의
남북한 비핵화 공동 선언 발표 (1991)	남측과 북측이 한반도를 비핵화하여 핵전쟁의 위험성을 제거하고 평화를 위한 기반을 조성하기 위해 남북한 비핵화 공동 선언을 발표

4) 김영삼 정부

3단계의 통일 방안 제안 (1994)	한민족 공동체 건설을 위한 3단계의 통일 방안을 제시 └ 화해 · 협력 → 남북 연합 → 통일 국가 완성

5) 김대중 정부

햇볕 정책 추진	• 금강산 해로 관광 사업을 전개 • 현대그룹 정주영 명예 회장이 소 떼를 몰고 방북
최초 남북 정상 회담 개최 (2000)	• 6 · 15 남북 공동 선언을 발표 • 경의선 복구 사업과 금강산 육로 관광 사업 등을 추진 • 개성 공단(개성 공업 지구) 조성 및 이산가족 상봉 등에 합의

6) 노무현 정부

금강산 육로 관광 실시	남북의 교류와 협력이 효과적으로 진행되기 위해 금강산 육로 관광을 실시
개성 공단 착공 (2003)	6 · 15 남북 공동 선언에 따라 남북교류와 협력을 증진시키기 위해 개성 공단을 착공
제2차 남북 정상 회담 개최 (2007)	남북 관계의 발전과 평화 번영을 위한 10 · 4 남북 공동 선언을 발표

7) 문재인 정부

제3차 남북 정상 회담 개최 (2018)	• 4 · 27 판문점 선언을 발표 • 이전의 공동 선언 고수와 자주 통일 등의 내용에 합의

자신감 UP! 기출 사료

1 박정희 정부: 7 · 4 남북 공동 성명

> 첫째, 통일은 외세에 의존하거나 외세의 간섭을 받음이 없이 자주적으로 해결하여야 한다.
> 둘째, 통일은 서로 상대방을 반대하는 무력 행상에 의거하지 않고 평화적 방법으로 실현하여야 한다.
> 셋째, 사상과 이념, 제도의 차이를 초월하여 우선 하나의 민족으로서 민족적 대단결을 도모하여야 한다.

2 김대중 정부: 6 · 15 남북 공동 선언

> 1. 남과 북은 나라의 통일 문제를 그 주인인 우리 민족끼리 서로 힘을 합쳐 자주적으로 해결해 나가기로 하였다.
> 2. 남과 북은 나라의 통일을 위한 남측의 연합 제안과 북측의 낮은 단계의 연방 제안이 서로 공통성이 있다고 인정하고 앞으로 이 방향에서 통일을 지향시켜 나가기로 하였다.

3 노무현 정부: 10 · 4 남북 공동 선언

> 1. 남과 북은 6 · 15 남북 공동 선언을 고수하고 적극 구현해 나간다.
> 3. 남과 북은 군사적 적대 관계를 종식시키고 한반도에서 긴장 완화와 평화를 보장하기 위해 긴밀히 협력하기로 하였다.
> 6. 남과 북은 민족의 유구한 역사와 우수한 문화를 빛내기 위해 역사, 언어, 교육, 과학 기술, 문화 예술, 체육 등 사회 · 문화 분야의 교류와 협력을 발전시켜 나가기로 하였다.
> 7. 남과 북은 인도주의 협력 사업을 적극 추진해 나가기로 하였다.

자신감 UP! 기출 선지

1 다음 선지를 읽고 키워드에 형광펜 표시를 한 뒤, 관련된 정부를 써 보세요.

■■■■■
① 남북 조절 위원회가 구성되었다. (　　　　　　　)

■■■■□
② 7 · 4 남북 공동 성명이 발표되었다. (　　　　　　　)

■■■■■
③ 남북 이산가족 고향 방문단의 교환 방문이 최초로 성사되었다. (　　　　　　　)

■■■■□
④ 남북한이 유엔에 동시 가입하였다. (　　　　　　　)

■■■■■
⑤ 남북한 비핵화 공동 선언이 채택되었다. (　　　　　　　)

■■■□□
⑥ 남북 정상 회담을 개최하고 6 · 15 남북 공동 선언을 채택하였다. (　　　　　　　)

■■■■□
⑦ 남북 정상 회담을 처음으로 개최하였다. (　　　　　　　)

■■■■■
⑧ 개성 공업 지구 건설이 착공되었다. (　　　　　　　)

감 잡는 키워드 체크

1 ① **박정희 정부**, 남북 조절 위원회 ② **박정희 정부**, 7 · 4 남북 공동 성명 ③ **전두환 정부**, 남북 이산가족 고향 방문단, 최초로 성사 ④ **노태우 정부**, 유엔에 동시 가입 ⑤ **노태우 정부**, 남북한 비핵화 공동 선언 ⑥ **김대중 정부**, 남북 정상 회담, 6 · 15 남북 공동 선언 ⑦ **김대중 정부**, 남북 정상 회담, 처음으로 개최 ⑧ **노무현 정부**, 개성 공업 지구, 착공

우리 인생의 가장 큰 영광은

결코 넘어지지 않는 데 있는 것이 아니라

넘어질 때마다 일어서는 데 있다

-넬슨 만델라-

PART I

시대 통합 주제

CHAPTER

01 제도

정답 및 해설 3권 02쪽

CHAPTER 01 제도 문제 유형 TOP3

★ 최근 3개년 기출 분석(68~51회)
★ 빈칸형: 빈칸에 들어갈 내용에 대한 설명을 고르는 유형
★ 사료형: 사료를 통해 주제를 파악하는 유형
★ 설명형: 지문, 말풍선 등에서 설명하는 주제에 대해 옳은 / 틀린 것을 고르는 유형

주제 01 중앙 제도

57회 9번 2점

01 다음 제도를 운영한 국가에 대한 설명으로 옳은 것은?

> [그 나라의] 관제에는 선조성이 있는데, 좌상 · 좌평장사 · 시중 · 좌상시 · 간의가 소속되어 있다. 중대성에는 우상 · 우평장사 · 내사 · 조고사인이 소속되어 있다. 정당성에는 대내상 1명을 좌 · 우상의 위에 두었고, 좌 · 우사정 각 1명을 좌 · 우평장사의 아래에 배치하였다.
>
> -『신당서』-

① 교육 기관으로 주자감을 두었다.
② 신라에 침입한 왜구를 격퇴하였다.
③ 9서당 10정의 군사 조직을 갖추었다.
④ 개국, 태창이라는 연호를 사용하였다.
⑤ 왕족인 부여씨와 8성의 귀족이 지배층을 이루었다.

67회 18번 2점

02 ㉠~㉣ 기구에 대한 설명으로 옳은 것을 〈보기〉에서 고른 것은?

> **역사 돋보기 왕실과의 혼인을 통한 이자겸의 출세**
>
> 음서로 관직에 진출한 이자겸은 1108년 둘째 딸이 예종의 비가 되면서 빠른 속도로 출세하였다.
>
> 1109년 ㉠추밀원(중추원) 부사, 1111년 ㉡어사대의 대부가 된다. 1113년에는 ㉢상서성의 좌복야에 임명되었고, 1118년 재신으로서 판이부사를 맡았으며, 1122년 ㉣중서문하성 중서령에 오른다.

보기

ㄱ. ㉠ – 군사 기밀과 왕명 출납을 담당하였다.
ㄴ. ㉡ – 소속 관원이 낭사와 함께 서경권을 행사하였다.
ㄷ. ㉢ – 화폐 · 곡식의 출납과 회계를 담당하였다.
ㄹ. ㉣ – 원 간섭기에 도평의사사로 개편되었다.

① ㄱ, ㄴ ② ㄱ, ㄷ ③ ㄴ, ㄷ
④ ㄴ, ㄹ ⑤ ㄷ, ㄹ

62회 20번 2점

03 밑줄 그은 '이 기구'에 대한 설명으로 옳은 것은?

이 책은 1870년에 편찬된 은대조례입니다. 서문에서 흥선 대원군은 은대라고 불린 이 기구의 업무 처리 규정을 일목요연하게 정리하였으니 앞으로 승지들의 사무에 나침반이 될 것이라고 밝혔습니다.

① 왕명의 출납을 관장하였다.
② 사간원, 사헌부와 함께 3사로 불렸다.
③ 천문 연구, 기상 관측 등의 일을 맡았다.
④ 실록을 보관하고 관리하는 업무를 담당하였다.
⑤ 국왕 직속 사법 기구로 강상죄, 반역죄 등을 처결하였다.

61회 22번 2점

04 (가) 기구에 대한 설명으로 옳은 것은?

역사 용어 해설

(가)

1. 개요

조선 시대에 언론 활동, 풍속 교정, 백관에 대한 규찰과 탄핵 등을 관장하던 기구이다. 대사헌, 집의, 장령, 감찰 등의 직제로 구성되어 있다.

2. 관련 사료

건국 초기에 고려의 제도에 따라 설치하였다. …… 『경국대전』에는 "정사를 논평하고, 백관을 규찰하고, 풍속을 바로잡고, 억울함을 풀어주고, 허위를 금지하는 등의 일을 관장한다."라고 하였다.

-『순암집』-

① 업무 일지인 내각일력을 작성하였다.
② 고려의 삼사와 같은 기능을 수행하였다.
③ 은대(銀臺), 후원(喉院)이라고도 불리었다.
④ 임진왜란을 거치면서 국정 전반을 총괄하였다.
⑤ 5품 이하의 관리 임명에 대한 서경권을 행사하였다.

58회 20번 1점

05 (가) 기구에 대한 설명으로 옳은 것은?

이달의 책

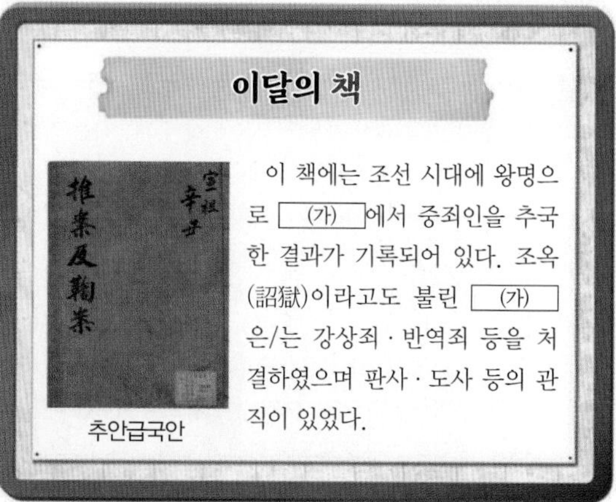

추안급국안

이 책에는 조선 시대에 왕명으로 (가) 에서 중죄인을 추국한 결과가 기록되어 있다. 조옥(詔獄)이라고도 불린 (가) 은/는 강상죄 · 반역죄 등을 처결하였으며 판사 · 도사 등의 관직이 있었다.

① 국왕 직속의 특별 사법 기구였다.
② 사림의 건의로 중종 때 폐지되었다.
③ 사헌부, 사간원과 함께 삼사로 불리었다.
④ 5품 이하의 관원에 대한 서경권을 행사하였다.
⑤ 서얼 출신의 학자들이 검서관으로 기용되었다.

주제 02 지방 제도

64회 43번 3점

06 (가)~(라) 지방 통치 체제에 대한 설명으로 옳은 것을 〈보기〉에서 고른 것은?

(가) 완산주를 다시 설치하고 용원을 총관으로 삼았다. 거열주를 빼서 청주(菁州)를 두니 처음으로 9주가 되었다. 대아찬 복세를 총관으로 삼았다.

(나) 현종 초에 절도사를 폐지하고, 5도호와 75도 안무사를 두었으나, 얼마 후 안무사를 폐지하고, 4도호와 8목을 두었다. 그 이후로 5도 · 양계를 정하니, 양광 · 경상 · 전라 · 교주 · 서해 · 동계 · 북계가 그것이다.

(다) 각 도 각 고을의 이름을 고쳤다. …… 드디어 완산을 다시 '전주'라고 칭하고, 계림을 다시 '경주'라고 칭하고, 서북면을 '평안도'로 하고, 동북면을 '영길도'로 하였으니, 평양 · 안주 · 영흥 · 길주가 계수관이기 때문이다.

(라) 전국을 23부의 행정 구역으로 나누어 아래에 열거하는 각 부를 둔다. …… 앞 조항 외에는 종래의 목, 부, 군, 현의 명칭과 부윤, 목사, 부사, 군수, 서윤, 판관, 현령, 현감의 관명을 다 없애고 읍의 명칭을 군이라고 하며 읍 장관의 관명을 군수라고 한다.

보기

ㄱ. (가) – 신문왕 재위 시기에 정비되었다.
ㄴ. (나) – 지방 장관으로 욕살, 처려근지 등이 있었다.
ㄷ. (다) – 도에는 관찰사가 임명되어 수령을 감독하였다.
ㄹ. (라) – 광무 개혁의 일환으로 실시되었다.

① ㄱ, ㄴ ② ㄱ, ㄷ ③ ㄴ, ㄷ
④ ㄴ, ㄹ ⑤ ㄷ, ㄹ

63회 3번 2점

07 (가), (나) 국가의 사회 모습에 대한 설명으로 옳은 것은?

(가) 왕의 성은 부여씨이고, [왕을] '어라하'라고 하며 백성들은 '건길지'라고 부른다. 모두 중국 말로 왕이라는 뜻이다. …… 도성에는 1만 가(家)가 거주하며 5부로 나뉘는데 상부 · 전부 · 중부 · 하부 · 후부라고 하며, 각각 5백 명의 군사를 거느린다. [지방의] 5방에는 각기 방령 1인을 두는데 달솔로 임명하고, 군에는 군장(郡將) 3인이 있으니 덕솔로 임명한다.
-『주서』-

(나) 60개의 주현이 있으며, 큰 성에는 녹살 1인을 두는데 도독과 비슷하다. 나머지 성에는 처려근지를 두는데 도사라고도 하며, 자사와 비슷하다. …… [수도는] 5부로 나뉘어 있다.
-『신당서』-

① (가) - 사회 질서를 유지하기 위해 범금 8조를 두었다.
② (가) - 거란도, 일본도 등을 통해 주변 국가와 교류하였다.
③ (나) - 태학과 경당을 두어 인재를 양성하였다.
④ (나) - 정사암 회의에서 국가 중대사를 논의하였다.
⑤ (가), (나) - 골품에 따라 관등 승진에 제한이 있었다.

61회 3번 2점

08 다음 자료에 해당하는 국가에 대한 설명으로 옳은 것은?

○ 벼슬은 16품계가 있다. 좌평은 5명으로 1품, 달솔은 30명으로 2품, 은솔은 3품, 덕솔은 4품, 한솔은 5품, 나솔은 6품이다. 6품 이상은 관(冠)을 은으로 만든 꽃으로 장식하였다.
○ 그 나라의 지방에는 5방이 있다. 중방은 고사성, 동방은 득안성, 남방은 구지하성, 서방은 도선성, 북방은 웅진성이라 한다.
-『주서』-

① 골품에 따라 관등 승진에 제한을 두었다.
② 제가 회의에서 국가 중대사를 결정하였다.
③ 지방 장관으로 욕살, 처려근지 등이 있었다.
④ 위화부, 영객부 등의 중앙 관서를 설치하였다.
⑤ 왕족인 부여씨와 8성 귀족이 지배층을 이루었다.

56회 8번 3점

09 지도와 같이 행정 구역을 정비한 국가에 대한 설명으로 옳은 것을 〈보기〉에서 고른 것은?

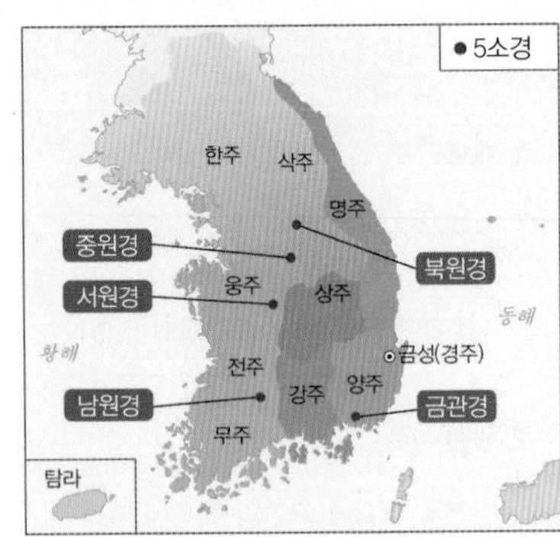

보기

ㄱ. 9서당 10정의 군사 조직을 운영하였다.
ㄴ. 욕살, 처려근지 등을 지방관으로 파견하였다.
ㄷ. 상수리 제도를 실시하여 지방 세력을 견제하였다.
ㄹ. 북계에 병마사를 파견하여 적의 침입에 대비하였다.

① ㄱ, ㄴ ② ㄱ, ㄷ ③ ㄴ, ㄷ
④ ㄴ, ㄹ ⑤ ㄷ, ㄹ

57회 19번 2점

10 (가) 기구에 대한 설명으로 옳은 것은?

○ 각 지역 출신 가운데 서울에 살며 벼슬하는 자들의 모임을 경재소라고 합니다. 경재소에서는 고향에 사는 유력자 중에서 강직하고 명석한 자들을 선택하여 (가) 에 두고 향리의 범법 행위를 규찰하고 풍속을 유지하였습니다.
○ (가) 을/를 설치하고 향임을 둔 것은 맡은 바를 중히 여긴 것이다. 수령은 임기가 정해져 있어 늘 바뀌니, 백성의 일에 뜻을 둔다 하여도 먼 곳까지 상세히 살필 겨를이 없다. 그러므로 각 지역에서 충성스럽고 부지런한 사람을 뽑아 그 지역의 기강을 맡도록 하여 수령의 눈과 귀로 삼았다.

① 주세붕이 처음 설립하였다.
② 좌수와 별감을 선발하여 운영하였다.
③ 중앙에서 교수와 훈도를 파견하였다.
④ 대성전을 세워 성현에 제사를 지냈다.
⑤ 흥선 대원군에 의해 대부분 철폐되었다.

주제 03 군사 제도

51회 11번 2점

11 다음 군사 제도를 운영한 국가에 대한 설명으로 옳은 것은?

> 목종 5년에 6위의 직원을 마련하여 두었는데, 뒤에 응양군(鷹揚軍)과 용호군(龍虎軍)의 2군을 설치하고, 6위의 위에 있게 하였다. 뒤에 또 중방을 설치하고, 2군 · 6위의 상장군과 대장군이 모두 회합하게 하였다.

① 중정대를 두어 관리를 감찰하였다.
② 9주 5소경의 지방 제도를 운영하였다.
③ 고관들의 합좌 기구인 도병마사를 설치하였다.
④ 인재를 등용하기 위하여 독서삼품과를 시행하였다.
⑤ 왕족인 부여씨와 8성의 귀족이 지배층을 이루었다.

62회 17번 1점

12 (가) 군사 조직에 대한 설명으로 옳은 것은?

> 처음에 최우가 나라 안에 도적이 많음을 근심하여 용사들을 모아 매일 밤 순행하면서 포악한 짓들을 금하였는데, 이로 인하여 이름을 야별초(夜別抄)라고 하였다. 도적들이 여러 도에서도 일어났으므로 별초를 나누어 보내 이들을 잡게 하였다. 그 군사가 매우 많아 마침내 나누어 좌우로 삼았다. 또 우리나라 사람으로서 몽골로부터 도망쳐 돌아온 자들을 한 부대로 삼아 신의군(神義軍)이라고 불렀는데, 이들이 (가) 이/가 되었다.

① 광군사의 통제를 받았다.
② 정미 7조약에 의해 해산되었다.
③ 4군 6진을 개척해 영토를 확장하였다.
④ 개경 환도 결정에 반발하여 항쟁하였다.
⑤ 유사시에 향토 방위를 담당하는 예비군이었다.

58회 21번 2점

13 밑줄 그은 '이 부대'에 대한 설명으로 옳은 것은?

전시된 그림은 이 부대의 분영인 북일영과 활터의 풍경을 묘사한 김홍도의 작품입니다. 임진왜란 중 유성룡의 건의로 편성된 이 부대는 직업 군인의 성격을 띤 상비군이었습니다.
북일영도

① 용호군과 함께 2군으로 불렸다.
② 진도에서 용장성을 쌓고 항전하였다.
③ 국경 지역인 북계와 동계에 배치되었다.
④ 포수, 살수, 사수의 삼수병으로 편제되었다.
⑤ 국왕의 친위 부대로 수원 화성에 외영을 두었다.

주제 04 교육 및 관리 선발 제도

63회 13번 1점

14 (가)에 들어갈 내용으로 옳은 것은?

한국사 교실
최충의 9재 학당을 비롯한 사학이 융성하였던 시기에 위축된 관학을 진흥하기 위해 정부가 추진한 정책을 대화창에 올려 주세요.
ON 대화창

국자감에 전문 강좌인 7재를 개설하였어요.

① 독서삼품과를 통해 인재를 등용하였어요.
② 사액 서원에 서적과 노비를 지급하였어요.
③ 중등 교육 기관으로 4부 학당을 설립하였어요.
④ 양현고를 설치하여 장학 기금을 마련하였어요.
⑤ 초계문신제를 시행하여 문신을 재교육하였어요.

62회 49번 2점

15 (가)~(라)를 활용한 탐구 활동으로 적절한 것을 〈보기〉에서 고른 것은?

(가) 처음으로 독서삼품을 정하여 관리를 선발하였다. 춘추좌씨전, 예기, 문선을 읽고 그 뜻에 능통하면서 아울러 논어와 효경에 밝은 자를 상품(上品)으로, 곡례와 논어, 효경을 읽은 자를 중품(中品)으로, 곡례와 효경을 읽은 자를 하품(下品)으로 하였다.

(나) 쌍기가 의견을 올리니 처음으로 ㉠ 이 제도를 마련하여 시행하였다. 시·부·송 및 시무책으로 시험하여 진사를 뽑았으며, 겸하여 명경업·의업·복업 등도 뽑았다.

(다) 조광조가 아뢰기를, "중앙에서는 홍문관·육경·대간, 지방에서는 감사와 수령이 천거한 사람들을 대궐에 모아 시험을 치르면 많은 인재를 얻을 수 있을 것입니다. ㉡ 이 제도는 한(漢)에서 시행한 현량방정과의 뜻을 이은 것입니다."라고 하였다.

(라) 제4조 의정부 및 각 부 판임관을 임명할 시에는 각기 관하 학도 및 외국 유학생 졸업자 중에서 시험을 거쳐 해당 주무 장관이 전권으로 임명한다. 단, 졸업자가 없을 시에는 문필과 산술이 있고 시무에 통달한 자로 시험을 거쳐서 임명한다.

보기

ㄱ. (가) – 최승로의 시무 28조를 받아들여 달라진 제도를 살펴본다.
ㄴ. (나) – 광종이 왕권 강화를 위해 추진한 정책에 대해 알아본다.
ㄷ. (다) – 중종 때 사림파 언관들이 제기한 주장을 조사해 본다.
ㄹ. (라) – 임술 농민 봉기를 수습하기 위한 정부의 대책을 파악한다.

① ㄱ, ㄴ ② ㄱ, ㄷ ③ ㄴ, ㄷ
④ ㄴ, ㄹ ⑤ ㄷ, ㄹ

60회 27번 3점

16 (가)~(라) 교육기관에 대한 설명으로 옳은 것만을 〈보기〉에서 고른 것은?

(가) 학생의 재학 연한은 9년으로 하되 우둔하여 깨우치지 못하는 자는 퇴학시키고, 재주와 기량은 있으나 아직 미숙한 자는 9년이 넘더라도 재학을 허락하였다. 관등이 대나마, 나마에 이르면 졸업하였다.

(나) 7재를 두었는데, 주역을 공부하는 여택재, 상서를 공부하는 대빙재, 모시(毛詩)를 공부하는 경덕재, 주례를 공부하는 구인재, 대례(戴禮)를 공부하는 복응재, 춘추를 공부하는 양정재, 무학을 공부하는 강예재이다.

(다) 입학생은 생원·진사인 상재생과 유학(幼學) 중에서 선발된 기재생으로 구분되었다. 이들은 동재와 서재에 기숙하면서 공부하였으며, 아침·저녁 식당에 들어가 서명하면 원점 1점을 얻었다. 원점 300점을 얻으면 관시(館試)에 응시할 수 있었다.

(라) 좌원과 우원을 두었는데, 좌원에는 젊은 현직 관리를, 우원에는 관직에 나아가지 않은 명문가 자제들을 입학시켰다. 외국인 3명을 교사로 초빙하였으며, 학생들은 졸업할 때까지 공원(公院)에서 학습에 전념하도록 하였다.

보기

ㄱ. (가) – 신문왕이 인재 양성을 위해 설치하였다.
ㄴ. (나) – 전국의 부·목·군·현에 하나씩 설립되었다.
ㄷ. (다) – 공자 등 성현을 기리는 석전대제를 거행하였다.
ㄹ. (라) – 교육 입국 조서 반포를 계기로 세워졌다.

① ㄱ, ㄴ ② ㄱ, ㄷ ③ ㄴ, ㄷ
④ ㄴ, ㄹ ⑤ ㄷ, ㄹ

65회 39번 2점

17 ㉠~㉤에 대한 탐구 활동으로 적절하지 않은 것은?

역사 돋보기 한국 교육의 역사

삼국 시대에는 ㉠ 국가가 운영하는 기관을 통해 제도적인 교육이 이루어졌다. 이때 교재는 유학 경전과 역사서가 중심이었다.

고려 시대에 와서 과거제가 실시되었다. 조상의 음덕을 입은 관직 진출도 있었지만, 과거에 합격하는 것을 영예롭게 여기기도 하였다. 이 과정에서 관학인 국자감 못지 않게 ㉡ 사학 역시 중요한 역할을 하였다.

조선 시대의 교육 기관은 ㉢ 관학으로 성균관 · 향교 등이 있었고, 사학으로 서원 등이 있었다. 국가는 교육을 통해 성리학의 이념을 확산시키고, 통치 질서를 유지하려고 하였다.

19세기 말 서구 문물을 접하면서 교육에도 상당한 변화가 일어났다. ㉣ 정부는 새로운 변화에 대처하고 행정의 실무를 담당할 필요에서 학교를 설치하였다.

갑오개혁 때 ㉤ 교육 입국 조서가 반포된 이후에는 각종 관립 학교가 세워져 교육을 담당하였다. 한편, 선교사들은 기독교를 전파하고 서양 문화를 보급하려고 학교 설립에 앞장섰다.

① ㉠ – 태학의 설립 취지를 찾아본다.
② ㉡ – 9재 학당의 수업 내용을 조사한다.
③ ㉢ – 명륜당과 대성전의 기능을 알아본다.
④ ㉣ – 동문학과 육영 공원의 운영 목적을 분석한다.
⑤ ㉤ – 배재 학당, 이화 학당의 설립 시기를 파악한다.

65회 40번 3점

18 다음 법령이 발표된 이후에 있었던 사실로 옳은 것은?

제1조 조선에서의 교육은 본령에 의한다.
제2조 국어[일본어]를 상용(常用)하는 자의 보통 교육은 소학교령, 중학교령 및 고등 여학교령에 의한다.
제3조 국어[일본어]를 상용하지 않는 자에게 보통 교육을 하는 학교는 보통학교, 고등 보통학교 및 여자 고등 보통학교로 한다.
제5조 보통학교의 수업 연한은 6년으로 한다. …… 보통학교에 입학할 수 있는 자는 연령 6세 이상으로 한다.

① 서당 규칙이 제정되었다.
② 2 · 8 독립 선언이 발표되었다.
③ 조선어 연구회가 결성되었다.
④ 조선 여자 교육회가 조직되었다.
⑤ 조선 민립 대학 설립 기성회가 창립되었다.

주제 05 토지 제도

60회 16번 3점

19 (가), (나)에 해당하는 토지 제도에 대한 설명으로 옳은 것은?

(가) 문종 30년 양반 전시과를 다시 개정하였다. 제1과는 전지 100결, 시지 50결(중서령 · 상서령 · 문하시중) …… 제18과는 전지 17결(한인 · 잡류)로 한다.

(나) 공양왕 3년 도평의사사에서 글을 올려 과전의 지급에 관한 법 제정을 건의하니 왕이 허락하였다. …… 1품부터 9품의 산직까지 나누어 18과로 하였다.

① (가) – 조준 등의 건의로 제정되었다.
② (가) – 관등과 인품을 기준으로 수조권을 주었다.
③ (나) – 개국 공신에게 역분전을 지급하였다.
④ (나) – 지급 대상 토지를 원칙적으로 경기 지역에 한정하였다.
⑤ (가), (나) – 수조권 외에 노동력을 징발할 수 있는 권한을 주었다.

53회 19번 2점

20 밑줄 그은 '이 제도'에 대한 설명으로 옳은 것은?

#3. 궁궐 안

성종이 경연에서 신하들과 토지 제도 개혁을 논의하고 있다.

성종: 그대들의 의견을 말해 보도록 하라.
김유: 우리나라의 수신전, 휼양전 등은 진실로 아름다운 것이지만 오히려 일이 없는 자가 앉아서 그 이익을 누린다고 하여 세조께서 과전을 없애고 이 제도를 만드셨습니다.

① 전지와 시지를 등급에 따라 지급하였다.
② 풍흉에 관계없이 전세 부담액을 고정하였다.
③ 현직 관리에게만 토지의 수조권을 지급하였다.
④ 관리에게 녹봉을 지급하고 수조권을 폐지하였다.
⑤ 개국 공신에게 인성, 공로를 기준으로 토지를 지급하였다.

주제 06 수취 제도

65회 25번 2점

21 (가) 제도에 대한 설명으로 옳은 것은?

> 광해군 때 이원익이 방납의 폐단을 혁파하고자 선혜청을 두고 (가) 을/를 실시할 것을 청하였다. …… 맨 먼저 경기도 내에 시범적으로 실시하니 백성들은 대부분 편리하게 여겼다. 다만 권세가와 부호들은 방납의 이익을 잃기 때문에 온갖 방법으로 반대하였다.
>
> -『국조보감』-

① 양반에게도 군포를 부과하였다.
② 수신전과 휼양전을 폐지하였다.
③ 양전 사업을 실시하여 지계를 발급하였다.
④ 전세를 풍흉에 따라 9등급으로 차등 과세하였다.
⑤ 관청에 물품을 조달하는 공인이 등장하는 배경이 되었다.

54회 25번 2점

22 밑줄 그은 '방책'에 해당하는 내용으로 옳은 것은?

① 일부 부유한 양민에게 선무군관포를 징수하였다.
② 풍흉에 따라 전세를 9등급으로 차등 과세하였다.
③ 백성들에게 곡식을 빌려주는 진대법을 시행하였다.
④ 수신전, 휼양전 등의 명목으로 세습되는 토지를 폐지하였다.
⑤ 기금을 모아 그 이자로 빈민을 구제하는 제위보를 운영하였다.

CHAPTER

02 경제

정답 및 해설 3권 07쪽

CHAPTER 02 경제 문제 유형 TOP3

설명형 0 100(%)

사료형 0 100(%)

빈칸형 0 100(%)

★ 최근 3개년 기출 분석(68~51회)

★ 설명형: 지문, 말풍선 등에서 설명하는 주제에 대해 옳은/틀린 것을 고르는 유형

★ 사료형: 사료를 통해 주제를 파악하는 유형

★ 빈칸형: 빈칸에 들어갈 내용에 대한 설명을 고르는 유형

주제 07 고대~조선 전기의 경제

64회 8번 2점

23 (가) 국가의 경제 상황으로 옳은 것은?

이 지도는 (가) 의 전성기 영역을 나타낸 것입니다. 이 국가에서는 각지에서 말이 사육되었는데, 그중에서도 솔빈부의 말은 당에 수출될 정도로 유명하였습니다. 특히, 고구려 유민 출신으로 산둥 반도 지역을 장악하였던 이정기 세력에게 많은 말을 수출하였습니다.

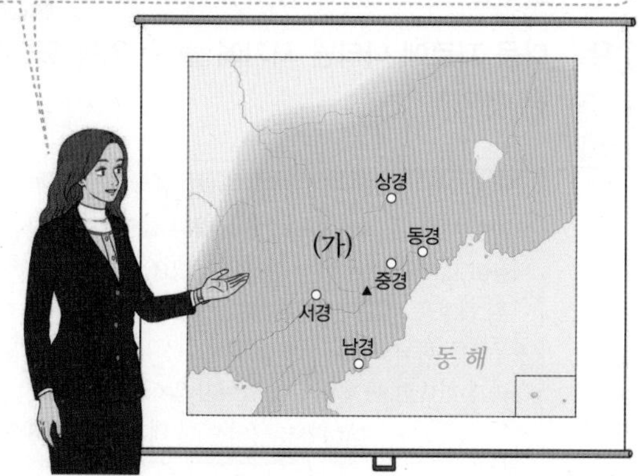

① 벽란도를 통해 아라비아 상인과 무역하였다.
② 구황 작물로 감자, 고구마를 널리 재배하였다.
③ 해동통보를 발행하여 화폐 유통을 추진하였다.
④ 시장을 관리하는 관청인 동시전을 설치하였다.
⑤ 거란도, 영주도 등을 통해 주변국과 교역하였다.

59회 8번 2점

24 다음 자료에 나타난 시기의 경제 상황으로 옳은 것은?

장보고가 귀국 후 왕을 알현하여, "온 중국이 우리나라 사람을 노비로 삼고 있습니다. 바라옵건대 청해에 진을 설치하여 해적이 사람을 중국으로 잡아가는 것을 막으십시오."라고 아뢰었다. 왕이 장보고에게 군사 1만 명을 주어서 지키게 하였다.

① 은병이 화폐로 제작되었다.
② 낙랑과 왜에 철을 수출하였다.
③ 집집마다 부경이라는 창고가 있었다.
④ 덕대가 광산을 전문적으로 경영하였다.
⑤ 울산을 통해 아라비아 상인들이 왕래하였다.

58회 7번 2점

25 밑줄 그은 '시기' 신라의 경제 모습으로 옳은 것은?

이것은 일본의 귀족들이 신라에서 들어온 물품을 매입하고자 그 수량과 가격을 기록하여 일본 정부에 제출한 '매신라물해(買新羅物解)'라는 문서입니다. 통일을 이루고 9주 5소경을 설치한 이후의 시기에 일본과 교역하던 모습을 알 수 있습니다.

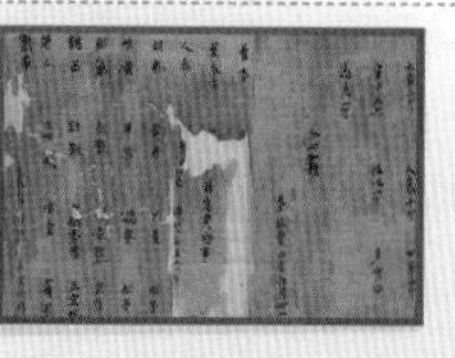

① 벽란도가 국제 무역항으로 번성하였다.
② 조세 수취를 위해 촌락 문서를 작성하였다.
③ 철이 많이 생산되어 낙랑군 등에 수출하였다.
④ 농업 생산력 증대를 위해 우경을 처음으로 시작하였다.
⑤ 수도에 도시부(都市部)라는 관청을 설치하여 시장을 관리하였다.

63회 18번 2점

26 다음 상황이 나타난 시기의 경제 모습으로 옳은 것은?

도병마사가 아뢰기를, "안서도호부에서 바친 철은 예전에는 무기용으로 충당하였습니다. 근래에 흥왕사를 창건하면서 또다시 철을 더 바치라고 명령하셨으니 백성들이 고통을 감당하지 못하고 있습니다. 청컨대 염주, 해주, 안주 세 곳에서 2년 동안 바치는 철을 흥왕사 창건에 쓰게 하여 수고로운 폐단을 풀어 주십시오."라고 하니, 이를 따랐다.

① 관리에게 전지와 시지를 지급하였다.
② 시장을 감독하기 위해 동시전을 설치하였다.
③ 허적의 제안에 따라 상평통보를 발행하였다.
④ 일본과의 교역 규모를 규정한 계해약조를 체결하였다.
⑤ 상권 수호를 목적으로 황국 중앙 총상회를 조직하였다.

62회 12번 2점

27 (가) 국가의 경제 상황으로 옳은 것은?

이것은 양산 통도사 국장생 석표입니다. 통도사의 경계를 표시하기 위해 세운 석표 중 하나로 '상서호부(尙書戶部)의 승인으로 세웠다'는 내용이 새겨져 있습니다. 국사·왕사 제도를 두어 불교를 장려했던 (가) 시대에 국가와 사찰의 관계를 파악할 수 있는 문화유산입니다.

① 삼한통보, 해동통보 등이 발행되었다.
② 특산품으로 솔빈부의 말이 유명하였다.
③ 만상이 대청 무역으로 부를 축적하였다.
④ 시장을 감독하는 관청인 동시전이 설치되었다.
⑤ 광산을 전문적으로 경영하는 덕대가 등장하였다.

55회 26번 2점

28 (가) 국가에 대한 조선의 정책으로 옳은 것을 〈보기〉에서 고른 것은?

그림으로 보는 조선사 외교

이것은 기유약조로 교역이 재개된 (가) 와/과의 무역 중심지인 초량 일대를 그린 그림이다. 그림 아래 부분의 동관 지역은 (가) 상인들과 관리들의 집단 거주지였으며, 거류민 관리와 조선과의 교섭 등을 담당하던 관수의 관사(官舍)도 위치해 있었다.

보기

ㄱ. 막부의 요청에 따라 통신사를 파견하였다.
ㄴ. 한성에 동평관을 두어 무역을 허용하였다.
ㄷ. 하정사, 성절사, 동지사 등 사절단을 보내었다.
ㄹ. 어윤중을 서북 경략사로 임명하여 사무를 관장하였다.

① ㄱ, ㄴ　② ㄱ, ㄷ　③ ㄴ, ㄷ
④ ㄴ, ㄹ　⑤ ㄷ, ㄹ

주제 08 조선 후기의 경제

64회 20번 2점

29 다음 자료에 나타난 시기에 볼 수 있는 모습으로 적절한 것은?

비변사에서 아뢰기를 "…… 우리나라는 물력(物力)이 부족하여 요역이 매우 무겁습니다. 매번 나라의 힘으로 채굴한다면, 노동과 비용이 많이 들어갑니다. 채은관(採銀官)에게 명해 광산을 개발한 이후 백성을 모집하여 [채굴할 것을] 허락하고 그로 하여금 세를 거두도록 하되 그 세금의 많고 적음은 [채은관이] 적당히 헤아려 정하게 한다면 관에서 힘을 들이지 않아도 세입이 저절로 많아질 것입니다. ……"라고 하니, 왕이 아뢴 대로 하라고 답하였다.

① 주자감에서 공부하는 학생
② 초조대장경 조판을 지켜보는 승려
③ 빈공과를 준비하는 6두품 출신 유학생
④ 과전법에 따라 수조권을 지급받는 관리
⑤ 고추, 담배 등을 상품 작물로 재배하는 농민

62회 23번 1점

30 다음 상인이 등장한 배경으로 가장 적절한 것은?

우리 역사 속 직업의 세계
나의 직업은 무엇일까요?

(앞면)

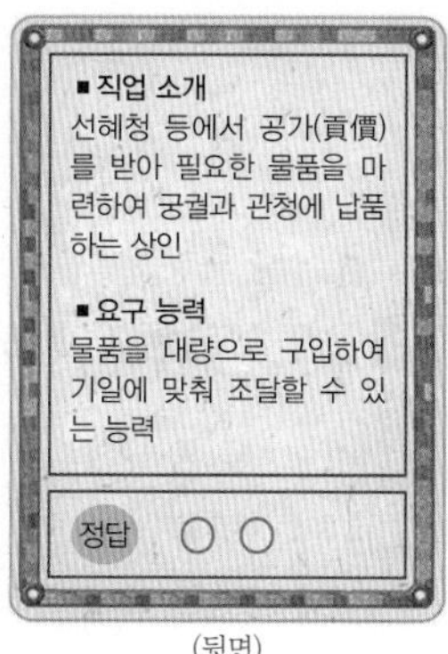

선혜청 등에서 공가(貢價)를 받아 필요한 물품을 마련하여 궁궐과 관청에 납품하는 상인

물품을 대량으로 구입하여 기일에 맞춰 조달할 수 있는 능력

(뒷면)

① 관수 관급제가 시행되었다.
② 금속 화폐인 건원중보가 주조되었다.
③ 근대적 상회사인 대동 상회가 설립되었다.
④ 공납의 폐단을 시정하기 위해 대동법이 실시되었다.
⑤ 육의전을 제외한 시전 상인의 금난전권이 폐지되었다.

61회 25번 2점

31 다음 기사에 나타난 시기의 경제 상황으로 옳은 것은?

역사 신문

제△△호 ○○○○년 ○○월 ○○일

거상(巨商) 임상옥, 북경에서 인삼 무역으로 큰 수익

연행사의 수행원으로 북경에 간 만상(灣商) 임상옥이 인삼 무역으로 큰 수익을 거두었다. 북경 상인들이 불매 동맹을 통해 인삼을 헐값에 사려 하자, 그는 가져간 인삼 보따리를 태우는 기지를 발휘해 북경 상인에게 인삼을 높은 가격에 매각하여 막대한 이익을 얻은 것이다.

① 삼한통보, 해동통보가 발행되었다.
② 솔빈부의 말이 특산물로 수출되었다.
③ 초량 왜관을 통해 일본과 교역하였다.
④ 당항성, 영암이 국제 무역항으로 번성하였다.
⑤ 경시서의 관리들이 수도의 시전을 감독하였다.

60회 28번 1점

32 다음 상황이 나타난 시기에 볼 수 있는 모습으로 적절하지 <u>않은</u> 것은?

○ 집집마다 인삼을 심어서 돈을 물 쓰듯이 한다고 하는데, 재산을 만드는 방법으로는 이보다 나은 것이 없다고 한다.
○ 어제 울타리 밖의 몇 되지기 밭에 담배를 파종하였다.
○ 금년에는 목화가 풍년이 들었는데, 어제는 시장에서 25근에 100전이었다고 한다.

－『노상추일기』－

① 한글 소설을 읽어주는 전기수
② 시사를 조직하여 활동하는 역관
③ 주전도감에서 해동통보를 만드는 장인
④ 왕조 교체를 예언한 정감록을 읽는 양반
⑤ 한강을 무대로 상업에 종사하는 경강상인

51회 26번 2점

33 다음 대화가 이루어진 시기의 경제 상황으로 옳지 <u>않은</u> 것은?

며칠 전 전하께서 형조와 한성부에 시전 상인의 금난전권을 철폐하고 이를 어길 경우 처벌하라는 지시를 내리셨다네.

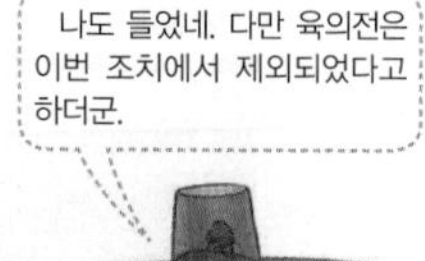

나도 들었네. 다만 육의전은 이번 조치에서 제외되었다고 하더군.

① 고액 화폐인 활구가 주조되었다.
② 담배, 면화 등 상품 작물이 재배되었다.
③ 관청에 물품을 조달하는 공인이 활동하였다.
④ 송상, 만상이 대청 무역으로 부를 축적하였다.
⑤ 광산을 전문적으로 경영하는 덕대가 등장하였다.

CHAPTER 03

사회

정답 및 해설 3권 10쪽

CHAPTER 03 사회 문제 유형 TOP3

★ 최근 3개년 기출 분석(68~51회)
★ 빈칸형: 빈칸에 들어갈 내용에 대한 설명을 고르는 유형
★ 사료형: 사료를 통해 주제를 파악하는 유형
★ 설명형: 지문, 말풍선 등에서 설명하는 주제에 대해 옳은/틀린 것을 고르는 유형

주제 09 고대의 사회

64회 3번 2점

34 (가)에 들어갈 내용으로 가장 적절한 것은?

지금 보시는 자료는 안악 3호분 벽화 중 일부로, 무덤 주인공과 호위 군사 등의 행렬 모습을 자세히 보여줍니다. 이 벽화를 남긴 나라에 대하여 알고 있는 내용을 대화창에 올려 주세요.
ON 대화창

① 연의 장수 진개의 공격을 받았어요.
② 골품에 따른 신분 차별이 엄격하였어요.
③ 빈민을 구제하기 위해 진대법을 실시하였어요.
④ 사회 질서를 유지하기 위한 범금 8조가 있었어요.
⑤ 왕족인 부여씨와 8성의 귀족이 지배층을 이루었어요.

55회 5번 1점

35 밑줄 그은 '이 제도'에 대한 설명으로 옳은 것은?

축하드립니다. 이번에 대아찬으로 승진하셨다고 들었습니다.
고맙네. 하지만 6두품 자네는 이 제도 때문에 아찬에서 더 이상 올라갈 수 없다는 것이 안타깝네 그려.

① 원화(源花)에 기원을 두고 있다.
② 을파소의 건의로 처음 마련되었다.
③ 서얼의 관직 진출을 법으로 제한하였다.
④ 집과 수레의 크기 등 일상생활을 규제하였다.
⑤ 문무 5품 이상 관리의 자손을 대상으로 하였다.

주제 10 고려~조선의 신분 제도

58회 25번 2점

36 (가)에 들어갈 내용으로 옳은 것은?

조선 시대 직역(職役)을 맞히는 문제, 이제 마지막 힌트가 공개됩니다.
한국사 퀴즈
1단계 힌트
단안(壇案)이라는 명부에 등록되었다.
2단계 힌트
연조귀감에 연혁이 수록되었다.
3단계 힌트
지방 행정 실무를 담당하였다.
4단계 힌트

① 상피제의 적용을 받았다.
② 잡과를 통해 선발되었다.
③ 감사 또는 방백이라 불렸다.
④ 이방, 호방 등 6방에 소속되었다.
⑤ 공음전을 경제적 기반으로 삼았다.

58회 47번 2점

37 (가) 신분에 대한 설명으로 옳은 것은?

나는 방호별감 김윤후입니다. 몽골군의 침입에 맞서 충주산성을 방어할 때 (가) 의 신분 문서를 불태워 그들의 사기를 높였습니다.

나는 군국기무처의 총재 김홍집입니다. 신분 차별 폐지에 대한 요구를 수용하여 (가) 에 관한 법을 폐지하였습니다.

① 신라에서 승진에 제한을 받았으며, 득난이라고도 불렸다.
② 고려 시대에 향, 부곡, 소에 거주하였으며, 과중한 세금을 부담하였다.
③ 조선 시대에 봉수, 역졸의 업무를 주로 담당하였다.
④ 조선 후기에 통청 운동으로 청요직 진출을 시도하였다.
⑤ 조선 순조 때 궁방과 중앙 관서에 소속된 6만여 명이 해방되었다.

주제 11 고려~조선의 사회 모습

58회 12번 2점

38 다음 상황이 나타난 시기의 사회 시책으로 옳은 것은?

○ 왕이 명하였다. "도성 안의 백성들이 역질에 걸렸으니 구제도감을 설치하여 치료하고, 시신과 유골은 거두어 비바람에 드러나지 않게 매장하라."
○ 중서성에서 아뢰었다. "지난해 관내 서도의 주현에 흉년이 들어 백성이 굶주리고 있습니다. 사창과 공해(公廨)의 곡식을 내어 경작을 원조하고, 가난하여 스스로 살아갈 수 없는 자는 의창을 열어 진휼하십시오."

① 유랑민을 구휼하는 활인서를 두었다.
② 백성들에게 곡식을 빌려주는 진대법을 실시하였다.
③ 국산 약재와 치료법을 소개한 향약집성방을 편찬하였다.
④ 기근에 대비하기 위해 구황촬요를 간행하여 보급하였다.
⑤ 기금을 모아 그 이자로 빈민을 구제하는 제위보를 운영하였다.

56회 14번 2점

39 다음 사건이 전개된 시기의 사회 모습으로 옳은 것은?

사건 일지

2월 10일 망이 등이 다시 반란을 일으켜 가야사를 습격함.
3월 11일 망이 등이 홍경원에 불을 지르고 승려 10여 명을 죽임.
6월 23일 망이가 사람을 보내 항복을 청함.
7월 20일 망이·망소이 등을 체포하여 청주 감옥에 가둠.

① 서얼이 통청 운동을 전개하였다.
② 원종과 애노가 사벌주에서 봉기하였다.
③ 적장자 위주의 상속 제도가 확립되었다.
④ 읍락 간의 경계를 중시하는 책화가 있었다.
⑤ 특수 행정 구역인 소의 주민들이 차별을 받았다.

52회 12번 2점

40 (가) 시대의 정책으로 옳은 것을 〈보기〉에서 고른 것은?

역사 용어 해설

구제도감

1. 기능

(가) 시대에 재해가 발생했을 때 설치한 임시 기구로서 전염병 퇴치, 병자 치료 등의 임무를 수행하며 백성을 구호하였다.

2. 관련 사료

왕이 명하기를, "도성 내의 백성들이 역질에 걸렸으니 구제도감을 설치하여 이들을 치료하고, 시신과 유골은 거두어 비바람에 드러나지 않게 매장하라."라고 하였다.

보기

ㄱ. 기근에 대비하기 위하여 구황촬요를 간행하였다.
ㄴ. 개경에 국립 의료기관인 동서 대비원을 설치하였다.
ㄷ. 호조에서 정한 사창절목에 따라 사창제를 시행하였다.
ㄹ. 기금을 모아 그 이자로 빈민을 구휼하는 제위보를 운영하였다.

① ㄱ, ㄴ ② ㄱ, ㄷ ③ ㄴ, ㄷ
④ ㄴ, ㄹ ⑤ ㄷ, ㄹ

CHAPTER 04

사상 및 종교

정답 및 해설 3권 12쪽

CHAPTER 04 사상 및 종교 문제 유형 TOP3

★ 최근 3개년 기출 분석(68~51회)

★ 빈칸형: 빈칸에 들어갈 내용에 대한 설명을 고르는 유형

★ 설명형: 지문, 말풍선 등에서 설명하는 주제에 대해 옳은/틀린 것을 고르는 유형

★ 사료형: 사료를 통해 주제를 파악하는 유형

주제 12 불교

61회 5번 1점

41 (가) 인물의 활동으로 옳은 것은?

이곳은 (가) 의 생애와 활동을 주제로 한 전시실입니다. 그는 금강삼매경론, 대승기신론소 등을 저술하여 불교 교리 연구에 힘썼으며, 무애가를 짓고 정토 신앙을 전파하여 불교 대중화에 앞장섰습니다.

① 일심 사상과 화쟁 사상을 주장하였다.
② 구법 순례기인 왕오천축국전을 남겼다.
③ 황룡사 구층 목탑의 건립을 건의하였다.
④ 왕명으로 수에 군사를 청하는 걸사표를 지었다.
⑤ 승려들의 전기를 정리한 해동고승전을 편찬하였다.

61회 15번 3점

42 (가)~(라) 승려에 대한 설명으로 옳은 것은?

○ (가) 은/는 화엄 사상의 요지를 정리한 「화엄일승법계도」를 저술하였다. 또한 부석사를 비롯한 여러 사원을 건립하였고, 현세의 고난에서 구제받고자 하는 관음 신앙을 강조하였다.
○ (나) 은/는 귀법사의 주지로서, 왕명에 따라 민중을 교화하고 불법을 널리 펴기 위해 노력하였다. 또한 향가인 「보현십원가」 11수를 지어 화엄 사상을 대중에게 전파하였다.
○ (다) 은/는 문종의 아들로 태어나 11세에 출가하였다. 31세에 송으로 건너가 고승들과 불법을 토론하고 불교 서적을 수집하여 귀국하였다. 국청사를 중심으로 천태종을 창시하였으며, 교선 통합을 사상적으로 뒷받침하기 위해 교관겸수를 제창하였다.
○ (라) 은/는 12세에 출가하였다. 수행상의 제약을 넘어서기 위해서는 천태의 교리에 의지해야 한다는 깨달음을 얻었다. 법화 신앙을 바탕으로 강진 만덕사에서 백련 결사를 결성하였다.

① (가) – 심성의 도야를 강조한 유불 일치설을 주장하였다.
② (나) – 정혜쌍수와 돈오점수를 수행 방법으로 제시하였다.
③ (다) – 불교 경전에 대한 주석서를 모아 교장을 편찬하였다.
④ (라) – 9산 선문 중 하나인 가지산문을 개창하였다.
⑤ (가)~(라) – 승과에 합격하고 왕사에 임명되었다.

55회 8번 1점

43 (가) 인물에 대한 설명으로 옳은 것은?

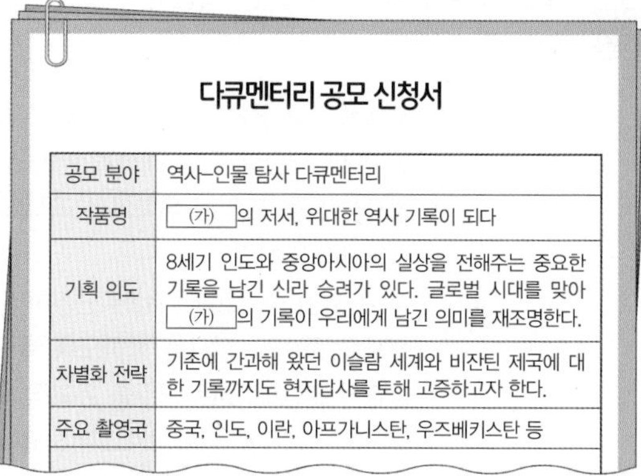

다큐멘터리 공모 신청서

공모 분야	역사-인물 탐사 다큐멘터리
작품명	(가) 의 저서, 위대한 역사 기록이 되다
기획 의도	8세기 인도와 중앙아시아의 실상을 전해주는 중요한 기록을 남긴 신라 승려가 있다. 글로벌 시대를 맞아 (가) 의 기록이 우리에게 남긴 의미를 재조명한다.
차별화 전략	기존에 간과해 왔던 이슬람 세계와 비잔틴 제국에 대한 기록까지도 현지답사를 토해 고증하고자 한다.
주요 촬영국	중국, 인도, 이란, 아프가니스탄, 우즈베키스탄 등

① 향가 모음집인 삼대목을 편찬하였다.
② 화랑도의 규범인 세속 5계를 제시하였다.
③ 무애가를 지어 불교 대중화에 기여하였다.
④ 구법 순례기인 왕오천축국전을 저술하였다.
⑤ 화엄일승법계도를 지어 화엄 사상을 정리하였다.

63회 16번 2점

44 (가) 인물에 대한 설명으로 옳은 것은?

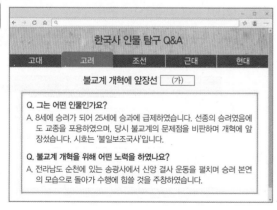

한국사 인물 탐구 Q&A

고대 | 고려 | 조선 | 근대 | 현대

불교계 개혁에 앞장선 (가)

Q. 그는 어떤 인물인가요?
A. 8세에 승려가 되어 25세에 승과에 급제하였습니다. 선종의 승려였음에도 교종을 포용하였으며, 당시 불교계의 문제점을 비판하며 개혁에 앞장섰습니다. 시호는 '불일보조국사'입니다.

Q. 불교계 개혁을 위해 어떤 노력을 하였나요?
A. 전라남도 순천에 있는 송광사에서 신앙 결사 운동을 펼치며 승려 본연의 모습으로 돌아가 수행에 힘쓸 것을 주창하였습니다.

① 참선을 강조하고 돈오점수를 주장하였다.
② 불교 교단 통합을 위해 해동 천태종을 개창하였다.
③ 선문염송집을 편찬하고 유불 일치설을 제창하였다.
④ 승려들의 전기를 정리하여 해동고승전을 편찬하였다.
⑤ 보현십원가를 지어 불교 교리를 대중에게 전파하였다.

65회 13번 2점

45 (가)에 들어갈 내용으로 옳은 것은?

왕후(王煦), 왕자로 태어나 승려가 되다
문종의 아들로 불법(佛法)을 구하러 송에 유학하였다. 귀국 후 흥왕사에서 『신편제종교장총록』을 간행하였다. 이 책은 송·거란·일본 등 동아시아 각지의 불교 서적을 수집하여 정리한 것이다. 이후 (가)

① 국청사의 주지가 되어 해동 천태종을 개창하였다.
② 불교 개혁을 주장하며 수선사 결사를 조직하였다.
③ 선문염송집을 편찬하고 유불 일치설을 주장하였다.
④ 불교 관련 자료를 중심으로 삼국유사를 집필하였다.
⑤ 인도와 중앙아시아를 순례하고 왕오천축국전을 남겼다.

주제 13 유학

63회 6번 2점

46 (가)에 들어갈 내용으로 가장 적절한 것은?

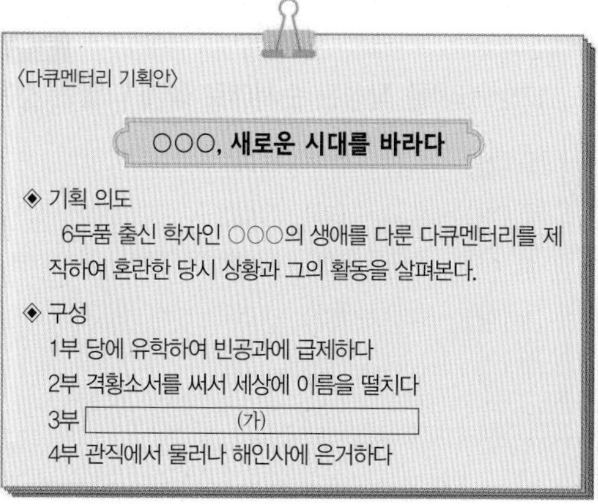

〈다큐멘터리 기획안〉

○○○, 새로운 시대를 바라다

◈ 기획 의도
6두품 출신 학자인 ○○○의 생애를 다룬 다큐멘터리를 제작하여 혼란한 당시 상황과 그의 활동을 살펴본다.

◈ 구성
1부 당에 유학하여 빈공과에 급제하다
2부 격황소서를 써서 세상에 이름을 떨치다
3부 (가)
4부 관직에서 물러나 해인사에 은거하다

① 화왕계를 지어 국왕에게 조언하다
② 외교 문서인 청방인문표를 작성하다
③ 진성 여왕에게 시무책 10여 조를 올리다
④ 청해진을 중심으로 해상 무역을 전개하다
⑤ 인도와 중앙아시아를 순례하고 왕오천축국전을 남기다

04 사상 및 종교

[47~48] 다음 자료를 읽고 물음에 답하시오.

(가) 제6도 심통성정도(心統性情圖) 중에서 하도(下圖)는 이(理)와 기(氣)를 합하여 말한 것이니, …… 예를 들면 사단(四端)의 정은 이가 발하고 기가 따르니, 본래 순선(純善)하여 악이 없으나, 반드시 이의 발함이 온전하게 이루어지기 전에 기에 가려진 연후에야 선하지 않게 됩니다. 칠정(七情)은 기가 발하고 이가 그것에 타는 것이니, 역시 선하지 않음이 없으나, 만약 기가 발하는 것이 절도에 맞지 않으면 그 이를 멸하게 되어 악이 됩니다.

(나) 유 · 불 · 도 삼교(三敎)는 각자 업(業)으로 삼아 수행하는 바가 있으니, 섞어서 하나로 할 수는 없습니다. 부처의 가르침을 행하는 것은 수신(修身)의 근본이요, 유교의 가르침을 행하는 것은 나라를 다스리는 근원이니, 수신은 다음 생을 위한 바탕이 되고, 나라를 다스리는 것은 곧 오늘날에 힘쓸 일입니다. 오늘날은 지극히 가깝고 다음 생은 지극히 먼 것인데, 가까운 것을 버리고 먼 것을 구한다면 이는 잘못된 것이 아니겠습니까.

(다) 저 불씨(佛氏)는 사람이 사악한지 정의로운지 올바른지 그른지는 가리지 않고 말하기를, "우리 부처에게 오는 자는 화를 면하고 복을 얻을 수 있다."라고 한다. 이것은 비록 열 가지의 큰 죄악을 지은 사람일지라도 부처에게 귀의하면 화를 면하게 되고, 아무리 도가 높은 선비일지라도 부처에게 귀의하지 않으면 화를 면할 수 없다는 말이다. 가령 그 말이 거짓이 아니라 할지라도 모두 사사로운 마음에서 나온 것이요, 올바른 도리가 아니므로 징계해야 할 것이다.

(라) 유교계에 3대 문제가 있는지라. 그 문제에 관해 개량하고 구신(求新)하지 않으면 우리 유교는 결코 흥왕할 수 없으리라. …… 소위 3대 문제는 무엇인가. 하나는 유교파의 정신이 오로지 제왕 측에 있고 인민 사회에 보급할 정신이 부족한 것이다. 하나는 열국을 돌아다니면서 천하를 바꾸려는 주의를 따르지 않고, "내가 학생을 구하는 것이 아니라, 학생이 나를 찾아야 한다."라는 주의를 고수한 것이다. 하나는 우리 한국의 유가는 간단하고 절실한 가르침을 요구하지 않고 지리하고 한만(汗漫)한 공부만 해 온 것이다.

57회 35번 2점

47 (가)~(라)를 작성된 순서대로 옳게 나열한 것은?

① (가) – (나) – (다) – (라)
② (가) – (나) – (라) – (다)
③ (나) – (가) – (라) – (다)
④ (나) – (다) – (가) – (라)
⑤ (다) – (라) – (나) – (가)

57회 36번 3점

48 (가)~(라)를 작성한 인물에 대해 탐구한 내용으로 적절한 것을 〈보기〉에서 고른 것은?

보기

ㄱ. (가) – 자유롭고 독창적으로 경서를 해석해 사서(四書)에 대한 주자의 해석을 반박하고, 노장사상 등을 도입해 유학의 실리적 측면을 강화하려고 하였다.
ㄴ. (나) – 예기(禮記) 중 월령(月令)에 근거하여 불교 행사를 줄이고 정사를 행하도록 촉구하며 불교적 관행에 젖은 군주를 유교적 규범을 실천하는 군주로 변화시키고자 하였다.
ㄷ. (다) – 기대승과의 논쟁을 통해 성리학의 이해를 심화하였으며, 그의 사상은 제자에 의해 일본으로 전해져 일본 유학의 발전에 영향을 주었다.
ㄹ. (라) – 양명학을 통해서 기존의 유학을 개선하려 하였고, 실학의 실천 정신을 받아들여 구국 운동을 실행하는 데 관심을 기울였다.

① ㄱ, ㄴ　② ㄱ, ㄷ　③ ㄴ, ㄷ
④ ㄴ, ㄹ　⑤ ㄷ, ㄹ

60회 17번 1점

49 (가)에 들어갈 내용으로 옳은 것은?

〈고려 시대 유학자〉

유학자	주요 활동
최승로	(가)
최충	9재 학당을 설립하여 유학 교육에 힘씀
김부식	유교 사관에 입각하여 삼국사기를 편찬함
안향	고려에 처음으로 성리학을 도입함
이제현	만권당에서 원의 학자들과 교류함

① 불씨잡변을 지어 불교를 비판함
② 인재 등용을 위해 현량과 실시를 제안함
③ 시무 28조를 올려 국가 운영 방안을 제시함
④ 지부복궐척화의소를 올려 왜양일체론을 주장함
⑤ 해주 향약을 시행하여 향촌 교화를 위해 노력함

63회 22번 3점

50 밑줄 그은 '이 인물'에 대한 설명으로 옳은 것은?

해주 향약을 시행하여 향촌 교화에 힘썼던 이 인물에 대해 말해 보자.
동호문답에서 수취 제도 개편 등 다양한 개혁 방안을 제시하였어.
격몽요결을 저술하여 체계적인 성리학 교육에 힘썼어.

① 명에 대한 의리를 내세운 기축봉사를 올렸다.
② 청으로부터 시헌력을 도입하자고 건의하였다.
③ 양반의 허례와 무능을 풍자한 양반전을 저술하였다.
④ 예학을 조선의 현실에 맞게 정리한 가례집람을 지었다.
⑤ 군주가 수양해야 할 덕목과 지식을 담은 성학집요를 집필하였다.

60회 23번 3점

51 (가) 인물에 대한 설명으로 옳은 것은?

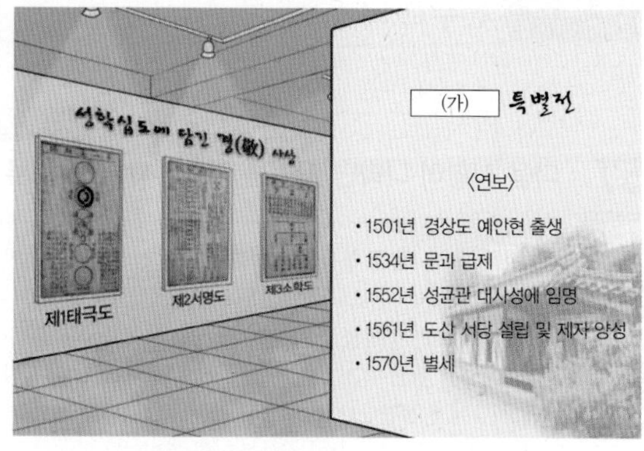

① 기대승과 사단칠정 논쟁을 전개하였다.
② 일본에 다녀와서 해동제국기를 편찬하였다.
③ 양명학을 연구하여 강화 학파를 형성하였다.
④ 기축봉사를 올려 명에 대한 의리를 내세웠다.
⑤ 무오사화의 발단이 된 조의제문을 작성하였다.

주제 14 실학

65회 27번 2점

52 다음 가상 인터뷰의 주인공에 대한 설명으로 옳은 것은?

성호사설에서 6가지 좀의 하나로 과업을 말씀하셨는데요, 어떤 점이 문제인가요?
요즈음 과거를 준비하는 유생들은 부모 형제와 생업도 팽개치고 종일토록 글공부만 하고 있으니, 이는 인간의 본성을 망치는 재주일 뿐입니다. 다행히 급제라도 하면 교만하고 사치스러워져, 끝없이 백성의 것을 빼앗아 그 욕심을 채웁니다. 때문에 나라를 좀먹는 존재로 표현했습니다.

① 마과회통에서 홍역에 대한 지식을 정리하였다.
② 의산문답에서 중국 중심의 세계관을 비판하였다.
③ 발해고에서 남북국이라는 용어를 처음 사용하였다.
④ 곽우록에서 토지 매매를 제한하는 한전론을 제시하였다.
⑤ 금석과안록에서 북한산비가 진흥왕 순수비임을 고증하였다.

62회 28번 2점

53 (가), (나)를 쓴 인물의 공통점으로 옳은 것은?

(가) 실옹이 웃으며 말하기를, "…… 대저 땅덩이는 하루 동안에 한 바퀴를 도는데, 땅 둘레는 9만 리이고 하루는 12시이다. 9만 리 넓은 둘레를 12시간에 도니 번개나 포탄보다도 더 빠른 셈이다."라고 하였다.

(나) 허생이 말하기를, "우리 조선은 배가 외국과 통하지 못하고, 수레가 국내에 두루 다니지 못하는 까닭에 온갖 물건이 나라 안에서 생산되어 소비되곤 하지 않나. …… 어떤 물건 하나를 슬그머니 독점한다면, 그 물건은 한 곳에 갇혀서 유통되지 못하니 이는 백성을 못살게 하는 방법이야."라고 하였다.

① 갑술환국으로 정계에서 축출되었다.
② 양명학을 연구하여 강화 학파를 형성하였다.
③ 서얼 출신으로 규장각 검서관에 기용되었다.
④ 연행사의 일원으로 청에 다녀와 연행록을 남겼다.
⑤ 농민 생활의 안정을 위하여 화폐 사용을 반대하였다.

64회 27번 1점

54 (가) 인물에 대한 설명으로 옳은 것은?

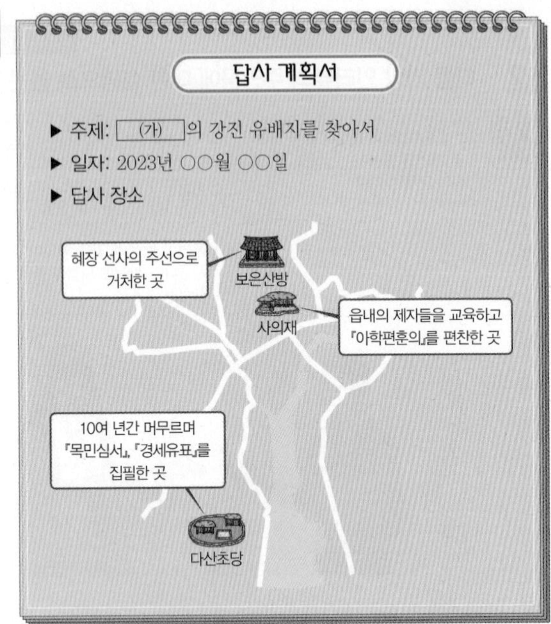

답사 계획서
▶ 주제: (가) 의 강진 유배지를 찾아서
▶ 일자: 2023년 ○○월 ○○일
▶ 답사 장소
혜장 선사의 주선으로 거처한 곳
보은산방
사의재
읍내의 제자들을 교육하고 『아학편훈의』를 편찬한 곳
10여 년간 머무르며 『목민심서』, 『경세유표』를 집필한 곳
다산초당

① 일본에 다녀와 해동제국기를 편찬하였다.
② 최초의 서원인 백운동 서원을 건립하였다.
③ 북한산비가 진흥왕 순수비임을 고증하였다.
④ 양명학을 연구하여 강화 학파를 형성하였다.
⑤ 기기도설을 참고하여 거중기를 설계하였다.

54회 27번 1점

55 밑줄 그은 '그'에 대한 설명으로 옳은 것은?

시(詩)로 만나는 실학자

육지의 재화는 연경과 통하지 않고
바다의 상인은 왜의 물건을 실어 오지 않네
비유컨대 들판의 우물물과 같아
긷지 않으면 저절로 말라 버리네

[해설] 이 시는 연행사의 일원으로 다녀온 그가 청의 발달한 문물을 경험하고 지은 것이다. 서얼 출신으로 규장각 검서관에 발탁된 그는 시의 내용처럼 재화를 우물물에 비유하며 소비 촉진을 통한 생산력의 증대를 주장하였다.

① 기기도설을 참고하여 거중기를 설계하였다.
② 양명학을 연구하여 강화 학파를 형성하였다.
③ 북학의에서 수레와 배의 이용을 권장하였다.
④ 열하일기에서 화폐 유통의 필요성을 강조하였다.
⑤ 우서에서 사농공상의 직업적 평등을 주장하였다.

56회 26번 3점

56 (가)~(마)에 들어갈 내용으로 옳은 것은?

<온라인 한국사 교양 강좌>

인물로 보는
조선 후기 사회 개혁론

우리 학회에서는 조선 후기 학자들의 다양한 개혁론을 이해하는 교양 강좌를 마련하였습니다. 많은 분들의 관심과 참여 바랍니다.

▣ 강좌 안내 ▣

제1강 이익,	(가)
제2강 홍대용,	(나)
제3강 박지원,	(다)
제4강 박제가,	(라)
제5강 정약용,	(마)

• 기간: 2021년 ○○월 ○○일~○○월 ○○일
매주 화요일 16:00
• 방식: 화상 회의 플랫폼 활용
• 주최: ◇◇ 학회

① (가) – 의산문답에서 중국 중심의 세계관을 비판하다
② (나) – 목민심서에서 지방 행정의 개혁안을 제시하다
③ (다) – 열하일기에서 수레와 선박의 필요성을 강조하다
④ (라) – 성호사설에서 사회 폐단을 여섯 가지 좀으로 규정하다
⑤ (마) – 북학의에서 절약보다 적절한 소비를 권장하다

주제 15 천주교

67회 28번 3점

57 다음 상황이 나타난 시기를 연표에서 옳게 고른 것은?

사학(邪學) 죄인 황사영은 사족으로서 사술(邪術)에 미혹됨이 가장 심한 자였다. [그는] 의금부에서 체포하려는 것을 미리 알고 피신하였는데, 상복을 입고 성명을 바꾸거나 토굴에 숨어서 종적을 감춘 지 반년이 지났다. 포청에서 은밀히 염탐하여 지금에야 제천 땅에서 붙잡았다. 그의 문서를 수색하던 중 백서를 찾았는데, 장차 북경의 천주당에 전하려고 한 것이었다.

	(가)		(나)		(다)		(라)		(마)	
1728 이인좌의 난		1746 속대전 편찬		1791 신해 박해		1811 홍경래의 난		1834 헌종 즉위		1862 임술 농민 봉기

① (가) ② (나) ③ (다) ④ (라) ⑤ (마)

55회 30번 2점

58 밑줄 그은 ㉠이 원인이 되어 발생한 사건에 대한 설명으로 옳은 것은?

> 해군 제독 로즈 귀하
> 당신이 지휘하는 해군 병력에 주저없이 호소합니다. ㉠프랑스인 주교 2명과 선교사 9명을 희생시킨 사건이 조선에서 벌어졌습니다. 이에 대한 확실한 복수가 필요합니다. 당신의 지휘로 가능한 모든 수단을 사용하여 조선에 대한 공격을 최대한 빨리 개시하도록 간곡히 요청합니다.
> 7월 13일 베이징에서
> 벨로네

① 운요호가 강화도와 영종도를 공격하였다.
② 양헌수 부대가 정족산성에서 승리하였다.
③ 정부가 청군의 출병을 요청하는 계기가 되었다.
④ 사태 수습을 위해 박규수가 안핵사로 파견되었다.
⑤ 흥선 대원군이 톈진으로 압송되는 결과를 가져왔다.

63회 28번 3점

59 (가), (나) 사이의 시기에 있었던 사실로 옳은 것은?

> (가) 전라도 관찰사 정민시가 [진산의] 죄인 윤지충과 권상연에 대한 조사 결과를 아뢰었다. "…… 근래에 그들은 평소 살아 계신 부모나 조부모처럼 섬겨야 할 신주를 태워 없애면서도 이마에 진땀 하나 흘리지 않았으니 정말 흉악한 일입니다. 제사를 폐지한 일은 오히려 부차적입니다."
> (나) 의금부에서 아뢰었다. "얼마 전 죄인 남종삼은 명백한 근거도 없이 러시아에 변란이 있을 것이고, 프랑스와 조약을 맺을 계책이 있다는 요망한 말로 여러 사람을 현혹하였습니다. 감히 나라를 팔아먹고자 몰래 외적을 끌어들일 음모를 꾸몄으니, 즉시 참형에 처해야 합니다. …… [베르뇌를 비롯한] 서양인 4명을 군영에 넘겨 효수하여 본보기로 삼도록 하였습니다."

① 대종교 계열의 중광단이 결성되었다.
② 한용운이 조선불교유신론을 저술하였다.
③ 보은에서 교조 신원을 요구하는 집회가 열렸다.
④ 이수광이 지봉유설에서 천주실의를 소개하였다.
⑤ 황사영이 외국 군대의 출병을 요청하는 백서를 작성하였다.

58회 26번 1점

60 (가) 종교에 대한 설명으로 옳은 것은?

> **□□ 신문**
> 제△△호 ○○○○년 ○○월 ○○일
>
> **해미순교성지, 국제성지로 지정**
>
> 
>
> 해미순교성지가 전 세계에 30여 곳밖에 없는 국제성지 가운데 하나로 지정되었다. 병인박해 당시 (가) 신자들이 죽임을 당한 이곳은 한국 근대사에서 중요한 종교적 의미를 지닌 지역이다. 이번 지정을 계기로 남연군 묘 등 여러 역사 유적이 있는 내포 문화권은 더욱 관심을 끌 것으로 기대된다.

① 미륵불이 세상을 구원한다고 예언하였다.
② 동경대전과 용담유사를 경전으로 삼았다.
③ 박중빈을 중심으로 새생활 운동을 전개하였다.
④ 단군 숭배 사상을 통해 민족의식을 고취하였다.
⑤ 청을 다녀온 사신들에 의하여 서학으로 소개되었다.

52회 22번 3점

61 다음 상황이 나타난 시기를 연표에서 옳게 고른 것은?

진산의 윤지충은 조상의 신주를 불사르고, 어머니의 장례에도 신주를 모시지 않았습니다. 이런 행동을 하면서도 태연하였으니, 정말 흉악한 자입니다.
근심과 한탄을 금할 수가 없다. 사학(邪學)을 따르는 죄인을 처벌하여 경계로 삼아라.

1746		1776		1801		1834		1865		1876
속대전 간행	(가)	정조 즉위	(나)	공노비 해방	(다)	헌종 즉위	(라)	대전회통 편찬	(마)	강화도 조약

① (가) ② (나) ③ (다) ④ (라) ⑤ (마)

04 사상 및 종교

CHAPTER

05 복합사

정답 및 해설 3권 17쪽

CHAPTER 05 복합사 유형 TOP3

빈칸형 0 100(%)

설명형 0 100(%)

사료형 0 100(%)

★ 최근 3개년 기출 분석(68~51회)

★ 빈칸형: 빈칸에 들어갈 내용에 대한 설명을 고르는 유형

★ 설명형: 지문, 말풍선 등에서 설명하는 주제에 대해 옳은/틀린 것을 고르는 유형

★ 사료형: 사료를 통해 주제를 파악하는 유형

주제 16 근현대 주요 인물

68회 47번 2점

62 (가)에 들어갈 내용으로 옳은 것은?

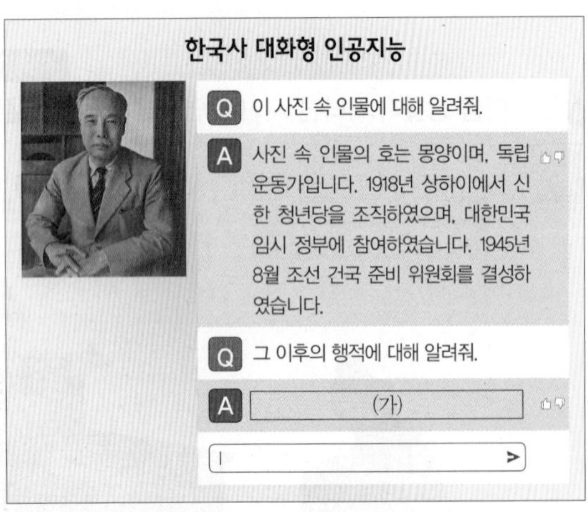

한국사 대화형 인공지능
Q 이 사진 속 인물에 대해 알려줘.
A 사진 속 인물의 호는 몽양이며, 독립 운동가입니다. 1918년 상하이에서 신한 청년당을 조직하였으며, 대한민국 임시 정부에 참여하였습니다. 1945년 8월 조선 건국 준비 위원회를 결성하였습니다.
Q 그 이후의 행적에 대해 알려줘.
A (가)

① 한국 민주당을 창당하였습니다.
② 5 · 10 총선거에 출마하였습니다.
③ 단독 정부 수립을 주장하였습니다.
④ 조선 혁명 선언을 작성하였습니다.
⑤ 좌우 합작 위원회를 조직하였습니다.

56회 37번 2점

63 (가) 인물에 대한 설명으로 옳은 것은?

이곳은 최근 다시 개관한 하얼빈의 (가) 기념관입니다. (가) 동상 위의 시계는 9시 30분에 멈춰 있습니다. 이토 히로부미를 저격한 바로 그 시각입니다.

① 동양 평화론을 저술하였다.
② 친일 인사인 스티븐스를 사살하였다.
③ 5적 처단을 위해 자신회를 조직하였다.
④ 명동 성당 앞에서 이완용을 습격하였다.
⑤ 동양 척식 주식회사에 폭탄을 투척하였다.

53회 43번 2점

64 밑줄 그은 '그'의 활동으로 옳은 것은?

이곳 난징의 천녕사 옛터는 독립군 간부 양성을 위해 설립된 조선 혁명 군사 정치 간부 학교의 훈련 장소입니다. 의열단 단장이었던 그가 설립한 이 학교는 1932년부터 3년 동안 운영되었으며 윤세주, 이육사를 비롯한 수많은 졸업생을 배출하였습니다.

① 연해주에서 대한 광복군 정부를 수립하였다.
② 대한 광복회의 총사령으로 친일파를 처단하였다.
③ 중국 국민당과 협력하여 조선 의용대를 창설하였다.
④ 만주 사변 이후 대전자령 전투에서 일본군을 격퇴하였다.
⑤ 민중의 직접 혁명을 주장하는 조선 혁명 선언을 집필하였다.

주제 17 주요 지역 1

65회 49번 1점

65 다음 지역에 대한 탐구 활동으로 적절한 것은?

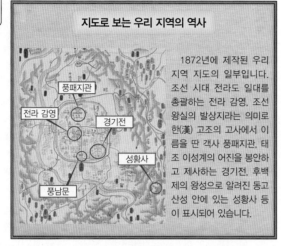

지도로 보는 우리 지역의 역사

풍패지관
전라 감영
경기전
성황사
풍남문

1872년에 제작된 우리 지역 지도의 일부입니다. 조선 시대 전라도 일대를 총괄하는 전라 감영, 조선 왕실의 발상지라는 의미로 한(漢) 고조의 고사에서 이름을 딴 객사 풍패지관, 태조 이성계의 어진을 봉안하고 제사하는 경기전, 후백제의 왕성으로 알려진 동고산성 안에 있는 성황사 등이 표시되어 있습니다.

① 유형원이 반계수록을 저술한 장소를 답사한다.
② 견훤이 아들 신검에 의해 유폐된 장소를 알아본다.
③ 동학 농민군이 정부와 화약을 맺은 장소를 조사한다.
④ 기묘사화로 유배된 조광조가 사사된 장소를 검색한다.
⑤ 임병찬이 의병을 일으킨 무성 서원이 있는 장소를 찾아본다.

60회 19번 2점

66 (가) 궁궐에 대한 설명으로 옳은 것은?

대왕대비가 전교하였다. "(가) 은/는 우리 왕조에서 수도를 세울 때 맨 처음 지은 정궁이다. …… 그러나 불행하게도 전란에 의해 불타버린 후 미처 다시 짓지 못하여 오랫동안 뜻있는 선비들의 개탄을 자아내었다. …… 이 궁궐을 다시 지어 중흥의 큰 업적을 이루려면 여러 대신과 함께 의논해보지 않을 수 없다."
－『고종실록』－

① 근정전을 정전으로 하였다.
② 일제에 의해 동물원 등이 설치되었다.
③ 후원에 왕실 도서관인 규장각이 있었다.
④ 도성 내 서쪽에 있어 서궐이라고 불렸다.
⑤ 인목 대비가 광해군에 의해 유폐된 장소이다.

56회 11번 2점

67 다음 지역에 대한 탐구 활동으로 가장 적절한 것은?

① 대몽 항쟁기에 조성된 왕릉을 조사한다.
② 김만덕의 빈민 구제 활동에 대해 알아본다.
③ 정약전이 자산어보를 저술한 곳을 검색한다.
④ 지증왕이 이사부를 보내 복속한 지역과 부속 도서를 찾아본다.
⑤ 러시아의 남하를 견제하기 위하여 영국군이 점령한 장소를 살펴본다.

53회 23번 3점

68 (가) 궁궐에 대한 설명으로 옳은 것은?

① 도성 내 서쪽에 있어 서궐로 불리었다.
② 제1차 미소 공동 위원회가 개최되었다.
③ 왕실 도서관인 규장각이 설치된 곳이다.
④ 조선 물산 공진회 개최 장소로 이용되었다.
⑤ 인목 대비가 광해군에 의해 유폐된 장소이다.

주제 18 주요 지역 2

58회 50번 1점

69 (가) 섬에 대한 설명으로 옳지 않은 것은?

1946년 1월에 작성된 연합국 최고 사령부 문서에는 제주도, 울릉도, (가) 이/가 우리 영토로 표시되어 있습니다. (가) 은/는 우리나라 동쪽 끝에 있는 섬입니다.
KOREA

① 안용복이 일본에 건너가 우리 영토임을 주장하였다.
② 영국군이 러시아를 견제하기 위해 불법 점령하였다.
③ 러일 전쟁 때 일본이 불법으로 자국 영토로 편입하였다.
④ 대한 제국이 칙령을 통해 울릉 군수가 관할하도록 하였다.
⑤ 1877년 태정관 문서에 일본과는 무관한 지역임이 명시되었다.

52회 39번 3점

70 다음 지역에서 있었던 사실로 옳은 것은?

① 2 · 28 민주 운동이 시작되었다.
② 제2차 미소 공동 위원회가 개최되었다.
③ 강주룡이 을밀대 지붕에서 고공 농성을 전개하였다.
④ 박재혁이 경찰서에서 폭탄을 투척하는 의거를 일으켰다.
⑤ 지주 문재철의 횡포에 맞서 농민들이 소작 쟁의를 벌였다.

주제 19 주요 역사서

[71~72] 다음 자료를 읽고 물음에 답하시오.

(가) 우리 해동의 삼국도 역사가 오래되었으니 마땅히 책을 써야 합니다. 그러므로 폐하께서 이 늙은 신하에게 편찬하도록 하셨습니다. 폐하께서 이르시기를, "삼국은 중국과 통교하였으므로 『후한서』나 『신당서』에 모두 삼국의 열전이 있지만, 상세히 실리지 않았다. 우리의 옛 기록은 빠진 사실이 많아 후세에 교훈을 주기 어렵다. 그러므로 뛰어난 역사서를 완성하여 물려주고 싶다."라고 하셨습니다.

(나) 삼가 삼국 이후의 여러 역사서를 모으고 중국의 역사서에서 가려내어 연도에 따라 사실을 기록하였습니다. 범례는 『자치통감』에 의거하였고, 『자치통감강목』의 취지에 따라 번잡한 것은 줄이고 요령만 남겨두도록 힘썼습니다. 삼국이 서로 대치한 때는 삼국기라고 하였고, 신라가 통합한 시대는 신라기라고 하였으며, 고려 시대는 고려기라 하였고, 삼한 이전은 외기라고 하였습니다.

(다) 옛 성인은 예악으로 나라를 일으켰고 인의로 가르침을 폈으니 괴력난신은 말하지 않았다. 그러나 제왕이 일어날 때는 반드시 보통 사람과 다른 점이 있었고, 그러한 후에야 제왕의 지위를 얻고 대업을 이루었다. …… 그러므로 삼국의 시조가 모두 신이한 데서 나왔다고 해서 무엇이 괴이하다고 하겠는가. 이것이 책 머리편에 기이편이 실린 까닭이다.

(라) 옛날에 고씨가 북쪽에 살면서 고구려라 하였고, 부여씨가 서남쪽에 살면서 백제라 하였으며, 박 · 석 · 김씨가 동남쪽에 살면서 신라라고 하였으니, 이것이 삼국이다. 그러니 마땅히 삼국사가 있어야 할 것이다. …… 부여씨가 망하고 고씨가 망하니 김씨가 그 남쪽 땅을 차지하고 대씨가 그 북쪽 땅을 차지하여 발해라 하였다. 이것을 남북국이라 한다. 그러니 마땅히 남북국사가 있어야 한다.

61회 29번 3점

71 (가)~(라) 역사서를 편찬한 순서대로 옳게 나열한 것은?

① (가) – (나) – (다) – (라)
② (가) – (다) – (나) – (라)
③ (나) – (가) – (라) – (다)
④ (나) – (다) – (가) – (라)
⑤ (다) – (라) – (나) – (가)

61회 30번 2점

72 (가)~(라) 역사서에 대한 설명으로 옳은 것을 〈보기〉에서 고른 것은?

보기

ㄱ. (가) – 유교 사관에 입각하여 기전체 형식으로 저술하였다.
ㄴ. (나) – 사초와 시정기를 바탕으로 실록청에서 편찬하였다.
ㄷ. (다) – 불교사를 중심으로 민간 설화 등을 수록하였다.
ㄹ. (라) – 고조선부터 고려까지의 역사를 편년체로 정리하였다.

① ㄱ, ㄴ ② ㄱ, ㄷ ③ ㄴ, ㄷ
④ ㄴ, ㄹ ⑤ ㄷ, ㄹ

55회 16번 2점

73 (가)~(마)에 들어갈 내용으로 옳은 것은?

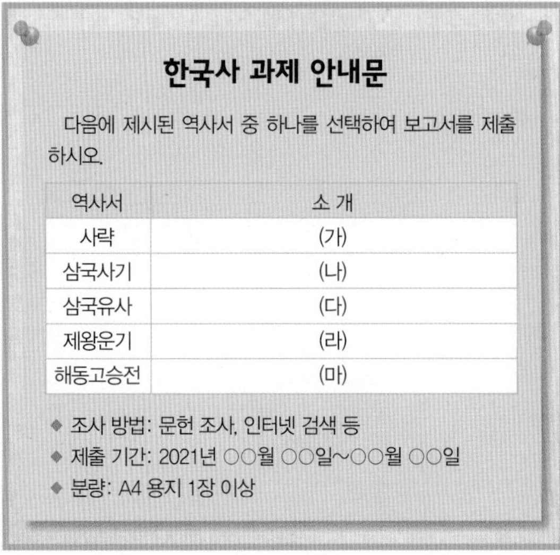

한국사 과제 안내문

다음에 제시된 역사서 중 하나를 선택하여 보고서를 제출하시오.

역사서	소 개
사략	(가)
삼국사기	(나)
삼국유사	(다)
제왕운기	(라)
해동고승전	(마)

◆ 조사 방법: 문헌 조사, 인터넷 검색 등
◆ 제출 기간: 2021년 ○○월 ○○일~○○월 ○○일
◆ 분량: A4 용지 1장 이상

① (가) – 불교사를 중심으로 고대의 민간 설화를 수록
② (나) – 사초, 시정기 등을 바탕으로 실록청에서 편찬
③ (다) – 유교 사관에 입각하여 기전체 형식으로 구성
④ (라) – 단군부터 충렬왕까지의 역사서를 서사시로 서술
⑤ (마) – 강목체로 고려 왕조의 역사를 정리

52회 17번 3점

74 (가)에 대한 설명으로 옳은 것은?

□□ 신문

제△△호 ○○○○년 ○○월 ○○일

(가), 보물로 지정

문화재청은 (가) 을/를 고려 시대를 다룬 역사서로는 처음으로 보물로 지정하였다. 고려의 역사를 파악하는 데 가장 중요한 원사료로서 객관성과 신뢰성이 뛰어나다는 점 등이 높게 평가되었다.

이 책은 앞 왕조의 역사를 교훈으로 삼을 목적으로 조선 초부터 편찬하기 시작해 문종 대에 완성되었다. 정인지 등이 쓴 서문에서는 사마천이 저술한 사기의 범례를 본받아 편찬하였다고 밝히고 있다.

① 남북국이라는 용어를 처음 사용하였다.
② 세가, 열전, 지, 연표 등의 체제로 구성되었다.
③ 고구려 건국 시조의 일대기를 서사시로 표현하였다.
④ 불교사를 중심으로 고대의 민간 설화를 수록하였다.
⑤ 단군 조선부터 고려 말까지의 역사를 다룬 통사이다.

58회 15번 2점

75 다음 검색창에 들어갈 역사 자료에 대한 설명으로 옳은 것은?

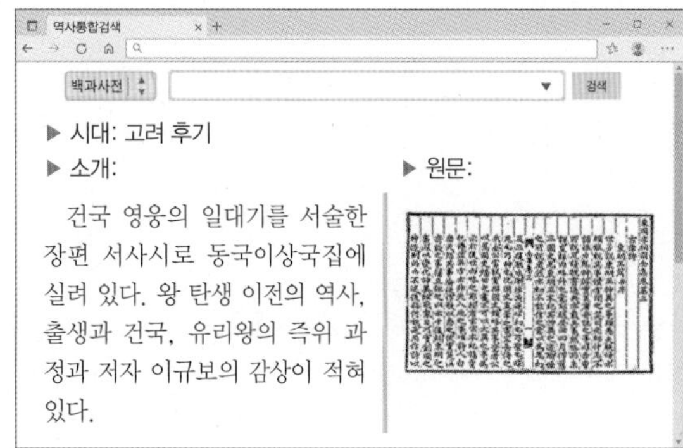

역사통합검색
백과사전
검색
▶ 시대: 고려 후기
▶ 소개:
▶ 원문:
건국 영웅의 일대기를 서술한 장편 서사시로 동국이상국집에 실려 있다. 왕 탄생 이전의 역사, 출생과 건국, 유리왕의 즉위 과정과 저자 이규보의 감상이 적혀 있다.

① 고구려 계승 의식이 반영되었다.
② 남북국이라는 용어가 처음 사용되었다.
③ 사초, 시정기 등을 바탕으로 편찬하였다.
④ 단군의 고조선 건국 이야기를 수록하였다.
⑤ 현존하는 우리나라 최고(最古)의 역사서이다.

지식에 대한 투자는

최고의 이자를 지불한다.

-벤자민 프랭클린-

PART II

시대별 핵심 주제

CHAPTER 01

선사

정답 및 해설 3권 24쪽

CHAPTER 01 선사 문제 유형 TOP3

★ 최근 3개년 기출 분석(68~51회)
★ 빈칸형: 빈칸에 들어갈 내용에 대한 설명을 고르는 유형
★ 설명형: 지문, 말풍선 등에서 설명하는 주제에 대해 옳은 / 틀린 것을 고르는 유형
★ 빈칸형+사료형: 사료를 통해 주제를 파악하고 빈칸에 들어갈 내용에 대한 설명을 고르는 유형

주제 01 구석기 · 신석기 시대

66회 1번 1점

76 (가) 시대의 생활 모습으로 옳은 것은?

① 반달 돌칼로 벼를 수확하였다.
② 주로 동굴이나 막집에서 살았다.
③ 반량전, 명도전 등 화폐를 사용하였다.
④ 빗살무늬 토기를 만들어 식량을 저장하였다.
⑤ 가락바퀴와 뼈바늘을 이용하여 옷을 만들었다.

64회 1번 1점

77 밑줄 그은 '이 시대'의 생활 모습으로 옳은 것은?

화면 속 갈돌과 갈판, 빗살무늬 토기는 이 시대의 대표적인 유물로 알려져 있습니다.
농경과 정착 생활이 시작된 이 시대의 사람들은 토기를 만들어 곡식을 저장하고 음식을 조리하기도 하였습니다.

① 소를 이용하여 깊이갈이를 하였다.
② 반량전, 명도전 등의 화폐를 사용하였다.
③ 청동 방울 등을 의례 도구로 이용하였다.
④ 거푸집을 이용하여 세형 동검을 제작하였다.
⑤ 가락바퀴와 뼈바늘을 이용하여 옷을 만들었다.

61회 1번 1점

78 (가) 시대의 생활 모습으로 옳은 것은?

강원도 양양군 오산리에서 (가) 시대 마을 유적이 발굴되었습니다. 약 8천 년 전에 형성된 집터에서는 (가) 시대를 대표하는 유물인 빗살무늬 토기와 덧무늬 토기를 비롯하여 이음낚시, 그물추 등이 출토되었습니다.

① 주로 동굴이나 막집에 거주하였다.
② 고인돌, 돌널무덤 등을 축조하였다.
③ 명도전을 이용하여 중국과 교역하였다.
④ 농경과 목축을 통하여 식량을 생산하였다.
⑤ 비파형 동검과 거친무늬 거울 등을 제작하였다.

주제 02 청동기 · 철기 시대

65회 1번 1점

79 밑줄 그은 '이 시대'의 생활 모습으로 옳은 것은?

부여 송국리
축제에 초대합니다.
2023.○○.○○.~○○.○○.
부여 송국리 유적 일원
모시는 글
사유 재산과 계급이 출현한 이 시대의 대표적 유적지인 부여 송국리 유적에서 축제를 개최합니다. 다양한 행사에 참여하여 당시 생활을 체험해 보시기 바랍니다.
◈ 주요 프로그램 ◈
• 비파형 동검 모형 만들기
• 민무늬 토기 조각 맞추기
• 증강 현실로 환호와 목책 보기

① 소를 이용한 깊이갈이가 일반화되었다.
② 많은 인력을 동원하여 고인돌을 축조하였다.
③ 실을 뽑기 위해 가락바퀴를 처음 사용하였다.
④ 쟁기, 쇠스랑 등의 철제 농기구가 이용되었다.
⑤ 주로 동굴이나 강가에 막집을 짓고 거주하였다.

68회 1번 1점

80 (가) 시대의 생활 모습에 대한 설명으로 옳은 것은?

사진으로 만나는 고창 고인돌 유적

우리 박물관에서는 2000년 유네스코 세계 유산으로 등재된 고창 고인돌 유적을 소개하는 특별전을 마련하였습니다. 고인돌은 계급이 발생한 (가) 시대를 대표하는 무덤입니다. 사진을 통해 다양한 고인돌의 형태를 살펴보시기 바랍니다.

▪기간: 2023년 ○○월 ○○일~○○월 ○○일
▪장소: ▲▲ 박물관 기획 전시실

① 반달 돌칼로 벼를 수확하였다.
② 소를 이용하여 깊이갈이를 하였다.
③ 주로 동굴이나 강가의 막집에서 살았다.
④ 오수전, 화천 등의 중국 화폐로 교역하였다.
⑤ 옷을 만들 때 가락바퀴와 뼈바늘을 이용하기 시작하였다.

52회 1번 1점

81 (가) 시대의 생활 모습으로 옳은 것은?

△△ 박물관

부여 송국리 유물 특별전

▪기간: 2021.○○.○○.~○○.○○.
▪장소: △△ 박물관 기획 전시실

초대의 글

우리 박물관에서는 부여 송국리 유적에서 출토된 유물을 소개하는 특별전을 마련하였습니다. (가) 시대의 대표적 유물인 민무늬 토기와 비파형 동검 등을 통해 당시의 생활 모습을 살펴보시기 바랍니다.

① 주로 동굴이나 강가의 막집에서 살았다.
② 계급이 없는 평등한 공동체 생활을 하였다.
③ 오수전, 화천 등의 중국 화폐로 교역하였다.
④ 실을 뽑기 위해 가락바퀴를 처음 사용하였다.
⑤ 의례 도구로 청동 거울과 청동 방울 등을 제작하였다.

주제 03 고조선

68회 2번 2점

82 (가)에 들어갈 내용으로 가장 적절한 것은?

#8. 궁궐 안
손자와 대화하며 과거를 회상하는 장면

손자: 할아버지, 어떻게 왕이 되셨나요?
왕: 이 땅에 들어와서 처음에는 국경 수비를 맡았다가 준왕을 몰아내고 왕이 되었지.
손자: 또 무슨 일을 하셨어요?
왕: 왕검성을 중심으로 기반을 정비하고 백성을 받아들여 나라의 내실을 다졌단다. 그리고 (가)

① 율령을 반포하여 체제를 정비하였단다.
② 화랑도를 국가적인 조직으로 개편하였단다.
③ 내신 좌평 등 여섯 명의 좌평을 거느렸단다.
④ 진번과 임둔을 복속하여 영토를 확대하였단다.
⑤ 지방의 여러 성에 욕살, 처려근지 등을 두었단다.

52회 2번 2점

83 (가) 인물에 대한 설명으로 옳은 것은?

> 연(燕)의 (가) 이/가 망명하여 오랑캐의 복장을 하고 동쪽으로 패수를 건너 준왕에게 항복하였다. …… (가) 이/가 망명자들을 꾀어내어 그 무리가 점점 많아지자, 준왕에게 사람을 보내 "한의 군대가 열 갈래로 쳐들어오니 [왕궁에] 들어가 숙위하기를 청합니다."라고 속이고 도리어 준왕을 공격하였다.
> – 『삼국지』 동이전 –

① 한 무제가 파견한 군대와 맞서 싸웠다.
② 진번과 임둔을 복속하여 세력을 확장하였다.
③ 빈민을 구제하기 위해 진대법을 실시하였다.
④ 지방의 여러 성에 욕살, 처려근지 등을 두었다.
⑤ 연의 장수 진개의 공격을 받아 영토를 빼앗겼다.

65회 2번 2점

84 (가) 국가에 대한 설명으로 옳은 것은?

> 니계상 참이 사람을 시켜 (가) 의 왕 우거를 죽이고 와서 항복하였다. 그러나 왕검성은 끝내 함락되지 않았기에 우거왕의 대신(大臣) 성기가 한(漢)에 반기를 들고 공격하였다. 좌장군은 우거왕의 아들 장과 항복한 상 노인의 아들 최로 하여금 그 백성을 달래고 성기를 주살하도록 하였다. 드디어 (가) 을/를 평정하고 진번·임둔·낙랑·현도군을 설치하였다.
> – 『한서』 –

① 동맹이라는 제천 행사를 열었다.
② 신성 지역인 소도가 존재하였다.
③ 읍락 간의 경계를 중시하는 책화가 있었다.
④ 여러 가(加)들이 별도로 사출도를 다스렸다.
⑤ 사회 질서를 유지하기 위해 범금 8조를 두었다.

주제 04 여러 나라의 성장

64회 2번 2점

85 (가) 나라에 대한 설명으로 옳은 것은?

> ○ (가) 의 풍속에는 가뭄이나 장마가 계속되어 오곡이 영글지 않으면, 그 허물을 왕에게 돌려 "왕을 마땅히 바꾸어야 한다."고 하거나 "죽여야 한다."라고 하였다.
> – 『삼국지』 동이전 –
>
> ○ (가) 사람들은 …… 활·화살·칼·창으로 무기를 삼았다. 가축의 이름으로 관직명을 지으니 마가·우가·구가 등이 있었다. 그 나라의 음악은 모두 여러 가(加)에 소속되었다.
> – 『후한서』 동이열전 –

① 영고라는 제천 행사를 열었다.
② 한 무제의 공격으로 멸망하였다.
③ 정사암에 모여 재상을 선출하였다.
④ 읍락 간의 경계를 중시하는 책화가 있었다.
⑤ 제사장인 천군과 신성 지역인 소도가 존재하였다.

63회 2번 2점

86 밑줄 그은 '이 나라'에 대한 탐구 활동으로 가장 적절한 것은?

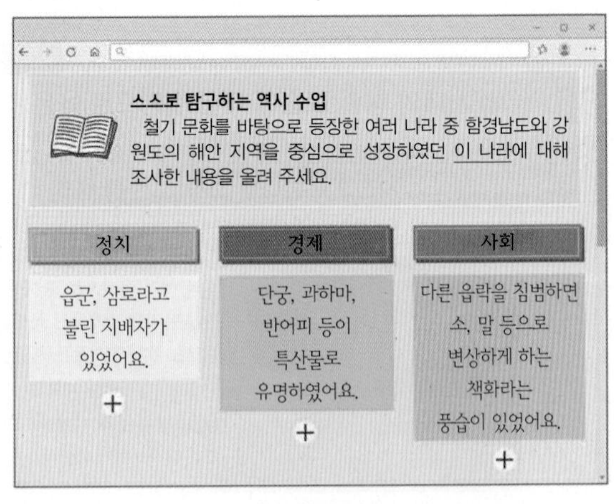

① 신성 지역인 소도의 역할을 알아본다.
② 포상 8국의 난 진압 과정을 찾아본다.
③ 삼국유사에 실린 김알지 신화를 분석한다.
④ 무천이라는 제천 행사를 개최한 이유를 파악한다.
⑤ 마가, 우가, 저가, 구가 등이 다스렸던 지역을 조사한다.

61회 2번 1점

87 (가) 나라에 대한 설명으로 옳은 것은?

〈한국사 발표 대회〉
여러 나라의 성장: (가)
5월과 10월에 제천 행사를 지냈습니다.
신지, 읍차 등으로 불리는 지배자가 있었습니다.
목지국, 사로국, 구야국 등 여러 소국으로 이루어졌습니다.

① 신성 지역인 소도가 존재하였다.
② 연의 장수 진개의 공격을 받았다.
③ 혼인 풍습으로 민며느리제가 있었다.
④ 여러 가(加)들이 별도로 사출도를 주관하였다.
⑤ 특산물로 단궁, 과하마, 반어피가 유명하였다.

57회 3번 2점

88 (가), (나) 나라에 대한 설명으로 옳은 것은?

> (가) 그 나라에는 왕이 있고, 벼슬로는 상가 · 대로 · 패자 · 고추가 · 주부 · 우태 · 승 · 사자 · 조의 · 선인이 있으며, 신분의 높고 낮음에 따라 각각 등급을 두었다. …… 10월에 지내는 제천 행사는 국중대회로 이름하여 동맹이라 한다.
>
> – 『삼국지』 동이전 –
>
> (나) 그 나라의 풍속은 산천을 중요시하여 산과 내마다 각기 구분이 있어 함부로 들어가지 않는다. …… 해마다 10월이면 하늘에 제사를 지내는데, 주야로 술을 마시고 노래를 부르며 춤추니 이를 무천이라 한다. 또 호랑이를 신으로 여겨 제사를 지낸다.
>
> – 『삼국지』 동이전 –

① (가) – 낙랑과 왜에 철을 수출하였다.
② (가) – 서옥제라는 혼인 풍습이 있었다.
③ (나) – 연의 장수 진개의 공격을 받았다.
④ (나) – 가(加)들이 별도로 사출도를 다스렸다.
⑤ (가), (나) – 골품에 따라 관등 승진에 제한이 있었다.

67회 2번 2점

89 (가)~(라)에 들어갈 내용으로 옳은 것을 〈보기〉에서 고른 것은?

〈여러 나라의 제천 행사〉

나라	내용
부여	(가)
고구려	(나)
동예	(다)
삼한	(라)

보기

ㄱ. (가) – 무천이라는 제천 행사에서 밤낮으로 음주가무를 즐겼다.
ㄴ. (나) – 10월에 지내는 제천 행사는 국중대회로 동맹이라 하였다.
ㄷ. (다) – 영고라는 제천 행사를 열고 죄수를 풀어주기도 하였다.
ㄹ. (라) – 씨뿌리기가 끝난 5월과 농사를 마친 10월에 제사를 지냈다.

① ㄱ, ㄴ　② ㄱ, ㄷ　③ ㄴ, ㄷ
④ ㄴ, ㄹ　⑤ ㄷ, ㄹ

CHAPTER

02 고대

정답 및 해설 3권 27쪽

CHAPTER 02 고대 문제 유형 TOP3

빈칸형

0 100(%)

설명형

0 100(%)

사료형

0 100(%)

★ 최근 3개년 기출 분석(68~51회)

★ 빈칸형: 빈칸에 들어갈 내용에 대한 설명을 고르는 유형

★ 설명형: 지문, 말풍선 등에서 설명하는 주제에 대해 옳은 / 틀린 것을 고르는 유형

★ 사료형: 사료를 통해 주제를 파악하는 유형

주제 05 삼국의 성립과 발전 1

62회 4번 2점

90 밑줄 그은 '왕'에 대한 설명으로 옳은 것은?

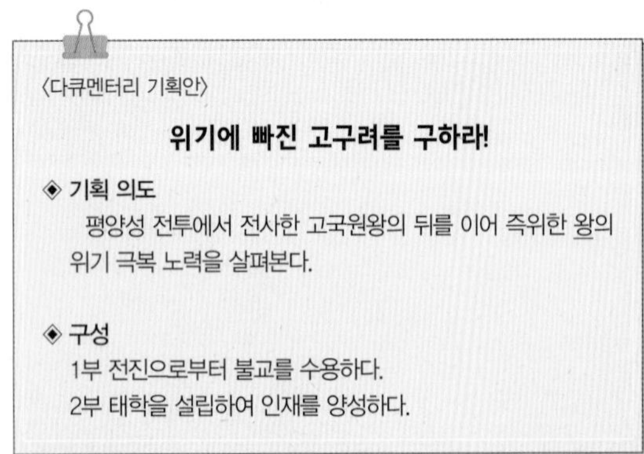

〈다큐멘터리 기획안〉

위기에 빠진 고구려를 구하라!

◈ 기획 의도

평양성 전투에서 전사한 고국원왕의 뒤를 이어 즉위한 왕의 위기 극복 노력을 살펴본다.

◈ 구성

1부 전진으로부터 불교를 수용하다.

2부 태학을 설립하여 인재를 양성하다.

① 평양으로 수도를 옮겼다.

② 병부와 상대등을 설치하였다.

③ 22담로에 왕족을 파견하였다.

④ 고흥에게 서기를 편찬하게 하였다.

⑤ 율령을 반포하여 통치 체제를 정비하였다.

61회 4번 2점

91 다음 검색창에 들어갈 왕에 대한 설명으로 옳은 것은?

한국사 전자 사료관

검색

고구려 왕대별 보기

	내 용	이미지
원년	백제의 관미성을 빼앗다	이미지
10년	신라에 침입한 왜를 격퇴하다	이미지
13년	후연을 공격하다	이미지
18년	왕자 거련(巨連)을 태자로 삼다	이미지

① 영락이라는 연호를 사용하였다.

② 태학을 설립하여 인재를 양성하였다.

③ 낙랑군을 축출하여 영토를 확장하였다.

④ 을파소를 등용하고 진대법을 시행하였다.

⑤ 당의 침입에 대비하여 천리장성을 축조하였다.

61회 6번 3점

92 다음 상황이 나타난 배경으로 옳은 것은?

연흥 2년에 여경[개로왕]이 처음으로 사신을 보내 표를 올렸다. "신의 나라는 고구려와 함께 부여에서 나왔으므로 우호가 돈독하였는데, 고구려의 선조인 쇠[고국원왕]가 우호를 가벼이 깨트리고 직접 군사를 지휘하여 우리의 국경을 짓밟았습니다. 신의 선조인 수[근구수왕]는 군대를 정비하고 공격하여 쇠의 머리를 베어 높이 매다니, 이후 감히 남쪽을 엿보지 못하였습니다. 그런데 고구려가 점점 강성해져 침략하고 위협하니 원한이 쌓였고 전쟁의 참화가 30여 년 이어졌습니다. …… 속히 장수를 보내 구원하여 주십시오."

-『위서』-

① 을지문덕이 살수에서 승리하였다.

② 동성왕이 나제 동맹을 강화하였다.

③ 성왕이 관산성 전투에서 전사하였다.

④ 계백의 결사대가 황산벌에서 패배하였다.

⑤ 장수왕이 평양으로 천도하고 남진을 추진하였다.

53회 3번 3점

93 (가)~(다)를 일어난 순서대로 옳게 나열한 것은?

> (가) 온달이 왕에게 아뢰기를, "신라가 한강 이북 땅을 빼앗아 군현으로 삼았습니다. …… 저에게 군사를 주신다면 단번에 우리 땅을 반드시 되찾겠습니다."라고 하였다.
>
> (나) 10월에 백제 왕이 병력 3만 명을 거느리고 평양성을 공격해 왔다. 왕이 군대를 내어 막다가 날아온 화살에 맞아 이달 23일에 서거하였다.
>
> (다) 9월에 왕이 병력 3만 명을 거느리고 백제를 침략하여 도읍 한성을 함락하였다. 백제 왕 부여경을 죽이고 남녀 8천 명을 포로로 잡아 돌아왔다.

① (가) - (나) - (다)　② (가) - (다) - (나)
③ (나) - (가) - (다)　④ (나) - (다) - (가)
⑤ (다) - (나) - (가)

59회 4번 2점

94 (가) 인물에 대한 설명으로 옳은 것은?

이 그림은 명 대 간행된 소설에 실린 「막리지비도대전」입니다. 그림에서 당 태종을 향해 위협적으로 칼을 날리고 있는 모습으로 묘사된 인물이 (가) 입니다.
(가) 은/는 영류왕을 시해하고 대막리지가 되어 권력을 장악한 뒤, 당의 침략을 격퇴하였습니다. 이 그림을 통해 당시 중국인들이 그를 어떤 존재로 인식하고 있는지 엿볼 수 있습니다.

① 천리장성 축조를 감독하였다.
② 살수에서 수의 군대를 막아냈다.
③ 등주를 선제공격하여 당군을 격파하였다.
④ 황산벌에서 계백이 이끄는 군대를 물리쳤다.
⑤ 안승을 왕으로 추대하고 부흥 운동을 전개하였다.

58회 4번 3점

95 (가) 나라에 대한 탐구 활동으로 가장 적절한 것은?

> 진흥왕이 이찬 이사부에게 명령하여 (가) 을/를 공격하게 하였다. 이때 사다함은 나이가 15~16세였는데 종군하기를 청하였다. …… (가) 사람들이 뜻하지 않은 병사들의 습격에 놀라 막아내지 못하였고, 대군이 승세를 타서 마침내 멸망시켰다.

① 안동 도호부가 설치된 경위를 찾아본다.
② 22담로에 왕족이 파견된 목적을 알아본다.
③ 중앙 관제가 3성 6부로 정비된 계기를 파악한다.
④ 최고 지배자의 호칭인 이사금의 의미를 검색한다.
⑤ 고령 지역이 연맹의 중심지로 성장하는 과정을 조사한다.

68회 7번 2점

96 (가) 나라에 대한 설명으로 옳은 것은?

(가) 의 대표적 생활 유적지인 봉황대가 회현리 패총과 합쳐져 김해 봉황동 유적으로 확대 지정되었습니다. 이 유적은 김수로왕에 의해 건국되었다고 전해진 (가) 의 초기 모습을 추정해 볼 수 있는 귀중한 문화유산입니다.
김해 봉황동 유적, 사적으로 확대 지정

① 집사부를 비롯한 14부를 두었다.
② 집집마다 부경이라는 창고가 있었다.
③ 대가들이 사자, 조의, 선인을 거느렸다.
④ 철이 많이 생산되어 낙랑, 왜 등에 수출하였다.
⑤ 왕족인 부여씨와 8성의 귀족이 지배층을 이루었다.

58회 3번 2점

97 다음 상황이 전개된 배경으로 옳은 것은?

① 법흥왕이 금관가야를 병합하였다.
② 장수왕이 한성을 공격하여 함락시켰다.
③ 김유신이 비담과 염종의 반란을 진압하였다.
④ 영양왕이 온달을 보내 아단성을 공격하였다.
⑤ 김춘추가 당으로 건너가 군사 동맹을 성사시켰다.

57회 5번 2점

98 (가) 왕의 업적으로 옳은 것은?

① 익산에 미륵사를 창건하였다.
② 사비로 천도하고 국호를 남부여로 고쳤다.
③ 지방에 22담로를 두어 왕족을 파견하였다.
④ 평양성을 공격하여 고국원왕을 전사시켰다.
⑤ 동진에서 온 마라난타를 통해 불교를 수용하였다.

64회 6번 2점

99 밑줄 그은 '이 왕'에 대한 설명으로 옳은 것은?

① 금마저에 미륵사를 창건하였다.
② 수도를 웅진에서 사비로 옮겼다.
③ 윤충을 보내 대야성을 함락하였다.
④ 고흥으로 하여금 서기를 편찬하게 하였다.
⑤ 북위에 사신을 보내 고구려 공격을 요청하였다.

54회 4번 2점

100 밑줄 그은 '이 왕'에 대한 설명으로 옳은 것은?

① 이사부를 보내 우산국을 복속하였다.
② 관료전을 지급하고 녹읍을 폐지하였다.
③ 이차돈의 순교를 계기로 불교를 공인하였다.
④ 인재 등용을 위해 독서삼품과를 시행하였다.
⑤ 거칠부에게 명하여 국사를 편찬하게 하였다.

주제 07 신라의 삼국 통일

63회 4번 2점

101 다음 상황이 나타난 시기를 연표에서 옳게 고른 것은?

[당의] 고종이 소정방을 신구도대총관(神丘道大摠管)으로 삼아 군사를 이끌고 바다를 건너 신라와 함께 백제를 정벌하도록 하였다. 계백은 장군이 되어 죽음을 각오한 군사 5천 명을 뽑아 이들을 막고자 하였다. …… 황산의 벌판에 이르러 세 개의 군영을 설치하였다. 신라군을 만나 전투를 시작하려고 하자, [계백은] 여러 사람 앞에서 맹세하며 "지난날 구천(句踐)은 5천 명으로 오(吳)의 70만 무리를 격파하였다. 오늘 마땅히 힘써 싸워 승리함으로써 나라의 은혜에 보답하자."라고 하였다. 드디어 격렬히 싸우니, 일당천(一當千)이 아닌 자가 없었다.

－『삼국사기』－

612		642		660		668		676		698
	(가)		(나)		(다)		(라)		(마)	
살수 대첩		대야성 전투		사비성 함락		안동도호부 설치		기벌포 전투		발해 건국

① (가) ② (나) ③ (다) ④ (라) ⑤ (마)

65회 6번 2점

102 (가), (나) 사이의 시기에 있었던 사실로 옳은 것은?

(가) 당의 손인사, 유인원과 신라왕 김법민은 육군을 거느려 나아가고, 유인궤 등은 수군과 군량을 실은 배를 거느리고 백강으로 가서 육군과 합세하여 주류성으로 갔다. 백강 어귀에서 왜의 군사를 만나 …… 그들의 배 4백 척을 불살랐다.

(나) 이근행이 군사 20만 명을 이끌고 매소성에 머물렀다. 신라군이 공격하여 달아나게 하고 말 3만여 필을 얻었는데, 노획한 병장기의 수도 그 정도 되었다.

① 장문휴가 당의 등주를 공격하였다.
② 원광이 왕명으로 걸사표를 작성하였다.
③ 을지문덕이 살수에서 대승을 거두었다.
④ 김춘추가 당과의 군사 동맹을 성사시켰다.
⑤ 검모잠이 안승을 왕으로 세워 부흥 운동을 벌였다.

61회 7번 3점

103 (가), (나) 사이의 시기에 있었던 사실로 옳은 것은?

(가) 고구려의 대신 연정토가 12성과 3,500여 명의 백성을 거느리고 [신라에] 항복해 왔다. 왕이 연정토와 그를 따르는 관리 24명에게 의복 · 물품 · 식량 · 집을 주었다.

(나) 이근행이 군사 20만 명을 이끌고 매소성에 주둔하였다. 신라 군사가 공격하여 달아나게 하고 말 3만여 필을 얻었는데, 남겨 놓은 병장기의 수도 그 정도 되었다.

① 윤충이 대야성을 공격하여 함락하였다.
② 문무왕이 안승을 보덕왕으로 책봉하였다.
③ 김춘추가 당과의 군사 동맹을 성사시켰다.
④ 연개소문이 정변을 일으켜 권력을 장악하였다.
⑤ 부여풍이 왜군과 함께 백강에서 당군에 맞서 싸웠다.

60회 4번 3점

104 다음 상황 이후에 전개된 사실로 옳은 것은?

소정방이 백제를 평정하자 흑치상지는 휘하의 무리를 이끌고 항복하였다. 소정방이 연로한 왕을 가두고 병사를 풀어 가혹하게 약탈하자, 이를 두려워한 흑치상지는 추장 10여 인과 함께 도망하여 임존산을 거점으로 반란을 일으켰다. 열흘 만에 휘하에 3만여 명이 모였으며 곧 200여 성을 되찾았다. 소정방이 병사를 이끌고 흑치상지를 공격하였지만 이기지 못하였다.

－『삼국사기』－

① 을지문덕이 살수에서 승리하였다.
② 안승이 보덕국의 왕으로 임명되었다.
③ 관구검의 공격으로 환도성이 함락되었다.
④ 의자왕이 윤충을 보내 대야성을 함락시켰다.
⑤ 계백이 이끄는 결사대가 신라군에 맞서 싸웠다.

56회 5번 3점

105 (가), (나) 사이의 시기에 있었던 사실로 옳은 것은?

(가) 왕은 당과 신라 군사들이 이미 백강과 탄현을 지났다는 소식을 듣고 장군 계백에게 결사대 5천 명을 거느리고 황산으로 가서 신라 군사와 싸우게 하였다. 계백은 4번 싸워서 모두 이겼으나 군사가 적고 힘이 모자라서 마침내 패하였다.

(나) 사찬 시득이 수군을 거느리고 소부리주 기벌포에서 설인귀와 싸웠는데 연이어 패배하였다. 그러나 이후 크고 작은 22번의 싸움에서 승리하여 4천여 명을 죽였다.

① 김흠돌이 반란을 꾀하다 처형되었다.
② 의자왕이 신라를 공격하여 대야성을 함락시켰다.
③ 을지문덕이 살수에서 수의 군대를 크게 물리쳤다.
④ 대조영이 고구려 유민을 이끌고 동모산에서 건국하였다.
⑤ 검모잠이 안승을 왕으로 추대하고 부흥 운동을 전개하였다.

주제 08 남북국의 성립과 발전

64회 10번 2점

106 다음 검색창에 들어갈 인물에 대한 설명으로 옳은 것은?

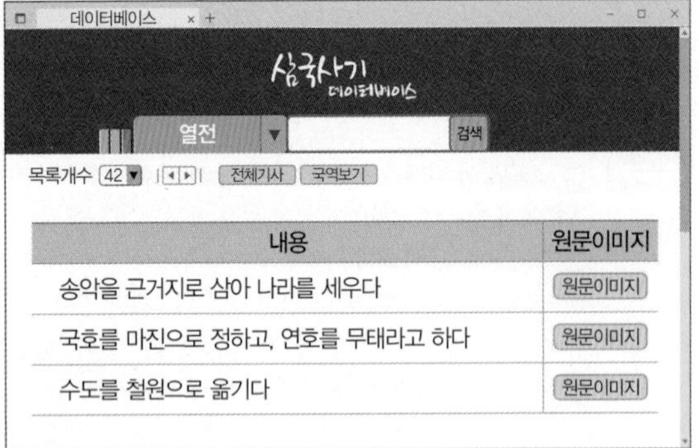

내용	원문이미지
송악을 근거지로 삼아 나라를 세우다	원문이미지
국호를 마진으로 정하고, 연호를 무태라고 하다	원문이미지
수도를 철원으로 옮기다	원문이미지

① 후당, 오월에 사신을 파견하였다.
② 이사부를 보내 우산국을 복속하였다.
③ 폐정 개혁을 목표로 정치도감을 설치하였다.
④ 광평성을 비롯한 각종 정치 기구를 마련하였다.
⑤ 정계와 계백료서를 지어 관리가 지켜야 할 규범을 제시하였다.

61회 8번 2점

107 다음 가상 대화 이후에 있었던 사실로 옳은 것은?

며칠 전에 웅천주 도독 김헌창이 난을 일으켜 나라 이름을 장안이라 하고 연호를 경운으로 정했다더군.

그의 아버지가 왕이 되지 못한 것에 불만을 품은 모양이야.

① 거칠부가 국사를 편찬하였다.
② 이사부가 우산국을 정복하였다.
③ 관료전이 지급되고 녹읍이 폐지되었다.
④ 원종과 애노가 사벌주에서 봉기하였다.
⑤ 이차돈의 순교를 계기로 불교가 공인되었다.

62회 8번 2점

108 (가)에 들어갈 내용으로 옳은 것은?

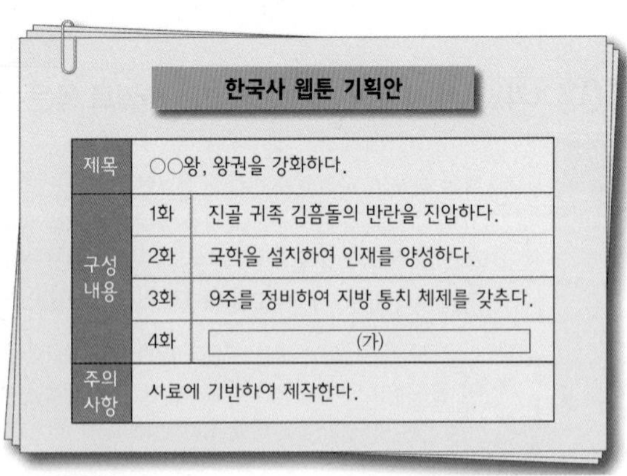

한국사 웹툰 기획안

제목	○○왕, 왕권을 강화하다.	
구성 내용	1화	진골 귀족 김흠돌의 반란을 진압하다.
	2화	국학을 설치하여 인재를 양성하다.
	3화	9주를 정비하여 지방 통치 체제를 갖추다.
	4화	(가)
주의 사항	사료에 기반하여 제작한다.	

① 관료전을 지급하고 녹읍을 폐지하다.
② 마립간이라는 칭호를 처음 사용하다.
③ 이사부를 보내 우산국을 복속시키다.
④ 화랑도를 국가적 조직으로 개편하다.
⑤ 이차돈의 순교를 계기로 불교를 공인하다.

65회 9번 2점

109 밑줄 그은 '시기'에 볼 수 있는 모습으로 적절한 것은?

이 유물에는 민애왕을 추모하는 명문이 있습니다. 그는 혜공왕 피살 이후 왕위 쟁탈전이 치열했던 시기에 희강왕을 축출하고 왕이 되었으나, 다른 진골 세력에 의해 1년 만에 제거되었습니다.
전(傳) 대구 동화사 비로암 삼층 석탑
납석사리호

① 의창에서 곡식을 빌리는 백성
② 만권당에서 대담을 나누는 학자
③ 혜민국에서 약을 받아 가는 환자
④ 화엄일승법계도를 저술하는 승려
⑤ 청해진을 거점으로 해적을 소탕하는 병사

64회 9번 2점

110 다음 상황 이후에 전개된 사실로 옳은 것은?

청해진의 궁복은 왕이 딸을 [왕비로] 받아들이지 않은 것에 원한을 품고 반란을 일으켰다. 조정에서는 장차 그를 토벌하자니 예측하지 못할 환난이 생길까 두렵고, 그대로 두자니 그 죄를 용서할 수 없어서, 우려하면서도 어떻게 해야 할지를 몰랐다. 무주 사람 염장이란 자는 용맹하고 씩씩하기로 당시에 소문이 났는데, 와서 아뢰기를 "조정에서 다행히 신의 말을 들어주신다면 신은 한 명의 병졸도 번거롭게 하지 않고 맨주먹으로 궁복의 목을 베어 바치겠습니다."라고 하였다. 왕이 그의 말을 따랐다.
－『삼국사기』－

① 혜공왕이 귀족 세력에게 피살되었다.
② 최치원이 시무책 10여 조를 건의하였다.
③ 왕의 장인인 김흠돌이 반란을 도모하였다.
④ 자장의 건의로 황룡사 구층 목탑이 건립되었다.
⑤ 원광이 화랑도의 규범으로 세속 5계를 제시하였다.

61회 10번 2점

111 다음 시나리오에 등장하는 왕의 업적으로 옳은 것은?

#36. 궁궐 안
왕이 분노에 찬 표정으로 대문예에게 말하고 있다.
왕: 흑수 말갈이 몰래 당에 조공하였으니, 이는 당과 공모하여 앞뒤로 우리를 치려는 것이다. 군대를 이끌고 가서 흑수 말갈을 정벌하라.
대문예: 당에 조공하였다 하여 그들을 바로 공격한다면 이는 당에 맞서는 것입니다. 하루아침에 당과 원수를 지면 멸망을 자초할 수 있습니다.

① 장문휴를 보내 등주를 공격하였다.
② 9서당 10정의 군사 조직을 갖추었다.
③ 사비로 천도하고 국호를 남부여로 고쳤다.
④ 지방관을 감찰하고자 외사정을 파견하였다.
⑤ 고구려 유민을 모아 동모산에서 나라를 세웠다.

62회 7번 1점

112 (가) 국가에 대한 설명으로 옳은 것은?

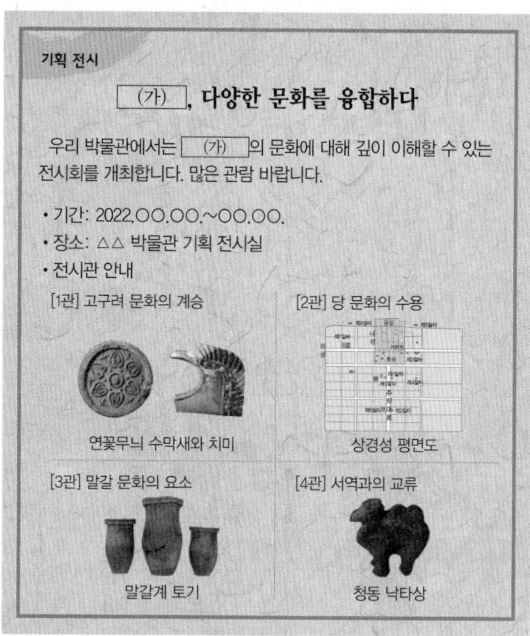

(가), 다양한 문화를 융합하다
우리 박물관에서는 (가)의 문화에 대해 깊이 이해할 수 있는 전시회를 개최합니다. 많은 관람 바랍니다.

• 전시관 안내
[1관] 고구려 문화의 계승
[2관] 당 문화의 수용

상경성 평면도
[3관] 말갈 문화의 요소
[4관] 서역과의 교류
말갈계 토기
청동 낙타상

① 후당과 오월에 사신을 파견하였다.
② 주자감을 설치하여 인재를 양성하였다.
③ 9서당과 10정의 군사 조직을 운영하였다.
④ 화백 회의에서 국가의 중대사를 논의하였다.
⑤ 내신좌평, 위사좌평 등 6좌평의 관제를 마련하였다.

59회 7번 3점

113 (가) 왕의 업적으로 옳은 것은?

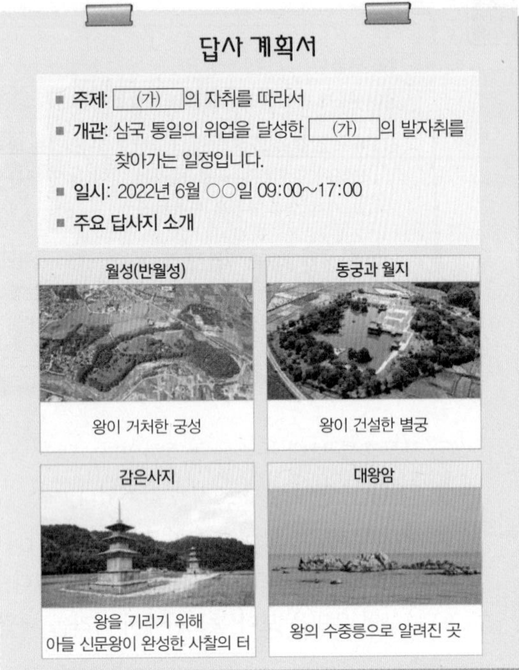

답사 계획서

- 주제: (가) 의 자취를 따라서
- 개관: 삼국 통일의 위업을 달성한 (가) 의 발자취를 찾아가는 일정입니다.
- 일시: 2022년 6월 ○○일 09:00~17:00
- 주요 답사지 소개

월성(반월성)	동궁과 월지
왕이 거처한 궁성	왕이 건설한 별궁
감은사지	**대왕암**
왕을 기리기 위해 아들 신문왕이 완성한 사찰의 터	왕의 수중릉으로 알려진 곳

① 국가적인 조직으로 화랑도를 개편하였다.
② 지방관을 감찰하고자 외사정을 파견하였다.
③ 이차돈의 순교를 계기로 불교를 공인하였다.
④ 인재 등용을 위해 독서삼품과를 실시하였다.
⑤ 자장의 건의로 황룡사 구층 목탑을 건립하였다.

58회 9번 2점

114 다음 상황 이후에 전개된 사실로 옳은 것은?

> 왕이 구원을 요청하자, 태조는 장수에게 명하여 정예 병사 1만 명을 보내 구원하게 하였다. 견훤은 구원병이 아직 도착하지 않은 것을 알고, 겨울 11월에 갑자기 왕경(王京)에 침입하였다. 왕은 비빈, 종실 친척들과 포석정에 가서 연회를 즐기느라 적병이 이르는 것도 깨닫지 못하였다.
>
> -『삼국사기』-

① 김흠돌이 반란을 도모하였다.
② 장문휴가 당의 등주를 공격하였다.
③ 궁예가 국호를 태봉으로 바꾸었다.
④ 원종과 애노가 사벌주에서 반란을 일으켰다.
⑤ 경순왕 김부가 경주의 사심관으로 임명되었다.

주제 09 고대의 문화

65회 4번 2점

115 (가)에 해당하는 문화유산으로 옳은 것은?

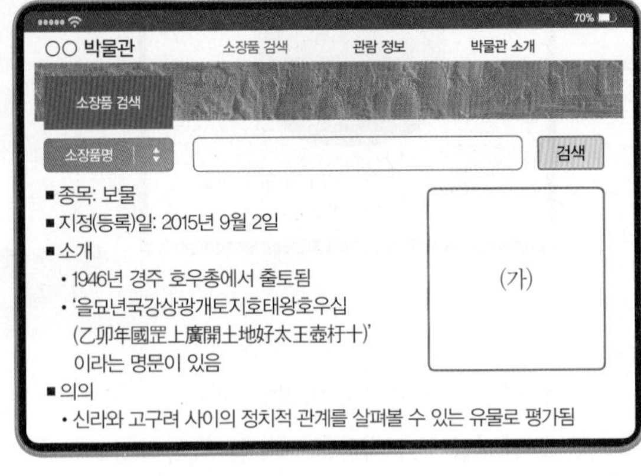

○○ 박물관 소장품 검색 관람 정보 박물관 소개

소장품 검색

소장품명 검색

- 종목: 보물
- 지정(등록)일: 2015년 9월 2일
- 소개
  - 1946년 경주 호우총에서 출토됨
  - '을묘년국강상광개토지호태왕호우십(乙卯年國罡上廣開土地好太王壺杅十)'이라는 명문이 있음
- 의의
  - 신라와 고구려 사이의 정치적 관계를 살펴볼 수 있는 유물로 평가됨

(가)

64회 4번 1점

116 (가)에 해당하는 문화유산으로 옳은 것은?

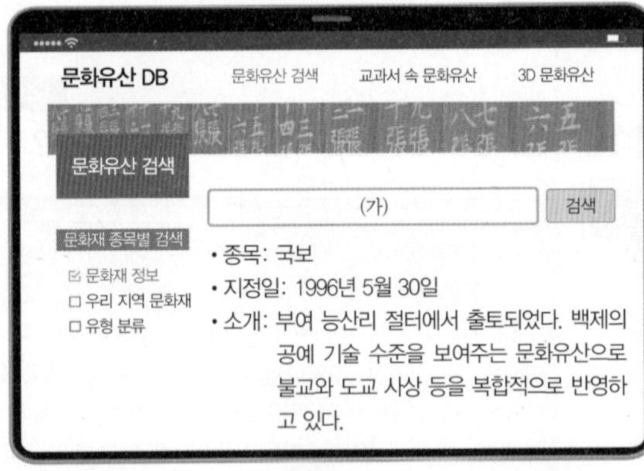

문화유산 DB 문화유산 검색 교과서 속 문화유산 3D 문화유산

문화유산 검색

(가) 검색

문화재 종목별 검색
☑ 문화재 정보
☐ 우리 지역 문화재
☐ 유형 분류

- 종목: 국보
- 지정일: 1996년 5월 30일
- 소개: 부여 능산리 절터에서 출토되었다. 백제의 공예 기술 수준을 보여주는 문화유산으로 불교와 도교 사상 등을 복합적으로 반영하고 있다.

①

②

③

④

⑤

62회 5번 3점

117 밑줄 그은 '이 탑'으로 옳은 것은?

◆ 유물 이야기 ◆

금제 사리봉영기가 남긴 고대사의 수수께끼

2009년 이 탑의 해체 수리 중에 사리장엄구와 금제 사리봉영기가 발견되었다. 사리봉영기에는 "우리 백제 왕후께서는 좌평 사택적덕의 따님으로 …… 가람을 세우시고 기해년 정월 29일에 사리를 받들어 맞이하셨다."라는 명문이 있어 큰 주목을 받았다. 이 탑을 세운 주체가 삼국유사에 나오는 선화 공주가 아니라 백제 귀족의 딸로 밝혀져 서동 왕자와 선화 공주 설화의 진위 여부에 대한 논란이 일어나기도 하였다.

① 
② 
③ 
④ 
⑤ 

63회 10번 2점

118 밑줄 그은 '이 탑'으로 옳은 것은?

유물로 보는 한국사

[해설]

경주 불국사에 있는 이 탑의 해체 보수 과정에서 발견된 금동제 사리외함이다. 2층 탑신부에 봉안되어 있던 이 유물 안에는 은제 사리 내·외합과 무구정광대다라니경 등이 함께 놓여 있었다. 이를 통해 당시의 뛰어난 공예 기술 및 사리장엄 방식과 특징을 알 수 있다.

① 
② 
③ 
④ 
⑤ 

55회 7번 2점

119 (가) 국가에 대한 설명으로 옳은 것은?

이것은 (가) 의 5경 중 하나인 동경 용원부 유적에서 발견된 불상입니다. 보탑(寶塔) 안의 다보불이 설법하던 석가불을 불러 함께 나란히 앉았다는 법화경의 내용을 형상화하였습니다.
오늘 소개해 주실 문화유산은 무엇입니까?

① 왜에 칠지도를 만들어 보냈다.
② 2군 6위의 군사 조직을 운영하였다.
③ 신라도를 통하여 신라와 교류하였다.
④ 광평성 등의 정치 기구를 마련하였다.
⑤ 9주 5소경의 지방 행정 제도를 갖추었다.

주제 10 고대의 고분

53회 4번 2점

120 (가) 왕의 재위 기간에 있었던 사실로 옳은 것은?

백제 제25대 왕인 (가) 의 무덤 발굴 50주년을 기념하는 행사가 공주시에서 열립니다. (가) 은/는 백가의 난을 평정하고 22담로에 왕족을 파견하였습니다. 그의 무덤은 피장자와 축조 연대가 확인된 유일한 백제 왕릉입니다.

① 익산에 미륵사를 창건하였다.
② 중국 남조의 양과 교류하였다.
③ 고흥에게 서기를 편찬하게 하였다.
④ 마라난타를 통해 불교를 수용하였다.
⑤ 사비로 천도하고 행정 조직을 재정비하였다.

51회 4번 3점

121 (가) 문화유산에 대한 설명으로 옳은 것은?

학술 대회 안내

올해는 백제의 고분 중 피장자와 축조 연대가 확인되는 유일한 무덤인 [(가)] 발굴 50주년이 되는 해입니다. 우리 학회는 이를 기념하여 '[(가)] 출토 유물로 본 동아시아 문화 교류'를 주제로 학술 대회를 개최합니다.

◆발표 주제◆

- 진묘수를 통해 본 도교 사상
- 금동제 신발의 제작 기법 분석
- 금송으로 만든 관을 통해 본 일본과의 교류

- 일시: 2021년 ○○월 ○○일 13:00~17:00
- 장소: □□박물관 강당
- 주최: △△ 학회

① 서울 석촌동 고분군에 위치하고 있다.
② 나무로 곽을 짜고 그 위에 돌을 쌓았다.
③ 국보로 지정된 금동 대향로가 출토되었다.
④ 무덤의 둘레돌에 12지 신상을 조각하였다.
⑤ 중국 남조의 영향을 받아 벽돌로 축조하였다.

60회 6번 1점

122 (가) 국가에 대한 설명으로 옳은 것은?

① 중정대를 두어 관리를 감찰하였다.
② 군사 조직으로 9서당 10정을 편성하였다.
③ 내신 좌평 등 6좌평의 관제를 정비하였다.
④ 상수리 제도를 시행하여 지방 세력을 견제하였다.
⑤ 왕족인 부여씨와 8성의 귀족이 지배층을 이루었다.

58회 8번 1점

123 (가) 국가에 대한 설명으로 옳은 것은?

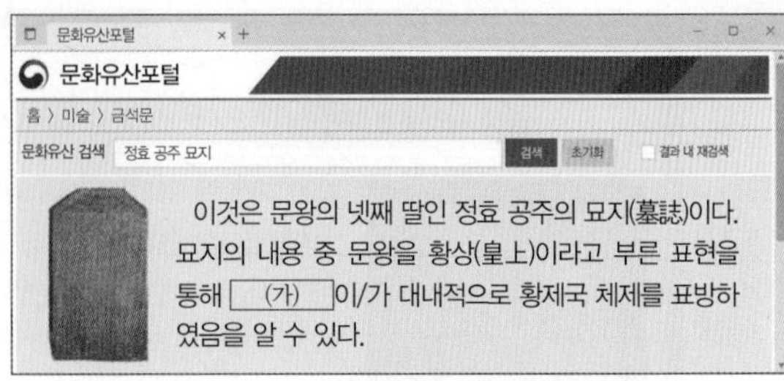

문화유산포털
문화유산포털
홈 > 미술 > 금석문
문화유산 검색
정효 공주 묘지
검색
초기화
결과 내 재검색
이것은 문왕의 넷째 딸인 정효 공주의 묘지(墓誌)이다. 묘지의 내용 중 문왕을 황상(皇上)이라고 부른 표현을 통해 (가) 이/가 대내적으로 황제국 체제를 표방하였음을 알 수 있다.

① 기인 제도를 실시하였다.
② 정사암 회의를 개최하였다.
③ 최고 행정 관서로 집사부를 두었다.
④ 주자감을 설치하여 인재를 양성하였다.
⑤ 광덕, 준풍 등의 독자적인 연호를 사용하였다.

56회 9번 2점

124 (가) 국가에 대한 설명으로 옳은 것은?

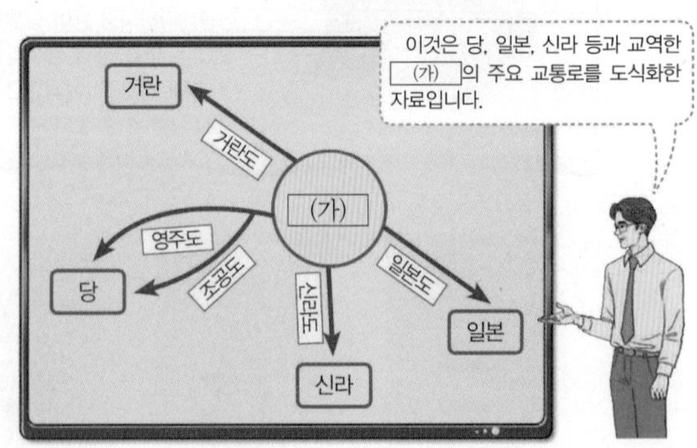

① 평양을 서경으로 삼아 중시하였다.
② 후연을 격파하고 백제를 공격하였다.
③ 지방에 22담로를 두어 왕족을 파견하였다.
④ 완도에 청해진을 설치해 해상 무역을 장악하였다.
⑤ 고구려와 당의 양식이 혼합된 벽돌무덤을 만들었다.

CHAPTER 03

고려

정답 및 해설 3권 35쪽

CHAPTER 03 고려 문제 유형 TOP3

사료형
0 100(%)

설명형
0 100(%)

빈칸형
0 100(%)

★ 최근 3개년 기출 분석(68~51회)
★ 사료형: 사료를 통해 주제를 파악하는 유형
★ 설명형: 지문, 말풍선 등에서 설명하는 주제에 대해 옳은 / 틀린 것을 고르는 유형
★ 빈칸형: 빈칸에 들어갈 내용에 대한 설명을 고르는 유형

주제 11 고려의 건국과 후삼국 통일

51회 10번 2점

125 (가), (나) 사이의 시기에 있었던 사실로 옳은 것은?

(가) 날이 밝아오자 (여러 장수들이) 태조를 곡식더미 위에 앉히고는 군신의 예를 행하였다. 사람을 시켜 말을 달리며 "왕공(王公)께서 이미 의로운 깃발을 들어 올리셨다."라고 외치게 하였다. …… 궁예가 이 소식을 듣고는 어찌할 바를 몰라 미복(微服) 차림으로 북문을 빠져나갔다.
-『고려사절요』-

(나) 여름 6월 견훤이 막내아들 능예와 딸 애복, 애첩 고비 등과 더불어 나주로 달아나 입조를 요청하였다. …… 도착하자 그를 상보(尙父)라 일컫고 남궁(南宮)을 객관(客館)으로 주었다. 지위를 백관의 위에 두고 양주를 식읍으로 주었다.
-『고려사』-

① 견훤이 후백제를 건국하였다.
② 김흠돌이 반란을 도모하였다.
③ 장보고가 청해진을 설치하였다.
④ 신숭겸이 공산 전투에서 전사하였다.
⑤ 신검이 일리천에서 고려군에게 패배하였다.

55회 11번 3점

126 (가)~(다)를 일어난 순서대로 옳게 나열한 것은?

(가) 왕규가 광주원군을 옹립하려고 도모하였다. 왕이 깊이 잠든 틈을 타서 그의 무리로 하여금 침실에 잠입시켜 왕을 해하려 하였다.

(나) 왕이 교서를 내려 말하기를, "경전에 통하고 전적(典籍)을 널리 읽은 자들을 선발하여 경학박사와 의학박사로 삼아, 12목에 각각 1명씩 파견하여 돈독하게 가르치고 깨우치게 하라."라고 하였다.

(다) 왕이 한림학사 쌍기를 지공거로 임명하고, 시(詩)·부(賦)·송(頌)과 시무책을 시험하여 진사를 뽑게 하였다. 위봉루에 친히 나가 급제자를 발표하여, 갑과에 최섬 등 2명, 명경에 3명, 복업에 2명을 합격시켰다.

① (가) - (나) - (다)
② (가) - (다) - (나)
③ (나) - (가) - (다)
④ (나) - (다) - (가)
⑤ (다) - (나) - (가)

65회 10번 2점

127 (가) 왕의 재위 시기에 있었던 사실로 옳은 것은?

〈탐구 활동 보고서〉

○학년 ○반 이름: △△△

1. 주제: (가), 안정과 통합을 꾀하다
2. 방법: 『고려사』 사료 검색 및 분석
3. 사료 내용과 분석

사료 내용	분석
명주의 순식이 투항하자 왕씨 성을 내리다.	지방 호족 포섭
『정계』와 『계백료서』를 지어 반포하다.	관리의 규범 제시
흑창을 두어 가난한 백성에게 곡식을 빌려주다.	민생 안정

① 개국 공신에게 역분전을 지급하였다.
② 외침에 대비하여 광군을 조직하였다.
③ 광덕, 준풍 등의 독자적 연호를 사용하였다.
④ 관학 진흥을 목적으로 양현고를 운영하였다.
⑤ 주전도감을 설치하여 해동통보를 발행하였다.

57회 12번 2점

128 밑줄 그은 '이 왕'의 재위 시기에 있었던 사실로 옳은 것은?

안성 망이산성에서 '준풍 4년(峻豐四年)'이라는 글씨가 새겨진 기와가 발견되었습니다. 준풍이라는 연호를 사용하였던 이 왕은 백관의 공복을 정하고 개경을 황도로 명명하는 등 국왕 중심의 통치 체제 확립을 도모하였습니다.

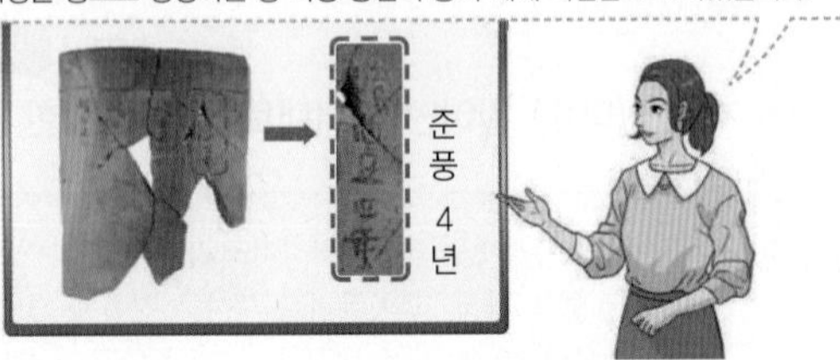

준풍 4년

① 12목에 지방관이 파견되었다.
② 쌍기의 건의로 과거제가 시행되었다.
③ 대장도감에서 팔만대장경이 간행되었다.
④ 안우, 이방실 등이 홍건적을 격파하였다.
⑤ 신돈이 전민변정도감의 책임자가 되었다.

56회 15번 3점

129 다음 교서를 내린 왕의 정책으로 옳은 것은?

> 우리 태조께서 흑창을 두어 가난한 백성에게 진대(賑貸)하게 하셨다. 지금 백성들이 점차 늘어나고 있는데 저축한 바는 늘어나지 않았으니, 미(米) 1만 석을 더하고 이름을 의창(義倉)으로 고친다. 또한 모든 주와 부에도 각각 의창을 설치하도록 하라.

① 한양을 남경으로 승격시켰다.
② 국자감에 서적포를 설치하였다.
③ 12목을 설치하고 지방관을 파견하였다.
④ 인사 행정을 담당하던 정방을 폐지하였다.
⑤ 개경에 귀법사를 세우고 균여를 주지로 삼았다.

주제 12 문벌 귀족 사회와 무신 정변

65회 14번 3점

130 (가)~(다)를 일어난 순서대로 옳게 나열한 것은?

> (가) 왕이 보현원 문에 들어서자 …… 이고 등이 왕을 모시던 문관 및 대소 신료, 환관들을 모두 살해하였다. …… 정중부 등이 왕을 모시고 환궁하였다.
>
> (나) 이자겸과 척준경이 왕을 위협하여 남궁(南宮)으로 거처를 옮기게 하고 안보린, 최탁 등 17인을 죽였다. 이 외에도 죽인 군사가 헤아릴 수 없을 정도였다.
>
> (다) 묘청이 서경을 근거지로 삼고 반란을 일으켰다. …… 국호를 대위, 연호를 천개, 그 군대를 천견충의군이라 불렀다.

① (가) - (나) - (다)　② (가) - (다) - (나)
③ (나) - (가) - (다)　④ (나) - (다) - (가)
⑤ (다) - (가) - (나)

64회 12번 1점

131 밑줄 그은 '반란'이 일어난 시기를 연표에서 옳게 고른 것은?

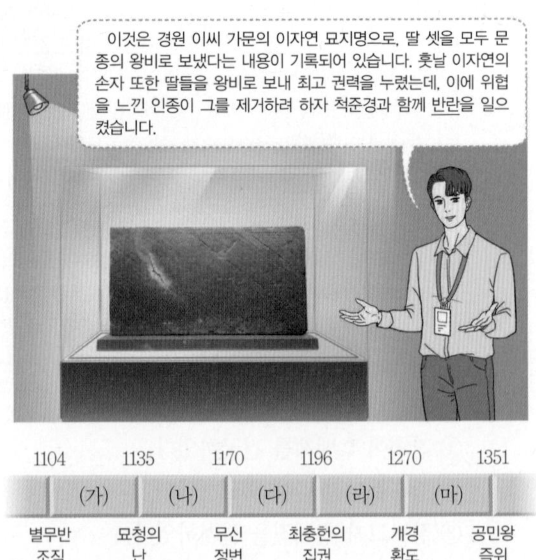

이것은 경원 이씨 가문의 이자연 묘지명으로, 딸 셋을 모두 문종의 왕비로 보냈다는 내용이 기록되어 있습니다. 훗날 이자연의 손자 또한 딸들을 왕비로 보내 최고 권력을 누렸는데, 이에 위협을 느낀 인종이 그를 제거하려 하자 척준경과 함께 반란을 일으켰습니다.
1104 1135 1170 1196 1270 1351
(가) (나) (다) (라) (마)
별무반 조직
묘청의 난
무신 정변
최충헌의 집권
개경 환도
공민왕 즉위

① (가)　② (나)　③ (다)　④ (라)　⑤ (마)

61회 12번 2점

132 밑줄 그은 '이 사건'이 일어난 시기를 연표에서 옳게 고른 것은?

문학으로 만나는 한국사

> 비 개인 긴 언덕에는 풀빛이 푸른데
> 남포에서 님 보내며 슬픈 노래 부르네
> 대동강 물은 그 언제 다할 것인가
> 이별의 눈물 해마다 푸른 물결에 더하는 것을

이 시의 제목은 '송인(送人)'으로, 고려 시대의 문인 정지상이 서경을 배경으로 지은 작품이다. 서경 출신인 그는 묘청 등과 함께 수도를 서경으로 옮길 것을 주장하였다. 이로 인해 개경 세력과 정치적으로 대립하던 중 <u>이 사건</u>이 일어나자 김부식에 의해 죽임을 당하였다.

918		1019		1126		1270		1351		1392
	(가)		(나)		(다)		(라)		(마)	
고려 건국		귀주 대첩		이자겸의 난		개경 환도		공민왕 즉위		고려 멸망

① (가) ② (나) ③ (다)
④ (라) ⑤ (마)

59회 12번 2점

133 (가), (나) 사이의 시기에 있었던 사실로 옳은 것은?

> (가) 이자겸과 척준경이 왕을 위협하여 남궁(南宮)으로 거처를 옮기게 하고 안보린, 최탁 등 17인을 죽였다. 이 외에도 죽인 군사가 헤아릴 수 없을 정도였다.
>
> (나) 이의방과 이고가 정중부를 따라가 몰래 말하기를, "오늘날 문신들은 득의양양하여 술을 취하도록 마시고 음식을 배불리 먹는데, 무신들은 모두 굶주리고 고달프니 이것을 어찌 참을 수 있습니까."라고 하였다.

① 김부식이 묘청의 반란을 진압하였다.
② 강조가 정변을 일으켜 김치양을 제거하였다.
③ 망이 · 망소이가 공주 명학소에서 봉기하였다.
④ 서희가 외교 담판을 벌여 강동 6주를 확보하였다.
⑤ 최충헌이 봉사 10조를 올려 시정 개혁을 건의하였다.

55회 15번 2점

134 다음 대화에 나타난 사건에 대한 설명으로 옳은 것은?

① 국왕이 나주까지 피란하였다.
② 초조대장경 간행의 계기가 되었다.
③ 김부식 등이 이끈 관군에 의해 진압되었다.
④ 이성계가 정권을 장악하는 결과를 가져왔다.
⑤ 여진 정벌을 위한 별무반 편성에 영향을 주었다.

주제 13 무신 정권

60회 15번 2점

135 다음 상황 이후에 전개된 사실로 옳은 것은?

> 백관이 최우의 집에 나아가 정년도목(政年都目)을 올리니, 최우가 청사에 앉아 받았다. 6품 이하는 당하(堂下)에서 두 번 절하고 땅에 엎드려 감히 고개를 들지 못하였다. 이때부터 최우는 정방을 자기 집에 두고 백관의 인사 행정을 처리하였다.
>
> -『고려사절요』-

① 삼별초가 용장성에서 항전하였다.
② 정중부 등이 김보당의 반란을 진압하였다.
③ 빈민 구제를 위한 흑창을 처음 설치하였다.
④ 공주 명학소에서 망이 · 망소이가 봉기하였다.
⑤ 최충헌이 교정별감이 되어 국정을 총괄하였다.

63회 9번 2점

136 다음 상황 이후에 있었던 사실로 옳은 것은?

청교역(靑郊驛) 서리 3인이 최충헌 부자를 죽일 것을 모의하면서, 거짓 공첩(公牒)을 만들어 여러 사원의 승려들을 불러 모았다. 공첩을 받은 귀법사 승려들은 그 공첩을 가져온 사람을 잡아서 최충헌에게 고해바쳤다. [최충헌은] 즉시 영은관에 교정별감을 둔 후 성문을 폐쇄하고 대대적으로 그 무리를 색출하였다.

① 김부식이 묘청의 난을 진압하였다.
② 원종과 애노가 사벌주에서 봉기하였다.
③ 이자겸이 금의 사대 요구를 수용하였다.
④ 정중부 등이 정변을 일으켜 권력을 차지하였다.
⑤ 최우가 인사 행정 담당 기구로 정방을 설치하였다.

64회 14번 2점

137 (가) 인물의 활동으로 옳은 것은?

고려 고종의 능인 홍릉이 강화도에 조성된 이유는 무엇일까?
몽골 침략 당시 실권자였던 (가) 이/가 항전을 위해 강화 천도를 강행한 후에 고종이 이곳에서 승하했기 때문이야.

① 인사 행정 담당 기구로 정방을 설치하였다.
② 봉사 10조를 올려 시정 개혁을 건의하였다.
③ 삼별초를 이끌고 진도 용장성에서 항전하였다.
④ 군사를 일으켜 정중부 등의 제거를 도모하였다.
⑤ 전민변정도감의 책임자로 임명되어 권문세족을 견제하였다.

53회 15번 2점

138 다음 사건이 일어난 시기를 연표에서 옳게 고른 것은?

○ 명학소의 백성 망이 · 망소이 등이 무리를 모아서 산행병마사라고 자칭하고는 공주를 공격하여 함락하였다.
○ 망이의 고향인 명학소를 충순현으로 승격시키고 양수탁을 현령으로, 김윤실을 현위로 임명하여 그들을 달래었다.

1104		1126		1135		1170		1231		1270
	(가)		(나)		(다)		(라)		(마)	
별무반 조직		이자겸의 난		묘청의 난		무신 정변		몽골의 침입		개경 환도

① (가) ② (나) ③ (다) ④ (라) ⑤ (마)

61회 13번 2점

139 (가), (나) 사이의 시기에 있었던 사실로 옳은 것은?

(가) 최충헌 형제가 왕을 협박하여 창락궁에 유폐하고 태자 왕숙은 강화도로 유배 보냈다.

(나) 유경이 최의를 죽인 뒤, 왕에게 아뢰어 정방을 편전 옆에 두어 인사권을 장악하고, 국가의 주요 사무를 모두 결정하였다.

① 강조가 정변을 일으켜 김치양을 제거하였다.
② 배중손이 이끄는 삼별초가 진도에서 항전하였다.
③ 만적이 개경에서 노비를 모아 반란을 모의하였다.
④ 조위총이 군사를 일으켜 정중부 등의 제거를 도모하였다.
⑤ 김보당이 의종 복위를 주장하며 동계에서 군사를 일으켰다.

주제 14 고려의 대외 관계

65회 12번 2점

140 (가) 국가에 대한 고려의 대응으로 옳은 것은?

이곳은 전라남도 나주시에 있는 심향사입니다. (가) 의 침입으로 나주로 피난한 고려 현종이 나라의 평안을 위해 이곳에서 기도를 올렸다고 전해집니다. 이 왕 때 부처의 힘으로 국난을 극복하고자 초조대장경의 조성이 시작되었습니다.

① 박위를 보내 근거지를 토벌하였다.
② 조총 부대를 나선 정벌에 파견하였다.
③ 개경을 방어하기 위해 나성을 축조하였다.
④ 압록강 상류 지역을 개척하여 4군을 설치하였다.
⑤ 국방 문제를 논의하기 위해 비변사를 신설하였다.

64회 11번 3점

141 (가), (나) 사이의 시기에 있었던 사실로 옳은 것은?

> (가) 거란에서 사신을 파견하여 낙타 50필을 보냈다. 왕은 거란이 일찍이 발해와 지속적으로 화목하다가 갑자기 의심하여 맹약을 어기고 멸망시켰으니, 이는 매우 무도하여 친선 관계를 맺어 이웃으로 삼을 수 없다고 생각하였다. 드디어 교빙을 끊고 사신 30인을 섬으로 유배 보냈으며, 낙타는 만부교 아래에 매어두니 모두 굶어 죽었다.
>
> (나) 양규가 흥화진으로부터 군사 7백여 명을 이끌고 통주까지 와서 군사 1천여 명을 수습하였다. 밤중에 곽주로 들어가서 지키고 있던 적들을 급습하여 모조리 죽인 후 성 안에 있던 남녀 7천여 명을 통주로 옮겼다.

① 외침에 대비하여 광군이 조직되었다.
② 강감찬이 귀주에서 대승을 거두었다.
③ 화통도감이 설치되어 화포를 제작하였다.
④ 김윤후가 처인성에서 살리타를 사살하였다.
⑤ 철령위 설치에 반발하여 요동 정벌이 추진되었다.

57회 11번 2점

142 다음 자료의 상황이 나타난 시기를 연표에서 옳게 고른 것은?

> 행영병마별감 승선 최홍정과 병마사 이부상서 문관이 여진 추장 거위이 등에게 타일러 말하기를, "너희가 9성의 반환을 요청했으니 마땅히 이전에 했던 약속처럼 하늘에 대해 맹세하라."라고 하였다. 추장 등은 함주 성문의 밖에 단을 설치하고 하늘에 맹세하기를, "지금 이후 대대손손 악한 마음을 품지 않고 해마다 조공을 바칠 것입니다. 이 맹세에 변함이 있으면 우리 나라[蕃土]는 멸망할 것입니다."라고 하였다. 맹세를 마치고 물러갔다. 최홍정 등은 길주부터 시작하여 차례로 9성의 전투 장비와 군량을 내지(內地)로 들여왔다.
>
> –『고려사』–

947		1019		1044		1104		1126		1174
	(가)		(나)		(다)		(라)		(마)	
광군사 설치		귀주 대첩		천리장성 완공		별무반 편성		이자겸의 난		조위총의 난

① (가) ② (나) ③ (다)
④ (라) ⑤ (마)

61회 17번 2점

143 (가)에 대한 고려의 대응으로 옳은 것은?

> 김윤후가 충주산성 방호별감이 되었는데 (가) 의 군대가 쳐들어 와 충주성을 70여 일간 포위하였다. 군량이 거의 바닥나자 김윤후가 군사들에게 "만약 힘내 싸운다면 귀천을 가리지 않고 모두 관작을 내리겠다."라고 하였다. 마침에 관노비의 문서를 불태우고 노획한 소와 말을 나누어 주었다. 사람들이 모두 죽음을 무릅쓰고 싸우니 적의 기세가 꺾여 남쪽으로 침략하는 것을 막을 수 있었다.

① 윤관을 보내 동북 9성을 축조하였다.
② 박위로 하여금 쓰시마섬을 정벌하게 하였다.
③ 서희가 외교 담판을 통해 강동 6주를 획득하였다.
④ 최우가 강화도로 수도를 옮겨 장기 항전에 대비하였다.
⑤ 최영이 철령위 설치에 반발하여 요동 정벌을 추진하였다.

57회 14번 2점

144 다음 자료에 나타난 상황 이후에 전개된 사실로 옳은 것은?

> 지원(至元) 7년, 원종이 강화에서 송경(松京)으로 환도할 적에 장군 홍문계 등이 나라를 그르친 권신 임유무를 죽이고 왕이 정권을 되찾을 수 있도록 하였다. 권신의 가병, 신의군 등의 부대가 승화후(承化侯)를 옹립하고 반역을 도모하면서, 미처 강화를 떠나지 못한 신료와 군사들을 강제로 이끌고 남쪽으로 항해하여 가니 배의 행렬이 길게 이어졌다.

① 김윤후가 처인성에서 몽골군을 격퇴하였다.
② 묘청이 칭제 건원과 금국 정벌을 주장하였다.
③ 김방경의 군대가 탐라에서 삼별초를 진압하였다.
④ 최충헌이 봉사 10조를 올려 시정 개혁을 건의하였다.
⑤ 경대승이 정중부 등을 제거하고 권력을 장악하였다.

주제 15 원 간섭기와 공민왕의 개혁 정치

62회 15번 1점

145 다음 상황이 나타난 시기의 사회 모습으로 옳은 것은?

> 제국 대장 공주가 일찍이 잣과 인삼을 [원의] 강남 지역으로 보내 많은 이익을 얻었다. 나중에는 환관을 각지에 파견하여 잣과 인삼을 구하게 하였다. 비록 나오지 않는 땅이라 하더라도 강제로 거두니 백성들이 매우 괴로워하였다.

① 원종과 애노가 사벌주에서 봉기하였다.
② 대각국사 의천이 해동 천태종을 개창하였다.
③ 지배층을 중심으로 변발과 호복이 유행하였다.
④ 기근에 대비하기 위해 구황촬요가 간행되었다.
⑤ 국난 극복을 기원하며 초조대장경이 조판되었다.

59회 13번 1점

146 밑줄 그은 '왕'의 재위 시기에 있었던 사실로 옳은 것은?

얼마 전에 왕께서 기철과 그 일당들을 반역죄로 숙청하셨다고 하네.
나도 들었네. 정동행성 이문소도 철폐하였다고 하더군.

① 경기에 한하여 과전법이 실시되었다.
② 정지가 관음포에서 승리를 거두었다.
③ 국정 총괄 기구로 교정도감이 설치되었다.
④ 신돈을 중심으로 전민변정 사업이 추진되었다.
⑤ 만권당이 설립되어 원과 고려의 학자가 교유하였다.

61회 19번 2점

147 (가)에 들어갈 내용으로 가장 적절한 것은?

> ★ 역사 인물 다큐멘터리 기획안 ★
>
> **화약 무기 연구의 선구자, ○○○**
>
> 1. 기획 의도
> 중국의 군사 기밀이었던 화약 제조 기술을 습득해 우리나라 최초로 화약의 자체 생산에 성공한 ○○○. 그의 활동을 통해 국방 과학 기술의 중요성을 되새겨 본다.
>
> 2. 장면
> #1. 중국인 이원에게 염초 제조법을 배우다
> #2. (가)
> #3. 나세, 심덕부 등과 함께 진포에서 왜구를 크게 격퇴하다
> ⋮

① 신기전과 화차를 개발하다
② 화통도감의 설치를 건의하다
③ 불랑기포를 활용하여 평양성을 탈환하다
④ 조총 부대를 이끌고 나선 정벌에 참여하다
⑤ 발화 장치를 활용한 비격진천뢰를 발명하다

56회 18번 2점

148 (가) 인물의 활동으로 옳은 것은?

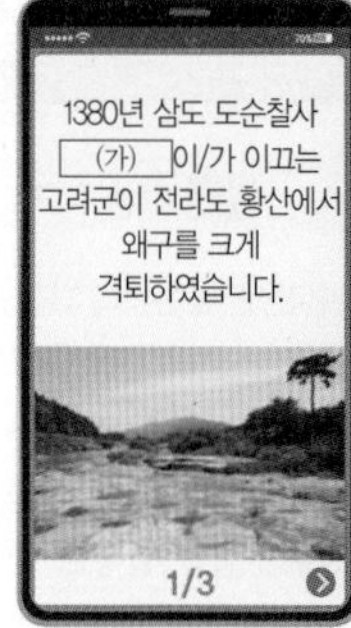

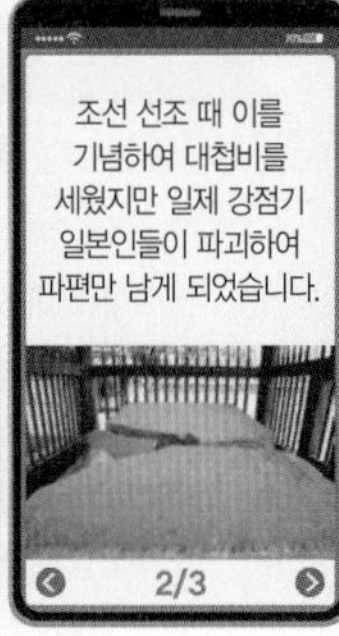

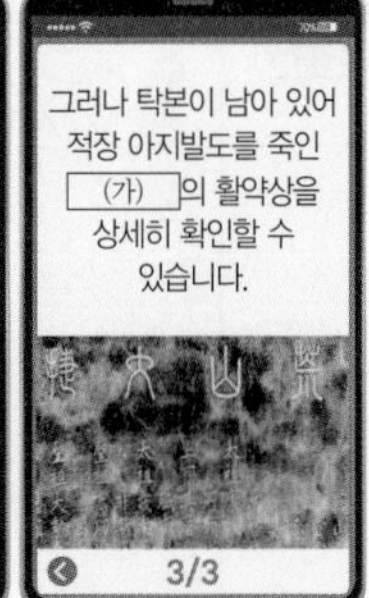

1380년 삼도 도순찰사
(가) 이/가 이끄는
고려군이 전라도 황산에서

조선 선조 때 이를
기념하여 대첩비를
세웠지만 일제 강점기
일본인들이 파괴하여
파편만 남게 되었습니다.

적장 아지발도를 죽인
(가) 의 활약상을
상세히 확인할 수

① 북방에 4군과 6진을 설치하였다.
② 의종 복위를 도모하여 군사를 일으켰다.
③ 위화도에서 회군하여 정권을 장악하였다.
④ 여진을 정벌한 후 동북 9성을 축조하였다.
⑤ 좌·우별초와 신의군으로 삼별초를 조직하였다.

65회 18번 2점

149 다음 대화 이후에 전개된 사실로 옳은 것은?

이번에 왕이 최영에게 명하여 요동을 정벌한다고 하네.
명 황제가 철령 이북을 일방적으로 명의 영토로 귀속시키려 한 것이 원인이라더군.

① 윤관이 별무반을 이끌고 동북 9성을 축조하였다.
② 서희가 외교 담판을 벌여 강동 6주를 획득하였다.
③ 이성계가 위화도에서 회군하여 정권을 장악하였다.
④ 배중손이 이끄는 삼별초가 용장산성에서 항전하였다.
⑤ 최우가 강화도로 도읍을 옮겨 장기 항전을 준비하였다.

주제 16 고려의 문화

65회 17번 2점

150 (가)에 해당하는 문화유산으로 옳은 것은?

충청남도 예산군에 있는 이 건물은 맞배지붕에 주심포 양식입니다. 건물 보수 중 묵서명이 발견되어 충렬왕 34년이라는 정확한 건립 연도를 알게 되었습니다.
국보로 지정된 불교 건축물

① 
수덕사 대웅전

② 
화엄사 각황전

③ 
부석사 무량수전

④ 
봉정사 극락전

⑤ 
법주사 팔상전

57회 15번 3점

151 다음 대화에 해당하는 문화유산으로 옳은 것은?

우리나라에 현존하는 가장 오래된 목조 건축물에 대해 이야기해 보자.
공민왕 때 지붕을 크게 수리했다는 상량문의 기록을 통해 건축 연대를 추정할 수 있지.
공포가 기둥 위에만 있는 주심포 양식의 건물로, 지붕의 형태는 맞배지붕이야.

① 
안동 봉정사 극락전

② 
보은 법주사 팔상전

③ 
구례 화엄사 각황전

④ 
예산 수덕사 대웅전

⑤ 
영주 부석사 무량수전

63회 46번 2점

152 (가)에 해당하는 문화유산으로 옳은 것은?

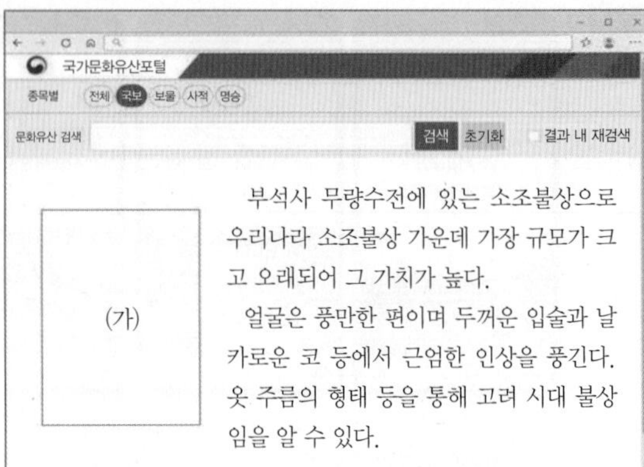

부석사 무량수전에 있는 소조불상으로 우리나라 소조불상 가운데 가장 규모가 크고 오래되어 그 가치가 높다.

얼굴은 풍만한 편이며 두꺼운 입술과 날카로운 코 등에서 근엄한 인상을 풍긴다. 옷 주름의 형태 등을 통해 고려 시대 불상임을 알 수 있다.

① 

② 

③ 

④ 

⑤ 

62회 13번 2점

153 (가) 국가의 문화유산으로 옳은 것을 <보기>에서 고른 것은?

미(美)·색(色)
벨기에 소장 우리 문화유산 특별전
■ 기간: 2022.○○.○○.~○○.○○.
■ 장소: △△ 박물관 기획 전시실
초대의 글
우리 박물관에서는 국내에 들여와 보존 처리를 마친 벨기에 왕립 예술역사박물관 소장 (가) 의 공예품 8점을 공개하는 특별전을 개최합니다.
이번 전시에서는 (가) 의 대표적 문화유산인 상감청자 6점을 비롯하여 청동 정병, 금동 침통 등을 자세히 감상할 수 있도록 전시 공간을 연출하였으니 많은 관심 바랍니다.

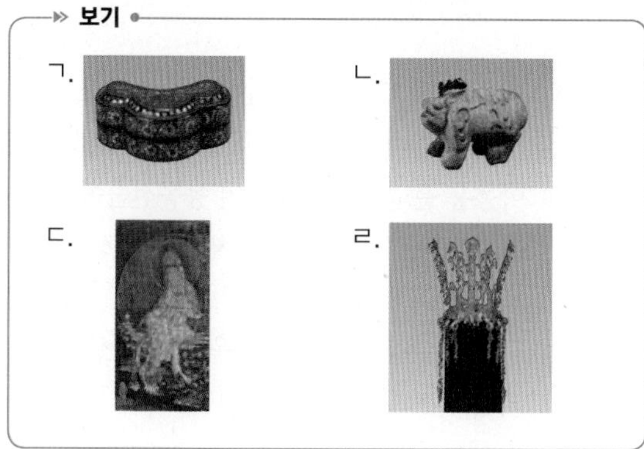

① ㄱ, ㄴ ② ㄱ, ㄷ ③ ㄴ, ㄷ
④ ㄴ, ㄹ ⑤ ㄷ, ㄹ

53회 17번 2점

154 다음 대화에 해당하는 문화유산으로 옳은 것은?

주제: 우리나라 불교 문화유산
이 탑은 개성에 있었는데 지금 국립 중앙 박물관에 전시되고 있어.
원의 영향을 받은 다각 다층의 대리석 탑이야.
원각사지 십층 석탑에 영향을 주기도 하였지.

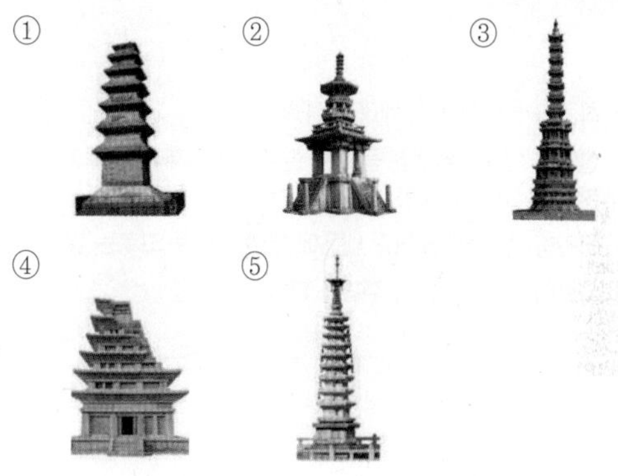

CHAPTER

04 조선 전기

정답 및 해설 3권 43쪽

CHAPTER 04 조선 전기 문제 유형 TOP3

★ 최근 3개년 기출 분석(68~51회)
★ 설명형: 지문, 말풍선 등에서 설명하는 주제에 대해 옳은 / 틀린 것을 고르는 유형
★ 빈칸형: 빈칸에 들어갈 내용에 대한 설명을 고르는 유형
★ 사료형: 사료를 통해 주제를 파악하는 유형

주제 17 조선의 건국과 국가 기반 확립

59회 19번 3점

155 밑줄 그은 '임금'의 재위 시기에 있었던 사실로 옳은 것은?

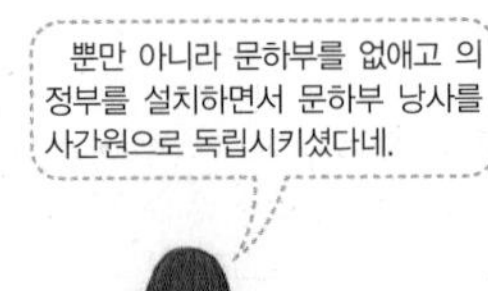

얼마 전에 임금께서 원통하고 억울한 일을 당한 백성들을 위해 신문고를 설치하라고 명하셨다더군.
뿐만 아니라 문하부를 없애고 의정부를 설치하면서 문하부 낭사를 사간원으로 독립시키셨다네.

① 명의 신종을 제사하는 대보단이 설치되었다.
② 백과사전류 의서인 의방유취가 편찬되었다.
③ 왕권 강화를 위해 6조 직계제가 실시되었다.
④ 조선의 기본 법전인 경국대전이 반포되었다.
⑤ 역대 문물제도를 정리한 동국문헌비고가 간행되었다.

58회 19번 3점

156 밑줄 그은 '전하'의 재위 기간에 있었던 사실로 옳은 것은?

> 우리 주상 전하께서는 오방의 풍토가 같지 아니하여 곡식을 심고 가꾸는 데 각기 적당한 방법이 있다고 하셨다. 이에 여러 도의 감사에게 명하기를, 주현의 나이든 농부들을 방문하여 농사지은 경험을 아뢰게 하시고 또 신(臣) 정초에게 그 까닭을 덧붙이게 하셨다. 중복된 것을 버리고, 요약한 것만 뽑아 한 편의 책으로 만들고 제목을 농사직설이라고 하였다.

① 예학을 정리한 가례집람이 저술되었다.
② 국가의 의례를 정비한 국조오례의가 완성되었다.
③ 아동용 윤리 · 역사 교재인 동몽선습이 간행되었다.
④ 효자, 충신 등의 사례를 제시한 삼강행실도가 편찬되었다.
⑤ 군주가 수양해야 할 덕목을 제시한 성학집요가 집필되었다.

65회 21번 1점

157 다음 상황이 전개된 배경으로 옳은 것은?

> 교지를 내려 이르기를, "전날 성삼문 등이 상왕(上王)도 그 모의에 참여하였다고 인정하자, 백관들이 상왕도 종사(宗社)에 죄를 지었으니 편안히 도성에 거주하는 것은 마땅치 않다고 하였다. …… 상왕을 노산군(魯山君)으로 낮추고, 궁에서 내보내 영월에 거주시키도록 하라."라고 하였다.

① 인조반정으로 북인 세력이 몰락하였다.
② 인현왕후가 폐위되고 남인이 권력을 차지하였다.
③ 계유정난을 통해 수양 대군이 정권을 장악하였다.
④ 이인좌를 중심으로 한 소론 세력이 난을 일으켰다.
⑤ 폐비 윤씨 사사 사건으로 인해 김굉필 등이 처형되었다.

63회 21번 2점

158 (가) 왕의 재위 시기에 있었던 사실로 옳은 것은?

□□ 신문

제△△호 ○○○○년 ○○월 ○○일

원각사 창건 당시 작성된 계문(契文) 공개

원각사의 낙성을 축하하는 경찬회 때 (가) 이/가 조정 신하와 백성에게 수륙재 참여를 권하는 내용이 담긴 원각사 계문이 공개되었다. 조선의 임금과 왕실이 불교 행사를 직접 후원하였다는 기록이 희소하기에 의미가 있다.

한명회, 권람 등의 조력으로 김종서, 황보인 등을 제거하고 왕위에 오른 (가) 은/는 간경도감을 설치하여 불경을 한글로 번역, 간행하고 원각사를 창건하는 등 불교를 후원하였다.

① 주자소에서 계미자를 주조하였다.
② 국가의 의례를 정비한 국조오례의를 완성하였다.
③ 삼남 지방의 농법을 소개한 농사직설을 편찬하였다.
④ 현직 관리에게만 수조지를 지급하는 직전법을 시행하였다.
⑤ 우리나라와 중국의 의서를 망라한 동의보감을 간행하였다.

61회 20번 2점

159 다음 대화에 등장하는 왕의 재위 시기에 있었던 사실로 옳은 것은?

전하께서 명하신 대로 장악원에 소장된 의궤와 악보를 새로이 교감하여 악학궤범을 완성하였습니다.
예조 판서 성현을 비롯하여 편찬에 공을 세운 이들에게 차등을 두어 상을 내리도록 하라.

① 주자소가 설치되어 계미자가 주조되었다.
② 전통 한의학을 집대성한 동의보감이 완성되었다.
③ 통치 체제를 정비하기 위해 속대전이 간행되었다.
④ 한양을 기준으로 역법을 정리한 칠정산이 제작되었다.
⑤ 전국의 지리, 풍속 등이 수록된 동국여지승람이 편찬되었다.

주제 18 사림의 성장과 사화의 발생

63회 20번 2점

160 다음 상황이 나타난 시기를 연표에서 옳게 고른 것은?

왕이 전지하기를, "김종직은 보잘것없는 시골의 미천한 선비였는데, 선왕께서 발탁하여 경연에 두었으니 은혜와 총애가 더없이 컸다고 하겠다. 그런데 지금 그의 제자 김일손이 사초에 부도덕한 말로써 선왕 대의 일을 거짓으로 기록하고, 또 스승인 김종직의 조의제문을 싣고서 그 글을 찬양하였으니, 형명(刑名)을 의논하여 아뢰어라."라고 하였다.

1468		1494		1506		1518		1545		1589
	(가)		(나)		(다)		(라)		(마)	
남이의 옥사		연산군 즉위		중종 반정		소격서 폐지		명종 즉위		기축 옥사

① (가) ② (나) ③ (다) ④ (라) ⑤ (마)

59회 21번 3점

161 (가), (나) 사이의 시기에 있었던 사실로 옳은 것은?

(가) 유자광이 김종직의 조의제문을 구절마다 풀이해서 아뢰기를, "감히 이와 같은 부도한 말을 했으니, 청컨대 법에 의하여 죄를 다스리시옵소서. 이 문집 및 판본을 다 불태워버리고 간행한 사람까지 아울러 죄를 다스리기를 청하옵니다."라고 하였다.

(나) 박원종 등이 궐문 밖에 진군하여 대비(大妃)에게 아뢰기를, "지금 임금이 도리를 잃어 정치가 혼란하고, 민생은 도탄에 빠지고, 종사는 위태롭습니다. 진성대군은 대소 신민의 촉망을 받은 지 이미 오래이므로, 이제 추대하고자 하오니 감히 대비의 분부를 여쭙니다."라고 하였다.

① 서인이 반정을 일으켜 정권을 장악하였다.
② 위훈 삭제를 주장한 조광조 일파가 제거되었다.
③ 이인좌를 중심으로 한 일부 소론 세력이 난을 일으켰다.
④ 폐비 윤씨 사사 사건을 빌미로 김굉필 등이 처형되었다.
⑤ 희빈 장씨 소생의 원자 책봉 문제로 환국이 발생하였다.

64회 23번 2점

162 (가)에 들어갈 내용으로 가장 적절한 것은?

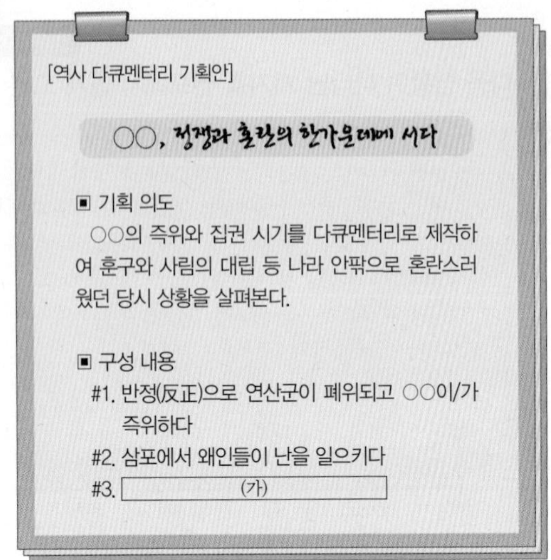

[역사 다큐멘터리 기획안]

○○, 정쟁과 혼란의 한가운데에 서다

▣ 기획 의도

○○의 즉위와 집권 시기를 다큐멘터리로 제작하여 훈구와 사림의 대립 등 나라 안팎으로 혼란스러웠던 당시 상황을 살펴본다.

▣ 구성 내용

#1. 반정(反正)으로 연산군이 폐위되고 ○○이/가 즉위하다

#2. 삼포에서 왜인들이 난을 일으키다

#3. (가)

① 이괄이 난을 일으켜 도성을 점령하다
② 허적과 윤휴 등 남인이 대거 축출되다
③ 정여립 모반 사건으로 기축옥사가 일어나다
④ 위훈 삭제를 주장한 조광조 일파가 제거되다
⑤ 조의제문이 발단이 되어 김일손 등이 화를 입다

52회 19번 3점

163 (가), (나) 사이의 시기에 있었던 사실로 옳은 것은?

(가) 대사헌 등이 아뢰기를, "정국공신은 책봉된 지 오래 되었지만 폐주(廢主)의 총신(寵臣)도 많이 선정되었을 뿐 아니라, 그 중에는 반정 때 뚜렷한 공을 세우지 못한 사람도 많습니다. 지금이라도 이런 폐단을 고치지 않는다면 나라가 바로 서지 않을 것이니 삭훈해야 마땅합니다."라고 하였다.

(나) 김효원과 심의겸의 두 당이 원수처럼 서로 공격하였다. 당초 심의겸이 김효원을 비방하자 김효원도 심의겸을 비난하여 각기 붕당이 나뉘어 대립하였다.

① 외척 간의 대립으로 윤임이 제거되었다.
② 조의제문이 발단이 되어 김일손 등이 화를 입었다.
③ 붕당의 폐해를 경계하기 위한 탕평비가 건립되었다.
④ 희빈 장씨 소생의 원자 책봉 문제로 환국이 발생하였다.
⑤ 폐비 윤씨 사사 사건의 전말이 알려져 김굉필 등이 처형되었다.

52회 20번 2점

164 (가) 인물에 대한 설명으로 옳은 것은?

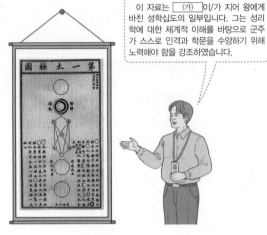

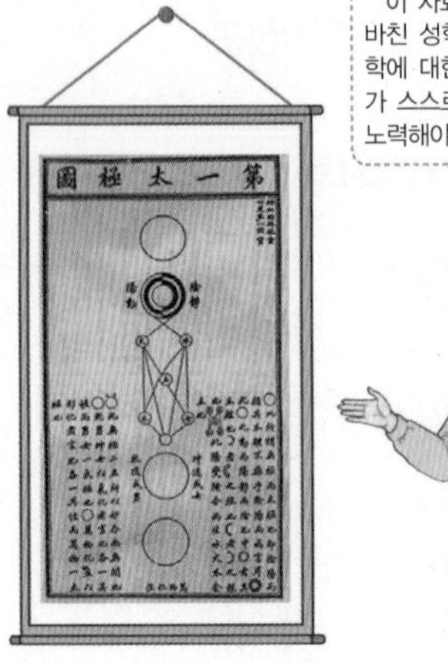

이 자료는 (가) 이/가 지어 왕에게 바친 성학십도의 일부입니다. 그는 성리학에 대한 체계적 이해를 바탕으로 군주가 스스로 인격과 학문을 수양하기 위해 노력해야 함을 강조하였습니다.
第一太極圖

① 양명학을 연구하여 강화 학파를 형성하였다.
② 일본에 다녀와서 해동제국기를 편찬하였다.
③ 예안 향약을 시행하여 향촌 교화를 위해 노력하였다.
④ 유학 경전을 주자와 달리 해석한 사변록을 저술하였다.
⑤ 가례집람을 저술하여 예학을 조선의 현실에 맞게 정리하였다.

주제 19 붕당의 형성과 붕당 정치의 전개

55회 20번 3점

165 다음 상황 이후에 전개된 사실로 옳은 것은?

선전관 이용준 등이 정여립을 토벌하기 위하여 급히 전주에 내려갔다. 무리들과 함께 진안 죽도에 숨어 있던 정여립은 군관들이 체포하려 하자 자결하였다.

① 이시애가 길주를 근거지로 난을 일으켰다.
② 기축옥사로 이발 등 동인 세력이 제거되었다.
③ 양재역 벽서 사건으로 이언적 등이 화를 입었다.
④ 수양 대군이 김종서 등을 살해하고 권력을 장악하였다.
⑤ 이조 전랑 임명을 둘러싸고 사림이 동인과 서인으로 나뉘었다.

주제 20 조선 전기의 문화

62회 19번 2점

166 (가) 왕의 재위 시기에 있었던 사실로 옳은 것은?

오전 10:50
100%
문화유산이 전하는 이야기 - 광통교
한국사 채널
조회수 221,203
청계천이 복원되면서 광통교도 옛 모습을 되찾았어요. 이 광통교에는 능에 썼던 석물들이 있어요. 두 차례 왕자의 난으로 즉위한 (가) 이/가 태조의 계비인 신덕 왕후의 능을 이장하고, 이전 능에 있던 병풍석과 난간석 등 석물 일부를 다리 제작에 사용하게 한 것이에요.

① 최무선의 건의로 화통도감이 설치되었다.
② 조선의 기본 법전인 경국대전이 완성되었다.
③ 국방 문제를 논의하기 위한 비변사가 설치되었다.
④ 세계 지도인 혼일강리역대국도지도가 제작되었다.
⑤ 한양을 기준으로 한 역법서인 칠정산이 간행되었다.

64회 22번 3점

167 밑줄 그은 '전하'가 재위한 시기의 사실로 옳은 것은?

> 무술년 봄에 양성지가 팔도지리지를 바치고, 서거정 등이 동문선을 바쳤더니, 전하께서 드디어 노사신, 양성지, 서거정 등에게 명하여 시문을 팔도지리지에 넣게 하셨습니다. …… 연혁을 앞에 둔 것은 한 고을의 흥함과 망함을 먼저 알아야 하기 때문이며 …… 경도(京都)의 첫머리에 팔도총도를 기록하고, 각 도의 앞에 도별 지도를 붙여서 양경(兩京) 8도로 50권을 편찬하여 바치나이다.

① 예학을 정리한 가례집람이 저술되었다.
② 외교 문서를 집대성한 동문휘고가 편찬되었다.
③ 국가의 의례를 정비한 국조오례의가 완성되었다.
④ 전통 한의학을 정리한 동의보감이 간행되었다.
⑤ 역대 문물제도를 정리한 동국문헌비고가 만들어졌다.

65회 22번 1점

168 (가)에 해당하는 작품으로 옳은 것은?

조선의 예술, 메타버스 회화 전시관
이 그림은 안견이 안평 대군의 꿈 이야기를 듣고 그린 것입니다. 현실 세계와 이상 세계가 대비를 이루면서도 전체적으로 통일된 분위기를 자아내고 있습니다.
(가)
학생 1
학생 2
학생 3
해설사

① 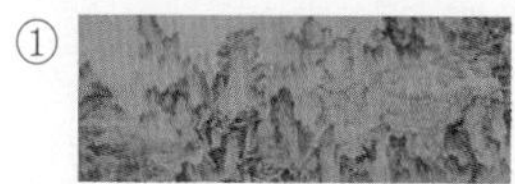
② 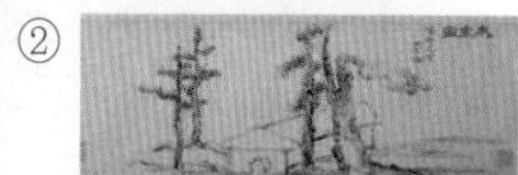
③ 
④ 
⑤ 

57회 20번 2점

169 (가)에 해당하는 문화유산으로 옳은 것은?

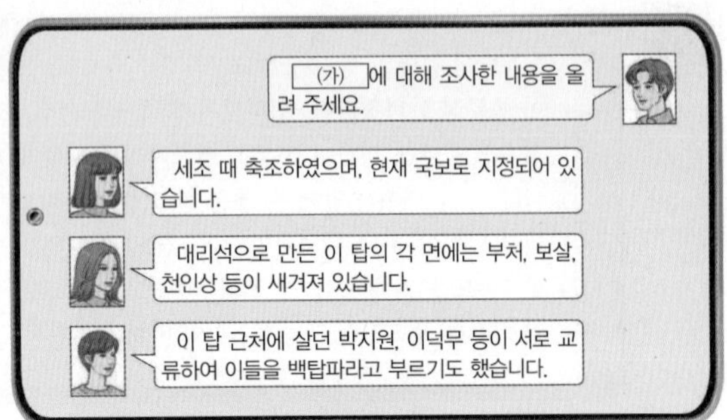

(가) 에 대해 조사한 내용을 올려 주세요.
세조 때 축조하였으며, 현재 국보로 지정되어 있습니다.
대리석으로 만든 이 탑의 각 면에는 부처, 보살, 천인상 등이 새겨져 있습니다.
이 탑 근처에 살던 박지원, 이덕무 등이 서로 교류하여 이들을 백탑파라고 부르기도 했습니다.

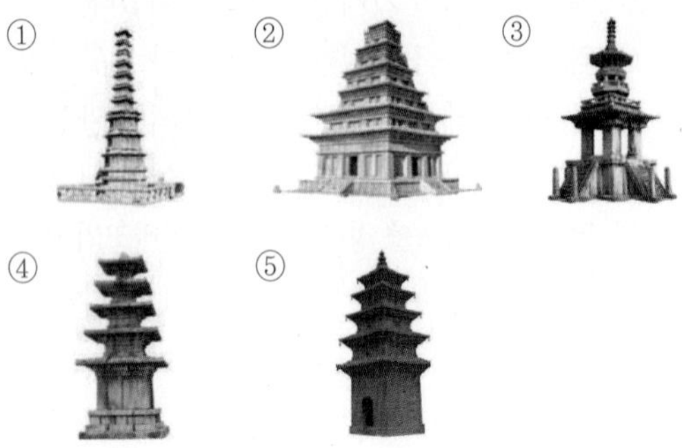

53회 21번 2점

170 (가)에 해당하는 문화유산으로 옳은 것은?

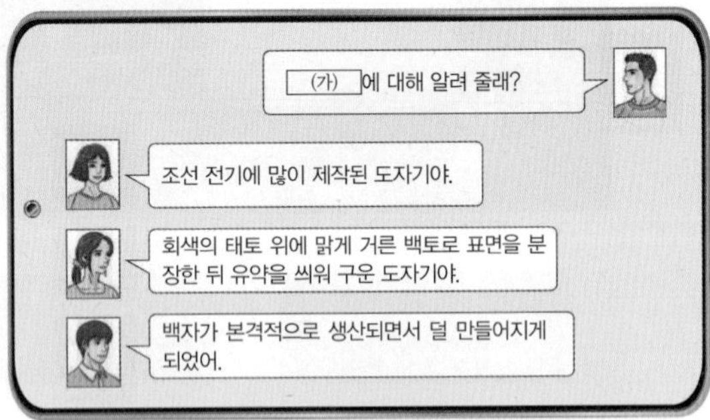

(가) 에 대해 알려 줄래?
조선 전기에 많이 제작된 도자기야.
회색의 태토 위에 맑게 거른 백토로 표면을 분장한 뒤 유약을 씌워 구운 도자기야.
백자가 본격적으로 생산되면서 덜 만들어지게 되었어.

주제 21 임진왜란

65회 26번 3점

171 (가)~(라)를 일어난 순서대로 옳게 나열한 것은?

(가) 좌의정 박은이 상왕(上王)에게 아뢰기를, "이제 왜구가 중국에 들어가 도적질하고 본도로 돌아오는 것이 곧 이때이므로 마땅히 이종무 등으로 대마도에 나가 적이 섬에 돌아오기를 기다렸다가 맞아서 치게 되면 적을 파함에 틀림없을 것이니, 진멸(殄滅)시킬 기회를 잃지 마소서."라고 하니, 상왕이 옳게 여겼다.

(나) 김방경이 중군을 거느리게 하고 흘돈과 홍다구와 더불어 일본을 정벌하게 하였다. 일기도(一岐島)에 이르러 천여 명을 죽이고 길을 나누어 진격하였다. 왜인들이 달아나는데 쓰러진 시체가 마치 삼대와 같았다. 날이 저물어 이내 공격을 늦추었는데 마침 밤에 태풍이 크게 불어서 전함들이 많이 부서졌다.

(다) 왜구가 배 5백 척을 이끌고 진포 입구에 들어와서는 큰 밧줄로 배를 서로 잡아매고 병사를 나누어 지키다가, 해안에 상륙하여 여러 고을로 흩어져 들어가 불을 지르고 노략질을 자행하였다. …… 나세, 심덕부, 최무선 등이 진포에 이르러, 최무선이 만든 화포를 처음으로 사용하여 그 배들을 불태웠다.

(라) 왜장이 군사 수만 명을 모두 동원하여 진주성을 포위하였는데 성 안의 군사는 3천여 명이었다. 진주 목사 김시민이 여러 성첩을 나누어 지키게 하였다. …… 10여 일 동안 4~5차례 큰 전투를 벌이면서 안팎에서 힘껏 싸웠으므로 적이 먼저 도망하였다.

① (가) – (나) – (다) – (라)
② (가) – (다) – (나) – (라)
③ (나) – (가) – (라) – (다)
④ (나) – (다) – (가) – (라)
⑤ (다) – (라) – (나) – (가)

64회 24번 2점

172 (가) 전쟁 중에 있었던 사실로 옳은 것은?

조헌은 금산에서 7백여 명의 의병을 이끌고 왜군과 전투를 벌이다가 전사하였습니다.
(가) 당시 활약한 의병장

화면을 누르면 설명을 들을 수 있습니다.

① 이종무가 대마도를 정벌하였다.
② 송상현이 동래성에서 항전하였다.
③ 김상용이 강화도에서 순절하였다.
④ 최영이 홍산 전투에서 크게 승리하였다.
⑤ 강홍립 부대가 사르후 전투에 참전하였다.

62회 25번 2점

173 다음 전투 이후에 전개된 사실로 옳은 것은?

권율이 정병 4천 명을 뽑아 행주산 위에 진을 치고는 책(柵)을 설치하여 방비하였다. …… 적은 올려다보고 공격하는 처지가 되어 탄환도 맞히지 못하는데 반해 호남의 씩씩한 군사들은 모두 활쏘기를 잘하여 쏘는 대로 적중시켰다. …… 적이 결국 패해 후퇴하였다.

－『선조수정실록』－

① 최영이 홍산에서 대승을 거두었다.
② 이순신이 한산도 대첩에서 승리하였다.
③ 휴전 회담의 결렬로 정유재란이 시작되었다.
④ 이종무가 왜구의 근거지인 쓰시마를 정벌하였다.
⑤ 신립이 탄금대에서 배수의 진을 치고 왜군에 항전하였다.

60회 25번 2점

174 다음 전쟁 중 있었던 사실로 옳은 것은?

적군은 세 길로 나누어 곧장 한양으로 향했는데, 산을 넘고 물을 건너 마치 사람이 없는 곳에 들어가듯 했다고 한다. 조정에서 지킬 수 있다고 믿은 신립과 이일 두 장수가 병권을 받고 내려와 방어했지만 중도에 패하여 조령의 험지를 잃고, 적이 중원으로 들어갔다. 이로 인해 임금의 수레가 서쪽으로 몽진하고 도성을 지키지 못하니, 불쌍한 백성들은 모두 흉적의 칼날에 죽어가고 노모와 처자식은 이리저리 흩어져 생사를 알지 못해 밤낮으로 통곡할 뿐이었다.

－『쇄미록』－

① 김상용이 강화도에서 순절하였다.
② 임경업이 백마산성에서 항전하였다.
③ 최영이 홍산 전투에서 크게 승리하였다.
④ 곽재우가 의병장이 되어 의령 등에서 활약하였다.
⑤ 신류가 조총 부대를 이끌고 흑룡강에서 전투를 벌였다.

56회 23번 2점

175 밑줄 그은 '이 전란' 이후에 있었던 사실로 옳은 것은?

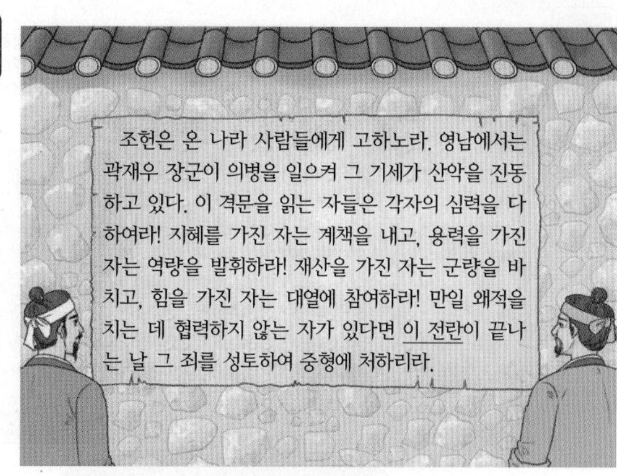

조헌은 온 나라 사람들에게 고하노라. 영남에서는 곽재우 장군이 의병을 일으켜 그 기세가 산악을 진동하고 있다. 이 격문을 읽는 자들은 각자의 심력을 다하여라! 지혜를 가진 자는 계책을 내고, 용력을 가진 자는 역량을 발휘하라! 재산을 가진 자는 군량을 바치고, 힘을 가진 자는 대열에 참여하라! 만일 왜적을 치는 데 협력하지 않는 자가 있다면 이 전란이 끝나는 날 그 죄를 성토하여 중형에 처하리라.

① 유정이 회답 겸 쇄환사로 일본에 파견되었다.
② 나세, 심덕부 등이 진포에서 왜구를 격퇴하였다.
③ 신숙주가 일본에 다녀와 해동제국기를 저술하였다.
④ 조선 정부의 통제에 반발하여 삼포왜란이 일어났다.
⑤ 외침에 대비하기 위해 임시 기구로 비변사가 설치되었다.

68회 20번 1점

176 (가) 전쟁에 대한 탐구 활동으로 가장 적절한 것은?

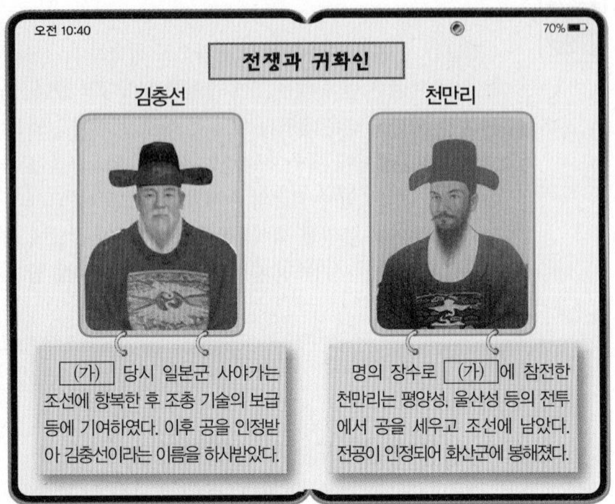

오전 10:40
70%
전쟁과 귀화인
김충선
천만리
(가) 당시 일본군 사야가는 조선에 항복한 후 조총 기술의 보급 등에 기여하였다. 이후 공을 인정받아 김충선이라는 이름을 하사받았다.
명의 장수로 (가) 에 참전한 천만리는 평양성, 울산성 등의 전투에서 공을 세우고 조선에 남았다. 전공이 인정되어 화산군에 봉해졌다.

① 나선 정벌의 전적지를 검색한다.
② 북학론이 끼친 영향을 파악한다.
③ 명량 해전의 승리 요인을 분석한다.
④ 삼정이정청의 활동 내용을 찾아본다.
⑤ 4군과 6진을 개척한 과정을 알아본다.

51회 23번 2점

177 다음 가상 뉴스 이후에 전개된 상황으로 옳은 것은?

며칠 전 우리 군사들이 명군과 연합하여 일본군으로부터 평양성을 탈환하였습니다. 이번 승리는 불리했던 전세를 역전시킬 계기가 될 것으로 보입니다.
조·명 연합군, 평양성을 탈환하다

① 이순신이 명량에서 대승을 거두었다.
② 최무선이 진포에서 왜구를 격퇴하였다.
③ 신립이 탄금대에서 배수의 진을 치고 싸웠다.
④ 김종서가 6진을 개척하여 영토를 확장하였다.
⑤ 배중손이 삼별초를 이끌고 진도에서 항전하였다.

주제 22 광해군의 정책과 호란의 발생

53회 22번 3점

178 (가) 시기에 있었던 사실로 옳은 것은?

지난달 후금에 투항한 강홍립의 죄를 물어야 합니다.
알아서 처분할 것이니 번거롭게 하지 말라.

항복을 받기 위한 단을 삼전도에 이미 쌓았으니, 내일 황제 폐하 앞에서 의식을 거행할 것이오.

① 나선 정벌에 조총 부대가 동원되었다.
② 권율이 행주산성에서 적군을 격퇴하였다.
③ 정봉수와 이립이 용골산성에서 항쟁하였다.
④ 소현 세자와 봉림 대군 등이 청에 인질로 끌려갔다.
⑤ 외적의 침입에 대비하고자 비변사가 처음 설치되었다.

58회 22번 3점

179 (가), (나) 사이의 시기에 있었던 사실로 옳은 것은?

(가) 왕에게 이괄 부자가 역적의 우두머리라고 고해바친 자가 있었다. 하지만 왕은 "반역은 아닐 것이다."라고 하면서도, 이괄의 아들인 이전을 잡아오라고 명하였다. 이에 이괄은 군영에 있던 장수들을 위협하여 난을 일으켰다.

(나) 최명길을 보내 오랑캐에게 강화를 청하면서 그들의 진격을 늦추도록 하였다. 왕이 수구문(水溝門)을 통해 남한산성으로 향했다. 변란이 창졸 간에 일어났기에 도보로 따르는 신하도 있었고 성안 백성의 통곡 소리가 하늘을 뒤흔들었다. 초경을 지나 왕의 가마가 남한산성에 도착하였다.

① 정봉수가 용골산성에서 항전하였다.
② 이순신이 명량에서 대승을 거두었다.
③ 권율이 행주산성에서 적군을 격퇴하였다.
④ 서인 세력이 폐모살제를 이유로 반정을 일으켰다.
⑤ 정여립 모반 사건을 계기로 기축옥사가 발생하였다.

65회 23번 2점

180 밑줄 그은 '이 전쟁' 중에 있었던 사실로 옳은 것은?

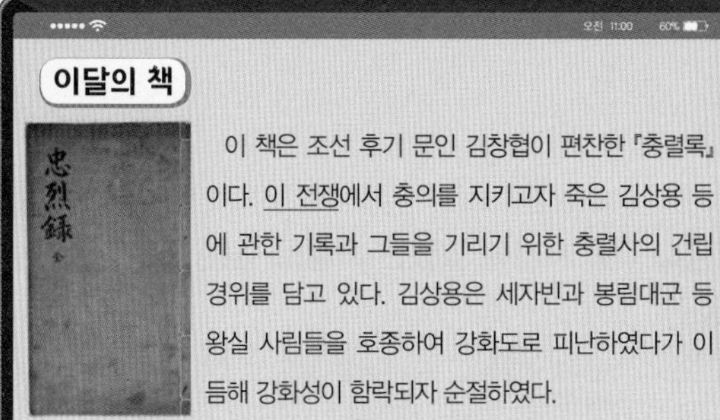

이달의 책

이 책은 조선 후기 문인 김창협이 편찬한 『충렬록』이다. 이 전쟁에서 충의를 지키고자 죽은 김상용 등에 관한 기록과 그들을 기리기 위한 충렬사의 건립 경위를 담고 있다. 김상용은 세자빈과 봉림대군 등 왕실 사람들을 호종하여 강화도로 피난하였다가 이듬해 강화성이 함락되자 순절하였다.

① 조명 연합군이 평양성을 탈환하였다.
② 강홍립이 사르후 전투에 참전하였다.
③ 김준룡이 광교산 전투에서 승리하였다.
④ 김종서가 두만강 일대에 6진을 개척하였다.
⑤ 곽재우, 김천일 등이 의병장으로 활약하였다.

61회 24번 2점

181 밑줄 그은 '전란' 중에 있었던 사실로 옳은 것은?

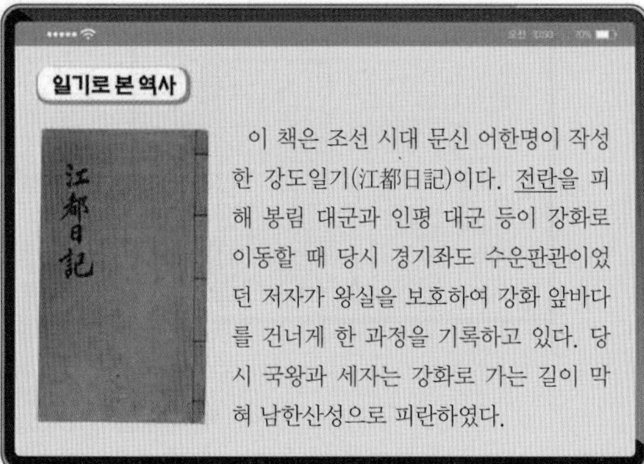

일기로 본 역사

이 책은 조선 시대 문신 어한명이 작성한 강도일기(江都日記)이다. 전란을 피해 봉림 대군과 인평 대군 등이 강화로 이동할 때 당시 경기좌도 수운판관이었던 저자가 왕실을 보호하여 강화 앞바다를 건너게 한 과정을 기록하고 있다. 당시 국왕과 세자는 강화로 가는 길이 막혀 남한산성으로 피란하였다.

① 정문부가 길주에서 의병을 이끌었다.
② 강홍립이 사르후 전투에 참전하였다.
③ 김시민이 진주성에서 적군을 크게 물리쳤다.
④ 임경업이 백마산성에서 적의 침입에 대비하였다.
⑤ 최윤덕이 올라산성에서 이만주 부대를 정벌하였다.

63회 24번 2점

182 (가) 국가에 대한 조선의 정책으로 옳은 것은?

〈답사 보고서〉

◈ **주제**: 남한산성에서 삼학사의 충절을 만나다

◈ **날짜**: 2023년 ○○월 ○○일

◈ **내용**: 현절사(顯節祠)는 삼학사(홍익한, 윤집, 오달제)의 충절을 기려 남한산성에 세운 사당이다. 그들은 (가) 의 침입으로 발생한 전쟁에서 화의를 반대하며 결사 항전을 주장하였다. 항복 이후 그들은 (가) (으)로 압송되어 처형되었다. 그들과 함께 척화를 주장하였던 김상헌, 정온도 추가로 이곳에 모셔졌다.

◈ **사진**

① 만권당을 세워 학문 교류를 장려하였다.
② 어영청을 강화하는 등 북벌을 추진하였다.
③ 화통도감을 설치하여 군사력을 증강하였다.
④ 사신 접대를 위해 한성에 동평관을 설치하였다.
⑤ 포로 송환을 목적으로 유정을 회답 겸 쇄환사로 파견하였다.

CHAPTER

05 조선 후기

정답 및 해설 3권 50쪽

CHAPTER 05 조선 후기 문제 유형 TOP3

빈칸형
0 100(%)

설명형
0 100(%)

사료형
0 100(%)

★ 최근 3개년 기출 분석(68~51회)
★ 빈칸형: 빈칸에 들어갈 내용에 대한 설명을 고르는 유형
★ 설명형: 지문, 말풍선 등에서 설명하는 주제에 대해 옳은 / 틀린 것을 고르는 유형
★ 사료형: 사료를 통해 주제를 파악하는 유형

주제 23 조선 후기의 정치

61회 23번 3점

183 (가)~(다)를 일어난 순서대로 옳게 나열한 것은?

(가) 임금이 궐내에 있던 기름 먹인 장막을 허적이 벌써 가져갔음을 듣고 노하여 이르기를, "궐내에서 쓰는 것을 마음대로 가져가는 것은 한명회도 못하던 짓이다."라고 하였다. …… 임금이 허적의 당파가 많아 기세가 당당하다는 말을 듣고 그들을 제거하고자 결심하였다.

(나) 비망기를 내려, "국운이 안정되어 왕비가 복위하였으니, 백성에게 두 임금이 없는 것은 고금을 통한 의리이다. 장씨의 왕후 지위를 거두고 옛 작호인 희빈을 내려 주되, 세자가 조석으로 문안하는 예는 폐하지 않도록 하라."라고 하였다.

(다) 임금이 말하기를, "송시열은 산림의 영수로서 나라의 형세가 험난한 때에 감히 원자(元子)의 명호를 정한 것이 너무 이르다고 하였으니, 삭탈 관작하고 성문 밖으로 내쳐라. 반드시 송시열을 구하려는 자가 있겠지만, 그런 자는 비록 대신이라 하더라도 용서하지 않을 것이다."라고 하였다.

① (가) – (나) – (다) ② (가) – (다) – (나)
③ (나) – (가) – (다) ④ (나) – (다) – (가)
⑤ (다) – (나) – (가)

60회 29번 3점

184 (가) 시기에 있었던 사실로 옳은 것은?

① 이괄이 반란을 일으켜 도성을 장악하였다.
② 자의 대비의 복상 문제로 예송이 전개되었다.
③ 왕위 계승을 둘러싸고 왕자의 난이 발생하였다.
④ 이인좌를 중심으로 소론 세력 등이 난을 일으켰다.
⑤ 희빈 장씨 소생의 원자 책봉 문제로 환국이 발생하였다.

55회 24번 1점

185 밑줄 그은 '이 왕'에 대한 설명으로 옳은 것은?

① 조선의 기본 법전인 경국대전을 완성하였다.
② 붕당의 폐해를 경계하기 위한 탕평비를 건립하였다.
③ 시전 상인의 특권을 축소한 신해통공을 실시하였다.
④ 전세를 1결당 4~6두로 고정하는 영정법을 제정하였다.
⑤ 각 궁방과 중앙 관서의 공노비 6만여 명을 해방하였다.

58회 24번 2점

186 밑줄 그은 '이 왕'의 업적으로 옳은 것은?

이것은 정민교의 서사시 '군정탄(軍丁歎)'입니다. 이 작품에 표현된 황구첨정 등의 폐단을 해결하고자 이 왕은 균역청을 설치하고 양역 제도를 개선하였습니다.
남편은 세상을 떴으나
뱃속에 아기가 있었지요
⋮
포대기로 싼 갓난아기
장정으로 군적에 올려
문이 닳도록 찾아와
군포를 바치라고 독촉하니
⋮

① 수도 방위를 위하여 금위영을 창설하였다.
② 속대전을 편찬하여 통치 제도를 정비하였다.
③ 삼군부를 부활시켜 군국 기무를 전담하게 하였다.
④ 초계문신제를 실시하여 젊은 문신들을 재교육하였다.
⑤ 전세를 1결당 4~6두로 고정하는 영정법을 제정하였다.

55회 21번 2점

187 (가) 기구에 대한 설명으로 옳은 것은?

이달의 책

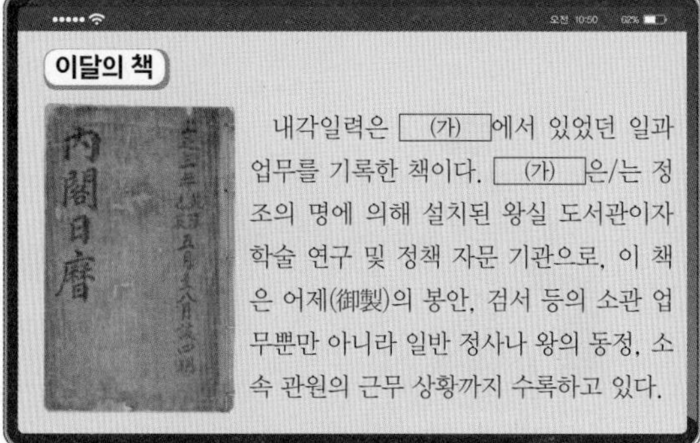

내각일력은 (가) 에서 있었던 일과 업무를 기록한 책이다. (가) 은/는 정조의 명에 의해 설치된 왕실 도서관이자 학술 연구 및 정책 자문 기관으로, 이 책은 어제(御製)의 봉안, 검서 등의 소관 업무뿐만 아니라 일반 정사나 왕의 동정, 소속 관원의 근무 상황까지 수록하고 있다.

① 을묘왜변을 계기로 상설화되었다.
② 은대(銀臺), 후원(喉院)이라고도 불리었다.
③ 5품 이하 관리 임명에 서경권을 행사하였다.
④ 대사성을 중심으로 좨주, 직강 등의 관직을 두었다.
⑤ 유능한 인재를 양성하기 위한 초계문신제를 주관하였다.

63회 19번 2점

188 (가) 왕에 대한 설명으로 옳은 것은?

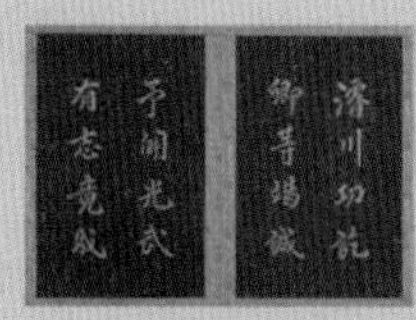

이것은 『어전준천제명첩』에 담긴 어제사언시(御製四言詩)로, (가) 이/가 홍봉한 등 청계천 준설 공사에 공이 있는 신하들의 노고를 치하하며 지은 것이다.

청계천 준설을 추진한 (가) 은/는 탕평, 균역 등도 자신의 치적으로 거론한 글을 남겼다.

① 나선 정벌에 조총 부대를 파견하였다.
② 경기도에 한해서 대동법을 실시하였다.
③ 삼수병으로 구성된 훈련도감을 창설하였다.
④ 통치 제도를 정비하고자 속대전을 편찬하였다.
⑤ 한양을 기준으로 한 역산서인 칠정산을 만들었다.

65회 24번 2점

189 (가) 왕에 대한 설명으로 옳은 것은?

이 시는 (가) 이/가 현륭원을 참배하고 화성 행궁에 머물다가 환궁하는 길에 지은 것입니다. 아버지인 사도 세자에 대한 마음이 잘 표현되어 있습니다.

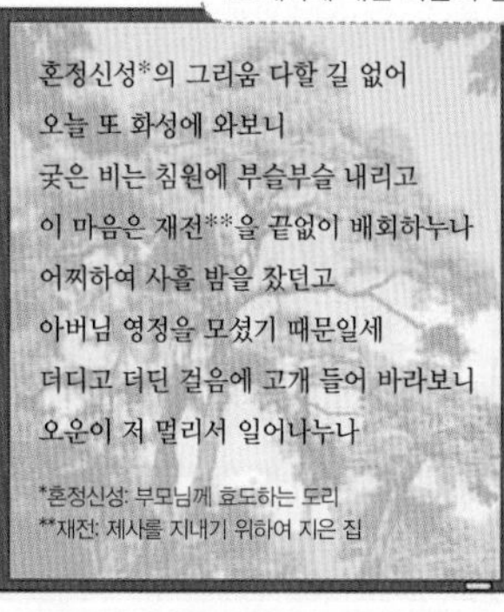

혼정신성*의 그리움 다할 길 없어
오늘 또 화성에 와보니
궂은 비는 침원에 부슬부슬 내리고
이 마음은 재전**을 끝없이 배회하누나
어찌하여 사흘 밤을 잤던고
아버님 영정을 모셨기 때문일세
더디고 더딘 걸음에 고개 들어 바라보니
오운이 저 멀리서 일어나누나

*혼정신성: 부모님께 효도하는 도리
**재전: 제사를 지내기 위하여 지은 집

① 청과 국경을 정하는 백두산정계비를 세웠다.
② 통치 체제를 정비하고자 속대전을 편찬하였다.
③ 왕실의 위엄을 높이기 위해 경복궁을 중건하였다.
④ 삼정의 문란을 시정하려고 삼정이정청을 설치하였다.
⑤ 시전 상인의 특권을 축소하는 신해통공을 단행하였다.

주제 24 세도 정치와 농민 봉기

53회 28번 2점

190 (가), (나) 사이의 시기에 있었던 사실로 옳은 것은?

> (가) 평안 감사가 "이달 19일에 관군이 정주성을 수복하고 두목 홍경래 등을 죽이거나 사로잡았습니다."라고 임금께 보고하였다.
>
> (나) 경상도 안핵사 박규수는 "이번 진주의 백성들이 난을 일으킨 것은 오로지 전 우병사 백낙신이 탐욕을 부려 포학스럽게 행동한 까닭에서 연유한 것이었습니다."라고 임금께 보고하였다.

① 최제우가 동학을 창시하였다.
② 정약종 등이 희생된 신유박해가 일어났다.
③ 오페르트가 남연군 묘 도굴을 시도하였다.
④ 공신 책봉 문제로 이괄이 반란을 일으켰다.
⑤ 이인좌를 중심으로 소론 세력 등이 난을 일으켰다.

56회 28번 1점

191 (가) 사건에 대한 설명으로 옳은 것은?

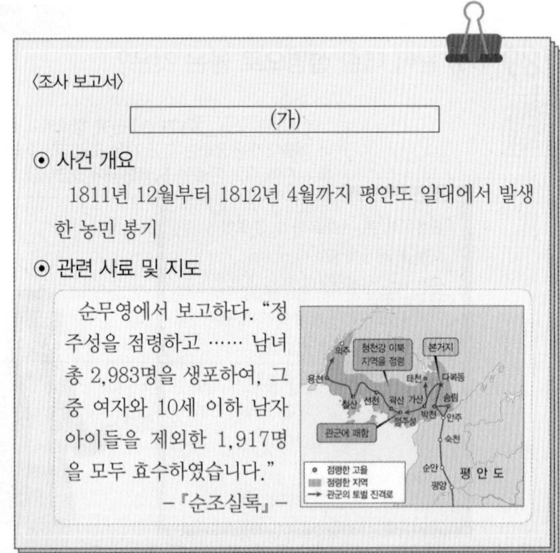
〈조사 보고서〉

(가)

⊙ 사건 개요
1811년 12월부터 1812년 4월까지 평안도 일대에서 발생한 농민 봉기

⊙ 관련 사료 및 지도
순무영에서 보고하다. "정주성을 점령하고 …… 남녀 총 2,983명을 생포하여, 그 중 여자와 10세 이하 남자 아이들을 제외한 1,917명을 모두 효수하였습니다."
-『순조실록』-

① 청의 군대에 의해 진압되었다.
② 척왜양창의를 기치로 내걸었다.
③ 선혜청과 일본 공사관을 공격하였다.
④ 사건 수습을 위해 박규수가 안핵사로 파견되었다.
⑤ 세도 정치기의 수탈과 지역 차별에 반발하여 일어났다.

64회 21번 2점

192 다음 상황이 전개된 배경으로 옳은 것은?

며칠 전 안핵사로 파견된 박규수가 전하께 특별 기구 설치를 상소하였다고 하네.

그렇다네. 전하께서 이를 받아들여 삼정이정청을 설치하고, 각 고을마다 대책을 모아 올려 보내라고 명하셨지.

① 이만손 등이 영남 만인소를 올렸다.
② 운요호가 강화도와 영종도를 공격하였다.
③ 동학교도가 교조 신원을 주장하며 삼례 집회를 개최하였다.
④ 황사영이 외국 군대의 출병을 요청하는 백서를 작성하였다.
⑤ 백낙신의 탐학이 발단이 되어 진주에서 농민들이 봉기하였다.

주제 25 조선 후기의 문화

68회 23번 1점

193 다음 상황이 나타난 시기에 볼 수 있는 모습으로 적절하지 <u>않은</u> 것은?

① 벽란도에서 인삼을 사는 송의 상인
② 호랑이를 소재로 민화를 그리는 화가
③ 광산 노동자에게 품삯을 나눠주는 덕대
④ 여러 장시를 돌며 물품을 판매하는 보부상
⑤ 저잣거리에서 영웅 소설을 읽어주는 전기수

64회 25번 1점

194 밑줄 그은 '시기'의 문화에 대한 설명으로 옳지 않은 것은?

이 그림은 조영석과 김홍도의 풍속화입니다. 인부들이 말 발굽에 징을 박는 모습과 기와를 이어나가는 모습을 묘사하고 있습니다. 이를 통해 이 그림이 그려진 시기 서민들의 일상생활을 생생하게 살펴볼 수 있습니다.

① 금강전도 등 진경산수화가 그려졌다.
② 새로운 역법으로 수시력이 도입되었다.
③ 양반 사회를 풍자한 탈춤이 성행하였다.
④ 춘향가, 흥보가 등의 판소리가 유행하였다.
⑤ 홍길동전, 박씨전 등의 한글 소설이 널리 읽혔다.

63회 27번 2점

195 (가) 인물에 대한 설명으로 옳은 것은?

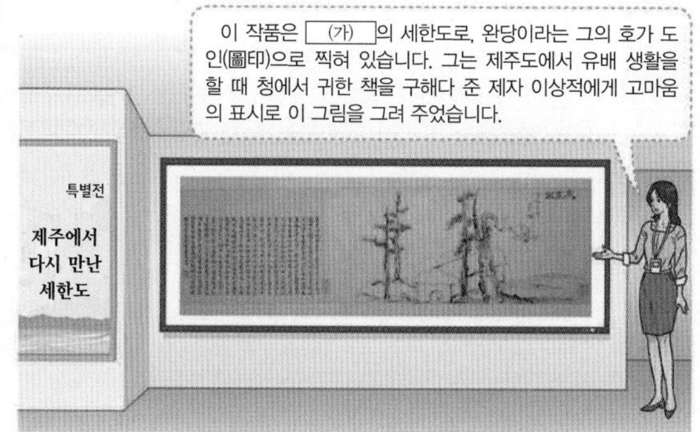

이 작품은 (가) 의 세한도로, 완당이라는 그의 호가 도인(圖印)으로 찍혀 있습니다. 그는 제주도에서 유배 생활을 할 때 청에서 귀한 책을 구해다 준 제자 이상적에게 고마움의 표시로 이 그림을 그려 주었습니다.

제주에서 다시 만난 세한도

① 남북국이라는 용어를 처음 사용하였다.
② 기기도설을 참고하여 거중기를 설계하였다.
③ 북한산비가 진흥왕 순수비임을 고증하였다.
④ 양명학을 연구하여 강화학파를 형성하였다.
⑤ 안평 대군의 꿈을 소재로 몽유도원도를 그렸다.

59회 25번 1점

196 밑줄 그은 '이 시기'의 문화에 대한 설명으로 옳은 것은?

춘향전 등 한글 소설이 유행했던 이 시기에 대해 이야기 해 볼까요?
소설책을 빌려주는 세책가가 성행하였어요.
저잣거리에서 한글 소설을 읽어주는 전기수가 인기를 끌었어요.

① 원각사지 십층 석탑이 건립되었다.
② 인왕제색도 등 진경산수화가 그려졌다.
③ 주자소가 설치되어 계미자가 주조되었다.
④ 표면에 백토를 바른 분청사기가 유행하였다.
⑤ 청주 흥덕사에서 직지심체요절이 간행되었다.

54회 26번 2점

197 다음 자료의 상황이 나타난 시기에 볼 수 있는 모습으로 적절하지 않은 것은?

> 비변사에서 임금에게 아뢰었다. "삼남에서 특산물로 종이를 바치는 공인이 청원하기를 '승려들의 숫자가 줄어 종이의 양이 부족한 데도 각 지방의 군영과 관아에서 먼저 가져갑니다. 이로 인해 중앙에 공물로 납부할 종이가 부족해 공인이 처벌되는 일이 이어지고 있습니다. …… 송상들이 각 사찰에 출입하며 종이를 몰래 사들여 책문에 가서 시장을 만드는 행위를 엄금해 은밀히 국경을 넘는 폐단을 없애 주십시오.'라고 하였습니다."

① 시사(詩社)를 조직하여 활동하는 중인
② 솔빈부의 특산품인 말을 수입하는 상인
③ 여러 장시를 돌며 물품을 판매하는 보부상
④ 저잣거리에서 한글 소설을 읽어 주는 전기수
⑤ 채소, 담배 등의 상품 작물을 재배하는 농민

CHAPTER

06 근대

정답 및 해설 3권 54쪽

CHAPTER 06 근대 문제 유형 TOP3

★ 최근 3개년 기출 분석(68~51회)
★ 설명형: 지문, 말풍선 등에서 설명하는 주제에 대해 옳은 / 틀린 것을 고르는 유형
★ 빈칸형: 빈칸에 들어갈 내용에 대한 설명을 고르는 유형
★ 사료형: 사료를 통해 주제를 파악하는 유형

주제 26 흥선 대원군의 개혁

63회 26번 1점

198 (가) 기구에 대한 설명으로 옳은 것은?

> 오늘에 와서는 큰일이건 작은 일이건 중요한 것으로 취급되지 않는 것이 없어, 의정부는 한갓 헛이름만 지니고 6조는 모두 그 직임을 상실하였습니다. 명칭은 '변방의 방비를 담당하는 것'이라고 하면서 과거 시험에 대한 판하(判下)*나 비빈 간택 등의 일까지도 모두 (가) 을/를 경유하여 나옵니다. 명분이 바르지 못하고 말이 이치에 맞지 않음이 이보다 심할 수가 없습니다. 신의 어리석은 소견으로는 (가) 을/를 고쳐 정당(政堂)으로 칭하는 것이 상책이라 생각합니다.
>
> *판하(判下): 안건을 임금이 허가하는 것

① 사헌부, 사간원과 함께 3사로 불렸다.
② 서얼 출신 학자들이 검서관에 등용되었다.
③ 흥선 대원군이 집권한 시기에 혁파되었다.
④ 서울과 수원에 설치되어 국왕의 호위를 맡았다.
⑤ 대사성을 수장으로 좨주, 직강 등의 관직을 두었다.

55회 29번 2점

199 밑줄 그은 '중건' 시기에 있었던 사실로 옳은 것을 〈보기〉에서 고른 것은?

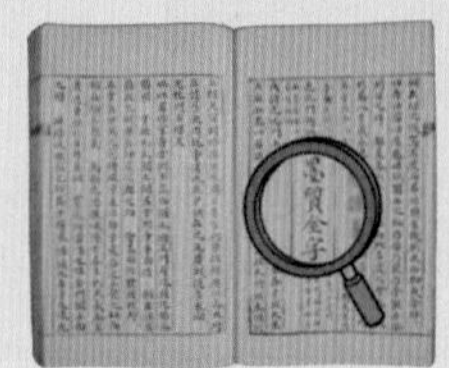

> 경복궁 영건일기는 한성부 주부 원세철이 경복궁 중건의 시작부터 끝날 때까지의 상황을 매일 기록한 것이다. 이 일기에 광화문 현판이 검은색 바탕에 금색 글자였음을 알려주는 '묵질금자(墨質金字)'가 적혀 있어 광화문 현판의 옛 모습을 고증하는 근거가 되었다.

보기

ㄱ. 비변사가 설치되었다.
ㄴ. 사창제가 실시되었다.
ㄷ. 원납전이 징수되었다.
ㄹ. 대전통편이 편찬되었다.

① ㄱ, ㄴ　② ㄱ, ㄷ　③ ㄴ, ㄷ
④ ㄴ, ㄹ　⑤ ㄷ, ㄹ

54회 30번 2점

200 (가) 인물에 대한 설명으로 옳은 것은?

> ○ 왕이 말하였다. "요즘에 서원마다 사무를 자손들이 주관하고 붕당을 각기 주장하니, 이로 인한 폐해가 백성들에게 미치는 경우가 많다고 한다. (가) 의 분부대로 서원을 철폐하고 신주를 땅에 묻어 버리는 등의 절차를 거행하도록 전국에 알려라."
>
> ○ (가) 에게 군국사무를 처리하라는 명이 내려지자 그는 궐내에서 거처하며 5군영의 군사 제도를 복구하고 군량을 지급하게 하였다. 그리고 난병(亂兵)들을 물러가게 하고 대사면령을 내렸다.

① 친위 부대인 장용영을 설치하였다.
② 나선 정벌을 위해 조총 부대를 파견하였다.
③ 속대전을 편찬하여 통치 체제를 정비하였다.
④ 종로를 비롯한 전국 각지에 척화비를 세웠다.
⑤ 영은문이 있던 자리 부근에 독립문을 건립하였다.

53회 29번 3점

201 (가) 법전이 편찬된 시기에 볼 수 있는 모습으로 가장 적절한 것은?

○○박물관 소장품 | (가) | 검색

대전통편 이후 80여 년 만에 새롭게 편찬된 법전이다. 기존 법전을 기본으로 삼고, 각종 조례 등을 보완하여 체계적으로 정리한 조선 시대 마지막 통일 법전이다.

① 동의보감을 집필하는 의관
② 만동묘 복구를 건의하는 유생
③ 훈민정음을 연구하는 집현전 학자
④ 계해약조의 초안을 작성하는 관리
⑤ 성균관에 탕평비 건립을 명하는 국왕

주제 27 통상 수교 거부 정책

65회 29번 2점

202 (가), (나) 사이의 시기에 있었던 사실로 옳은 것은?

(가) 대왕대비전이 전교하기를, "익성군이 이제 입궁하였으니, 흥선 대원군과 부대부인의 봉작을 내리는 것을 오늘 중으로 거행하도록 하라."라고 하였다.

(나) 종로에 비석을 세웠다. 그 비에서 이르기를, '서양 오랑캐가 침범하는데 싸우지 않으면 즉 화친하는 것이요, 화친을 주장함은 나라를 팔아먹는 것이다.'고 하였다.

① 영국이 거문도를 불법으로 점령하였다.
② 일본의 운요호가 영종도를 공격하였다.
③ 러시아가 용암포에 대한 조차를 요구하였다.
④ 독일 상인 오페르트가 남연군 묘 도굴을 시도하였다.
⑤ 미국이 조미 수호 통상 조약 체결 후 푸트 공사를 파견하였다.

59회 30번 2점

203 다음 상황이 나타난 시기를 연표에서 옳게 고른 것은?

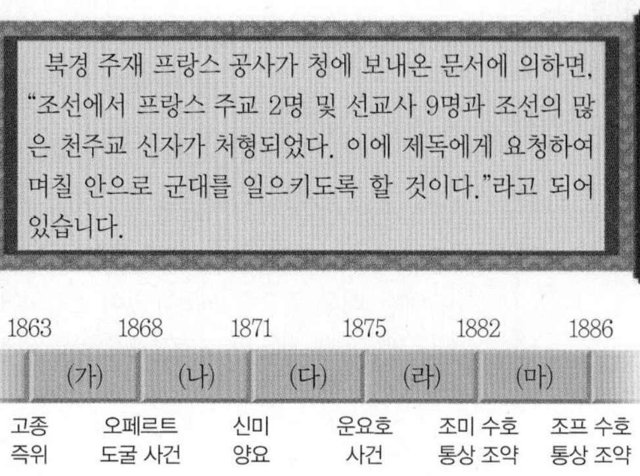
북경 주재 프랑스 공사가 청에 보내온 문서에 의하면, "조선에서 프랑스 주교 2명 및 선교사 9명과 조선의 많은 천주교 신자가 처형되었다. 이에 제독에게 요청하여 며칠 안으로 군대를 일으키도록 할 것이다."라고 되어 있습니다.

① (가) ② (나) ③ (다) ④ (라) ⑤ (마)

64회 28번 2점

204 밑줄 그은 '이 사건'에 대한 설명으로 옳은 것은?

사료로 보는 한국사

온 성의 군민이 모두 울분을 품고, …… 총환과 화살을 어지러이 발사하였으며 사생을 잊고 위험을 무릅쓰지 않는 자가 없었으니, 반드시 오랑캐를 도륙하고야 말 태세였습니다. 강 아래 위의 요해처에서 막고, 마침내 화선(火船)으로 불길이 옮겨붙게 함으로써 모조리 죽여 살아남은 종자가 없게 된 것은 모두 이들이 …… 용감하게 싸운 것에 기인한 것이었습니다.

[해설] 자료는 『환재집』의 일부로, 평양 군민들이 대동강에서 이양선을 격침한 이 사건의 전말을 서술한 것이다. 평안 감사가 여러 차례 조정에 올린 장계를 통해 당시의 생생한 상황을 파악할 수 있다.

① 신유박해가 원인이 되어 발생하였다.
② 신미양요가 일어나는 계기가 되었다.
③ 전개 과정에서 전주 화약이 체결되었다.
④ 외규장각 도서가 국외로 약탈되는 결과를 가져왔다.
⑤ 오페르트의 남연군 묘 도굴 사건을 배경으로 일어났다.

60회 31번 1점

205 밑줄 그은 '이 사건'에 대한 설명으로 옳은 것은?

사료로 보는 한국사

매우 가난하게 보이는 강화도에서 각하에게 보내드릴 만한 것은 아무것도 없습니다. 그러나 조선 임금이 소유하고 있지만 거처하지 않는 저택의 도서관에는 매우 중요한 서적이 많이 소장되어 있습니다. 세심하게 공들여 꾸며진 340권을 수집하였으며 기회가 되는 대로 프랑스로 보내겠습니다.

\- G. 로즈 -

[해설] 로즈 제독이 해군성 장관에게 보낸 서신의 일부이다. 프랑스군이 강화도를 침략한 이 사건 당시 외규장각 도서 등이 약탈되는 상황이 기록되어 있다.

① 청군의 개입으로 종결되었다.
② 제물포 조약의 체결로 이어졌다.
③ 오페르트 도굴 사건이 계기가 되었다.
④ 양헌수 부대가 정족산성에서 적군을 물리쳤다.
⑤ 영국 함대가 거문도를 점령하는 배경이 되었다.

61회 31번 2점

206 (가) 사건 이후에 전개된 사실로 옳은 것은?

이곳은 어재연 장군과 그의 군사를 기리기 위해 조성된 충장사입니다. 어재연 장군의 부대는 [(가)] 때 광성보에서 로저스 제독이 이끄는 미군에 맞서 결사 항전하였지만 끝내 함락을 막지 못하였습니다.

① 종로와 전국 각지에 척화비가 세워졌다.
② 평양 관민이 제너럴 셔먼호를 불태웠다.
③ 한성근 부대가 문수산성에서 항전하였다.
④ 신유박해로 많은 천주교도가 처형되었다.
⑤ 오페르트가 남연군 묘 도굴을 시도하였다.

주제 28 개항과 불평등 조약

59회 31번 1점

207 다음 검색창에 들어갈 조약에 대한 설명으로 옳은 것은?

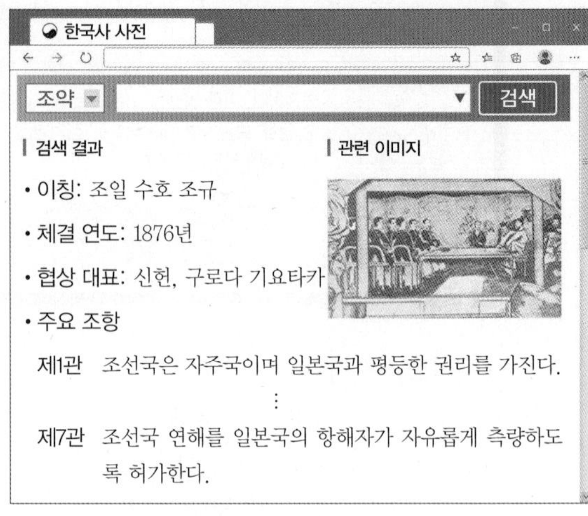

검색 결과

- 이칭: 조일 수호 조규
- 체결 연도: 1876년
- 협상 대표: 신헌, 구로다 기요타카
- 주요 조항

제1관 조선국은 자주국이며 일본국과 평등한 권리를 가진다.

⋮

제7관 조선국 연해를 일본국의 항해자가 자유롭게 측량하도록 허가한다.

관련 이미지

① 최혜국 대우를 최초로 규정하였다.
② 통감부가 설치되는 계기가 되었다.
③ 천주교 포교 허용의 근거가 되었다.
④ 일본 경비병의 공사관 주둔을 명시하였다.
⑤ 부산 외 2곳에 개항장이 설치되는 결과를 가져왔다.

51회 30번 3점

208 (가), (나) 조약에 대한 설명으로 옳은 것을 〈보기〉에서 고른 것은?

(가) **제5관** 미국 상인과 상선이 조선에 와서 무역을 할 때 입출항하는 화물은 모두 세금을 바쳐야 하며, 세금을 거두는 권한은 조선이 자주적으로 행사한다.

(나) **제37관** 조선국에서 가뭄과 홍수, 전쟁 등의 일로 국내에 양식이 부족할 것을 우려하여 일시 쌀 수출을 금지하려고 할 때에는 1개월 전에 지방관이 일본 영사관에 통지하고, 미리 그 기간을 항구에 있는 일본 상인들에게 전달하여 일률적으로 준수하는 데 편리하게 한다.

보기

ㄱ. (가) – 최혜국 대우 내용을 포함하였다.
ㄴ. (가) – 갑신정변의 영향으로 체결되었다.
ㄷ. (나) – 방곡령 시행에 대한 규정을 명시하였다.
ㄹ. (나) – 재정 고문을 두도록 하는 조항을 담고 있다.

① ㄱ, ㄴ ② ㄱ, ㄷ ③ ㄴ, ㄷ
④ ㄴ, ㄹ ⑤ ㄷ, ㄹ

62회 33번 2점

209 밑줄 그은 '조약'의 영향으로 가장 적절한 것은?

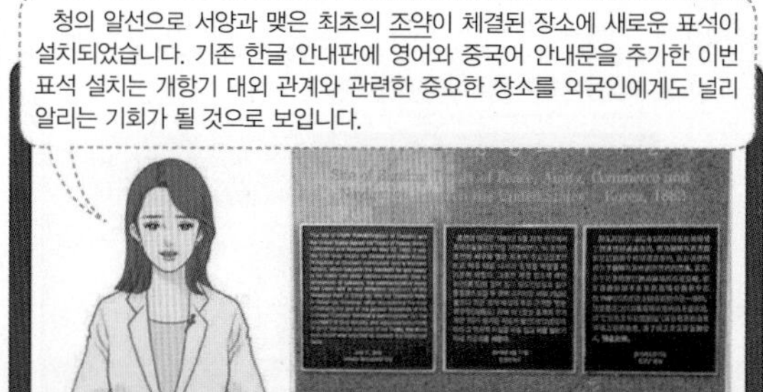

청의 알선으로 서양과 맺은 최초의 조약이 체결된 장소에 새로운 표석이 설치되었습니다. 기존 한글 안내판에 영어와 중국어 안내문을 추가한 이번 표석 설치는 개항기 대외 관계와 관련한 중요한 장소를 외국인에게도 널리 알리는 기회가 될 것으로 보입니다.
영어, 중국어 안내문을 추가한 표석 설치

① 부산, 원산, 인천 항구가 개항되었다.
② 김홍집이 국내에 조선책략을 소개하였다.
③ 민영익을 대표로 한 보빙사가 파견되었다.
④ 일본 군함 운요호가 영종도를 공격하였다.
⑤ 개화 정책을 총괄하는 통리기무아문이 설치되었다.

57회 29번 2점

210 교사의 질문에 대한 학생의 답변으로 옳은 것은?

제14관
…… 미국과 그 상인이 종래 누리지 않았거나 이 조약에 없는 것 또한 미국 관민이 일체 균점하는 것을 승인한다.
자료는 이 조약 중 최혜국 대우를 규정한 조항의 일부입니다. 조선이 서양 국가와 최초로 체결한 이 조약에 대해 말해 볼까요?

① 병인양요 발생의 배경이 되었어요.
② 갑신정변의 영향으로 체결되었어요.
③ 통감부가 설치되는 결과를 가져왔어요.
④ 거중 조정에 대한 내용이 포함되었어요.
⑤ 메가타가 재정 고문으로 부임하는 계기가 되었어요.

53회 35번 3점

211 밑줄 그은 '장정'에 대한 설명으로 옳은 것은?

이번 장정의 체결로 우리의 관세권을 일정 부분 회복했다고 하네.
그렇지만 이 장정으로 일본에 최혜국 대우를 인정해 주었다더군.

① 갑신정변의 영향으로 체결되었다.
② 방곡령 시행에 대한 규정을 명시하였다.
③ 일본 공사관에 경비병이 주둔하는 계기가 되었다.
④ 일본인 재정 고문을 두도록 하는 조항을 담고 있다.
⑤ 부산 외 2개 항구를 개항한다는 내용을 포함하였다.

주제 29 개화 정책과 위정척사 운동

57회 33번 2점

212 (가)~(다) 학생이 발표한 내용을 일어난 순서대로 옳게 나열한 것은?

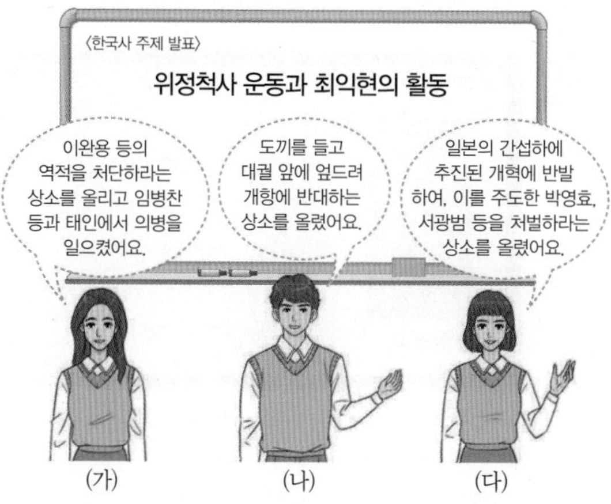

<한국사 주제 발표>

이완용 등의 역적을 처단하라는 상소를 올리고 임병찬 등과 태인에서 의병을 일으켰어요.
도끼를 들고 대궐 앞에 엎드려 개항에 반대하는 상소를 올렸어요.
일본의 간섭하에 추진된 개혁에 반발하여, 이를 주도한 박영효, 서광범 등을 처벌하라는 상소를 올렸어요.

① (가) - (나) - (다)
② (가) - (다) - (나)
③ (나) - (가) - (다)
④ (나) - (다) - (가)
⑤ (다) - (나) - (가)

54회 32번 3점

213 (가), (나) 사이의 시기에 있었던 사실로 옳은 것은?

> (가) 수신사 김기수가 나와 엎드리니 왕이 말하였다. "전선, 화륜과 농기계에 관하여 들은 것은 없는가? 저 나라에서 이 세 가지 일을 제일 급하게 힘쓰고 있다고 하는데, 그러하던가?" 김기수가 "과연 그러하였습니다."라고 아뢰었다.
>
> (나) 어윤중이 동래부 암행어사로 임명되어 왕에게서 받은 봉해진 서신을 열어보니, "일본 조정의 논의와 정국의 형세, 풍속·인물·교빙·통상 등의 대략을 염탐하는 것이 좋겠다. 그러니 너는 일본으로 건너가 크고 작은 일들을 보고 듣되 시간에 구애받지 말고 낱낱이 탐지해서 별도의 문서로 조용히 보고하라."라는 내용이었다.

① 미국에 보빙사가 파견되었다.
② 통리기무아문과 12사가 설치되었다.
③ 운요호가 강화도와 영종도를 무단 침입하였다.
④ 교원 양성을 위해 한성 사범 학교가 설립되었다.
⑤ 프랑스와 조약을 체결하여 천주교 포교가 허용되었다.

52회 30번 2점

214 (가) 사절단에 대한 설명으로 옳은 것은?

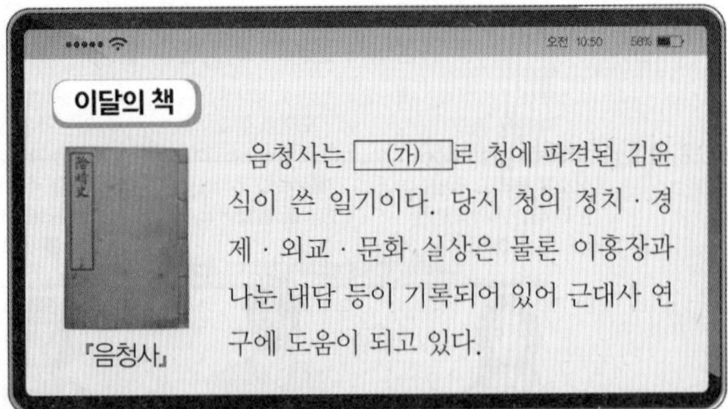

이달의 책
음청사는 (가) 로 청에 파견된 김윤식이 쓴 일기이다. 당시 청의 정치·경제·외교·문화 실상은 물론 이홍장과 나눈 대담 등이 기록되어 있어 근대사 연구에 도움이 되고 있다.
『음청사』

① 기기창 설립의 계기가 되었다.
② 회답 겸 쇄환사로 파견되었다.
③ 조선책략을 처음으로 소개하였다.
④ 민영익, 홍영식, 서광범 등이 참여하였다.
⑤ 개화 반대 여론으로 인해 비밀리에 출국하였다.

68회 33번 2점

215 (가) 사절단에 대한 설명으로 옳은 것은?

미국 공사의 부임에 대한 답례로 (가) 이/가 파견되었습니다. 8명의 조선 관리로 구성된 이들은 40여 일 동안 미국에 체류하면서 뉴욕의 전등 시설과 우체국, 보스턴 박람회 등을 시찰하였습니다.

① 에도 막부의 요청으로 파견되었다.
② 별기군(교련병대) 창설을 건의하였다.
③ 조선책략을 들여와 국내에 소개하였다.
④ 기기국에서 무기 제조 기술을 습득하고 돌아왔다.
⑤ 전권대신 민영익과 홍영식, 서광범 등으로 구성되었다.

주제 30 임오군란과 갑신정변

65회 30번 2점

216 (가)에 대한 설명으로 옳은 것은?

동대문 일대 재개발 당시 발견된 하도감 터 사진이군요. 이곳은 어떤 용도로 사용된 장소인가요?

여기는 훈련도감에 속한 하도감이 있었던 장소로 군사를 훈련시키고 무기를 제작했던 곳입니다. 1881년부터 이듬해 구식 군인들에 대한 차별 대우로 발생한 (가) 때까지 교련병대의 훈련 장소로 사용되었습니다.

TV 교양 한국사

하도감 터

① 입헌 군주제 수립을 목표로 하였다.
② 조선 총독부의 방해와 탄압으로 실패하였다.
③ 우정총국 개국 축하연을 이용하여 일어났다.
④ 홍범 14조를 기본 개혁 방향으로 제시하였다.
⑤ 일본 공사관에 경비병이 주둔하는 계기가 되었다.

53회 31번 2점

217 밑줄 그은 '이 사건'의 영향으로 옳은 것은?

사료로 보는 한국사

제1조
이하응을 보정성성(保定省城)으로 이송하여 청하도의 옛 관서에 거주시키도록 한다. …… 이하응에게 오가는 서신 일체는 밀봉할 수 없으며 간수 위원의 검열을 거쳐야 보낼 수 있다. 밀봉되었거나 한글로 된 서신은 위원이 반송한다.

[해설] 청으로 끌려간 흥선 대원군(이하응)을 감시하기 위해 만들어진 규정의 일부이다. 개화 정책에 대한 불만과 구식 군인에 대한 차별 대우로 일어난 이 사건을 진압한 청은 그 책임을 물어 흥선 대원군을 납치해 갔다.

① 삼정이정청이 설치되었다.
② 어재연 부대가 광성보에서 항전하였다.
③ 종로와 전국 각지에 척화비가 세워졌다.
④ 조청 상민 수륙 무역 장정이 체결되었다.
⑤ 일본 군함 운요호가 영종도를 공격하였다.

64회 30번 3점

218 다음 사건이 일어난 시기를 연표에서 옳게 고른 것은?

심히 급박한 상황 중에 나는 적의 활동과 청국 군대의 내습을 우려하여 주상을 모시고 지키기 편리한 경우궁으로 옮기시게 한 후 일본 병사로 하여금 호위할 방침을 세웠다. 곧이어 주상께 일본군의 지원을 구하도록 요청하니, 주상은 곧 영숙문 앞 노상에서 연필로 "일본 공사는 와서 나를 보호하라."라는 글을 친히 쓰시어 주시는지라. …… 졸지에 변란을 만난 사대당의 거두들은 주상께서 경우궁에 계심을 듣고 입궐하다가 …… 민영목, 민태호 등은 용감한 우리 집행원의 손에 비참한 최후를 당하였다.

1866		1873		1882		1885		1894		1899
	(가)		(나)		(다)		(라)		(마)	
병인 박해		고종 친정		임오 군란		톈진 조약		청일 전쟁 발발		대한국 국제 반포

① (가) ② (나) ③ (다) ④ (라) ⑤ (마)

63회 30번 2점

219 밑줄 그은 '이 사건'에 대한 설명으로 옳은 것은?

① 보국안민, 제폭구민을 기치로 내걸었다.
② 한성 조약이 체결되는 결과를 가져왔다.
③ 개혁 추진을 위해 교정청을 설치하였다.
④ 구식 군인에 대한 차별 대우가 발단이 되었다.
⑤ 민영익 등이 보빙사로 파견되는 계기가 되었다.

60회 30번 2점

220 다음 사건이 일어난 이후의 사실로 옳은 것은?

우정국 총판 홍영식이 우정국의 개국 축하연을 열면서 각국의 공사도 초청했다. …… 8시를 알리는 종이 울리자 담장 밖에서 불길이 치솟았다. …… 우영사 민영익이 불을 끄려고 먼저 일어나서 문밖으로 나왔는데, 자객 다섯 명이 잠복하고 있다가 칼을 휘두르며 습격했다. 민영익이 중상을 입고 되돌아와서 대청 위에 쓰러졌다.

-『대한계년사』-

① 김기수가 일본에 수신사로 파견되었다.
② 평양 관민이 제너럴 셔먼호를 불태웠다.
③ 일본 군함 운요호가 영종도를 공격하였다.
④ 박규수가 삼정이정청의 설치를 건의하였다.
⑤ 청과 일본 사이에 톈진 조약이 체결되었다.

55회 32번 2점

221 다음 가상 대화의 상황이 나타난 시기를 연표에서 옳게 고른 것은?

1871		1876		1884		1895		1904		1909
	(가)		(나)		(다)		(라)		(마)	
신미양요		조일 수호 조규		갑신정변		삼국 간섭		한일 의정서		기유각서

① (가) ② (나) ③ (다) ④ (라) ⑤ (마)

주제 31 동학 농민 운동

62회 32번 2점

222 (가)에 들어갈 내용으로 옳은 것은?

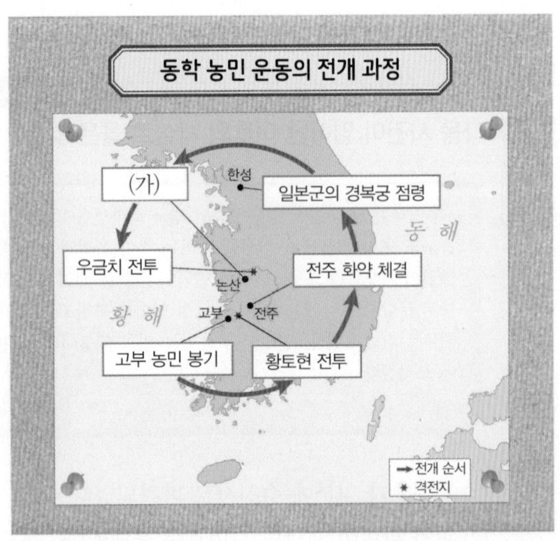

① 교정청 설치 ② 전봉준 체포
③ 13도 창의군 결성 ④ 안핵사 이용태 파견
⑤ 남접과 북접의 연합

65회 31번 2점

223 (가), (나) 사이의 시기에 있었던 사실로 옳은 것은?

> (가) 복합 상소 이후에도 "물러나면 원하는 바를 시행할 것이다"라던 국왕의 약속과 달리 관리들의 침학이 날로 심해졌다. …… 최시형은 도탄에 빠진 교도들을 구하고 최제우의 억울함을 씻기 위해 보은 집회를 개최하였다.
>
> (나) 동학 농민군은 거짓으로 패한 것처럼 꾸며 황토현에 진을 쳤다. 관군은 밀고 들어가 그 아래에 진을 쳤다. …… 농민군이 삼면을 포위한 채 한쪽 모퉁이만 빼고 크게 함성을 지르며 압박하자 관군은 일시에 무너졌다.

① 논산으로 남접과 북접이 집결하였다.
② 개혁을 추진하기 위해 교정청이 설치되었다.
③ 일본이 군대를 동원하여 경복궁을 점령하였다.
④ 고부 농민들이 조병갑의 탐학에 맞서 만석보를 파괴하였다.
⑤ 공주 우금치에서 농민군이 관군과 일본군에게 패배하였다.

54회 33번 2점

224 (가) 시기에 있었던 사실로 옳은 것은?

① 교정청이 설치되었다.
② 독립신문이 창간되었다.
③ 한성 전기 회사가 설립되었다.
④ 시모노세키 조약이 체결되었다.
⑤ 건양이라는 연호가 제정되었다.

주제 32 갑오개혁과 을미개혁

64회 31번 2점

225 밑줄 그은 '개혁안'의 내용으로 옳은 것을 〈보기〉에서 고른 것은?

파리의 외무부 장관 아노토 각하께

전임 일본 공사는 국왕에게서 사실상 거의 모든 권력을 빼앗고, 개혁 위원회[군국기무처]가 내린 결정을 확인하는 권한만 남겨 놓았습니다. …… 이후 개혁 위원회[군국기무처]는 매우 혁신적인 개혁안을 발표했습니다. 그런데 일부 위원들이 몇몇 조치에 대해 시의적절하지 않다고 판단하더니 이에 대해 동의하기를 거부했습니다. …… 게다가 조선인들은 이 기구가 왕권을 빼앗고 일본에 매수되었다고 비난하면서, …… 어떤 지방에서는 왕권 수호를 위해 봉기했다고 합니다.

주 조선 공사 르페브르 올림

보기

ㄱ. 건양이라는 연호를 제정하였다.
ㄴ. 탁지아문으로 재정을 일원화하였다.
ㄷ. 양전 사업을 실시하여 지계를 발급하였다.
ㄹ. 조혼을 금지하고 과부의 재가를 허용하였다.

① ㄱ, ㄴ ② ㄱ, ㄷ ③ ㄴ, ㄷ
④ ㄴ, ㄹ ⑤ ㄷ, ㄹ

59회 33번 2점

226 밑줄 그은 '개혁'의 내용으로 옳은 것은?

김홍집과 박영효를 중심으로 구성된 내각에서 여러 개혁을 추진했다더군.
수령의 권한을 축소시키고 재판소를 설치했다고 들었네.

① 원수부를 설치하였다.
② 기기창을 설립하였다.
③ 공사 노비법을 혁파하였다.
④ 태양력을 공식 채택하였다.
⑤ 한성 사범 학교 관제를 반포하였다.

58회 32번 2점

227 밑줄 그은 '이 개혁'의 내용으로 옳은 것은?

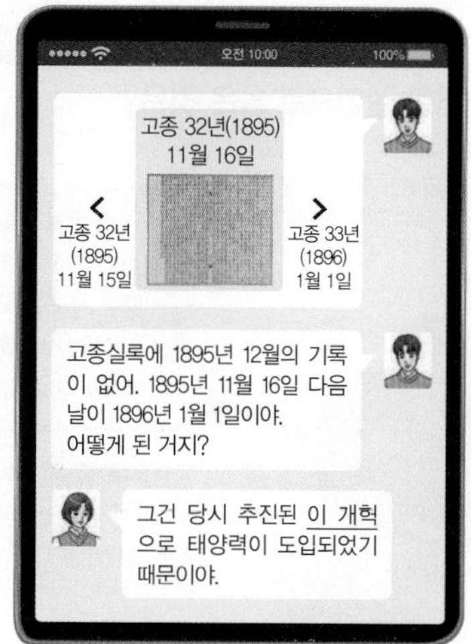

고종 32년(1895) 11월 16일
고종 32년 (1895) 11월 15일
고종 33년 (1896) 1월 1일
고종실록에 1895년 12월의 기록이 없어. 1895년 11월 16일 다음 날이 1896년 1월 1일이야. 어떻게 된 거지?
그건 당시 추진된 이 개혁으로 태양력이 도입되었기 때문이야.

① 지계아문을 설립하였다.
② 대한국 국제를 반포하였다.
③ 건양이라는 연호를 제정하였다.
④ 개혁 추진 기구로 교정청을 설치하였다.
⑤ 군제를 개편하여 5군영을 2영으로 통합하였다.

53회 34번 1점

228 다음 자료에 나타난 사건이 발생한 배경으로 옳은 것은?

발신: 고무라(일본국 변리공사)
수신: 사이온지(일본국 외무대신)

지난 11일 새벽, 대군주는 급히 외국 공사관에 피신해야 한다는 거짓 밀고를 받았음. 대군주는 몹시 두려워하여 마침내 왕태자와 함께 궁녀들이 타는 가마를 타고 경계의 허술함을 틈타 밖으로 나와 러시아 공사관으로 이어하였으나, 조금도 이를 저지하는 사람이 없었음.

① 을미사변이 일어났다.
② 원수부가 설치되었다.
③ 러일 전쟁이 발발하였다.
④ 한일 신협약이 체결되었다.
⑤ 용암포 사건이 발생하였다.

주제 33 독립 협회와 대한 제국

65회 36번 2점

229 (가) 단체에 대한 설명으로 옳은 것은?

(가) 의 주요 간부인 이상재, 정교 등이 러시아의 요구에 대해 정부가 어떻게 대처할 건지를 밝히라는 글이군.
듣기에 절영도에 러시아 사람이 석탄고를 건축하려고 땅을 청구한다고 하니 …… 러시아 사람의 요청대로 빌려줄 건지, 잠깐만 빌려줄 건지, 영영 줄 건지, 빌려줄 때에는 정부 회의를 거치는지, 홀로 결정하여 도장을 찍는지……

① 정우회 선언의 영향으로 결성되었다.
② 만세보를 발행하여 민족의식을 고취하였다.
③ 중추원 개편을 통해 의회 설립을 추진하였다.
④ 어린이날을 제정하고 소년 운동을 전개하였다.
⑤ 태극 서관을 운영하여 계몽 서적 등을 보급하였다.

63회 33번 2점

230 (가)에 들어갈 내용으로 가장 적절한 것은?

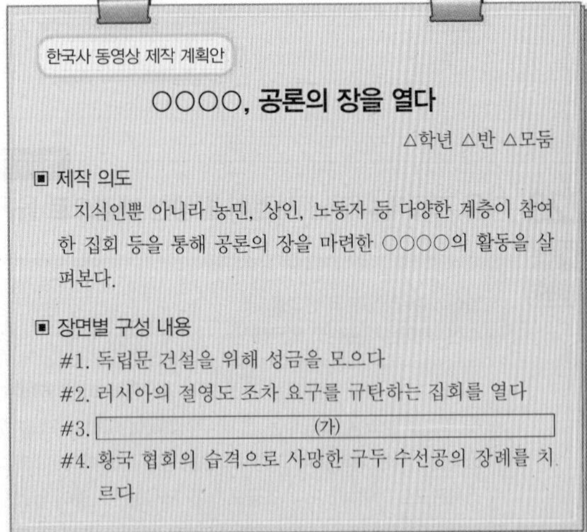

한국사 동영상 제작 계획안

○○○○, 공론의 장을 열다

△학년 △반 △모둠

▣ 제작 의도
지식인뿐 아니라 농민, 상인, 노동자 등 다양한 계층이 참여한 집회 등을 통해 공론의 장을 마련한 ○○○○의 활동을 살펴본다.

▣ 장면별 구성 내용
#1. 독립문 건설을 위해 성금을 모으다
#2. 러시아의 절영도 조차 요구를 규탄하는 집회를 열다
#3. (가)
#4. 황국 협회의 습격으로 사망한 구두 수선공의 장례를 치르다

① 평양에 대성 학교를 설립하다
② 고종 강제 퇴위 반대 운동을 주도하다
③ 집강소를 중심으로 폐정 개혁안을 실천하다
④ 관민 공동회를 개최하여 헌의 6조를 결의하다
⑤ 개혁의 기본 방향을 제시한 홍범 14조를 반포하다

60회 32번 2점

231 (가) 시기에 있었던 사실로 옳지 않은 것은?

고종은 이곳 환구단에서 황제 즉위식을 거행하고, 경운궁에서 국호를 (가) (으)로 선포했습니다. 환구단은 일제에 의해 헐려버렸고 지금은 황궁우가 외로이 남아 있습니다.

① 대한국 국제를 반포하였다.
② 황제 직속의 원수부를 설치하였다.
③ 이범윤을 간도 관리사로 파견하였다.
④ 지계아문을 설립하여 지계를 발급하였다.
⑤ 통역관 양성을 목적으로 동문학을 설립하였다.

65회 34번 1점

232 다음 상소가 작성된 이후의 사실로 옳은 것은?

러시아 공사관으로 거처를 옮기시고 해가 바뀌었습니다. 그곳 유리창과 분칠한 담장은 화려하지만 그을음 나는 석탄을 때는 전돌(甎堗)은 옥체를 보호하기에 적합하지 않은 듯합니다. …… 온 나라 신하들의 심정을 염두에 두시어 간하는 말을 따라 바로 환궁하여 끓어오르는 여론에 부응하시고 영원히 누릴 태평의 터전을 공고히 만드소서.

① 영선사가 파견되었다.
② 군국기무처가 설치되었다.
③ 대한국 국제가 반포되었다.
④ 제너럴 셔먼호 사건이 일어났다.
⑤ 조청 상민 수륙 무역 장정이 체결되었다.

62회 31번 2점

233 밑줄 그은 '개혁'에 해당하는 내용으로 옳은 것은?

삽화로 보는 한국사

[해설]

이 그림은 프랑스 일간지에 실린 삽화로 파리 만국 박람회장에 설치된 한국관의 모습을 담고 있습니다. 경복궁 근정전을 재현한 한국관은 당시 언론의 관심을 끌었습니다. 황제로 즉위한 뒤 개혁을 추진하던 고종은 만국 박람회 참가를 통해 대한 제국을 세계에 소개하고, 서구의 산업과 기술을 받아들이고자 하였습니다.

① 건양이라는 연호를 사용하였다.
② 신식 군대인 별기군을 창설하였다.
③ 관립 의학교와 광제원을 설립하였다.
④ 박문국을 설치하여 한성순보를 발간하였다.
⑤ 한일 관계 사료집을 편찬하고 독립 공채를 발행하였다.

주제 34 일제의 국권 침탈

64회 35번 3점

234 밑줄 그은 '전쟁' 중에 있었던 사실로 옳지 않은 것은?

당신은 무슨 이유로 이토 히로부미를 살해했는가?
일본은 전쟁 당시 우리나라의 독립을 보장해 주겠다고 약속했다. 그러나 포츠머스 조약으로 전쟁이 종결되자, 이토는 우리 군신을 위협해 주권을 빼앗으려 하였다.

① 일본이 독도를 불법적으로 편입하였다.
② 일본과 미국이 가쓰라·태프트 밀약을 맺었다.
③ 일본인 메가타가 대한 제국의 재정 고문으로 초빙되었다.
④ 대한 제국이 기유각서를 통해 일제에 사법권을 박탈당하였다.
⑤ 군사 전략상 필요한 지역을 일본에 제공하는 한일 의정서가 강요되었다.

63회 34번 3점

235 다음 기사를 활용한 탐구 활동으로 가장 적절한 것은?

해외 언론 보도로 본 민족 운동

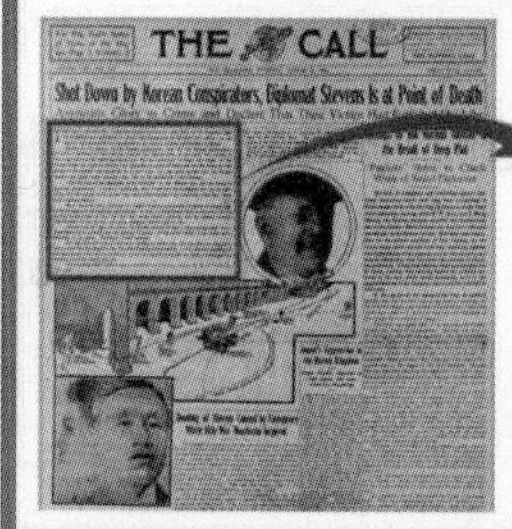

오늘 나는 스티븐스를 쏘았다. 그는 대한 제국의 외교 고문에 임명되어 후한 대접을 받고 있음에도 일본의 이익을 위해 한국인에게 온갖 잔인한 일을 자행하였다. …… 나는 어떤 처벌에도 불만이 없으며, 조국의 자유를 위한 투쟁에 도움이 된다면 영광스럽게 죽을 것이다.

① 제1차 한일 협약의 내용을 알아본다.
② 삼국 간섭이 발생한 원인을 분석한다.
③ 일제가 조작한 105인 사건의 영향을 파악한다.
④ 영국이 거문도를 불법 점령한 과정을 조사한다.
⑤ 고종이 러시아 공사관으로 피신한 이유를 찾아본다.

51회 38번 1점

236 (가)에 대한 설명으로 옳은 것은?

국권 침탈의 아픔이 서린
중명전

• 주소: 서울특별시 중구 정동길 41-11
• 개방 시간: 09:30~17:30

⊙ 소개

지상 2층 지하 1층의 붉은 벽돌 건물인 중명전은 러시아 건축가 사바틴이 설계하였다. 이 건물은 황실의 도서관으로 사용되다가 1904년 경운궁의 대화재 이후 고종 황제의 집무실로 사용되었다. 이곳에서 이토 히로부미가 대한 제국의 외교권을 박탈하는 (가) 의 체결을 강요하였다.

① 아관 파천의 배경이 되었다.
② 청일 전쟁 발발의 원인이 되었다.
③ 통감부가 설치되는 결과를 가져왔다.
④ 대한 제국의 군대 해산을 규정하였다.
⑤ 천주교 포교를 허용하는 조항이 들어있다.

60회 34번 2점

237 다음 가상 뉴스에서 보도하는 사건이 일어난 시기를 연표에서 옳게 고른 것은?

군대 해산에 대한 반발이 거세지고 있습니다. 오늘 시위대 대대장 박승환이 자결한 데 이어 시위대 부대원들이 해산을 거부하고 무장 봉기해 일본군과 남대문 일대에서 치열한 총격전을 벌이고 있습니다.
뉴스 속보
군대 해산에 맞서 시위대 봉기

1882		1894		1896		1904		1905		1910
	(가)		(나)		(다)		(라)		(마)	
임오 군란		갑오 개혁		아관 파천		러일 전쟁 발발		을사 늑약		국권 피탈

① (가)　② (나)　③ (다)　④ (라)　⑤ (마)

67회 36번 2점

238 (가), (나) 사이의 시기에 있었던 사실로 옳은 것은?

(가)
두 달 전 체결된 협약에 따라 메가타가 탁지부의 재정 고문으로 온다는군.
일본이 우리 정부의 재정권을 침해하려는 의도인 것 같네.
(나)
지난달 군대를 해산한다는 조칙이 발표된 이후 군인들의 반발이 계속되고 있다는군.
들었네. 일부는 의병에 합류하여 일본에 저항하는 활동을 전개한다고 하네.

① 데라우치가 초대 총독으로 부임하였다.
② 13도 창의군이 서울 진공 작전을 전개하였다.
③ 기유각서를 통해 일제에 사법권을 박탈당하였다.
④ 상권 수호를 위해 황국 중앙 총상회가 조직되었다.
⑤ 헤이그에서 열린 만국 평화 회의에 특사가 파견되었다.

주제 35 의병 운동과 애국 계몽 운동

55회 35번 2점

239 (가)~(다) 학생이 발표한 내용을 순서대로 옳게 나열한 것은?

주제: 항일 의병 운동의 전개
을사늑약 체결에 반대하여 최익현, 신돌석 등이 의병을 일으켰어요.
을미사변과 단발령 시행에 반발하여 유인석, 이소응 등 유생들의 주도하에 일어났어요.
13도 창의군이 결성되어 서울 진공 작전을 펼쳤어요.
(가)
(나)
(다)

① (가) – (나) – (다)　② (가) – (다) – (나)
③ (나) – (가) – (다)　④ (나) – (다) – (가)
⑤ (다) – (나) – (가)

65회 33번 2점

240 다음 의병 부대에 대한 설명으로 옳은 것은?

> 이인영을 총대장으로 추대하고, 허위를 군사장으로 삼아 …… 각 도에 격문을 전하니 전국에서 불철주야 달려온 지원자들이 만여 명이더라. 이에 서울로 진군하여 국권을 회복하고자 …… 먼저 이인영은 심복을 보내 각국 영사에게 진군의 이유를 상세히 알리며 도움을 요청하고, 각 도의 의병으로 하여금 일제히 진군하게 하였다.

① 조선 혁명 선언을 지침으로 삼았다.
② 이만손이 주도하여 영남 만인소를 올렸다.
③ 상덕태상회를 통하여 군자금을 모집하였다.
④ 일본에 국권 반환 요구서를 제출하고자 하였다.
⑤ 고종의 강제 퇴위와 군대 해산에 반발하여 결성되었다.

241 (가) 인물에 대한 설명으로 옳은 것은? 64회 29번 2점

① 대한 광복회를 조직하여 친일파를 처단하였다.
② 국권 피탈 과정을 정리한 한국통사를 집필하였다.
③ 을사늑약 체결에 반대하여 태인에서 의병을 일으켰다.
④ 13도 창의군을 지휘하여 서울 진공 작전을 전개하였다.
⑤ 보국안민을 기치로 우금치에서 일본군 및 관군에 맞서 싸웠다.

242 교사의 질문에 대한 학생의 답변으로 옳은 것은? 62회 34번 2점

① 민립 대학 설립 운동을 전개하였어요.
② 러시아의 절영도 조차 요구를 저지하였어요.
③ 파리 강화 회의에 독립 청원서를 제출하였어요.
④ 안창호, 양기탁 등이 비밀 결사로 조직하였어요.
⑤ 국문 연구소를 세워 한글의 문자 체계를 정리하였어요.

243 (가) 단체의 활동으로 옳은 것은? 54회 35번 2점

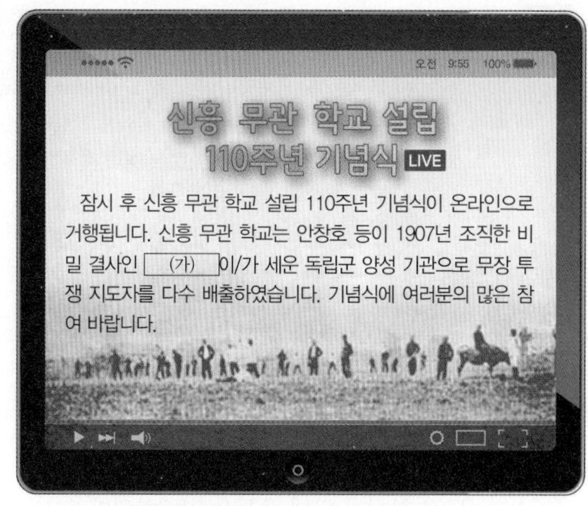

① 한글 맞춤법 통일안을 제정하였다.
② 조선 혁명 선언을 활동 지침으로 하였다.
③ 농촌 계몽을 위한 브나로드 운동을 전개하였다.
④ 독립운동 자금을 마련하기 위해 독립 공채를 발행하였다.
⑤ 대성 학교와 오산 학교를 설립하여 민족 교육을 실시하였다.

주제 36 경제 침탈과 경제적 구국 운동

244 (가)~(다)를 일어난 순서대로 옳게 나열한 것은? 65회 35번 3점

① (가) – (나) – (다)
② (가) – (다) – (나)
③ (나) – (가) – (다)
④ (나) – (다) – (가)
⑤ (다) – (가) – (나)

60회 33번 1점

245 다음 자료에 나타난 사업에 대한 설명으로 옳은 것은?

> 한국에서 유통되는 백동화에 대한 처분안을 들어보면,
> 갑(甲) 구 백동화는 1개당 신화폐 2전 5리의 비율로 교환한다.
> 을(乙) 부정한 구 백동화는 1개당 신화폐 1전의 비율로 매수한다. 매수를 바라지 않는 것은 정부가 그것을 절단하여 소유자에게 환부한다.
> 병(丙) 형체와 품질이 화폐라고 인정하기 어려운 것은 정부가 매수하지 않는다.
> ⋮
> 이른바 폐제(幣制) 개혁은 통화를 금절(禁絕)하여 소의 뿔을 바로잡으려다가 소를 죽이는 결과를 가져왔습니다.
> -「한국 폐제 개혁에 관한 진정서」-

① 독립 협회가 반대 운동을 전개하였다.
② 재정 고문 메가타의 주도로 시행되었다.
③ 동양 척식 주식회사가 중심이 되어 실시하였다.
④ 은본위제가 본격적으로 실시되는 배경이 되었다.
⑤ 함경도 관찰사 조병식이 방곡령을 선포하는 계기가 되었다.

61회 35번 2점

246 다음 자료에 나타난 민족 운동에 대한 설명으로 옳은 것은?

> 우리나라가 채무를 지고 우리 백성이 채노(債奴)*가 된 것이 여러 해가 되었습니다. …… 대황제 폐하께서 진 외채가 1,300만 원이지만 채무를 청산할 방법이 없어 밤낮으로 걱정하시니, 백성된 자로서 있는 힘을 다하여 보상하려고 해도 겨를이 없습니다. …… 우리 동포는 빨리 단체를 결성하여 열성적으로 의연금을 내어 채무를 상환하고 채노에서 벗어나, 머리는 대한의 하늘을 이고, 발은 대한의 땅을 밟도록 해 주시기를 눈물을 머금고 간절히 요구합니다.
>
> *채노(債奴): 빚을 갚지 못해 노비가 된 사람

① 일제가 치안 유지법을 적용하여 탄압하였다.
② 백정에 대한 사회적 차별 철폐를 요구하였다.
③ 독립문 건립을 위한 모금 활동을 전개하였다.
④ 자작회, 토산 애용 부인회 등의 단체가 활동하였다.
⑤ 대한매일신보 등 당시 언론이 적극적으로 참여하였다.

54회 36번 2점

247 (가)에 들어갈 민족 운동에 대한 설명으로 옳은 것은?

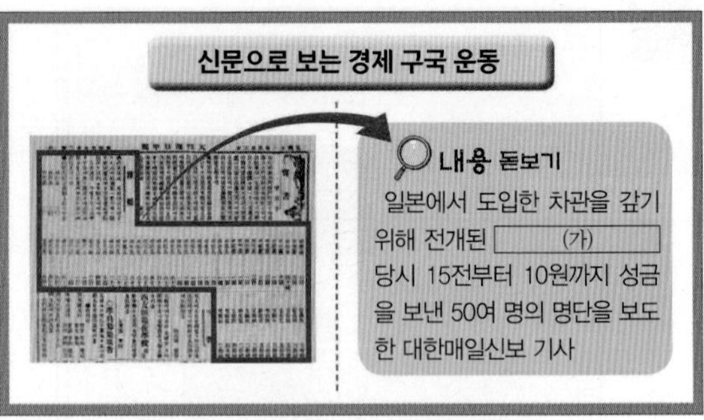

신문으로 보는 경제 구국 운동
내용 돋보기
일본에서 도입한 차관을 갚기 위해 전개된 (가) 당시 15전부터 10원까지 성금을 보낸 50여 명의 명단을 보도한 대한매일신보 기사

① 회사령 폐지에 영향을 받았다.
② 김광제 등의 발의로 시작되었다.
③ 색동회가 주도적인 역할을 하였다.
④ 민족주의 계열과 사회주의 계열이 함께 준비하였다.
⑤ 중국, 프랑스 등의 노동 단체로부터 격려 전문을 받았다.

주제 37 개항 이후 사회 · 문화의 변화

56회 35번 1점

248 (가)에 해당하는 신문으로 옳은 것은?

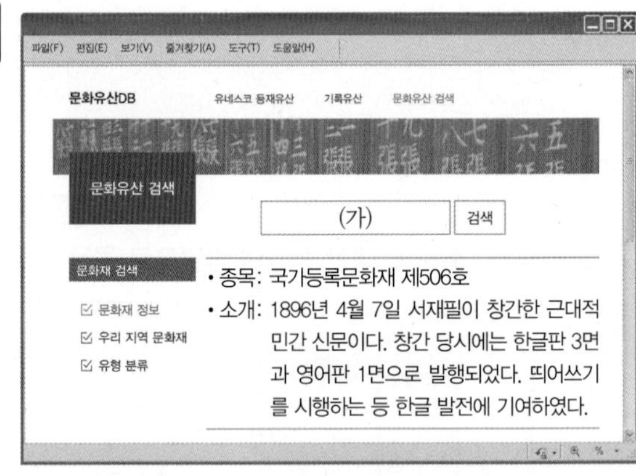

문화유산DB
문화유산 검색
(가)
검색
• 종목: 국가등록문화재 제506호
• 소개: 1896년 4월 7일 서재필이 창간한 근대적 민간 신문이다. 창간 당시에는 한글판 3면과 영어판 1면으로 발행되었다. 띄어쓰기를 시행하는 등 한글 발전에 기여하였다.

① 
해조신문

② 
제국신문

③ 
한성순보

④ 독립신문

⑤ 황성신문

55회 36번 1점

249 (가) 신문에 대한 설명으로 옳은 것은?

여기는 양기탁과 함께 (가) 을/를 창간하여 항일 언론 활동을 전개한 베델의 묘입니다. 그는 "나는 죽지만, (가) 은/는 영원히 살려 한국 동포를 구하시오."라는 유언을 남겼습니다.

① 최초로 상업 광고를 실었다.
② 천도교의 기관지로 발행되었다.
③ 우리나라 최초의 민간 신문이었다.
④ 국채 보상 운동의 확산에 기여하였다.
⑤ 일장기를 삭제한 손기정 사진을 게재하였다.

58회 30번 3점

250 다음 상황 이후의 사실로 옳은 것은?

전화 설비 가설 및 운영권을 가진 한성 전기 회사가 설립되더니 새로운 직업이 생기는군.
새로운 문물이 계속 들어오니 앞으로 더 많은 변화가 나타나겠군.

전화를 연결해 주는 교환수를 모집합니다.
▣ 모집 인원: □□명
▣ 지원 자격: 목소리가 분명하고 신체가 튼튼한 자
광무 6년 ○○월 ○○일

① 알렌의 건의로 광혜원이 세워졌다.
② 박문국에서 한성순보가 발행되었다.
③ 무기 제조 공장인 기기창이 설립되었다.
④ 서울과 부산을 연결하는 경부선이 개통되었다.
⑤ 우편 사무를 관장하는 우정총국이 처음 설치되었다.

60회 36번 2점

251 다음 기사가 보도된 이후의 사실로 옳은 것은?

역사 신문

제△△호 ○○○○년 ○○월 ○○일

전차 운행 중 사망 사고 발생

오늘 종로 거리를 달리던 전차에 다섯 살 난 아이가 치여 죽는 사고가 발생하였다. 이를 목격한 사람들이 격노하여 전차를 부수었고, 이어 달려오던 전차까지 전복시켜 파괴하고 기름을 뿌려 불태웠다. 동대문에서 성대한 개통식을 열고 전차를 운행한 지 한 달도 되지 않아 참혹한 사건이 발생한 것이다.

① 미국에 보빙사를 파견하였다.
② 베델이 대한매일신보를 창간하였다.
③ 이만손 등이 영남 만인소를 올렸다.
④ 신식 군대인 별기군(교련병대)이 창설되었다.
⑤ 통리기무아문을 설치하여 개혁을 추진하였다.

61회 34번 2점

252 (가) 인물에 대한 설명으로 옳은 것은?

국어 연구에 앞장선 (가) 에 대해 알려 주세요.
호는 한힌샘으로, 독립신문사의 교보원으로 활동하였습니다. 큰 보자기에 책을 넣고 다니며 학생들에게 국어를 가르쳐 '주보따리'라는 별명을 얻었습니다.

① 국문 연구소의 연구위원으로 활동하였다.
② 조선어 학회 사건으로 구속되어 옥고를 치렀다.
③ 국권 피탈 과정을 정리한 한국통사를 집필하였다.
④ 세계지리 교과서인 사민필지를 한글로 저술하였다.
⑤ 여유당전서를 간행하고 조선학 운동을 전개하였다.

CHAPTER
07 일제 강점기

정답 및 해설 3권 68쪽

CHAPTER 07 일제 강점기 문제 유형 TOP3

★ 최근 3개년 기출 분석(68~51회)
★ 빈칸형: 빈칸에 들어갈 내용에 대한 설명을 고르는 유형
★ 설명형: 지문, 말풍선 등에서 설명하는 주제에 대해 옳은 / 틀린 것을 고르는 유형
★ 사료형: 사료를 통해 주제를 파악하는 유형

주제 38 1910년대 무단 통치

65회 38번 1점

253 다음 판결이 내려진 시기에 있었던 사실로 옳은 것은?

판결문

피고인: 박○○
주 문: 피고인을 태 90에 처한다.
이 유
피고 박○○은 이○○가 '구한국의 국권 회복을 도모한다.'고 각지를 돌아다니며 유세한 것에 찬동하였다. …… 법률에 비추어 보니 피고의 소행은 …… 태형에 처함이 타당하다고 인정하여 조선 태형령 제1조, 제4조에 준하여 처단해야 한다. 따라서 주문과 같이 판결한다.

① 원수부가 설치되었다.
② 신간회가 창립되었다.
③ 치안 유지법이 적용되었다.
④ 헌병 경찰제가 실시되었다.
⑤ 동양 척식 주식회사가 설립되었다.

64회 36번 1점

254 다음 규정이 시행된 시기에 있었던 사실로 옳은 것은?

임시 토지 조사국 조사 규정

제1장 면과 동의 명칭 및 강계(疆界) 조사와 토지 신고서의 접수
제2장 지주 지목(地目) 및 강계 조사
제3장 분쟁지와 소유권에 부의(付疑)* 있는 토지 및 신고하지 않은 토지에 대한 재조사
제4장 지위(地位) 등급 조사
⋮
– 조선 총독부 관보 –

*부의(付疑): 이의를 제기함

① 회사령이 실시되었다.
② 원산 총파업이 일어났다.
③ 국가 총동원법이 제정되었다.
④ 조선 노동 공제회가 조직되었다.
⑤ 조선 사상범 예방 구금령이 공포되었다.

60회 37번 1점

255 밑줄 그은 '이 시기'에 시행된 일제의 정책으로 옳은 것은?

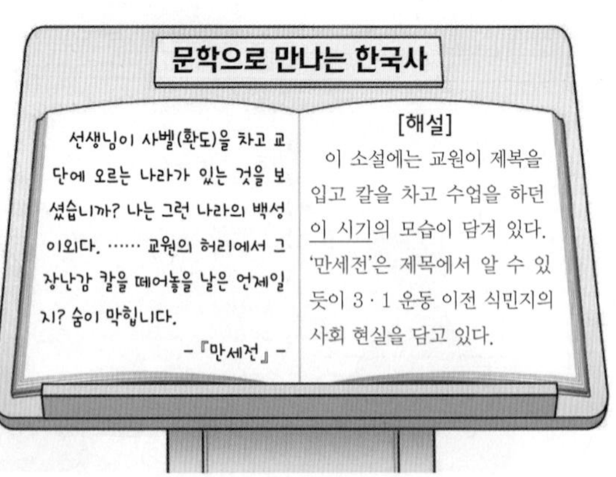

문학으로 만나는 한국사
선생님이 사벨(환도)을 차고 교단에 오르는 나라가 있는 것을 보셨습니까? 나는 그런 나라의 백성이외다. …… 교원의 허리에서 그 장난감 칼을 떼어놓을 날은 언제일지? 숨이 막힙니다.
- 『만세전』 -
[해설]
이 소설에는 교원이 제복을 입고 칼을 차고 수업을 하던 이 시기의 모습이 담겨 있다. '만세전'은 제목에서 알 수 있듯이 3·1 운동 이전 식민지의 사회 현실을 담고 있다.

① 애국반을 조직하였다.
② 회사령을 시행하였다.
③ 치안 유지법을 제정하였다.
④ 미곡 공출제를 실시하였다.
⑤ 국가 총동원법을 공포하였다.

주제 39 1920년대 문화 통치

58회 34번 1점

256 다음 기사가 나오게 된 배경으로 적절한 것은?

아무리 그럴듯하게 내세워도 이러한 통치 방식은 결국 우리 조선인을 기만하는 거야.

총독의 임용 범위를 확장하고, 지방 자치 제도를 실시한다. …… 이로써 관민이 서로 협력 일치하여 조선에서 문화적 정치의 기초를 확립한다.

① 3 · 1 운동이 전국적으로 전개되었다.
② 조선 사상범 예방 구금령이 시행되었다.
③ 브나로드 운동이 동아일보를 중심으로 추진되었다.
④ 조선 노동 총동맹과 조선 농민 총동맹이 설립되었다.
⑤ 내선일체를 강조한 황국 신민 서사의 암송이 강요되었다.

57회 41번 2점

257 (가), (나) 발표 사이의 시기에 있었던 사실로 옳은 것은?

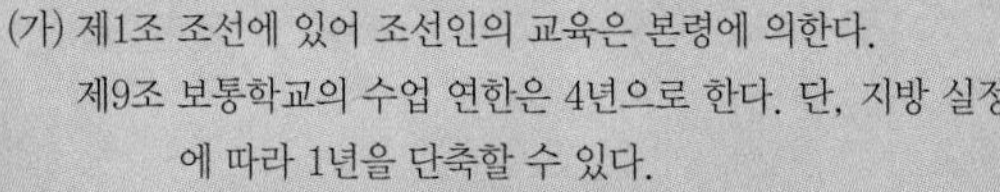

(가) 제1조 조선에 있어 조선인의 교육은 본령에 의한다.
제9조 보통학교의 수업 연한은 4년으로 한다. 단, 지방 실정에 따라 1년을 단축할 수 있다.
(나) 제2조 총장은 조선 총독의 감독을 받아 경성 제국 대학 일반 사무를 담당하며 소속 직원을 통독(統督)한다.
제4조 경성 제국 대학에 예과를 둔다.

① 육영 공원이 설립되었다.
② 국문 연구소가 설치되었다.
③ 교육 입국 조서가 반포되었다.
④ 국민 교육 헌장이 발표되었다.
⑤ 조선 민립 대학 기성회가 창립되었다.

55회 43번 2점

258 다음 자료를 활용한 탐구 활동으로 가장 적절한 것은?

○ 내지(內地)는 심각한 식량 부족을 보여 매년 300만 석에서 500만 석의 외국 쌀을 수입하였다. …… 내지에서는 쌀의 증산에 많은 기대를 걸 수 없었다. 반면 조선은 관개 설비가 잘 갖춰지지 않아서 대부분의 논이 빗물에 의존하는 상태였기에, 토지 개량 사업을 시작한다면 천혜의 쌀 생산지가 될 수 있었다.

○ 대개 조선인들이 생산한 쌀을 내지로 반출할 때, 결코 자신들이 충분히 소비하고 남은 것을 수출하는 것이 아니다. 생계가 곤란하여 먹을 것을 먹지 못하고 파는 것이다. …… 만주산 잡곡의 수입이 증가하는 사실은 조선인의 생활난이 점점 심각해지고 있음을 실증하는 것이다.

① 산미 증식 계획의 실상을 파악한다.
② 화폐 정리 사업의 결과를 분석한다.
③ 보안회의 경제적 구국 운동을 조사한다.
④ 방곡령이 선포된 지역의 분포를 알아본다.
⑤ 동양 척식 주식회사의 설립 과정을 살펴본다.

54회 39번 2점

259 다음 기사에 보도된 민족 운동에 대한 설명으로 옳은 것은?

역사 신문

제△△호 ○○○○년 ○○월 ○○일

민대총회(民大總會) 개최, 460여 명의 대표 참석

▲ 조선 민립 대학 기성회 발기 총회

조선 민립 대학 기성회 발기 총회(민대총회)가 오후 1시부터 종로 중앙청년회관에서 열렸다. 총회에서는 사업 계획을 확정하고 '이제 우리 조선인도 생존을 위해서는 대학의 설립을 빼고는 다른 길이 없도다. 만천하 동포에게 민립 대학의 설립을 제창하노니, 자매형제는 모두 와서 성원하라.'라는 요지의 발기 취지서를 발표하였다.

① 중국의 5 · 4 운동에 영향을 주었다.
② 사립 학교령 공포의 계기가 되었다.
③ 이상재 등이 모금 활동을 주도하였다.
④ 통감부의 방해와 탄압으로 실패하였다.
⑤ 여성 교육의 중요성을 강조한 여권통문을 발표하였다.

07 일제 강점기

주제 40 1930년대 이후 민족 말살 통치

65회 42번 2점

260 밑줄 그은 '시기'에 있었던 사실로 옳은 것은?

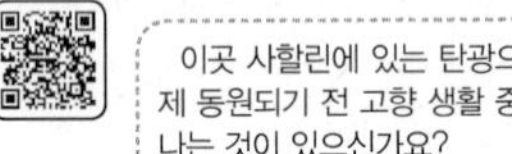

이곳 사할린에 있는 탄광으로 강제 동원되기 전 고향 생활 중 기억나는 것이 있으신가요?
그때는 중일 전쟁이 시작된 뒤여서 황국 신민 서사를 외우지 못하면 기차표 사기도 어렵던 시기였어요. 기차표를 사려고 하면 일본 사람들이 나보고 황국 신민 서사를 외워 보라고 시켰었지요.

① 원산 총파업이 발생하였다.
② 미쓰야 협정이 체결되었다.
③ 조선 형평사가 결성되었다.
④ 국가 총동원법이 시행되었다.
⑤ 임시 토지 조사국이 설립되었다.

64회 39번 2점

261 밑줄 그은 '시기'에 볼 수 있는 모습으로 적절한 것은?

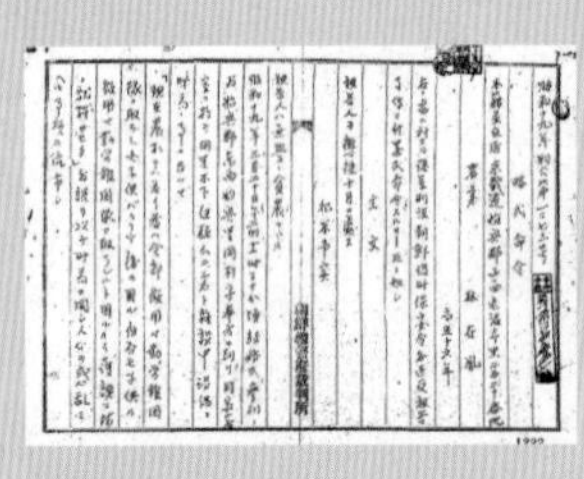

이 자료는 태평양 전쟁 발발 후 일제의 전시 동원 체제가 강화된 시기의 판결문이다. 판결문에는 피고인 임○○이 이웃 주민과의 잡담에서 "자식이 징용되거나 근로 보국대에 가지 않도록 취직시킨다." 등의 발언을 하여 민심을 어지럽혔다는 이유로 징역형을 선고한다는 내용이 담겨 있다.

① 국가 보안법 철폐를 요구하는 학생
② 몸뻬 착용을 권장하는 애국반 반장
③ 경부선 철도 개통식을 구경하는 청년
④ 형평사 창립 대회 개최를 취재하는 기자
⑤ 헌병 경찰에게 끌려가 태형을 당하는 농민

62회 40번 1점

262 밑줄 그은 '시기'의 일제 정책으로 옳은 것은?

부평 공원 내에 있는 이 동상은 일제의 무기 공장인 조병창 등에 강제 동원된 노동자의 모습을 형상화한 작품입니다. 중일 전쟁 이후 침략 전쟁을 확대하던 시기에 일제는 한국인을 탄광, 군수 공장 등으로 끌고 가 열악한 환경에서 혹사시켰습니다.

① 치안 유지법을 공포하였다.
② 토지 조사령을 제정하였다.
③ 헌병 경찰 제도를 실시하였다.
④ 식량 배급 및 미곡 공출제를 시행하였다.
⑤ 보통학교의 수업 연한을 4년으로 정하였다.

주제 41 1910년대 항일 민족 운동

63회 31번 1점

263 (가) 운동에 대한 설명으로 옳은 것은?

국가보훈처는 광복 73주년을 맞아 독립 유공자를 발굴하여 포상하기로 하였습니다. 이번 포상에는 (가) 의 1주년에 만세 운동을 전개하다가 체포되어 옥고를 치른 배화 여학교 학생 여섯 명이 포함되었습니다. 이들은 일제 강점기 최대 민족 운동인 (가) 의 영향을 받아 수립된 대한민국 임시 정부의 활동 소식을 접하면서 민족의식을 키웠다고 합니다.

김경화 등 6명의 독립운동가, 독립운동 유공 인정

① 김광제 등의 발의로 본격화되었다.
② 순종의 인산일을 기회로 삼아 추진되었다.
③ 제암리 학살 등 일제의 가혹한 탄압을 받았다.
④ 신간회에서 진상 조사단을 파견하여 지원하였다.
⑤ 성진회와 각 학교 독서회에 의해 전국적으로 확산하였다.

61회 38번 2점

264 (가) 단체에 대한 설명으로 옳은 것은?

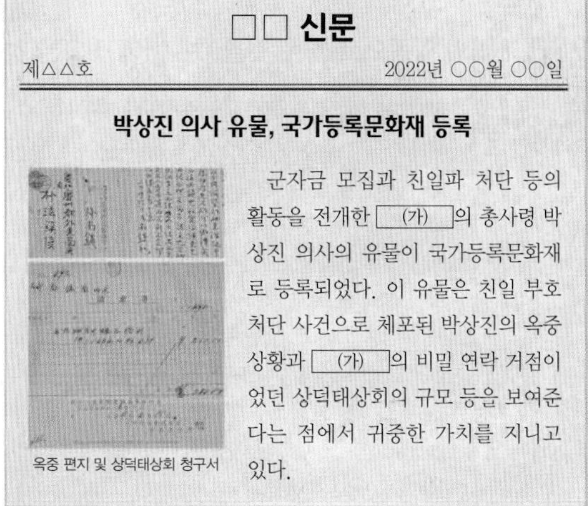

□□ 신문

제△△호 2022년 ○○월 ○○일

박상진 의사 유물, 국가등록문화재 등록

군자금 모집과 친일파 처단 등의 활동을 전개한 (가) 의 총사령 박상진 의사의 유물이 국가등록문화재로 등록되었다. 이 유물은 친일 부호 처단 사건으로 체포된 박상진의 옥중 상황과 (가) 의 비밀 연락 거점이었던 상덕태상회의 규모 등을 보여준다는 점에서 귀중한 가치를 지니고 있다.

옥중 편지 및 상덕태상회 청구서

① 고종 강제 퇴위 반대 운동을 전개하였다.
② 공화정체의 국민 국가 수립을 목표로 삼았다.
③ 파리 강화 회의에 독립 청원서를 제출하였다.
④ 미군과 연합하여 국내 진공 작전을 계획하였다.
⑤ 만민 공동회를 개최하여 민권 신장을 추구하였다.

59회 35번 2점

265 (가) 단체에 대한 설명으로 옳은 것은?

이것은 고종이 임병찬에게 내린 밀지의 일부입니다. 그는 이 밀지를 받고 복벽주의를 내건 (가) 을/를 조직하였습니다.

애통하다! 일본 오랑캐가 배신하고 합병하니 종사가 폐허가 되고 국민은 노예가 되었다. …… 짐이 믿는 것은 너희들이니, 너희들은 힘써 광복하라.

① 일본 도쿄에서 독립 선언서를 발표하였다.
② 일제가 제정한 치안 유지법으로 탄압받았다.
③ 서간도에 신흥 강습소를 세워 독립군을 양성하였다.
④ 독립운동 자금을 모으기 위해 독립 공채를 발행하였다.
⑤ 조선 총독에게 제출하기 위해 국권 반환 요구서를 작성하였다.

62회 38번 1점

266 밑줄 그은 '이곳'에 해당하는 지역을 지도에서 옳게 고른 것은?

박용만은 1905년 국외로 떠난 이후 네브라스카주에서 대학을 다니며 독립군 양성 기관인 한인 소년병 학교를 창설하고, 국민개병설을 집필했습니다. 그후 <u>이곳</u>으로 건너와 대조선 국민군단을 조직하여 독립 전쟁을 준비했습니다.

대조선 국민군단이 사용한 건물과 군복을 입은 박용만

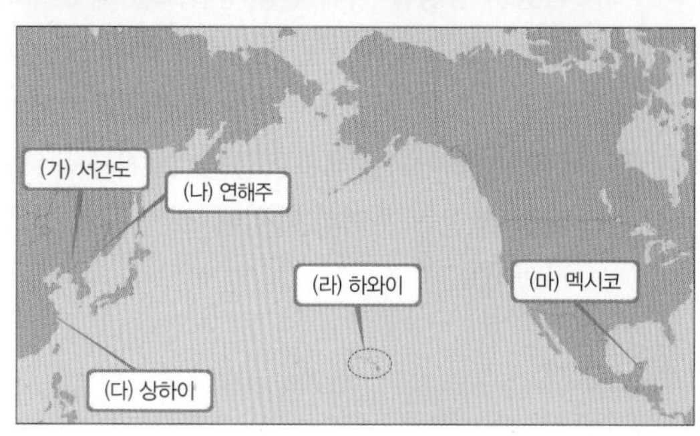

① (가) ② (나) ③ (다) ④ (라) ⑤ (마)

58회 33번 2점

267 밑줄 그은 '이곳'에서 있었던 민족 운동으로 옳은 것은?

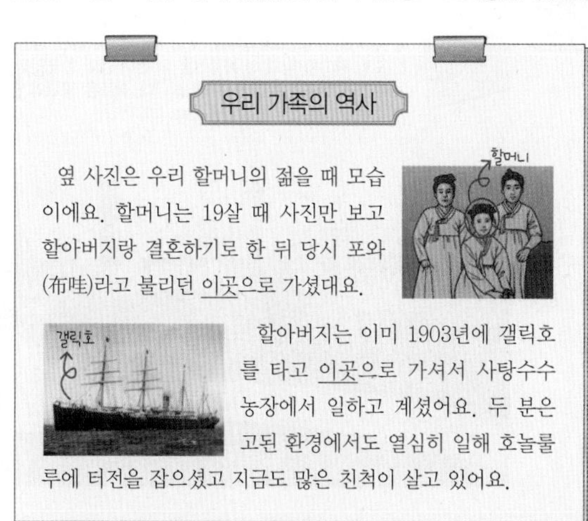

우리 가족의 역사

옆 사진은 우리 할머니의 젊을 때 모습이에요. 할머니는 19살 때 사진만 보고 할아버지랑 결혼하기로 한 뒤 당시 포와(布哇)라고 불리던 <u>이곳</u>으로 가셨대요.

할아버지는 이미 1903년에 갤릭호를 타고 <u>이곳</u>으로 가셔서 사탕수수 농장에서 일하고 계셨어요. 두 분은 고된 환경에서도 열심히 일해 호놀룰루에 터전을 잡으셨고 지금도 많은 친척이 살고 있어요.

① 대종교 계열의 중광단이 결성되었다.
② 권업회가 조직되어 권업신문을 창간하였다.
③ 사회주의 계열의 한인 사회당이 조직되었다.
④ 독립군 양성을 위한 신흥 무관 학교가 설립되었다.
⑤ 대조선 국민 군단이 조직되어 무장 투쟁을 준비하였다.

07 일제 강점기

56회 44번 3점

268 (가)에 들어갈 내용으로 옳은 것은?

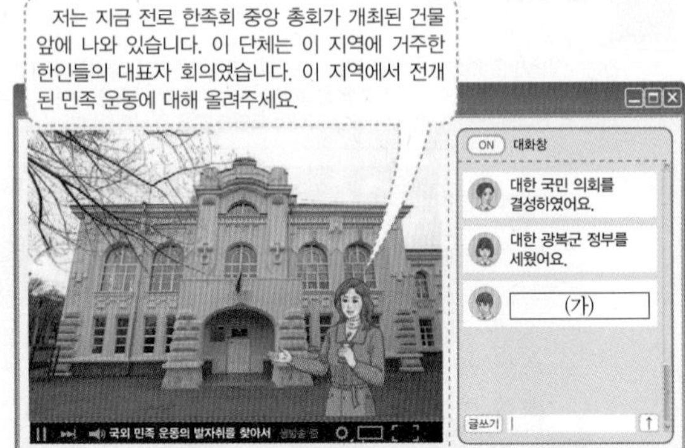

저는 지금 전로 한족회 중앙 총회가 개최된 건물 앞에 나와 있습니다. 이 단체는 이 지역에 거주한 한인들의 대표자 회의였습니다. 이 지역에서 전개된 민족 운동에 대해 올려주세요.
ON 대화창

국외 민족 운동의 발자취를 찾아서

① 독립군 양성을 위해 신흥 강습소를 세웠어요.
② 권업회를 조직하여 권업신문을 발행하였어요.
③ 숭무 학교를 설립하여 무장 투쟁을 준비하였어요.
④ 한인 비행 학교를 세워 독립군 비행사를 육성하였어요.
⑤ 대일 항전을 준비하기 위해 조선 독립 동맹을 결성하였어요.

53회 38번 2점

269 (가) 지역에서 있었던 민족 운동으로 옳은 것은?

이 사진은 1905년 (가) 의 유카탄반도로 계약 노동 이민자들을 수송했던 일포드호입니다. 주택 무료 임대, 높은 임금 등을 내건 모집 광고를 믿고 이 화물선을 탄 천여 명의 한국인들은 한 달 넘게 걸려 에네켄 농장에 도착했습니다. 이들은 광고와 달리 사실상 노예와 다름없는 생활을 하였습니다.

① 권업회의 기관지로 권업신문이 발간되었다.
② 독립군 양성을 위한 숭무 학교가 설립되었다.
③ 북로 군정서가 조직되어 무장 투쟁을 실시하였다.
④ 주권 재민을 천명한 대동단결 선언서가 작성되었다.
⑤ 유학생들이 중심이 되어 2·8 독립 선언서를 발표하였다.

주제 42 대한민국 임시 정부

57회 37번 2점

270 (가)의 활동으로 옳은 것을 〈보기〉에서 고른 것은?

△△ 박물관 스탬프 투어

[제4관] 국외 독립운동의 전개

이 전시관은 국권 피탈 이후 국외에서 전개된 독립운동을 주제로 구성되어 있습니다. 특히 3·1 운동의 영향으로 수립된 (가) 의 활동에 대한 자료가 전시되어 있습니다. 자료를 잘 살펴보고 스탬프를 찍어 보세요.

제4관 이번에 찍은 스탬프는?

상하이에서 (가) 의 수립 초기에 청사로 사용한 건물 모양입니다. 이 청사에서는 임시 의정원의 회의가 개최되기도 하였습니다.

보기

ㄱ. 민족 교육을 위해 대성 학교를 설립하였다.
ㄴ. 광주 학생 항일 운동에 진상 조사단을 파견하였다.
ㄷ. 외교 독립 활동을 위해 구미 위원부를 설치하였다.
ㄹ. 임시 사료 편찬회를 두어 한일 관계 사료집을 간행하였다.

① ㄱ, ㄴ ② ㄱ, ㄷ ③ ㄴ, ㄷ
④ ㄴ, ㄹ ⑤ ㄷ, ㄹ

58회 35번 3점

271 (가)~(다)를 작성된 순서대로 옳게 나열한 것은?

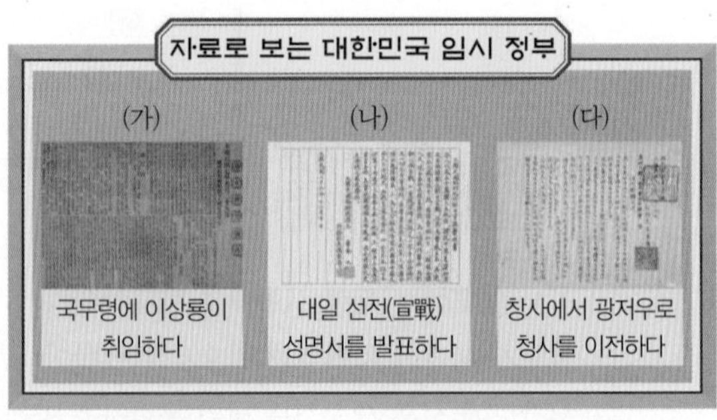

청사에서 광저우로 청사를 이전하다

① (가) - (나) - (다) ② (가) - (다) - (나)
③ (나) - (가) - (다) ④ (나) - (다) - (가)
⑤ (다) - (가) - (나)

62회 41번 2점

272 (가) 정부에 대한 설명으로 옳은 것은?

이것은 (가) 요인들의 가족이 중심이 되어 조직한 한국 혁명 여성 동맹의 창립 기념 사진입니다. 이 단체는 충칭에서 대일 선전 성명서를 발표한 (가) 의 독립운동을 지원하고 교육 활동 등에 주력하였습니다.

① 좌우 합작 7원칙을 발표하였다.
② 한인 자치 기관인 경학사를 조직하였다.
③ 조선 혁명 선언을 활동 지침으로 삼았다.
④ 한글 맞춤법 통일안과 표준어를 제정하였다.
⑤ 삼균주의를 기초로 한 건국 강령을 선포하였다.

56회 45번 2점

273 (가) 단체의 활동으로 옳은 것은?

접견 기록

■ 날짜 및 장소
1943년 7월 26일, 중국 군사 위원회 접견실
■ 참석 인물
• (가) : 주석 김구, 외무부장 조소앙 등
• 중국: 위원장 장제스 등
■ 주요 내용
• 장제스: 한국의 완전한 독립을 실현하는 과정은 쉽지 않을 것입니다. 그러나 한국 혁명 동지들이 진심으로 단결하고 협조하여 함께 노력한다면 광복의 뜻을 이룰 수 있을 것입니다.
• 김구·조소앙: 우리의 독립 주장이 이루어질 수 있도록 귀국이 지지해 주기를 희망합니다.

① 좌우 합작 7원칙을 발표하였다.
② 개벽, 신여성 등의 잡지를 간행하였다.
③ 조선 혁명 선언을 활동 지침으로 삼았다.
④ 한글 맞춤법 통일안과 표준어를 제정하였다.
⑤ 삼균주의를 기초로 하는 건국 강령을 선포하였다.

54회 43번 2점

274 밑줄 그은 '회의'가 개최된 시기를 연표에서 옳게 고른 것은?

이 자료는 대한민국 임시 정부가 침체에 빠지자 독립운동의 새로운 활로와 방향을 모색하기 위해 상하이에서 개최된 회의의 의사일정입니다. 국내외 각지에서 온 대표들은 대한민국 임시 정부에 대한 처리를 둘러싸고 창조파와 개조파 등으로 나뉘어져 격론을 벌였습니다.

1919		1925		1931		1935		1940		1945
	(가)		(나)		(다)		(라)		(마)	
대한민국 임시 정부 수립		박은식 대통령 취임		한인 애국단 조직		한국 국민당 창당		김구 주석 취임		8·15 광복

① (가) ② (나) ③ (다) ④ (라) ⑤ (마)

주제 43 실력 양성 운동과 사회 운동

63회 37번 1점

275 (가) 운동에 대한 설명으로 옳은 것은?

이것은 (가) 을/를 주도한 단체의 제7회 전국 대회 포스터입니다. '모히라! 자유평등의 기치하에로'라는 문구가 있으며, '경성 천도교 기념관'에서 개최된다고 알리고 있습니다. 진주에서 시작된 (가) 은/는 '공평은 사회의 근본이요, 애정은 인류의 본량(本良)'이라는 구호 아래 전개되었습니다.

① 통감부의 탄압으로 중단되었다.
② 중국의 5·4 운동에 영향을 주었다.
③ 대한 자강회가 결성되는 배경이 되었다.
④ 백정에 대한 사회적 차별 철폐를 주장하였다.
⑤ 여성 교육의 중요성을 강조한 여권통문을 발표하였다.

60회 38번 2점

276 (가) 민족 운동에 대한 설명으로 옳은 것은?

이것은 경성 방직 주식회사의 광목 신문 광고야. '우리가 만든 것 우리가 쓰자.'라는 문구가 인상적이야.
그래, 이 광고는 민족 기업을 육성해 경제적 자립을 이루려는 (가) 중에 등장했지.
자쓰가리우것든만가리으
목광
성극래

① 통감부의 탄압으로 중단되었다.
② 국채 보상 기성회를 중심으로 전개되었다.
③ 자작회, 토산 애용 부인회 등이 활동하였다.
④ 한성 은행, 대한 천일 은행 등이 설립되는 계기가 되었다.
⑤ 일본, 프랑스 등지의 노동 단체로부터 격려 전문을 받았다.

52회 41번 2점

277 다음 강령을 발표한 단체에 대한 설명으로 옳은 것은?

> **행동 강령**
> 1. 여성에 대한 사회적 · 법률적 일체 차별 철폐
> 2. 일체 봉건적 인습과 미신 타파
> 3. 조혼 폐지 및 결혼의 자유
> 4. 인신매매 및 공창 폐지
> 5. 농민 부인의 경제적 이익 옹호
> 6. 부인 노동의 임금 차별 철폐 및 산전 산후 임금 지불
> 7. 부인 및 소년공의 위험 노동 및 야업 폐지

① 3 · 1 운동에 주도적으로 참여하였다.
② 상하이에서 대동단결 선언을 발표하였다.
③ 여성 교육을 위해 이화 학당을 설립하였다.
④ 최초의 여성 권리 선언문인 여권통문을 공표하였다.
⑤ 민족주의 계열과 사회주의 계열의 여성들이 연합하였다.

주제 44 학생 운동과 신간회

62회 37번 2점

278 (가), (나) 사이의 시기에 있었던 사실로 옳은 것은?

> (가) 조선 사회 운동 단체인 정우회는 며칠 전 선언서를 발표하였다. 선언서에서 민족주의 세력과 과도기적 동맹자적 관계를 구축해야 한다고 밝히고 타협과 항쟁을 분리시켜 사회 운동 본래의 사명을 잊지 말자는 것을 말하였다.

> (나) 조선 민족 운동의 중추 기관이 되려는 사명을 띠고 창립되었던 신간회가 비로소 첫 번째 전체 대회를 개최하였다. 그러나 간신히 열리는 전체 대회에서 해소 문제 토의를 최대 의제로 하게 된 것은 조선의 현 상황이 아니고서는 보기 어려운 기현상이다.

① 광주 학생 항일 운동이 일어났다.
② 임병찬이 독립 의군부를 조직하였다.
③ 독립군이 봉오동에서 큰 승리를 거두었다.
④ 도쿄 유학생들이 2 · 8 독립 선언서를 발표하였다.
⑤ 조선 민족 전선 연맹 산하에 조선 의용대가 창설되었다.

53회 41번 2점

279 다음 대화에 나타난 민족 운동에 대한 설명으로 옳은 것은?

얼마 전 종로 일대에서 일어난 만세 시위 소식을 들었는가? 이날 체포된 학생들에 대한 공판이 곧 열린다더군.

융희 황제의 인산일에 학생들이 격문을 뿌리고 만세를 외친 그 사건 말씀이시죠? 사전에 권오설 선생 등이 경찰에게 체포되어서 걱정이었는데, 학생들 덕분에 시위가 가능했지요.

① 원산 총파업의 노동자들과 연대하였다.
② 치안 유지법이 제정되는 결과를 가져왔다.
③ 국민 대표 회의가 개최되는 계기가 되었다.
④ 한일 학생 간 충돌이 발단이 되어 일어났다.
⑤ 민족 협동 전선인 신간회 결성에 영향을 미쳤다.

64회 37번 2점

280 (가) 단체에 대한 설명으로 옳은 것은?

> **역사 신문**
>
> 제△△호 ○○○○년 ○○월 ○○일
>
> **민중 대회 개최 모의로 지도부 대거 체포**
>
> 허헌, 홍명희 등 (가) 의 지도부는 광주 학생 항일 운동을 전국적 시위 운동으로 확산시키기 위한 민중 대회 개최를 추진하다가 경찰에 체포되었다. 이 단체는 사건 진상 보고를 위한 유인물 배포 및 연설회 개최를 계획하고, 각 지회에 행동 지침을 내리는 등 시위 확산을 도모하였다.

① 암태도 소작 쟁의를 지원하였다.
② 민족 협동 전선으로 결성되었다.
③ 부민관 폭파 사건을 주도하였다.
④ 조선 혁명 선언을 활동 지침으로 하였다.
⑤ 어린이날을 제정하고 잡지 어린이를 간행하였다.

55회 41번 1점

281 밑줄 그은 '이 운동'에 대한 설명으로 옳은 것은?

> 이것은 '학생의 날' 기념우표이다. 학생의 날은 1929년 한일 학생 간 충돌을 계기로 광주에서 일어나 전국으로 확산된 이 운동을 기리기 위해 1953년 제정되었다. 우표는 이 운동의 기념탑과 당시 학생들의 울분을 함께 형상화 하여 도안되었다. 학생의 날은 2006년부터 '학생 독립운동 기념일'로 명칭이 변경되었다.

① 조선 형평사를 중심으로 전개되었다.
② 순종의 인산일을 기회로 삼아 추진되었다.
③ 대한민국 임시 정부 수립에 영향을 주었다.
④ 국내에서 민족 유일당 운동이 시작되는 계기가 되었다.
⑤ 신간회 중앙 본부가 진상 조사단을 파견하여 지원하였다.

주제 45 의열단과 한인 애국단

55회 40번 2점

282 (가) 단체에 대한 설명으로 옳은 것은?

> 〈영화 제작 기획안〉
>
> **청년 김상옥**
>
> ▣ 기획 의도
> 김상옥의 주요 활동을 영화로 제작하여 독립운동가의 치열했던 삶과 항일 투쟁의 역사적 의미를 되새겨 본다.
>
> ▣ 대본 개요
> 1. 혁신공보를 발행하여 계몽 운동에 힘쓰다.
> 2. 김원봉이 조직한 (가) 의 일원이 되다.
> 3. 종로 경찰서에 폭탄을 투척하다.
> 4. 일제 경찰과 총격전을 벌이다.

① 조선 혁명 선언을 행동 강령으로 삼았다.
② 비밀 행정 조직으로 연통제를 실시하였다.
③ 고종의 밀지를 받아 결성된 비밀 단체이다.
④ 도쿄에서 일어난 이봉창 의거를 계획하였다.
⑤ 신흥 무관 학교를 세워 무장 투쟁을 준비하였다.

66회 41번 2점

283 (가) 단체에 대한 설명으로 옳은 것은?

> **□□신문**
>
> 제△△호 1924년 ○○월 ○○일
>
> **이중교 폭탄 사건 주역은 (가) 의 김지섭**
> **9월 1일 대지진 때 일어난 조선인 학살이 도화선**
>
> 금년 1월 5일 오후 7시에 동경 궁성 이중교 앞에서 일어난 폭탄 투척 사건은 전일본을 경악하게 만든 대사건이었다. 당국은 이 사건에 대한 신문 게재 일체를 금지하였고, 동경 지방 재판소의 검사와 예심 판사가 수사를 진행하였다. 이번에 예심이 결정되고 당국의 보도 금지가 해제되었기에, 피고 김지섭 외 4명은 전부 유죄로 공판에 회부되었음을 보도한다. 김지섭은 조선 독립을 위해 (가) 의 단장 김원봉과 함께 과격한 방법을 강구하였고, 이를 일본에서 실행하기로 하였다고 한다.

① 김구가 상하이에서 조직하였다.
② 비밀 행정 조직인 연통제를 운영하였다.
③ 조선 혁명 선언을 활동 지침으로 삼았다.
④ 신흥 무관 학교를 세워 무장 투쟁을 준비하였다.
⑤ 조선 총독부에 국권 반환 요구서를 제출하려 하였다.

51회 45번 1점

284 밑줄 그은 '의거'를 일으킨 단체에 대한 설명으로 옳은 것은?

이 사진은 1945년 9월 2일 일왕을 대신하여 일본의 외무 대신이 연합군 앞에서 항복 문서에 서명하는 장면입니다.
서명하는 인물은 시게미쓰 마모루인데, 그는 윤봉길의 상하이 훙커우 공원 의거 당시 폭탄에 맞아 다리를 다쳤습니다.

① 신채호의 조선 혁명 선언을 활동 지침으로 삼았다.
② 김구를 단장으로 하여 활발한 의열 활동을 펼쳤다.
③ 조선 총독을 저격한 강우규가 단원으로 활동하였다.
④ 이상재 등의 주도로 민립 대학 설립 운동을 전개하였다.
⑤ 진상 조사단을 파견하여 광주 학생 항일 운동을 지원하였다.

주제 46 1920년대 무장 독립 전쟁

56회 40번 3점

285 (가)~(다) 학생이 발표한 내용을 일어난 순서대로 옳게 나열한 것은?

① (가) – (나) – (다)
② (가) – (다) – (나)
③ (나) – (가) – (다)
④ (나) – (다) – (가)
⑤ (다) – (나) – (가)

67회 39번 2점

286 (가) 부대에 대한 설명으로 옳은 것은?

> 대전자령은 태평령이라고도 하는데, 일본군이 서남부의 왕칭현 쪽으로 가려면 반드시 지나가야 하는 지점이었다. 대전자령의 양쪽은 험준한 절벽과 울창한 산림 지대로 되어 있어 적을 공격하기에 알맞은 곳이었다. 이 전투에 (가) 의 주력 부대 500여 명, 차이시잉(柴世榮)이 거느리는 중국 의용군인 길림구국군 2,000여 명이 참가하였다. …… 한중 연합군은 계곡 양편 산기슭에 구축되어 있는 참호 속에 미리 매복·대기하여 일본군 습격 준비를 마쳤다.
>
> –『청천장군의 혁명투쟁사』–

① 영국군의 요청으로 인도·미얀마 전선에 투입되었다.
② 간도 참변 이후 조직을 정비하고 자유시로 이동하였다.
③ 중국 관내(關內)에서 결성된 최초의 한인 무장 부대였다.
④ 홍범도 부대와 연합하여 청산리에서 일본군과 교전하였다.
⑤ 한국 독립당의 군사 조직으로 북만주 지역에서 활약하였다.

59회 36번 2점

287 다음 상황이 나타나게 된 배경으로 가장 적절한 것은?

> 경신년 시월에 일본 토벌대들이 전 만주를 휩쓸어 애국지사들은 물론이고 농민들도 무조건 잡아다 학살하였다. …… 독립군의 성과가 컸기 때문에 그에 대한 보복으로 일본군이 대학살을 감행한 것이었다. 이것이 이른바 경신참변이다. 그래서 애국지사들은 가족들을 두고 단신으로 길림성 오상현, 흑룡강성 영안현 등으로 흩어졌다.
>
> –『아직도 내 귀엔 서간도 바람소리가』–

① 조선 의용대가 호가장 전투에서 활약하였다.
② 대한 독립군 등이 봉오동에서 일본군을 격파하였다.
③ 조선 혁명군이 영릉가에서 일본군에 승리를 거두었다.
④ 한국 독립군이 대전자령 전투에서 일본군을 격퇴하였다.
⑤ 대한민국 임시 정부가 직할 부대로 참의부를 결성하였다.

주제 47 1930년대 이후 무장 독립 전쟁

63회 36번 2점

288 (가) 부대에 대한 설명으로 옳은 것은?

주제: (가) 의 무장 독립 투쟁
국민부 산하 군사 조직으로 편성되었다가 이후 여러 부대를 통합하며 재편되었습니다.
총사령에 양세봉, 참모장에 김학규가 임명되어 부대를 이끌었습니다.
만주 사변 이후 중국 의용군과 함께 남만주 일대에서 항일 투쟁을 벌였습니다.

① 간도 참변 이후 자유시로 이동하였다.
② 영릉가 전투에서 일본군과 싸워 크게 승리하였다.
③ 조선 독립 동맹 산하의 군사 조직으로 개편되었다.
④ 영국군의 요청으로 인도 · 미얀마 전선에 투입되었다.
⑤ 중국 국민당 정부의 지원을 받아 우한에서 창설되었다.

54회 45번 2점

289 (가) 단체에 대한 설명으로 옳은 것은?

(가) 의 총사령 양세봉, 참모장 김학규 등은 일부 병력을 이끌고 중국 의용군 부대와 합세하였다. 일본군과 만주군이 신빈현성의 고지대를 거점으로 삼아 먼저 공격했으나 아군이 응전하여 이를 탈취하였다. 아군은 승세를 몰아 적들을 추격한 끝에 당일 오후 3시경 영릉가성을 점령하였다. 5일간의 격렬한 전투에서 한중 연합군은 신빈현 일대 여러 곳을 점령하는 등 커다란 수확을 거두었다.

① 흥경성 전투에서 승리하였다.
② 자유시 참변 이후 세력이 약화되었다.
③ 중국 팔로군에 편제되어 항일 전선에 참여하였다.
④ 영국군의 요청으로 인도 · 미얀마 전선에서 활동하였다.
⑤ 북만주 지역에서 활동한 한국 독립당의 산하 부대였다.

65회 43번 2점

290 (가)에 대한 설명으로 옳은 것은?

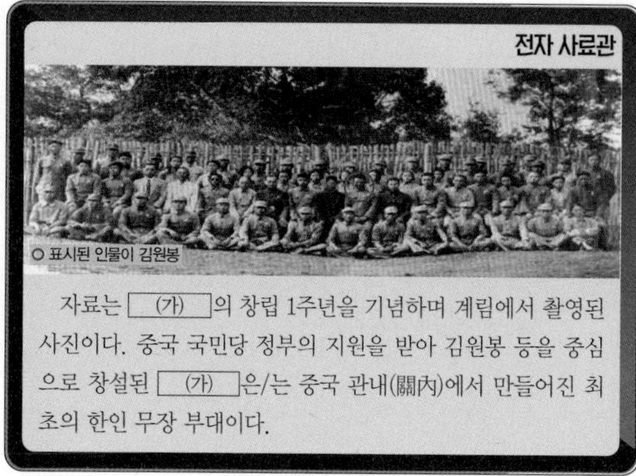

자료는 (가) 의 창립 1주년을 기념하며 계림에서 촬영된 사진이다. 중국 국민당 정부의 지원을 받아 김원봉 등을 중심으로 창설된 (가) 은/는 중국 관내(關內)에서 만들어진 최초의 한인 무장 부대이다.

① 자유시 참변으로 시련을 겪었다.
② 대원 일부가 한국 광복군에 합류하였다.
③ 쌍성보 전투에서 한중 연합 작전을 전개하였다.
④ 독립군 양성 기관인 한인 소년병 학교를 설립하였다.
⑤ 홍범도 부대와 연합하여 청산리에서 일본군과 교전하였다.

61회 43번 3점

291 (가) 부대에 대한 설명으로 옳은 것은?

조선 민족 혁명당 창립 제8주년 기념 선언

우리는 중국의 난징에서 5개 당을 통합하여 전체 민족을 대표하는 유일한 정당인 조선 민족 혁명당을 창립하였다. …… 아울러 중국과 한국의 연합 항일 진영을 건립하여야 했다. …… 이 때문에 우리는 1938년 (가) 을/를 조직하고 조선의 혁명 청년들을 단결시켜 장제스 위원장의 영도 아래 직접 중국의 항전에 참가하였고, 각 전쟁터에서 찬란한 전투 성과를 만들어냈다. …… 지난해 가을 (가) 와/과 한국 광복군의 통합 편성을 기반으로 전 민족의 통일을 성공적으로 구현하였다.

① 자유시 참변으로 큰 타격을 입었다.
② 대전자령 전투에서 일본군을 격퇴하였다.
③ 동북 항일 연군으로 개편되어 유격전을 펼쳤다.
④ 김원봉, 윤세주 등이 중국 관내(關內)에서 창설하였다.
⑤ 홍범도 부대와 연합하여 청산리에서 일본군과 교전하였다.

59회 43번 2점

292 (가) 부대에 대한 설명으로 옳은 것은?

> 인도 전선에서 (가) 이/가 활동에 나선 이래, 각 대원은 민족의 영광을 위해 빗발치는 탄환도 두려워하지 않고 온갖 고초를 겪으며 영국군의 작전에 협조하였다. (가) 은/는 적을 향한 육성 선전, 방송, 전단 살포, 포로 신문, 정찰, 포로 훈련 등 여러 부분에서 상당한 성과를 거두었다. 그 결과 영국군 당국은 우리를 깊이 신임하고 있으며, 한국 독립에 대해서도 동정을 아끼지 않고 있다. 충칭에 거주하고 있는 한국 청년 동지들이 인도에서의 공작에 다수 참여하기를 희망한다.
>
> -「독립신문」-

① 청산리에서 일본군에 맞서 대승을 거두었다.
② 미군과 연계하여 국내 진공 작전을 계획하였다.
③ 쌍성보 전투에서 한중 연합 작전을 전개하였다.
④ 중국 의용군과 연합하여 흥경성에서 승리하였다.
⑤ 동북 항일 연군으로 개편되어 유격전을 펼쳤다.

주제 48 민족 문화 수호 운동

60회 35번 2점

293 밑줄 그은 '나'의 활동으로 옳은 것은?

나는 일제 침략에 맞서 민족의식을 고취하기 위해, 국난을 극복한 영웅의 전기인 이순신전과 을지문덕전을 집필하였습니다. 또 조선상고사에서는 역사를 아(我)와 비아(非我)의 투쟁으로 정의하였습니다.
조선상고사
이순신전

① 여유당전서를 간행하고 조선학 운동을 주도하였다.
② 유교의 개혁을 주장하는 유교 구신론을 제창하였다.
③ 조선사 편수회에 들어가 조선사 편찬에 참여하였다.
④ 조선사회경제사에서 식민 사학의 정체성론을 반박하였다.
⑤ 민중의 직접 혁명을 주장한 조선 혁명 선언을 작성하였다.

63회 39번 2점

294 다음 검색창에 들어갈 단체에 대한 설명으로 옳은 것은?

① 한글 신문인 제국신문을 간행하였다.
② 태극 서관을 설립하여 서적을 보급하였다.
③ 파리 강화 회의에 독립 청원서를 제출하였다.
④ 한글 맞춤법 통일안과 표준어 사정안을 제정하였다.
⑤ 국문 연구소를 두어 한글을 체계적으로 연구하였다.

61회 42번 2점

295 (가)~(마)에 들어갈 내용으로 옳은 것은?

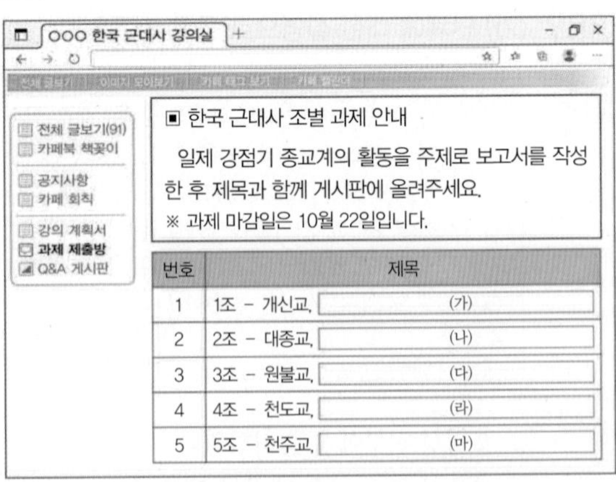

번호	제목
1	1조 - 개신교, (가)
2	2조 - 대종교, (나)
3	3조 - 원불교, (다)
4	4조 - 천도교, (라)
5	5조 - 천주교, (마)

① (가) – 단군 숭배 사상을 통해 민족의식을 높이다
② (나) – 의민단을 조직하여 무장 투쟁을 전개하다
③ (다) – 간척 사업을 진행하고 새생활 운동을 펼치다
④ (라) – 배재 학당을 세워 신학문 보급에 기여하다
⑤ (마) – 어린이날을 제정하고 소년 운동을 추진하다

55회 44번 2점

296 (가) 종교에 대한 설명으로 옳은 것은?

> 공의 이름은 인영(寅永)인데, 뒤에 철(喆)로 고쳤다. …… 보호 조약이 체결된 뒤에 동지와 함께 오적(五賊)의 처단을 모의하였는데, 1907년에 계획이 새어 나가 일을 그르쳤다. 뒤에 (가) 을/를 제창하고 교주를 자임하였는데, 이를 바탕으로 국민을 진흥하려고 하였다. 일찍이 북간도에 가서 그의 무리와 함께 발전을 도모하였다. …… 그의 문인(門人)들은 그를 숭상하여 오백 년 이래 다시 없는 대종사로 여겼다.
>
> - 『유방집』 -

① 사찰령 폐지 운동을 추진하였다.
② 개벽, 신여성 등의 잡지를 발행하였다.
③ 중광단을 결성하여 무장 투쟁을 전개하였다.
④ 배재 학당을 세워 신학문 보급에 기여하였다.
⑤ 박중빈을 중심으로 새생활 운동을 추진하였다.

52회 40번 2점

297 (가) 종교 단체의 활동으로 옳은 것은?

(가) 에서 설립한 출판사인 개벽사는 다양한 잡지를 발간했는데, 그 중에 별건곤을 소개해 주세요.

별건곤은 개벽이 일제에 의해 폐간된 후 발간된 월간지입니다. 취미 잡지임을 표방했으나 시사 문제를 실어 기사가 삭제되기도 했습니다.

① 박중빈을 중심으로 새생활 운동을 펼쳤다.
② 중광단을 조직하여 무장 투쟁을 전개하였다.
③ 배재 학당을 세워 신학문 보급에 기여하였다.
④ 어린이날을 제정하고 소년 운동을 추진하였다.
⑤ 경향신문을 발행하여 민중 계몽을 위해 노력하였다.

CHAPTER 08 현대

정답 및 해설 3권 79쪽

CHAPTER 08 현대 문제 유형 TOP3

★ 최근 3개년 기출 분석(68~51회)

★ 설명형: 지문, 말풍선 등에서 설명하는 주제에 대해 옳은 / 틀린 것을 고르는 유형

★ 빈칸형: 빈칸에 들어갈 내용에 대한 설명을 고르는 유형

★ 사료형: 사료를 통해 주제를 파악하는 유형

주제 49 통일 정부 수립을 위한 노력

51회 46번 2점

298 다음 기자 회견의 배경으로 가장 적절한 것은?

> 군정 장관 아놀드 소장은 12월 29일 오전 10시 30분 군정청 제1회의실에서 신문 기자단과 회견하고 신탁 통치에 관한 질문에 대략 다음과 같은 견해를 표명하고 일문일답을 하였다. "…… 신탁 통치는 조선 임시 민주 정부를 수립코자 함이 목적일 것이다. 우선 조선인이 당면한 경제 산업에 있어 유의하여 신탁 관리 문제로 모든 기관이 중지 상태로 들어가지 않기를 요망한다. 현 단계에 이르러 진실한 냉정이 필요할 것이다. 4개국을 믿고 있는 중에 직무에 충실하여야 한다."

① 좌우 합작 7원칙이 발표되었다.
② 제1차 미소 공동 위원회가 결렬되었다.
③ 모스크바 3국 외상 회의가 개최되었다.
④ 반민족 행위 특별 조사 위원회가 구성되었다.
⑤ 유엔 소총회에서 남한만의 단독 총선거가 결의되었다.

63회 40번 2점

299 (가), (나) 인물에 대한 설명으로 옳은 것을 〈보기〉에서 고른 것은?

독립과 통일 정부 수립을 열망한 인물
(가)
(나)
• 생몰: 1876년~1949년
• 호: 백범
• 대한민국 임시 정부 주석 역임
• 남북 협상 참여
• 서울 경교장에서 피살
• 생몰: 1886년~1947년
• 호: 몽양
• 신한 청년당 결성
• 좌우 합작 위원회 조직
• 서울 혜화동에서 피살

보기

ㄱ. (가) – 상하이에서 한인 애국단을 조직하였다.
ㄴ. (가) – 조선 혁명 간부 학교를 세워 독립군을 양성하였다.
ㄷ. (나) – 조선 건국 준비 위원회의 활동을 주도하였다.
ㄹ. (나) – 미국에서 귀국하여 독립 촉성 중앙 협의회를 이끌었다.

① ㄱ, ㄴ ② ㄱ, ㄷ ③ ㄴ, ㄷ
④ ㄴ, ㄹ ⑤ ㄷ, ㄹ

64회 42번 2점

300 (가) 시기에 있었던 사실로 옳은 것은?

① 여수 · 순천 10 · 19 사건이 발생하였다.
② 유엔 한국 임시 위원단이 서울에 도착하였다.
③ 송진우, 김성수 등이 한국 민주당을 창당하였다.
④ 여운형 등의 주도로 좌우 합작 위원회가 발족되었다.
⑤ 조선 건국 준비 위원회에서 조선 인민 공화국을 선포하였다.

62회 42번 2점

301 (가) 사건에 대한 설명으로 옳은 것은?

① 유신 헌법의 철폐를 요구하였다.
② 통일 주체 국민 회의가 설치되는 결과를 가져왔다.
③ 희생자들의 명예 회복을 위한 특별법이 제정되었다.
④ 4 · 13 호헌 철폐와 독재 타도 등의 구호를 내세웠다.
⑤ 귀속 재산 처리를 위한 신한 공사 설립의 계기가 되었다.

58회 39번 2점

302 다음 자료의 상황이 나타나게 된 배경으로 적절한 것은?

> 우리는 조국 흥망의 관두(關頭)*에서 이 위기를 극복하기 위해 오직 민족 자결 원칙에 의하여 조국의 남북통일과 민주 독립을 촉진해야겠다. 우리 민족자주연맹 중앙집행위원회는 김구 선생과 김규식 박사의 제안에 의하여 실현되는 남북 정치 협상을 전적으로 지지하며, 아울러 그 성공을 위하여 적극적으로 협력할 것을 결의한다.
>
> *관두: 가장 중요한 지점

① 허정 과도 정부에서 헌법이 개정되었다.
② 통일 주체 국민 회의에서 대통령이 선출되었다.
③ 유엔 소총회에서 남한만의 단독 총선거가 결의되었다.
④ 유상 매수, 유상 분배 원칙의 농지 개혁법이 제정되었다.
⑤ 국가 보안법 개정안을 통과시킨 보안법 파동이 일어났다.

주제 50 제헌 국회와 6 · 25 전쟁

63회 41번 3점

303 밑줄 그은 '국회'에 대한 설명으로 옳지 않은 것은?

① 반민족 행위 처벌법을 제정하였다.
② 의원들의 선거로 대통령을 선출하였다.
③ 민의원과 참의원의 양원제로 운영되었다.
④ 일부 지역의 국회의원이 선출되지 못한 채 출범하였다.
⑤ 일제가 남긴 재산 처리를 위한 귀속 재산 처리법을 만들었다.

56회 47번 2점

304 (가)에 들어갈 내용으로 옳은 것은?

한국사 특강

우리 연구회에서는 '제헌 헌법으로 출범한 제○공화국'이라는 주제로 시민들을 위한 한국사 특강을 마련하였습니다. 많은 관심과 참여 바랍니다.

▣ 특강 내용 ▣

제1강 (가)
제2강 농지 개혁법의 제정 과정
제3강 정전 협정의 체결

- 기간: 2021년 10월 ○○일~○○일
- 시간: 매주 목요일 15:00~17:00
- 장소: □□ 연구회

① 삼청 교육대의 설치
② 새마을 운동의 추진
③ 한일 기본 조약의 비준
④ 지방 자치제의 전면 실시
⑤ 반민족 행위 처벌법의 제정

61회 45번 2점

305 밑줄 그은 '군정청'이 있었던 시기의 사실로 옳은 것은?

□□ 신문

제△△호 ○○○○년 ○○월 ○○일

서윤복 선수 환영회, 중앙청 광장에서 개최

중앙청 광장에 모인 환영 인파

제51회 보스턴 세계 마라톤 대회에서 세계 신기록을 세우며 우승한 서윤복 선수의 환영회가 중앙청 광장에서 열렸다. 하지 중장, 헬믹 준장 등 <u>군정청</u>의 주요 인사와 김규식, 여운형, 안재홍 등 정계 인사를 비롯한 수많은 군중이 참석하여, 우리 민족의 의기를 세계에 과시한 서윤복 선수의 우승을 함께 기뻐하였다.

① 한미 상호 방위 조약이 체결되었다.
② 제1차 경제 개발 5개년 계획이 추진되었다.
③ 반민족 행위 특별 조사 위원회가 설치되었다.
④ 신한 공사가 설립되어 귀속 재산을 관리하였다.
⑤ 국가 보안법 개정안을 통과시킨 보안법 파동이 일어났다.

61회 46번 1점

306 (가) 전쟁 중에 있었던 사실로 옳지 <u>않은</u> 것은?

대성동 마을은 경기도 파주시에 있으며, 군사 분계선 남쪽 비무장 지대에 위치한 민간인 마을입니다.
파주시
1/3
(가) 의 정전 협정 체결 직후 비무장 지대에 남북이 민간인 마을을 하나씩만 남긴다는 후속 합의에 따라 마을로 조성되었습니다.
대성동 마을
2/3
'자유의 마을'로 불리는 대성동 마을은 유엔군 사령부의 관할 지역으로, 외부인은 허락 없이 들어가지 못합니다.
3/3

① 애치슨 선언이 발표되었다.
② 부산이 임시 수도로 정해졌다.
③ 흥남 철수 작전이 전개되었다.
④ 인천 상륙 작전 이후 서울을 수복하였다.
⑤ 국회에서 국민 방위군 사건이 폭로되었다.

68회 42번 2점

307 교사의 질문에 대한 학생의 답변으로 적절하지 <u>않은</u> 것은?

이 우표는 6 · 25 전쟁이 발발하고 북한군에 점령당했던 서울을 되찾은 것을 기념해 만들어졌습니다. 9월 28일 서울 수복 이후에 벌어진 상황에 대해 말해 볼까요?

① 반공 포로가 석방되었어요.
② 한미 상호 방위 조약이 체결되었어요.
③ 흥남에서 대규모 철수가 이루어졌어요.
④ 유엔군이 인천 상륙 작전을 전개하였어요.
⑤ 비상계엄이 선포된 가운데 발췌 개헌안이 통과되었어요.

주제 51 이승만 정부와 4 · 19 혁명

53회 47번 3점

308 다음 뉴스가 보도된 정부 시기의 사실로 옳지 <u>않은</u> 것은?

독립운동가이자 유학자인 김창숙 선생이 오늘 기자 회견을 열었습니다. 회견에서 선생은 자유당이 강도적으로 통과시킨 보안법은 무효이며, 과거 부산 정치 파동 때와 같이 반독재 구국 범국민 투쟁을 전개해야 한다며 여생을 민주주의를 위하여 바치겠다는 결의를 표명하였습니다.

① 평화 통일론을 주장한 진보당의 조봉암을 제거하였다.
② 인민 혁명당 재건위 사건을 조작해 관련자를 탄압하였다.
③ 정부에 비판적인 경향신문을 폐간하는 등 언론을 통제하였다.
④ 여당 부통령 후보 당선을 위해 3 · 15 부정 선거를 자행하였다.
⑤ 반민 특위를 이끌던 국회 의원들에게 간첩 혐의를 씌워 체포하였다.

60회 42번 2점

309 다음 사건이 일어난 시기를 연표에서 옳게 고른 것은?

> 이날 본 회의는 하오 8시 정각에 개의되어 전원 위원회의 '발췌 조항 전원 합의' 보고를 접수한 후 김종순 의원의 각 조항 설명이 있은 다음, 질의도 대체 토의도 아무것도 없이 …… 표결은 기립 표결로 작정하여 재석 166인 중 163표로써 실로 역사적인 결정을 보았다. 표결이 끝나자 신익희 임시 의장은 정중 침통한 태도로써 "본 헌법 개정안은 헌법 제98조 제3항에 의하여 결정된 것을 선포한다."고 최후의 봉을 힘있게 3타 하였으며 그 음성은 몹시도 떨렸다.

1948		1953		1959		1964		1976		1987
	(가)		(나)		(다)		(라)		(마)	
5 · 10 총선거		정전 협정 체결		경향신문 폐간		6 · 3 시위		3 · 1 민주 구국 선언		6 · 29 민주화 선언

① (가) ② (나) ③ (다) ④ (라) ⑤ (마)

59회 45번 3점

310 밑줄 그은 '이 사건'이 일어난 시기를 연표에서 옳게 고른 것은?

> 1. <u>이 사건</u>은 검찰이 아무런 증거도 없이 공소 사실도 특정하지 못한 채 조봉암 등 진보당 간부들에 대해 국가 변란 혐의로 기소를 하였고 ……
>
> ⋮
>
> 5. <u>이 사건</u>은 정권에 위협이 되는 야당 정치인을 제거하려는 의도에서 표적 수사에 나서 극형인 사형에 처한 것으로 민주국가에서 있어서는 안 될 비인도적, 반인권적 인권 유린이자 정치 탄압 사건이다.
>
> 6. 국가는 …… 피해자와 유가족에게 총체적으로 사과하고 화해를 이루는 등 적절한 조치를 취하여야 하며, 명예를 회복시키기 위해 형사소송법이 정한 바에 따라 재심 등 상응한 조치를 취하는 것이 필요하다.
>
> -「진실 · 화해를 위한 과거사 정리 위원회 조사보고서」-

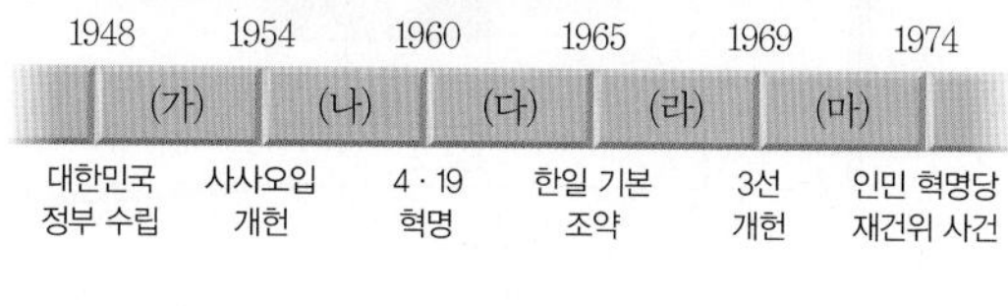

1948 1954 1960 1965 1969 1974

① (가) ② (나) ③ (다) ④ (라) ⑤ (마)

62회 44번 3점

311 밑줄 그은 '개헌안'이 발표된 이후의 사실로 옳은 것은?

이 <u>개헌안</u>에 따라 허정 과도 정부가 총선을 실시하면 정국에 많은 변화가 있을 것 같네.

① 반민족 행위 처벌법이 제정되었다.
② 제2차 미소 공동 위원회가 결렬되었다.
③ 국회가 민의원과 참의원의 양원제로 운영되었다.
④ 평화 통일론을 주장한 진보당의 조봉암이 구속되었다.
⑤ 유상 매수, 유상 분배 원칙의 농지 개혁법이 제정되었다.

312 (가) 민주화 운동에 대한 설명으로 옳은 것은?

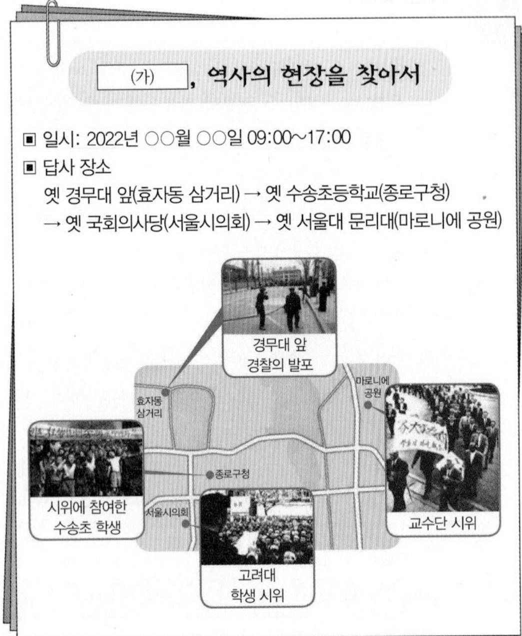

(가), 역사의 현장을 찾아서
▣ 일시: 2022년 ○○월 ○○일 09:00~17:00
▣ 답사 장소
옛 경무대 앞(효자동 삼거리) → 옛 수송초등학교(종로구청)
→ 옛 국회의사당(서울시의회) → 옛 서울대 문리대(마로니에 공원)
경무대 앞 경찰의 발포
효자동 삼거리
마로니에 공원
종로구청
서울시의회
시위에 참여한 수송초 학생
고려대 학생 시위
교수단 시위

① 장면 내각이 출범하는 배경이 되었다.
② 유신 체제가 붕괴되는 결과를 가져왔다.
③ 한일 국교 정상화에 반대하여 일어났다.
④ 신군부의 비상계엄 확대가 원인이 되었다.
⑤ 호헌 철폐와 독재 타도 등의 구호를 내세웠다.

주제 52 박정희 정부

60회 44번 3점

313 밑줄 그은 '현행 헌법'에 대한 설명으로 옳은 것은?

오늘의 헌법은 그 개정의 발의권이 사실상 대통령에게만 속해 있는 것이다. 이에 우리 국민은 이와 같이 헌법 개정 발의권으로부터의 소외를 극복하고 우리들의 천부의 권리를 제시하는 방법으로 대통령에게 현행 헌법의 개정을 요구하는 100만인 청원 운동을 전개하는 바이다.

① 내각 책임제를 채택하였다.
② 대통령의 연임을 3회로 제한하였다.
③ 대통령에게 국회 해산권을 부여하였다.
④ 대통령의 임기를 7년 단임제로 정하였다.
⑤ 국회를 참의원과 민의원의 양원제로 규정하였다.

64회 47번 2점

314 다음 조치를 시행한 정부 시기에 있었던 사실로 옳은 것은?

대통령 긴급 조치 제9호

국가안전과 공공질서의 수호를 위한 대통령 긴급 조치

1. 다음 각 호의 행위를 금한다.
   가. 유언비어를 날조, 유포하거나 사실을 왜곡하여 전파하는 행위.
   나. 집회·시위 또는 신문·방송·통신 등 공중 전파 수단이나 문서·도서·음반 등 표현물에 의하여 대한민국 헌법을 부정·반대·왜곡 또는 비방하거나 그 개정 또는 폐지를 주장·청원·선동 또는 선전하는 행위.

⋮

8. 이 조치 또는 이에 의한 주무부 장관의 조치에 위반한 자는 법관의 영장 없이 체포·구금·압수 또는 수색할 수 있다.

⋮

13. 이 조치에 의한 주무부 장관의 명령이나 조치는 사법적 심사의 대상이 되지 아니한다.

① 국민 방위군 설치법이 공포되었다.
② 내각 책임제를 골자로 하는 개헌이 이루어졌다.
③ 귀속 재산 처리를 위해 신한 공사가 설립되었다.
④ 평화 통일론을 주장한 진보당의 조봉암이 구속되었다.
⑤ 장기 독재에 저항하는 3·1 민주 구국 선언이 발표되었다.

52회 47번 3점

315 다음 사건 이후의 사실로 옳은 것은?

시사만화로 보는 현대사

이 만화는 민생고 해결을 외치는 여성 노동자들이 경찰에게 과잉 진압되는 모습을 풍자하고 있다.

가발 생산 공장의 여성 노동자 180여 명이 업주의 폐업 조치에 맞서 신민당사에서 농성을 하자, 1천여 명의 무장 경찰이 폭력적으로 진압하였다. 이후 이 사건은 'YH 무역 사건'으로 역사에 기록되었다.

① 부마 민주 항쟁이 일어났다.
② 3 · 1 민주 구국 선언이 발표되었다.
③ 민의원과 참의원의 양원제 국회가 출범하였다.
④ 6 · 3 시위가 전개되고 비상계엄령이 선포되었다.
⑤ 전태일이 근로 기준법 준수를 외치며 분신하였다.

65회 47번 3점

316 다음 상황이 나타난 시기를 연표에서 옳게 고른 것은?

□□ 신문

제△△호 ○○○○년 ○○월 ○○일

희망에 찬 전진을

제1차 경제 개발 5개년 계획을 성공적으로 매듭지은 현 시점에서 우리에게는 진실로 기쁘하고 자랑스럽게 생각해야 할 일이 있다. 우리나라가 새롭고 희망에 찬 생활을 향하여 전진을 거듭하고 있다는 사실에 대한 자각이 더욱 높아가고 미래에 대한 자신이 날로 굳어져 가고 있다는 사실이다. …… 여러분이 아시다시피 올해는 제2차 경제 개발 5개년 계획에 착수하여 이미 도약 단계에 들어선 조국의 발전에 일대 박차를 가해야 할 중대한 새 출발의 해인 것이다. 앞으로 4~5년 후에는 아시아에 빛나는 공업 국가를 건설해 보자는 것이 이 계획의 목표인 것이다.

	(가)		(나)		(다)		(라)		(마)	
1949 농지 개혁법 제정		1965 한일 협정 체결		1977 100억 달러 수출 달성		1988 서울 올림픽 개최		1996 경제 협력 개발 기구(OECD) 가입		2007 한미 자유 무역 협정(FTA) 체결

① (가) ② (나) ③ (다) ④ (라) ⑤ (마)

60회 45번 1점

317 (가) 정부 시기의 경제 상황으로 옳은 것은?

① 한미 자유 무역 협정(FTA)이 체결되었다.
② 저유가 · 저금리 · 저달러의 3저 호황이 있었다.
③ 원조 물자를 가공하는 삼백 산업이 발달하였다.
④ 대통령 긴급 명령으로 금융 실명제가 실시되었다.
⑤ 농촌의 근대화를 표방한 새마을 운동이 전개되었다.

주제 53 전두환 정부

62회 46번 1점

318 (가) 민주화 운동에 대한 설명으로 옳은 것은?

이 곡은 (가) 기념식에서 제창하는 노래입니다. (가) 당시 계엄군에 맞서 시민군으로 활동하다 희생된 윤상원과 광주에서 야학을 운영하다 사망한 박기순의 영혼 결혼식에 헌정된 노래입니다. 여러 나라에서 민주화를 염원하는 사람들이 이 곡을 함께 부르고 있습니다.

① 시위 도중 대학생 이한열이 희생되었다.
② 경무대로 향하던 시위대가 경찰의 총격을 받았다.
③ 박종철 고문치사 사건의 진상 규명을 요구하였다.
④ 신군부의 비상계엄 확대와 무력 진압에 저항하였다.
⑤ 3 · 1 민주 구국 선언을 통해 긴급 조치 철폐 등을 주장하였다.

61회 48번 2점

319 다음 자료에 나타난 민주화 운동에 대한 설명으로 옳은 것은?

> **전국의 언론인 여러분!**
>
> 지금 광주에서는 젊은 대학생들과 시민들이 피를 흘리며 싸우고 있습니다. 대학생들의 평화적 시위를 질서 유지, 진압이라는 명목 아래 저 잔인한 공수 부대를 투입하여 시민과 학생을 무차별 살육하였고 더군다나 발포 명령까지 내렸던 것입니다. …… 그러나 일부 언론은 순수한 광주 시민의 의거를 불순배의 선동이니, 폭도의 소행이니, 난동이니 하여 몰아부치고만 있습니다. …… 이번 광주 의거를 몇십 년 뒤의 '사건 비화'나 '남기고 싶은 이야기'들로 만들기 않기 위해, 사실 그대로 보도하여 주시기를 수많은 사망자의 피맺힌 원혼과 광주 시민의 이름으로 간절히, 간절히 촉구하는 바입니다.

① 허정 과도 정부가 출범하는 계기가 되었다.
② 굴욕적인 한일 국교 정상화에 반대하였다.
③ 호헌 철폐, 독재 타도 등의 구호를 외쳤다.
④ 3 · 15 부정 선거에 항의하며 시위가 시작되었다.
⑤ 관련 기록물이 유네스코 세계 기록 유산으로 등재되었다.

60회 47번 2점

320 밑줄 그은 '이 정부' 시기에 있었던 사실로 옳지 않은 것은?

천주교 정의 구현 전국 사제단과 민주 언론 운동 협의회가 이 정부에서 각 언론사에 하달한 보도 지침 자료를 공개하는 기자회견 장면입니다. 이후 이 사건의 관련자들은 남영동 치안본부 대공분실로 연행되었으며, 국가보안법 위반 등의 죄목으로 기소되어 고초를 겪었습니다.

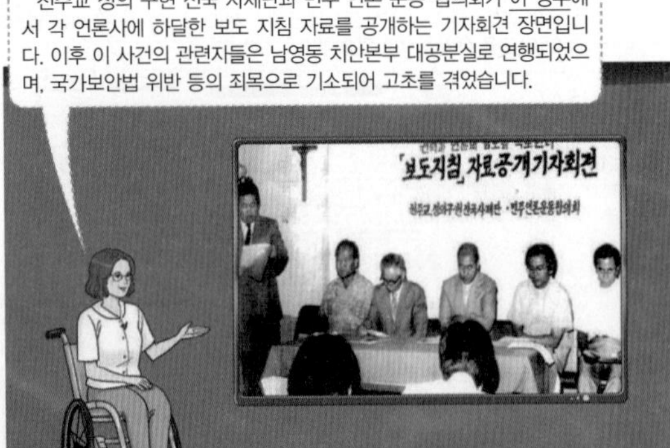

① 서울 올림픽이 개최되었다.
② 야간 통행 금지가 해제되었다.
③ 박종철 고문치사 사건이 발생하였다.
④ 프로 야구가 6개 구단으로 출범하였다.
⑤ 남북 이산가족 고향 방문이 최초로 이루어졌다.

58회 44번 1점

321 (가) 민주화 운동에 대한 설명으로 옳은 것은?

① 신군부의 비상계엄 확대가 원인이 되어 일어났다.
② 관련 기록물이 유네스코 세계 기록 유산으로 등재되었다.
③ 3 · 15 부정 선거에 항의하며 시위대가 경무대로 행진하였다.
④ 3 · 1 민주 구국 선언을 통해 긴급 조치 철폐 등을 요구하였다.
⑤ 호헌 철폐와 독재 타도 등의 구호를 내세운 시위가 확산되었다.

64회 46번 1점

322 (가), (나) 민주화 운동에 대한 설명으로 옳은 것은?

사진으로 보는 민주화 운동

대학 교수들이 3·15 부정 선거를 규탄하고 대통령의 퇴진을 요구하며 시위에 나섬
명동 성당에서 시민들이 호헌 철폐, 독재 타도를 외치며 시위를 전개함

① (가) – 굴욕적인 한일 국교 정상화에 반대하였다.
② (가) – 군부 독재를 타도하려 한 민주화 운동이었다.
③ (나) – 대통령 직선제 개헌을 이끌어냈다.
④ (나) – 전개 과정에서 시민군이 자발적으로 조직되었다.
⑤ (가), (나) – 대통령이 하야하는 결과를 가져왔다.

54회 48번 2점

324 다음 뉴스가 보도된 정부 시기에 있었던 사실로 옳은 것은?

오늘 옛 조선 총독부 건물의 철거가 시작되었습니다. 대통령은 50주년 광복절 경축사에서 옛 조선 총독부 건물의 철거는 식민지 잔재를 청산하고 민족정기를 회복하는 역사적 작업의 시작이라고 밝혔습니다.
오욕의 첨탑 철거

① 경제 협력 개발 기구(OECD)에 가입하였다.
② 칠레와 자유 무역 협정(FTA)을 체결하였다.
③ 양성평등의 실현을 위해 호주제가 폐지되었다.
④ 5년 단임의 대통령 직선제 개헌안이 통과되었다.
⑤ 굴욕적인 대일 외교에 반대하는 6·3 시위가 일어났다.

주제 54 노태우 정부~현재

61회 49번 2점

323 다음 연설이 있었던 정부 시기의 경제 상황으로 옳은 것은?

오늘 우리나라는 OECD 회원국이 되게 되었습니다. …… 한국은 수많은 어려움이 있었음에도 시장 경제 체제의 장점을 살리는 경제 개발 전략을 추진해 왔습니다. 이를 통해 폐허 속에서 한 세대 만에 세계 10위권의 경제 규모를 가진 나라로 성장하였습니다.

① 처음으로 수출액 100억 달러가 달성되었다.
② 대통령 긴급 명령으로 금융 실명제가 실시되었다.
③ 개성 공단 건설을 통해 남북 간 경제 교류가 이루어졌다.
④ 한국과 미국 사이에 자유 무역 협정(FTA)이 체결되었다.
⑤ 경제적 취약 계층을 위한 국민 기초 생활 보장법이 시행되었다.

52회 49번 2점

325 다음 문서가 작성된 이후의 사실로 옳은 것은?

미셸 캉드쉬 총재 귀하

1. 첨부된 경제 계획 각서에는 향후 3년 이상 한국이 실행할 정책이 요약되어 있습니다. 이 정책은 현재의 재정적 어려움을 초래한 근본 원인을 해결하여 시장의 신뢰를 회복하며, 한국 경제를 강력하고 지속 가능한 성장의 길로 이끌 수 있을 것입니다. 이 경제 계획을 지원하기 위해 한국 정부는 향후 3년간 특별 인출권(SDR) 155억 달러 규모의 국제 통화 기금(IMF) 대기성 차관을 요청합니다.

⋮

① 전국 민주 노동조합 총연맹이 창립되었다.
② 저유가, 저금리, 저달러의 3저 호황이 있었다.
③ 제2차 석유 파동으로 경제 불황이 심화되었다.
④ 대통령 긴급 명령으로 금융 실명제가 실시되었다.
⑤ 대통령 직속 자문 기구인 노사정 위원회가 구성되었다.

주제 55 통일을 위한 노력

62회 47번 2점

326 (가), (나) 사이의 시기에 있었던 사실로 옳은 것은?

(가) 2. 남과 북은 나라의 통일을 위한 남측의 연합제 안과 북측의 낮은 단계의 연방제 안이 서로 공통성이 있다고 인정하고, 앞으로 이 방향에서 통일을 지향시켜 나가기로 하였다.
－「6 · 15 남북 공동 선언」－

(나) 4. 남과 북은 현 정전 체제를 종식시키고 항구적인 평화 체제를 구축해 나가야 한다는 데 인식을 같이하고 직접 관련된 3자 또는 4자 정상들이 한반도 지역에서 만나 종전을 선언하는 문제를 추진하기 위해 협력해 나가기로 하였다.
－「10 · 4 남북 정상 선언」－

① 남북 조절 위원회가 구성되었다.
② 7 · 4 남북 공동 성명이 발표되었다.
③ 개성 공업 지구 건설이 착공되었다.
④ 남북한 비핵화 공동 선언이 채택되었다.
⑤ 남북 이산가족 고향 방문단의 교환 방문이 최초로 성사되었다.

54회 50번 2점

327 (가)~(다) 학생이 발표한 내용을 일어난 순서대로 옳게 나열한 것은?

① (가) － (나) － (다)
② (가) － (다) － (나)
③ (나) － (가) － (다)
④ (나) － (다) － (가)
⑤ (다) － (가) － (나)

63회 50번 3점

328 다음 선언을 발표한 정부의 통일 노력으로 옳은 것은?

나는 오늘 온 겨레의 염원인 조국의 평화적 통일을 실현해 나가기 위한 새 공화국의 정책을 밝히려 합니다. 우리 민족이 남북 분단의 고통을 겪어온 지 반세기가 가까워 옵니다. …… 민족자존과 통일 번영의 새 시대를 열어나갈 것임을 약속하면서 다음과 같은 정책을 추진해 나갈 것을 내외에 선언합니다.

……

셋째, 남북 간 교역의 문호를 개방하고 남북 간 교역을 민족 내부 교역으로 간주한다.

……

여섯째, 한반도의 평화를 정착시킬 여건을 조성하기 위하여 북한이 미국, 일본 등 우리 우방과의 관계를 개선하는 데 협조할 용의가 있으며 또한 우리는 소련, 중국을 비롯한 사회주의 국가들과의 관계 개선을 추구한다.

① 남북 조절 위원회를 구성하였다.
② 개성 공업 지구 건설에 합의하였다.
③ 10 · 4 남북 정상 선언을 발표하였다.
④ 남북한이 국제 연합(UN)에 동시 가입하였다.
⑤ 남북 이산가족 고향 방문을 최초로 실현하였다.

60회 48번 3점

329 다음 뉴스가 보도된 정부 시기에 있었던 사실로 옳은 것은?

① 제2차 남북 정상 회담이 개최되었다.
② 경제 협력 개발 기구(OECD)에 가입하였다.
③ 남북 조절 위원회가 설치되어 통일 방안이 논의되었다.
④ 북방 외교를 추진하여 중국 등 사회주의 국가들과 수교하였다.
⑤ 남북한의 교류 협력을 위한 개성 공업 지구 건설에 합의하였다.

66회 50번 3점

330 (가), (나) 사이의 시기에 있었던 사실로 옳은 것은?

(가) 남북 간의 제반 문제를 개선, 해결하며 나라의 통일 문제를 다루는 남북 조절 위원회가 정식으로 발족하였다. 남북 조절 위원회는 판문점에 공동 사무국을 두기로 하였으며, 회의는 서울과 평양에서 번갈아 진행하기로 하였다.

(나) 서울에서 열린 제5차 남북 고위급 회담에서 남북 사이의 화해와 불가침 및 교류·협력 등을 주요 내용으로 하는 남북 기본 합의서를 채택하였다. 특히 이번 합의서에서는 분단 이후 처음으로 남북 양측의 국호를 사용하였다.

① 금강산 육로 관광이 시작되었다.
② 6·15 남북 공동 선언이 발표되었다.
③ 평창 동계 올림픽에 남북 단일팀이 참가하였다.
④ 남북 경제 협력을 위한 개성 공업 지구가 조성되었다.
⑤ 남북 이산가족 고향 방문단의 교환 방문이 최초로 성사되었다.

64회 48번 2점

331 다음 연설문을 발표한 정부의 통일 노력으로 옳은 것은?

저는 김정일 국방위원장과 분단 55년 만에 처음 정상 회담을 가졌습니다. 세 차례에 걸친 회담을 통해 우리 두 사람은 민족의 장래와 통일을 생각하는 마음과 열정에 큰 차이가 없으며, 이를 추진하는 방법에 공통점이 많다는 것을 확인했습니다. …… 남북이 열과 성을 모아, 이번의 정상 회담을 성공적으로 마쳐 온 세계를 깜짝 놀라게 했습니다. 남과 북의 화해와 협력을 향한 새 출발에 온 세계가 축복해 주고 있습니다. 불가능해 보였던 남북 정상 회담을 이뤄냈듯이 남과 북이 마음과 정성을 다한다면 통일의 날도 반드시 오리라 저는 확신합니다.

① 남북 교류 협력을 위한 개성 공업 지구 조성에 합의하였다.
② 평화 통일 외교 정책에 관한 6·23 특별 성명을 발표하였다.
③ 남북 사이의 화해와 불가침 및 교류·협력에 관한 합의서를 채택하였다.
④ 남북 관계 발전과 평화 번영을 위한 10·4 남북 정상 선언에 서명하였다.
⑤ 7·4 남북 공동 성명을 실천하기 위해 남북 조절 위원회를 구성하였다.

PART I

시대 통합 주제

CHAPTER

01 제도

주제 01 중앙 제도

01 발해의 중앙 통치 체제

정답 ①

키워드 정답 체크

발해는 당의 영향으로 중앙 관제를 3성 6부제로 구성하였으나 관청의 명칭과 실제 운영 방식은 독자적인 성격을 가지고 있었다. 정당성의 장관인 대내상이 국정을 총괄하였으며, 정당성 밑에는 행정 업무를 담당하는 6부를 두었는데 이를 둘로 나누어 좌사정과 우사정이 각각 맡아 운영하였다.

① 발해는 중앙에 최고 교육 기관인 주자감을 설치하였다.

오답 체크

② 고구려 광개토 대왕은 신라의 원군 요청을 받고 군대를 보내 신라에 침입한 왜를 격퇴하였다.

③ 통일 신라 신문왕은 중앙군을 9서당, 지방군을 10정으로 편성하여 군사 조직을 정비하였다.

④ 신라 진흥왕은 개국(開國), 태창(太昌) 등의 독자적인 연호를 사용하여 신라 발전의 발판으로 삼았다.

⑤ 백제의 지배층은 왕족인 부여씨와 8성의 귀족으로 이루어졌다.

02 고려의 정치 기구

정답 ①

키워드 정답 체크

ㄱ. 고려의 추밀원(중추원)은 비서 기구로 군사 기밀(추밀)과 왕명 출납(승선)을 담당하였다.

ㄴ. 고려의 어사대는 정치의 잘잘못을 논의하고 풍속을 교정하며 관리의 비리를 감찰하고 탄핵하였다. 또한, 어사대의 관원은 중서문하성의 낭사와 함께 대간이라고 불리며 서경·간쟁·봉박의 권한을 가지고 있었다. 이러한 권한은 왕이나 고위 관리들의 활동을 제약하여 정치 운영에 견제와 균형을 이루었다.

오답 체크

ㄷ. 조선 시대에 서경·간쟁·봉박의 권한을 가지고 있었던 삼사와 달리 고려 시대의 삼사는 화폐·곡식의 출납과 회계를 담당하였다.

ㄹ. 고려의 도병마사는 재신(중서문하성의 2품 이상)과 추밀(중추원의 2품 이상)이 국방 및 군사 문제를 논의하는 임시적인 회의 기구였다. 그러나 원 간섭기인 충렬왕 때 도평의사사로 명칭이 바뀌었고 최고 정무 기구로서 국사 전반에 관여하게 되었다.

03 승정원

정답 ①

키워드 정답 체크

① 승정원은 조선 시대 왕명의 출납을 관장하던 관청으로, 은대(銀臺), 후원(喉院) 등으로 불리기도 하였다.

오답 체크

② 조선의 홍문관은 성종 때 집현전을 계승하여 설치되었으며, 대표적인 언론 기관인 사헌부, 사간원과 함께 3사를 구성하였다.

③ 조선의 관상감은 천문, 지리, 기후 등에 관한 업무를 담당하였다.

④ 조선의 춘추관은 역사서를 보관·관리하기 위해 설치된 관청으로, 이곳에 설치된 실록청에서 실록 편찬을 담당하였다.

⑤ 조선의 의금부는 국왕 직속 사법 기구로서 강상죄, 반역죄 등을 저지른 중죄인을 다루었다.

04 사헌부

정답 ⑤

키워드 정답 체크

⑤ 사헌부는 조선 시대에 언론 활동, 풍속 교정, 백관에 대한 규찰과 탄핵 등을 관장하던 관청이다. 사간원과 함께 양사 또는 대간이라 불렸으며, 5품 이하 관리의 임명과 관련된 서경권을 행사하였다.

오답 체크

① 정조 때 창덕궁 후원에 설치된 왕실 도서관인 규장각에서 업무 일지인 『내각일력』을 작성하였다.

② 조선 시대에 서경, 간쟁, 봉박 등의 권한을 가지고 있었던 삼사와 달리 고려 시대의 삼사는 화폐·곡식의 출납과 회계를 담당하였다.

③ 승정원은 조선 시대 왕명의 출납을 관장하던 관청으로, 은대(銀臺), 후원(喉院) 등으로 불리기도 하였다.

④ 비변사는 조선 중종 때 삼포왜란이 일어나자 외적의 침입에 대비하기 위한 임시 기구로 처음 설치되었고, 명종 때 을묘왜변을 계기로 상설 기구화되었다. 임진왜란을 거치면서 조직과 기능이 확대되어 국정 전반을 총괄하는 실질적인 최고의 관청으로 성장하였다.

05 비변사

정답 ①

키워드 정답 체크

① 고려 충렬왕 때 설치한 순마소를 조선 태종 때 의금부로 개편하면서 국왕 직속 사법 전담 기관으로 독립시켰다. 강상죄, 반역죄 등을 저지른 중죄인을 다루도록 하여 왕권 확립에 기여하였다. 이와 같은 의금부의 활동은 조선 시대 중죄인의 조사·판결서를 모아 엮은 관찬서인 『추안급국안』에 기록되어 있다.

오답 체크

② 소격서는 궁중에서 지내는 도교적 제사인 초제를 주관하는 기관으로, 중종 때 조광조를 비롯한 사림 세력이 도교를 이단으로 배척하여 혁파되었다.

③ 홍문관은 조선 성종 때 집현전을 계승하여 설치된 기구로, 왕의 자문 역할과 경연, 경서, 사적 관리 등의 업무를 담당하였으며 사헌부, 사간원과 함께 3사를 구성하였다.

④ 사헌부와 사간원은 양사 또는 대간이라 하며 5품 이하 관리의 임명과 관련된 서경권을 행사하였다.

⑤ 규장각은 어제(국왕의 글이나 글씨)를 보관하고 각종 서적을 수집 · 편찬하는 작업을 수행하였으며, 점차 학술 및 정책을 연구하는 기능도 담당하게 되었다. 정조는 탕평 정치와 고른 인재 등용을 위해 서얼 출신을 규장각 검서관으로 등용하기도 하였다.

주제 02 지방 제도

06 시대별 지방 통치 체제

정답 ②

키워드 정답 체크

(가) 통일 신라 신문왕은 삼국 통일로 확장된 영토를 9주로 나누고 수도 경주의 편재성을 보완하기 위해 5소경을 설치하여 지방 행정 구역을 정비하였다.

(나) 고려 현종은 전국을 5도와 양계, 경기로 나누고, 그 안에 4도호부, 8목, 3경을 비롯하여 주 · 군 · 현을 설치하였다. 5도는 일반 행정 구역으로, 양광도, 경상도, 전라도, 교주도, 서해도로 나누었으며 안찰사가 파견되었다. 군사적 특수 지역인 양계는 동계와 북계로 구성되었고, 병마사가 파견되었다. 경기는 개경 주변의 군현을 묶은 행정 구역으로 기능하였다.

(다) 조선은 전국을 8도(경기도, 충청도, 전라도, 경상도, 강원도, 황해도, 함경도, 평안도)로 나누었다. 또한, 작은 군현은 통합하고, 고려 시대까지 특수 행정 구역이었던 향, 부곡, 소도 일반 군현으로 포함하여 전국에 약 330여 개의 군현을 두었다. 8도에는 관찰사를 파견하여 군현의 수령들을 감독하도록 하였다.

(라) 박영효 내각이 주도한 제2차 갑오개혁 때 홍범 14조를 반포하여 개혁의 기본 방향을 제시하였고, 지방 행정 구역을 8도에서 23부로 개편하였다.

오답 체크

ㄴ. 고구려는 지방을 대성, 중성, 소성 3단계로 나누어 통치하였으며, 대성에는 욕살을, 중성에는 처려근지를 장관으로 두었다.

ㄹ. 제2차 갑오개혁 때 홍범 14조를 발표하고, 지방 행정 구역을 8도에서 23부로 개편하였다. 이는 광무개혁 때 전국 13도 체제로 재편되었다.

07 백제, 고구려

정답 ③

키워드 정답 체크

(가) 백제는 고이왕 때 수도를 5부로 나누어 통치하였으며, 6좌평제와 16관등제를 정비하여 중앙 집권 국가의 기틀을 마련하였다. 성왕 때 이를 대대적으로 정비하여 통치 조직을 완비하였으며, 방(方)이라는 최상위 행정 단위를 만들고 전국을 동, 서, 남, 북, 중의 5방으로 나누어 통치하였다.

(나) 고구려는 지방을 대성, 중성, 소성 3단계로 나누어 통치하였으며, 대성에는 욕살을, 중성에는 처려근지를 장관으로 두었다.

③ 고구려 소수림왕은 국가 교육 기관인 태학을 설립하여 인재를 양성하였으며, 장수왕은 지방에 경당을 설립하여 평민 자제들에게 글과 활쏘기 등을 가르쳤다.

오답 체크

① 고조선은 사회 질서를 유지하기 위해 8개 조항으로 이루어진 범금 8조를 만들었으나 현재는 3개의 조항만 전해진다.

② 발해는 신라도, 거란도, 영주도, 일본도 등 상인과 사신이 이동하는 교통로들을 통해 신라, 당, 일본 등 주변 국가와 교류하였다.

④ 백제의 귀족들은 정사암이라는 바위에서 회의를 통해 재상을 선출하고 국가의 중대사를 논의 · 결정하였다.

⑤ 신라는 골품제라는 특수한 신분 제도를 운영하여 골품에 따라 관등 승진에 제한을 두었다.

08 백제의 통치 제도

정답 ⑤

키워드 정답 체크

백제 고이왕은 6좌평제와 16관등제를 정비하여 중앙 집권 국가의 기틀을 마련하였다. 성왕 때 이를 대대적으로 정비하여 통치 조직을 완비하였으며, 방(方)이라는 최상위 행정 단위를 만들고 전국을 동, 서, 남, 북, 중의 5방으로 나누어 통치하였다.

⑤ 백제의 지배층은 왕족인 부여씨와 8성의 귀족으로 이루어졌다.

오답 체크

① 신라는 골품제라는 특수한 신분 제도를 운영하여 골품에 따라 관등 승진에 제한을 두었다.

② 고구려는 귀족 회의인 제가 회의를 통해 국가의 중대사를 결정하였다.

③ 고구려는 지방을 대성, 중성, 소성 3단계로 나누어 통치하였으며, 대성에는 욕살을, 중성에는 처려근지를 장관으로 두었다.

④ 통일 신라는 중앙 행정 기구인 집사부를 중심으로 그 아래 위화부, 영객부를 비롯한 13부를 설치하여 행정 업무를 분담하였다.

09 통일 신라의 지방 제도

정답 ②

키워드 정답 체크

통일 신라는 삼국 통일로 확장된 영토를 9주로 나누고 수도 경주의 편재성을 보완하기 위해 주요 도시에 5소경을 설치하여 지방 행정 체제를 정비하였다.

ㄱ. 통일 신라 신문왕은 중앙군을 9서당, 지방군을 10정으로 편성하여 군사 조직을 정비하였다.

ㄷ. 통일 신라 때 지방 세력을 견제하기 위해 지방 호족의 자제 1명을 뽑아 중앙에서 머물게 하는 상수리 제도를 실시하였다.

오답 체크

ㄴ. 고구려는 지방을 대성, 중성, 소성 3단계로 나누어 통치하였으며 대성에는 욕살을, 중성에는 처려근지를 장관으로 두었다.

ㄹ. 고려는 국경 지역을 북계와 동계의 양계로 설정하고 병마사를 파견하여 외적의 침입에 대비하였다.

10 유향소

정답 ②

키워드 정답 체크

- **경재소**: 조선 전기 중앙의 지방 통치 체제 강화를 위해 설치한 기구이다. 중앙의 고위 관리에게 출신 지역의 경재소를 관장하게 하고 그 지역의 유향소 품관을 임명·감독하게 하였다.
- **유향소**: 조선 초기 지방 수령의 통치를 돕거나 향리를 감찰하고 풍속을 바로잡기 위해 지방 품관들이 자발적으로 설치한 조직이다. 태종 때 혁파된 유향소는 세종 때 그 기능을 축소하여 재설치되었지만 수령과 결탁하여 부정을 일으키자 다시 폐지되었다. 이후 성종 때 다시 설치되어 향사례, 향음주례 등을 시행하는 역할을 하였다.

② 조선은 전국을 8도로 나누어 모든 군현에 수령을 파견하였다. 이때 지방에 유향소를 두었고, 내부에서 좌수와 별감 등의 향임이 선발되어 회의를 주도하였다.

오답 체크

①·⑤ 서원은 선현에 대한 제사와 양반 자제의 교육을 담당한 기관으로, 조선 중종 때 풍기 군수 주세붕이 성리학을 전래한 고려 말의 학자 안향을 기리기 위해 최초로 백운동 서원을 건립하였다. 그러나 지방의 서원이 면세 등의 혜택으로 국가 재정을 악화시키고 백성을 수탈하는 폐해를 저지르자, 흥선 대원군 때 47개를 제외한 전국의 서원을 철폐시켰다.

③·④ 향교는 조선 시대 성균관의 하급 관학으로서 전국 부·목·군·현에 하나씩 설립된 지방 국립 교육 기관이다. 중앙에서는 향교의 규모나 지역에 따라 교관으로 교수나 훈도를 파견하였다. 또한, 공자를 비롯한 옛 성현에 대해 제사를 지내는 대성전과 유학을 강의하는 명륜당, 기숙사인 동·서재 등으로 이루어져 있었다.

주제 03 군사 제도

11 고려의 정치 기구

정답 ③

키워드 정답 체크

고려는 응양군과 용호군을 2군으로 구성하여 국왕 친위 부대로 배치 하였으며, 수도 및 변경의 방비를 담당하는 전투 부대로는 6위를 두었다.

③ 고려의 도병마사는 재신(중서문하성의 2품 이상)과 추밀(중추원의 2품 이상)이 모여 국방 및 군사 문제를 논의하는 임시적인 회의 기구였다.

오답 체크

① 발해의 중정대는 관리들의 비리를 감찰하는 역할을 하였다.

② 통일 신라 신문왕은 서원소경과 남원소경을 새로 설치하여 기존의 국원소경, 북원소경, 금관소경과 함께 5소경을 구성하며 9주 5소경의 지방 행정 구역 체제를 확립하였다.

④ 통일 신라 원성왕은 국학의 학생들을 대상으로 독서삼품과를 시행하여 유교 경전의 이해 수준에 따라 관리를 채용하였다.

⑤ 백제의 지배층은 왕족인 부여씨와 8성의 귀족으로 이루어졌다.

12 삼별초

정답 ④

키워드 정답 체크

고려 무신 정권 시기에 최충헌의 뒤를 이어 집권한 최우는 치안 유지를 위해 야별초를 설치하였다. 이것이 확대되어 좌별초와 우별초로 나뉘고, 몽골의 포로가 되었다가 탈출한 신의군이 합쳐져 삼별초로 구성되었다.

④ 고려 정부가 강화도에서 개경으로 환도하자 배중손, 김통정을 중심으로 한 삼별초가 이에 반대하여 강화도, 진도, 제주도로 이동하며 대몽 항쟁을 전개하였다.

오답 체크

① 고려 정종 때 거란의 침입에 대비하여 지방 군사 조직인 광군을 조직하였다. 전국의 광군 조직은 개경에 설치된 광군사의 통제를 받았다.

② 일제는 한일 신협약(정미 7조약)을 체결한 후 대한 제국의 군대를 강제로 해산시켰다.

③ 세종 때 여진을 몰아낸 뒤 최윤덕이 압록강 상류 지역에 4군을 설치하고, 김종서가 두만강 하류 지역에 6진을 설치하였다.

⑤ 조선 초기의 잡색군은 각계각층의 장정들로 구성되어 있었으며, 평상시에는 본업에 종사하다가 일정 기간 군사 훈련을 받아 유사시에 향토 방위를 맡는 예비군이었다.

13 훈련도감

정답 ④

키워드 정답 체크

④ 임진왜란 중 유성룡이 선조에게 건의하여 포수, 사수, 살수의 삼수병으로 편제된 훈련도감을 창설하였다. 조선 후기에 수도와 그 외곽을 방어하기 위해 형성된 5군영(훈련도감, 어영청, 금위영, 총융청, 수어청) 중 가장 먼저 설치되었으며, 이곳의 소속 군인들은 급료를 받는 상비군으로 의무병이 아닌 직업 군인의 성격을 가졌다.

오답 체크

① 고려 현종은 응양군과 용호군을 2군으로 구성하여 국왕 친위 부대로 배치하였다.

② 고려 무신 정권 시기에 임시 수도 강화도에 있던 고려 조정이 개경으로 환도하면서 몽골과의 강화가 성립되자, 이에 반발한 삼별초가 진도로 근거지를 옮겨 용장성을 쌓고 몽골에 항전하였다.

③ 고려는 북계와 동계의 양계로 설정한 국경 지역에 병마사를 파견하고 주진군을 설치하여 외적의 침입에 대비하였다.

⑤ 정조는 왕권을 뒷받침하는 군사적 기반을 갖추기 위해 친위 부대인 장용영을 설치하고 서울 도성에는 내영, 수원 화성에는 외영을 두었다.

주제 04 교육 및 관리 선발 제도

14 고려의 관학 진흥책

정답 ④

키워드 정답 체크

④ 고려 중기 최충의 문헌공도를 대표로 하는 사학 12도의 발전으로 관학이 위축되자 숙종 때 관학 진흥책의 일환으로 국자감에 서적포를 설치하였다. 예종 때는 국자감을 재정비하여 7재를 세우고 양현고를 설치하는 등 관학 진흥책을 추진하였다.

오답 체크

① 통일 신라 원성왕은 국학의 학생들을 대상으로 독서삼품과를 실시하여 유교 경전의 이해 수준에 따라 관리로 채용하였다.

② 조선 시대에는 국가의 공식 승인을 받은 사액 서원에 토지와 노비, 서적을 지급하고 면세와 면역의 특권을 부여하였다.

③ 조선은 수도 한양에 중등 교육 기관으로 4부 학당을 설립하였다.

⑤ 조선 후기 정조는 새롭게 관직에 오른 자 또는 기존 관리들 중 능력 있는 관리들을 규장각에서 재교육시키는 초계문신제를 시행하였다.

15 시대별 관리 등용 제도

정답 ③

키워드 정답 체크

(가) 통일 신라 원성왕은 국학의 학생들을 대상으로 독서삼품과를 실시하여 유교 경전의 이해 수준에 따라 관리로 채용하였다.

(나) 고려 광종은 다양한 개혁을 통해 공신과 호족의 세력을 약화시키고 왕권을 강화하고자 하였다. 이에 후주 출신 쌍기의 건의로 과거 제도를 시행하여 신진 세력을 등용하였다.

(다) 조선 중종 때 조광조는 한의 현량방정과를 참고하여 천거제의 일종인 현량과 실시를 건의하였다. 이에 사림이 대거 등용될 수 있는 발판이 마련되었다.

(라) 갑오개혁 이후 과거제가 폐지되고, 칙임관, 주임관, 판임관 등의 새로운 관제가 등장하였다. 이에 「선거조례」와 「전고국조례」를 제정하여 주임관 및 판임관의 임용권을 의정부의 총리대신 및 각 아문의 대신들에게 부여하였다.

오답 체크

ㄱ. 고려 성종은 최승로의 시무 28조를 받아들여 통치 체제를 정비하여 전국 주요 지역에 12목을 설치하고 지방관인 목사를 파견하였다.

ㄹ. 조선 철종 때 발생한 임술 농민 봉기의 수습을 위해 파견된 안핵사 박규수는 원인이 삼정의 문란에 있다고 보고 삼정이정청을 설치하여 이를 해결하고자 하였다.

16 시대별 교육 제도

정답 ②

키워드 정답 체크

(가) 통일 신라 신문왕은 국학을 설치하여 인재를 교육하고 양성하였다. 국학의 재학 연한은 9년이었으며 논어, 효경 등의 유교 경전을 주로 교육하였다.

(나) 고려 중기 사학의 발전으로 관학이 위축되자 예종이 국자감을 재정비하여 7재를 세웠다. 또한 국자감에 양현고(장학 재단)와 청연각 · 보문각(왕실 도서관 겸 학문 연구소)을 설치하였다.

(다) 조선은 고려의 성균관을 계승하여 유학 교육을 위해 한양에 국립 고등 교육 기관으로서 성균관을 건립하였다. 생원시와 진사시를 통과한 자에게 우선적으로 입학 자격이 주어졌으며, 유생들은 관시(館試) 등의 특전이 있었다.

(라) 고종은 헐버트, 길모어 등의 미국인 교사를 초빙해 근대적 교육 기관인 육영 공원을 설립하였다. 좌원과 우원으로 나누어 좌원에는 젊은 현직 관리를, 우원에는 아직 관직에 나아가지 않은 명문가 자제들을 입학시켰다.

오답 체크

ㄴ. 향교는 조선 시대 성균관의 하급 관학으로 전국 부 · 목 · 군 · 현에 하나씩 설립된 지방 국립 교육 기관이다. 중앙에서는 향교의 규모나 지역에 따라 교관으로 교수나 훈도를 파견하였다.

ㄹ. 갑오개혁 이후 고종은 교육 입국 조서를 발표하고 교육의 중요성을 강조하면서 교사 양성을 위해 한성 사범 학교를 세웠다.

17 시대별 교육 기관

정답 ⑤

키워드 정답 체크

⑤ 근대에 미국인 개신교 선교사 아펜젤러는 근대적 사립 학교로서 배재 학당을 세워 신학문 보급에 기여하였다. 또한, 미국의 선교사 스크랜턴 부인은 최초의 여성 교육 기관인 이화 학당을 설립하여 근대적 여성 교육을 실시하였다.

오답 체크

① 고구려의 소수림왕은 교육 기관인 태학을 설립하여 인재를 양성하였고, 장수왕 때는 지방에 경당을 설치하여 평민 자제들에게 학문과 무술을 가르쳤다.

② 고려의 문신 최충이 세운 9재 학당은 사학 12도 중 가장 번성하여 많은 후진을 양성하였으며, 유교 경전과 역사를 가르쳤다.

③ 조선 시대 최고 국립 교육 기관으로서 성균관은 공자를 비롯한 옛 성현에 대해 제사를 지내는 대성전과 유학을 강의하는 명륜당, 도서관인 존경각, 숙소인 동 · 서재 등으로 이루어져 있었다.

④ 조미 수호 통상 조약의 체결에 따라 외국과의 교섭이 활발해지자 조선 정부는 통역관을 양성하기 위해 동문학을 설립하였다. 또한, 최초의 근대식 공립 학교로서 육영 공원을 세우고 헐버트, 길모어 등의 외국인 교사를 초빙하여 상류층 자제에게 근대 교육을 실시하였다.

18 제2차 조선 교육령

정답 ⑤

키워드 정답 체크

제2차 조선 교육령은 일제가 문화 통치를 표방하며 조선인에게 일본인과 동등한 교육을 실시한다는 원칙하에 개정되었다(1922). 보통 교육의 수업 연한을 4년으로 단축하였던 제1차 조선 교육령을 수정하여 조선어를 필수 과목으로 지정하고 보통 학교의 수업 연한을 6년으로 연장하였다.

⑤ 일제는 제2차 조선 교육령을 발표하여 사범학교 설립 및 대학에 관한 규정을 마련하였다. 이에 이상재, 윤치호 등은 조선인 본위의 교육을 위해 조선 민립 대학 설립 기성회를 조직하고(1923) 민립 대학 설립 운동을 전개하였다. 일제는 이를 저지하고자 경성 제국 대학령을 발의하여 경성 제국 대학을 설립하였고(1924), 민립 대학 설립 운동은 실패하였다.

오답 체크

① 일제의 사립 학교 규칙으로 인해 전국적으로 개량 서당 운동이 확산되자 일제는 서당 규칙을 만들어 개량 서당 설립을 방해하였다(1918).

② 일본 도쿄 유학생들이 조선 청년 독립단을 조직하고 2 · 8 독립 선언을 발표하였으며(1919), 이는 3 · 1 운동의 발단에 직접적인 영향을 미쳤다.

③ 주시경을 중심으로 조선어의 정확한 법리를 연구하고자 조선어 연구회가 결성되었다. 이후, 조선어 연구회는 조선어 학회로 개편되어 한글 맞춤법 통일안과 표준어를 제정하고 『조선말 큰사전』 편찬을 시작하였으나 일제에 의해 강제 해산되었다(조선어 학회 사건, 1942).

④ 서울에서 차미리사의 주도로 조직된 조선 여자 교육회는 순회 강연회를 진행하는 등 여성 계몽 운동을 전개하였다(1920).

주제 05 토지 제도

19 고려의 토지 제도

정답 ④

키워드 정답 체크

(가) 고려 시대에 시행된 전시과는 관리부터 군인, 한인까지를 총 18등급으로 나눈 뒤, 전지와 시지를 주는 제도였다. 경종 때의 시정 전시과는 관등과 인품을 고려하여 전 · 현직 관리에게 지급하였다. 이후 목종 때의 개정 전시과는 인품에 관계없이 관등을 기준으로 지급하였고, 문종 때의 경정 전시과는 현직 관리에게만 지급하는 등 지급 기준이 점차 정비되었다.

(나) 고려 말 공양왕 때 신진 사대부의 건의로 토지 개혁법인 과전법이 시행되었다.

④ 고려 말 시행된 과전법은 원칙적으로 경기 지역에 한정하여 토지를 지급하였다.

오답 체크

① 고려 말 신진 사대부 조준 등의 건의로 제정된 토지 제도는 과전법이다.

② 관등과 인품을 기준으로 수조권을 지급한 제도는 고려 경종 때 시행된 시정 전시과이다.

③ 고려 태조는 후삼국 통일에 공을 세운 공신들에게 관등에 관계없이 공로, 인품 등을 기준으로 차등을 두어 역분전을 지급하였다.

⑤ 신라는 귀족 관리에게 직무를 수행하는 대가로 수조권과 노동력을 징발할 수 있는 권한인 녹읍을 지급하였다.

20 직전법

정답 ③

키워드 정답 체크

③ 조선 시대의 과전법 제도하에서는 전 · 현직 관리에게 토지가 지급되었고, 수신전과 휼양전의 명목으로 세습까지 가능하였다. 이로 인해 지급할 토지가 부족해지자 세조 때 수신전과 휼양전을 폐지하고 직전법을 실시하여 현직 관리에게만 토지의 수조권을 지급하였다.

오답 체크

① 고려 경종 때 처음 시행된 전시과는 관직 복무와 직역의 대가로 관료에게 토지를 나눠 주는 제도였다. 관리부터 군인, 한인까지 총 18등급으로 나누어 곡물을 수취할 수 있는 전지와 땔감을 얻을 수 있는 시지를 주었고, 수급자들은 지급된 토지에 대해 수조권만 가졌다.

② 인조는 농민 부담을 줄이기 위해 영정법을 실시하여 풍흉에 관계없이 토지 1결당 쌀 4~6두로 전세 부담액을 고정하였다.

④ 명종 때 직전이 부족해지고 재정이 악화되자 수조권을 지급하는 직전법을 폐지하고 관리에게는 녹봉만 지급하였다.

⑤ 고려 태조는 후삼국 통일에 공을 세운 공신들에게 관등에 관계없이 공로, 인품 등을 기준으로 역분전을 지급하였다.

주제 06 수취 제도

21 대동법

정답 ⑤

키워드 정답 체크

광해군 때 방납의 폐단으로 국가 재정이 악화되고 농민의 부담이 커지자 이를 해결하기 위해 선혜청을 설치하고 대동법을 실시하였다. 이에 토지의 결수에 따라 쌀로 공납을 납부하게 하고 삼베, 무명, 동전 등을 공납 대신 징수하였다. 지주들의 반발이 심하여 경기도에서만 처음 시행되었다가 숙종 때 이르러 평안도와 함경도를 제외한 전국적으로 실시되었다.

⑤ 조선 후기 대동법의 시행으로 국가에서 필요한 물품을 관청에 직접 조달하는 공인이 등장하게 되었다.

오답 체크

① 흥선 대원군은 군정의 문란을 해결하기 위해 호포제를 실시하여 양반에게도 군포를 부과하였다.

② 세조 때 직전법을 실시하여 과전의 지급 대상을 현직 관리로 제한하고, 관리의 유가족에게 지급하던 수신전과 휼양전을 폐지하였다.

③ 대한 제국은 광무개혁 때 양지아문을 설치하여 양전 사업을 실시하였고, 지계아문을 통해 토지 소유 문서인 지계를 발급하여 근대적 토지 소유권을 확립하고자 하였다.

④ 세종 때 풍흉의 정도에 따라 세금을 차등 부과하는 연분 9등법을 시행하였다.

22 균역법

정답 ①

키워드 정답 체크

조선 후기 군역으로 인한 농민들의 부담이 가중되자 영조는 균역법을 제정하였다(1750). 이에 따라 농민들은 1년에 2필이었던 군포를 1필만 부담하게 되었다.

① 균역법의 시행으로 부족해진 재정을 보충하기 위해서 일부 부유한 양민에게 선무군관포나 어염세 등의 세금을 거두었으며, 지주들에게는 결작이라 하여 토지 1결당 쌀 2두를 부과하기도 하였다.

오답 체크

② 세종 때 풍흉의 정도에 따라 세금을 부과하는 연분 9등법을 시행하여 등급에 따라 차등을 두어 조세를 부과하였다.

③ 고구려 고국천왕은 국상인 을파소의 건의에 따라 먹을거리가 부족한 봄에 곡식을 빌려주고 겨울에 갚게 하는 진대법을 실시하였다.

④ 세조는 과전법의 폐단을 바로잡기 위해 현직 관리에게만 수조권을 지급하는 직전법을 실시하였다.

⑤ 광종 때 제위보를 운영하여 기금을 모았다가 백성에게 빌려주고 그 이자로 빈민을 구제하도록 하였다.

CHAPTER 02 경제

주제 07 고대~조선 전기의 경제

23 발해의 경제 상황

정답 ⑤

키워드 정답 체크

발해는 지방 행정 구역을 5경 15부 62주로 나누어 다스렸으며, 그중 5경은 전략적 요충지로서 기능하였다. 또한, 전국 각지에서 말을 사육하였는데 15부 중 하나인 솔빈부의 말은 당에 수출될 정도로 유명하였다.

⑤ 발해는 거란도, 영주도, 신라도, 일본도 등 상인과 사신이 이동하는 교통로를 통해 거란, 신라, 당, 일본 등 주변 국가와 대외 무역을 전개하였다.

오답 체크

① 고려 벽란도는 예성강 하구에 위치한 고려의 국제 무역항으로 이 곳을 통해 송 · 아라비아 상인들과 교역을 전개하였다.

② 조선 후기에 감자와 고구마가 전래되어 구황 작물로 재배되었다.

③ 고려 숙종은 상업 활동이 활발해짐에 따라 화폐 유통을 추진하였다. 이에 주전도감에서 삼한통보, 해동통보 등의 동전과 활구(은병)를 만들었으나 널리 유통되지는 못하였다.

④ 신라 지증왕은 수도 경주에 시장을 설치하고 이를 위한 감독 · 관리 관청으로 동시전을 설치하였다.

24 통일 신라의 경제 상황

정답 ⑤

키워드 정답 체크

⑤ 통일 신라는 삼국 통일 이후 한강 하류의 당항성을 중심으로 당의 산둥반도와 이어지는 해상 무역이 발전하였다. 흥덕왕 때 장보고는 이를 바탕으로 완도에 청해진을 설치하고 해적을 소탕하여 당과 신라, 일본 간 해상 무역을 주도하였다. 또한, 경주의 관문인 울산항을 통해 아라비아의 상인들이 왕래하기도 하였다.

오답 체크

① 고려 숙종 때 해동통보, 삼한통보, 해동중보 등의 동전과 활구(은병)를 발행 · 유통하였다.

② 삼한 중 변한은 철이 풍부하게 생산되어 낙랑과 왜에 수출하였다.

③ 고구려는 집집마다 부경이라는 작은 창고를 만들어 식량을 저장하였다.

④ 조선 후기에 광산 개발이 활성화되면서 물주로부터 자금을 지원받아 전문적으로 광산을 경영하는 덕대가 등장하였다.

25 통일 신라의 경제 상황

정답 ②

키워드 정답 체크

「매신라물해(買新羅物解)」는 일본의 관료들이 신라 물품을 구입하기 위해 작성한 일종의 신청서로, 현재까지 총 30건이 확인되었다. 이를 통해 각종 직물류와 금속류, 향약류, 생활 용품 등 다양한 물품을 대상으로 일본과 교류하였음을 알 수 있다.

② 민정 문서라고도 불리는 신라 촌락 문서는 통일 신라 촌락에 대한 기록 문서이다. 이 문서에는 755년경 서원경 인근 4개 마을에 대한 인구, 토지, 마전, 가축 등을 조사한 내용이 담겨 있으며, 촌주 는 3년마다 이를 작성하였다.

오답 체크

① 예성강 하구에 위치한 벽란도는 고려의 국제 무역항으로서 번성하였으며, 이곳을 통해 송 · 아라비아 상인들과도 교역을 전개하였다.

③ 금관가야는 철이 풍부하고 해상 교통이 발전하여 낙랑과 왜의 규슈 지방을 연결하는 중계 무역이 번성하였고, 덩이쇠를 주조하여 화폐처럼 사용하였다.

④ 신라 지증왕 때 소를 이용한 우경이 시행되면서 깊이갈이가 가능해져 농업 생산량이 증대되었고 고려 시대에 이르러 일반화되었다.

⑤ 백제는 중앙 관청에 도시부를 설치하여 상업과 교역, 시장을 관리하도록 하였다.

26 고려의 경제 상황

정답 ①

키워드 정답 체크

① 흥왕사는 고려 문종 때 개경에 조성된 사찰이다. 이후 송에서 유학하고 돌아와 승려가 된 문종의 넷째 아들 의천이 개경(개성) 흥왕사에서 교종과 선종의 불교 통합 운동을 전개하였다. 이 시기에는 경정 전시과가 시행되어 현직 관리에게만 전지와 시지를 지급하였다.

오답 체크

② 신라 지증왕은 경주에 시장을 설치하고 이를 감독하기 위한 기구인 동시전을 설치하였다.

③ 조선 숙종 때 허적의 제안으로 상평통보를 주조하고 법화로 유통하였다.

④ 세종 때 왜의 요구를 받아들여 남해안의 부산포, 제포, 염포를 개방하였고, 제한적인 무역을 허용하는 계해약조를 체결하였다.

⑤ 임오군란 이후 조청 상민 수륙 무역 장정이 체결되어 외국 상인들로 인해 어려움에 처한 서울 도성의 시전 상인들은 황국 중앙 총상회를 조직하여 상권 수호 운동을 전개하였다.

27 고려의 경제 상황

정답 ①

키워드 정답 체크

양산 통도사 국장생 석표는 고려 선종 때 제작된 것으로, 통도사를 중심으로 절의 경계를 나타내기 위해 사방 12곳에 세워놓은 장생표 중 하나이다. '국장생'은 나라의 명에 의해 건립된 장생이라는 의미이며, 거친 석면에 '상서호부(尙書戶部)의 승인으로 세웠다'는 내용이 새겨져 있다. 고려 시대에는 왕사와 국사 제도를 두었고 이를 통해 불교의 위상이 높았음을 알 수 있다.

① 고려 숙종 때 승려 의천의 건의에 따라 화폐 주조를 담당하는 주전도감을 설치하고 삼한통보, 해동통보, 해동중보 등의 동전과 활구(은병)를 발행 · 유통하였다.

오답 체크

② 발해는 목축과 수렵이 발달하였는데 특히 솔빈부의 말이 유명하여 주변 국가에 특산품으로 수출하였다.

③ 조선 후기 상업의 발달로 등장한 사상이 전국 각지에서 활발한 상업 활동을 전개하였다. 그중 개성의 송상과 의주의 만상은 대청 무역을 통해 부를 축적하였다.

④ 신라 지증왕은 경주에 시장을 설치하고 이를 감독하기 위한 기구인 동시전을 설치하였다.

⑤ 조선 후기에는 광산 개발이 활성화되어 물주로부터 자금을 받아 전문적으로 광산을 경영하는 덕대가 등장하였다.

28 조선과 일본의 대외 교류

정답 ①

키워드 정답 체크

임진왜란 이후 일본은 새로운 정권인 에도 막부가 들어서고 조선 측에 통교를 요청하였다. 이에 선조 때는 부산포를 개항하면서 두모포 포구에 왜관을 설치하였고, 광해군 즉위 직후에는 기유약조를 체결하여 일본과의 국교를 재개하였다. 이후 무역 규모가 점차 확대되자 초량 왜관을 설치하여 일본과의 무역을 활발히 전개하였다.

ㄱ. 임진왜란 이후 일본 에도 막부는 꾸준히 조선에 국교 재개와 사절 파견을 요청하였다. 이에 조선은 선조 때 12회에 걸쳐 일본에 통신사를 파견하여 조선의 선진 문물을 전파하였다.

ㄴ. 태종 때 한성에 일본 사신이 머무는 숙소인 동평관을 두어 일본과 외교 및 무역을 실시하였다.

오답 체크

ㄷ. 조선은 명에 정기적으로 하정사, 성절사, 동지사 등의 사절을 파견하였다.

ㄹ. 고종은 청과 간도를 둘러싸고 갈등이 일어나자 어윤중을 서북 경략사로 임명하여 이를 대처하게 하였다.

주제 08 조선 후기의 경제

29 조선 후기의 경제 · 사회 상황

정답 ⑤

키워드 정답 체크

조선 초기에는 정부 주도로 광산을 개발하며 농민을 사역하거나 공납으로 광물을 바치게 하였지만, 채굴 과정이 힘들어 백성들이 요역을 기피하였다. 이에 조선 후기 효종은 설점수세제를 실시하여 호조를 통해 채은관(광산 기술자)을 생산지에 파견하여 설점한 뒤, 민간인에게 광산 채굴을 허용하고 호조의 별장으로 하여금 세금을 징수하도록 하였다. 이후 광산 개발이 활성화되면서 물주로부터 자금을 지원받아 전문적으로 광산을 경영하는 덕대가 등장하였다.

⑤ 조선 후기에 상업의 발달로 고추, 담배, 인삼 등 상품 작물의 재배가 활발해졌다.

오답 체크

① 발해는 중앙에 최고 교육 기관인 주자감을 두어 유학 교육을 실시하였다.

② 고려 현종 때 거란의 침입을 불력으로 물리치고자 초조대장경을 제작하였다.

③ 신라 말에는 6두품 출신들이 당에 유학을 간 후 외국인을 위한 과거 전형인 빈공과에 합격하기도 하였다.

④ 고려 말 공양왕 때 신진 사대부 조준 등의 건의로 토지 개혁법인 과전법이 시행되었으며, 원칙적으로 경기 지역에 한정하여 토지를 지급하였다.

30 대동법

정답 ④

키워드 정답 체크

④ 광해군 때 공납의 폐단을 해결하기 위해 공납을 전세화하여 쌀이나 베, 동전 등으로 납부하게 한 제도인 대동법이 실시되었다. 지주들의 반대로 경기도에서 먼저 시행한 뒤, 숙종 때에 이르러 평안도와 함경도를 제외한 전국적으로 실시되었다. 대동법의 시행으로 국가에서 필요한 물품을 어용상인인 공인이 직접 조달하게 되었으며, 공인은 각 지방의 객주와 거래함으로써 상품 화폐 경제의 발달을 촉진시켰다.

오답 체크

① 조선 성종 때 관리들의 과도한 수취로 수조권이 남용되자 국가가 직접 수확량을 조사하여 조세를 징수한 후 관리에게 지급하는 관수 관급제를 실시하였다.

② 고려 성종 때 우리나라 최초의 금속 화폐인 건원중보가 주조되었다.

③ 조선 고종 때 평안도 상인들이 평양에 근대적 상회사인 대동 상회를 설립하였다.

⑤ 정조 때 채제공의 건의에 따라 신해통공을 시행하여 육의전을 제외한 시전 상인들의 금난전권이 폐지되었다.

31 조선 후기의 경제

정답 ③

키워드 정답 체크

조선 후기 상업의 발달로 인삼, 담배, 면화 등 상품 작물의 재배가 활발해지고, 의주의 만상(灣商)은 사무역인 책문 후시를 통해 청과의 무역 활동을 주도하면서 성장하였다. 특히 임상옥은 조선 후기 대표적인 거상(巨商)으로 이름을 떨치기도 하였다.

③ 임진왜란 이후 일본의 요청으로 선조 때 부산포를 개항하여 두모포 포구에 왜관을 설치하였고, 광해군 즉위 직후에는 기유약조를 체결하여 일본과의 국교를 재개하였다. 이후 무역 규모가 점차 확대되자 조선 숙종 때 초량 왜관을 설치하였다.

오답 체크

① 고려 숙종 때 승려 의천의 건의에 따라 화폐 주조를 전담하는 주전도감을 설치하고, 해동통보와 삼한통보, 해동중보 등의 동전과 활구(은병)를 발행 · 유통하였다.

② 발해는 목축과 수렵이 발달하였는데 특히 솔빈부의 말이 유명하여 주변 국가에 특산품으로 수출하였다.

④ 통일 신라는 삼국 통일 이후 해상 무역이 발전하여 한강 하류의 당항성, 전남 영암 등이 국제 무역항으로 번성하였다.

⑤ 고려 문종 때 경시서를 설치하여 수도 개경의 시전을 감독하였다.

32 조선 후기 경제 상황

정답 ③

키워드 정답 체크

조선 후기에는 대동법의 시행으로 국가에서 필요한 물품을 공인이 직접 조달하게 되었다. 공인은 각 지방의 객주와 거래함으로써 상품 화폐 경제의 발달을 촉진시켰다. 또한, 인삼, 담배, 면화 등 상품 작물의 재배가 활발해지고, 전국 각지에서 발달한 사상은 풍부한 자본을 바탕으로 상권을 장악하였다.

③ 고려 시대에 상업 활동이 활발해지면서 국가 재정 관리의 효율성을 위해 화폐 발행의 필요성이 대두되었다. 이에 따라 숙종 때 의천의 건의를 받아들여 화폐 주조를 전담하는 관서인 주전도감을 설치하고 삼한통보, 해동통보, 해동중보 등의 동전과 활구(은병)를 제작하였다.

오답 체크

① 조선 후기 소설의 대중화에 따라 직업적으로 소설을 낭독하는 이야기꾼인 전기수가 등장하였다.

② 조선 후기에는 중인층과 서민층의 문학 창작 활동이 활발해지면서 시사(詩社)가 조직되었다.

④ 조선 후기에는 사회의 변화로 유교적 명분론이 설득력을 잃으며 『정감록』과 같은 비기, 도참 등을 이용한 예언 사상이 유행하였다.

⑤ 조선 후기에는 상업의 발전으로 사상이 전국 각지에서 활발하게 활동하였다. 그중 경강상인은 한강 지역을 중심으로 선박을 통한 운수업 등 각종 상업 활동을 전개하였다.

33 조선 후기의 경제 상황

정답 ①

키워드 정답 체크

조선 후기에 사상(私商)들이 점차 확대되면서 시전의 상권을 장악하자 시전 상인들은 난전을 단속할 수 있는 권리인 금난전권을 행사하여 사상의 활동을 억압하였다. 그러나 정조 때 채제공의 건의에 따라 신해통공을 시행하여 육의전을 제외한 시전 상인들의 금난전권이 폐지되었다(1791).

① 고려 숙종 때 상업이 활발해지면서 동전과 활구(은병)를 주조하여 화폐의 통용을 추진하였으나 결과적으로 널리 유통되지는 못하였다.

오답 체크

② 조선 후기에 상업의 발달로 인삼, 담배, 면화 등 상품 작물의 재배가 활발해졌다.

③ 조선 후기 대동법 실시 이후 국가에서 필요한 물품은 공인이 조달하였으며, 이를 바탕으로 상품 화폐 경제가 발달하게 되었다.

④ 조선 후기 상업의 발달로 등장한 사상이 전국 각지에서 활발한 상업 활동을 전개하였다. 그중 개성의 송상과 의주의 만상은 대청 무역을 통해 부를 축적하였다.

⑤ 조선 후기 광산 개발이 활성화되면서 전문적으로 광산을 경영하는 덕대가 등장하였다.

CHAPTER

03 사회

주제 09 고대의 사회

34 고구려

정답 ③

키워드 정답 체크

고구려의 굴식 돌방무덤은 만주 집안 지역이나 황해도 안악 등지에 분포되어 있는 고분 양식으로, 돌로 널방을 짜고 그 위를 흙으로 덮어 봉분을 만든 것이다. 널방의 벽과 천장에는 벽화를 그리기도 하였으며 대표적인 고분 벽화로 안악 3호분 벽화가 있다. 또한, 고구려는 국가 중대사를 귀족 회의인 제가 회의에서 결정하였고, 지방에 경당을 설치하여 평민 자제들이 책을 읽고 활쏘기를 익히도록 하였다.

③ 고구려 고국천왕은 국상인 을파소의 건의에 따라 먹을거리가 부족한 봄에 곡식을 빌려주고 겨울에 갚게 하는 진대법을 실시하였다.

오답 체크

① 위만이 고조선으로 건너오기 이전인 기원전 3세기경 고조선은 요서 지방을 경계로 연과 대립하다가 연의 장수 진개의 공격을 받고 서쪽 땅을 상실하였다.

② 신라는 골품제라는 특수한 신분 제도를 운영하여 골품에 따라 관등 승진에 제한을 두는 등 신분 차별이 엄격하였다.

④ 고조선은 사회 질서를 유지하기 위해 8개 조항으로 이루어진 범금 8조를 만들었으나 현재는 3개의 조항만 전해진다.

⑤ 백제의 지배층은 왕족인 부여씨와 8성의 귀족으로 이루어졌다.

35 신라의 골품 제도

정답 ④

키워드 정답 체크

④ 신라는 골품제라는 특수한 신분 제도를 운영하였다. 골품에 따라 관등 승진에 제한을 두었으며, 6두품은 능력이 뛰어나도 17관등 중 제6관등인 아찬까지만 오를 수 있었다. 또한, 골품 제도는 가옥의 규모와 장식물은 물론 복색이나 수레의 크기 등 일상생활까지 규제하였다.

오답 체크

① 신라는 화랑도라는 청소년 단체에서 교육적 · 군사적 기능을 담당하며 인재를 배출하였다. 화랑도는 많은 인물들을 무리지어 놀게 한 뒤 행실을 보고 인재를 뽑는 원화(源花) 제도에 기원을 두었다.

② 고구려 고국천왕은 국상 을파소의 건의에 따라 빈민을 구제하기 위해 먹을거리가 부족한 봄에 곡식을 빌려주고 겨울에 갚게 하는 진대법을 실시하였다.

③ 조선 태종 때 서얼 금고법을 제정하여 양반의 자손이라도 서얼인 경우 관직에 진출할 수 없도록 하였다.

⑤ 고려는 음서 제도를 통해 공신이나 문무 5품 이상 고위 관리의 자손들을 시험 없이 관리에 등용하였다.

주제 10 고려~조선의 신분 제도

36 조선의 향리

정답 ④

키워드 정답 체크

④ 조선의 향리는 수령의 행정 실무를 보좌하는 지방 말단직이었으며, 이방, 호방 등의 6방으로 나뉘어 각기 업무를 맡아 처리하였다. 향리는 세습직이었으며 국가로부터 녹봉을 받지 못하였고, 문과에 응시할 수 없었다. 『연조귀감』에는 이러한 향리의 기원과 전반적인 역사가 수록되어 있다.

오답 체크

① 상피제는 일정한 범위의 친족 간에는 같은 관서나 직속 관서의 관원이 되지 못하도록 한 규정이다. 조선 시대에는 인사권을 가지고 있는 관리, 비리를 감찰하는 관리, 지방의 수령 등이 상피제의 적용을 받았다.

② 조선 시대 수령은 문 · 무과를 통해 선발되었으며 향리는 세습직이었다. 잡과를 통해서는 기술관이 등용되었다.

③ 조선 시대에는 군현의 각 지방에 수령을 감독하는 관찰사를 파견하였다. 이들을 감사, 방백, 도백이라고도 불렀다.

⑤ 고려 시대 문벌 귀족은 자손에게 수조권을 상속할 수 있는 토지인 공음전을 지급 받아 세력을 강화하였다.

37 노비

정답 ⑤

키워드 정답 체크

- **충주성 전투**(1253): 몽골과의 충주성 전투 때 김윤후는 식량이 떨어지는 등 전세가 어려워지자, 전투에서 승리하면 신분의 고하를 막론하고 모두 관작을 주겠다고 병사들을 독려하였다. 실제로 관노의 노비 문서를 불태우고 노획한 소와 말을 나누어 주어 병사뿐 아니라 백성들까지도 죽음을 무릅쓰고 싸워 몽골군을 물리쳤다.
- **제1차 갑오개혁**(1894): 김홍집을 중심으로 한 군국기무처를 통해개혁이 실시되었다. 이에 따라 재능을 기준으로 인재를 등용하기위해 문벌과 과거제를 폐지하였고, 공사 노비법을 혁파하여 신분제가 법적으로 폐지되었다.

⑤ 조선 순조 때 법적으로 각 궁방과 중앙 관서의 공노비를 해방시켜 양민으로 삼았다(1801).

오답 체크

① 신라는 골품제라는 특수한 신분 제도를 운영하였다. 골품에 따라 관등 승진에 제한을 두었으며, 6두품은 능력이 뛰어나도 17관등 중 제6관등인 아찬까지만 오를 수 있었다.

② 고려 시대에는 특수 행정 구역인 향, 부곡, 소가 존재하였다. 이곳의 백성들은 신분상 양인이었으나 일반 군현의 백성들에 비해 사회적으로 차별을 받았다.

③ 조선 시대에 신분은 양인이지만 천한 직역에 종사하는 계층을 신량역천이라 불렀다. 이들은 과거에 응시하여 관료가 될 수 없었으며, 주로 봉수, 역졸의 업무를 담당하였다.

④ 조선 후기 서얼들은 신분 상승 운동인 통청 운동을 전개하면서 청요직으로 진출하는 것을 허용해 달라는 상소를 올렸다.

주제 11 고려~조선의 사회 모습

38 고려의 사회 시책

정답 ⑤

키워드 정답 체크

- **구제도감**: 고려 시대에 재해 발생 시 백성을 구제하기 위해 임시 기관인 구제도감을 설치하였다. 질병 환자를 치료하고 병사자의 매장을 관장하며, 감염병 확산 등에 대처하는 기능을 담당하였다.
- **의창**: 고려 태조 때 실시한 흑창은 춘궁기에 곡식을 대여해 주고 추수 후에 회수하던 빈민 구휼 제도이다. 이후 성종 때 쌀을 1만 석 보충하여 시행하면서 명칭을 의창으로 바꾸었다.

⑤ 광종 때 제위보를 운영하여 기금을 모았다가 백성에게 빌려주고 그 이자로 빈민을 구제하도록 하였다.

오답 체크

① 고려 시대에 빈민 구제를 위해 설치한 동서대비원을 계승하여 조선 시대에 도성 내 병든 빈민들의 치료와 사망자의 매장을 위해 동서활인서를 설치하였다.

② 고구려 고국천왕은 국상 을파소의 건의에 따라 빈민을 구제하기 위해 먹을거리가 부족한 봄에 곡식을 빌려주고 겨울에 갚게 하는 진대법을 실시하였다.

③ 세종 때 우리 풍토에 맞는 약재와 치료 방법을 개발하여 정리한 의학서인 『향약집성방』을 편찬하였다.

④ 조선 명종 때 흉년으로 기근이 극심해지자 발생하는 각종 문제를 해결하기 위해 이에 대비하는 방법을 정리한 『구황촬요』를 간행하였다.

39 고려의 사회 모습

정답 ⑤

키워드 정답 체크

⑤ 고려의 지방 행정 체제에는 특수 행정 구역인 향 · 부곡 · 소가 존재하였다. 그중 소는 수공업이나 광업에 종사하며 지방 특산물을 생산하는 지역이었다. 향 · 부곡 · 소의 백성들은 신분상 양인이었으나 일반 군현의 백성들에 비해 사회적으로 차별을 받았다. 이에 고려 무신 정권 시기에 공주 명학소에서 망이 · 망소이가 과도한 부역과 소 주민에 대한 차별 대우에 항의하여 농민 반란을 일으켰다(망이 · 망소이의 난, 1176).

오답 체크

① 조선 후기 서얼들은 신분 상승 운동인 통청 운동을 전개하면서 청요직으로 진출하는 것을 허용해 달라는 상소를 올렸다.

② 통일 신라 말 진성 여왕 때 왕권이 약화되고 귀족들의 반란이 빈번하였다. 이때 원종과 애노가 사벌주에서 중앙 정권의 무분별한 조세 징수에 반발하여 농민 봉기를 일으켰다.

③ 고려 시대에는 성별이나 출생 순에 관계없이 자녀에게 똑같이 재산을 상속하였다. 그러나 조선 시대에 들어서 유교적 종법(宗法)의 영향을 받아 적장자를 구분하게 되었고, 조선 중기 이후 적장자 위주의 상속법이 관습으로 확립되었다.

④ 동예에는 읍락 간의 영역을 중요시하여 다른 부족의 경계를 침범하는 경우 노비와 소, 말로 변상하게 하는 책화 제도가 있었다.

40 고려의 민생 안정책

정답 ④

키워드 정답 체크

고려 시대에는 구제도감과 구급도감 등을 임시 기관으로 설치하여 재해가 발생하였을 때 백성을 구제하였다. 그중 구제도감은 질병 환자를 치료하고 병사자의 매장을 관장하며 감염병 확산 등에 대처하는 기능을 담당하였다.

ㄴ. 고려는 개경에 동서 대비원을 설치하여 환자 진료 및 빈민 구휼을 담당하게 하였다.

ㄹ. 광종 때 제위보를 운영하여 기금을 모았다가 백성에게 빌려주고 그 이자로 빈민을 구제하도록 하였다.

오답 체크

ㄱ. 조선 명종 때 『구황촬요』를 간행하여 흉년으로 기근이 극심한 때에 발생하는 각종 문제에 대비하는 방법을 정리하였다.

ㄷ. 조선 후기 실권을 잡은 흥선 대원군은 환곡의 폐단을 해결하기 위해 호조에서 사창의 설치와 운영에 대해 규정한 『사창절목』에 따라 향촌에서 마을 단위로 운영하던 사창제를 전국적으로 실시하였다.

CHAPTER

04 사상 및 종교

주제 12 불교

41 원효

정답 ①

키워드 정답 체크

① 신라의 승려 원효는 불교 종파의 대립과 분열을 종식시키고 화합을 이루기 위한 화쟁 사상을 주장하였다. 또한, 불교의 대중화를 위해 불교의 교리를 쉬운 노래로 표현한 「무애가」를 지었으며, 불교의 사상적 이해 기준을 확립한 『금강삼매경론』, 『대승기신론소』 등을 저술하였다.

오답 체크

② 신라의 승려 혜초는 인도와 중앙아시아 지역을 답사한 뒤 『왕오천축국전』을 지었다.

③ 신라 선덕 여왕 때 승려 자장이 주변 9개 민족의 침략을 부처의 힘으로 막기 위한 목탑 건립을 건의하여 황룡사 구층 목탑이 세워졌다.

④ 신라 진평왕 때 승려 원광은 고구려의 잦은 침략을 물리치기 위해 수에 도움을 청하는 걸사표를 지었다.

⑤ 고려 승려 각훈은 왕명을 받아 『해동고승전』을 편찬하여 삼국 시대 이래 승려들의 전기를 기록하였는데, 현재는 일부만 남아있다.

42 시대별 승려

정답 ③

키워드 정답 체크

(가) 신라의 승려 의상은 당으로 유학을 가서 화엄에 대한 가르침을 받고 돌아와 신라에서 화엄 사상을 정립하였고, 영주 부석사를 창건하여 수많은 제자들을 양성하였다. 또한, 화엄 사상을 정리한 『화엄일승법계도』를 저술하고 화엄 교단을 세웠다.

(나) 고려의 승려 균여는 귀법사의 주지로, 어려운 불교의 교리를 설파하기 위해 사람들이 따라 부르기 쉬운 노래인 「보현십원가」라는 향가를 만들었다.

(다) 고려의 승려 의천은 문종의 아들로, 송에서 유학하고 돌아와 개경(개성) 흥왕사에서 이론의 연마와 실천을 강조하는 교관겸수를 바탕으로 교종과 선종의 불교 통합 운동을 전개하였다. 또한, 국청사를 중심으로 해동 천태종을 개창하였으며, 이후 숙종 때 대각국사로 책봉되었다.

(라) 고려의 승려 요세는 강진 만덕사(백련사)에서 자신의 행동을 참회하는 법화 신앙에 중점을 두고 백련 결사를 주도하였다.

③ 고려의 승려 의천은 중국 및 우리나라의 불교 경전에 대한 주석서를 모은 『신편제종교장총록』을 편찬하였다.

오답 체크

① 고려의 승려 혜심은 유불 일치설을 주장하여 성리학을 수용할 수 있는 사상적 토대를 마련하였다.

② 고려의 승려 지눌은 정혜쌍수를 사상적 바탕으로 하여 철저한 수행을 강조하였으며, 내가 곧 부처라는 깨달음을 위한 노력과 함께 꾸준한 수행으로 이를 확인하는 돈오점수를 강조하였다.

④ 통일 신라 말 지방 호족 세력의 지원을 바탕으로 선종 불교가 성행하였다. 9세기 중반에는 특정 사찰을 중심으로 한 선종 집단인 9산 선문이 형성되었고, 그중 하나로 당에서 귀국한 승려 체징이 가지산문을 개창하였다.

⑤ 고려 시대에는 승과 제도를 운영하여 승려를 선발하고 왕사 · 국사에 책봉하였다.

43 혜초

정답 ④

키워드 정답 체크

④ 통일 신라의 승려 혜초는 불법을 연구하기 위해 부처의 나라인 인도로 순례를 떠나 순례기로서 『왕오천축국전』을 지었다.

오답 체크

① 각간 위홍과 대구화상은 통일 신라 진성 여왕의 명을 받아 향가집인 『삼대목』을 편찬하였다.

② 신라 진평왕 때의 승려 원광은 화랑도의 생활 규범으로 세속 5계를 제시하였다.

③ 신라의 승려 원효는 불교의 대중화를 위해 불교의 교리를 쉬운 노래로 표현한 「무애가」를 지었다.

⑤ 의상은 당으로 유학을 떠나 화엄에 대해 공부하고 돌아와 신라에서 화엄 사상을 펼쳤으며 『화엄일승법계도』를 저술하여 화엄 교단을 세웠다.

44 지눌

정답 ①

키워드 정답 체크

① 고려의 승려 지눌은 불교의 타락을 비판하며 정혜사에서 승려의 기본인 독경, 수행, 노동에 힘쓸 것을 주장하는 정혜결사 운동(수선사 결사운동)을 전개하였다. 지눌은 정혜쌍수를 사상적 바탕으로 철저한 수행을 강조하였으며, 내가 곧 부처라는 깨달음을 위한 노력과 함께 꾸준한 수행으로 깨달음을 확인하는 돈오점수를 강조하였다.

오답 체크

② 고려의 승려 의천은 송에서 유학하고 돌아와 개경(개성) 흥왕사에서 교종과 선종의 불교 통합 운동을 전개하였으며, 국청사를 중심으로 해동 천태종을 개창하였다.

③ 고려의 승려 혜심은 역대 선사들의 어록을 모은 공안집인 『선문염송집』을 편찬하고, 유불 일치설을 주장하여 성리학을 수용할 수 있는 사상적 토대를 마련하였다.

④ 고려 승려 각훈은 왕명을 받아 『해동고승전』을 편찬하여 삼국 시대 이래 승려들의 전기를 기록하였는데, 현재는 일부만 남아있다.

⑤ 고려 승려 균여는 어려운 불교의 교리를 설파하기 위해 사람들이 따라 부르기 쉬운 노래를 이용하여 「보현십원가」라는 향가를 만들었다.

45 의천

정답 ①

키워드 정답 체크

고려 승려 의천은 문종의 넷째 아들로 송에서 유학하고 돌아와 흥왕사에 교장도감을 설치하였다. 이곳에서 고려 및 송 · 거란 · 일본 등 동아시아 각지의 불교 서적을 수집 · 정리하여 『신편제종교장총록』을 편찬하였다.

① 의천은 교종을 중심으로 선종을 통합하고자 국청사를 창건하고 해동 천태종을 개창하였다. 교선 통합 운동을 뒷받침하기 위한 사상적 바탕으로 이론의 연마와 실천을 강조하는 교관겸수와 내외겸전을 제시하였다.

오답 체크

② 고려 중기의 보조국사 지눌은 타락한 고려의 불교를 바로잡고자 송광사를 중심으로 수선사 결사를 조직하였다.

③ 고려의 승려 혜심은 역대 선사들의 어록을 모은 공안집인 『선문염송집』을 편찬하고, 유불 일치설을 주장하여 성리학을 수용할 수 있는 사상적 토대를 마련하였다.

④ 고려 원 간섭기인 충렬왕 때 승려 일연이 불교사를 중심으로 왕력(王歷), 기이(紀異) 등 9편을 두어 고대의 민간 설화나 전래 기록 등을 수록한 『삼국유사』를 집필하였다.

⑤ 통일 신라 때 승려 혜초는 인도와 중앙아시아를 순례하고 『왕오천축국전』을 저술하였다.

주제 13 유학

46 최치원

정답 ③

키워드 정답 체크

최치원은 통일 신라 말 6두품 출신 유학자로, 당의 빈공과에 합격하여 관리 생활을 하였다. 최치원은 당에 있을 때의 작품을 간추린 문집인 『계원필경』을 왕에게 바쳤다. 이 중 제11권 첫머리에 수록된 '격황소서'는 당에서 황소의 난이 발생하였을 때 황소에게 항복을 권유하기 위한 격문을 대필한 것이다.

③ 최치원은 신라 정부의 개혁을 위해 진성 여왕에게 시무책 10여 조를 올렸으나 받아들여지지 않았다.

오답 체크

① 통일 신라 6두품 출신 설총은 신문왕에게 「화왕계(花王戒)」를 지어 올려 조언하였다.

② 강수는 통일 신라의 유학자로, 문무왕 때 당에 억류되어 있던 무열왕의 아들 김인문을 석방해 줄 것을 청한 「청방인문표」를 작성하여 풀려나도록 하였다.

④ 통일 신라 장보고는 완도에 청해진을 설치하여 해적들을 소탕하고 해상 무역권을 장악하면서 당, 신라, 일본을 잇는 국제 무역을 주도하였다.

⑤ 신라의 승려 혜초는 인도와 중앙아시아 지역을 답사한 뒤 『왕오천축국전』을 지었다.

47 유학의 발전과 변화

정답 ④

키워드 정답 체크

(나) **최승로의 시무 28조**(982): 고려의 유학자 최승로는 성종에게 시무 28조를 올려 정치 운영 방안을 제시하였다. 특히 불교는 수양의 근본으로 삼아야 할 뿐이며, 국가를 다스리는 정치 운영은 유교적 사상에 바탕을 두어야 함을 강조하였다.

(다) **정도전의 『불씨잡변』**(1394): 이성계와 함께 조선 건국을 주도한 정도전은 성리학적 관점에서 불교의 교리를 비판하였고, 유교적 이념에 따라 통치할 것을 강조하였다.

(가) **이황의 『퇴계집』 중 「답기명언사단칠정분리기변」**(1598): 조선 중기의 대표적인 유학자 이황과 기대승은 유학의 수양론 중 사단과 칠정의 개념에 대해 논쟁을 벌였다. 이황은 '사단은 이가 발하고 기가 따르는 것, 칠정은 기가 발하고 이가 따르는 것'이라고 주장하였으나 기대승은 '칠정이 사단을 내포한 것'이라고 주장하였다. 이러한 논쟁은 『퇴계집』에 수록되었다.

(라) **박은식의 『유교구신론』**(1909): 대한 제국 시기 박은식은 서북학회월보에 논문을 게재하여 유교계의 세 가지 큰 문제점을 지적하며 유교의 개혁을 주장하였다.

48 고려, 조선, 근대의 유학자

정답 ④

키워드 정답 체크

(나) 고려 성종 때의 유학자 최승로는 국가에 필요한 개혁을 제시한 시무 28조를 올렸다. 그중에서도 불교의 폐단을 지적하며 민생 안정을 위해 연등회·팔관회 등 민중들이 동원되는 불교 행사의 규모를 축소하고 유교 정치 실현을 강조하였다(ㄴ).

(라) 근대 시기에 박은식은 유교 정신이 제왕의 권위를 높이는 데에만 이용되었으며, 불교의 석가와 달리 민중들에게 널리 퍼지지 못하고 유학자들이 주자의 경전만을 좇는 형태로 이어진 것을 비판하였다. 따라서 실천적 학문인 양명학을 보급하여 기존 유학의 계승이 끊어지지 않도록 개선할 것을 주장하였다(ㄹ).

오답 체크

ㄱ. 조선 후기 문신 박세당에 대한 설명이다.

ㄷ. 조선 중기 성리학자 퇴계 이황에 대한 설명이다.

49 고려의 유학자

정답 ③

키워드 정답 체크

- 고려 문종 때 최충이 세운 9재 학당은 사학 12도 중 가장 번성하여 많은 후진을 양성하였으며, 최충의 사후 그의 시호를 바탕으로 문헌공도라 칭하였다.
- 고려 인종의 명을 받아 김부식이 편찬한 『삼국사기』는 현존하는 우리나라 최고(最古)의 역사서이다. 이는 유교적 사관을 바탕으로 본기, 연표, 지, 열전 등으로 구성된 기전체 형식으로 서술되었다.
- 고려 말 안향은 처음으로 성리학을 국내에 전래하였다.
- 고려 충선왕은 왕위를 물려준 뒤 원의 연경에 만권당을 세우고 고려에서 이제현 등의 성리학자들을 데려와 원의 학자들과 교류하게 하였다.

③ 고려 성종은 최승로의 시무 28조를 받아들여 통치 체제를 정비하였다. 전국 주요 지역에는 12목을 설치하고 지방관인 목사를 파견하였다.

오답 체크

① 정도전은 『불씨잡변』을 저술하여 성리학적 관점에서 불교의 교리를 비판하였고, 유교적 이념에 따라 통치할 것을 강조하였다.

② 조선 중종 때 조광조는 천거제의 일종인 현량과 실시를 건의하여 사림이 대거 등용될 수 있는 발판을 마련하였다.

④ 일본이 강화도 조약 체결을 요구하자 최익현은 왜양일체론에 입각하여 지부복궐척화의소를 올리며 반대하였다.

⑤ 조선 성리학자 율곡 이이는 은퇴한 후 해주에서 우리나라의 지방 행정 조직 실정에 맞는 향약인 해주 향약을 만들었다.

50 율곡 이이

정답 ⑤

키워드 정답 체크

⑤ 조선 중기의 성리학자 율곡 이이는 군주가 수양해야 할 덕목을 정리한 『성학집요』를 저술하여 선조에게 바쳤으며, 왕도 정치의 이상을 문답식으로 저술한 『동호문답』을 통해 다양한 개혁 방안을 제시하였다. 은퇴한 뒤에는 해주에서 우리나라의 지방 행정 조직 실정에 맞는 향약인 해주 향약을 만들기도 하였으며, 처음 글을 배우는 아동의 입문 교재로 『격몽요결』을 편찬하였다.

오답 체크

① 송시열은 노론의 영수로, 명에 대한 의리를 지키고 청에게 당한 수모를 갚자는 북벌론을 주장하며 효종에게 「기축봉사」를 올렸다.

② 조선 인조 때 김육은 청에서 만들어진 역법인 시헌력의 도입을 건의하였다.

③ 박지원은 「양반전」, 「허생전」, 「호질」 등을 통해 양반의 허례와 무능을 풍자하고 비판하였다.

④ 조선 중기의 예학파 유학자 김장생은 『주자가례』의 본문을 기본으로 하여 조선의 현실에 맞는 예학을 정리한 『가례집람』을 저술하였다.

51 이황

정답 ①

키워드 정답 체크

① 조선 중기의 대표적인 유학자 이황과 기대승은 유학의 수양론 중 사단과 칠정의 개념에 대해 논쟁을 벌였다. 이황은 '사단은 이가 발하고 기가 따르는 것, 칠정은 기가 발하고 이가 따르는 것'이라고 주장하였으나 기대승은 '칠정이 사단을 내포한 것'이라고 주장하였다.

오답 체크

② 세종 때 통신사로 일본에 다녀온 신숙주는 성종 때 일본의 지리와 국정, 외교 관계 등을 기록한 『해동제국기』를 편찬하였다.

③ 조선 후기의 유학자 정제두는 지행합일을 중요시하는 양명학을 체계적으로 연구하였고, 후진 양성에도 힘을 기울여 강화 학파를 형성하였다.

④ 송시열은 노론의 영수로, 명에 대한 의리를 지키고 청에게 당한 수모를 갚자는 북벌론을 주장하며 효종에게 「기축봉사」를 올렸다.

⑤ 연산군 때 김일손이 스승인 김종직의 조의제문을 실록에 기록한 것이 훈구 세력에 의해 연산군에게 알려지면서 무오사화가 발생하였다.

주제 14 실학

52 이익

정답 ④

키워드 정답 체크

조선 후기 실학자 이익은 『성호사설』을 통해 나라를 좀먹는 6가지의 폐단(노비제, 과거제, 양반 문벌제, 사치와 미신, 승려, 게으름)에 대해 비판하였다.

④ 이익은 『곽우록』에서 한 가정의 생활을 유지하는 데 필요한 규모의 토지를 영업전으로 정하고, 영업전의 매매를 금지하는 한전론을 주장하였다.

오답 체크

① 조선 후기 정약용은 홍역에 대해 연구한 의서인 『마과회통』을 편찬하였다.

② 조선 후기 홍대용은 『의산문답』을 통해 지전설과 무한 우주론을 주장하며 중국 중심의 성리학적 세계관을 비판하였다.

③ 조선 후기 서얼 출신인 유득공은 역사서인 『발해고』를 저술하여 발해를 우리의 역사로 인식하고 최초로 '남북국'이라는 용어를 사용하였다.

⑤ 조선 후기 김정희는 금석학 연구를 통해 『금석과안록』을 저술하여 북한산비가 진흥왕 순수비임을 밝혀냈다.

53 홍대용, 박지원

정답 ④

키워드 정답 체크

(가) **홍대용의 『의산문답』**: 조선 후기 홍대용은 『의산문답』을 통해 지전설과 무한 우주론을 주장하며 중국 중심의 성리학적 세계관을 비판하였다.

(나) **박지원의 『허생전』**: 조선 후기 박지원은 한문 소설인 『허생전』을 지어 당시 양반의 허례와 무능을 풍자하고 비판하였다.

④ 조선이 청에 보낸 사절단인 연행사는 기행 일기인 『연행록』을 남겼으며, 홍대용(『을병연행록』), 박지원(『열하일기』)이 저술한 것이 대표적이다.

오답 체크

① 조선 숙종 때 갑술환국으로 남인이 정계에서 축출되고 서인에서 분화된 노론과 소론이 정국을 주도하였다.

② 조선 후기 정제두는 지행합일을 중요시하는 양명학을 체계적으로 연구하였고, 후진 양성에도 힘을 기울여 강화 학파를 형성하였다.

③ 정조는 탕평 정치와 고른 인재 등용을 위해 서얼 출신인 유득공, 이덕무, 박제가 등을 규장각 검서관으로 등용하였다.

⑤ 조선 후기 실학자 이익은 고리대의 근원으로 농촌 경제를 위협할 수 있는 화폐의 사용을 반대하였다.

54 정약용

정답 ⑤

키워드 정답 체크

조선 후기 실학자 정약용은 신유박해로 인하여 전라남도 강진에서 유배 생활을 하게 되었다. 혜장 선사의 주선으로 강진 고성사 보은산방에서 약 1년간 거처하고 다산초당에서 10여 년간 머무르며 조선의 사회에 대한 개혁안으로서 『목민심서』, 『경세유표』, 『흠흠신서』 등을 편찬하였다. 또한, 사의재에서 자신이 편찬한 아동용 한자 학습서인 『아학편훈의』로 제자들을 가르쳤다.

⑤ 조선 정조 때 정약용은 수원 화성의 축조를 위해 『기기도설』을 참고하여 거중기를 설계·제작하였다. 이를 통해 수원 화성의 공사 기간과 비용이 크게 줄었다.

오답 체크

① 신숙주는 조선 세종 때 통신사로 일본에 다녀온 후 성종 때 일본의 지리와 국정, 외교 관계 등을 기록한 『해동제국기』를 편찬하였다.

② 중종 때 풍기 군수 주세붕은 안향을 기리기 위해 최초로 백운동 서원을 건립하였다. 백운동 서원은 이황의 건의로 소수 서원이라는 중종의 사액을 받아 최초의 사액 서원이 되었다.

③ 조선 후기 김정희는 금석학 연구를 통해 『금석과안록』을 저술하여 북한산비가 진흥왕 순수비임을 밝혀냈다.

④ 조선 후기 정제두는 지행합일을 중요시하는 양명학을 체계적으로 연구하였고, 후진 양성에도 힘을 기울여 강화 학파를 형성하였다.

55 박제가

정답 ③

키워드 정답 체크

조선 후기에는 청에 연행사를 파견하여 교류하였는데, 그 일원이었던 박제가는 청에 다녀와 선진 문물을 견학하였다. 이후 저서 『북학의』에서 조선이 가난한 것은 무역이 부진하기 때문이며, 소비와 생산의 관계를 우물물에 비유하여 소비를 통해 생산을 발전시켜야 한다고 주장하였다. 또한, 서얼 출신으로 관직 진출이 어려웠으나 정조로부터 뛰어난 학문적 능력을 인정받아 규장각 검서관으로 등용되기도 하였다.

③ 박제가는 『북학의』를 저술하여 수레와 배의 이용을 권장하면서 상품의 유통을 주장하였다.

오답 체크

① 정조 때 정약용은 『기기도설』을 참고하여 거중기를 제작하였고, 이는 수원 화성을 축조할 때 사용되면서 공사 기간과 비용을 줄이는 데 큰 역할을 하였다.

② 조선 후기 정제두는 지행합일을 중요시하는 양명학을 체계적으로 연구하였고, 후진 양성에도 힘을 기울여 강화 학파를 형성하였다.

④ 박지원은 연행사를 따라 청에 다녀온 뒤 『열하일기』를 저술하여 상공업 진흥과 화폐 유통의 필요성을 주장하였다.

⑤ 유수원은 『우서』를 저술하여 상공업의 진흥과 기술의 혁신을 강조하고, 사농공상의 직업적 평등을 주장하였다.

56 조선 후기 실학자

정답 ③

키워드 정답 체크

③ 조선 후기 실학자 박지원은 청에 다녀온 뒤 『열하일기』를 저술하여 상공업의 발달과 화폐 유통을 주장하였다. 또한, 교역의 중요성을 인식하여 수레와 선박의 필요성을 강조하였다.

오답 체크

① 홍대용은 『의산문답』을 통해 지전설과 무한 우주론을 주장하며 중국 중심의 성리학적 세계관을 비판하였다.

② 정약용은 유배 생활 중에 『목민심서』를 저술하여 지방 행정 개혁 방향을 제시하였다.

④ 이익은 『성호사설』을 통해 사회 폐단을 6가지 좀(노비 제도, 과거 제도, 양반 문벌, 기교, 승려, 게으름)으로 규정하였다.

⑤ 박제가는 『북학의』를 저술하여 절약보다는 적절한 소비를 통해 생산을 발전시켜야 한다고 주장하였다.

주제 15 천주교

57 황사영 백서 사건

정답 ③

키워드 정답 체크

③ 정조 때 발생한 신해박해에 이어 순조 때 신유박해가 일어나 천주교 전파에 앞장섰던 실학자들과 많은 천주교 신자들이 피해를 입게 되었다. 이에 황사영이 베이징 주교에게 조선으로 군대를 보내 달라는 내용의 편지를 보내려다 발각되어 신유박해가 더욱 심화되었다(황사영 백서 사건, 1801).

58 병인양요

정답 ②

키워드 정답 체크

흥선 대원군 집권 당시 프랑스인 선교사들을 처형하여 병인박해가 발생하였다. 이에 로즈 제독이 함대를 이끌고 강화도를 침략하면서 병인양요가 발생하였다(1866).

② 양헌수 부대는 병인양요 때 강화도를 공격한 프랑스 군대를 정족산성에서 기습하여 물리치고 승리를 거두었다.

오답 체크

① 일본 군함인 운요호가 강화도 초지진에 침입한 후 영종도에 상륙하여 조선인들을 죽이거나 약탈하는 등의 만행을 저질렀다(운요호 사건, 1875).

③ 조선 정부는 임오군란(1882), 갑신정변(1884), 동학 농민 운동(1894) 당시 이를 진압하기 위해 청군의 출병을 요청하였다.

④ 임술 농민 봉기를 수습하기 위해 안핵사로 파견된 박규수는 민란의 원인이 삼정의 문란에 있다고 보고 삼정이정청을 설치하였으나 근본적인 문제를 해결하지는 못하였다(1862).

⑤ 민씨 세력의 요청으로 임오군란을 진압한 청군은 군란을 부추긴 혐의로 흥선 대원군을 체포하여 톈진으로 압송하였다(1882).

59 천주교

정답 ⑤

키워드 정답 체크

(가) **신해박해**(1791): 정조 때 윤지충이 제사를 거부하면서 신주를 불태우자 강상죄를 저지른 죄인으로 비난을 받았다(진산 사건). 이때 같은 천주교인이었던 권상연이 그를 옹호하고 나서면서 사건이 조정에까지 알려졌고, 유학을 신봉하여야 할 사림 세력이 사학(邪學)을 신봉하였다는 죄명으로 두 사람 모두 처형되었다.

(나) **병인박해**(1866): 흥선 대원군은 천주교를 통해 프랑스와 조약을 체결하고 러시아의 남하 정책을 견제하려 하였으나 국내외에서 천주교에 대한 반발이 생겨나자 프랑스 선교사들을 처형하는 병인박해가 발생하였다. 이때 프랑스인 신부 베르뇌는 대원군으로부터 선교 철폐와 출국을 요구받았으나 거부하여 처형되었다.

⑤ 순조 때 천주교를 대대적으로 탄압한 신유박해가 발생하자(1801), 천주교 신자 황사영이 베이징에 있는 주교에게 천주교 박해를 멈추기 위해 조선으로 군대를 보내 달라는 내용의 청원서를 보내려다 발각되었다.

오답 체크

① 북간도로 이주한 한인들이 대종교를 중심으로 중광단을 조직하여 항일 투쟁을 전개하였다(1911).

② 한용운은 『조선불교유신론』을 저술하여 조선의 근대적인 불교 개혁론을 주장하였다(1913).

③ 동학교도들은 억울하게 처형된 교주 최제우에 대한 교조 신원과 동학 탄압 금지 등을 요구하며 충청도 보은에서 집회를 개최하였다(1893).

④ 이수광은 백과사전식 서적인 『지봉유설』을 편찬하면서 이에 천주 교리서인 『천주실의』를 언급하여 조선에 소개하였다(1614).

60 천주교

정답 ⑤

키워드 정답 체크

⑤ 해미순교성지는 조선 후기 천주교 박해기에 처형된 해미의 순교 자들을 기리기 위해 조성된 순례지이다. 조선 후기에 청에 다녀온 사신들을 통해 서학으로 소개된 천주교는 조상에 대한 제사를 거부하여 조선 정부로부터 사교로 규정되고 탄압받았다. 흥선 대원군은 천주교를 통해 프랑스와 조약을 체결하고 러시아의 남하 정책을 견제하고자 하였으나 국내외에서 천주교에 대한 반발이 생겨나자 프랑스인 선교사들을 처형하는 병인박해를 일으켰다.

오답 체크

① 조선 후기 사회의 변동과 기존 질서의 붕괴 속에서 백성들 사이에 예언 사상과 미륵불이 세상을 구원한다는 미륵 사상이 유행하였다.

② 동학은 창시자인 최제우가 교리를 정리한 『동경대전』과 『용담유사』를 경전으로 삼았다.

③ 박중빈이 창시한 원불교는 새생활 운동을 추진하여 허례허식 폐지, 근검절약, 금주 · 단연 등을 추구하였다.

④ 나철이 창시한 대종교는 단군 숭배를 통해 민족의식을 고취하고 간도에서 중광단, 북로 군정서 등을 조직하여 적극적인 항일 투쟁을 전개하였다.

61 신해박해

정답 ②

키워드 정답 체크

② **신해박해**(1791): 정조 때 윤지충이 제사를 거부하면서 신주를 불태우자 강상죄를 저지른 죄인으로 비난을 받았다(진산 사건). 이때 같은 천주교인이었던 권상연이 그를 옹호하고 나서면서 사건이 조정에까지 알려졌고, 유학을 신봉하여야 할 사림 세력이 사학(邪學)을 신봉하였다는 죄명으로 두 사람 모두 처형되었다.

CHAPTER 05 복합사

주제 16 근현대 주요 인물

62 여운형

정답 ⑤

키워드 정답 체크

⑤ 몽양 여운형은 대한민국 임시 정부를 모체로 하여 상하이에서 신한 청년당을 조직한 후(1918), 파리 강화 회의에 김규식을 파견하여 독립 청원서를 제출하도록 하였다(1919). 또한, 광복 직전에는 일본인의 안전한 귀국을 보장하는 조건으로 조선 총독부로부터 행정권의 일부를 이양받아 조선 건국 준비 위원회를 결성하였다(1945). 광복 이후 전개된 제1차 미소 공동 위원회가 결렬된 후 이승만이 단독 정부 수립을 주장하자(1946), 김규식 등과 함께 미군정의 지원을 받으면서 좌우 합작 위원회를 결성하고 좌우 합작 7원칙을 발표하며 좌우 합작 운동을 전개하였다 (1946~1947).

오답 체크

① 광복 직후 송진우, 김성수 등은 보수 정당인 한국 민주당을 창당하였다(1945).

② 여운형은 5 · 10 총선거(1948) 이전에 서울 혜화동 로터리에서 한지근 외 다섯 명의 저격을 받고 암살당하였다(1947).

③ 제1차 미소 공동 위원회가 결렬되자 이승만은 남한만의 단독 정부 수립을 주장하였다(1946).

④ 신채호는 김원봉의 요청을 받아 의열단의 기본 행동 강령인 조선 혁명 선언을 작성하였다(1923).

63 안중근

정답 ①

키워드 정답 체크

1909년 안중근은 을사늑약 체결을 주도하고 초대 통감을 지낸 이토 히로부미를 만주 하얼빈 역에서 사살하였다. 현장에서 체포된 안중근은 재판을 받고 뤼순 감옥에 수감되었다.

① 안중근은 뤼순 감옥에서 한국, 일본, 청의 동양 삼국이 협력하여 서양 세력의 침략을 방어하고 동양 평화를 실현해야 한다는 사상을 담은 『동양 평화론』을 집필하였으나 일제가 사형을 앞당겨 집행하면서 미완성으로 남게 되었다.

오답 체크

② 장인환과 전명운은 미국 샌프란시스코에서 대한 제국의 외교 고문이었던 친일파 미국인 스티븐스를 저격하였다.

③ 나철은 을사늑약을 체결하는 데 협력한 친일파 을사오적을 암살하기 위해 자신회를 조직하여 활동하였다.

④ 이재명은 명동 성당 앞에서 을사오적 중 한 명인 이완용을 습격하여 중상을 입혔다.

⑤ 의열단원인 나석주는 조선 식산 은행과 동양 척식 주식회사에 폭탄을 투척하였다.

64 김원봉

정답 ③

키워드 정답 체크

일제 강점기에 김원봉과 의열단 지도부는 난징에 조선 혁명 간부 학교를 설립하고 독립군을 양성하여 군사력을 강화하였다(1932).

③ 조선 의용대는 김원봉이 주도하여 중국 국민당의 지원을 받아 중국 관내에서 결성된 최초의 한인 무장 부대로, 조선 민족 전선 연맹 산하에 있었다(1938).

오답 체크

① 이상설은 연해주에서 대한 광복군 정부를 조직하였다(1914). 대한 광복군 정부는 정통령 이상설, 부통령 이동휘를 중심으로 독립 운동을 전개하였다.

② 박상진은 공화 정체의 근대 국민 국가의 수립을 지향하는 대한 광복회를 조직하고(1915) 초대 총사령으로서 독립군 양성에 힘쓰는 한편, 친일파 처단 활동도 전개하였다.

④ 지청천을 중심으로 북만주에서 결성된 한국 독립군은 중국 호로군과 연합하여 쌍성보 전투(1932), 사도하자 전투(1933), 대전자령 전투(1933)에서 일본군에 승리하였다.

⑤ 신채호는 김원봉의 요청을 받아 의열단의 행동 강령인 조선 혁명 선언을 작성하였다(1923).

주제 17 주요 지역 1

65 지역사 – 전주

정답 ③

키워드 정답 체크

- **전라 감영**: 조선 시대 전북과 전남, 제주 지역의 행정과 군사를 총괄하였던 관청으로, 일제 강점기에 대부분이 철거되고 일부 건물만이 남아있었으나 6 · 25 전쟁 당시 폭발로 모두 붕괴되었다. 현재 전주시는 고증을 거쳐 전라 감영을 복원하였다.
- **풍패지관**: 객사는 고려 · 조선 시대에 각 고을에 설치된 관아였다. 조선 성종 때는 전주 사고를 지은 뒤 남은 재료로 서의헌을 고쳐 객사로서 풍패지관을 만들었다.
- **경기전**: 조선 태조의 어진을 모신 사당으로 태종 때 어용전이라는 이름으로 창건되었으며, 세종 때 경기전으로 이름이 바뀌었다. 경기전에는 전주 사고가 설치되어 실록을 보관하기도 하였다.
- **성황사**: 조선 숙종 대의 기록에 의하면 동고산성은 견훤이 완산주(전주)에 도읍을 세우고 건국한 후백제의 궁성 터라고 전해진다. 성황사는 동고산성 안에 있는 절이다.
- **풍남문**: 전주읍성의 4대문 가운데 남문으로, 영조 때 큰 화재가 일어나 남문과 서문이 모두 불타자 풍남문과 패서문이라고 이름지었다.

③ 동학 농민 운동 당시 농민군은 황토현 · 황룡촌 전투에서 관군에 승리하고 전주성을 점령하여 전라도 일대를 장악하였다. 이후 정부와 전주 화약을 맺어 자치 개혁 기구인 집강소를 설치하고 폐정 개혁을 실시하였다.

오답 체크

① 조선 후기 실학자 유형원은 전북 부안에서 『반계수록』을 저술하여 통치 제도에 관한 개혁안을 제시하였다. 특히 신분에 따라 토지를 차등 분배하고, 자영농을 육성하자는 균전론을 주장하였다.

② 후백제의 견훤은 아들 신검과의 왕위 계승 문제로 갈등을 겪다가 전북 김제 금산사에 유폐되었고, 이후 탈출하여 고려 왕건에게 귀부하였다.

④ 조선 중종은 반정으로 왕위에 오른 후 훈구파를 견제하고 연산군의 폐정을 개혁하기 위해 사림파를 중용하였다. 이때 등용된 조광조는 개혁 정치의 하나로 반정 공신들의 위훈 삭제를 주장하다가 훈구파의 반발로 발생한 기묘사화로 인해 능주(전남 화순)로 유배되었다.

⑤ 임병찬은 을사조약이 체결되자 최익현과 함께 전북 정읍에 있는 무성 서원에서 을사의병을 일으켰다.

66 경복궁

정답 ①

키워드 정답 체크

조선 태조는 조선을 건국한 후 도읍을 개경에서 한양으로 옮기면서 심덕부 등에게 경복궁을 창건하게 하였다. 이후 경복궁은 임진왜란 때 불에 탄 뒤 방치되었다가 흥선 대원군 즉위 이후 왕실의 권위를 회복하기 위해 중건하였다.

① 조선 태조 때 정도전은 왕의 즉위식, 조회(朝會) 등 국가의 중요한 의식을 다루는 경복궁의 중심 건물을 부지런히 나라를 다스린다는 의미로 근정전이라 이름 지었다.

오답 체크

② 조선 성종 때 세 왕후(정희 왕후, 소혜 왕후, 안순 왕후)를 모시기 위해 창경궁을 조성하였다. 조선 시대 궁궐 중 유일하게 동쪽을 향해 지어졌으며, 일제 강점기 때 궐 안에 동물원, 식물원 등이 설치되었다.

③ 정조 때 창덕궁 후원에 지은 왕실 도서관인 규장각은 별도 서고에서 서적들을 보관하였으며, 새로운 정책을 개발하는 연구 기관의 기능도 담당하였다.

④ 조선 후기에 유사시 왕이 머무는 이궁으로 경덕궁을 건립하였다. 인조반정 이후 인조가 이곳에서 정사를 보기도 하였으며, 도성의 서쪽에 위치하여 서궐로 불리었다. 이후 영조 때 경희궁으로 이름을 바꾸었다.

⑤ 광해군은 왕위를 위협할 요소를 제거하기 위해 형 임해군과 동생 영창 대군을 살해하고, 선조의 아내인 인목 대비를 폐위시켜 경운궁(덕수궁)에 가두었다.

67 지역사 – 강화도

정답 ①

키워드 정답 체크

- **고인돌**: 강화도에는 청동기 시대 지배층 군장의 무덤인 고인돌 이 다수 분포되어 있다. 세계에서 고인돌이 가장 밀집되어 있는 동북아시아 중에서도 우리나라가 그 중심이다.
- **참성단**: 강화도 마니산에 위치한 참성단은 단군이 하늘에 제사를 올리기 위해 쌓은 제단이라고 전해진다. 고려와 조선 시대에도 이곳에서 국가의 안정과 평화를 기원하는 도교식 제사를 거행하였다.
- **광성보**: 고려가 몽골의 침략에 대항하기 위해 강화도로 도읍을 옮기면서 쌓았던 외성을 조선 광해군 때 다시 고쳐 쌓았고, 이후 효종 때 광성보를 설치하였다. 1871년에는 광성보에서 신미양요 때 미군과 전투를 벌였으며, 이때 문의 누각과 담이 파괴되었던 것을 다시 복원하였다.

① 강화 홍릉은 강화도로 천도하였던 고려 대몽 항쟁기 당시 국왕이었던 고종의 무덤이다.

오답 체크

② 조선 후기의 상인 김만덕은 상업을 통해 모은 재산을 모두 기부하여 흉년으로 고통받는 제주도민을 구제하였다.

③ 조선 순조 때 정약전은 흑산도 유배 중에 인근 바다의 수산생물 종류와 분포, 습성 등을 기록한 『자산어보』를 집필하였다.

④ 신라 지증왕 때 이사부를 시켜 우산국(울릉도)과 우산도(독도)를 복속하고 실직주의 군주로 삼았다.

⑤ 조선 고종 때 영국은 조선에 대한 러시아의 세력 확장을 저지하기 위해 거문도를 불법으로 점령하였다.

68 창덕궁

정답 ③

키워드 정답 체크

③ 정조 때 창덕궁 후원에 지은 왕실 도서관인 규장각은 별도 서고에서 서적들을 보관하였으며, 새로운 정책을 개발하는 연구 기관의 기능도 담당하였다.

오답 체크

① 조선 후기에 유사시 왕이 머무는 이궁으로 경덕궁을 건립하였다. 인조반정 이후 인조가 이곳에서 정사를 보기도 하였으며, 도성의 서쪽에 위치하여 서궐로 불리었다. 이후 영조 때 경희궁으로 이름을 바꾸었다.

② 광복 직후 모스크바 3국 외상 회의의 결정에 따라 덕수궁 석조전에서 미소 공동 위원회가 개최되었다.

④ 일제 강점기에 일본이 조선을 근대화시킨다는 명분으로 경복궁에서 최초의 공식 박람회인 조선 물산 공진회를 개최하였다.

⑤ 광해군은 왕위를 위협할 요소를 제거하기 위해 형인 임해군과 동생 영창 대군을 살해하고, 선조의 아내인 인목 대비를 폐위시켜 경운궁(덕수궁)에 가두었다.

주제 18 주요 지역 2

69 지역사 – 독도

정답 ②

키워드 정답 체크

② 갑신정변 이후 청의 내정 간섭이 심화되자 조선은 이를 견제하기 위해 러시아를 끌어들였다. 이에 영국은 러시아의 남하를 막는다는 구실로 세 척의 함대를 파견하여 거문도를 불법 점령하였다.

오답 체크

① 조선 숙종 때에 동래에 살던 안용복이 울릉도와 독도에 왕래하던 일본 어부들을 쫓아내고 일본에 건너가 독도가 우리나라의 영토임을 확인받았다.

③ 일본은 러일 전쟁 중 불법으로 독도를 일본 영토로 편입시키고, 현재는 다케시마(竹島)라는 이름으로 시마네현 행정 구역에 포함시켰다.

④ 대한 제국은 울릉도, 독도의 행정 관리를 강화하기 위해 대한 제국 칙령 제41호를 통해 울릉도를 군으로 승격시키고 독도를 관할하게 하여 우리의 영토임을 명시하였다.

⑤ 1877년 당시 일본의 최고 국가 기관인 태정관이 외교 문서에 울릉도와 독도가 일본의 영토가 아님을 명시하였다.

70 지역사 – 부산

정답 ④

키워드 정답 체크

- **부산 동삼동 패총**: 조개껍데기와 각종 생활 쓰레기가 쌓여 만들어진 부산 영도구의 동삼동 패총은 대표적인 신석기 시대의 패총 유적지이다.
- **정공단**: 부산 동구 좌천동에 있는 제단으로, 임진왜란 당시 부산성에서 관문을 지키다 전사한 정발과 그를 따라 함께 순절한 군민의 충절을 추모하기 위해 영조 때 설치되었다(1766).
- **백산 기념관**: 일제 강점기의 독립운동가 안희제는 중국에서 독립운동을 하다가 1914년 국내에서 민족 자본으로 우리나라 최초의주식회사인 백산 상회를 세우고 무역업을 통해 독립운동 자금을모았다. 부산 중구청은 안희제의 독립 정신을 이어받기 위해 옛 백산 상회 자리인 중구 동광동에 기념관을 개관하였다.
- **임시 수도 기념관**: 1950년 북한의 남침으로 6 · 25 전쟁이 시작된이후 이승만 정부는 전쟁에 제대로 대응하지 못한 채 후퇴하다가 부산을 임시 수도로 정하였다. 부산이 임시 수도였던 약 3년여 동안 부산 서구 부민동에 위치한 경남 도지사의 관사가 대통령 관저로 사용되었다. 1984년 6월 25일, 임시 수도 시절 대통령 관저로서의 역사성을 기리기 위하여 이곳에 임시 수도 기념관을 개관하였다.

④ 의열단의 단원 박재혁은 부산 경찰서 서장 하시모도에게 폭탄을 투척하였다.

오답 체크

① 이승만 정권과 자유당이 3 · 15 정부통령 선거 당선을 위해 부당한 선거 운동을 벌이자, 이에 항거한 대구 학생들이 2 · 28 민주 운동을 주도하였다(1960).

② 모스크바 3국 외상 회의의 결정에 따라 임시 정부 수립을 위해 서울 덕수궁 석조전에서 제1 · 2차 미소 공동 위원회가 개최되었다(1946, 1947).

③ 평양 평원 고무 공장의 노동자 강주룡은 을밀대 지붕에서 고공 농성을 벌이며 일제의 노동 착취를 규탄하고 노동 조건 개선을 주장하였다(1931).

⑤ 전남 신안군 암태도에서는 한국인 지주 문재철의 횡포에 맞서 일제 강점기 최대의 소작 쟁의가 발생하였다(1923).

주제 19 주요 역사서

71 시대별 역사서의 편찬

정답 ②

키워드 정답 체크

(가) **『삼국사기』**(1145): 고려 인종의 명을 받아 김부식이 편찬하였으며, 현존하는 우리나라 최고(最古)의 역사서이다. 유교적 사관을 바탕으로 본기, 연표, 지, 열전 등으로 구성되었으며, 기전체 형식으로 서술되었다.

(다) **『삼국유사』**(1281): 고려 원 간섭기 때 승려 일연이 저술하였으며, 불교사를 중심으로 왕력과 함께 기이(紀異)편에 전래 기록을 담았다. 특히, 단군을 우리 민족의 시초로 여겨 고조선 건국 설화도 수록하였다.

(나) **『동국통감』**(1485): 조선 성종 때 서거정 등이 편찬하였으며, 고조선부터 고려 말까지의 역사를 연대순으로 기록한 편년체 역사서이다.

(라) **『발해고』**(1784): 조선 정조 때 서얼 출신 유득공이 저술하였으며, 발해를 우리의 역사로 인식하고 최초로 '남북국'이라는 용어를 사용하였다.

72 『삼국사기』, 『삼국유사』

정답 ②

키워드 정답 체크

ㄱ. 고려 시대 김부식은 중국 문헌에 빠져있는 삼국의 역사를 기록하여 후세에 교훈이 될 역사서를 남기기 위해 『삼국사기』를 편찬하였다. 신라, 고구려, 백제 세 나라의 정치적인 흥망과 변천을 중심으로 다루고 있으며, 현존하는 우리나라 최초의 관찬 역사서이다.

ㄷ. 고려 원 간섭기 때 승려 일연이 고조선에서부터 후삼국까지의 전래 기록을 모아 『삼국유사』를 저술하였다. 왕력(王歷)편, 기이(紀異)편 등 총 9편목으로 구성되어 있으며, 불교 사료, 신화, 설화 등을 수록하였다.

오답 체크

ㄴ. 조선 시대에는 국왕의 사후에 실록청을 설치하고 사관이 기록한 사초, 시정기를 정리하여 『조선왕조실록』을 편찬하였다.

ㄹ. 조선 성종 때 서거정 등이 편찬한 『동국통감』은 고조선부터 고려까지의 역사를 연대순으로 기록하였다.

73 이승휴의 『제왕운기』

정답 ④

키워드 정답 체크

④ 고려 충렬왕 때 이승휴가 쓴 『제왕운기』는 단군부터 충렬왕까지의 역사를 서사시로 서술하였다. 중국과 우리나라의 역사를 병렬적으로 서술하여 우리 역사만의 독자성을 강조하였고, 단군의 고조선 건국 이야기를 수록하여 고조선을 한국사에 포함시켰다.

오답 체크

① 고려 원 간섭기인 충렬왕 때 승려 일연이 불교사를 중심으로 왕력과 함께 기이(紀異)편을 두어 고대의 민간 설화나 전래 기록 등을 수록한 『삼국유사』를 저술하였다.

② 조선 시대에는 국왕의 사후에 실록청을 설치하고 사관이 기록한 사초, 시정기를 정리하여 『조선왕조실록』을 편찬하였다.

③ 고려 인종의 명을 받아 김부식이 편찬한 『삼국사기』는 현존하는 우리나라 최고(最古)의 역사서이다. 이는 유교적 사관을 바탕으로 본기, 연 표, 지, 열전 등으로 구성된 기전체 형식으로 서술되었다.

⑤ 조선 후기 안정복이 쓴 『동사강목』은 단군 조선부터 고려 공양왕까지의 역사를 정리한 것이다. 이는 사실에 대한 '강', 자세한 사실 경위에 대한 '목'의 순서로 사건을 서술하는 강목체 형식으로 편찬되었다.

74 『고려사』

정답 ②

키워드 정답 체크

② 『고려사』는 고려 태조부터 공양왕까지의 정치 · 경제 · 사회 · 문화 · 인물 등에 관한 내용을 정리한 관찬 역사서이다. 고려의 역사를 통해 통치의 교훈을 얻기 위한 목적으로 조선 세종 때부터 편찬되기 시작하여 문종 원년에 완성되었다(1451). 또한, 사마천이 저술한 『사기』의 영향을 받아 세가, 열전, 지, 연표 등으로 구성된 기전체 형식이 사용되었다.

오답 체크

① 정조 때 서얼 출신 유득공이 저술한 『발해고』는 발해를 우리의 역사로 인식하고 최초로 '남북국'이라는 용어를 사용하였다.

③ 고려 무신 정권 시기의 문인 이규보가 저술한 「동명왕편」은 한국 문학 최초의 서사시이다. 고구려를 건국한 동명왕의 업적을 칭송하고 고려가 고구려를 계승하였다는 고려인의 자부심을 표현하였다.

④ 고려 원 간섭기인 충렬왕 때 승려 일연이 불교사를 중심으로 왕력과 함께 기이(紀異)편을 두어 고대의 민간 설화나 전래 기록 등을 수록한 『삼국유사』를 저술하였다.

⑤ 조선 성종 때 서거정 등이 편찬한 『동국통감』은 고조선부터 고려 말까지의 역사를 연대순으로 기록한 편년체 역사서이다.

75 「동명왕편」

정답 ①

키워드 정답 체크

① 고려 무신 정권 시기의 문인 이규보는 『동국이상국집』을 저술하였다. 권3의 「동명왕편」은 한국 문학 최초의 서사시로, 고구려 건국 시조인 주몽(동명왕)의 업적을 칭송하고 고려가 고구려를 계승하였다는 점을 수록하여 고려인의 자부심을 표현하였다.

오답 체크

② 정조 때 서얼 출신 유득공이 저술한 『발해고』에서는 발해를 우리의 역사로 인식하고 최초로 '남북국'이라는 용어를 사용하였다.

③ 조선 시대에는 국왕의 사후에 실록청을 설치하고 사관이 기록한 사초, 시정기를 정리하여 『조선왕조실록』을 편찬하였다.

④ 고려 원 간섭기 때 승려 일연이 저술한 『삼국유사』에는 불교사를 중심으로 왕력과 함께 기이(紀異)편에 전래 기록을 담았다. 특히, 단군을 우리 민족의 시초로 여겨 고조선 건국 설화도 수록하였다.

⑤ 고려 인종의 명을 받아 김부식이 편찬한 『삼국사기』는 현존하는 우리 나라 최고(最古)의 역사서이다. 유교적 사관을 바탕으로 본기, 연표, 지, 열전 등으로 구성되었으며, 기전체 형식으로 서술되었다.

인간에게 있어서 가장 아름다운 진실은
마음가짐이 바뀐다면 현실도 바뀐다는 것이다.

–플라톤–

PART II

시대별 핵심 주제

CHAPTER

선사

주제 01 구석기 · 신석기 시대

76 구석기 시대

정답 ②

키워드 정답 체크

공주 석장리 유적은 남한에서 최초로 발굴된 구석기 시대 유적지로, 1964년에 처음 조사된 이후 13차례에 걸쳐 발굴 조사가 실시되었다. 이 과정에서 돌을 깨서 만든 도구인 뗀석기로서, 주먹에 쥐고 쓸 수 있는 도끼인 주먹도끼와 무언가를 내리찍을 때 사용한 찍개 등이 출토되었다.

② 구석기 시대에는 동굴이나 강가에 막집을 짓고 거주하며 계절에 따라 이동 생활을 하였다.

오답 체크

① 청동기 시대에는 벼농사를 짓기 시작하면서 반달 돌칼을 이용하여 벼를 수확하였다.

③ 철기 시대 때 중국과의 교류가 활발하여 중국 화폐인 반량전과 명도전이 사용되었다.

④ 신석기 시대에는 빗살무늬 토기를 이용하여 음식을 조리하거나 저장하였다.

⑤ 신석기 시대에는 가락바퀴로 뼈바늘을 이용하여 옷이나 그물을 만들어 사용하기도 하였다.

77 신석기 시대

정답 ⑤

키워드 정답 체크

신석기 시대 사람들은 강가나 바닷가에 정착하여 움집을 짓고 살면서 채집 · 수렵 생활을 하였다. 또한, 이 시기에는 농경 생활이 시작되어 조 · 피 등을 재배하였으며 빗살무늬 토기를 이용해 곡식을 저장하고 갈돌과 갈판으로 곡식을 갈아 음식을 만들어 먹었다.

⑤ 신석기 시대에는 가락바퀴와 뼈바늘을 이용하여 옷이나 그물을 만들어 사용하기도 하였다.

오답 체크

① 신라 지증왕 때 소를 이용한 우경을 실시하자 깊이갈이가 가능해져 농업 생산량이 증대되었고, 고려 시대에 이르러 우경이 일반화되었다.

② 철기 시대에는 중국과의 교류가 활발하여 중국 화폐인 명도전과 반량전이 사용되었다.

③ 청동기 시대에는 의례를 주관할 때 청동 방울을 제작하여 사용하였다.

④ 후기 청동기 시대와 초기 철기 시대에는 거푸집을 이용하여 세형동검을 제작하면서 독자적인 청동기 문화를 발달시켰다.

78 신석기 시대

정답 ④

키워드 정답 체크

강원도 양양 오산리는 대표적인 신석기 시대 유적지로, 집터와 이음 낚시, 그물추 등이 출토되었다. 그릇의 표면에 점토 띠를 덧붙여 문양 효과를 낸 토기인 덧무늬 토기와 빗살무늬 토기 등도 함께 발견되었다. 이를 통해 강가나 바닷가에 움집을 짓고 살면서 채집 · 수렵 생활을 하였던 신석기 시대 사람들의 생활상을 살펴볼 수 있다.

④ 신석기 시대에는 농경 생활의 시작으로 조 · 피 등을 재배하였고, 가축을 기르는 목축을 통해 식량을 생산하였다.

오답 체크

① 구석기 시대에는 동굴이나 강가에 막집을 짓고 거주하며 인근에서 사냥과 채집을 하였다.

② 청동기 시대에는 정치권력과 경제력을 가진 지배자인 군장이 등장하였다. 이들의 무덤인 고인돌, 돌널무덤 등의 규모를 통해 당시 지배층의 권력을 짐작할 수 있다.

③ 철기 시대 때 중국과의 활발한 교류로 인해 중국 화폐인 명도전과 반량전이 사용되었다.

⑤ 청동기 시대에는 거푸집으로 비파형 동검을 제작하고, 거친무늬 거울을 만드는 등 독자적인 청동기 문화를 형성하였다.

주제 02 청동기 · 철기 시대

79 청동기 시대

정답 ②

키워드 정답 체크

부여 송국리 유적은 대표적인 청동기 시대 유적지로 취락을 지키기 위해 설치한 환호와 목책의 흔적과 민무늬 토기, 비파형 동검을 찾아볼 수 있다. 또한, 청동기 시대에는 사유 재산이 발생하여 계급이 분화됨에 따라 정치권력과 경제력을 가진 지배자인 군장이 등장하였다.

② 청동기 시대 무덤인 고인돌의 거대한 규모를 통해 당시 많은 사람들이 동원되었다는 것과 무덤의 주인이 지배층이라는 것을 알 수 있다.

오답 체크

① 신라 지증왕 때 소를 이용한 우경을 실시하자 깊이갈이가 가능해져 농업 생산량이 증대되었고, 고려 시대에 이르러 일반화되었다.

③ 신석기 시대에는 가락바퀴로 실을 뽑아 뼈바늘로 옷을 지어 입었다.

④ 철기 시대 이후 쟁기, 호미, 쇠스랑 등의 철제 농기구가 널리 사용되면서 농업 생산량이 늘어났다.

⑤ 구석기 시대 사람들은 주로 동굴이나 막집에 거주하였다.

80 청동기 시대

정답 ①

키워드 정답 체크

고창 · 화순 · 강화 고인돌 유적은 대표적인 청동기 시대 유적지로 유네스코 세계 유산으로 등재되어 있다. 청동기 시대에는 사유 재산이 발생하고 계급이 분화되면서 정치권력과 경제력을 가진 군장이 등장하였다. 고인돌은 당시 지배층인 군장의 무덤으로, 거대한 규모를 통해 당시 지배층의 권력을 확인할 수 있다.

① 청동기 시대에는 조, 보리, 콩 등의 밭농사와 함께 벼농사도 짓기 시작하였으며 반달 돌칼을 이용하여 벼를 수확하였다.

오답 체크

② 신라 지증왕 때 소를 이용한 우경이 시행되면서 깊이갈이가 가능해져 농업 생산량이 증대되었고, 고려 시대에 이르러 일반화되었다.

③ 구석기 시대 사람들은 동굴이나 강가에 막집을 짓고 살았으며, 계절에 따라 이동 생활을 하였다.

④ 철기 시대에는 중국과의 교류가 활발하여 중국 화폐인 오수전, 화천 등이 사용되었다.

⑤ 신석기 시대에는 가락바퀴로 실을 뽑아 뼈바늘로 옷을 지어 입었다.

81 청동기 시대

정답 ⑤

키워드 정답 체크

부여 송국리 유적은 청동기 시대의 가장 대표적인 유적지로, 민무늬 토기, 비파형 동검 등이 출토되었다. 청동기 시대에는 농경이 발달하여 조, 보리, 콩 등을 중심으로 한 밭농사를 지었고 벼농사를 시작하였다. 또한, 정치권력과 경제력을 가진 군장이 등장하였으며, 이들의 무덤인 고인돌의 규모를 통해 당시 지배층의 권력을 확인할 수 있다.

⑤ 청동기 시대에는 의례를 주관할 때 청동 방울이나 거울 등을 제작하여 사용하였다.

오답 체크

① 구석기 시대 사람들은 주로 동굴이나 막집에 거주하였다.

② 구석기와 신석기 시대에는 계급이 없는 평등한 공동체 생활을 하였다.

③ 철기 시대에는 중국과의 교류가 활발하여 중국 화폐인 오수전, 화천 등이 사용되었다.

④ 신석기 시대에는 가락바퀴로 실을 뽑아 뼈바늘로 옷을 지어 입었다.

주제 03 고조선

82 고조선

정답 ④

키워드 정답 체크

기원전 2333년 단군왕검은 우리 역사상 최초의 국가인 고조선을 건국하였다. 중국 진한 교체기인 기원전 2세기경 고조선으로 이주해 온 위만은 준왕의 신임을 받아 서쪽 변경을 수비하는 임무를 맡으면서 세력을 키워 준왕을 몰아내고 고조선의 왕이 되었다.

④ 위만은 고조선의 확산된 철기 문화를 바탕으로 진번, 임둔 등 주위 부족을 복속시켜 세력을 크게 확장하였다.

오답 체크

① 삼국 시대 각 국가에서는 율령을 반포하여 통치 체제를 정비하고 왕권을 강화하였다.

② 신라 진흥왕은 화랑도를 국가적인 조직으로 정비하였고, 이들은 원광의 세속 5계를 생활 규범으로 삼아 명산대천을 찾아다니며 수련을 하였다.

③ 백제 고이왕은 6좌평제와 16관등제를 정비하여 중앙 집권 국가의 토대를 마련하였다.

⑤ 고구려는 지방을 대성, 중성, 소성 3단계로 나누어 통치하였는데 대성에는 욕살을, 중성에는 처려근지를 장관으로 두었다.

83 고조선

정답 ②

키워드 정답 체크

중국 진한 교체기인 기원전 2세기경 고조선으로 이주해 온 위만은 준왕의 신임을 받아 서쪽 변경을 수비하는 임무를 맡으면서 세력을 키워 준왕을 몰아내고 고조선의 왕이 되었다.

② 위만은 고조선의 확산된 철기 문화를 바탕으로 진번, 임둔 등 주위 부족을 복속시켜 세력을 크게 확장하였다.

오답 체크

① 위만의 손자인 우거왕 때 한의 무제가 고조선을 침공하여 항전하였으나 결국 왕검성이 함락되고 고조선이 멸망하였다.

③ 고구려 고국천왕은 국상 을파소의 건의에 따라 빈민을 구제하기 위해 먹을거리가 부족한 봄에 곡식을 빌려주고 겨울에 갚게 하는 진대법을 실시하였다.

④ 고구려는 지방을 대성, 중성, 소성 3단계로 나누어 통치하였으며 대성에는 욕살을, 중성에는 처려근지를 장관으로 두었다.

⑤ 위만이 고조선에 건너오기 이전인 기원전 3세기경 고조선은 요서 지방을 경계로 연과 대립하다가 연의 장수 진개의 공격을 받고 서쪽 땅을 상실하였다.

84 고조선

정답 ⑤

키워드 정답 체크

위만의 손자인 우거왕 때 한 무제가 고조선을 침공하였다. 고조선은 1차전인 패수 전투에서 승리하였으나 지배층 내부에서 항복 여부를 두고 분열이 일어나 우거왕이 암살되었다. 이후 수도인 왕검성이 함락되면서 고조선이 멸망하였으며, 한은 점령한 지역에 진번, 임둔, 낙랑, 현도의 4군을 설치하였다.

⑤ 고조선은 사회 질서를 유지하기 위해 범금 8조를 만들었으나 현재는 3개의 조항만 전해진다.

오답 체크

① 고구려는 매년 10월에 추수감사제인 동맹이라는 제천 행사를 열었다.

② 삼한은 정치적 지배자 외에 천군이라는 제사장을 두는 제정 분리 사회였다. 천군은 제사를 주관하는 소도라는 신성 지역을 다스렸다.

③ 동예는 각 부족의 영역을 중요시하여 다른 부족의 영역을 침범하는 경우 노비와 소, 말로 변상하게 하는 책화 제도를 두었다.

④ 부여는 왕 아래 마가, 우가, 저가, 구가의 가(加)들이 각자의 행정 구역인 사출도를 다스렸다.

85 부여

정답 ①

키워드 정답 체크

부여는 왕 아래 마가, 우가, 구가, 저가의 가(加)들이 각자의 행정 구역인 사출도를 다스렸으며, 왕이 통치하는 중앙과 합쳐 5부를 구성하는 연맹 왕국이었다. 또한, 가뭄이나 장마 같은 흉년이 발생하면 허물을 왕에게 돌리고 가(加)들이 새로운 왕을 추대하는 등 왕권이 미약하였다.

① 부여에서는 매년 12월에 풍성한 수확제이자 추수 감사제의 성격을 지닌 영고라는 제천 행사가 열렸다.

오답 체크

② 고조선은 위만의 손자인 우거왕 때 한 무제의 침공으로 왕검성이 함락되면서 멸망하였다.

③ 백제의 귀족들은 정사암이라는 바위에서 회의를 통해 재상을 선출하고 국가의 중대사를 결정하였다.

④ 동예는 각 부족의 영역을 중요시하여 다른 부족의 영역을 침범하는 경우 노비와 소, 말로 변상하게 하는 책화 제도를 두었다.

⑤ 삼한은 제정 분리 사회였으며, 소도라는 신성 지역을 따로 두어 제사장인 천군이 이곳을 관리하도록 하였다.

주제 04 여러 나라의 성장

86 동예

정답 ④

키워드 정답 체크

동예는 철기 문화를 바탕으로 함경남도와 강원도의 해안 지역에 등장한 국가로, 읍군이나 삼로라는 군장들이 부족을 다스렸다. 특산물로는 단궁, 과하마, 반어피 등이 유명하였으며, 읍락 간의 영역을 중요시하여 다른 부족의 경계를 침범하는 경우 노비와 소, 말로 변상하게 하는 책화 제도가 있었다.

④ 동예는 매년 10월에 무천이라는 제천 행사를 열었다.

오답 체크

① 삼한의 천군은 제사를 주관하는 신성 지역인 소도를 다스렸다. 이곳에는 군장의 세력이 미치지 못하여 죄인이 도망쳐 와도 잡아가지 못하였다.

② 3세기 초 경남 해안 지역의 8개 소국이 난을 일으켜 가야를 공격하였다. 이에 가야는 신라에 도움을 요청하여 이들을 물리쳤다.

③ 『삼국유사』에는 신라 경주 김씨의 시조인 김알지가 울고 있는 닭 옆에 있던 금빛 궤짝에서 발견되었다는 신화가 전해진다.

⑤ 부여에는 왕 아래 가축의 이름을 딴 마가, 우가, 저가, 구가의 가(加)들이 있었다. 이들은 행정 구역인 사출도를 다스렸으며, 왕이 통치하는 중앙과 합쳐 5부를 구성하였다.

87 삼한

정답 ①

키워드 정답 체크

삼한은 마한, 진한, 변한으로 구성된 연맹 왕국으로, 각 왕국은 목지국, 사로국, 구야국 등의 여러 소국으로 이루어졌다. 신지, 읍차와 같은 정치적 지배자와 천군이라는 제사장을 두는 제정 분리 사회였으며, 5월에는 수릿날, 10월에는 계절제라 하는 제천 행사를 지냈다.

① 삼한의 천군은 제사를 주관하는 소도라는 신성 지역을 다스렸다. 이곳에는 군장의 세력이 미치지 못하여 죄인이 도망쳐 와도 잡아가지 못하였다.

오답 체크

② 고조선은 기원전 3세기경 요서 지방을 경계로 연과 대립하다가 연의 장수 진개의 공격을 받고 서쪽 땅을 상실하였다.

③ 옥저에는 혼인 풍습으로 여자가 어렸을 때 혼인할 남자의 집에서 생활하다가 성인이 된 후에 혼인하는 민며느리제가 있었다.

④ 부여에는 왕 아래 가축의 이름을 딴 마가, 우가, 저가, 구가의 가(加)들이 있었다. 이들은 행정 구역인 사출도를 다스렸으며, 왕이 통치하는 중앙과 합쳐 5부를 구성하였다.

⑤ 동예에서 생산되는 특산물로는 단궁, 과하마, 반어피 등이 유명하였다.

88 고구려와 동예

정답 ②

키워드 정답 체크

(가) **고구려**: 고구려는 5부족 연맹체 국가로 왕 아래 상가, 고추가 등의 대가들이 사자, 조의, 선인 등의 관리를 거느렸고, 귀족 회의인 제가 회의를 통해 국가의 중대사를 결정하였다. 매년 10월에는 동맹이라는 제천 행사를 열었다.

(나) **동예**: 동예는 읍군이나 삼로라는 군장들이 부족을 다스렸다. 읍락 간의 영역을 중요시하여 다른 부족의 경계를 침범하는 경우 노비와 소, 말로 변상하게 하는 책화 제도가 있었으며, 매년 10월에는 무천이라는 제천 행사를 열었다.

② 고구려에는 혼인을 하면 신랑이 신부 집 뒤에 서옥이라는 집을 짓고 생활하다가 자식을 낳아 장성하면 신랑 집으로 돌아가는 서옥제라는 풍습이 있었다.

오답 체크

① 삼한 중 변한은 철이 풍부하게 생산되어 낙랑과 왜에 수출하였다.

③ 고조선은 위만이 건너오기 이전인 기원전 3세기경 요서 지방을 경계로 연과 대립하다가 연의 장수 진개의 공격을 받고 서쪽 땅을 상실하였다.

④ 부여에는 왕 아래 가축의 이름을 딴 마가, 우가, 저가, 구가의 가(加)들이 있었다. 이들은 행정 구역인 사출도를 다스렸고 왕이 통치하는 중앙과 합쳐 5부를 구성하였다.

⑤ 신라에는 골품제라는 특수한 신분 제도가 있었으며 골품에 따라 관등 승진에 제한을 두었다.

89 여러 연맹 왕국

정답 ④

키워드 정답 체크

ㄴ. 고구려는 매년 10월에 대규모 제천 행사인 국중 대회로 동맹을 열었다. 이때 왕과 신하들이 국동대혈에 모여 일신(日神)인 동명왕과 수신(隧神)인 유화 부인에게 제사를 지내기도 하였다.

ㄹ. 삼한은 매년 파종하고 난 뒤인 5월에는 수릿날, 곡식을 수확하는 10월에는 계절제라 하는 제천 행사를 지냈다. 이때 온 나라 사람들이 모여 음주가무를 즐겼다.

오답 체크

ㄱ. 동예는 매년 10월 무천이라는 제천 행사를 열어 하늘에 제사를 지내고 밤낮으로 춤과 노래를 즐겼다.

ㄷ. 부여는 매년 12월 풍성한 수확제 · 감사제의 성격을 지닌 영고라는 제천 행사를 열었다. 이날에는 정치적인 통합을 이루고자 죄수를 풀어주기도 하였다.

CHAPTER

02 고대

주제 05 삼국의 성립과 발전 1

90 고구려 소수림왕

정답 ⑤

키워드 정답 체크

⑤ 고구려 소수림왕은 중국 전진으로부터 불교를 수용하고 이를 통해 왕실의 권위를 높이고자 하였으며, 율령을 반포하여 국가 조직을 정비하였다. 또한, 국가 교육 기관인 태학을 설립하여 인재를 양성하였다.

오답 체크

① 고구려 장수왕은 도읍을 국내성에서 평양으로 옮기며 남진 정책을 추진하였다.

② 신라 법흥왕은 상대등과 병부를 설치하고 관등을 정비하여 중앙 집권적 국가 체제를 갖추었다.

③ 백제 무령왕은 지방에 22담로를 설치하고 왕족을 파견하여 지방 통제를 강화하였다.

④ 백제 근초고왕은 고흥에게 역사서인 『서기』를 편찬하게 하였다.

91 고구려 광개토 대왕

정답 ①

키워드 정답 체크

고구려 광개토 대왕은 391년 백제의 수도 한성을 함락시켰으며, 400년에는 신라의 원군 요청을 받고 군대를 보내 신라에 침입한 왜를 격퇴하였다. 이 과정에서 전기 가야 연맹의 중심지였던 금관가야가 쇠퇴하였으며, 북쪽으로는 중국 후연을 공격하여 요동 땅을 차지하였다. 이후 광개토 대왕의 뒤를 이어 아들 거련이 장수왕으로 즉위하여 평양으로 천도하고, 남진 정책을 추진하였다.

① 고구려 광개토 대왕은 영락이라는 독자적 연호를 사용하였다.

오답 체크

② 고구려 소수림왕은 국가 교육 기관인 태학을 설립하여 인재를 양성하였다.

③ 고구려 미천왕은 낙랑군과 대방군 등 한 군현을 한반도 지역에서 몰아내고, 서안평을 공격하여 영토를 확장하였다.

④ 고구려 고국천왕은 국상 을파소의 건의에 따라 빈민을 구제하기 위해 먹을거리가 부족한 봄에 곡식을 빌려주고 겨울에 갚게 하는 진대법을 시행하였다.

⑤ 고구려 영류왕 때 연개소문은 당의 공격에 대비하여 천리장성을 축조하였다.

92 고구려 장수왕의 남진 정책

정답 ⑤

키워드 정답 체크

⑤ 고구려 장수왕은 평양으로 천도한 후 남진 정책을 추진하였다. 이에 개로왕은 북위에 고구려를 공격해 달라고 요청하는 국서를 보내기도 하였으나 북위는 이를 거절하였다. 결국 장수왕이 백제의 수도인 한성을 침략하면서 개로왕이 전사하였고, 고구려는 한강 유역을 차지하였다(475).

오답 체크

① 고구려 영양왕 때 수 양제가 평양성을 공격하였으나 을지문덕이 살수에서 크게 승리하였다(612).

② 백제 동성왕은 신라 소지왕과 결혼 동맹을 맺어 고구려 장수왕의 남진 정책에 맞서기 위해 이루어진 기존의 나제 동맹을 더욱 강화하였다(493).

③ 백제 성왕은 신라 진흥왕이 나제 동맹을 깨고 백제가 차지한 지역을 점령하자 이에 분노하여 신라를 공격하였으나 관산성 전투에서 전사하였다(554).

④ 김유신이 이끄는 신라군은 황산벌 전투에서 백제 계백의 결사대를 물리치고 승리하여 백제를 멸망시켰다(660).

93 고구려의 정복 활동

정답 ④

키워드 정답 체크

(나) **고국원왕 전사**(371): 고구려 고국원왕은 백제 근초고왕이 평양성을 공격해 오자 이에 맞서 싸우다가 전사하였다.

(다) **장수왕의 한성 함락**(475): 고구려 장수왕은 평양으로 천도하며 남진 정책을 추진하였다. 이를 바탕으로 백제의 수도 한성을 함락하고 백제 개로왕을 전사시킨 뒤 한강 유역을 차지하였다.

(가) **아단성(아차성) 전투**(590): 고구려 영양왕 때, 신라에게 빼긴 한강을 수복하기 위해 일으킨 전투이다. 이 전투에서 고구려 온달이 전사하였다.

94 연개소문

정답 ①

키워드 정답 체크

「막리지비도대전」은 『고사』에 실려 있는 그림으로, 고구려 연개소문이 사용하였던 비도술의 실상을 잘 보여준다. 연개소문은 정변을 통해 영류왕을 몰아내고 보장왕을 왕위에 세운 뒤 스스로 대막리지에 올라 국정 및 군사권까지 장악하였다.

① 고구려 영류왕 때 연개소문은 당의 공격에 대비하여 천리장성을 축조하였다.

오답 체크

② 고구려 영양왕 때 수 양제가 평양성을 공격하였으나 을지문덕이 살수에서 수군을 전멸시키면서 수를 물리쳤다.

③ 발해 무왕은 장문휴의 수군으로 당의 등주를 선제공격하여 당군을 격파하였다.

④ 김유신이 이끄는 신라군은 황산벌 전투에서 백제 계백의 결사대를 물리치고 승리하여 백제를 멸망시켰다.

⑤ 검모잠, 고연무 등이 보장왕의 서자 안승을 왕으로 추대하고 한성(황해도 재령)과 오골성을 근거지로 고구려 부흥 운동을 전개하였다.

95 대가야

정답 ⑤

키워드 정답 체크

신라 진흥왕은 활발한 정복 활동을 전개하여 고구려가 차지하고 있던 한강 유역을 빼앗았다. 또한, 이사부와 사다함을 보내 대가야를 병합하여 영토를 확장하였다.

⑤ 경상북도 고령 지역의 대가야는 전기 가야 연맹의 중심지였던 금관가야가 고구려 광개토 대왕의 진출로 쇠퇴하자 5세기 이후 후기 가야 연맹의 중심지가 되었다.

오답 체크

① 나당 연합군으로 평양성을 함락시킨 이후 당은 고구려의 옛 땅을 다스리기 위해 평양에 안동 도호부를 설치하였다.

② 무령왕은 지방 통제를 강화하고자 지방에 설치한 22담로에 왕족을 파견하였다.

③ 발해는 당의 영향을 받아 중앙 관제를 3성 6부제로 구성하였으나 관청의 명칭과 실제 운영에는 독자적인 방식을 적용하였다.

④ 이사금은 신라 말 잇금에서 유래한 말로 신라 초기에 사용된 왕호이다. 신라 사람들은 치아가 많다는 것은 나이가 많은 것을 의미하고, 나이가 많은 사람은 현명하다 믿었기 때문에 치아 수가 많은 연장자가 왕위를 잇도록 하였다.

96 금관가야

정답 ④

키워드 정답 체크

김수로왕이 건국한 김해 지역의 금관가야는 전기 가야 연맹을 주도하였다. 이후 금관가야가 고구려 광개토 대왕의 진출로 쇠퇴하기 시작하면서 고령 지역의 대가야가 후기 가야 연맹을 주도하게 되었다.

④ 금관가야는 철이 풍부하고 해상 교통이 발전하여 낙랑과 왜의 규슈 지방을 연결하는 중계 무역으로 번성하였고, 덩이쇠를 주조하여 화폐처럼 사용하였다.

오답 체크

① 통일 신라는 중앙 행정 기구인 집사부, 위화부를 비롯한 14부를 설치하여 행정 업무를 분담하였다.

② 고구려는 집집마다 부경이라는 작은 창고를 만들어 곡식, 찬거리, 소금 등을 저장하였다.

③ 고구려는 5부족 연맹체 국가로 왕 아래 상가, 고추가 등의 대가들이 사자, 조의, 선인 등의 관리를 거느렸다.

⑤ 백제의 지배층은 왕족인 부여씨와 8성의 귀족으로 이루어졌다.

주제 06 삼국의 성립과 발전 2

97 나제 동맹 정답 ②

키워드 정답 체크

② 고구려 장수왕이 수도를 국내성에서 평양성으로 옮기고, 남진 정책을 추진하여 신라와 백제를 공격하자 백제의 비유왕과 신라의 눌지왕이 나제 동맹을 맺어 이에 대항하였다(433). 이후, 백제 동성왕은 신라 소지왕과 결혼 동맹을 맺어 기존에 이루어진 기존의 나제 동맹을 더욱 강화하였다(493).

오답 체크

① 신라 법흥왕 때 금관가야를 정복하여 구해왕과 그 자손들이 신라 진골에 편입되었다(532).

③ 신라 선덕여왕 때 비담과 염종이 왕위를 노리고 반란을 일으키자 김유신이 이를 진압하였다(647).

④ 고구려 영양왕이 신라에게 뺏긴 한강을 수복하기 위해 온달을 보내 아단성을 공격하였다(590).

⑤ 신라 김춘추는 당으로 건너가 당 태종으로부터 군사적 지원을 약속받아 나당 동맹을 성사시키고 나당 연합군을 결성하였다(648).

98 백제 무령왕 정답 ③

키워드 정답 체크

백제 무령왕은 개로왕 전사 이후 위태로운 상황을 벗어나기 위해 제도를 정비하고 고구려에 여러 차례 공세를 펼쳐 점차 한강 유역으로 진출하였다. 무령왕의 무덤은 벽돌무덤으로 중국 남조 양과의 교류를 통해 영향을 받았음을 알 수 있으며, 무덤을 수호하는 진묘수 역할로서 도교적 사상이 반영되어 있음을 보여주는 '무령왕릉 석수'가 함께 출토되었다.

③ 무령왕은 지방에 설치한 22담로에 왕족을 파견하여 지방 통제를 강화하였다.

오답 체크

① 백제 무왕은 금마저(익산)에 미륵사를 창건하였다.

② 백제 성왕은 웅진(공주)에서 사비(부여)로 천도하고 국호를 남부여로 고쳐 새롭게 중흥을 도모하였다.

④ 4세기 중반 백제의 최전성기를 이끌었던 근초고왕은 고구려의 평양성을 공격하여 고국원왕을 전사시켰다.

⑤ 백제 침류왕은 중국 동진을 거쳐 백제로 건너온 인도의 승려 마라난타로부터 불교를 수용하였다.

99 백제 성왕 정답 ②

키워드 정답 체크

② 무령왕의 뒤를 이어 즉위한 백제 성왕은 웅진(공주)에서 사비(부여)로 천도하고 국호를 남부여로 고쳤다. 또한, 중앙 관청을 22부로 정비하면서 새롭게 중흥을 도모하였다. 이후 신라 진흥왕과 함께 고구려를 공격하여 한강 유역을 차지하였으나 진흥왕이 나제 동맹을 깨고 백제가 차지한 지역을 점령하였다. 이에 분노한 성왕은 신라를 공격하였으나 관산성 전투에서 전사하였다.

오답 체크

① 백제 무왕은 금마저(전북 익산)에 미륵사를 창건하였다.

③ 백제 의자왕은 윤충을 시켜 신라의 대야성을 비롯한 40여 개의 성을 함락하였다.

④ 백제 근초고왕은 고흥에게 역사서인 『서기』를 편찬하도록 하였다.

⑤ 백제 개로왕은 북위에 사신을 보내 함께 고구려를 공격할 것을 요청하는 국서를 전하였다.

100 신라 법흥왕 정답 ③

키워드 정답 체크

신라 법흥왕은 상대등과 병부를 설치하고 관등을 정비하여 중앙 집권적 국가 체제를 갖추었다. 법흥왕 때 세워진 것으로 추정되는 울진 봉평리 신라비에는 울진 지방이 신라 영토에 포함되면서 항쟁이 일어나자 대책을 마련하기 위해 6부 회의를 열고, 대항하지 못하도록 벌을 주었다는 내용이 새겨져 있다. 이를 통해 율령 반포와 6부 제도 실시 등 신라 사회의 전반적인 통치 제도와 관등 체계 등을 알 수 있다.

③ 법흥왕은 이차돈의 순교를 계기로 불교를 신라의 국교로 공인하였다.

오답 체크

① 신라 지증왕은 이사부를 시켜 우산국(울릉도)과 우산도(독도)를 복속하고 실직주의 군주로 삼았다.

② 통일 신라 신문왕은 귀족 세력을 약화시키기 위해 관료전을 지급하고 녹읍을 폐지하였다.

④ 통일 신라 원성왕은 국학의 학생들을 대상으로 독서삼품과를 실시하여 유교 경전의 이해 수준에 따라 관리로 채용하였다.

⑤ 신라 진흥왕은 거칠부에게 역사서인 『국사』를 편찬하게 하였다.

주제 07 신라의 삼국 통일

101 황산벌 전투

정답 ②

키워드 정답 체크

② 백제 의자왕은 윤충에게 1만의 병력을 주어 신라의 대야성을 비롯한 40여 개의 성을 함락시켰다(642). 이에 신라 김춘추는 고구려에 동맹을 청하여 백제를 공격하려 하였으나 실패하자 당으로 건너가 나당 동맹을 성사시키고 나당 연합군을 결성하였다(648). 백제 계백의 결사대는 황산벌에서 당의 장수 소정방과 김유신이 이끄는 나당 연합군에 맞서 항전하였으나 패배하였으며, 수도 사비가 함락되면서 백제가 멸망하였다(660).

102 삼국 통일 과정

정답 ⑤

키워드 정답 체크

(가) **백강 전투**(663): 백제가 멸망한 이후 흑치상지는 임존성을, 복신과 도침 등은 주류성을 근거지로 백제 부흥 운동을 전개하였다. 이후 나당 연합군이 백제 부흥군의 본거지로 진군하자 부흥군은 왜에게 수군을 요청하여 함께 백강에서 전투를 벌였으나 패하였다(백강 전투, 663).

(나) **매소성 전투**(675): 당이 평양에 안동 도호부를 설치(668)하고 신라까지 지배하려 하자 나당 전쟁이 발발하였다(670~676). 신라는 매소성에서 당의 이근행이 이끄는 20만 군대를 격파시키고(매소성 전투, 675) 당나라 장수 설인귀의 수군을 기벌포에서 크게 무찌르면서(기벌포 전투, 676) 삼국을 통일하였다(676).

⑤ 나당 연합군에 의해 평양성이 함락되어 고구려가 멸망하자(668) 검모잠, 고연무 등이 보장왕의 서자 안승을 왕으로 추대하고(670) 한성(황해도 재령)과 오골성을 근거지로 고구려 부흥 운동을 전개하였다. 그러나 내분으로 인해 안승이 검모잠을 죽인 뒤 고구려 유민을 이끌고 신라로 망명하자 신라 문무왕은 안승을 보덕국의 왕으로 임명하고 금마저(전북 익산) 땅을 주어 당에 맞서도록 하였다(674).

오답 체크

① 발해 무왕은 장문휴의 수군으로 당의 등주를 선제공격하여 당군을 격파하였다(732).

② 신라 진평왕 때 승려 원광은 고구려의 잦은 침략을 물리치기 위해 수에 도움을 청하는 걸사표를 작성하였다(608).

③ 고구려 영양왕 때 수 양제가 평양성을 공격하였으나 을지문덕이 살수에서 수군을 전멸시키며 크게 승리하였다(612).

④ 신라 김춘추는 고구려와의 동맹에 실패하자 당으로 건너가 당 태종으로부터 군사적 지원을 약속받는 데에 성공하여 나당 동맹을 성사시키고 나당 연합군을 결성하였다(648).

103 삼국 통일 과정

정답 ②

키워드 정답 체크

(가) **연정토의 항복**(666): 고구려는 연개소문 사후 중앙 집권 귀족들 간에 내분이 벌어지면서 세력이 약해지기 시작하였다. 이에 나당 연합군이 고구려를 공격하여 멸망에 직면하자 연개소문의 동생 연정토는 12성과 3,500여 명의 백성을 거느리고 신라에 항복하였다. 고구려는 668년 나당 연합군에게 평양성이 함락되면서 멸망하였다.

(나) **매소성 전투**(675): 당이 평양에 안동 도호부를 설치하고 신라까지 지배하려 하자 나당 전쟁이 발발하였다. 당의 이근행에 맞서 싸운 매소성 전투(675)와 기벌포 전투(676)에서 신라가 승리하면서 당의 세력을 한반도에서 몰아내고 삼국을 통일하였다.

② 고구려 멸망 이후 신라 문무왕은 당 세력을 몰아내기 위해 신라로 망명한 고구려의 왕족인 안승을 보덕국왕으로 임명하고 금마저에 땅을 주어 고구려 부흥 운동을 지원하였다(674).

오답 체크

① 백제 의자왕은 윤충을 시켜 신라의 대야성을 비롯한 40여 개의 성을 함락시켰다(642).

③ 신라 김춘추는 고구려와의 동맹에 실패하자 당으로 건너가 당 태종으로부터 군사적 지원을 약속받는 데에 성공하여 나당 동맹을 성사시키고 나당 연합군을 결성하였다(648).

④ 연개소문은 정변을 통해 영류왕을 몰아내고 보장왕을 왕위에 세운 뒤 스스로 대막리지가 되어 정권을 장악하였다(642).

⑤ 백제가 멸망한 이후 복신과 도침 등이 왕자 풍을 왕으로 추대하고, 백제 부흥 운동을 주도하였다. 이들은 왜에 군사 지원을 요청하여 백제와 왜의 연합군이 나당 연합군에 맞서 백강에서 전투를 벌였지만 결국 패하였다(663).

104 백제 부흥 운동

정답 ②

키워드 정답 체크

백제는 당의 장수 소정방이 이끄는 나당 연합군에 의해 수도 사비가 함락되면서 멸망하였다. 흑치상지는 복신, 도침 등과 함께 왕자 풍을 왕으로 추대하고 임존성, 주류성을 거점으로 백제 부흥 운동을 전개하였으며, 소정방이 이끄는 당군을 격퇴하였다. 백제 부흥 운동은 660년에 시작되어 백강 전투에서 나당 연합군에게 패하는 663년까지 전개되었다.

② 백제가 멸망한 뒤 고구려도 나당 연합군에 의해 평양성이 함락되며 멸망하였다. 이후 검모잠, 고연무 등이 보장왕의 서자 안승을 왕으로 추대하고(670) 한성(황해도 재령)과 오골성을 근거지로 고구려 부흥 운동을 전개하였다.

오답 체크

① 고구려 영양왕 때 수 양제가 평양성을 공격하였으나 을지문덕이 살수에서 수군을 전멸시켰다(살수 대첩, 612).

③ 고구려 동천왕은 위(魏)를 선제공격하였으나 유주자사 관구검의 침입을 받아 환도성이 함락되었다(244).

④ 백제 의자왕은 윤충을 시켜 신라의 대야성을 비롯한 40여 개의 성을 함락시켰다(642).

⑤ 계백의 결사대는 황산벌에서 김유신이 이끄는 신라군에 맞서 항전하였으나 패배하였다(660).

105 고구려 부흥 운동

정답 ⑤

키워드 정답 체크

(가) **백제 멸망**(660): 신라는 당과 동맹을 맺고 나당 연합군을 결성하여 백제를 공격하였다. 이후 황산벌에서 김유신이 이끄는 나당 연합군의 공격에 계백의 결사대가 패배하면서 백제가 멸망하게 되었다.

(나) **기벌포 전투**(676): 신라 문무왕은 소부리주 기벌포 전투에서 설인귀가 이끄는 당군에 승리하고 당의 세력을 한반도에서 몰아내면서 삼국을 통일하였다.

⑤ 백제가 멸망한 뒤 고구려도 나당 연합군에 의해 평양성이 함락되며 멸망하였다. 이후 검모잠, 고연무 등이 보장왕의 서자 안승을 왕으로 추대하고(670) 한성(황해도 재령)과 오골성을 근거지로 고구려 부흥 운동을 전개하였다.

오답 체크

① 통일 신라 신문왕의 장인이었던 김흠돌은 모반을 꾀하다 발각되어 처형당하였다(김흠돌의 난, 681).

② 백제 의자왕은 윤충을 시켜 대야성을 비롯한 신라 40여 개의 성을 함락시켰다(642).

③ 고구려 영양왕 때 수 양제가 평양성을 공격하였으나 을지문덕이 살수에서 수군을 전멸시켰다 (살수 대첩, 612).

④ 고구려 출신 대조영이 유민들을 이끌고 지린성 동모산에서 발해를 건국하였다(698).

주제 08 남북국의 성립과 발전

106 궁예

정답 ④

키워드 정답 체크

신라의 왕족 출신인 궁예는 북원 양길의 휘하로 들어가 세력을 키워 송악에 도읍을 정하고 후고구려를 세웠다. 또한, 국호를 마진, 연호를 무태라 하였으며, 영토 확장 후 철원으로 천도하고 다시 국호를 태봉으로 바꾸었다.

④ 궁예는 후고구려를 건국하고 광평성을 중심으로 중앙 정치 조직을 정비하여 장관인 광치나와 서사, 외서 등의 관원을 두었다.

오답 체크

① 후백제를 건국한 견훤은 중국 후당, 오월에 사신을 파견하여 외교 관계를 맺었다.

② 신라 지증왕은 이사부를 보내 우산국(울릉도)과 우산도(독도)를 복속하였다.

③ 고려 원 간섭기에 충목왕은 고려의 개혁을 위해 정치도감을 설치하였으나 정동행성 이문소의 방해로 개혁이 제대로 이루어지지 못하였다.

⑤ 고려 태조는 고려를 건국한 뒤 『정계』와 『계백료서』를 통해 관리가 지켜야 할 규범을 제시하였다.

107 김헌창의 난

정답 ④

키워드 정답 체크

통일 신라 헌덕왕 때 김주원이 왕위 쟁탈전에서 패배하자 아들인 웅천주 도독 김헌창이 이에 불만을 품고 반란을 일으켰다가 관군에 진압되어 실패하였다(김헌창의 난, 822).

④ 통일 신라 말 진성 여왕 때 원종과 애노가 사벌주에서 중앙 정권의 무분별한 조세 징수에 반발하여 농민 봉기를 일으켰다(원종과 애노의 난, 889).

오답 체크

① 신라 진흥왕은 거칠부에게 역사서인 『국사』를 편찬하게 하였다(545).

② 신라 지증왕 때 이사부는 왕의 명령으로 우산국(울릉도)과 우산도(독도)를 정복하고 실직주의 군주가 되었다(512).

③ 통일 신라 신문왕은 귀족 세력을 약화시키기 위해 관료전을 지급하고(687) 녹읍을 폐지하였다(689).

⑤ 신라 법흥왕은 이차돈의 순교를 계기로 불교를 국교로 공인하였다(527).

108 통일 신라 신문왕의 정책

정답 ①

키워드 정답 체크

① 통일 신라 신문왕은 장인이었던 김흠돌이 반란을 도모하다 발각되자 그를 처형하고, 이를 계기로 귀족 세력을 숙청하여 왕권을 강화하였다. 이후 국학을 설치하여 인재를 양성하였으며, 관료전을 지급하고 녹읍을 폐지하였다. 또한, 확대된 영토를 효율적으로 통치하기 위해 전국을 9개의 구역으로 나누어 9주를 설치하였다.

오답 체크

② 신라는 왕(王)이라는 한자식 칭호를 쓰기 전 임금을 '거서간 → 차차웅 → 이사금 → 마립간'의 순서로 칭하였다. 그중 '가장 높은 우두머리'라는 뜻을 지닌 마립간은 제17대 내물왕부터 제22대 지증왕까지 사용되었다.

③ 신라 지증왕 때 이사부는 왕의 명령으로 우산국(울릉도)과 우산도(독도)를 정복하고 실직주의 군주가 되었다.

④ 신라 진흥왕은 화랑도를 국가적 조직으로 개편하였다.

⑤ 신라 법흥왕은 이차돈의 순교를 계기로 불교를 국교로 공인하였다.

109 통일 신라 말 사회 모습

정답 ⑤

키워드 정답 체크

전(傳) 대구 동화사 비로암 삼층 석탑 납석사리호는 동화사 비로암 삼층 석탑 내에서 발견된 것으로 신라 민애왕의 행적들이 적혀 있다. 민애왕은 통일 신라 말 혜공왕 사후, 왕권이 크게 약화되어 왕위 쟁탈전이 치열했던 시기에 희강왕을 축출하고 왕이 되었으나, 강력한 지방 세력이었던 장보고의 군사력에 의탁한 김우징 세력에 의해 1년 만에 제거되었다.

⑤ 통일 신라 말 장보고는 완도에 청해진을 설치하여 해적을 소탕하고 해상 무역을 장악하였다.

오답 체크

① 고려 태조 때 실시한 흑창은 빈민 구제 기구로, 성종 때 명칭을바꾸어 의창이라고 하였다.

② 고려 충선왕은 왕위를 물려준 뒤 원의 연경에 만권당을 세우고 이제현 등의 성리학자들을 데려와 원의 학자들과 교류하게 하였다.

③ 고려 예종 때 혜민국이 설치되어 서민의 질병 치료를 위한 의약을 관리하였다.

④ 통일 신라 시대 승려 의상은 화엄 사상을 정리한 『화엄일승법계도』를 저술하고 화엄 교단을 세웠다.

110 장보고의 난

정답 ②

키워드 정답 체크

통일 신라 말 장보고(궁복)는 완도에 청해진을 설치하여 해적을 소탕하고 해상 무역권을 장악하였다. 자신의 도움으로 왕위에 오른 신무왕의 아들 문성왕이 장보고의 딸을 왕비로 받아들이겠다고 한 것을 철회하자 장보고는 원한을 품고 반란을 일으켰다. 이에 불안을 느낀 왕실과 귀족들은 자객 염장을 보내 장보고를 살해하였다(장보고의 난, 846).

② 통일 신라 말 최치원은 신라 정부의 개혁을 위해 진성 여왕에게 시무책 10여 조를 올렸으나 받아들여지지 않았다(894).

오답 체크

① 통일 신라 말 어린 나이로 즉위한 혜공왕은 재위 기간 동안 대공·대렴의 난 등 수많은 진골 귀족들의 반란을 겪었으며, 결국 이찬 김지정의 반란군에 의해 피살되었다(780).

③ 통일 신라 신문왕의 장인이었던 김흠돌이 모반을 꾀하다 발각되어 처형당하였다(김흠돌의 난, 681).

④ 신라 선덕 여왕 때 승려 자장의 건의로 주변 9개 민족의 침략을 부처의 힘으로 막기 위해 황룡사 구층 목탑을 건립하였다(645).

⑤ 신라 진평왕 때 원광은 신라 화랑도의 규범으로 세속 5계를 제시하였다(600).

111 발해 무왕의 업적

정답 ①

키워드 정답 체크

① 발해 제2대 국왕인 무왕은 동생인 대문예를 보내 흑수 말갈을 정벌하게 하였지만 대문예가 이를 거부하고 당에 망명하여 양국 관계가 악화되었다. 이에 무왕은 장문휴의 수군으로 당의 등주(산둥반도)를 공격하였다.

오답 체크

② 통일 신라 신문왕은 중앙군을 9서당, 지방군을 10정으로 편성하여 군사 조직을 정비하였다.

③ 백제 성왕은 웅진(공주)에서 사비(부여)로 천도하고 국호를 남부여로 고쳐 새롭게 중흥을 도모하였다.

④ 통일 신라 문무왕은 삼국 통일 이후 왕권을 강화하고 지방관을 감찰하기 위해 외사정을 파견하였다.

⑤ 고구려 출신 대조영이 유민들을 이끌고 지린성 동모산에서 발해를 건국하였다.

112 발해

정답 ②

키워드 정답 체크

발해는 대조영이 고구려 유민을 이끌고 동모산 기슭에 건국한 국가로, 연꽃무늬 수막새와 치미 등을 통해 고구려의 문화를 계승하였음을 알 수 있다. 중앙 관제는 당의 영향으로 3성 6부제로 구성하였으나 관청의 명칭과 실제 운영에는 독자적인 방식을 적용하였다. 또한, 신라도, 거란도, 영주도, 일본도 등 상인과 사신들이 이동하는 교통로들을 통해 주변 국가와 교류하였다.

② 발해는 중앙에 최고 교육 기관인 주자감을 설치하였다. 이곳에서는 왕족과 귀족을 대상으로 유교 교육을 실시하여 인재를 양성하였다.

오답 체크

① 견훤은 완산주(현재 전주)에 도읍을 정하고 후백제를 건국한 뒤 중국의 후당과 오월에 사신을 파견하여 외교 관계를 맺었다.

③ 통일 신라 신문왕은 중앙군을 9서당, 지방군을 10정으로 편성하여 군사 조직을 정비하였다.

④ 신라는 귀족 합의체인 화백 회의를 만장일치제로 운영하여 국가의 중대사를 결정하였다.

⑤ 백제 고이왕은 6좌평제와 16관등제를 정비하여 중앙 집권 국가의 기틀을 마련하였다.

113 통일 신라 문무왕 정답 ②

키워드 정답 체크

통일 신라 문무왕은 기벌포 전투에서 설인귀가 이끄는 당군에 승리 하고 당의 세력을 한반도에서 몰아내면서 삼국을 통일하였다. 문무 왕은 사후 자연 바위를 이용하여 만든 수중릉에 묻혔으며, 아들인 신문왕은 아버지 문무왕을 기리기 위해 동해에 감은사를 지었다.

② 통일 신라 문무왕은 삼국 통일 이후 왕권을 강화하고 지방관을 감찰하기 위해 외사정을 파견하였다.

오답 체크

① 신라 진흥왕은 화랑도를 국가적인 조직으로 개편하였다.

③ 신라 법흥왕은 이차돈의 순교를 계기로 불교를 신라의 국교로 공인하였다.

④ 통일 신라 원성왕은 국학의 학생들을 대상으로 독서삼품과를 실시하여 유교 경전의 이해 수준에 따라 관리로 채용하였다.

⑤ 신라 선덕 여왕 때 승려 자장이 주변 9개 민족의 침략을 부처의 힘으로 막기 위한 목탑 건립을 건의하여 황룡사 구층 목탑이 세워졌다.

114 견훤 정답 ⑤

키워드 정답 체크

통일 신라 장군 출신인 견훤은 완산주(현재 전주)에 도읍을 정하고 후백제를 건국하였다(900). 이후 견훤은 군사를 이끌고 신라 금성을 기습 공격하여 경애왕을 죽게 하였다. 이에 고려 왕건은 신라를 돕기 위해 군사를 보냈으나 공산 전투에서 후백제군에게 크게 패하였다. 견훤은 김부를 경순왕으로 즉위시키고 철군하였다(927).

⑤ 신라 경순왕 김부가 스스로 고려에 투항하면서 신라가 멸망하였고(935), 경순왕은 경주의 사심관으로 임명되었다.

오답 체크

① 통일 신라 신문왕의 장인이었던 김흠돌이 반란을 도모하다 발각되어 처형당하였다(681).

② 발해 무왕은 장문휴의 수군으로 당의 등주를 공격하였다(732).

③ 신라 왕족 출신인 궁예는 후고구려를 건국하였다(901). 건국 초기에는 국호를 마진으로 하였다가(904) 영토를 확장하여 철원으로 천도 후 다시 태봉으로 바꾸었다(911).

④ 통일 신라 말 진성 여왕 때 원종과 애노가 사벌주에서 중앙 정권의 무분별한 조세 징수에 반발하여 농민 봉기를 일으켰다(889).

주제 09 고대의 문화

115 호우총 청동 그릇 정답 ①

키워드 정답 체크

① 신라의 수도인 경주 호우총에서 출토된 호우총 청동 그릇은 광개토 대왕의 제사와 관련된 명문이 적혀 있는데 이를 통해 정치적으로 긴밀했던 고구려와 신라의 관계를 볼 수 있다. 400년, 고구려 광개토 대왕은 신라의 원군 요청을 받고 병력 5만 명을 신라에 보내 백제 · 가야 · 왜 연합군을 낙동강 유역까지 추격하여 물리쳤다. 이로 인해 전기 가야 연맹이 쇠퇴하기 시작했고 신라에 대한 고구려의 영향력이 커졌다.

오답 체크

② 무령왕릉 석수는 백제의 문화유산이다.

③ 칠지도는 백제의 문화유산이다.

④ 금동 연가 7년명 여래 입상은 고구려의 문화유산이다.

⑤ 신라 기마인물형 토기는 신라의 문화유산이다.

116 백제 금동 대향로 정답 ⑤

키워드 정답 체크

⑤ 백제 금동 대향로는 충남 부여 능산리 절터에서 출토되었으며 백제의 뛰어난 공예 기술 수준을 보여 준다. 특히, 불교를 상징하는 연꽃으로 조각된 몸체와 도교 속 신선이 사는 삼신산을 형상화한 뚜껑을 통해 불교와 도교 사상이 복합적으로 반영되어 있음을 살펴볼 수 있다.

오답 체크

① 이불 병좌상은 발해의 문화유산이다.

② 금동 연가 7년명 여래 입상은 고구려의 문화유산이다.

③ 고령 지산동 32호분 출토 금동관은 가야의 문화유산이다.

④ 신라 기마인물형 토기는 신라의 문화유산이다.

117 익산 미륵사지 석탑 정답 ③

키워드 정답 체크

③ 백제 무왕 때 건립된 익산 미륵사지 석탑은 현존하는 삼국 시대의 석탑 중 가장 크다. 석탑 해체 복원 과정 중 1층 첫 번째 심주석에서 금제 사리봉영(안)기가 발견되어 석탑의 건립 연도가 명확하게 밝혀졌다.

오답 체크

① 경주 분황사 모전 석탑은 신라의 문화유산이다.

② 경주 정혜사지 십삼층 석탑은 통일 신라의 문화유산이다.

④ 영광탑은 발해의 문화유산이다.

⑤ 경주 감은사지 삼층 석탑은 통일 신라의 문화유산이다.

118 불국사 삼층 석탑

정답 ①

키워드 정답 체크

① 불국사 삼층 석탑은 통일 신라 경덕왕 때 김대성이 불국사를 창건하면서 조성한 탑으로 추측된다(751). 이 탑의 해체 보수 과정에서 세계 최고(最古)의 목판 인쇄물인 무구정광대다라니경이 발견되었다.

오답 체크

② 부여 정림사지 오층 석탑은 백제의 문화유산이다.

③ 익산 미륵사지 석탑은 백제의 문화유산이다.

④ 구례 화엄사 사사자 삼층 석탑은 신라의 문화유산이다.

⑤ 평창 월정사 팔각 구층 석탑은 고려의 문화유산이다.

119 발해

정답 ③

키워드 정답 체크

이불 병좌상은 중국 지린성에서 출토된 발해의 불상이다. 『묘법연화경』의 내용 중 석가불이 다보불과 함께 보탑 안에 나란히 앉아있다는 모습을 형상화한 것이다. 날카로운 광배와 연꽃 표현 등에서 금동 연가 7년명 여래 입상 등과 같은 고구려 불상 조각의 양식을 계승하고 있음을 알 수 있다.

③ 발해는 신라도, 거란도, 영주도, 일본도 등 상인과 사신들이 이동하는 교통로들을 통해 신라, 당, 일본 등 주변 국가와 교류하였다.

오답 체크

① 일본에서 발견된 칠지도는 백제 근초고왕이 왜에 하사하였다고 알려져 있다. 이를 통해 백제가 왜와 교류하면서 다양한 선진 문물을 제공하였다는 것을 확인할 수 있다.

② 고려의 중앙군은 국왕 친위대인 2군과 수도 및 변경의 방비를 담당하는 6위로 구성되었다.

④ 궁예는 후고구려를 건국하고 광평성을 중심으로 중앙 정치 조직을 정비하여 장관인 광치나와 서사, 외서 등의 관원을 두었다.

⑤ 통일 신라는 삼국 통일로 확장된 영토를 9주로 나누고 수도 경주의 편재성을 보완하기 위해 5소경을 설치하여 지방 행정 구역 체계를 확립하였다.

주제 10 고대의 고분

120 백제 무령왕

정답 ②

키워드 정답 체크

백제 제25대 왕인 무령왕은 지방에 설치한 22담로에 왕족을 파견하여 지방 세력을 통제하였다. 무령왕의 무덤인 무령왕릉은 웅진(공주) 백제 왕들의 무덤이 모여 있는 공주 송산리 고분군의 제7호분으로, 유일하게 묘지석이 발견되어 피장자와 축조 연대를 확인할 수 있다.

② 무령왕릉은 널길과 널방을 벽돌로 쌓은 벽돌무덤으로, 이 고분 양식을 통해 백제가 중국 남조의 양과 교류하며 영향을 받았음을 알 수 있다.

오답 체크

① 백제 무왕은 금마저(전북 익산)에 미륵사를 창건하였다(601).

③ 백제 근초고왕은 고흥으로 하여금 역사서인 『서기』를 편찬하게 하였다 (375).

④ 백제 침류왕은 승려 마라난타가 중국 동진에서 건너오자 그를 맞이하 고 불교를 수용하였다(384).

⑤ 백제 성왕은 웅진(공주)에서 사비(부여)로 천도하고 국호를 남부여로 고쳐 새롭게 중흥을 도모하였다(538).

121 백제 무령왕릉

정답 ⑤

키워드 정답 체크

충남 공주 송산리 고분군은 웅진 백제 시대 왕들의 무덤이 모여 있는 곳으로, 그중 제7호분은 유일하게 출토된 묘지석을 통해 피장자와 축조 연대를 확인할 수 있어 무령왕릉이라고 불린다. 무령왕릉에서는 무덤을 수호하는 진묘수 역할로서 도교적 사상이 반영되어 있음을 알 수 있는 '무령왕릉 석수'가 출토되었다. 왕과 왕비의 금동제 신발은 각종 금제 장식과 함께 금동판 안쪽에 은판 혹은 금동판을 덧대고 다양한 무늬를 새긴 백제의 금동 제작 기법이 나타난다. 또한, 일본 규슈 지방의 금송으로 만들어진 무령왕 · 왕비의 목관을 통해서는 백제가 일본과 교류하였다는 것을 알 수 있다.

⑤ 무령왕릉은 널길과 널방을 벽돌로 쌓은 벽돌무덤으로, 중국 남조 양의 영향을 받았다.

오답 체크

① 서울 석촌동 고분군은 백제 전기인 한성 시대의 고분으로, 고구려의 영향을 받은 계단식 돌무지무덤이다.

② 신라의 무덤 양식인 돌무지 덧널무덤은 나무로 곽을 짜고 그 위에 돌을 쌓은 다음 흙을 덮어 만들었다.

③ 충남 부여 능산리 고분군 절터에서 출토된 백제 금동 대향로는 불교 유물이지만 도교적 이상향을 표현하였다.

④ 통일 신라 시대에는 굴식 돌방무덤에 둘레돌을 두르고 12지 신상을 조각하는 독특한 양식이 새롭게 나타났으며, 대표적인 예로는 경주 김유신묘가 있다.

122 발해 정답 ①

키워드 정답 체크

발해는 대조영이 고구려 유민을 이끌고 동모산 기슭에 건국한 국가로, 고구려의 문화를 계승하고 당의 문화를 받아들여 발전을 이룩하였다. 대표적인 문화유산으로는 영광탑, 정효 공주 무덤, 석등 등이 있다. 이후 선왕 때는 지방 행정 체제를 5경 15부 62주로 정비하였고, 국력이 강성하여 주변국들로부터 해동성국이라 불렸다.

① 발해는 관리들의 비리를 감찰하는 관청으로 중정대를 두었다.

오답 체크

② 통일 신라 신문왕은 중앙군을 9서당, 지방군을 10정으로 편성하여 군사 조직을 정비하였다.

③ 백제 고이왕은 6좌평제와 16관등제를 정비하여 중앙 집권 국가의 기틀을 마련하였다.

④ 통일 신라는 지방 세력을 견제하기 위해 지방 호족의 자제 1명을 뽑아 중앙에서 머물게 하는 상수리 제도를 실시하였다.

⑤ 백제의 지배층은 왕족인 부여씨와 8성의 귀족으로 이루어졌다.

123 발해 정답 ④

키워드 정답 체크

중국 지린성에 위치한 발해 문왕의 넷째 딸 정효 공주의 무덤에서 묘지(墓誌)가 함께 발견되었다. 이 묘지의 비문에 문왕을 황상(皇上)이라 표현한 부분을 통해 발해가 황제국 체제를 표방하였음을 알 수 있다.

④ 발해는 중앙에 최고 교육 기관인 주자감을 두어 유학 교육을 실시하였다.

오답 체크

① 고려 태조는 지방 호족의 자제를 일정 기간 수도 개경에 머무르게 하는 기인 제도를 실시하여 호족 세력을 견제하였다.

② 백제의 귀족들은 정사암이라는 바위에서 회의를 통해 재상을 선출하고 국가의 중대사를 결정하였다.

③ 통일 신라는 중앙 행정 기구인 집사부를 중심으로 그 아래 위화부를 비롯한 13부를 설치하여 행정 업무를 분담하였다.

⑤ 고려 광종은 국왕을 황제라 칭하고 광덕, 준풍 등의 독자적 연호를 사용하였다.

124 발해 정답 ⑤

키워드 정답 체크

발해는 신라도, 거란도, 영주도, 일본도 등 상인과 사신이 이동하는 교통로들을 통해 신라, 당, 일본 등 주변 국가와 대외 무역을 전개하였다.

⑤ 중국 지린성에 위치한 발해 문왕의 넷째 딸 정효 공주 무덤은 당의 고분 양식에 영향을 받은 벽돌무덤이며, 동시에 고구려 고분 양식을 계승한 모줄임 천장 구조도 나타난다.

오답 체크

① 고려 태조는 평양의 군사적 · 정치적 역할을 중요시하여 서경으로 삼았다.

② 고구려 광개토 대왕은 중국 후연을 공격하여 요동 땅을 차지하였고, 백제 수도 한성을 점령하며 한강 유역까지 영토를 넓혔다.

③ 백제 무령왕은 지방에 설치한 22담로에 왕족을 파견하여 지방 통제를 강화하였다.

④ 통일 신라 때 장보고는 완도에 청해진을 설치하고 해상 무역을 장악하였다.

CHAPTER 03 고려

주제 11 고려의 건국과 후삼국 통일

125 후삼국 통일 과정 정답 ④

키워드 정답 체크

(가) **궁예 축출**(918): 궁예는 후고구려를 세웠으나 미륵 신앙을 바탕으로 한 전제 정치로 인해 백성과 신하들의 원성을 사면서 왕건에 의해 축출되었다. 태조 왕건은 궁예를 몰아내고 왕위에 오른 뒤 고구려를 계승한다는 의미로 국호를 고려라 하였다.

(나) **견훤의 투항**(935): 후백제의 견훤이 넷째 아들인 금강을 후계자로 삼으려 하자 맏아들 신검이 금강을 죽이고 견훤을 금산사에 유폐시켰다. 이후 견훤은 탈출하여 고려 왕건에게 투항하였다.

④ 견훤의 후백제군이 신라의 금성을 급습하자 고려가 군사를 보내 신라를 도왔으나 공산 전투에서 패배하였다. 이때 후백제군에 포위된 태조 왕건을 구출하고 신숭겸이 전사하였다(927).

오답 체크

① 신라의 군인 출신인 견훤은 세력을 키워 완산주(현재 전주)에 도읍을 정하고 후백제를 건국하였다(900).

② 통일 신라 신문왕은 장인이었던 김흠돌이 반란을 도모하자 이를 진압하였다(681).

③ 신라 흥덕왕 때 장보고는 완도에 청해진을 설치하여 해상 무역을 장악하였다(828).

⑤ 견훤의 귀순 후 신검의 후백제군과 왕건의 고려군이 일리천 일대에서 전투를 벌여 고려군이 크게 승리하였고, 후백제가 멸망하면서 고려가 후삼국을 통일하였다(936).

126 고려 전기 정치 상황

정답 ②

키워드 정답 체크

(가) **왕규의 난**(945): 왕규는 두 딸을 고려 태조의 비로 들여 왕실의 외척으로서 권력을 행사하였다. 왕규는 태조가 죽고 혜종이 왕위에 오르자 외손자 광주 원군을 왕위에 세우기 위하여 반란을 도모하였으나 왕식렴의 군대에 의해 실패하였다.

(다) **과거 제도 실시**(958): 광종은 쌍기의 건의에 따라 과거제를 시행하여 신진 세력을 등용하였다.

(나) **경학박사 · 의학박사 파견**(986): 고려 성종은 최승로의 시무 28조를 받아들여 통치 체제를 정비하고 다양한 제도를 시행하였다. 전국의 주요 지역에 12목을 설치하고 지방관인 목사를 파견하였으며, 경학박사와 의학박사를 파견하여 유학 교육을 활성화하고자 하였다.

127 고려 태조

정답 ①

키워드 정답 체크

고려를 건국하고 후삼국을 통일한 태조 왕건은 지방 호족들과 정략결혼을 하고 왕씨 성을 하사하면서 그들을 포섭하고자 했다. 또한, 『정계』와 『계백료서』를 통해 관리가 지켜야 할 규범을 제시하였으며 후대 왕들이 지켜야 할 정책 방향을 당부한 훈요 10조를 남기기도 하였다. 더불어 빈민 구제와 민생 안정을 위해 구휼 제도로서 흑창을 설치하였다.

① 고려 태조는 후삼국 통일에 공을 세운 공신들에게 관등에 관계없이 공로, 인품 등을 기준으로 차등을 두어 역분전을 지급하였다.

오답 체크

② 고려 정종 때 최광윤의 의견을 받아들여 거란의 침입을 대비하기 위한 광군을 조직하였다.

③ 고려 광종은 국왕을 황제라 칭하고 광덕, 준풍 등의 독자적 연호를 사용하였다.

④ 고려 중기 최충의 문헌공도를 대표로 하는 사학 12도의 발전으로 관학이 위축되자 예종은 국자감을 재정비하여 7재를 세우고 양현고를 설치하는 등 관학 진흥책을 추진하였다.

⑤ 고려 숙종 때 승려 의천의 건의에 따라 화폐 주조를 전담하는 주전도감을 설치하고 해동통보와 삼한통보 등의 동전과 활구(은병)를 발행 · 유통하였다.

128 광종

정답 ②

키워드 정답 체크

광종은 국왕을 황제라 칭하고 광덕, 준풍 등의 독자적 연호를 사용하였다. 또한, 백관의 공복을 제정하고, 노비안검법을 실시하여 억울하게 노비가 된 사람들을 해방시키고 호족 세력을 약화시켰다.

② 광종은 후주 출신 쌍기의 건의에 따라 과거제를 시행하여 신진 세력을 등용하였다.

오답 체크

① 고려 성종은 최승로의 시무 28조를 받아들여 중앙의 통치 기구를 개편하고, 전국 12목에 지방관을 파견하였다.

③ 고려 고종 때 몽골이 침입하자 부처의 힘으로 몽골군을 물리치고자 대장도감을 설치하고 팔만대장경을 간행하였다.

④ 이방실은 공민왕 대 무신으로 홍건적의 제1차 침입 때 이를 격퇴하여 공을 세웠고, 제2차 침입 때는 안우, 정세운 등과 함께 싸워 승리하여 개경을 수복하였다.

⑤ 고려 공민왕 때 등용된 신돈은 전민변정도감의 책임자로서 권문세족이 빼앗은 토지를 돌려주고 노비가 된 자를 풀어주는 등 개혁을 단행하였다.

129 고려 성종

정답 ③

키워드 정답 체크

고려 태조 때 실시한 흑창은 춘궁기에 곡식을 대여해 주고 추수 후에 회수하던 빈민 구휼 제도이다. 이후 성종 때 쌀을 1만 석 보충하여 시행하면서 명칭을 의창으로 바꾸었다.

③ 고려 성종은 최승로의 시무 28조를 받아들여 중앙의 통치 기구를 개편하고, 전국 12목에 지방관을 파견하여 지방 세력을 견제하였다.

오답 체크

① 고려 문종은 풍수지리설의 영향을 받아 한양을 중요하게 여겨 남경으로 승격시키며 궁궐을 지었다.

② 고려 숙종 때 최고 국립 교육 기관인 국자감에 서적포를 설치하여 인쇄와 출판을 담당하게 하였다.

④ 공민왕은 왕권을 강화하기 위해 무신 정권 시기 인사 행정을 장악하였던 정방을 폐지하였다.

⑤ 광종은 왕권을 강화하기 위해 개경에 화엄종 계열의 귀법사를 창건하고 균여를 주지로 삼은 뒤 제위보를 설치하였다.

주제 12 문벌 귀족 사회와 무신 정변

130 고려 중기의 주요 사건 정답 ④

키워드 정답 체크

(나) **이자겸의 난**(1126): 고려 중기 문벌 귀족인 이자겸은 자신의 딸들을 예종과 인종의 왕비로 삼고 외척 세력으로서 막강한 권력을 행사하였다. 그러자 위협을 느낀 인종이 이자겸을 제거하려 하였지만 실패하였고, 이에 이자겸이 반발하면서 무신 척준경과 함께 난을 일으켰다.

(다) **묘청의 서경 천도 운동**(1135): 이자겸의 난 이후, 인종은 왕권을 회복시키고자 정치 개혁을 추진하였다. 이 과정에서 김부식을 중심으로 한 개경 세력과 묘청, 정지상을 중심으로 한 서경 세력 간의 대립이 발생하였다. 서경 세력은 서경 천도와 칭제 건원, 금 정벌을 주장하였으나 받아들여지지 않았다. 이에 묘청이 국호를 대위, 연호를 천개, 군대를 천견충의군으로 하여 서경에서 반란을 일으켰으나, 김부식의 관군에 의해 진압되었다.

(가) **무신 정변**(1170): 고려 의종이 무신들을 천대하고 향락에 빠져 실정을 일삼자 무신들의 불만이 쌓여갔다. 그러던 중 보현원에서 수박희를 하다가 대장군 이소응이 문신 한뢰에게 뺨을 맞는 사건이 발생하였고, 이를 계기로 분노가 폭발한 무신들이 정변을 일으켰다. 정중부와 이의방을 중심으로 조정을 장악한 무신들은 의종을 폐위한 뒤 명종을 즉위시켰다.

131 이자겸의 난 정답 ①

키워드 정답 체크

- **별무반 조직**(1104): 12세기에 여진이 성장하면서 고려의 국경을 자주 침입하자 이에 대항하기 위해 숙종 때 윤관이 별무반을 조직하였다.
- **묘청의 서경 천도 운동**(1135): 이자겸의 난 이후 고려 인종은 왕권을 회복시키고자 정치 개혁을 추진하였다. 이 과정에서 김부식을 중심으로 한 개경 세력과 묘청, 정지상을 중심으로 한 서경 세력 간의 대립이 발생하였다. 서경 세력은 서경 천도와 칭제 건원, 금 정벌을 주장하였으나 받아들여지지 않았다. 이에 묘청이 서경에서 반란을 일으켰으나, 김부식의 관군에 의해 진압되었다.

① 고려 중기 문벌 귀족인 이자겸은 자신의 딸들을 예종과 인종의 왕비로 삼고 외척 세력으로서 막강한 권력을 행사하였다. 이에 위협을 느낀 인종이 이자겸을 제거하려 하자 이자겸은 척준경과 함께 난을 일으켰다(이자겸의 난, 1126).

132 묘청의 서경 천도 운동 정답 ③

키워드 정답 체크

- **이자겸의 난**(1126): 고려 인종 때 문벌 귀족 이자겸이 왕의 외척으로서 최고 권력을 누리며 왕의 자리까지 넘보자 인종은 이자겸을 제거하려 하였으나 실패하였다. 이에 이자겸은 척준경과 함께 난을 일으켰다.
- **고려의 개경 환도**(1270): 무신 정권이 해체되고 강화도에 있던 고려 조정이 개경으로 환도하면서 몽골과의 강화가 성립되었다.

③ 고려 인종은 이자겸의 난 이후 왕권 회복을 위해 정치 개혁을 추진하였다. 이 과정에서 묘청, 정지상을 중심으로 한 서경 세력과 김부식을 중심으로 한 개경 세력 간의 대립이 발생하였다. 서경 세력은 서경 천도와 칭제 건원, 금 정벌을 주장하였으나 받아들여지지 않았다. 이에 묘청이 서경에서 반란을 일으켰고(묘청의 서경 천도 운동, 1135), 김부식의 관군에 의해 진압되었다(1136).

133 묘청의 서경 천도 운동 정답 ①

키워드 정답 체크

(가) **이자겸의 난**(1126): 고려 인종 때 문벌 귀족 이자겸이 왕의 외척으로서 최고 권력을 누리며 왕의 자리까지 넘보자 인종은 이자겸을 제거하려 하였으나 실패하였다. 이에 이자겸은 척준경과 함께 난을 일으켰다.

(나) **무신 정변**(1170): 고려 의종이 무신들을 천대하고 향락에 빠져 실정을 일삼자 무신들의 불만이 쌓여갔다. 그러던 중 보현원에서 수박희를 하다가 대장군 이소응이 문신 한뢰에게 뺨을 맞는 사건이 발생하였고, 이를 계기로 분노가 폭발한 무신들이 정변을 일으켰다. 정중부와 이의방을 중심으로 조정을 장악한 무신들은 의종을 폐위한 뒤 명종을 즉위시켰다.

① 고려 인종은 이자겸의 난 이후 왕권 회복을 위해 정치 개혁을 추진하였다. 이 과정에서 묘청, 정지상을 중심으로 한 서경 세력과 김부식을 중심으로 한 개경 세력 간의 대립이 발생하였다. 서경 세력은 서경 천도와 칭제 건원, 금 정벌을 주장하였으나 받아들여지지 않았다. 이에 묘청이 서경에서 반란을 일으켰고(묘청의 서경 천도 운동, 1135) 김부식의 관군에 의해 진압되었다(1136).

오답 체크

② 고려 무신 강조는 국가의 혼란을 바로잡고자 정변을 일으켜 목종의 외척인 김치양을 제거하였다(1009).

③ 고려 무신 정권 시기에 공주 명학소에서 망이·망소이가 과도한 부역과 소 주민에 대한 차별 대우에 항의하여 농민 반란을 일으켰다(망이·망소이의 난, 1176).

④ 고려 성종 때 거란이 침략하여 고려가 차지하고 있는 옛 고구려 땅을 내놓고 송과 교류를 끊을 것을 요구하였으나 서희가 소손녕과의 외교 담판을 통해 이를 해결하고 강동 6주를 획득하였다(993).

⑤ 고려 무신 정권 시기 최충헌은 사회 개혁안인 봉사 10조를 명종에게 제시하였다(1196).

134 묘청의 서경 천도 운동
정답 ③

키워드 정답 체크

③ 고려 인종은 이자겸의 난 이후 왕권을 회복시키고자 정치 개혁을 추진하였다. 이 과정에서 묘청, 정지상을 중심으로 한 서경 세력과 김부식을 중심으로 한 개경 세력 간의 대립이 발생하였다. 서경 세력은 서경 천도와 칭제 건원, 금 정벌을 주장하였는데 받아들여지지 않았다. 이에 국호를 대위, 연호를 천개로 하여 서경에서 반란을 일으켰으나(묘청의 서경 천도 운동, 1135) 김부식의 관군에 의해 진압되었다. 이후 일제 강점기 때 신채호는 『조선상고사』에서 묘청의 서경 천도 운동을 민족의 자주 정신에 입각한 조선 1천 년 역사상 제1의 사건이라고 평가하였다.

오답 체크

①·② 고려 현종 때 거란이 강조의 정변을 구실로 2차 침입을 단행하였고, 개경이 함락되자 현종은 나주까지 피란을 갔다. 거란의 2, 3차 침입 이후 현종은 거란의 침입을 불력으로 물리치고자 초조대장경을 제작하기 시작하였다.

④ 고려 말 우왕 때 명이 철령 이북의 땅을 반환하라고 요구하자 최영을 중심으로 요동 정벌을 추진하였다. 이에 이성계는 4불가론을 제시하며 반대하였으나 왕명에 따라 출정하게 되었고, 결국 압록강 위화도에서 말을 돌려 개경으로 회군하였다. 이성계는 위화도 회군 이후 신진 사대부 세력과 결탁하여 실권을 장악하였다.

⑤ 여진이 부족을 통일하며 고려를 위협하자 윤관은 숙종에게 건의하여 신기군, 신보군, 항마군으로 구성된 별무반을 조직하였다. 이후 여진을 물리치고 예종 때 동북 지역에 9성을 개척하였다.

주제 13 무신 정권

135 무신 정권 시기
정답 ①

키워드 정답 체크

고려 무신 정권 시기 최충헌의 뒤를 이어 집권한 최우는 자신의 집에 정방을 설치하고 인사 행정을 담당하는 기관으로 삼아 인사권을 완전히 장악하였다. 또한, 최우가 치안 유지를 위해 설치한 야별초가 확대되어 좌별초와 우별초로 나뉘고, 몽골의 포로가 되었다가 탈출한 신의군이 합쳐져 삼별초가 구성되었다.

① 최씨 무신 정권의 군사적 기반이었던 삼별초는 고려 조정의 개경 환도에 반발하여 대몽 항쟁을 전개하였다.

오답 체크

② 고려 동북면병마사였던 김보당은 무신 정변으로 정권을 잡은 정중부, 이의방 등을 토벌하고 폐위된 의종을 다시 세우고자 난을 일으켰으나 실패하였다.

③ 고려 태조 때 빈민 구제를 위해 흑창을 설치하였다.

④ 고려 무신 정권 시기에 공주 명학소에서 망이·망소이가 과도한 부역과 소 주민에 대한 차별 대우에 항의하여 농민 반란을 일으켰다.

⑤ 고려 무신 정권 시기에 최충헌은 국정을 총괄하는 중심 기구인 교정도감을 설치하고 스스로 기구의 최고 관직인 교정별감이 되어 인사 및 재정 등을 장악하였다.

136 최충헌의 교정도감
정답 ⑤

키워드 정답 체크

고려 무신 정권 시기 청교역의 역리 세 명이 공첩을 위조하여 난을 일으키려 하자 이를 알게 된 최충헌이 사건을 조사하고 처리하는 과정에서 교정별감을 설치하였다. 이후 교정별감은 국정을 총괄하는 중심 기구인 교정도감이 되었고(1209), 최충헌은 이를 통해 인사 및 재정 등을 장악하였다.

⑤ 무신 정권 시기 최충헌의 뒤를 이어 집권한 최우는 자신의 집에 정방을 설치하고 인사 행정을 담당하는 기관으로 삼아 인사권을 완전히 장악하였다(1225).

오답 체크

① 고려 인종 때 묘청은 서경 천도와 칭제 건원, 금 정벌 등을 주장하였으나 받아들여지지 않자 서경에서 반란을 일으켰고(묘청의 서경 천도 운동, 1135), 김부식의 관군에 의해 진압되었다(1136).

② 통일 신라 말 진성 여왕 때 원종과 애노가 사벌주에서 중앙 정권의 무분별한 조세 징수에 반발하여 농민 봉기를 일으켰다(889).

③ 12세기에 여진은 세력을 확장하여 만주 지역을 장악하고 금을 건국하여 고려에 군신 관계를 요구하였다. 고려 인종 때 실권자였던 이자겸은 금과의 무력 충돌을 피하고자 사대 요구를 받아들였다(1126).

④ 고려 의종이 무신들을 천대하고 향락에 빠져 실정을 일삼자 무신들의 불만이 쌓여갔다. 그러던 중 보현원 사건을 계기로 분노가 폭발한 무신들이 정변을 일으켰다. 정중부와 이의방을 중심으로 조정을 장악한 무신들은 의종을 폐위한 뒤 명종을 즉위시켰다(1170).

137 최우
정답 ①

키워드 정답 체크

고려 무신 정권 시기에 몽골이 침입하자, 고려 고종과 당시 실권자였던 최우는 강화도로 천도하여 몽골에 대한 장기 항전을 준비하였다.

① 고려 무신 정권 시기 최충헌의 뒤를 이어 집권한 최우는 자신의 집에 정방을 설치하고 인사 행정을 담당하는 기관으로 삼아 인사권을 완전히 장악하였다.

오답 체크

② 고려 무신 정권 시기 최충헌은 권력을 장악하고 있던 이의민을 몰아내고 봉사 10조라는 사회 개혁안을 명종에게 제시하였다.

③ 배중손은 고려 정부가 강화도에서 개경으로 환도하면서 몽골과의 강화가 성립되자 이에 반발하여 삼별초를 이끌고 진도 용장성에서 항전하였다.

④ 고려 무신 정권 시기 서경유수 조위총은 군사를 일으켜 정중부 등의 무신 집권자들을 제거하려 하였으나 실패하였다.

⑤ 신돈은 공민왕 때 전민변정도감의 책임자로 임명되어 권문세족이 빼앗은 토지를 돌려주고 노비가 된 자를 풀어주는 등의 개혁을 단행하였다.

138 무신 정권 시기의 민란 정답 ④

키워드 정답 체크

④ 고려 무신 정권 시기에 공주 명학소에서 망이 · 망소이가 과도한 부역과 소 · 부곡민에 대한 차별 대우에 항거하여 반란을 일으켰 다(1176).

139 만적의 난 정답 ③

키워드 정답 체크

(가) **최씨 무신 정권 시기의 시작**(1196): 고려 무신 정권 시기에 최충헌은 당시 집권자였던 이의민을 제거하고 정권을 장악하였다.

(나) **최씨 무신 정권의 몰락**(1258): 최의는 최충헌, 최우, 최항에 이은 최씨 무신 정권 시기의 마지막 집권자로, 최항의 심복이었던 유경에게 제거당하였다. 이로 인해 최씨 무신 정권이 몰락하였다.

③ 고려 무신 정권 시기에 최충헌의 사노비인 만적이 개경(개성)에서 노비들을 규합하여 신분 차별에 항거하는 반란을 도모하였으나 사전에 발각되어 실패하였다(만적의 난, 1198).

오답 체크

① 고려 무신 강조는 국가의 혼란을 바로잡고자 정변을 일으켜 목종의 외척인 김치양을 제거하였다(1009).

② 고려 정부가 강화도에서 개경으로 환도하자 배중손, 김통정을 중심으로 한 삼별초가 이에 반대하여 강화도, 진도, 제주도로 어동하며 대몽 항쟁을 전개하였다(1270~1273).

④ 고려 서경유수 조위총은 군사를 일으켜 정중부 등의 무신 집권자들을 제거하려 하였으나 실패하였다(1174).

⑤ 동북면병마사로 있던 고려의 문신 김보당은 무신 정변 이후 정권을 잡은 정중부, 이의방 등을 토벌하고 폐위된 의종을 다시 세우고자 난을 일으켰으나 실패하였다(1173).

주제 14 고려의 대외 관계

140 거란의 침입과 고려의 대응 정답 ③

키워드 정답 체크

거란은 고려 현종이 강조의 정변을 통해 즉위한 것을 구실로 삼아 고려 성종 때의 1차 침입에 이어 2차로 침략하였다. 현종은 수도 개경이 함락되자 나주까지 피난하였고 거란의 침입을 불력으로 물리치고자 초조대장경을 제작하기 시작하였다.

③ 세 차례에 걸쳐 거란의 침입을 받은 고려는 이를 대비하고자 현종 때 강감찬의 건의를 받아들여 나성을 쌓아 개경을 방비하고, 압록강 하구부터 시작하여 동해안에 이르는 천리장성을 쌓아 국경 수비를 강화하였다.

오답 체크

① 고려 말 창왕 때 박위를 파견하여 왜구의 본거지인 쓰시마섬을 정벌하였다.

② 효종 때 러시아가 만주 지역까지 침략해오자 청은 조선에 원병을 요청하였고, 조선에서는 두 차례에 걸쳐 조총 부대를 출병시켜 나선 정벌을 단행하였다.

④ 세종 때 여진을 몰아낸 뒤 최윤덕이 압록강 상류 지역에 4군을 설치하고, 김종서가 두만강 하류 지역에 6진을 설치하였다.

⑤ 중종 때 삼포왜란이 일어나자 외적의 침입에 대비하기 위한 임시 기구로 비변사가 처음 설치되었다. 이후 명종 때 발생한 을묘왜변을 계기로 상설 기구화되었다.

141 거란의 침입과 고려의 대응 정답 ①

키워드 정답 체크

(가) **만부교 사건**(942): 고려 태조는 거란이 발해를 멸망시켰기 때문에 화친할 수 없다는 이유로 거란에서 보낸 낙타를 만부교에 묶어 굶어 죽게 하였다.

(나) **흥화진 전투**(1010): 강조의 정변(1009)을 구실로 2차 침입한 거란군은 압록강을 건너 흥화진을 공격하였다. 고려 장수 양규는 거란의 압박에도 굴하지 않고 전투를 지휘하여 거란군을 물리쳤다.

① 고려 정종 때 최광윤의 의견을 받아들여 거란의 침입을 대비하기 위해 광군을 조직하고, 광군사를 설치하여 이를 관장하였다(947).

오답 체크

② 강감찬은 거란이 다시 고려를 침입하자 이에 맞서 귀주에서 대승을 거두었다(귀주 대첩, 1019).

③ 고려 우왕 때 최무선은 화통도감의 설치를 건의하여 화약과 화포를 제작하였고, 이를 활용하여 진포 대첩에서 왜구를 격퇴하였다(1380).

④ 몽골의 2차 침입 때 승장 김윤후가 처인성에서 몽골군에 대항하여 적장 살리타를 사살하고 승리를 거두었다(1232).

⑤ 고려 우왕 때 명이 철령 이북의 땅에 철령위를 설치하겠다며 반환을 요구하자 최영을 중심으로 요동 정벌을 추진하였다(1388).

142 고려와 여진의 관계

정답 ④

키워드 정답 체크

- **별무반 편성**(1104): 고려 숙종 때 부족을 통일한 여진이 고려의 국경을 자주 침입하자 윤관이 왕에게 건의하여 신기군, 신보군, 항마군으로 구성된 별무반을 조직하였다.
- **이자겸의 난**(1126): 고려 인종 때 문벌 귀족 이자겸이 왕의 외척으로서 최고 권력을 누리며 왕의 자리까지 넘보자 인종은 이자겸을 제거하려 하였으나 실패하였다. 이에 이자겸은 척준경과 함께 난을 일으켰다.

④ 고려 예종 때 윤관의 별무반이 여진을 물리치고 동북 9성을 설치하였다(1107). 이후 여진이 고려에 조공을 약속하며 동북 9성 반환을 요청하자 고려는 이를 수락하여 동북 9성을 되돌려 주었다(1109).

143 몽골의 침략과 고려의 대응

정답 ④

키워드 정답 체크

고려 고종 때 몽골 사신 저고여가 본국으로 돌아가던 중 암살당한 사건이 발생하자(1225) 몽골은 이를 구실로 고려와 국교를 단절하고 6차례에 걸쳐 고려를 침입하였다. 5차 침입 때는 충주산성 방호별감 이었던 김윤후가 전투에서 승리하면 신분의 고하를 막론하고 모두 관작을 주겠다고 독려하여 관노들과 함께 몽골군에 항전한 끝에 승리하였다(충주성 전투, 1253).

④ 고려 무신 정권 시기 최우는 몽골의 침입에 대항하기 위해 강화도로 천도하고 장기 항쟁을 준비하였다(1232).

오답 체크

① 고려 예종 때 윤관의 별무반이 여진을 물리치고, 동북 9성을 설치하였다(1107). 이후 여진이 고려에 조공을 약속하며 동북 9성 반환을 요청하자 고려는 이를 수락하고 동북 9성을 되돌려주었다(1109).

② 고려 말 창왕 때 박위를 파견하여 왜구의 본거지인 쓰시마섬을 정벌하였다(1389).

③ 고려 성종 때 거란이 침략하여 고려가 차지하고 있는 옛 고구려 땅을 내놓고 송과 교류를 끊을 것을 요구하였으나 서희가 소손녕과의 외교 담판을 통해 이를 해결하고 강동 6주를 획득하였다(993).

⑤ 고려 우왕 때 명이 철령 이북의 땅에 철령위를 설치하겠다며 반환을 요구하자 최영을 중심으로 요동 정벌을 추진하였다(1388).

144 삼별초의 대몽 항쟁

정답 ③

키워드 정답 체크

고려 무신 정권은 몽골의 개입으로 원종이 복위하고, 임유무가 살해되면서 해체되었다. 이에 원종이 몽골과 강화를 맺고 개경으로 환도를 단행하자 무신 정권의 군사적 기반이었던 삼별초는 배중손과 김통정의 지휘하에 승화후를 왕으로 옹립하고 난을 일으켰다(1270).

③ 삼별초가 진도와 제주도로 이동하며 대몽 항쟁을 이어가자 김방경은 여몽 연합군을 이끌고 제주도(탐라)에서 삼별초를 토벌하였다(1273).

오답 체크

① 몽골의 2차 침입 때 승장 김윤후가 적장 살리타를 사살하고 승리를 거두었다(1232).

② 고려 인종 때 묘청과 정지상을 중심으로 한 서경 세력은 서경 천도와 칭제 건원, 금 정벌을 주장하였는데 받아들여지지 않자 서경에서 반란을 일으켰다(묘청의 서경 천도 운동, 1135).

④ 고려 무신 정권 시기 최충헌은 사회 개혁안인 봉사 10조를 명종에게 제시하였다(1196).

⑤ 경대승은 고려 중기의 무신으로 당시 실권자였던 정중부 일파를 제거하고 정권을 장악하였다(1179).

주제 15 원 간섭기와 공민왕의 개혁 정치

145 고려 원 간섭기

정답 ③

키워드 정답 체크

③ 고려 원 간섭기에는 지배층을 중심으로 몽골의 풍습인 변발과 호복 등이 유행하였다. 또한, 고려의 세자는 원 공주와 혼인하여 원 황제의 부마가 되는 것이 관례였기에 충렬왕은 원의 제국 대장 공주와 혼인하였다. 이 시기에 원은 공녀라 하여 고려의 처녀들을 뽑아가고, 금, 은, 베를 비롯한 잣, 인삼, 약재 등의 특산물을 징발하여 농민들의 고통을 가중시켰다.

오답 체크

① 통일 신라 말 진성 여왕 때 원종과 애노가 사벌주에서 중앙 정권의 무분별한 조세 징수에 반발하여 농민 봉기를 일으켰다.

② 고려의 승려 의천은 교종과 선종의 불교 통합 운동을 전개하였으며, 국청사를 창건하고 해동 천태종을 개창하였다.

④ 조선 명종 때 흉년으로 기근이 극심해지자 이로 인해 발생한 각종 문제를 해결하기 위해 대비하는 방법을 정리한 『구황촬요』를 간행하였다.

⑤ 고려 현종 때 거란이 강조의 정변을 구실로 2차 침입을 단행하였고, 개경이 함락되자 현종은 나주까지 피란을 갔다. 이후 현종은

거란의 침입을 불교의 힘으로 물리치고자 초조대장경을 제작하기 시작하였다.

146 공민왕

정답 ④

키워드 정답 체크

고려 말 다양한 개혁 정치를 펼친 공민왕은 대외적으로는 반원 자주 정책을, 대내적으로는 왕권 강화를 추진하였다. 이러한 반원 자주 정책의 일환으로 원의 연호 폐지, 기철 등 친원 세력 숙청을 실시하고 내정 간섭 기구로 유지되었던 정동행성 이문소를 폐지하였으며, 쌍성총관부를 공격하여 원에 빼앗긴 철령 이북의 땅을 수복하였다.

④ 고려 공민왕 때 등용된 신돈은 전민변정도감의 책임자로서 권문 세족이 빼앗은 토지를 돌려주고 노비가 된 자를 풀어 주는 등 개혁을 단행하였다.

오답 체크

① 고려 말 공양왕 때 신진 사대부 조준 등의 건의로 과전법이 시행되었으며, 원칙적으로 경기 지역에 한정하여 토지를 지급하였다.

② 우왕 때 정지가 관음포에서 화포를 이용하여 왜구를 격퇴하여 승리를 거두었다.

③ 고려 무신 정권 시기에 최충헌은 국정을 총괄하는 중심 기구인 교정도감을 설치하고 스스로 기구의 최고 관직인 교정별감이 되어 인사 및 재정 등을 장악하였다.

⑤ 충선왕은 왕위를 물려준 뒤 원의 연경에 만권당을 세우고 고려에서 이제현 등의 성리학자들을 데려와 원의 학자들과 교류하게 하였다.

147 최무선

정답 ②

키워드 정답 체크

② 고려 우왕 때 최무선은 화통도감 설치를 건의하여 화약과 화포를 제작하였다. 이후 왜구가 고려를 침입하자 최무선은 나세, 심덕부 등과 함께 병선과 화통·화포를 갖추고 진포 대첩에서 왜구를 격퇴하였다(1380).

오답 체크

① 세종 때 장영실은 고려 말 최무선이 제작한 주화를 개량하여 로켓형 화기인 신기전을 개발하였다.

③ 임진왜란 때 조명 연합군은 서양식 청동제 화포인 불랑기포를 활용하여 평양성을 탈환하였다.

④ 효종 때 러시아가 만주 지역까지 침략해오자 청은 조선에 원병을 요청하였고, 조선에서는 두 차례에 걸쳐 조총 부대를 출병시켜 나선 정벌을 단행하였다.

⑤ 선조 때 이장손이 발명한 비격진천뢰는 전쟁 시 사람과 말 등을 죽이거나 치명적인 상처를 입히기 위해 만들어진 폭탄으로, 임진왜란 때 실제로 사용되었다.

148 이성계

정답 ③

키워드 정답 체크

고려 말 이성계는 황산에서 적장이 아지발도를 사살하면서 왜구의 침입을 물리쳤다(황산 대첩, 1380). 조선 선조 때 황산 대첩의 승리를 후대에 널리 알리기 위하여 대첩비를 세웠다(1577). 이는 일제 강점기 때 파괴되었으나 탁본이 남아 있어 왜구를 격퇴한 이성계의 활약상을 상세히 알 수 있다.

③ 고려 우왕 때 최영을 중심으로 요동 정벌을 추진하였다. 이성계는 4불가론을 제시하며 반대하였으나 왕명에 의해 출병하게 되었고, 위화도에서 개경으로 회군하여 최영을 제거하고 우왕을 폐위하며 정권을 장악하였다(1388).

오답 체크

① 세종 때 여진을 몰아낸 뒤 최윤덕이 압록강에 4군을 설치하고, 김종서가 두만강에 6진을 설치하였다.

② 고려 시대에 동북면병마사였던 김보당은 무신 정변으로 정권을 잡은 정중부, 이의방 등을 토벌하고 폐위된 의종을 다시 세우고자 난을 일으켰으나 실패하였다.

④ 고려 숙종 때 부족을 통일한 여진이 고려의 국경을 자주 침입하자 윤관이 왕에게 건의하여 별무반을 조직하였다. 별무반은 이후 여진을 정벌하고 예종 때 동북 9성을 설치하였다.

⑤ 고려 무신 정권 시기 최우가 치안 유지를 위해 설치한 야별초가 확대되어 좌별초와 우별초로 나뉘고, 몽골의 포로가 되었다가 탈출한 신의군과 함께 삼별초가 구성되었다.

149 이성계의 위화도 회군

정답 ③

키워드 정답 체크

고려 우왕 때 명이 철령 이북의 땅에 철령위를 설치하겠다며 반환을 요구하자 이에 반발한 고려는 최영을 중심으로 요동 정벌을 추진하였다(1388).

③ 고려 우왕 때 최영을 중심으로 요동 정벌이 추진되자 이성계는 4불가론을 제시하며 반대하였으나 왕명에 의해 출병하게 되었다. 이후 이성계는 위화도에서 개경으로 회군하여 최영을 제거하고 우왕을 폐위하며 정권을 장악하였다(1388).

오답 체크

① 고려 예종 때 윤관의 별무반이 여진을 물리치고, 동북 9성을 설치하였다(1107).

② 고려 성종 때 거란이 침략하자 서희가 거란의 장수 소손녕과 외교 담판을 벌여 거란으로부터 강동 6주를 획득하였다(993).

④ 고려 정부가 강화도에서 개경으로 환도하면서 몽골과 강화를 성립하자 배중손은 이에 반발하며 삼별초를 이끌고 진도 용장산성에서 항전하였다(1270).

⑤ 고려 무신 정권 시기에 몽골이 침입하자, 고려 고종과 당시 실권자였던 최우는 강화도로 천도하여 몽골에 대한 장기 항전을 준비하였다(1232).

주제 16 고려의 문화

150 예산 수덕사 대웅전 정답 ①

키워드 정답 체크

① 예산 수덕사 대웅전은 고려 충렬왕 때 충남 덕숭산에 지은 불교 건축물이다. 지붕은 옆면에서 볼 때 사람 인(人)자 모양을 한 맞배지붕으로 꾸미고 지붕 처마를 받치기 위한 구조인 공포가 기둥 위에만 있는 주심포 양식을 사용하였다. 또한, 건물 옆면의 장식 요소가 특징적이며 건립 연대가 분명하고 형태미가 뛰어나다.

오답 체크

② 구례 화엄사 각황전은 조선 숙종 때 창건되었고 정면 7칸, 측면 5칸의 다포계 중층 팔작지붕 건물로 내부 공간이 통층으로 구성되어 있다.

③ 통일 신라에 창건된 영주 부석사에 있는 무량수전은 고려 시대 목조 건물이다. 기둥의 중간 부분은 두껍게 하고 위와 아래로 갈수록 굵기가 점차 줄어드는 배흘림 기둥을 사용하였으며, 주심포 양식으로 제작되었다.

④ 안동 봉정사 극락전은 고려 시대의 건물로 통일 신라 시대 건축 양식을 띠고 있으며, 우리나라의 목조 건물 중 가장 오래되었다.

⑤ 보은 법주사 팔상전은 우리나라 목조 건축물 중 가장 높으며 현존하는 유일한 조선 시대 목탑이다. 또한, 석가모니의 일생을 여덟 폭의 그림으로 나누어 그린 팔상도가 있어 팔상전이라고 불린다.

151 안동 봉정사 극락전 정답 ①

키워드 정답 체크

① 안동 봉정사 극락전은 경북 안동시 봉정사에 위치한 고려 시대 건축물로, 우리나라에서 현존하는 가장 오래된 목조 건축물이다. 건물이 세워지고 다시 지어진 내력 등을 써 두는 상량문에 고려 공민왕 때 지붕을 수리하였다는 기록이 남아있어 극락전의 건축 연대를 추정할 수 있다. 지붕 처마를 받치기 위한 구조인 공포를 기둥 위에만 배열하는 주심포 양식으로 지어졌으며, 지붕의 형태는 맞배지붕이다.

오답 체크

② 보은 법주사 팔상전은 우리나라 목조 건축물 중 가장 높으며 현존하는 유일한 조선 시대 목탑이다. 또한, 석가모니의 일생을 여덟 폭의 그림으로 나누어 그린 팔상도가 있어 팔상전이라고 불린다.

③ 구례 화엄사 각황전은 조선 숙종 때 창건되었고 정면 7칸, 측면 5칸의 다포계 중층 팔작지붕 건물로 내부 공간이 통층으로 구성되어 있다.

④ 예산 수덕사 대웅전은 고려 충렬왕 때 건립된 건축물이다. 지붕은 맞배지붕으로 꾸몄으며 주심포 양식을 사용하였다.

⑤ 통일 신라에 창건된 영주 부석사에 있는 무량수전은 고려 시대 목조 건물 중 하나로, 배흘림 기둥을 사용하였으며 주심포 양식으로 제작되었다.

152 부석사 소조여래 좌상 정답 ⑤

키워드 정답 체크

⑤ 부석사 소조여래 좌상은 영주 부석사 무량수전에 모시고 있는 소조 불상이다. 우리나라 소조 불상 가운데 가장 크고 오래된 작품이며, 고려 초기에 만들어진 것으로 추정된다.

오답 체크

① 경주 석굴암 본존불은 통일 신라의 문화유산이다.

② 금동 관음보살 좌상은 고려의 문화유산이다.

③ 하남 하사창동 철조 석가여래 좌상은 고려의 문화유산이다.

④ 금동 미륵보살 반가사유상은 삼국의 문화유산이다.

153 고려의 문화유산 정답 ②

키워드 정답 체크

고려 시대에는 그릇 표면에 무늬를 파내고 백토와 자토(붉은 흙)를 메워 유약을 발라 구워내는 상감 기법으로 만들어진 상감청자가 유행하였다.

ㄱ. 고려 나전 국화 넝쿨무늬 합은 자개를 무늬대로 잘라 목심이나 칠면에 박아 넣거나 붙이는 나전 기법으로 만들어진 유물이다.

ㄷ. 「수월관음도」는 고려 후기에 제작된 불화로, 『화엄경(華嚴經)』 「입법계품(入法界品)」에 나오는 관음보살의 거처와 형상을 묘사한 그림이다.

오답 체크

ㄴ. 무령왕릉 석수는 백제의 문화유산이다.

ㄹ. 황남대총 북분 금관은 신라의 문화유산이다.

154 개성 경천사지 십층 석탑 정답 ③

키워드 정답 체크

③ 개성 경천사지 십층 석탑은 원의 석탑 양식에 영향을 받아 만들어진 고려 원 간섭기의 다각 다층 대리석 불탑이다. 일제 강점기에 일본으로 무단 반출되었다가 지금은 반환되어 국립 중앙 박물관에 전시되어 있다.

오답 체크

① 안동 법흥사지 칠층 석탑은 통일 신라 시기 창건된 안동 법흥사에 있던 탑으로 추정되며, 벽돌로 쌓아올린 전탑이다.

② 경주 불국사 다보탑은 불국사에 있는 통일 신라의 화강석 석탑이다.

④ 익산 미륵사지 석탑은 백제 무왕 때 건립된 목탑의 형태로 만들어진 석탑으로, 현존하는 삼국 시대의 석탑 중 가장 크며 당시 백제의 건축 기술을 확인할 수 있다.

⑤ 평창 월정사 팔각 구층 석탑은 강원도 오대산 월정사 경내에 있는 석탑으로, 고려 전기를 대표하는 석탑이다.

CHAPTER

04 조선 전기

주제 17 조선의 건국과 국가 기반 확립

155 태종의 정책

정답 ③

키워드 정답 체크

③ 조선 초기 두 차례의 왕자의 난을 겪고 왕위에 오른 태종은 왕권을 강화하여 국왕 중심의 통치 체계를 확립하고자 하였다. 이에 문하부를 혁파하여 의정부에 통합시키고, 6조 직계제를 실시하여 6조에서 의정부를 거치지 않고 국왕이 바로 재가를 내리도록 하였다. 문하부 산하의 낭사는 분리하여 사간원으로 따로 독립시켜 신하들을 견제하는 기능을 하도록 하였다. 또한, 신문고를 설치하여 백성이 억울하고 원통한 일을 호소할 수 있도록 하였다.

오답 체크

① 조선 숙종 때 임진왜란 당시 지원군을 보내준 명 신종을 기리기 위한 제단인 대보단을 설치하였다.

② 세종 때 집현전 학자들은 당시까지 전해 오던 여러 의서의 의학 이론을 정리 · 수집한 『의방유취』를 편찬하였다.

④ 세조 때 편찬되기 시작한 『경국대전』은 조선의 기본 법전으로, 성종 때 완성되어 반포되었다.

⑤ 영조 때 각종 제도의 연혁과 내용을 정리한 『동국문헌비고』를 편찬하여 문물제도를 정비하였다.

156 세종의 정책

정답 ④

키워드 정답 체크

세종은 정초, 변효문 등에게 명하여 우리나라의 풍토에 알맞은 농법을 모은 『농사직설』을 간행하였다.

④ 세종 때 군신 · 부자 · 부부 삼강에 모범이 될 만한 충신, 효자, 열녀의 행실을 모아 글과 그림으로 설명한 윤리서인 『삼강행실도』를 간행하였다.

오답 체크

① 조선 중기의 예학파 유학자 김장생은 『주자가례』의 본문을 기본으로 하여 조선의 현실에 맞는 예학을 정리한 『가례집람』을 저술하였다.

② 조선 성종 때 예악 정비 사업의 일환으로 오례(五禮)의 예법과 절차 등을 그림과 함께 정리하여 『국조오례의』를 편찬하였다.

③ 중종 때 박세무와 민제인이 어린 학생들의 학습을 위해 유교 윤리인 삼강오륜과 역사 등을 정리한 『동몽선습』을 간행하였다.

⑤ 조선 중기의 성리학자 이이는 군주가 수양해야 할 덕목을 정리한 『성학집요』를 저술하여 선조에게 바쳤다.

157 계유정난

정답 ③

키워드 정답 체크

③ 세조는 수양 대군 시절 계유정난을 일으켜 황보인, 김종서 등을 제거하고 권력을 장악한 뒤 단종을 몰아내고 왕으로 즉위하였다(1453). 이후 성삼문, 박팽년 등 사육신(死六臣)이 주도하여 단종 복위 운동을 계획하였으나 발각되어 관련된 여러 신하들이 모두 처형되었고, 단종은 노산군으로 강봉되어 강원도 영월에 유배되었다(1457).

오답 체크

① 서인 세력은 광해군의 중립 외교 정책과 영창대군 사사 사건, 인목 대비 유폐 문제를 빌미로 인조반정을 일으켰다. 이에 인조반정이 일어나 광해군이 폐위되고 인조가 왕위에 올랐으며, 북인 세력은 처형되었다(1623).

② 조선 숙종 때 희빈 장씨의 소생에 대한 원자 책봉 문제로 기사환국이 발생하여 서인이 물러나고 남인이 집권하였다. 이때 서인 세력의 영수인 송시열이 사사되고 중전이었던 인현왕후가 폐위되었다(1689).

④ 영조 때 이인좌 등 정권에서 소외된 소론 세력이 남인 일부와 연합하여 경종의 죽음과 영조의 정통성에 대해 의문을 제기하면서 반란을 일으켰으나 진압되었다(1728).

⑤ 연산군이 생모인 폐비 윤씨 사건의 전말을 알게 되면서 갑자사화가 발생하였다(1504). 이로 인해 김굉필 등 당시 폐비 윤씨 사건에 관련된 인물들과 무오사화 때 피해를 면하였던 사림들까지 큰 화를 입었다.

158 세조

정답 ④

키워드 정답 체크

계유정난으로 단종을 몰아내고 왕위에 오른 세조는 원각사를 창건하고, 고려 개성 경천사지 십층 석탑을 계승한 원각사지 십층 석탑을 건립하였다.

④ 세조는 과전 세습화가 초래하였던 토지 부족 등의 폐단을 바로잡기 위해 수신전과 휼양전을 폐지하고 현직 관리에게만 수조권을 지급하는 직전법을 실시하였다.

오답 체크

① 태종 때 주자소를 설치하고 계미자를 주조하여 조선의 금속 활자 인쇄술이 한층 더 발전하였다.

② 조선 성종 때 예악 정비 사업의 일환으로 오례(五禮)의 예법과 절차 등을 그림과 함께 정리하여 『국조오례의』를 편찬하였다.

③ 세종은 정초, 변효문 등을 시켜 우리 풍토에 맞는 농서인 『농사직설』을 간행하였다.

⑤ 선조의 명으로 허준이 집필하기 시작한 『동의보감』은 우리나라와 중국 의서의 각종 의학 지식과 치료법을 집대성한 의서로 광해군 때 완성되었다.

159 조선 성종 정답 ⑤

키워드 정답 체크

조선 성종 때 예악 정비 사업의 일환으로 오례(五禮)의 예법과 절차 등을 그림과 함께 정리하여 『국조오례의』를 편찬하고, 성현 등이 왕명에 따라 의궤와 악보를 정리한 『악학궤범』을 저술하였다.

⑤ 조선 성종 때 노사신, 양성지, 강희맹 등이 각 도의 지리, 풍속, 인물 등을 기록한 관찬 지리지인 『동국여지승람』을 편찬하였다.

오답 체크

① 태종 때 주자소를 설치하고 계미자를 주조하여 조선의 금속 활자 인쇄술이 한층 더 발전하였다.

② 선조의 명으로 허준이 집필하기 시작한 『동의보감』은 우리나라와 중국 의서의 각종 의학 지식과 치료법을 집대성한 의서로 광해군 때 완성되었다.

③ 영조는 국가 운영에 대한 법을 새로 규정하기 위해 『경국대전』을 바탕으로 새롭게 증보된 내용만 수록하여 『속대전』을 편찬하였다.

④ 세종 때 중국의 수시력과 아라비아의 회회력을 참고로 내편(內篇)과 외편(外篇)으로 이루어진 역법서 『칠정산』을 편찬하였다. 이때 최초로 한양을 기준으로 천체 운동을 계산하였다.

주제 18 사림의 성장과 사화의 발생

160 무오사화 정답 ②

키워드 정답 체크

② 김일손이 스승 김종직이 작성한 조의제문을 사초에 기록하였는데, 사림 세력과 대립 관계였던 유자광, 이극돈 등의 훈구 세력과 연산군이 이를 문제 삼으면서 무오사화가 발생하였다(1498).

161 갑자사화 정답 ④

키워드 정답 체크

(가) **무오사화**(1498): 연산군 때 김일손이 스승인 김종직의 조의제문을 실록에 기록한 것을 유자광, 이극돈 등의 훈구 세력이 사림 세력에 불만을 가지고 있던 연산군에게 알리면서 무오사화가 발생하였다.

(나) **중종반정**(1506): 연산군의 폭정을 계기로 반정이 일어나 연산군이 폐위되고 진성대군이 중종으로 즉위하였다.

④ 연산군이 생모인 폐비 윤씨 사사 사건의 전말을 알게 되면서 갑자사화가 발생하였다. 이로 인해 김굉필 등 당시 폐비 윤씨 사건에 관련된 인물들과 무오사화 때 피해를 면하였던 사림들까지 큰 화를 입었다(1504).

오답 체크

① 서인 세력은 광해군의 중립 외교 정책과 영창대군 사사 사건, 인목 대비 유폐 문제를 빌미로 인조반정을 일으켰다. 이에 광해군이 폐위되고 인조가 왕위에 올랐으며, 북인 세력은 처형되었다(1623).

② 중종은 반정으로 왕위에 오른 후 훈구파를 견제하고 연산군의 폐정을 개혁하기 위해 사림파를 중용하였다. 이때 등용된 조광조는 반정 공신들의 위훈 삭제를 주장하였으나 훈구파들의 반발로 기묘사화가 발생하면서 조광조를 비롯한 많은 사림파들이 정계에서 축출되었다(1519).

③ 영조 때 이인좌 등 정권에서 소외된 소론 세력이 남인 일부와 연합하여 경종의 죽음과 영조의 정통성에 대해 의문을 제기하면서 반란을 일으켰으나 진압되었다(1728).

⑤ 조선 숙종 때 희빈 장씨의 소생에 대한 원자 책봉 문제로 기사환국이 발생하여 서인이 물러나고 남인이 집권하였다. 이때 서인 세력의 영수인 송시열이 사사되고 중전이었던 인현왕후가 폐위되었다(1689).

162 기묘사화 정답 ④

키워드 정답 체크

④ 중종은 반정으로 연산군을 폐위하여 왕위에 오른 후 삼포왜란을 진압하였으며 훈구파를 견제하기 위해 사림파를 중용하였다. 이에 따라 등용된 조광조는 천거제의 일종인 현량과 실시를 건의하여 사림이 대거 등용될 수 있는 발판을 마련하였다. 또한, 반정 공신들의 위훈 삭제, 소격서 폐지 등을 주장하였으나 위훈 삭제에 대한 훈구 세력의 반발로 기묘사화가 발생하여 조광조를 비롯한 사림 세력이 대부분 축출되었다.

오답 체크

① 인조반정에서 큰 공을 세웠던 이괄이 2등 공신을 받은 것에 대해 불만을 품고 이괄의 난을 일으켰다.

② 조선 숙종 때 남인의 영수인 허적이 궁중에서 쓰는 천막을 허락

없이 사용한 문제를 계기로 경신환국이 발생하여 허적, 윤휴 등의 남인이 대거 축출되고 서인이 집권하게 되었다.

③ 선조 때 발생한 정여립 모반 사건으로 기축옥사가 일어나 서인이 정국을 주도하였고, 이때 피해를 입은 동인이 북인과 남인으로 분화되었다.

⑤ 연산군 때 사관 김일손이 스승 김종직의 조의제문을 사초에 기록하였다. 그러자 사림 세력과 대립 관계였던 유자광, 이극돈 등의 훈구 세력이 이를 문제 삼아 연산군에게 알리면서 무오사화가 발생하였다.

163 을사사화

정답 ①

키워드 정답 체크

(가) **기묘사화**(1519): 중종은 반정으로 왕위에 오른 후 훈구파를 견제하기 위해 사림파를 중용하여 유교 정치를 발전시키고자 하였다. 이에 따라 등용된 조광조는 천거제의 일종인 현량과를 실시하여 사림이 대거 등용될 수 있는 발판을 마련하였고 반정 공신들의 위훈 삭제, 소격서 폐지 등을 주장하였다. 그러나 조광조와 사림 세력은 위훈 삭제에 대한 훈구 세력의 반발로 발생한 기묘사화로 인해 대부분 축출되었다.

(나) **동서 분당**(1575): 조선 선조 때 사림 세력은 이조 전랑 임명권을 놓고 김효원을 중심으로 한 동인과 심의겸을 중심으로 한 서인으로 분화되었고, 이를 계기로 붕당 정치가 시작되었다.

① 조선 인종의 뒤를 이어 명종이 어린 나이로 즉위하자 명종의 어머니 문정 왕후가 수렴청정을 하였다. 이후 인종의 외척인 윤임을 중심으로 한 대윤 세력과 명종의 외척인 윤원형을 중심으로 한 소윤 세력의 대립으로 을사사화가 발생하여 윤임 등의 대윤 세력과 사림들이 큰 피해를 입었다(1545).

오답 체크

② 연산군 때 사관 김일손이 스승 김종직의 조의제문을 사초에 기록하였다. 그러자 이를 훈구 세력이 연산군에게 알리면서 무오사화가 발생하였다(1498).

③ 영조는 붕당 정치의 폐해를 막고 능력에 따른 인재를 등용하기 위해 탕평책을 실시하였고, 탕평의 의지를 표방하고자 성균관에 탕평비를 건립하였다(1742).

④ 숙종이 희빈 장씨의 소생을 원자로 책봉하자 서인의 영수 송시열이 반대하였다. 이에 송시열을 처형하고 인현 왕후를 폐위시키는 기사환국이 발생하면서 남인이 집권하게 되었다(1689).

⑤ 연산군의 생모인 폐비 윤씨 사건의 전말을 연산군이 알게 되면서 갑자사화가 발생하였다(1504). 이로 인해 김굉필 등 당시 폐비 윤씨 사건에 관련된 인물들과 무오사화 때 피해를 면했던 사림들까지 큰 화를 입었다.

164 이황

정답 ③

키워드 정답 체크

조선 중기의 성리학자 퇴계 이황은 조선의 성리학이 발전하는 데 크게 기여하였으며, 군주의 도를 도식으로 설명한 『성학십도』를 저술하였다(1568).

③ 이황은 향촌 사회의 교화를 위한 향약의 4대 덕목 가운데 '과실상규'를 강조하는 예안 향약을 만들었다.

오답 체크

① 조선 후기 정제두는 지행합일을 중요시하는 양명학을 체계적으로 연구하였고, 후진 양성에도 힘을 기울여 강화 학파를 발전시켰다.

② 세종 때 통신사로 일본에 다녀온 신숙주는 일본의 지리와 국정, 외교 관계 등을 기록한 『해동제국기』를 성종 때 편찬하였다.

④ 조선 후기 박세당은 『사변록』을 통해 주자의 경전 해석을 비판하며 독자적인 해석을 시도하였으나 노론 세력에 의해 사문난적으로 몰렸다.

⑤ 조선 중기의 대표적인 예학파 유학자 김장생은 『주자가례』의 본문을 기본으로 하여 조선의 현실에 맞는 예학을 정리한 『가례집람』을 저술하였다.

주제 19 붕당의 형성과 붕당 정치의 전개

165 기축옥사

정답 ②

키워드 정답 체크

② 선조 때 동인 출신 정여립은 파직 후 고향인 전주 진안 죽도에서 고을의 여러 무사들과 공·사노비를 모아 궁술을 익히는 대동계를 조직하였다. 이는 정철 등 조정의 서인 세력에 의해 정여립이 역모를 꾀하기 위해 만든 조직으로 지목되었고, 이로 인해 발생한 기축옥사로 동인의 영수 이발 등을 비롯한 많은 동인들이 탄압을 받게 되었다(1589).

오답 체크

① 세조 때 중앙 집권적 정책으로 인해 북방민의 등용이 억제되자 이시애가 함길도민을 규합하여 길주에서 반란을 일으켰다(1467).

③ 조선 명종 때 문정 왕후의 수렴청정을 비판한 양재역 벽서 사건으로 정미사화가 발생하였다(1547). 이때 이언적, 권벌 등이 유배되는 등 많은 사림 세력들이 화를 입었다.

④ 세조는 수양 대군 시절 계유정난을 일으켜 황보인, 김종서 등을 제거하고 권력을 장악한 뒤 단종을 몰아내고 왕으로 즉위하였다(1453).

⑤ 선조 때 사림 세력은 이조 전랑 임명권을 놓고 김효원을 중심으로 한 동인과 심의겸을 중심으로 한 서인으로 분화되었고, 이를 계기로 붕당 정치가 시작되었다(1575).

주제 20 조선 전기의 문화

166 조선 태종의 업적 정답 ④

키워드 정답 체크

두 차례의 왕자의 난으로 즉위한 태종은 광통교가 큰 비에 떠내려가자 태조의 계비인 신덕 왕후의 능에 있던 병풍석과 난간석을 이용하여 석교(石橋)로 다시 만들었다. 이후 광통교는 도성 내 중심 통로로서 임금의 능행, 중국의 사신들의 왕래에 쓰이는 등 도성에서 가장 많이 이용되었다.

④ 태종 때 우리나라 최초의 세계 지도이자 현존하는 동양 최고(最古)의 지도인 혼일강리역대국도지도를 제작하였다(1402).

오답 체크

① 고려 우왕 때 최무선이 화통도감의 설치를 건의하여 화약과 화포를 제작하였고, 이를 활용하여 진포 대첩에서 왜구를 격퇴하였다.

② 세조 때 편찬되기 시작한 『경국대전』은 조선의 기본 법전으로, 성종 때 완성되어 반포되었다.

③ 중종 때 삼포왜란이 일어나자 외적의 침입에 대비하기 위한 임시 기구로 비변사가 처음 설치되었다. 이후 명종 때 을묘왜변을 계기로 상설 기구화되었다.

⑤ 세종 때 중국의 수시력과 아라비아의 회회력을 참고로 한 역법서인 『칠정산』을 편찬하였다. 『칠정산』은 최초로 한양을 기준으로 천체 운동을 계산하였으며, 내편(內篇)과 외편(外篇)으로 이루어졌다.

167 조선 성종 정답 ③

키워드 정답 체크

조선 성종은 지역에 대한 정보를 수집하고 기초 자료로 활용할 수 있는 지리서를 편찬하여 중앙 집권적 통치 체제를 구축하고자 하였다. 이에 성종의 명으로 노사신, 양성지, 서거정 등이 『팔도지리지』에 우리나라 역대 시문을 모아 편찬한 시문 선집인 『동문선』을 첨가하여 관찬 지리지로서 『동국여지승람』을 편찬하였다.

③ 조선 성종 때 예악 정비 사업의 일환으로 오례(五禮)의 예법과 절차 등을 그림과 함께 정리하여 『국조오례의』를 편찬하였다.

오답 체크

① 조선 중기 예학파 유학자 김장생은 『주자가례』의 본문을 기본으로 조선의 현실에 맞는 예학을 정리한 『가례집람』을 저술하였다.

② 정조는 인조 이후의 청과 일본에 대한 외교 관계 문서를 집대성하여 『동문휘고』를 편찬하였다.

④ 선조의 명을 받아 허준이 집필하기 시작한 『동의보감』은 각종 의학 지식과 치료법에 관한 의서로 광해군 때 완성되었다.

⑤ 영조 때 각종 제도의 연혁과 내용을 정리한 『동국문헌비고』를 편찬하여 문물제도를 정비하고자 하였다.

168 안견의 「몽유도원도」 정답 ①

키워드 정답 체크

① 조선 전기의 화가 안견은 예술에 조예가 깊은 안평대군과 교유하였다. 안평대군이 박팽년과 함께 복사꽃밭을 거니는 꿈을 꾸자 안견에게 그 내용을 들려주며 그리도록 하였다. 이에 안견은 비단 바탕에 수묵담채로 산수화를 그려내 「몽유도원도」를 완성하였다.

오답 체크

② 김정희의 「세한도」는 조선 후기의 작품이다.

③ 김홍도의 「병진년화첩」은 조선 후기의 작품이다.

④ 강희안의 「고사관수도」는 조선 전기의 작품이다.

⑤ 정선의 「인왕제색도」는 조선 후기의 작품이다.

169 서울 원각사지 십층 석탑 정답 ①

키워드 정답 체크

① 세조 때는 왕실에서 불교를 후원하여 원각사가 창건되었고 원각사지 십층 석탑이 건립되었다. 원각사지 십층 석탑은 고려의 개성 경천사지 십층 석탑을 본떠 만든 것으로, 대리석을 재료로 하여 백탑으로 불리기도 하였다.

오답 체크

② 익산 미륵사지 석탑은 백제의 문화유산이다.

③ 경주 불국사 다보탑은 통일 신라의 문화유산이다.

④ 부여 정림사지 오층 석탑은 백제의 문화유산이다.

⑤ 발해 영광탑은 발해의 문화유산이다.

170 분청사기 음각어문 편병 정답 ④

키워드 정답 체크

④ 조선 전기에 제작된 분청사기 음각어문 편병은 백토 위에 무늬를 그리고 유약을 칠해 구운 자기이다.

오답 체크

① 청자 삼각운학문 매병은 고려의 문화유산이다.

② 백자 청화매죽문 항아리는 조선 전기의 문화유산이다.

③ 청자 참외 모양 병은 고려의 문화유산이다.

⑤ 발해 삼채 향로는 발해의 문화유산이다.

주제 21 임진왜란

171 시대별 일본에 대한 대응

정답 ④

키워드 정답 체크

(나) **1차 일본 원정**(1274): 고려 원 간섭기인 충렬왕 때 원은 고려를 일본 원정에 동원하였다. 이에 김방경은 도원수로서 고려군 8천여 명을 이끌고 참전하여 대마도에서 전과를 올렸으나 일본의 강한 저항과 태풍 등 자연재해로 인해 결국 실패하였다.

(다) **진포 대첩**(1380): 진포에 왜선이 나타나자 고려 우왕은 나세, 심덕부, 최무선 등의 장군들로 하여금 최무선이 설계한 80여 척의 병선과 우리나라 최초의 화약 병기인 화통, 화포를 갖추고 적을 소탕하게 하였다.

(가) **대마도 정벌**(1419): 고려 말에 왜구의 침입이 극심하여 창왕 때 박위에 의해 대마도 정벌이 이루어졌다(1389). 이후 대마도 내에 혼란이 발생하고 식량 · 물자 부족이 계속되자 왜구가 다시 한번 조선에 침입하였다. 이에 세종은 이종무로 하여금 왜구의 근거지인 대마도를 정벌하게 하였다.

(라) **진주 대첩**(1592): 선조 때 일본이 조선을 침입하여 임진왜란이 발생하였고 보름 만에 한양이 함락되었다. 왜군은 전라도로 가는 길목인 진주를 공격하였으나 김시민이 이끈 조선군이 진주 대첩에서 왜군을 무찔렀다.

172 임진왜란

정답 ②

키워드 정답 체크

선조 때 왜군이 부산포를 시작으로 조선을 침략하면서 임진왜란이 발발하였다. 이에 농민, 전직 관리, 사림, 승려 등이 자발적으로 의병을 조직하여 왜군에 맞섰다. 전라도의 김천일, 함경도(길주)의 정문부, 경상도의 곽재우, 충청도의 조헌, 금강산의 사명 대사(유정) 등이 의병장으로 활약하였으며, 사명 대사는 임진왜란 이후 포로 송환을 위해 일본에 파견되기도 하였다.

② 선조 때 왜군이 침입하여 임진왜란이 발발하였고, 곧바로 부산진성을 함락시킨 왜군은 동래성을 침공하였다. 이때 동래부사 송상현은 왜적에 맞서 항전하였으나 동래성이 함락되면서 전사하였다.

오답 체크

① 세종은 왜구의 침입이 빈번하자 이종무를 보내 왜구의 근거지인 쓰시마를 정벌하였다.

③ 정묘호란 때 후금이 조선을 침략하여 의주를 함락시키자 조정에서는 김상용을 유도대장으로 임명하여 수도를 지키게 하고 인조는 강화도로 피난하였다. 이후 병자호란 때 김상용은 청에 의해 성이 함락되자 순절하였다.

④ 고려 말 최영은 왜구를 홍산에서 전멸시키며 크게 승리하였다.

⑤ 광해군은 명의 요청으로 후금과의 사르후 전투에 강홍립 부대를 파견하였으나 중립 외교 정책을 추진하여 강홍립에게 후금에 투항하도록 명령하였다.

173 행주 대첩

정답 ③

키워드 정답 체크

임진왜란 때 조명 연합군의 공격으로 후퇴하던 왜군이 행주산성을 공격하였다. 이에 권율을 중심으로 한 조선 군대와 백성들이 항전하여 왜군에 승리를 거두었다(1593.2.).

③ 임진왜란 때 명이 원군을 보내면서 전쟁이 장기화될 조짐이 보이자 명과 일본은 강화 협상을 진행하였다. 협상은 결국 결렬되었고, 일본이 다시 조선을 침략하여 정유재란이 발발하였다(1957.1.).

오답 체크

① 고려 말 최영은 왜구를 홍산에서 전멸시키며 크게 승리하였다(1376).

② 임진왜란 때 이순신의 수군은 학익진 전법 등을 활용하여 한산도 대첩에서 왜군을 크게 물리쳤다(1592.7.).

④ 세종은 왜구의 침입이 빈번하자 이종무를 보내 왜구의 근거지인 쓰시마를 정벌하였다(1419).

⑤ 선조 때 임진왜란이 발발하자 신립은 충주 탄금대에서 배수의 진을 치고 맞서 싸웠으나 왜군에 크게 패하여 자결하였다(1592.4.).

174 임진왜란

정답 ④

키워드 정답 체크

선조 때 왜군의 침입으로 임진왜란이 발발하였다. 이일은 경상도 순변사가 되어 상주에서 왜적에 맞서 싸우다가 패하여 충주의 신립의 진영으로 후퇴하였다. 이에 신립의 군대와 함께 충주 탄금대에서 배수의 진을 치고 맞서 싸웠으나 왜군에 크게 패하여 신립은 자결하고 이일은 도주하였다. 결국 수도 한양까지 함락되자 조선은 명에 군사를 요청하였다.

④ 선조 때 임진왜란이 발발하자 곽재우는 영남 지방에서 수천여 명의 의병을 이끌고 항전하였다.

오답 체크

① 정묘호란 때 후금이 조선을 침략하여 의주를 함락시키자 조정에서는 김상용을 유도대장으로 임명하여 수도를 지키게 하고 인조는 강화도로 피난하였다. 이후 병자호란 때 김상용은 청에 의해 성이 함락되자 순절하였다.

② 후금이 국호를 청으로 고치고 조선에 군신 관계를 강요하였으나 조선이 거부하자 병자호란이 일어났다. 이에 임경업은 백마산성에서 청군에 항전하였다.

③ 고려 말 최영은 홍산에서 왜구를 전멸시키며 크게 승리하였다.

⑤ 효종 때 러시아가 만주 지역까지 침략해오자 청은 조선에 원병을 요청하였다. 이에 두 차례에 걸쳐 나선 정벌을 위한 조총 부대를 출병시켰다.

175 임진왜란의 영향

정답 ①

키워드 정답 체크

선조 때 왜군이 침입하여 임진왜란이 발발하였고(1592), 곧바로 부산진성을 함락시킨 왜군이 북상하였다. 이때 곽재우가 영남 지방에서 수천여 명의 의병을 이끌고 항전하였으며, 충청 지방에서는 조헌이 의병을 모아 청주성을 수복하고 금산 전투에서 활약하였다.

① 선조는 임진왜란 이후 단절되었던 일본과의 관계를 회복하기 위해 사명대사 유정 등을 회답 겸 쇄환사로 파견하였고(1607), 이들은 전쟁 중 잡혀간 포로 3,000여 명을 데리고 귀국하였다.

오답 체크

② 고려 우왕 때 왜구가 침입하자 나세, 심덕부 등은 최무선이 설계한 병선과 화통 · 화포를 갖추고 진포 대첩에서 왜구를 격퇴하였다(1380).

③ 세종 때 통신사로 일본에 다녀온 신숙주는 일본의 지리와 국정, 외교 관계 등을 기록한 『해동제국기』를 성종 때 편찬하였다(1471).

④ · ⑤ 세종 때 부산포, 제포, 염포의 삼포를 개방하고 제한된 범위 내에서 무역을 허락하는 계해약조를 체결하였으나 왜구가 조선 정부의 통제에 반발하며 중종 때 삼포왜란을 일으켰다(1510). 이를 계기로 외적의 침입에 대비하기 위한 임시 기구로 비변사를 처음 설치하였다.

176 임진왜란

정답 ③

키워드 정답 체크

임진왜란 중 일본군 김충선(사야가)과 명의 장수 천만리는 조선으로 귀화하여 조선의 군사로서 활약하였다. 김충선은 조총 · 화포 · 화약의 제조법을 조선에 보급하였고, 운봉 전투에서 전공을 세웠다. 또한, 천만리는 이여송의 휘하에서 평양성 · 울산성 전투에서 활약하였으며, 선조는 천만리의 공을 높게 사 화산군으로 봉하였다.

③ 이순신은 임진왜란 당시 13척의 배로 울돌목(명량)의 좁은 수로를 활용하여 왜군 133척의 배에 맞서 싸워 큰 승리를 거두었다(명량 해전, 1597).

오답 체크

① 효종 때 러시아가 만주 지역까지 침략해오자 청은 조선에 원병을 요청하였다. 이에 조선은 두 차례에 걸쳐 영고탑과 흑룡강 방면에 나선 정벌을 위한 조총 부대를 출병시켰다.

② 정묘호란과 병자호란 직후에는 북벌론을 중심으로 청에 대한 부정적 인식이 팽배하였다. 18세기 이후 청의 선진 문화를 받아들여야 한다는 북학론이 대두하면서 조선 후기 상업의 발전에 영향을 주었다.

④ 임술 농민 봉기를 수습하기 위해 안핵사로 파견된 박규수는 민란의 원인이 삼정의 문란에 있다고 보고 이를 시정하기 위한 관서인 삼정이정청을 설치하였으나 근본적인 문제를 해결하지는 못하였다.

⑤ 세종 때 여진을 몰아낸 뒤 최윤덕이 압록강 상류 지역에 4군을 설치하고, 김종서가 두만강 하류 지역에 6진을 설치하였다.

177 임진왜란

정답 ①

키워드 정답 체크

조선 선조 때 일본이 조선을 침입하여 임진왜란이 발생하였고(1592) 보름 만에 수도 한양이 함락되었다. 이에 조선은 명에 군사를 요청하였고, 조명 연합군을 결성하여 왜군에 크게 승리하면서 평양성을 탈환하였다(1593.1.).

① 임진왜란에 명이 참전하여 전쟁의 장기화 조짐이 보이자 강화 협상을 진행하였으나 결국 결렬되었고, 일본이 다시 조선을 침략하여 정유재란이 발발하였다(1597.1.). 이때 수군에서 활약하던 이순신은 12척의 배로 울돌목(명량)의 좁은 수로를 활용하여 왜군 133척의 배에 맞서 싸워 큰 승리를 거두었다(1597.9.).

오답 체크

② 고려 말 우왕 때 최무선이 화통도감의 설치를 건의하여 화약과 화포를 제작하였고, 화포를 활용하여 진포 대첩에서 왜구를 격퇴하였다(1380).

③ 임진왜란 발발 직후 왜군이 부산을 함락시키자 조정에서 신립으로 하여금 이를 막게 하였다. 이에 충주 탄금대에 배수진을 치고 전투를 벌였으나 대패하였다(1592.4.).

④ 세종 때 최윤덕이 압록강에 4군을 설치하였고(1443), 김종서가 두만강에 6진을 설치하였다(1449).

⑤ 고려 정부가 강화도에서 개경으로 환도하자 배중손, 김통정을 중심으로 한 삼별초가 이에 반대하여 강화도, 진도, 제주도로 이동하며 대몽 항쟁을 전개하였다(1270~1273).

주제 22 광해군의 정책과 호란의 발생

178 정묘 · 병자호란

정답 ③

키워드 정답 체크

- **강홍립의 사르후 전투**(1619): 광해군 때 명의 요청으로 후금과의 사르후 전투에 강홍립 부대를 파견하였다. 그러나 명과 후금 사이에서 실리를 추구하는 중립 외교 정책에 따라 무모한 싸움을 계속하지 않고 후금에 투항하도록 명령하였다.

- **삼전도의 굴욕**(1637): 정묘호란 이후 후금이 국호를 청으로 고치고 조선에 군신 관계를 강요하였으나 조선이 청의 사대 요청을 거부하여 병자호란이 발발하였다. 남한산성으로 피란하였던 인조는 강화도로 보낸 왕족과 신하들이 인질로 잡히자 남한산성에서 나와 삼전도에서 굴욕적인 항복을 하였다.

③ 인조 때 정묘호란이 발발하자 후금에 맞서 정봉수와 이립이 용골산성에서 의병을 이끌며 항전하였다(1627).

오답 체크

① 효종 때 러시아가 만주 지역까지 침략해오자 청은 조선에 원병을 요청하였고, 조선에서는 나선 정벌을 위해 두 차례에 걸쳐 조총 부대를 파견하였다(1654, 1658).

② 임진왜란 때 조명 연합군의 공격으로 후퇴하던 왜군이 행주산성을 공격하였다. 이에 권율을 중심으로 한 조선 군대와 백성들의 항전을 벌여 왜군에게 승리하였다(1593).

④ 병자호란 때 인조가 삼전도에서 굴욕적인 항복을 하였고, 소현 세자와 봉림 대군 등이 청에 인질로 압송되었다(1637).

⑤ 중종 때 삼포왜란이 발생하자 이를 계기로 외적의 침입에 대비하기 위한 임시 기구로 비변사를 처음 설치하였고(1510), 명종 때 을묘왜변을 계기로 상설 기구화되었다.

179 정묘호란

정답 ①

키워드 정답 체크

(가) **이괄의 난**(1624): 인조반정 때 큰 공을 세웠던 이괄은 공신 책봉 과정에서 2등 공신을 받은 것에 불만을 품어 난을 일으켰다.

(나) **병자호란**(1637): 후금이 국호를 청으로 고치고 조선에 군신 관계를 강요하였으나 조선이 이를 거부하여 병자호란이 일어났다. 남한산성으로 피란하였던 인조는 강화도로 보낸 왕족과 신하들이 인질로 잡히자 삼전도에서 굴욕적인 항복을 하였다.

① 인조 때 정묘호란이 발발하자 후금에 맞서 정봉수와 이립이 용골산성에서 의병을 이끌며 항전하였다(1627).

오답 체크

② 이순신은 울돌목(명량)의 좁은 수로를 활용하여 왜군에 맞서 싸워 큰 승리를 거두었다(1597).

③ 조명 연합군이 평양성을 탈환하자 후퇴한 왜군은 행주산성을 공격하였다. 이에 권율을 중심으로 한 조선 군대와 백성들이 항전하여 왜군에 승리를 거두었다(1593).

④ 광해군 때 북인이 집권하여 정계에서 밀려 있던 서인 세력이 광해군의 중립 외교 정책과 폐모살제 문제를 빌미로 인조반정을 일으켜 광해군이 폐위되었고 인조가 왕위에 올랐다(1623).

⑤ 선조 때 정여립 모반 사건 당시 서인은 정권을 장악하기 위해 모반 사건을 확대하여 수많은 동인 인사들이 큰 타격을 입었다(1589).

180 병자호란

정답 ③

키워드 정답 체크

후금이 청으로 국호를 바꾸고 조선에게 군신 관계를 요구하였지만, 거부당하자 병자호란을 일으켰다(1636). 이때 인조는 강화도로 피난하려 하였으나 도중에 길이 막혀 남한산성으로 피신하였다. 먼저 출발한 세자빈과 봉림대군 등은 김상용의 호위를 받고 강화도로 몸을 옮겼다. 이듬해 강화성이 함락되자 김상용은 성의 남문루에 있던 화약에 불을 지르고 순절하였다(1637).

③ 김준룡은 병자호란이 발생하자 휘하의 군사들을 이끌고 적에게 포위당한 남한산성으로 진군하면서 군사를 모아 병력을 보강한 뒤 용인의 광교산을 거점으로 청에 항전하였다(1637).

오답 체크

①·⑤ 선조 때 임진왜란이 발생하여 수도 한양이 함락되자 조선은 명에 군사를 요청하였고, 조명 연합군을 결성하여 평양성을 탈환하였다(1593). 또한, 경상도의 곽재우, 전라도의 김천일 등이 의병장으로 활약하여 왜군과 맞서 싸웠다.

② 광해군은 명의 요청으로 후금과의 사르후 전투에 강홍립 부대를 파견하였으나 중립 외교 정책을 추진하여 강홍립에게 무모한 싸움을 계속하지 않고 투항하도록 명령하였다(1619).

④ 세종 때 여진을 몰아낸 뒤 최윤덕이 압록강 상류 지역에 4군을 설치하고(1443), 김종서가 두만강 하류 지역에 6진을 설치하였다(1449).

181 병자호란

정답 ④

키워드 정답 체크

후금이 국호를 청으로 고치고 조선에 군신 관계를 강요하였으나, 조선이 청의 사대 요청을 거부하면서 병자호란이 일어났다(1636). 이후 남한산성으로 피란하였던 인조는 강화도로 보낸 왕족과 신하들이 인질로 잡히자 삼전도에서 굴욕적인 항복을 하였다.

④ 임경업은 병자호란 당시 의주의 백마산성에서 대비를 철저히 하였으나, 청이 이를 피해 한양으로 바로 진격하여 결국 남한산성을 포위하였다.

오답 체크

① 정문부는 임진왜란 당시 함경도 길주에서 의병을 조직하여 북관대첩을 승리로 이끌며 경성과 길주 일대를 회복하였다(1592.9.~1593.2.).

② 광해군 때 명의 요청으로 후금과의 사르후 전투에 강홍립 부대를 파견하였으나 중립 외교 정책에 따라 광해군은 강홍립에게 후금에 투항하도록 명령하였다(1619).

③ 임진왜란 발발 이후 왜군은 전라도로 가는 길목인 진주를 공격하였으나 김시민이 진주 대첩에서 왜군 2만 명을 무찔렀다(1592.10.).

⑤ 세종 때 최윤덕은 왕의 명을 받아 올라산성에서 여진의 무리인 이만주 부대를 정벌하고 압록강 상류 지역에 4군을 설치하였다(1443).

182 북벌론 정답 ②

키워드 정답 체크

후금이 국호를 청으로 고치고 조선에 군신 관계를 강요하였으나, 조선이 청의 사대 요청을 거부하여 병자호란이 일어났다(1637). 남한산성으로 피란하였던 인조는 강화도로 보낸 왕족과 신하들이 인질로 잡히자 삼전도에서 굴욕적인 항복을 하였다.

② 병자호란 이후 청에 볼모로 갔던 봉림 대군이 효종으로 즉위하면서 어영청을 중심으로 북벌을 추진하였다.

오답 체크

① 고려 충선왕은 왕위를 물려준 뒤 원의 연경에 만권당을 세우고 고려에서 이제현 등의 성리학자들을 데려와 원의 학자들과 교류하게 하였다.

③ 고려 우왕 때 최무선은 화통도감 설치를 건의하여 화약과 화포를 제작하였다. 이후 왜구가 고려를 침입하자 최무선은 진포 대첩에서 왜구를 격퇴하였다.

④ 태종 때 한성에 일본 사신이 머무는 숙소인 동평관을 두어 일본과 외교 및 무역을 실시하였다.

⑤ 선조는 임진왜란 이후 사명대사 유정 등을 회답 겸 쇄환사로 파견하였고, 이들은 전쟁 중 잡혀간 포로 3,000여 명을 데리고 귀국하였다.

CHAPTER

05 조선 후기

주제 23 조선 후기의 정치

183 조선의 환국 정답 ②

키워드 정답 체크

(가) **경신환국**(1680): 숙종 때 남인의 영수인 허적이 궁중에서 쓰는 천막을 허락 없이 사용한 문제를 계기로 경신환국이 발생하여 허적, 윤휴 등의 남인이 대거 축출되고 서인이 집권하게 되었다.

(다) **기사환국**(1689): 숙종은 인현 왕후가 아들을 낳지 못하자 총애하던 희빈 장씨의 소생을 원자로 책봉하였다(1688). 이에 서인 송시열 등이 후궁의 소생을 원자로 정하는 것의 부당함을 주장하며 반대하자 숙종은 송시열을 처형하고 인현 왕후를 폐위시켰다. 이로 인해 서인 세력이 대거 축출되고 남인이 집권하게 되었다.

(나) **갑술환국**(1694): 서인 세력을 중심으로 인현 왕후 복위 운동이 전개되자 남인인 민암 등이 서인들을 국문하다 숙종의 불신을 받게 되어 몰락하고 다시 서인이 집권하게 되었다. 이후 인현 왕후가 복위되고 장씨는 다시 희빈으로 강등되었으며, 기사환국으로 사사된 송시열에게 작위가 내려졌다.

184 이인좌의 난 정답 ④

키워드 정답 체크

- **신임사화**(1721~1722): 조선 경종 때 노론과 소론이 갈등하는 과정에서 김일경의 상소와 목호룡의 고변으로 노론이 축출된 사건이다. 신축년과 임인년 사이에 일어나 신임사화라 부른다.
- **임오화변**(1762): 조선 영조가 아들인 사도세자를 뒤주에 가두어 죽게 한 사건이다.

④ 영조 때 이인좌, 정희량 등 정권에서 소외된 소론 세력이 남인 일부와 연합하여 경종의 죽음과 영조의 정통성에 대해 의문을 제기하면서 반란을 일으켰으나 진압되었다(이인좌의 난, 1728).

오답 체크

① 인조반정에서 공이 큰 이괄이 논공행상에 반발하여 반란을 일으켰다(1624). 이에 서울이 함락되고 인조와 대신들은 서울을 떠나 공산성(공주)으로 피란하였다.

② 조선 현종 때 효종과 효종비의 국상 당시 자의 대비의 복상 문제로 기해예송(1659)과 갑인예송(1674)이 발생하였고, 서인과 남인 사이의 대립이 심화되었다.

③ 조선 초기 왕위 계승권을 둘러싸고 태조 이성계의 왕자들 사이에서 두 차례 왕자의 난이 발생하였다.

⑤ 조선 숙종 때 희빈 장씨의 소생에 대한 원자 책봉 문제로 기사환국이 발생하여 서인이 물러나고 남인이 집권하였다. 이때 서인 세력의 영수인 송시열이 사사되고 중전이었던 인현 왕후가 폐위되었다(1689).

185 영조의 정책 정답 ②

키워드 정답 체크

조선 후기 영조는 민생 안정을 위해 농본 정책을 실시하였고, 농경과 양잠을 장려하기 위해 직접 농사를 짓는 친경(親耕)과 직접 누에를 치는 친잠(親蠶)을 거행하기도 하였다. 또한, 백성들의 군역 부담을 덜어주기 위해 균역법을 실시하여 기존 1년에 2필씩 납부하던 군포를 1필로 줄였다.

② 영조는 붕당 정치의 폐해를 막고 능력에 따른 인재 등용을 위해 탕평책을 실시하였고, 성균관에 탕평비를 건립하였다.

오답 체크

① 조선의 기본 법전인 『경국대전』은 세조 때 편찬되기 시작하여 성종 때 완성 · 반포되었다.

③ 정조는 채제공의 건의로 신해통공을 실시하여 육의전을 제외한 시전 상인들의 금난전권을 폐지하고 자유로운 상업 활동을 도모하였다.

④ 인조는 개간을 권장하여 경작지를 확충하고 농민 부담을 줄이기 위해 영정법을 실시하여 풍흉에 관계없이 토지 1결당 쌀 4~6두로 전세를 고정하였다.

⑤ 순조 때 법적으로 각 궁방과 중앙 관서의 공노비를 해방시켜 양민으로 삼았다.

186 영조의 정책

정답 ②

키워드 정답 체크

조선 후기 군역으로 인한 농민들의 부담이 가중되자 영조는 균역법을 제정하여 기존 1년에 2필이었던 군포를 1필만 부담하게 하였다. 이로 인해 감소된 재정은 지주에게 결작으로 부과하고, 어장세 · 선박세 · 염세 등의 잡세 수입으로 보충하였다.

② 영조는 『경국대전』을 기본으로 하고 새롭게 증보된 내용만 수록하여 『속대전』을 편찬하였다.

오답 체크

① 조선 숙종은 금위영을 창설하여 5군영 체제를 확립하고 국왕 수비와 수도 방어를 강화하였다.

③ 고종 즉위 이후 정치적 실권을 잡은 흥선 대원군은 비변사를 폐지하고 의정부의 권한을 강화하였으며, 삼군부를 부활시켜 군사 및 국방 문제를 전담하게 하였다.

④ 정조는 새롭게 관직에 오른 자 또는 기존 관리들 중 능력 있는 관리들을 규장각에서 재교육시키는 초계문신제를 시행하였다.

⑤ 인조는 농민 부담을 줄이기 위해 영정법을 실시하여 풍흉에 관계없이 토지 1결당 쌀 4~6두로 전세를 고정하였다.

187 규장각

정답 ⑤

키워드 정답 체크

규장각은 어제(국왕의 글이나 글씨)를 보관하고 각종 서적을 수집 · 편찬하는 작업을 수행하였으며, 이후 학술 및 정책을 연구하는 기관으로서의 기능도 담당하게 되었다. 정조는 탕평 정치와 고른 인재 등용을 위해 서얼 출신을 규장각 검서관으로 등용하기도 하였다.

⑤ 정조는 인재 양성을 위하여 새롭게 관직에 오르거나 기존 관리들 중 능력 있는 문신들을 규장각에서 재교육시키는 초계문신제를 실시하였다.

오답 체크

① 중종 때 삼포왜란이 일어나자 외적의 침입에 대비하기 위한 임시 기구로 비변사를 처음 설치하였고(1510), 명종 때 을묘왜변을 계기로 상설 기구화되었다.

② 승정원은 조선 시대 왕명의 출납을 관장하던 관청으로, 은대(銀臺), 후원(喉院) 등으로 불리기도 하였다.

③ 조선의 사헌부와 사간원은 양사 또는 대간이라 하며 5품 이하 관리의 임명과 관련된 서경권을 행사하였다.

④ 성균관은 조선 시대 최고의 국립 교육 기관으로, 대사성을 중심으로 아래에 좨주, 직강 등의 관직을 두었다.

188 영조

정답 ④

키워드 정답 체크

영조는 재위 당시 수도에 잦은 홍수로 피해가 막심하자 이를 해결하기 위해 도성 안에 하수도 역할을 할 인공 개천(현재 청계천)을 준설하도록 하였고, 상설 기구로 준천사를 신설하여 개천의 관리를 책임지게 하였다(1760).

④ 영조는 국가 운영에 대한 법을 새로 규정하기 위해 『경국대전』을 바탕으로 새롭게 변화된 법전 조항을 담아 『속대전』을 편찬하였다.

오답 체크

① 효종 때 러시아가 만주 지역까지 침략해오자 청은 조선에 원병을 요청하였고, 조선에서는 두 차례에 걸쳐 조총 부대를 출병시켜 나선 정벌을 단행하였다.

② 광해군 때 방납의 폐단을 해결하고자 공납을 전세화하여 쌀이나 베, 동전 등으로 납부하게 한 대동법을 경기도에 한해서 시행하였다.

③ 임진왜란 중 유성룡이 선조에게 건의하여 포수, 사수, 살수의 삼수병으로 편제된 훈련도감을 설치하였다.

⑤ 세종 때 중국의 수시력과 아라비아의 회회력을 참고로 내편(內篇)과 외편(外篇)으로 이루어진 역법서 『칠정산』을 편찬하였다. 이때 최초로 한양을 기준으로 천체 운동을 계산하였다.

189 정조

정답 ⑤

키워드 정답 체크

정조는 국왕 중심의 통치 체제를 확립하고자 탕평책을 기반으로 여러 정책을 펼쳤다. 사도 세자의 묘를 수원으로 옮기고 수원 화성을 건립하여 정치 · 군사적 기능을 부여하였다. 또한, 왕권을 뒷받침하는 군사적 기반을 갖추기 위해 국왕의 친위 부대인 장용영을 설치하고, 규장각에서 새롭게 관직에 오르거나 기존 관리들 중 능력있는 문신들을 재교육하는 초계문신제를 실시하였다.

⑤ 정조 때 채제공의 건의에 따라 신해통공을 시행하여 육의전을 제외한 시전 상인들의 금난전권이 폐지되었다.

오답 체크

① 조선 숙종 때 간도 지역을 두고 청과 국경 분쟁이 발생하자 두 나라 대표가 백두산 일대를 답사하고 국경을 확정하여 백두산정계비를 세웠다.

② 영조는 『경국대전』 편찬 이후에 시행된 법령을 통합한 『속대전』을 편찬하여 통치 체제를 정비하였다.

③ 흥선 대원군은 즉위 이후 왕실의 권위를 회복하기 위해 임진왜란 때 불탔던 경복궁을 중건하였다.

④ 임술 농민 봉기를 수습하기 위해 안핵사로 파견된 박규수는 민란의 원인이 삼정에 있다고 보고 삼정이정청의 설치를 건의하여 시행하였으나 근본적인 문제를 해결하지는 못하였다.

주제 24 세도 정치와 농민 봉기

190 세도 정치기의 사건

정답 ①

키워드 정답 체크

(가) **홍경래의 난**(1811): 순조 때 세도 정치로 인한 삼정의 문란과 서북 지역 차별 대우에 불만을 품은 평안도 지방 사람들이 몰락 양반 출신 홍경래를 중심으로 봉기를 일으켰다. 평안북도 가산에서 우군칙 등과 함께 청천강 이북 지역을 점령하기도 하였으나 관군에 의해 정주성에서 진압되었다.

(나) **임술 농민 봉기**(1862): 철종 때 삼정의 문란과 경상 우병사 백낙신의 가혹한 수탈에 견디다 못한 진주 지역의 농민들이 몰락 양반 유계춘을 중심으로 봉기를 일으켜 진주성을 점령하였다. 이후 안핵사로 파견된 박규수는 민란의 원인이 삼정의 문란에 있다고 보고 삼정이정청을 설치하였다.

① 세도 정치기인 철종 때 최제우가 유교, 불교, 도교, 민간 신앙의 요소를 결합한 동학을 창시하였다(1860).

오답 체크

② 순조 때 노론 벽파가 천주교에 대대적인 탄압을 가하면서 신유박해가 일어났다(1801). 이때 정약종, 이승훈 등 300여 명의 천주교 신자들이 처형되고, 정약전, 정약용 등이 유배를 가게 되었다.

③ 오페르트를 비롯한 서양인들이 덕산에 위치한 흥선 대원군의 아버지 남연군의 묘를 도굴하려다가 실패하였다(1868).

④ 인조 반정 때 큰 공을 세웠던 이괄은 논공행상에 불만을 품고 반란을 일으켰다(1624).

⑤ 영조 때 이인좌 등 정권에서 소외된 소론 세력이 남인 일부와 연합하여 경종의 죽음과 영조의 정통성에 대해 의문을 제기하면서 반란을 일으켰으나 진압되었다(1728).

191 홍경래의 난

정답 ⑤

키워드 정답 체크

⑤ 순조 때 세도 정치로 인한 삼정의 문란과 서북 지역 차별 대우에 불만을 품은 평안도 지방 사람들이 몰락 양반 출신 홍경래를 중심으로 봉기를 일으켰다(홍경래의 난, 1811). 평안북도 가산에서 우군칙 등과 함께 정주성을 점령하고 청천강 이북 지역을 점령하기도 하였으나 관군에 의해 진압되었다.

오답 체크

① 임오군란과 갑신정변은 청의 군대에 의해 진압되었으며 이를 계기로 조선에 대한 청의 내정 간섭이 심화되었다.

② 보은 집회에서 동학 교도들이 일본과 서양 세력을 배척하여 의병을 일으킨다는 뜻으로 척왜양창의(斥倭洋倡義)를 기치로 내걸었다.

③ 고종 때 신식 군대인 별기군과 차별 대우를 받던 구식 군대가 선혜청과 일본 공사관을 습격하면서 임오군란이 발생하였다.

④ 철종 때 발생한 임술 농민 봉기에 안핵사로 파견된 박규수는 삼정이정청을 설치하여 삼정의 문란을 해결하고자 하였다.

192 임술 농민 봉기

정답 ⑤

키워드 정답 체크

⑤ 철종 때 삼정의 문란과 경상 우병사 백낙신의 가혹한 수탈에 견디다 못한 진주 지역의 농민들이 임술 농민 봉기를 일으켰다. 이에 안핵사로 파견된 박규수는 삼정이정청을 설치하여 삼정의 문란을 해결하고자 하였다.

오답 체크

① 김홍집이 황쭌셴의 『조선책략』을 들여온 이후 미국과 외교 관계를 맺어야 한다는 여론이 형성되자 이만손을 중심으로 한 영남 유생들이 만인소를 올려 이를 반대하였다.

② 일본 군함 운요호가 강화도 초지진에 침입해 공격한 후 영종도에 상륙해 조선인들을 죽이거나 약탈하는 등의 만행을 저질렀다.

③ 철종 때 동학의 교주 최제우가 세상을 어지럽히고 백성을 속인다는 혹세무민의 죄목으로 처형당하였다. 이에 동학의 2대 교주인 최시형을 중심으로 동학교도들이 삼례 집회를 개최해 교조 신원 운동을 전개하였다.

④ 순조 때 대대적으로 천주교를 탄압하여 신유박해가 발생하자, 천주교 신자 황사영이 베이징에 있는 주교에게 조선으로 군대를 보내 달라는 내용의 백서를 보내려다 발각되었다.

주제 25 조선 후기의 문화

193 조선 후기의 문화 · 경제 상황 정답 ①

키워드 정답 체크

송파장은 전국의 온갖 산물이 모이는 중심지로 일찍부터 상설 점포가 형성된 조선 시대 15대 장터 중 하나였으며, 주변에는 여각 · 객주 · 술집 · 대장간 등 각종 수공업 점포가 발달하였다. 조선 후기 상공업이 발달함에 따라 금속 화폐인 상평통보가 전국적으로 유통되었으며, 상품 화폐가 발달하면서 농민들이 목화, 담배, 인삼, 고추 등 상품 작물을 활발하게 재배하였다.

① 고려 시대의 국제 무역항으로 번성하였던 벽란도는 예성강 하구에 위치하였고, 이곳을 통해 송 · 아라비아 상인들과 교역을 전개하였다.

오답 체크

② 조선 후기 상업의 발달로 전국 각지에서 장시가 활성화되었으며, 서민 문화가 발달하여 판소리, 민화, 탈춤이 유행하였다.

③ 조선 후기에 광산 개발이 활성화되면서 물주로부터 자금을 지원받아 전문적으로 광산을 경영하는 덕대가 등장하였다.

④ 조선 후기 상업의 발달로 전국 각지에서 장시가 활성화되면서 보부상들은 장날에 따라 이동하며 장시들의 유통망을 형성하였다.

⑤ 조선 후기 소설의 대중화에 따라 직업적으로 소설을 낭독하는 이야기꾼인 전기수가 등장하였다.

194 조선 후기의 문화 정답 ②

키워드 정답 체크

조선 후기 서민 문화가 발달함에 따라 풍속화, 탈춤, 판소리, 민화, 한글 소설 등이 발전하였다. 풍속화는 밭갈이, 추수, 집짓기, 대장간 등 서민의 일상생활을 다룬 그림이며, 대표적으로 조영석과 김홍도가 풍속화가로서 활동하였다.

② 고려 원 간섭기 원의 천문학자가 만든 역법인 수시력을 도입하였다.

오답 체크

① 조선 후기 겸재 정선은 우리나라의 산천을 직접 보고 그리는 진경산수화를 개척하였다. 대표적인 작품으로 「금강전도」, 「인왕제색도」가 있다.

③ 조선 후기에는 양반의 위선과 무능을 풍자하는 탈춤이 유행하여 지방의 정기 시장인 장시에서 공연되었다.

④ · ⑤ 조선 후기에는 서민 문화가 발달하여 「춘향가」, 「흥보가」 등의 판소리가 유행하였고, 『홍길동전』과 『박씨전』 등 한글 소설이 널리 읽혔다.

195 추사 김정희 정답 ③

키워드 정답 체크

조선 후기의 문신 추사 김정희는 제주도에서 유배 생활을 하던 중 제자 이상적이 북경에서 귀한 책들을 구해다 주자 답례로 그의 인품을 소나무와 잣나무에 비유한 「세한도」를 그려주었다. 이는 조선 후기 문인화의 특징을 잘 살린 시서화로 인정받아 국보로 지정되었다.

③ 조선 후기 김정희는 금석학 연구를 통해 저술한 『금석과안록』에서 북한산비가 진흥왕 순수비임을 밝혀냈다.

오답 체크

① 정조 때 서얼 출신 유득공이 저술한 『발해고』에서는 발해를 우리의 역사로 인식하고 최초로 '남북국'이라는 용어를 사용하였다.

② 정약용은 수원 화성 축조 시에 『기기도설』을 참고한 거중기를 제작하여 공사 기간과 비용을 줄이는 데 기여하였다.

④ 조선 후기 정제두는 지행합일을 중요시하는 양명학을 체계적으로 연구하였고, 후진 양성에도 힘을 기울여 강화 학파를 형성하였다.

⑤ 조선 전기 안견은 안평 대군의 꿈을 소재로 한 「몽유도원도」를 그렸다.

196 조선 후기의 문화 정답 ②

키워드 정답 체크

조선 후기에는 서민 문화가 발달하여 판소리가 유행하였고, 『홍길동전』과 『춘향전』 등 한글 소설이 널리 읽혔다. 이에 따라 소설이 대중화되어 소설책을 빌려주는 세책가와 직업적으로 소설을 낭독하는 이야기꾼인 전기수가 등장하였다.

② 조선 후기 정선이 개척한 화풍인 진경산수화는 옛 작품을 모방하던 전통적인 산수화와는 달리 우리나라의 빼어난 명승지를 보고 느낀 감정을 그림으로 표현하였다. 대표적인 작품으로는 「인왕제색도」가 있다.

오답 체크

① 세조 때 고려의 개성 경천사지 십층 석탑을 본떠 원각사지 십층 석탑을 건립하였다.

③ 태종 때 주자소를 설치하고 계미자를 주조하여 조선의 금속 활자 인쇄술이 한층 더 발전하였다.

④ 조선 전기 궁중이나 관청에서 백자나 분청사기를 널리 사용하였다. 분청사기는 고려 말에 등장한 기법으로, 청자에 백토의 분을 칠하는 방식으로 제작되었다.

⑤ 고려 시대에 청주 흥덕사에서 간행한 『직지심체요절』은 현존하는 세계 최고(最古)의 금속 활자본으로 공인받고 있으며, 현재 프랑스 국립 도서관에 소장되어 있다.

197 조선 후기 사회 · 경제 상황

정답 ②

키워드 정답 체크

조선 후기에는 대동법의 시행으로 국가에서 필요한 물품을 공인이 직접 조달하게 되었다. 공인은 각 지방의 객주와 거래함으로써 상품 화폐 경제의 발달을 촉진시켰다. 이러한 상업의 발달로 대외 무역의 규모가 커지자 송상과 같은 사상(私商)들이 국경 지대에서 사무역인 책문 후시를 전개하였다. 사상들은 이를 통해 막대한 부를 축적하였고, 풍부한 자본을 바탕으로 상권을 장악하였다.

② 발해는 목축과 수렵이 발달하여 솔빈부의 말을 주변 국가에 수출하였다.

오답 체크

① 조선 후기에는 중인층과 서민층의 문학 창작 활동이 활발해지면서 시사(詩社)를 조직하기도 하였다.

③ 조선 후기 상업의 발달로 전국 각지에서 장시가 활성화되면서 보부상들은 장날에 따라 이동하며 각 장시들을 연계한 하나의 유통망을 형성하였다.

④ 조선 후기 소설의 대중화에 따라 직업적으로 소설을 낭독하는 이야기꾼인 전기수가 등장하였다.

⑤ 조선 후기에 상업의 발달로 인삼, 담배, 면화 등 상품 작물의 재배가 활발해졌다.

CHAPTER

06 근대

주제 26 흥선 대원군의 개혁

198 비변사

정답 ③

키워드 정답 체크

조선 중종 때 삼포왜란이 일어나자 외적의 침입에 대비하기 위한 임시 기구로 비변사를 처음 설치하였고, 명종 때 을묘왜변을 계기로 상설 기구화되었다. 임진왜란을 거치면서 조직과 기능이 확대되어 중앙 기구로 자리 잡았고, 의정부를 대신하여 국정 전반을 총괄하는 실질적인 최고의 관청으로 성장하였다.

③ 고종 즉위 이후 정치적 실권을 잡은 흥선 대원군은 비변사를 폐지하고 의정부의 권한을 강화하였다.

오답 체크

① 홍문관은 조선 성종 때 집현전을 계승하여 설치되었으며, 대표적인 언론 기관인 사헌부, 사간원과 함께 3사를 구성하였다.

② 정조 때 창덕궁 후원에 지은 왕실 도서관인 규장각은 별도의 서고에서 서적들을 보관하였다. 또한, 새로운 정책을 개발하는 연구 기관의 기능을 하였으며, 서얼 출신 학자들이 검서관으로 등용되었다.

④ 정조는 왕권을 뒷받침하는 군사적 기반을 갖추기 위해 국왕 친위 부대인 장용영을 설치하였으며, 서울 도성에는 내영, 수원 화성에는 외영을 두었다.

⑤ 성균관은 조선 시대 최고의 국립 교육 기관으로, 정3품의 당상관 직인 대사성을 중심으로 아래에 좨주, 사성, 직강 등의 관직을 두었다.

199 흥선 대원군

정답 ③

키워드 정답 체크

고종이 어린 나이에 왕위에 오르면서 정치적 실권을 잡은 흥선 대원군은 세도 정치로 혼란에 빠진 국가 체제를 복구하기 위해 각종 개혁 정책을 실행하였다. 그중 하나로 왕실의 권위를 회복하기 위해 임진왜란 때 불탔던 경복궁을 중건하였다. 『경복궁 영건일기』는 경복궁 중건 과정에서 건물의 용도와 명칭, 배수로, 공사 진행 사항 등을 기록한 문서이다.

ㄴ · ㄷ. 흥선 대원군은 환곡의 폐단을 해결하기 위해 향촌에서 마을 단위로 운영하던 사창제를 전국적으로 실시하였고, 경복궁을 중건하면서 백성들에게 원납전을 기부금 명목으로 징수하고 공사비로 충당하였다.

오답 체크

ㄱ. 중종 때 삼포왜란이 발생하자 이를 계기로 외적의 침입에 대비하기 위한 임시 기구로 비변사를 처음 설치하였고(1510), 명종 때 을묘왜변을 계기로 상설 기구화되었다.

ㄹ. 정조 때 문물제도 및 통치 체제를 정리한 『대전통편』을 편찬하여 왕조의 통치 규범을 재정비하였다(1785).

200 흥선 대원군

정답 ④

키워드 정답 체크

- **흥선 대원군의 서원 철폐**: 고종이 어린 나이에 왕위에 오르면서 정치적 실권을 잡은 흥선 대원군은 세도 정치로 인해 혼란해진 국가 체제를 복구하기 위해 각종 개혁 정책을 실시하였다. 그중 하나로 지방의 서원이 면세 등의 혜택으로 국가 재정을 악화시키고 백성을 수탈하는 폐해를 저지르자 47개의 서원을 제외하고 모두 철폐시켰다.
- **임오군란**: 신식 군대인 별기군과의 차별 대우에 불만을 품은 구식 군인들이 선혜청을 습격하면서 임오군란이 발생하였고(1882) 이를 수습하기 위해 흥선 대원군이 다시 집권하였다. 재집권 이후 별기군과 통리기무아문을 폐지하고 5군영을 복구하는 등의 개혁을 펼쳤다. 그러나 민씨 일파의 요청으로 청군이 개입하면서 군란이 진압되고 흥선 대원군은 청으로 압송되었다.

④ 병인양요와 신미양요 등 외세의 침략을 극복한 흥선 대원군은 서양과의 통상 수교 반대 의지를 알리기 위해 종로와 전국 각지에 척화비를 세웠다(1871).

오답 체크

① 정조는 국왕 친위 부대인 장용영을 설치하여 왕권을 강화하였다.

② 효종 때 러시아가 만주 지역까지 침략해오자 청은 조선에 원병을 요청하였고, 조선에서는 나선 정벌을 위해 두 차례에 걸쳐 조총 부대를 파견하였다.

③ 영조는 『경국대전』 편찬 이후에 시행된 법령을 통합한 『속대전』을 편찬하여 통치 체제를 정비하였다.

⑤ 독립 협회는 청의 사신을 맞던 영은문을 헐고 그 자리 부근에 독립문을 건립하였다.

201 흥선 대원군

정답 ②

키워드 정답 체크

흥선 대원군은 정조 때 편찬된 『대전통편』을 보완하고 각종 조례를 정리한 법전인 『대전회통』을 편찬하여 통치 체제를 정비하였다(1865).

② 조선 후기에 세워진 만동묘가 유생들의 집합소로 변질되어 경제적 · 사회적 폐단이 지속되었다. 이에 흥선 대원군이 만동묘를 철폐시키자(1865) 유생들이 이를 반대하면서 만동묘 복구를 요구하는 소를 올렸다.

오답 체크

① 선조의 명을 받아 허준이 집필하기 시작한 『동의보감』은 각종 의학 지식과 치료법에 관한 의서로, 광해군 때 완성되었다(1610).

③ 세종은 우리나라의 독창적인 문자인 훈민정음을 창제하고(1443) 반포하였다(1446).

④ 세종 때 대마도주의 요구를 받아들여 부산포, 제포, 염포의 3포를 개방하였고, 이후 제한된 범위 내에서 무역을 허락하는 계해약조를 체결하였다(1443).

⑤ 영조는 붕당 정치의 폐해를 막고 능력에 따른 인재를 등용하기 위해 탕평책을 실시하였고, 성균관에 탕평비를 건립하였다(1742).

주제 27 통상 수교 거부 정책

202 흥선 대원군

정답 ④

키워드 정답 체크

(가) **고종의 왕위 즉위**(1863): 철종이 사망하자 조대비에 의해 흥선군의 둘째 아들 이명복이 익성군에 봉해지고 고종으로 왕위에 올랐다. 이후 흥선군은 흥선 대원군으로 봉해졌으며 임금의 아버지로서 국정의 전권을 쥐게 되었다.

(나) **척화비 건립**(1871): 병인양요와 신미양요 이후 흥선 대원군은 종로와 전국 각지에 척화비를 세워 외세의 침입을 경계하고 서양과의 통상 수교 반대 의지를 알렸다.

④ 병인양요 이후 독일 상인 오페르트가 충남 예산군 덕산면에 위치한 흥선 대원군의 아버지 남연군의 묘를 도굴하려다 실패한 사건이 발생하였다(오페르트 도굴 사건, 1868).

오답 체크

① 갑신정변 이후 조선에 대한 러시아의 세력 확장에 불안을 느낀 영국이 러시아의 남하를 막는다는 구실로 거문도를 불법 점령하였다(1885~1887).

② 일본은 운요호 사건을 구실로 조선에 통상 조약 체결을 요구하였다. 이로 인해 최초의 근대적 조약이자 불평등 조약인 강화도 조약(조일 수호 조규)이 체결되었다(1876).

③ 러시아가 조선의 용암포를 강제 점령하여 조차를 요구하였다(1903). 이는 일본과 영국의 간섭으로 실패하였지만 이후 러일 전쟁의 발단이 되었다.

⑤ 미국과 맺은 조미 수호 통상 조약(1882)은 조선이 서양 국가와 맺은 최초의 조약으로, 청이 러시아와 일본을 견제하고 조선에 대한 청의 종주권을 확인할 목적으로 체결을 알선하였다. 이후 조선 주재 미국 공사로 푸트가 파견되면서 조선 정부는 미국에 보빙사를 보내 미국 대통령을 만나고 다양한 기관들을 시찰하도록 하였다(1883).

203 병인박해

정답 ①

키워드 정답 체크

① 흥선 대원군은 천주교를 통해 프랑스와 조약을 체결하고 러시아의 남하 정책을 견제하고자 하였으나 국내외에서 천주교에 대한 반발이 생겨나자 프랑스인 선교사들을 처형하는 등 병인박해를 일으켰다(1866.1.). 이후 프랑스 로즈 제독이 병인박해를 구실로 함대를 이끌고 강화도에 침입하면서 병인양요가 발생하였다(1866.9.).

204 제너럴 셔먼호 사건

정답 ②

키워드 정답 체크

흥선 대원군 때 미국의 상선 제너럴 셔먼호가 평양 대동강까지 들어와 교역을 요구하자 당시 평양 감사였던 박규수는 공격 명령을 내리고 백성들과 함께 제너럴 셔먼호를 불태웠다(1866).

② 제너럴 셔먼호 사건을 구실로 미국의 로저스 제독이 함대를 이끌고 강화도를 공격하여 신미양요가 발생하였다(1871).

오답 체크

① 조선 후기 순조 때 신유박해가 발생하였다(1801). 이에 천주교 신자 황사영이 베이징에 있는 주교에게 천주교 박해를 멈추기 위해 조선으로 군대를 보내 달라는 내용의 청원서를 보내려다 발각되었다(황사영 백서 사건, 1801).

③ 동학 농민 운동 당시 농민군은 황토현 전투에서 관군에 승리하고 전주성을 점령하여 전라도 일대를 장악하였다. 이후 정부와 전주 화약을 맺어 자치 개혁 기구인 집강소를 설치하고 폐정 개혁을 실시하였다(1894).

④ 병인박해를 빌미로 로즈 제독이 이끄는 프랑스 군대가 강화도 양화진을 침략하여 병인양요가 발생하였고(1866), 이때 프랑스 군대는 외규장각을 불태우고 의궤 등을 약탈하였다.

⑤ 병인양요 이후 독일 상인 오페르트가 흥선 대원군의 아버지 남연군의 묘를 도굴하려다 실패하는 사건이 발생하였다(1868).

205 병인양요 정답 ④

키워드 정답 체크

병인박해를 빌미로 로즈 제독이 이끄는 프랑스 군대가 강화도 양화진을 침략하여 병인양요가 발생하였다. 이때 프랑스 군대는 외규장각을 불태우고 의궤 등을 약탈하였다.

④ 양헌수 부대는 병인양요 때 강화도를 공격한 프랑스 군대를 정족산성에서 기습하여 물리치고 승리를 거두었다.

오답 체크

① 임오군란과 갑신정변은 청의 개입으로 의해 진압되었으며 이를 계기로 조선에 대한 청의 내정 간섭이 심화되었다.

② 일본이 임오군란 직후 군란으로 인한 일본 공사관의 피해와 일본인 교관 피살에 대한 사과 사절단 파견, 공사관 경비병 주둔 등을 요구하여 조선은 일본과 제물포 조약을 체결하였다.

③ 병인양요 이후 독일 상인 오페르트가 흥선 대원군의 아버지 남연군의 묘를 도굴하려다 실패하는 오페르트 도굴 사건이 발생하였다.

⑤ 고종 때 영국은 조선에 대한 러시아의 세력 확장을 저지하기 위해 거문도를 불법으로 점령하였다.

206 신미양요 정답 ①

키워드 정답 체크

제너럴 셔먼호 사건을 구실로 미국의 로저스 제독이 함대를 이끌고 강화도를 공격하여 신미양요가 발생하였다(1871). 미군은 강화도 덕진진을 점거하고 광성보로 진격하였고, 조선군은 어재연을 중심으로 맞서 싸웠으나 수많은 사상자를 내며 패배하였다.

① 병인양요와 신미양요 이후 흥선 대원군은 외세의 침입을 경계하고 서양과의 통상 수교 반대 의지를 알리기 위해 종로와 전국 각지에 척화비를 세웠다(1871).

오답 체크

② 흥선 대원군 때 미국의 상선 제너럴 셔먼호가 평양 대동강까지 들어와 교역을 요구하자 평양 관민들은 이를 거부하고 배를 불태워버렸다(1866.7.).

③ 프랑스 로즈 제독이 함대를 이끌고 강화도에 침입하면서 병인양요가 발생하였다(1866.9.). 이에 한성근 부대는 문수산성에서 프랑스군에 맞서 항쟁하였으나 무기와 병력의 열세로 후퇴하였다.

④ 조선 후기 순조 때 천주교도에 대한 탄압이 심화되어 천주교 전파에 앞장섰던 실학자들과 많은 천주교 신자들이 피해를 입는 신유박해가 발생하였다(1801).

⑤ 병인양요 이후 독일 상인 오페르트가 흥선 대원군의 아버지 남연군의 묘를 도굴하려다 실패하는 사건이 발생하였다(1868).

주제 28 개항과 불평등 조약

207 강화도 조약 정답 ⑤

키워드 정답 체크

⑤ 일본이 운요호 사건을 구실로 조선에 통상 조약 체결을 요구하여 강화도에서 우리나라 최초의 근대적 조약이자 불평등 조약인 강화도 조약이 체결되었다. 일본의 요구에 따라 부산, 원산, 인천 3곳을 개항하였으며, 개항장에 조계를 설정하여 일본 상인의 자유로운 무역과 거주를 허용할 것을 규정하였다.

오답 체크

① 조미 수호 통상 조약은 조선이 서양 국가와 맺은 최초의 조약으로, 최혜국 대우를 처음으로 규정하였다. 또한, 치외 법권, 거중 조정 조항 등이 포함된 불평등 조약이었다.

② 을사늑약이 체결되면서 대한 제국의 외교권이 박탈되고 서울에 통감부가 설치되었다. 이후 이토 히로부미가 초대 통감으로 부임하여 외교뿐만 아니라 내정에도 간섭하였다.

③ 조선과 프랑스가 조불 수호 통상 조약을 체결하면서 천주교 포교가 허용되었다.

④ 조선은 임오군란의 피해를 보상하라는 일본의 요구로 일본인 교관 피살에 대한 사과 사절단 파견, 공사관 경비병 주둔 등을 명시한 제물포 조약을 체결하였다.

208 조미 수호 통상 조약, 조일 통상 장정 정답 ②

키워드 정답 체크

(가) **조미 수호 통상 조약**(1882): 조선이 서양 국가와 맺은 최초의 조약으로, 청이 러시아와 일본을 견제하고 조선에 대한 청의 종주권을 확인할 목적으로 체결을 알선하였다. 이는 최혜국 대우, 거중 조정, 치외 법권, 관세 규정 등의 조항이 포함된 불평등 조약이었다(ㄱ).

(나) **조일 통상 장정**(1883): 조선은 일본과의 무역에 대한 관세 문제를 해결하기 위해 조일 통상 장정을 체결하였다. 조항 중에는 천재 · 변란 등에 의한 식량 부족의 우려가 있을 때 방곡령을 선포하는 규정이 있었다(ㄷ).

오답 체크

ㄴ. 일본은 갑신정변 때 사망한 일본인에 대한 배상과 일본 공사관 신축 부지 제공 및 신축비 지불을 요구하면서 조선과 한성 조약을 체결하였다(1884).

ㄹ. 제1차 한일 협약(1904)을 통해 스티븐스가 외교 고문, 메가타가 재정 고문으로 임명되어 대한 제국의 내정에 간섭하였다.

209 조미 수호 통상 조약 정답 ③

키워드 정답 체크

조미 수호 통상 조약은 조선이 서양 국가와 맺은 최초의 조약으로, 청이 러시아와 일본을 견제하고 조선에 대한 청의 종주권을 확인할 목적으로 체결을 알선하였다(1882). 관세 자주권은 확보하였으나, 최혜국 대우를 처음으로 규정하고 치외 법권, 거중 조정 조항 등이 포함된 불평등 조약이었다.

③ 조미 수호 통상 조약이 체결된 후 조선 주재 미국 공사가 파견되자 조선 정부는 답례로 미국에 민영익을 대표로 한 보빙사를 파견하였다(1883).

오답 체크

①·④ 일본이 운요호 사건을 구실로 조선에 통상 조약 체결을 요구하여 우리나라 최초의 근대적 조약이자 불평등 조약인 강화도 조약이 체결되었다(1876). 일본의 요구에 따라 부산, 원산, 인천 3곳을 개항하였다.

② 고종 때 제2차 수신사로 일본에 파견되었던 김홍집은 당시 청국 주일 공사관 황쭌셴이 지은 『조선책략』을 국내에 소개하였다(1880). 『조선책략』은 러시아 남하 정책에 대비해 청·미·일과 친하게 지내야 한다는 내용으로, 조미 수호 통상 조약 체결의 배경이 되었다.

⑤ 고종은 강화도 조약 이후 실시한 개화 정책에 따라 국내외의 군국 기무와 개화 정책을 총괄하는 관청인 통리기무아문을 설치하였다(1880).

210 조미 수호 통상 조약 정답 ④

키워드 정답 체크

④ 조미 수호 통상 조약은 조선이 서양 국가와 맺은 최초의 조약으로(1882), 청이 러시아와 일본을 견제하고 조선에 대한 청의 종주권을 확인할 목적으로 체결을 알선하였다. 최혜국 대우를 처음으로 규정하였으며, 치외 법권, 거중 조정 조항 등이 포함된 불평등 조약이었다.

오답 체크

① 흥선 대원군 때 국내외에서 천주교에 대한 반발이 생겨나자 프랑스인 선교사들을 처형하며 병인박해가 발생하였다(1866). 이후 프랑스 로즈 제독이 병인박해를 구실로 함대를 이끌고 강화도에 침입하면서 병인양요가 발생하였다.

② 일본은 갑신정변 때 사망한 일본인에 대한 배상과 일본 공사관 신축 부지 및 비용을 요구하면서 한성 조약을 체결하였다(1884).

③ 을사늑약이 체결되면서 대한 제국의 외교권이 박탈되고 서울에 통감부가 설치되었다(1905). 이후 이토 히로부미가 초대 통감으로 부임하여 외교뿐만 아니라 내정에도 간섭하였다.

⑤ 제1차 한일 협약을 통해 스티븐스가 외교 고문, 메가타가 재정 고문으로 임명되었다(1904). 이후 메가타는 대한 제국의 경제권을 장악하기 위해 탁지부를 중심으로 화폐 정리 사업을 시작하였다.

211 조일 통상 장정 정답 ②

키워드 정답 체크

② 조선은 일본과의 무역에서 관세권을 회복하기 위해 조일 통상 장정을 체결하였다(1883). 이를 통해 일본에 최혜국 대우를 인정하게 되었으며, 천재·변란 등에 의한 식량 부족의 우려가 있을 때 방곡령을 선포하는 조항이 포함되었다.

오답 체크

① 일본은 갑신정변 때 사망한 일본인에 대한 배상과 일본 공사관 신축 부지 및 비용을 요구하면서 한성 조약을 체결하였다(1884).

③ 일본은 임오군란 직후 군란으로 인한 일본 공사관의 피해와 일본인 교관 피살에 대한 사과 사절단 파견, 주모자 처벌, 배상금 지불, 공사관 경비병 주둔 등을 요구하며 제물포 조약을 체결하였다(1882).

④ 제1차 한일 협약(1904)을 통해 스티븐스는 외교 고문으로, 메가타는 재정 고문으로 임명되어 대한 제국의 내정에 간섭하였다.

⑤ 강화도 조약은 우리나라 최초의 근대적 조약이자 일본인에 대한 치외 법권과 해안 측량권을 포함한 불평등 조약으로, 일본의 요구에 따라 부산, 원산, 인천 3곳을 개항하였다(1876).

주제 29 개화 정책과 위정척사 운동

212 최익현의 위정척사 운동 정답 ④

키워드 정답 체크

(나) **지부복궐척화의소**(1876): 일본이 강화도 조약 체결을 요구하자 위정척사론의 대표적 인물이었던 최익현은 '도끼를 가지고 궐 앞에 엎드려 화친에 반대하는 상소'라는 의미의 지부복궐척화의소를 올리며 반대하였다. 이는 일본과 화의를 맺는 것은 서양과 화친을 맺는 것과 다름없다는 왜양일체론에 입각한 논리를 담고 있다.

(다) **청토역복의제소**(1895): 박영효·서광범 등 개화파 인사가 일본에서 귀국한 뒤 김홍집 내각을 중심으로 제2차 갑오개혁과 을미개혁을 추진하였다. 을미사변이 발생하고 단발령이 시행되자 최익현은 상소를 올려 이들을 처벌할 것을 주장하였다.

(가) **청토오적소, 을사의병**(1905): 최익현은 을사늑약 무효, 체결을 주도한 오적의 처단을 요구하는 청토오적소를 올렸다. 이후 최익현은 임병찬 등과 태인에서 을사늑약에 반대하는 항일 의병을 주도하다가 체포되었으며, 쓰시마섬에 유배되어 그곳에서 순국하였다.

213 조선의 개화 정책

정답 ②

키워드 정답 체크

(가) **1차 수신사 파견**(1876): 조선은 강화도 조약 체결을 계기로 문호를 개방한 뒤 개화 정책을 추진하였다. 이에 따라 일본에 수신사로 파견된 김기수는 신식 기관과 각종 근대 시설을 시찰하고 돌아와 일본의 발전을 고종에게 보고하였다.

(나) **조사 시찰단 파견**(1881): 고종은 개화 반대 여론을 의식해 암행어사 형태로 비밀리에 조사 시찰단을 일본에 파견하였다. 이때 파견된 어윤중, 박정양 등은 일본의 근대 문물을 시찰하고 돌아 왔다.

② 고종은 국내외의 군국 기무와 개화 정책을 총괄하는 업무를 맡은 관청인 통리기무아문을 설치하고 그 아래 12사를 두어 행정 업무를 맡게 하였다(1880).

오답 체크

① 조선 정부는 조미 수호 통상 조약 체결 이후 민영익, 홍영식, 서광범을 중심으로 한 사절단인 보빙사를 미국에 파견하였다(1883).

③ 일본 군함인 운요호가 강화도 초지진에 침입해 공격한 후 영종도에 상륙해 조선인들을 죽이거나 약탈하는 등의 만행을 저질렀다(운요호 사건, 1875).

④ 갑오개혁 이후 고종은 교육 입국 조서를 발표하고 교육의 중요성을 강조하면서 교사 양성을 위해 한성 사범 학교를 세웠다(1895).

⑤ 조선과 프랑스가 조불 수호 통상 조약을 체결하면서 천주교 포교가 허용되었다(1886).

214 영선사

정답 ①

키워드 정답 체크

개항 이후 청에 영선사로 파견된 김윤식은 『음청사』를 통해 톈진에서 머무는 동안 경험한 청의 정치 · 경제 · 외교 · 문화 · 사회 등을 기록하였다.

① 영선사는 톈진 기기국에서 서양의 근대식 무기 제조 기술과 군사 훈련법을 시찰하고 돌아왔다. 이를 계기로 국내에 근대식 무기 제조 공장인 기기창이 설립되었다(1883).

오답 체크

② 선조는 임진왜란으로 단절되었던 일본과의 관계를 회복하기 위해 사명대사 유정 등을 회답 겸 쇄환사로 파견하였고, 전쟁 중 잡혀간 포로를 송환하였다.

③ 1880년대에 김홍집은 청의 황준헌이 저술한 『조선책략』을 국내에 처음 소개하였다. 이 책을 통해 미국과 외교 관계를 맺어야 한다는 여론이 형성되는 계기가 되었다.

④ 조선 정부는 미국과 조미 수호 통상 조약 체결 이후 민영익, 홍영식, 서광범을 중심으로 한 사절단인 보빙사를 미국에 파견하였다(1883).

⑤ 고종은 개화 반대 여론을 의식해 암행어사 형태로 박정양 등을 중심으로 한 조사 시찰단을 일본에 파견하여 일본의 근대 문물을 시찰하게 하였다(1881).

215 보빙사

정답 ⑤

키워드 정답 체크

⑤ 조미 수호 통상 조약이 체결된 후 조선 주재 미국 공사 푸트가 파견되자 조선 정부는 답례로 미국에 보빙사를 파견하였다. 민영익, 홍영식, 서광범을 중심으로 한 보빙사는 서양 국가에 파견된 최초의 사절단으로 미국에 체류하면서 40여 일간 미국 대통령을 만나고 뉴욕의 전등 시설, 우체국, 보스턴 박람회 등 다양한 선진 문물을 시찰하였다.

오답 체크

① 임진왜란 이후 에도 막부는 꾸준히 조선에 국교 재개와 사절 파견을 요청하였다. 이에 조선은 일본에 통신사를 파견하면서 조선의 선진 문물을 전파하였다.

② 군국 기무를 총괄하는 업무를 관할하는 통리기무아문은 5군영을 무위영과 장어영의 2영으로 개편하고, 신식 군대인 별기군을 설치하였다.

③ 1880년대에 김홍집은 청의 황준헌이 저술한 『조선책략』을 국내에 처음 소개하였다. 이를 통해 미국과 외교 관계를 맺어야 한다는 여론이 형성되는 계기가 마련되었다.

④ 영선사는 톈진 기기국에서 서양의 근대식 무기 제조 기술과 군사 훈련법을 시찰하고 돌아왔다. 이후 국내에 근대식 무기 제조 공장인 기기창을 설립되었다.

주제 30 임오군란과 갑신정변

216 임오군란

정답 ⑤

키워드 정답 체크

⑤ 고종 때 신식 군대인 별기군에 비해 차별 대우를 받던 구식 군인들이 선혜청을 습격하면서 임오군란이 발생하였다(1882). 구식 군인들은 흥선 대원군을 찾아가 지지를 요청하였고, 정부 고관들의 집과 일본 공사관을 습격하였다. 조선 조정의 요청으로 군대를 보낸 청은 군란을 진압하고 흥선 대원군을 청으로 압송하였다. 조선은 임오군란의 피해를 보상하라는 일본의 요구로 일본인 교관 피살에 대한 사과

사절단 파견, 일본 공사관에 경비병 주둔 등을 명시한 제물포 조약을 체결하였다.

오답 체크

① · ③ 김옥균을 중심으로 한 급진 개화파는 일본의 군사적 지원을 받아 우정총국 개국 축하연 자리에서 갑신정변을 일으켰다(1884). 정권을 잡은 이들은 청과의 사대 관계 폐지, 입헌 군주제, 능력에 따른 인재 등용을 주장하였으나 청군의 개입으로 3일 만에 실패하였다.

② 조선 총독부는 1910년 한일 병합 조약이 체결된 이후 설치되었으며 초대 총독으로 데라우치, 총리 대신으로 이완용이 부임하였다.

④ 김홍집 내각은 제2차 갑오개혁 때 홍범 14조를 반포하였다(1895). 이를 통해 근대적 개혁의 기본 방향을 제시하고 청에 대한 자주 독립을 공고히 하였다.

217 임오군란

정답 ④

키워드 정답 체크

고종 때 신식 군대인 별기군에 비해 차별 대우를 받던 구식 군인들이 선혜청과 일본 공사관을 습격하면서 임오군란이 발생하였다(1882). 이 사태를 수습하기 위해 흥선 대원군이 다시 집권하여 5군영을 복구하였다. 조정의 민씨 세력들은 진압을 위해 청에 군대 파견을 요청하였다. 청의 군대는 군란을 진압하고 사건의 책임을 물어 흥선 대원군을 본국으로 납치해 갔다.

④ 임오군란 진압 이후 청의 내정 간섭이 심화되었고, 청은 조청 상민 수륙 무역 장정을 체결하여 치외 법권과 함께 양화진에 점포 개설권, 내륙 통상권, 연안 무역권을 인정받았다(1882).

오답 체크

① 임술 농민 봉기를 수습하기 위해 안핵사로 파견된 박규수는 민란의 원인이 삼정에 있다고 보고 삼정이정청의 설치를 건의하여 시행하였으나 근본적인 문제를 해결하지는 못하였다(1862).

② 제너럴 셔먼호 사건을 구실로 미국이 강화도를 공격하여 신미양요가 발생하였으나 어재연이 이끄는 조선 군대가 광성보에서 미국 군대를 막아냈다(1871).

③ 병인양요와 신미양요 등 외세의 침략을 극복한 흥선 대원군은 서양과의 통상 수교 반대 의지를 알리기 위해 종로와 전국 각지에 척화비를 세웠다(1871).

⑤ 일본 군함인 운요호가 강화도 초지진에 침입해 공격한 후 영종도에 상륙해 조선인들을 죽이거나 약탈하는 등의 만행을 저질렀다(1875).

218 갑신정변

정답 ③

키워드 정답 체크

③ 임오군란 이후 청의 내정 간섭이 심화되자 급진 개화파는 근대화 추진과 민씨 세력 제거를 위해 일본의 군사적 지원을 받아 우정총국 개국 축하연 자리에서 갑신정변을 일으켰다(1884). 이후 개화당 정부를 수립하고 14개조 개혁 정강을 발표하여 입헌 군주제, 청과의 사대 관계 폐지, 능력에 따른 인재 등용 등의 개혁을 추진하였다. 그러나 청군이 개입하고 일본의 군사 지원이 약속대로 이행되지 않아 3일 만에 실패하였으며 김옥균, 박영효 등은 일본으로 망명하였다.

219 갑신정변

정답 ②

키워드 정답 체크

임오군란 이후 청의 내정 간섭이 심화되자 급진 개화파는 근대화 추진과 민씨 세력 제거를 위해 일본의 군사적 지원을 받아 우정총국 개국 축하연 자리에서 갑신정변을 일으켰다(1884). 이후 개화당 정부를 수립하고 14개조 개혁 정강을 발표하여 입헌 군주제, 청과의 사대 관계 폐지, 능력에 따른 인재 등용 등의 개혁을 추진하였다. 그러나 청군의 개입과 일본의 군사 지원이 약속대로 이행되지 않아 3일 만에 실패하고, 김옥균, 박영효 등은 일본으로 망명하였다.

② 조선은 일본이 갑신정변 때 사망한 일본인에 대한 배상과 일본 공사관 신축 부지 및 비용을 요구하여 한성 조약을 체결하였다(1884).

오답 체크

① 동학 농민군은 '보국안민, 제폭구민'을 기치로 내걸고 백산에서 4대 강령을 발표하며 봉기하였다. 이후 황토현 전투와 황룡촌 전투에서 관군에 승리하며 전주성을 점령하고 전라도 일대를 장악하였다.

③ 동학 농민군과 전주 화약을 체결한 후 조선 정부에서는 교정청을 설치하여 자주적인 내정 개혁을 시도하였다.

④ 고종 때 신식 군대인 별기군에 비해 차별 대우를 받던 구식 군인들이 선혜청을 습격하면서 임오군란이 발생하였다.

⑤ 조미 수호 통상 조약이 체결된 후 조선 주재 미국 공사가 파견되자 조선 정부는 답례로 미국에 보빙사를 파견하였다.

220 갑신정변

정답 ⑤

키워드 정답 체크

임오군란 이후 청의 내정 간섭이 심화되자 급진 개화파는 근대화 추진과 민씨 세력 제거를 위해 일본의 군사적 지원을 받아 우정총국 개국 축하연 자리에서 갑신정변을 일으켰다. 이후 개화당 정부를 수립하고 14개조 개혁 정강을 발표한 후 입헌 군주제, 청과의 사대 관계 폐지, 능력에 따른 인재 등용 등의 개혁을 추진하였다. 그러나 청군의 개입과 일본의 군사 지원이 약속대로 이행되지 않아 3일 만에 실패하였다(1884).

⑤ 갑신정변 이후 청과 일본은 톈진 조약을 체결하여 향후 조선에 군대를 파견할 때 상호 통보하고 한쪽이라도 조선에 군대를 파견하면 다른 쪽도 바로 군대를 파견할 수 있도록 규정하였다(1885).

오답 체크

① 조선이 개화 정책을 추진함에 따라 일본에 수신사로 파견된 김기수는 신식 기관과 각종 근대 시설을 시찰하고 돌아와 일본의 발전 상황을 고종에게 보고하였다(1876).

② 미국의 상선 제너럴 셔먼호가 교역을 요구하며 평양의 대동강까지 들어오자 평양 관민들이 이를 거부하면서 배를 불태워 버렸다(1866). 이 사건을 구실로 미국이 강화도를 공격하여 신미양요가 일어났다(1871).

③ 일본 군함 운요호가 강화도 초지진에 침입해 공격한 후 영종도에 상륙해 조선인들을 죽이거나 약탈하였다(1875).

④ 철종 때 발생한 임술 농민 봉기의 수습을 위해 파견된 안핵사 박규수는 원인이 삼정의 문란에 있다고 보고 삼정이정청을 설치하여 이를 해결하고자 하였다(1862).

221 거문도 사건

정답 ③

키워드 정답 체크

③ 갑신정변 이후 청의 내정 간섭이 심화되자 조선은 이를 견제하기 위해 러시아를 끌어들였다. 이에 영국은 러시아의 남하를 막는다는 구실로 거문도를 불법 점령하였다.(거문도 사건, 1885~1887).

주제 31 동학 농민 운동

222 동학 농민 운동의 전개 과정

정답 ⑤

키워드 정답 체크

⑤ 전라도 고부 군수 조병갑의 횡포에 견디다 못한 농민들은 동학교도 전봉준을 중심으로 고부 봉기를 일으켰다(1894.1.). 정부가 폐정 시정을 약속하자 농민군은 자진 해산하였고, 안핵사 이용태가 파견되었다. 이용태는 농민 봉기 주도자와 동학교도를 탄압하였고, 농민들은 4대 강령을 발표하며 동학 농민 운동을 일으켰다(1차 봉기, 1894.3.). 농민군은 황토현 · 황룡촌 전투에서 관군에 승리하고 전주성을 점령하여 전라도 일대를 장악하였다. 정부는 농민군을 진압하기 위해 청에 군대를 요청하였고, 톈진 조약으로 인해 일본도 군대를 파견하였다. 이에 농민군은 외국의 개입을 우려하여 정부와 전주 화약을 맺은 뒤 자치 개혁 기구인 집강소를 설치하였다. 이후 일본군이 경복궁을 점령하고 청일 전쟁을 일으키면서 일본의 내정 간섭이 심해지자 동학 농민군의 남접과 북접이 연합하여 다시 봉기하였다(2차 봉기, 1894.9.). 그러나 우금치 전투에서 농민군이 관군과 일본군에게 패하였고, 전봉준이 서울로 압송되면서 농민군은 해산되었다.

오답 체크

① 동학 농민군과 전주 화약을 체결한 후 조선 정부에서는 교정청을 설치하여 자주적인 내정 개혁을 시도하였다(1894.5.).

② 동학 농민군은 우금치 전투에서 관군과 일본군에게 패배하였고, 전봉준이 체포되면서 해산되었다(1894.11.).

③ 한일 신협약으로 대한 제국 군대가 해산되자 이에 반발하여 정미의병이 전국적으로 전개되었고, 해산 군인들이 의병 활동에 가담하며 의병 부대가 조직화되었다. 이후 이인영을 총대장으로 한 13도 창의군이 결성되어 서울 진공 작전을 전개하였다(1908).

④ 전라도 고부 군수 조병갑의 횡포에 견디다 못한 농민들이 동학교도 전봉준을 중심으로 고부에서 봉기를 일으켰고, 이를 수습하기 위해 안핵사 이용태가 파견되었다(1894).

223 동학 농민 운동

정답 ④

키워드 정답 체크

(가) **보은 집회**(1893): 동학교도들은 억울하게 처형된 교주 최제우에 대한 교조 신원과 동학 탄압 금지 등을 요구하며 보은에서 집회를 개최하였다. 이때 농민군은 척왜양창의(일본과 서양 세력을 배척하여 의병을 일으킨다)를 기치로 내걸었다.

(나) **황토현 전투**(1894.4.): 농민군은 황토현 · 황룡촌 전투에서 관군에 승리하고 전주성을 점령하여 전라도 일대를 장악하였다. 정부는 농민군을 진압하기 위해 청에 군대를 요청하였고, 톈진 조약으로 인해 일본도 군대를 파견하였다(1894.5.).

④ 전라도 고부 군수 조병갑이 만석보를 쌓는다는 명분으로 농민들을 동원하고 수세를 강제로 징수하자 견디다 못한 농민들은 동학교도 전봉준을 중심으로 동학 농민 운동을 일으키고 만석보를 파괴하였다(1894.1.).

오답 체크

①·②·③·⑤ 청과 일본의 군대 개입을 우려한 농민군은 정부와 전주 화약을 맺은 뒤 자치 개혁 기구로서 집강소를 설치하였다(1894.5.). 이후 조선 정부에서는 교정청을 설치하여 자주적인 개혁을 시도하였지만, 일본군이 경복궁을 점령하고 고종을 협박하여 내정 개혁 기구로 군국 기무처를 설치하였다(1894.6.). 청일 전쟁의 발발로 일본의 내정 간섭이 심해지자 동학 농민군은 외세를 몰아내기 위해 남접과 북접이 연합하여 다시 봉기하였으나, 우금치 전투(1894.11.)에서 관군과 일본군에게 패하여 전봉준이 서울로 압송되면서 해산되었다.

224 교정청

정답 ①

키워드 정답 체크

• **전주 화약 체결**(1894.5.): 전라도 고부 군수 조병갑의 횡포에 견디지 못한 농민들은 동학교도인 전봉준을 중심으로 하여 동학 농민 운동을 일으켰다(1894.1.). 농민군은 황토현·황룡촌 전투에서 관군에 승리하고 전주성을 점령하면서 전라도 일대를 장악하였고, 정부와 전주 화약을 맺어 자치 개혁 기구인 집강소를 통해 탐관오리 처벌, 잡세 폐지 등 폐정 개혁을 실시하였다(1894.5.).

• **제1차 갑오개혁**(1894.7.): 김홍집과 박정양 등을 중심으로 구성된 군국기무처를 통해 제1차 갑오개혁이 실시되었다. 청의 연호를 폐지하면서 개국 연호를 사용하였고, 재능에 따라 인재를 등용하기 위해 과거제를 폐지하였다.

① 동학 농민군과 전주 화약을 체결한 후 조선 정부에서는 교정청을 설치하여 자주적인 내정 개혁을 시도하였다(1894.6.). 그러나 일본군이 경복궁을 포위하고 고종을 협박하여 내정 개혁 기구로 군국기무처를 설치하였다.

오답 체크

② 독립신문은 서재필이 정부의 지원을 받아 창간한 우리나라 최초의 민간 신문으로, 한글판과 영문판 두 종류로 발행되었다(1896).

③ 1898년 대한 제국 황실과 미국인의 합작으로 한성 전기 회사가 세워졌다. 한성 전기 회사는 발전소를 세우고 서울 서대문에서 청량리 구간을 운행하는 전차를 개통하였다(1899).

④ 청일 전쟁에서 승리한 일본은 청과 시모노세키 조약을 체결하여 요동 반도와 타이완을 장악하였으나, 러시아, 독일, 프랑스의 삼국 간섭으로 요동반도를 반환하게 되었다(1895).

⑤ 을미사변 이후 을미개혁이 추진되어 건양 연호와 태양력을 사용하게 되었다(1895).

주제 32 갑오개혁과 을미개혁

225 제1차 갑오개혁

정답 ④

키워드 정답 체크

ㄴ·ㄹ. 김홍집을 중심으로 구성된 군국기무처를 통해 제1차 갑오개혁이 실시되었다. 이에 따라 탁지아문이 재정 사무를 관장하게 하고 은 본위 화폐 제도와 조세 금납제를 시행하였다. 또한, 공사 노비법이 혁파되어 신분제가 법적으로 폐지되었으며, 과부의 재가를 허용하고 연좌제와 조혼을 금지하는 등 악습을 혁파하였다.

오답 체크

ㄱ. 을미사변 이후 을미개혁이 추진되어 건양이라는 연호와 태양력을 사용하게 되었고, 단발령이 시행되었다.

ㄷ. 대한 제국은 광무개혁 때 양지아문을 설치하여 양전 사업을 실시하고, 지계아문을 통해 토지 소유 문서인 지계를 발급하여 근대적 토지 소유권을 확립하고자 하였다.

226 제2차 갑오개혁

정답 ⑤

키워드 정답 체크

군국기무처 폐지 이후 김홍집·박영효 연립 내각에 의해 제2차 갑오개혁이 추진되었다. 이에 따라 중앙 행정 기구인 의정부와 8아문을 각각 내각과 7부로, 지방 행정 구역을 8도에서 23부로 개편하였고, 재판소를 설치하여 사법권을 행정권에서 분리하였다.

⑤ 제2차 갑오개혁 때 교육 입국 조서를 반포하여 근대적 교육의 기본 방향을 제시하였고, 이에 따라 소학교, 중학교, 한성 사범 학교 등을 세웠다.

오답 체크

① 대한 제국 선포 이후 고종은 광무개혁을 실시하고 황제 직속의 원수부를 설치하여 대원수로서 군대를 통솔하고자 하였다.

② 영선사는 톈진 기기국에서 서양의 근대식 무기 제조 기술과 군사 훈련법을 시찰하고 돌아왔다. 이후 국내에 근대식 무기 제조 공장인 기기창을 설립되었다.

③ 김홍집과 박정양 등을 중심으로 실시된 제1차 갑오개혁에서 공사 노비법이 혁파되어 신분제가 법적으로 폐지되었다.

④ 을미사변 이후 을미개혁이 추진되어 건양 연호와 태양력을 사용하게 되었고 단발령이 시행되었다.

227 을미개혁

정답 ③

키워드 정답 체크

③ 을미사변 이후 을미개혁이 추진되어 건양 연호와 태양력을 사용하게 되었고 단발령이 시행되었다. 단발령은 을미사변으로 격해진 반일 감정의 기폭제가 되어 의병 운동으로 이어지게 되었다(1895).

오답 체크

① 대한 제국은 광무개혁 때 양지아문을 설치하여 양전 사업을 실시하였고(1898), 지계아문을 통해 토지 소유 문서인 지계를 발급하여 근대적 토지 소유권을 확립하고자 하였다(1901).

② 대한 제국을 선포하고 황제로 즉위한 고종은 대한국 국제를 반포하였다(1899). 이후 군 통수권 장악을 위해 원수부를 설치하고 대원수로서 모든 군대를 통솔하고자 하였다.

④ 동학 농민군과 전주 화약을 체결한 후 조선 정부에서는 교정청을 설치하여 자주적인 내정 개혁을 시도하였다(1894).

⑤ 고종은 개화 정책의 일환으로 기존 5군영을 무위영과 장어영의 2영으로 개편하고 신식 군대인 별기군을 창설하였다(1881).

228 아관 파천

정답 ①

키워드 정답 체크

① 삼국 간섭 이후 일본의 세력이 위축되면서 민씨 세력이 러시아를 통해 일본을 견제하려 하자, 일본은 자객을 보내 경복궁을 습격하여 을미사변을 일으켰다(1895). 을미사변으로 신변의 위협을 느낀 고종은 러시아 공사관으로 피신하였다(아관 파천, 1896).

오답 체크

② 대한 제국을 선포한 고종은 대한국 국제를 제정한 후 원수부를 설치하여 대원수로서 모든 군대를 통솔하고자 하였다(1899).

③ 한반도와 만주 지역에 대한 지배권을 두고 러일 전쟁이 벌어졌다(1904).

④ 일제는 을사늑약 체결 이후 고종의 헤이그 특사 파견 사건을 구실로 한일 신협약(정미 7조약)을 체결하여 대한 제국의 군대를 강제 해산시키고 내정을 완전히 장악하고자 하였다(1907).

⑤ 만주에 주둔하고 있던 러시아군이 군사적 근거지 확보를 위해 용암포와 압록강 하구를 강제 점령하여 대한 제국에 조차를 요구하였다(1903).

주제 33 독립 협회와 대한 제국

229 독립 협회

정답 ③

키워드 정답 체크

아관 파천 이후 열강들의 이권 침탈이 심화되고 조선 내에서 친러 내각에 대한 반감이 고조되자 서재필은 남궁억, 이상재, 정교 등과 함께 독립 협회를 창립하였다. 이후 러시아가 저탄소 저장소 설치를 위해 절영도 조차를 요구하자 독립 협회는 이권 수호 운동을 전개하여 이를 저지하였다.

③ 독립 협회는 관민 공동회를 개최하여 중추원 개편을 통한 의회 설립 방안이 담긴 헌의 6조를 건의하였고 고종이 이를 채택하였다.

오답 체크

① 6 · 10 만세 운동의 준비 과정에서 사회주의 세력과 비타협적 민족주의 세력이 연대하여 민족 유일당을 결성할 수 있다는 공감대가 형성되었다. 이에 따라 국내의 민족 해방 운동 진영은 정우회 선언을 발표하고, 좌우 합작 조직인 신간회를 결성하였다.

② 손병희를 중심으로 한 천도교는 만세보를 발행하여 민중 계몽 운동을 전개하였다.

④ 방정환을 주축으로 구성된 천도교 소년회는 어린이날을 제정하고, 『어린이』라는 잡지를 간행하는 등 소년 운동을 주도하였다.

⑤ 신민회 조직에 참여한 이승훈은 평양에서 계몽 서적이나 유인물을 출판 · 보급하고자 태극 서관을 설립하여 민족 기업을 육성하였다.

230 독립 협회

정답 ④

키워드 정답 체크

갑신정변 이후 미국에서 돌아온 서재필은 남궁억, 이상재, 윤치호 등과 함께 독립 협회를 창립하였다. 중추원 개편을 통한 의회 설립과 근대적 입헌 군주제 실현을 목표로 활동하였으며, 모금 활동을 전개하여 청의 사신을 맞던 영은문을 헐고 그 자리 부근에 독립문을 건립하였다. 또한, 러시아가 함대의 연료 보급을 위한 저탄소 저장소 설치를 위해 절영도 조차를 요구하자 이권 수호 운동을 전개하여 이를 저지하였다. 그러나 독립 협회에 대항하여 조직된 어용 단체인 황국 협회의 방해와 고종의 해산 명령으로 3년 만에 해산되었다.

④ 독립 협회가 관민 공동회를 개최하고 중추원 개편을 통한 의회 설립 방안이 담겨 있는 헌의 6조를 건의하여 고종이 이를 채택하였다.

오답 체크

① 안창호와 양기탁 등이 결성한 비밀 결사 단체 신민회는 민족의 실력 양성을 위해 평양 대성 학교와 정주 오산 학교를 세워 민족 교육을 실시하였다.

② 대한 자강회는 교육과 산업 활동을 바탕으로 한 국권 회복을 목표로 활동하였고, 고종의 강제 퇴위 반대 운동을 전개하다가 일제의 탄압으로 해산되었다.

③ 동학 농민 운동 당시 농민군은 황토현 전투에서 관군에 승리하고 전주성을 점령하여 전라도 일대를 장악하였다. 이후 정부와 전주 화약을 맺어 자치 개혁 기구인 집강소를 설치하고 폐정 개혁을 실시하였다.

⑤ 김홍집 내각은 제2차 갑오개혁 때 홍범 14조를 반포하였다. 이를 통해 근대적 개혁의 기본 방향을 제시하고 청에 대한 자주독립을 공고히 하였다.

231 대한 제국

정답 ⑤

키워드 정답 체크

⑤ 조선 정부는 외국어 통역관을 양성하기 위한 외국어 교육 기관인 동문학을 설립하여 영어 교육을 실시하였다(1883).

오답 체크

① · ② · ④ 대한 제국을 국호로 선포하고 황제로 즉위한 고종은 대한국 국제를 반포하였다. 이후 군 통수권 장악을 위해 원수부를 설치하고 대원수로서 모든 군대를 통솔하고자 하였다. 또한, 광무개혁의 일환으로 양전 사업을 실시하여 지계아문을 통해 토지 소유 문서인 지계를 발급하고 근대적 토지 소유권을 확립하고자 하였다.

③ 러시아가 간도를 점령하자 대한 제국은 간도에 살고 있는 조선인을 보호하기 위해 이범윤을 간도 관리사로 파견하였다.

232 광무개혁

정답 ③

키워드 정답 체크

개항 이후 민씨 세력이 러시아를 통하여 일본을 견제하려 하자 일본은 자객을 보내 경복궁 내 건천궁을 습격하여 명성 황후를 시해하였고(을미사변, 1895), 고종은 신변을 보호하기 위해 러시아 공사관으로 이동하였다(아관 파천, 1896). 이후 조선에 대한 열강의 이권 침탈이 심화되고 친러 내각에 대한 반감이 고조되자 독립 협회는 자주 국권 운동을 실시하여 고종에게 환궁을 요구하였다. 고종은 이를 받아들여 경운궁으로 환궁한 뒤 대한 제국을 국호로 선포하고 연호를 광무로 하여 환구단에서 황제로 즉위하였다(1897).

③ 대한 제국을 선포하고 황제로 즉위한 고종은 광무개혁을 실시하여 대한국 국제를 반포하고(1899) 군 통수권 장악을 위해 원수부를 설치하였다.

오답 체크

① 고종 때 김윤식을 중심으로 한 영선사는 근대 무기 제조 기술과 군사 훈련법을 배우기 위해 청의 톈진으로 파견되었다(1881).

② 동학 농민군과 전주 화약을 체결한 뒤 조선 정부에서는 교정청을 설치하여 자주적인 개혁을 시도하였다. 그러나 일본군은 내정 개혁 기구인 군국기무처를 설치하여 김홍집과 박정양 등을 중심으로 제1차 갑오개혁을 추진하였다(1894

④ 흥선 대원군 때 미국의 상선 제너럴 셔먼호가 평양 대동강까지 들어와 교역을 요구하자 당시 평양 감사였던 박규수는 공격 명령을 내리고 백성들과 함께 제너럴 셔먼호를 불태웠다(1866).

⑤ 임오군란 이후 청은 조청 상민 수륙 무역 장정을 체결하여 치외법권과 함께 양화진에 점포 개설권, 내륙 통상권, 연안 무역권을 인정받았다(1882).

233 광무개혁

정답 ③

키워드 정답 체크

③ 대한 제국 선포 직후 고종은 '옛 법을 근본으로 삼고 새로운 것을 첨가한다'는 의미의 구본신참을 기본 정신으로 하여 광무개혁을 실시하였다(1897). 이에 따라 관립 의학교와 국립 병원인 광제원이 설립되었다.

오답 체크

① 을미사변 이후 을미개혁이 추진되어 건양이라는 독자적인 연호와 태양력을 사용하게 되었다(1895).

② 고종은 강화도 조약(1876) 이후 개화 정책을 추진하였으며 그 일환으로 기존 5군영을 무위영과 장어영의 2영으로 개편하고 신식 군대인 별기군을 창설하였다(1881).

④ 개항 이후 개화 정책의 일환으로 박문국이 설치되어 최초의 근대적 신문인 한성순보를 발간하였다(1883).

⑤ 대한민국 임시 정부는 임시 사료 편찬 위원회를 설치하고 『한일 관계 사료집』을 간행하였다(1919). 또한, 국외 거주 동포들에게 독립 공채를 발행하여 독립 운동 자금을 마련하였다.

주제 34 일제의 국권 침탈

234 러일 전쟁

정답 ④

키워드 정답 체크

일본이 청일 전쟁에서 승리하면서 청과 맺은 시모노세키 조약에 의해 요동 반도를 할양받자(1895) 러시아는 삼국 간섭을 주도하여 일본이 청에 요동 반도를 반환하도록 하였다(1895). 이후 한반도 지배권을 두고 러시아와 일본이 대립하였고, 러일 전쟁이 발발하였다(1904). 러일 전쟁에서 패배한 러시아는 포츠머스 조약을 통해 한국에 대한 일본의 독점적인 지배권을 국제적으로 인정하게 되었으며, 일본의 강압으로 을사늑약이 체결되어 대한 제국의 외교권이 박탈되고 통감부가 설치되었다(1905). 이후 이토 히로부미가 초대 통감으로 부임하면서 일제의 내정 간섭이 공식화되자 안중근은 만주 하얼빈 역에서 이토 히로부미를 사살하였다(1909). 현장에서 체포된 안중근은 재판을 받고 뤼순 감옥에 수감되었다.

④ 기유각서는 1907년 체결한 한일 신협약(정미 7조약)의 세부 사항을 시행하기 위해 일제의 강압으로 조인된 협약이다(1909). 이 협약으로 우리나라의 사법권 및 감옥 사무를 일제에 위임하게 되었다.

오답 체크

① 일본은 러일 전쟁 중 불법으로 독도를 일본 영토로 편입시키고(1904), 현재는 다케시마(竹島)라는 이름으로 시마네현 행정구역에 포함시켰다.

② 러일 전쟁에서 승리한 일본은 미국과 가쓰라·태프트 밀약을 체결하여 일본의 한국 지배와 미국의 필리핀 지배를 서로 묵인하였다(1905).

③ 제1차 한일 협약을 통해 스티븐스가 외교 고문, 메가타가 재정 고문으로 임명되었다(1904). 이후 메가타는 대한 제국의 경제권을 장악하기 위해 탁지부를 중심으로 화폐 정리 사업을 실시하였다(1905).

⑤ 대한 제국 때 일본은 한일 의정서를 체결하고(1904) 군사 전략상 필요한 지역을 차지하기 위해 황무지 개간권을 요구하였다. 이에 보안회는 황무지 개간권 요구 반대 운동을 전개하여 저지에 성공하였다(1904).

235 제1차 한일 협약

정답 ①

키워드 정답 체크

① 제1차 한일 협약(1904)을 통해 스티븐스는 외교 고문으로, 메가타는 재정 고문으로 임명되어 대한 제국의 내정에 간섭하였다. 이후 1908년 스티븐스는 샌프란시스코에서 '일본의 한국 지배는 한국에 유익하다'는 제목의 친일 성명서를 발표하자 분개한 장인환과 전명운은 스티븐스를 저격하여 사살하였다.

오답 체크

② 청일 전쟁에서 승리한 일본은 청과 시모노세키 조약을 체결하여 요동 반도와 타이완을 장악하였으나, 러 · 프 · 독의 삼국 간섭으로 요동 반도를 반환하게 되었다(1895).

③ 신민회는 조선 총독부가 데라우치 총독 암살 미수 사건을 조작하여 많은 민족 운동가들을 체포한 105인 사건으로 인해 와해되었다(1911).

④ 고종 때 영국은 조선에 대한 러시아의 세력 확장을 저지하기 위해 거문도를 불법으로 점령하였다(1885).

⑤ 삼국 간섭 이후 일본의 세력이 위축되면서 민씨 세력이 러시아를 통해 일본을 견제하려 하자, 일본은 자객을 보내 경복궁을 습격하여 을미사변을 일으켰다(1895). 이에 신변의 위협을 느낀 고종은 러시아 공사관으로 피신하였다(아관 파천, 1896).

236 을사늑약

정답 ③

키워드 정답 체크

중명전은 황실 도서관으로 사용하기 위해 지어졌다가 1904년 경운궁(덕수궁)이 불타자 고종의 집무실로 사용되었던 곳으로, 이후 을사늑약이 체결된 장소이기도 하다.

③ 1905년 을사늑약이 체결되면서 대한 제국의 외교권이 박탈되었다. 이듬해 통감부가 설치되었고, 이토 히로부미가 초대 통감으로 부임하여 외교뿐만 아니라 내정에도 간섭하였다.

오답 체크

① 삼국 간섭 이후 일본의 세력이 위축되면서 민씨 세력이 러시아를 통해 일본을 견제하려 하자, 일본은 자객을 보내 명성 황후를 시해하였다(1895). 을미사변으로 신변의 위협을 느낀 고종은 러시아 공사관으로 피신하였다(아관 파천, 1896).

② 동학 농민 운동으로 농민군이 전라도 일대를 장악하자 조정에서는 이들을 진압하기 위해 청에 원군을 요청하였다. 그러나 톈진 조약에 의해 일본군까지 군대를 파견하였고, 결국 청일 양국 간의 전쟁이 발발하였다(1894).

④ 일제는 을사늑약 체결 이후 고종의 헤이그 특사 파견 사건을 구실로 한일 신협약(정미 7조약)을 체결하여 대한 제국의 군대를 강제 해산시키고 내정을 완전히 장악하고자 하였다(1907).

⑤ 조선과 프랑스가 조불 수호 통상 조약을 체결하면서 천주교의 포교가 허용되었다(1886).

237 한일 신협약(정미 7조약)

정답 ⑤

키워드 정답 체크

⑤ 일제는 을사늑약 체결 이후 고종의 헤이그 특사 파견 사건을 구실로 한일 신협약(정미 7조약)을 체결하여 대한 제국의 군대를 강제 해산시키고 내정을 완전히 장악하고자 하였다(1907). 이에 반발하여 대대장 박승환이 자결하고, 전국적으로 전개되기 시작한 정미의병에 해산 군인들이 가담하면서 의병 부대가 조직화되었다.

238 일제의 국권 침탈 과정

정답 ⑤

키워드 정답 체크

(가) **제1차 한일 협약**(을사늑약, 1904): 제1차 한일 협약을 통해 재정 고문으로 파견된 메가타는 화폐 정리 사업을 시작하였다(1905).

(나) **한일 신협약**(정미 7조약, 1907.7.): 헤이그 특사 파견 사건을 빌미로 고종을 강제 퇴위시킨 일본은 한일 신협약을 체결하여 대한 제국의 군대를 해산시켰다. 이에 해산된 군인들이 의병에 합류하여 정미의병을 전개하였다.

⑤ 고종은 제1차 한일 협약의 부당함을 알리고자 이준, 이상설, 이위종을 네덜란드 헤이그 만국 평화 회의에 특사로 파견하였다(1907.6.).

오답 체크

① 일제는 한일 병합 조약을 맺고, 조선 총독부를 설치하여 초대 총독으로 데라우치를 임명하였다(1910).

② 한일 신협약으로 대한 제국 군대가 해산되자 정미의병이 전개되어 이인영을 총대장으로 한 13도 창의군이 서울 진공 작전을 전개하였다(1908).

③ 기유각서는 1907년 체결한 한일 신협약의 세부 사항을 시행하기 위해 조인된 협약이다. 이 협약으로 인해 우리나라의 사법권 및 감옥 사무를 일제에 위임하게 되었다(1909).

④ 조청 상민 수륙 무역 장정의 체결로 서울 도성의 시전 상인들이 어려움에 처하자, 시전 상인들은 황국 중앙 총상회를 조직하여 상권 수호 운동을 전개하였다(1898).

주제 35 의병 운동과 애국 계몽 운동

239 항일 의병 운동

정답 ③

키워드 정답 체크

(나) **을미의병**(1895): 을미사변이 발생하고 을미개혁으로 단발령이 실시되자 유인석, 이소응 등의 유생들이 이에 반대하여 전국적으로 을미의병을 전개하였다.

(가) **을사의병**(1905): 을사늑약이 체결되자 이에 반대하여 유생 출신 최익현과 민종식, 평민 출신 신돌석 등의 의병장이 주도하여 을사의병을 전개하였다.

(다) **정미의병**(1907): 한일 신협약으로 대한 제국 군대가 해산되자 정미의병이 전개되어 이인영을 총대장으로 한 13도 창의군이 서울 진공 작전을 전개하였다.

240 정미의병

정답 ⑤

키워드 정답 체크

⑤ 1907년 고종이 강제 퇴위되고 한일 신협약(정미 7조약)으로 인해 대한 제국의 군대가 해산되자 해산된 군인들이 의병을 일으켰다(정미의병). 이듬해 양주에 집결한 의병들은 군사장 허위와 총대장 이인영을 중심으로 13도 창의군을 조직하고 서울 진공 작전을 전개하였으나 실패하였다.

오답 체크

① 김원봉이 결성한 의열단은 신채호가 작성한 조선 혁명 선언을 기본 행동 강령으로 하여 독립운동을 전개하였다.

② 김홍집이 『조선책략』을 들여온 이후 미국과 외교 관계를 맺어야 한다는 여론이 형성되자 이만손을 중심으로 한 영남 유생들이 만인소를 올려 이를 반대하였다.

③ 박상진이 공화 정체의 근대 국민 국가의 수립을 지향하면서 조직한 대한 광복회는 비밀 연락 거점지로서 상덕태상회를 설립하고 이를 통하여 군자금을 모집하였다.

④ 임병찬은 고종의 밀명을 받아 독립 의군부를 조직하였다. 이후 조선 총독부에 국권 반환 요구서를 보내고, 복벽주의를 내세워 의병 전쟁을 준비하였다.

241 최익현

정답 ③

키워드 정답 체크

최익현은 어린 나이에 즉위한 고종을 대신하여 집권한 흥선 대원군의 하야를 요구하는 상소를 올렸다. 또한, 위정척사 운동을 전개하여 왜양일체론에 입각한 지부복궐척화의소를 올리며 일본과의 강화도 조약 체결을 반대하였다. 이후 을미사변이 일어나고 을미개혁으로 단발령이 시행되자 이에 반대하는 청토역복의제소를 올렸다.

③ 최익현은 임병찬 등과 태인에서 을사늑약에 반대하는 을사의병을 주도하다가 체포되었으며, 쓰시마섬에 유배되어 그곳에서 순국하였다.

오답 체크

① 박상진은 공화 정체의 근대 국민 국가의 수립을 지향하는 대한 광복회를 조직하고 독립군 양성과 친일파 처단 활동을 전개하였다.

② 박은식은 독립을 위해 국혼(國魂)을 강조하였으며, 고종 즉위 다음 해부터 국권 피탈 직후까지의 역사를 기록한 『한국통사』를 저술하였다.

④ 한일 신협약으로 대한 제국 군대가 해산되자 이에 반발하여 정미의병이 전국적으로 전개되었고, 해산 군인들이 의병 활동에 가담하며 의병 부대가 조직화되었다. 이후 총대장 이인영이 13도 창의군을 지휘하여 서울 진공 작전을 전개하였다.

⑤ 전봉준을 중심으로 '보국안민, 제폭구민'을 기치로 동학 농민 운동이 일어났다. 동학 농민군은 황토현 · 황룡촌 전투에서 승리하면서 전주성을 점령하였으며, 정부와 전주 화약을 맺어 개혁을 실시하였다. 청일 전쟁이 발발한 후 일본의 내정 간섭이 심해지자 남 · 북접이 연합하여 2차 봉기를 일으켰으나 우금치 전투에서 일본군 및 관군에 패배하였다.

242 신민회

정답 ④

키워드 정답 체크

신민회 조직에 참여한 이승훈은 평양에서 계몽 서적이나 유인물을 출판 · 보급하고자 태극 서관을 설립하여 민족 기업을 육성하였다.

④ 안창호와 양기탁 등은 민족의 실력 양성을 위해 비밀 결사 단체인 신민회를 결성하였다(1907). 평양에 대성 학교, 정주에 오산 학교를 세워 민족 교육을 실시하기도 하였으나 조선 총독부가 총독 암살 미수 사건을 조작하여 많은 민족 운동가들을 체포한 105인 사건으로 인해 단체가 와해되었다.

오답 체크

① 1920년대에 일제가 문화 통치를 표방하자 민족 운동가들은 한국인을 위한 고등 교육 기관인 민립 대학 설립 운동을 전개하였다. 이상재, 윤치호 등이 조선 민립 대학 기성회를 조직하고(1923) 대학 설립을 위한 모금 활동도 전개하였다.

② 독립 협회는 만민 공동회를 개최하고 이권 수호 운동을 전개하여 러시아의 절영도 조차 요구를 저지하였다(1898).

③ 대한민국 임시 정부는 파리 강화 회의에 김규식을 파견하여 독립 청원서를 제출하는 등 외교 활동을 전개하였다(1919).

⑤ 학부 안에 설치된 국문 연구소는 지석영과 주시경을 중심으로 한글의 정리와 국어의 이해 체계 확립에 힘썼다(1907).

243 신민회

정답 ⑤

키워드 정답 체크

안창호와 양기탁 등이 결성한 신민회는 일제에게 빼앗긴 국권 회복과 공화 정체에 바탕을 둔 근대 국가 수립을 목표로 하였다(1907). 이후 항일 무장 투쟁의 필요성을 인식하여 서간도 삼원보 지역에 독립군 양성 학교인 신흥 강습소를 설립하였다. 이후 1919년에 본부를 옮기면서 신흥 무관 학교로 명칭이 바뀌었다.

⑤ 신민회는 민족의 실력 양성을 위해 대성 학교와 오산 학교를 세워 민족 교육을 실시하였다.

오답 체크

① 조선어 학회는 한글 맞춤법 통일안과 표준어를 제정하고 『조선말 큰사전』의 편찬을 시작하여 해방 이후 완성하였다.

② 김원봉이 결성한 의열단은 신채호가 작성한 조선 혁명 선언을 기본 행동 강령으로 하여 직접적인 투쟁 방법인 암살, 파괴, 테러 등을 통해 독립운동을 전개하였다.

③ 1930년대 초 언론사를 중심으로 농촌 계몽 운동이 전개되었으며, 동아일보는 문맹 퇴치 운동의 일환으로 브나로드 운동을 전개하였다.

④ 대한민국 임시 정부는 국외 거주 동포들에게 독립 공채를 발행하여 독립운동 자금을 마련하였다.

⑤ 함경도 관찰사 조병식은 흉년으로 곡물이 부족해지자 조일 통상 장정의 조항에 따라 일본으로 곡물이 유출되는 것을 막기 위해 방곡령을 선포하였다. 그러나 일본은 시행 1개월 전에 일본 공사에 미리 알려야 한다는 조항 내용을 근거로 방곡령 철회를 요구하였고, 결국 조선은 방곡령을 철회하였다.

주제 36 경제 침탈과 경제적 구국 운동

244 경제적 구국 운동 정답 ①

키워드 정답 체크

(가) **서울 상인들의 상권 수호 운동**(1898): 조청 상민 수륙 무역 장정의 체결로 외국 상인들이 유입되자 서울 도성의 시전 상인들은 황국 중앙 총상회를 조직하여 상권 수호 운동을 전개하였다.

(나) **황무지 개간권 요구 반대 운동**(1904): 일본이 대한 제국에 황무지 개간권을 요구하자 보안회는 반대 운동을 전개하여 이를 저지하였다.

(다) **국채 보상 운동**(1907): 일본의 차관 강요로 대한 제국의 빚이 1,300만 원에 달하자 서상돈, 김광제 등이 대구에서 국채 보상 운동을 전개하였다. 이후 서울에서 국채 보상 기성회를 조직하여 전국적인 모금 운동을 실시하고, 대한매일신보를 비롯한 여러 언론 기관의 지원을 받아 국채 보상 운동이 전국으로 확산되었으나 통감부의 방해와 탄압으로 중단되었다.

245 화폐 정리 사업 정답 ②

키워드 정답 체크

② 제1차 한일 협약을 통해 스티븐스가 외교 고문, 메가타가 재정 고문으로 임명되었다. 이후 메가타는 대한 제국의 경제권을 장악하기 위해 탁지부를 중심으로 백동화를 제일 은행권으로 교환하는 화폐 정리 사업을 시작하였다. 이에 국내 경제가 약화되고 많은 기업이 일제 소유가 되었다.

오답 체크

① 러시아는 함대의 연료 보급을 위한 저탄소 저장소 설치를 위해 절영도 조차를 요구하였으나 독립 협회가 이권 수호 운동을 전개하면서 저지되었다.

③ 일제 통감부는 한일합자회사인 동양 척식 주식회사를 설립하였다. 이를 통해 일본인의 조선 이민 사업, 산미 증식 계획 등 일제가 대한 제국의 토지와 자원을 침탈하기 위한 사업들을 실행하거나 그에 대한 자금을 지원하였다.

④ 김홍집과 박정양 등을 중심으로 한 군국기무처는 제1차 갑오개혁을 통해 탁지아문이 재정 사무를 관장하게 하고 은 본위 화폐 제도와 조세 금납제를 시행하였다.

246 국채 보상 운동 정답 ⑤

키워드 정답 체크

국채 보상 운동은 김광제, 서상돈 등의 제안으로 대구에서 시작되었다(1907). 이후 서울에서 조직된 국채 보상 기성회를 중심으로 전국적으로 확산되어 일본에서 도입한 차관 1,300만 원을 갚아 주권을 회복하고자 하였다.

⑤ 국채 보상 운동은 각종 계몽 단체와 대한매일신보 등 언론 기관의 지원을 받아 전국 각지로 확산되었으나 통감부의 방해와 탄압으로 중단되었다.

오답 체크

① 1920년대 사회주의가 확산되자 일제는 치안 유지법을 시행하여 식민지 지배에 저항하는 민족 해방 운동과 사회주의 및 독립운동을 탄압하였다(1925).

② 갑오개혁 이후 공사 노비법이 혁파되어 법적으로는 신분제가 폐지되었으나 일제 강점기 때 백정에 대한 사회적 차별은 더욱 심해졌다. 백정들은 이러한 차별을 철폐하기 위해 진주에서 조선 형평사 창립 대회를 개최하고 형평 운동을 전개하였다(1923).

③ 갑신정변 이후 미국에서 돌아온 서재필은 독립 협회를 창립하였다(1896). 이후 청의 사신을 맞던 영은문을 헐고 그 자리 부근에 독립문을 건립하였다(1897).

④ 1920년대에 조만식 등을 중심으로 평양에서 물산 장려 운동이 전개되었다. 민족 자본 육성을 통한 경제 자립을 위해 자급자족, 국산품 애용, 소비 절약 등을 내세웠으며 자작회, 토산 애용 부인회 등의 단체가 활동하였다.

247 국채 보상 운동 정답 ②

키워드 정답 체크

② 국채 보상 운동은 김광제, 서상돈 등의 제안으로 대구에서 시작된 경제적 주권 수호 운동으로, 일본에서 도입한 차관 1,300만 원을 갚아 주권을 회복하고자 하였다(1907). 이후 서울에서 국채 보상 기성회를 조직하여 전국적인 모금 운동을 실시하고, 대한매일신보를 비롯한 여러 언론 기관의 지원을 받아 국채 보상 운동이 전국으로 확산되었으나 통감부의 방해와 탄압으로 중단되었다.

오답 체크

① 1920년대 회사령 폐지 이후 민족 기업을 통한 경제 자립을 이루기 위해 조만식이 조직한 평양 물산 장려회(1920)를 중심으로 물산 장려 운동이 전개되었다.

③ 색동회는 도쿄에서 방정환을 중심으로 조직된 단체로, 소년 운동을 주도하며 어린이날 제정에 기여하였다(1923).

④ 조선 공산당을 중심으로 한 사회주의 세력과 천도교를 중심으로 한 민족주의 세력이 연대하여 6 · 10 만세 운동을 준비하였다(1926).

⑤ 원산 노동자 총파업은 영국인이 경영하는 회사에서 일본인 감독이 조선인 노동자를 구타한 사건을 계기로 시작되었다(1929). 전국 각지의 노동조합 등의 후원과 일본 · 중국 · 프랑스 등의 노동 단체로부터 격려가 이어졌으나 일제의 공작으로 총파업은 종료되었다.

주제 37 개항 이후 사회 · 문화의 변화

248 독립신문

정답 ④

키워드 정답 체크

④ 갑신정변 이후 미국에서 돌아온 서재필은 1896년 정부의 지원을 받아 우리나라 최초의 민간 신문인 독립신문을 창간하였다. 이는 최초의 한글 신문이기도 하며 외국인을 위한 영문판도 제작되었다. 또한, 미국인 선교사 헐버트의 주장으로 독립신문에 최초로 한글 띄어쓰기가 사용되기도 하였다.

오답 체크

① 연해주로 이주한 동포들은 순 한글 신문인 해조신문을 발간하여 독립 의식을 고취하고 국권 회복을 위해 힘썼다.

② 제국신문은 민중 계몽과 자주독립 의식을 고취하기 위해 이종일이 한글로 간행한 신문이다. 주로 서민층과 부녀자들을 대상으로 하였다.

③ 최초의 근대 신문인 한성순보는 순 한문을 사용하였고, 10일마다 발간되었으며 국내외 정세를 소개하였다.

⑤ 을사늑약이 체결되자 황성신문은 장지연의 논설 「시일야방성대곡」을 게재하여 조약의 부당성을 비판하였다.

249 대한매일신보

정답 ④

키워드 정답 체크

④ 양기탁과 영국인 베델이 함께 창간한 대한매일신보는 항일 민족 운동을 적극적으로 지원하고, 국채 보상 운동을 전국적으로 확산시키는 데 기여하였다.

오답 체크

① 한성순보를 계승한 한성주보는 일주일에 한 번 발간되는 우리나라 최초의 주간 신문으로, 최초로 상업 광고를 게재하기도 하였다.

② 손병희를 중심으로 한 천도교는 국한문 혼용체 기관지인 만세보를 발행하여 민중 계몽 운동을 전개하였다.

③ 독립신문은 서재필이 정부의 지원을 받아 창간한 최초의 민간 신문으로, 한글판과 영문판 두 종류로 발행되었다.

⑤ 동아일보는 베를린 올림픽 마라톤 대회에서 우승한 손기정 선수의 가슴에 있는 일장기를 삭제하여 보도하였고, 이 사건으로 무기 정간 등 일제의 언론 탄압을 받았다.

250 근대 문물의 수용

정답 ④

키워드 정답 체크

대한 제국 시기 황실과 미국인의 합작으로 한성 전기 회사가 세워졌다(1898). 이후 한성 전기 회사는 전등, 전화 등의 시설 운영권을 부여 받았으며, 발전소를 세웠다.

④ 일본인 회사가 부설권을 획득한 경부선은 서울과 부산을 연결한 철도로, 경인선에 이어 두 번째로 개통되었다(1905).

오답 체크

① 개항 이후 미국인 선교사이자 조선 왕실의 의사였던 알렌의 건의로 우리나라 최초의 근대식 병원인 광혜원이 설립되었고, 설립 직후 명칭이 제중원으로 바뀌었다(1885).

② 개항 이후 개화 정책의 일환으로 출판 기관인 박문국이 설치되었고 이곳에서 최초의 근대적 신문인 한성순보를 발행하였다(1883).

③ 영선사는 톈진 기기국에서 서양의 근대식 무기 제조 기술과 군사 훈련법을 시찰하고 돌아왔고, 이를 계기로 국내에 근대식 무기 제조 공장인 기기창이 설립되었다(1883).

⑤ 우정총국은 우편 업무를 담당하기 위해 설치된 기관으로, 설치된 해에 갑신정변이 일어나 잠시 폐쇄되었다(1884).

251 근대 문물의 수용

정답 ②

키워드 정답 체크

대한 제국 시기 황실과 미국인의 합작으로 한성 전기 회사가 세워졌다(1898). 이후 한성 전기 회사는 전등, 전화 등의 시설 운영권을 부여받았으며, 발전소를 세우고 서울 서대문에서 청량리 구간을 운행하는 전차를 개통하였다(1899).

② 대한 제국 때 양기탁은 영국인 베델과 함께 대한매일신보를 창간하여 항일 민족 운동을 적극적으로 지원하였다(1904).

오답 체크

① 조미 수호 통상 조약이 체결된 후 조선 주재 미국 공사가 파견되자 조선 정부는 답례로 미국에 보빙사를 파견하였다(1883).

③ 김홍집이 『조선책략』을 들여온 이후 미국과 외교 관계를 맺어야 한다는 여론이 형성되자 이만손을 중심으로 한 영남 유생들이 만인소를 올려 이를 반대하였다(1881).

④ 고종은 개화 정책의 일환으로 기존 5군영을 무위영과 장어영의 2영으로 개편하고 신식 군대인 별기군을 창설하였다(1881).

⑤ 고종은 국내외의 군국 기무와 개화 정책을 총괄하는 업무를 맡은 관청인 통리기무아문을 설치하였다(1880).

252 주시경

정답 ①

키워드 정답 체크

① 한힌샘 주시경은 우리의 말과 글로 나라를 지키고자 한 한글 학자이자 독립운동가로, 일생을 한글 연구에 바쳤다. 그는 책을 큰 보따리에 들고 다니며 바쁜 수업 일정을 소화한 탓에 '주보따리'라고 불리기도 하였다. 주시경과 지석영을 중심으로 학부 아래 국문 연구소가 설립(1907)된 이후, 주시경은 국문 연구소 위원으로 한글의 정리와 국어의 이해 체계 확립에 힘쓰면서 국문법을 정리하였다.

오답 체크

② 1942년 일제가 조선어 학회를 독립운동 단체로 간주하고 관련 인사를 체포한 후 학회를 강제 해산시키는 조선어 학회 사건이 발생하여, 이극로, 최현배 등이 구속되어 옥고를 치렀다.

③ 박은식은 독립을 위해 국혼(國魂)을 강조하였으며, 고종 즉위 다음해부터 국권 피탈 직후까지의 역사를 기록한 『한국통사』를 저술하였다.

④ 육영 공원의 교사 헐버트는 세계의 지리 지식과 문화를 소개하는 내용을 담은 교과서인 『사민필지』를 한글로 저술하였다.

⑤ 정인보는 안재홍 등과 함께 조선학 운동을 주도하여 정약용의 저술을 모은 『여유당전서』를 간행하였다.

CHAPTER

07 일제 강점기

주제 38 1910년대 무단 통치

253 1910년대 무단 통치

정답 ④

키워드 정답 체크

④ 1910년대 무단 통치기에 일제는 강압적 통치를 위해 헌병 경찰 제도를 실시하였다. 또한, 조선 태형령을 공포하여 곳곳에 배치된 헌병 경찰들이 조선인에게 태형을 가하도록 하였다(1912).

오답 체크

① 대한 제국 선포 이후 고종은 광무개혁을 실시하고 황제 직속의 원수부를 설치하여 대원수로서 군대를 통솔하고자 하였다(1899).

② 사회주의 세력과 민족주의 세력이 연대하여 6 · 10 만세 운동을 준비하는 과정에서 민족 유일당을 결성할 수 있다는 공감대가 형성되었고, 이를 계기로 좌우 합작 조직인 신간회가 창립되었다(1927).

③ 1920년대 사회주의가 확산되자 일제는 치안 유지법을 시행하여 식민지 지배에 저항하는 민족 해방 운동과 사회주의 및 독립운동을 탄압하였다(1925).

⑤ 일제 통감부는 대한 제국의 식산흥업을 장려한다는 명목으로 한일 합자 회사인 동양 척식 주식회사를 설립하였다(1908).

254 1910년대 무단 통치

정답 ①

키워드 정답 체크

조선 총독부는 식민 지배를 위해 안정적으로 조세를 확보하고자 토지 조사 사업을 시행하였다. 이에 토지 조사국을 설치하고 토지 조사령을 발표하여 일정 기간 내 토지를 신고하도록 하였으며, 신고하지 않은 토지는 총독부에서 몰수하여 일본인에게 헐값으로 불하하였다.

① 일제는 민족 기업과 민족 자본의 성장을 억제하기 위해 회사 설립 시 총독의 허가를 받도록 하는 회사령을 제정하였다(1910).

오답 체크

② 영국인이 경영하는 회사에서 일본인 감독이 조선인 노동자를 구타하는 사건이 발생하자 원산의 전 노동자가 파업을 단행하여 원산 총파업 사건이 발생하였다(1929).

③ 1930년대 이후 일제는 대륙 침략을 위해 한반도를 병참 기지화하고 중일 전쟁과 태평양 전쟁을 일으켰다. 이에 조선에 국가 총동원법을 제정(1938)하고 미곡 공출제를 실시(1939)하는 등 인적 · 물적 자원을 수탈하였다.

④ 조선 노동 공제회는 우리나라 역사에서 처음으로 조직된 전국 규모의 노동 단체이다(1920).

⑤ 일제는 민족 말살 통치기에 조선 사상범 예방 구금령을 공포하여 사상 및 행동을 관찰한다는 명목으로 조선인들의 독립운동을 탄압하였다(1941).

255 1910년대 무단 통치

정답 ②

키워드 정답 체크

일제는 무단 통치기에 강압적 통치를 목적으로 교원이 제복 · 칼을 착용하도록 하였으며, 헌병 경찰제, 조선 태형령 등을 실시하였다. 이후 전국적 민족 운동인 3 · 1 운동이 일어나자(1919) 일제는 무단 통치의 한계를 인식하여 1920년대에 문화 통치로 통치 방식을 전환하였다.

② 일제는 무단 통치기에 민족 기업과 민족 자본의 성장을 억제하기 위해 회사 설립 시 총독의 허가를 받도록 하는 회사령을 제정하였다(1910).

오답 체크

①·④·⑤ 1930년대 이후 일제는 대륙 침략을 위해 한반도를 병참 기지화하고 중일 전쟁과 태평양 전쟁을 일으켰다. 이에 조선에 국가 총동원법을 공포하고 미곡 공출제를 실시하는 등 인적 · 물적

자원을 수탈하였다. 또한, 조선 총독부는 친일 단체인 국민 총력 조선 연맹을 조직하여 황국 신민화 정책을 선전하였으며, 애국반을 통한 공출, 징병 · 징용 등을 독려하였다.

③ 1920년대 사회주의가 확산되자 일제는 치안 유지법을 시행하여 식민지 지배에 저항하는 민족 해방 운동과 사회주의 및 독립운동을 탄압하였다(1925).

주제 39 1920년대 문화 통치

256 1920년대 문화 통치

정답 ①

키워드 정답 체크

일제는 3 · 1 운동 이후 무단 통치의 한계를 인식하여 1920년대에 보통 경찰제, 관리 · 교원의 복제 폐지, 조선인과 내지인 동일 대우 등을 약속하며 문화 통치로 식민지 통치 방식을 전환하였다.

① 3 · 1 운동은 고종의 인산일을 계기로 일어난 전국적인 민족 운동으로 민족 대표 33인이 독립 선언서를 발표하여 국내외에 독립을 선언하였다(1919).

오답 체크

② 일제는 민족 말살 통치기에 조선 사상범 예방 구금령을 공포하여 사상 및 행동을 관찰한다는 명목으로 조선인들의 독립운동을 탄압하였다(1941).

③ 1930년대 초 언론사를 중심으로 농촌 계몽 운동이 전개되었으며, 동아일보는 문맹 퇴치 운동의 일환으로 브나로드 운동을 주도하였다.

④ 조선 노농 총동맹은 조선 노동 총동맹과 조선 농민 총동맹으로 분리되었다(1927).

⑤ 1930년대에 일제는 우리 민족의 정체성을 말살하기 위해 황국 신민화 정책을 시행하였다. 이 정책의 일환으로 내선일체의 구호를 내세워 황국 신민 서사 암송을 강요하였다.

257 일제 강점기의 교육 제도

정답 ⑤

키워드 정답 체크

(가) **제1차 조선 교육령**(1911): 일제는 식민지 교육 방침을 규정한 교육령을 발표하여 보통 · 실업 · 전문 기술 교육과 일본어 학습을 강요하고 보통 교육의 수업 연한을 4년으로 단축하였다.

(나) **경성 제국 대학령**(1924): 일제는 조선 민립 대학 설립 운동을 저지하고 여론을 무마하기 위해 경성 제국 대학을 설립하였다. 조선 총독부 정무총감이 총장으로 취임하였으며, 한국인에게 과학 · 고등 기술을 교육하지 않기 위하여 이공학부를 두지 않았다.

⑤ 1920년대에 일제가 문화 통치를 표방하자 민족 운동가들은 한국인을 위한 고등 교육 기관인 민립 대학 설립 운동을 전개하였다. 이상재, 이승훈, 윤치호 등이 조선 민립 대학 기성회를 조직하고(1923) 대학 설립을 위한 모금 활동도 전개하였다.

오답 체크

① 최초의 근대식 공립 학교인 육영 공원은 헐버트, 길모어 등의 외국인 교사를 초빙하여 상류층 자제에게 근대 교육을 실시하였다(1886).

② 학부대신 이재곤의 건의로 학부 안에 설치된 국문 연구소는 지석영과 주시경을 중심으로 한글의 정리와 국어의 이해 체계 확립에 힘썼다(1907).

③ 갑오개혁 이후 고종은 교육 입국 조서를 발표하고 교육의 중요성을 강조하면서 한성 사범 학교를 세웠다(1895).

④ 박정희 정부는 국민 교육 헌장을 제정하여 우리나라 교육이 지향해야 할 이념과 근본 목표를 세우고자 하였다(1968).

258 산미 증식 계획

정답 ①

키워드 정답 체크

① 1920년대 일본 본토에서는 자본주의가 발전하면서 인구가 급증하고 도시화가 진행되어 쌀값이 폭등하는 등 식량 부족 문제가 발생하자 일제는 부족한 쌀을 조선에서 수탈하기 위해 산미 증식 계획을 실시하였다(1920). 이를 위해 품종 개량, 수리 시설 구축, 개간 등을 통해 쌀 생산을 대폭 늘리려 하였으나 증산량은 계획에 미치지 못하였다. 그럼에도 불구하고 증산량보다 많은 양의 쌀을 일본으로 보내면서 조선 농민들의 경제 상황은 더욱 악화되었다.

오답 체크

② 제1차 한일 협약을 통해 재정 고문으로 임명된 메가타는 경제권을 장악하기 위해 화폐 정리 사업을 추진하여 백동화를 제일 은행권으로 교환하였다(1905).

③ 보안회는 일본이 대한 제국에 황무지 개간권을 요구하자 반대 운동을 전개하여 이를 저지하였다(1904).

④ 조선이 일본과 체결한 조일 통상 장정의 조항 중에는 천재 · 변란 등에 의한 식량 부족의 우려가 있을 때 방곡령을 선포하는 조항이 포함되어 있었다. 이후 황해도 관찰사 조병철과 함경도 관찰사 조병식은 흉년으로 곡물이 부족해지자 일본으로 곡물이 유출되는 것을 막기 위해 방곡령을 선포하였다(1889).

⑤ 일제 통감부는 대한 제국의 토지와 자원을 수탈하기 위해 동양 척식 주식회사를 설립하였다(1908).

259 민립 대학 설립 운동

정답 ③

키워드 정답 체크

③ 1920년대 한국인을 위한 고등 교육 기관인 민립 대학 설립 운동이 시작되면서 이상재, 한규설 등이 조선 민립 대학 기성회를 조직하였다(1923). 대학 설립을 위한 모금 활동도 전개되었으나 일제는 이를 방해하기 위해 경성 제국 대학을 설립하였다.

오답 체크

① 3·1 운동은 일제 강점기 최대 규모의 전국적인 민족 운동으로 중국의 5·4 운동에 영향을 주었다(1919).

② 1900년대 전국적으로 수많은 사립 학교가 설립되어 학생들에게 민족 교육을 실시하고 애국심을 고양시키자 일제는 사립 학교령을 공포하여 이를 규제하였다(1908).

④ 김광제, 서상돈 등은 대구에서 국채 보상 운동을 전개하여 일본에서 도입한 차관 1,300만 원을 갚아 주권을 회복하고자 하였으나 통감부의 방해로 실패하였다(1907).

⑤ 서울 북촌의 양반 여성들이 모여 한국 최초의 여성 인권 선언서인 여권통문을 발표하였다(1898).

주제 40 1930년대 이후 민족 말살 통치

260 1930년대 이후 민족 말살 통치

정답 ④

키워드 정답 체크

④ 1930년대 이후 일제는 우리 민족의 정체성을 말살하기 위해 황국 신민화 정책을 시행하여 내선일체의 구호를 내세우고 황국 신민 서사 암송(1937)과 창씨개명(1939), 신사 참배 등을 강요하였다. 또한, 한반도를 병참 기지화하면서 전시 동원 체제를 수립하여 국가 총동원법을 시행하였다(1938).

오답 체크

① 원산 총파업은 영국인이 경영하는 회사에서 일본인 감독이 조선인 노동자를 구타한 사건에서 시작되었다(1929).

② 1920년대 만주 지역에서 항일 무장 투쟁이 활발하게 전개되자 조선 총독부 경무 국장 미쓰야와 만주 군벌 장쭤린은 미쓰야 협정을 체결하였다(1925).

③ 갑오개혁 이후 공사 노비법이 혁파되어 신분제가 폐지되었으나 일제 강점기에 이르러 백정에 대한 차별은 더욱 심해졌다. 백정들은 이러한 사회적 차별을 철폐하기 위해 진주에서 조선 형평사를 결성하고 형평 운동을 전개하였다(1923).

⑤ 조선 총독부는 토지 조사국을 설치하고 토지 조사령을 발표하여 일정 기간 내 토지를 신고하도록 하는 토지 조사 사업을 실시하였다(1910~1918).

261 1930년대 이후 민족 말살 통치

정답 ②

키워드 정답 체크

② 1930년대 이후 일제는 대륙 침략을 위해 한반도를 병참 기지화하고 중일 전쟁을 일으키면서 전시 동원 체제를 수립하였다. 이에 국가 총동원령을 시행하고(1938) 국민 정신 총동원 조선 연맹(애국반)을 조직하여 우리의 인력·물적 수탈을 강화하였다. 또한, 여성의 노동력을 얻기 위해 몸뻬 착용을 권장하였다. 태평양 전쟁(1941)을 일으킨 후에는 학도 지원병 제도(1943)와 징병 제도(1944) 등을 실시하여 젊은이들을 전쟁터로 강제 징집하였다.

오답 체크

① 이승만의 자유당 정권은 정부에 대한 비판 세력과 국민 여론을 통제하기 위해 국가 보안법 개정안을 마련하여 여당 단독으로 통과시키는 보안법 파동을 일으켰다(1958). 이에 서울 및 대구·부산·청주 등 각 지방에서 국가 보안법 철폐를 요구하며 시위가 일어났다(1959).

③ 경부선은 서울과 부산을 연결한 철도로, 일본인 회사가 부설권을 획득하여 우리나라 최초의 철도인 경인선에 이어 두 번째로 개통되었다(1905).

④ 갑오개혁 이후 공사 노비법이 혁파되어 법적으로는 신분제가 폐지되었으나 일제 강점기 때 백정에 대한 사회적 차별은 더욱 심해졌다. 백정들은 이러한 차별을 철폐하기 위해 진주에서 조선 형평사 창립 대회를 개최하고 형평 운동을 전개하였다(1923).

⑤ 일제는 1910년대 무단 통치기에 조선 태형령을 제정하였고, 이에 따라 곳곳에 배치된 헌병 경찰들이 조선인들에게 태형을 통한 형벌을 가하였다(1912).

262 1930년대 이후 민족 말살 통치

정답 ④

키워드 정답 체크

④ 1930년대 이후 일제는 대륙 침략을 위해 한반도를 병참 기지화하고 중일 전쟁을 일으키면서 전시 동원 체제를 수립하였다. 이에 국가 총동원령을 시행하여(1938) 우리 민족을 전쟁에 강제 동원하고, 물적 수탈을 위해 양곡 배급제와 미곡 공출제(1939)를 실시하였으며, 근로 보국대(1938), 국민 징용령(1939)으로 한국인의 인력을 착취하였다. 태평양 전쟁(1941)을 일으킨 후에는 학도 지원병 제도(1943)와 징병 제도(1944) 등을 실시하여 젊은이들을 전쟁터로 강제 징집하였다.

오답 체크

① 1920년대 사회주의가 확산되자 일제는 치안 유지법을 공포하여 식민지 지배에 저항하는 민족 해방 운동과 사회주의 및 독립운동을 탄압하였다(1925).

② 조선 총독부는 토지 조사국을 설치하고 토지 조사령을 발표하여 일정 기간 내 토지를 신고하도록 하는 토지 조사 사업을 실시하였다(1910~1918).

③ 1910년대 일제는 무단 통치를 실시하여 강압적 통치를 목적으로 교원이 제복과 칼을 착용하도록 하였으며, 헌병 경찰제, 조선 태형령 등을 실시하였다.

⑤ 일제는 식민지 교육 방침을 규정한 교육령을 발표하여 보통 · 실업 · 전문 기술 교육과 일본어 학습을 강요하고 보통 교육의 수업 연한을 4년으로 단축하였다(1911).

주제 41 1910년대 항일 민족 운동

263 3 · 1 운동

정답 ③

키워드 정답 체크

3 · 1 운동은 고종의 인산일을 계기로 일어난 전국적인 민족 운동으로, 민족 대표 33인이 독립 선언서를 발표하고 국내외에 독립을 선언하면서 시작되었다(1919). 국내외 독립운동가들은 3 · 1 운동을 계기로 민족의 주체성을 확인하고 조직적인 독립운동을 전개하기 위해 중국 상하이에 모여 대한민국 임시 정부를 수립하였다.

③ 일제는 3 · 1 운동이 일어났던 화성 제암리에서 주민들을 학살하고 교회당과 민가를 방화하는 만행을 저질렀다(1919).

오답 체크

① 국채 보상 운동은 김광제, 서상돈 등의 제안으로 대구에서 시작되었다(1907). 이후 서울에서 조직된 국채 보상 기성회를 중심으로 전국적으로 확산되어 일본에서 도입한 차관 1,300만 원을 갚아 주권을 회복하려 하였다.

② 조선 공산당을 중심으로 한 사회주의 세력과 천도교를 중심으로 한 민족주의 세력이 연대하여 순종의 인산일을 기회로 삼아 6 · 10 만세 운동을 준비하였다(1926).

④ · ⑤ 일제 강점기에 한국인 학생과 일본인 학생 간의 충돌 사건을 계기로 조선인 학생에 대한 차별과 식민지 교육에 저항한 광주 학생 항일 운동이 발생하였다(1929). 이후 일제의 식민지 차별 교육에 반발하여 광주에서 조직된 항일 학생 비밀결사인 성진회와 각 학교 독서회를 중심으로 전국 각지에 확산되었다. 이에 당시 신간회 중앙 본부는 진상 조사단을 파견하여 지원하기도 하였다.

264 대한 광복회

정답 ②

키워드 정답 체크

② 박상진은 공화 정체의 근대 국민 국가의 수립을 지향하는 대한 광복회를 조직하고(1915) 초대 총사령으로서 독립군 양성에 힘쓰는 한편, 친일파 처단 활동도 함께 전개하였다.

오답 체크

① 대한 자강회는 교육과 산업 활동을 바탕으로 한 국권 회복을 목표로 활동하였고, 고종의 강제 퇴위 반대 운동을 전개하다가 일제의 탄압으로 해산되었다.

③ 대한민국 임시 정부는 파리 강화 회의에 김규식을 파견하여 독립 청원서를 제출하는 등 외교 활동을 전개하였다.

④ 한국 광복군은 충칭에서 대한민국 임시 정부의 직할 부대로 창설되었다. 이후 영국군의 요청으로 인도 · 미얀마 전선에 파견되었으며, 미군과 협조하여 국내 진공 작전을 추진하였다.

⑤ 독립 협회는 만민 공동회와 관민 공동회를 개최하여 국권 · 민권 신장 운동을 전개하였다.

265 독립 의군부

정답 ⑤

키워드 정답 체크

⑤ 임병찬은 고종의 밀명을 받아 독립 의군부를 조직하였다. 이후 조선 총독부에 국권 반환 요구서를 보내고, 복벽주의를 내세워 의병 전쟁을 준비하였다.

오답 체크

① 일본 도쿄 유학생들이 중심이 되어 결성한 조선 청년 독립단은 대표 11인을 중심으로 도쿄에서 2 · 8 독립 선언서를 발표하였다.

② 1920년대 사회주의가 확산되자 일제는 치안 유지법을 시행하여 식민지 지배에 저항하는 민족 해방 운동과 사회주의 및 독립운동을 탄압하였다.

③ 서간도 삼원보 지역에서 신민회 회원인 이상룡, 이회영 등은 독립군 양성 학교인 신흥 강습소를 설립하여 독립군을 양성하였다.

④ 대한민국 임시 정부는 국외 거주 동포들에게 독립 공채를 발행하여 독립운동 자금을 마련하였다.

266 박용만

정답 ④

키워드 정답 체크

④ 박용만은 1909년 네브라스카에서 독립운동과 인재 양성을 목적으로 한인 소년병 학교를 설립하였다. 1912년에는 하와이로 건너가 대조선 국민 군단을 조직(1914)하여 독립군 사관 양성을 바탕으로 한 무장 투쟁을 준비하였다.

267 미주 지역의 민족 운동

정답 ⑤

키워드 정답 체크

한국인들은 1902년부터 수차례에 걸쳐 갤릭호를 타고 제물포에서 출항하여 하와이 사탕수수 농장으로 이주하였다. 하와이 사탕수수 농장에서 계약 기간이 끝난 노동자들은 본토 샌프란시스코로 이동하여 정착하면서 자연스럽게 한인 집단을 형성하고 항일 운동을 전개하기도 하였다.

⑤ 박용만은 하와이에 대조선 국민 군단을 조직하여 독립군 사관 양성을 바탕으로 한 무장 투쟁을 준비하였다.

오답 체크

① 북간도로 이주한 한인들이 대종교를 중심으로 중광단을 조직하여 항일 투쟁을 전개하였다.

② 연해주 지역에서 이상설은 한인 자치 단체인 권업회를 조직하고 권업신문을 발행하였다. 이후 이상설은 블라디보스토크에 대한 광복군 정부를 설립하고 독립운동을 전개하였다.

③ 이동휘는 일제의 위협을 받아 연해주로 이동한 뒤 사회주의 정당인 한인 사회당을 창당하였다.

④ 서간도 삼원보 지역에서 신민회 회원인 이상룡, 이회영 등이 중심이 되어 독립군 양성 학교인 신흥 강습소(신흥 무관 학교)를 설립하였다.

268 연해주 지역의 민족 운동

정답 ②

키워드 정답 체크

1917년 러시아에서 2월 혁명이 발발하자 러시아에 거주하던 한인들은 한인 사회의 자치 대표 기관 창설을 위해 한인 대표들을 소집하였다. 그 결과 연해주 우수리스크에 본부를 둔 전로 한족 중앙 총회를 조직하였다. 이후 3 · 1 운동 직후에는 임시 정부 형태의 대한 국민 의회로 조직이 개편되었다.

② 연해주 지역에서 이상설은 한인 자치 단체인 권업회를 조직하고 권업신문을 발행하였다. 이후 이상설은 블라디보스토크에 대한 광복군 정부를 설립하고 독립운동을 전개하였다.

오답 체크

① 서간도 삼원보 지역에서 신민회 회원인 이상룡, 이회영 등이 중심이 되어 독립군 양성 학교인 신흥 강습소를 설립하였다.

③ 박용만, 이근영 등이 중심이 되어 멕시코에 독립군 양성 학교인 숭무 학교를 설립하여 무장 투쟁을 준비하였다.

④ 독립운동가 김종림과 노백린은 독립 전쟁에서 공군의 중요성을 강조하며 독립군 비행사 양성을 목적으로 한인 비행 학교를 세웠다.

⑤ 김두봉은 중국 옌안에서 조선인 사회주의자들이 조직한 화북 조선 청년 연합회를 개편하여 사회주의 단체인 조선 독립 동맹을 결성하고 대일 항전을 준비하였다.

269 멕시코 지역의 민족 운동

정답 ②

키워드 정답 체크

② 멕시코 메리다 지역의 한인들은 한인 사회를 중심으로 단결하였고, 에네켄(애니깽) 농장에서 반노예적인 노동 조건과 착취를 견디며 독립운동 자금을 모았다. 특히 박용만은 독립군 양성 기관인 숭무 학교를 설립하여 무장 투쟁을 준비하기도 하였다.

오답 체크

① 연해주 지역에서 이상설 등이 주도하여 한인 자치 단체인 권업회를 조직하고, 기관지로 권업신문을 발행하였다.

③ 북간도로 이주한 한인들이 대종교를 중심으로 조직한 중광단을 모체로 하여, 북로 군정서를 조직하였다.

④ 신규식 등 해외에 거주하던 독립운동가 14명은 국내외 여러 독립운동 단체를 하나의 통합된 조직으로 결성하고 민족 대회를 개시하기 위해 상하이에서 대동단결 선언을 발표하였다.

⑤ 일본 도쿄 유학생들이 중심이 되어 결성한 조선 청년 독립단은 대표 11인을 중심으로 도쿄에서 2 · 8 독립 선언서를 발표하였다.

주제 42 대한민국 임시 정부

270 대한민국 임시 정부

정답 ⑤

키워드 정답 체크

국내외 독립운동가들은 3 · 1 운동을 계기로 민족의 주체성을 확인하고 조직적인 독립운동을 전개하기 위해 중국 상하이에 모여 대한민국 임시 정부를 수립하였다(1919). 이후 입법 기관으로서 임시 의정원을 두어 기본법인 대한민국 임시 헌장을 제정하였다.

ㄷ · ㄹ. 대한민국 임시 정부는 대미 외교 업무를 수행하기 위해 미국에 구미 위원부를 두었다. 또한, 임시 사료 편찬 위원회를 설치하고 국제 연맹에 우리 민족의 독립을 요청하기 위한 자료로 『한일 관계 사료집』을 간행하였다.

오답 체크

ㄱ. 안창호와 양기탁 등이 1907년 결성한 신민회는 민족의 실력 양성을 위해 평양에 대성 학교, 정주에 오산 학교를 세워 민족 교육을 실시하였다.

ㄴ. 일제 강점기에 한국인 학생에 대한 차별과 식민지 교육에 저항하여 발생한 광주 학생 항일 운동 당시 신간회 중앙 본부는 진상 조사단을 파견하여 지원하기도 하였다(1929).

271 대한민국 임시 정부

정답 ②

키워드 정답 체크

(가) **이상룡의 국무령 취임**(1925): 국민 대표 회의 해산 이후 대한민국 임시 정부는 이승만을 탄핵하고 박은식을 대통령에 선출하였다. 이후 2차 개헌을 단행하여 국무령을 수반으로 하는 의원 내각제를 채택하고, 최초 국무령에 이상룡이 취임하였다.

(다) **대한민국 임시 정부의 청사 이전**(1937): 중일 전쟁이 발발하자 김구는 대한민국 임시 정부의 청사를 창사, 광저우 등으로 이동하였다.

(나) **대일 선전 성명서 발표**(1941): 일본군의 진주만 기습 공격으로 연합국과 태평양 전쟁이 발발하자 대한민국 임시 정부는 대일 선전 성명서를 발표하여 일본에 대한 선전 포고를 명문화하였다.

272 대한민국 임시 정부

정답 ⑤

키워드 정답 체크

중국 충칭에서 여성의 항일운동 역량 강화를 목적으로 여성 독립운동 단체인 한국 혁명 여성 동맹이 결성되었다(1940). 이들은 대한민국 임시 정부의 독립운동을 지원하고, 여성의 힘을 모아 조국 독립을 위해 노력하였다. 대한민국 임시 정부는 일본군의 진주만 기습 공격으로 연합국과 태평양 전쟁이 발발하자(1941) 대일 선전 성명서를 발표하여 일본에 대한 선전 포고를 명문화하였다.

⑤ 대한민국 임시 정부는 충칭에서 조소앙의 삼균주의를 정치 이념으로 하여 독립운동의 방향과 독립 후의 건국 과정을 명시한 건국 강령을 발표하였다(1941).

오답 체크

① 해방 이후 좌우 대립이 격화되자 분단의 위기를 느낀 중도파 세력들은 여운형, 김규식을 중심으로 좌우 합작 위원회를 수립하였다. 이후 통일 정부를 수립하는 것을 목적으로 좌우 합작 7원칙을 합의하여 제정하였다.

② 신민회는 장기적인 독립 전쟁 수행을 위해 국외 독립운동 기지 건설을 추진하여 남만주 삼원보에 한인 자치 기관인 경학사를 조직하였다.

③ 김원봉이 결성한 의열단은 신채호가 작성한 조선 혁명 선언을 기본 행동 강령으로 하여 독립운동을 전개하였다.

④ 조선어 학회는 한글 맞춤법 통일안과 표준어를 제정하고 『우리말 큰사전』 편찬을 시작하여 해방 이후 완성하였다.

273 대한민국 임시 정부

정답 ⑤

키워드 정답 체크

연합국은 2차 세계 대전 종전을 앞두고 카이로 회담을 준비하였다. 1943년 7월 대한민국 임시 정부 주석 김구와 외무부장 조소앙은 중국의 장제스를 찾아가 카이로 회담에서 한국의 독립이 다루어지도록 부탁하였다. 그 결과 11월에 열린 카이로 회담에서 한국의 독립을 명기한 카이로 선언이 발표되었다.

⑤ 대한민국 임시 정부는 충칭에서 독립운동의 방향과 독립 후의 건국 과정을 명시한 건국 강령을 발표하였다(1941). 이는 조소앙의 삼균주의에 입각한 것으로 정치적 민주주의 확립과 사회 계급 타파, 경제적 균등주의 실현을 주창하였다.

오답 체크

① 해방 이후 좌우 대립이 격화되면서 분단의 위기를 느낀 중도파 세력들은 여운형, 김규식을 중심으로 좌우 합작 위원회를 수립하였다. 이후 중도적 사상의 통일 정부를 수립하는 것을 목적으로 좌우 합작 7원칙을 합의하여 제정하였다.

② 천도교는 『개벽』, 『신여성』 등의 잡지를 간행하여 민족의식을 높였다.

③ 김원봉이 결성한 의열단은 신채호가 작성한 조선 혁명 선언을 기본 행동 강령으로 하여 직접적인 투쟁 방법인 암살, 파괴, 테러 등을 통해 독립운동을 전개하였다.

④ 조선어 연구회가 조선어 학회로 확대 · 개편되어 한글 맞춤법 통일안과 표준어를 제정하였다.

274 국민 대표 회의

정답 ①

키워드 정답 체크

- **대한민국 임시 정부 수립**(1919): 국내외 독립운동가들은 3 · 1 운동을 계기로 민족의 주체성을 확인하고 조직적인 독립운동을 전개하기 위해 중국 상하이에 모여 대한민국 임시 정부를 수립하였다.
- **박은식 대통령 취임**(1925): 국민 대표 회의가 해산된 뒤 취임 전부터 분란의 중심이었던 임시 정부 대통령 이승만은 임시 의정원에 의해 탄핵 · 면직되었다. 이후 박은식이 임시 대통령으로 선출되었다.

① 대한민국 임시 정부의 교통국과 연통제 조직이 일제의 방해와 탄압으로 어려움을 겪게 되자 독립운동 단체 대표들이 상하이에 모여 국민 대표 회의를 개최하였다(1923). 임시 정부의 활동과 독립운동의 방법을 놓고 격론을 벌였으나 개조파와 창조파로 분열되면서 눈에 띄는 성과를 거두지는 못하였다.

주제 43 실력 양성 운동과 사회 운동

275 1920년대 형평 운동

정답 ④

키워드 정답 체크

④ 갑오개혁 이후 공사 노비법이 혁파되어 법적으로는 신분제가 폐지되었으나 일제 강점기 때 백정에 대한 사회적 차별은 더욱 심해졌다. 백정들은 이러한 차별을 철폐하기 위해 진주에서 조선 형평사를 결성하고 형평 운동을 전개하였다(1923).

오답 체크

① 김광제, 서상돈 등은 대구에서 국채 보상 운동을 전개하여 일본에서 도입한 차관 1,300만 원을 갚아 주권을 회복하고자 하였으나(1907) 통감부의 방해로 실패하였다.

② 3 · 1 운동은 고종의 인산일을 계기로 일어난 전국적인 민족 운동으로 중국의 5 · 4 운동에 영향을 주었다(1919).

③ 을사늑약(1905)을 계기로 결성된 대한 자강회는 교육과 산업 활동을 바탕으로 한 국권 회복을 목표로 활동하였고, 고종의 강제 퇴위 반대 운동을 전개하다가 일제의 탄압으로 해산되었다(1907).

⑤ 서울 북촌의 양반 여성들이 모여 한국 최초의 여성 인권 선언서인 여권통문을 발표하였다(1898).

276 물산 장려 운동

정답 ③

키워드 정답 체크

1920년대 회사령 폐지 이후 민족 기업을 통해 경제 자립을 이루고자 조만식이 조직한 평양 물산 장려회(1920)를 중심으로 '조선 사람 조선 것'을 주장하며 국산품을 장려하는 물산 장려 운동이 전개되었다. 이는 서울에서 조선 물산 장려회가 조직되면서 전국적으로 확산되었다(1923).

③ 물산 장려 운동은 민족 자본 육성을 통한 경제 자립을 위해 자급자족, 국산품 애용, 소비 절약 등을 내세웠으며 자작회, 토산 애용 부인회 등의 단체가 활동하였다.

오답 체크

①·② 국채 보상 운동은 일본에서 도입한 차관 1,300만 원을 갚아 주권을 회복하고자 한 주권 수호 운동이며, 김광제, 서상돈 등의 제안으로 대구에서 시작되었다(1907). 이후 서울에서 조직된 국채 보상 기성회를 중심으로 전국적으로 확산되었으나 통감부의 방해와 탄압으로 중단되었다.

④ 대한 제국 선포 직후 고종은 '옛 법을 근본으로 삼고 새로운 것을 첨가한다'는 의미의 구본신참을 기본 정신으로 하여 광무개혁을 실시하였다(1897). 이에 따라 근대적 금융 기관인 한성 은행과 대한 천일 은행 등이 설립되었다.

⑤ 영국인이 경영하는 회사에서 일본인 감독이 조선인 노동자를 구타하는 사건이 발생하자 원산의 전 노동자가 파업을 단행하여 원산 총파업 사건이 발생하였다(1929). 이들은 일본, 프랑스 등지의 노동 단체로부터 격려 전문을 받기도 하였다.

277 근우회

정답 ⑤

키워드 정답 체크

신간회의 자매단체로 조직된 근우회는 강연회 개최 등 여성 계몽 활동과 여성 지위 향상 운동을 전개하며 여성의 권익을 옹호하였다. 근우회는 여성에 대한 봉건적·사회적·법률적 일체의 차별 철폐, 농민 부인의 경제적 이익 옹호, 부인 노동자에 대한 임금 차별 철폐 등을 담은 구체적인 행동 강령을 채택하였다.

⑤ 신간회 등 좌우 합작 움직임의 영향을 받아 여성계에서도 여성 운동의 통합론이 일어났고, 민족주의 계열과 사회주의 계열이 통합하여 근우회를 조직하였다.

오답 체크

① 3·1 운동은 천도교·기독교·불교 등의 종교 세력과 학생들이 중심이 되어 전개하였으며, 근우회는 3·1 운동 이후인 1927년에 조직되었다.

② 신규식, 신채호, 조소앙, 박은식 등 해외에 거주하던 독립운동가 14명은 국내외의 여러 독립운동 단체를 하나의 통합된 조직으로 결성하고 민족 대회를 개시하기 위해 상하이에서 대동단결 선언을 발표하였다.

③ 미국의 선교사 스크랜턴 부인은 최초의 여성 교육 기관인 이화 학당을 설립하여 근대적 여성 교육에 기여하였다.

④ 서울 북촌의 양반 여성들이 모여 한국 최초의 여성 인권 선언서인 여권통문을 발표하였다.

주제 44 학생 운동과 신간회

278 1920년대 민족 유일당 운동

정답 ①

키워드 정답 체크

(가) **정우회 선언**(1926): 6·10 만세 운동의 준비 과정에서 조선 공산당을 중심으로 한 사회주의 세력과 천도교를 중심으로 한 민족주의 세력이 연대하여 민족 유일당을 결성할 수 있다는 공감대가 형성되었다. 이에 따라 국내의 민족 해방 운동 진영은 정우회 선언을 발표하고, 좌우 합작 조직인 신간회를 결성하였다(1927).

(나) **신간회 해소**(1931): 신간회는 공산주의 세력의 통일 전선 전술이 달라지면서 해소 대회를 열고 해산을 결의하였다.

① 한국인 학생과 일본인 학생 간의 충돌로 광주 학생 항일 운동이 발생하자 신간회 중앙 본부가 진상 조사단을 파견하여 지원하였다(1929).

오답 체크

② 임병찬은 고종의 밀명을 받아 독립 의군부를 조직하였다(1912). 이후 조선 총독부에 국권 반환 요구서를 보내고, 복벽주의를 내세워 의병 전쟁을 준비하였다.

③ 의병장 출신 홍범도를 총사령관으로 한 대한 독립군은 대한 국민회군, 군무도독부 등의 독립군과 연합 작전을 전개하여 봉오동 전투에서 일본군을 상대로 큰 승리를 거두었다(1920).

④ 일본 도쿄 유학생들이 중심이 되어 결성한 조선 청년 독립단은 대표 11인을 중심으로 도쿄에서 2·8 독립 선언서를 발표하였다(1919).

⑤ 조선 의용대는 김원봉의 주도로 중국 국민당의 지원을 받아 중국 관내에서 결성된 최초의 한인 무장 부대로, 조선 민족 전선 연맹 산하에 있었다(1938).

279 6·10 만세 운동

정답 ⑤

키워드 정답 체크

1920년대에 사회주의가 유입되기 시작하여 사회주의자와 학생들이 함께 만세 시위를 계획하였다. 그러나 권오설 등 사회주의자들이 사전에 일본에 체포되면서 학생들을 중심으로 순종의 인산일에 맞추어 서울 종로 일대에서 6·10 만세 운동을 전개하였다(1926).

⑤ 조선 공산당을 중심으로 한 사회주의 세력과 천도교를 중심으로 한 민족주의 세력이 연대하여 6·10 만세 운동을 준비하는 과정에서 민족 유일당을 결성할 수 있다는 공감대가 형성되면서 좌우 합작 조직인 신간회가 결성되었다(1927).

오답 체크

① 원산 총파업은 영국인이 경영하는 회사에서 일본인 감독이 조선인 노동자를 구타한 사건에서 시작되었다. 노동자들은 파업 후 요구 사항을 받아주겠다던 회사가 약속을 이행하지 않자 원산 노동 연합회와 연대하여 총파업에 돌입하였다(1929).

② 1920년대 사회주의가 확산되자 일제는 치안 유지법을 시행하여 식민지 지배에 저항하는 민족 해방 운동과 사회주의 및 독립운동을 탄압하였다(1925).

③ 독립운동 단체 대표들이 침체된 임시 정부의 활로를 모색하기 위해 상하이에 모여 국민 대표 회의를 개최하였으나 개조파와 창조파로 분열되면서 눈에 띄는 성과를 거두지는 못하였다(1923).

④ 한국인 학생과 일본인 학생 간의 충돌 사건을 계기로 조선인 학생에 대한 차별과 식민지 교육에 저항하여 광주 학생 항일 운동이 발생하였다(1929).

280 신간회

정답 ②

키워드 정답 체크

1920년대 중반 사회주의 세력과 민족주의 세력이 연대하여 민족 유일당을 결성할 수 있다는 공감대가 형성되었다. 이에 따라 국내의 민족 해방 운동 진영은 민족 협동 전선을 주장한 정우회 선언을 계기로 좌우 합작 조직인 신간회를 결성하고 이상재를 초대 회장으로, 홍명희를 부회장으로 추대하였다. 이후 전국에 120~150여 개의 지회를 두는 등 일제 강점기 최대 규모의 사회단체로 성장한 신간회는 전국 순회 강연과 농민 운동 지원 등의 활동을 전개하였다. 이후 한국인 학생과 일본인 학생 간의 충돌로 광주 학생 항일 운동이 발생하자 신간회가 진상 조사단을 파견하고 민중 대회 개최를 추진하였다.

② 신간회는 사회주의 세력과 민족주의 세력이 연대한 민족 협동 전선으로 결성되었다.

오답 체크

① 암태도에서는 한국인 지주 문재철의 횡포에 맞서 일제 강점기 최대 규모의 암태도 소작 쟁의가 발생하였다. 이에 전국 각지 사회단체가 지원하였으며, 동아일보는 암태도 소작 쟁의를 보도하여 전국적으로 관심을 집중시키는 데 기여하였다.

③ 대한 애국 청년당원들은 친일 단체 대의당이 개최한 아세아 민족 분격 대회가 열리던 부민관을 폭파하였다.

④ 김원봉이 결성한 의열단은 신채호가 작성한 조선 혁명 선언을 활동 지침으로 하여 독립운동을 전개하였다.

⑤ 방정환 등이 주축이 된 천도교 소년회는 어린이날을 제정하고, 『어린이』라는 잡지를 간행하는 등 소년 운동을 주도하였다.

281 광주 학생 항일 운동

정답 ⑤

키워드 정답 체크

⑤ 광주 학생 항일 운동은 한일 학생 간의 우발적 충돌 사건을 계기로 발생하였으나, 한국인 학생에 대한 차별과 식민지 교육에 저항하는 항일 운동으로 발전하였다(1929). 이는 3·1 운동 이후 가장 큰 규모의 항일 운동이었으며 신간회 중앙 본부가 진상 조사단을 파견하여 지원하기도 하였다.

오답 체크

① 갑오개혁 이후 공사 노비법이 혁파되어 법적으로는 신분제가 폐지되었으나 일제 강점기 때 백정에 대한 사회적 차별은 더욱 심해졌다. 백정들은 이러한 차별을 철폐하기 위해 진주에서 조선 형평사 창립 대회를 개최하고 형평 운동을 전개하였다(1923).

②·④ 조선 공산당을 중심으로 한 사회주의 세력과 천도교를 중심으로 한 민족주의 세력이 연대하여 순종의 인산일을 기회로 삼아 6·10 만세 운동을 준비하였다(1926). 이 과정에서 민족 유일당을 결성할 수 있다는 공감대가 형성되면서 좌우 합작 조직인 신간회가 결성되었다(1927).

③ 3·1 운동은 각계각층의 사람들이 참여한 대규모 독립운동으로, 국내외 민족의 주체성을 확인하는 계기가 되어 대한민국 임시 정부 수립이라는 결과를 가져왔다(1919).

주제 45 의열단과 한인 애국단

282 의열단

정답 ①

키워드 정답 체크

김상옥은 3·1 운동 이후 본격적으로 독립운동에 투신하였으며, 영국인 피어슨의 집에서 혁신단이라는 비밀 결사를 조직하고 혁신공보를 발행하여 계몽 운동을 전개하였다. 이후 상하이로 망명한 뒤 의열단에 입단하여 의열 투쟁을 준비하였으며, 조선으로 귀국한 후 종로 경찰서에 폭탄을 투척하였다. 추격해오는 일본 경찰과 총격전을 벌였고 포위망이 좁혀오자 대한 독립 만세를 부르고 자결하였다.

① 1919년 김원봉이 결성한 의열단은 신채호가 작성한 조선 혁명 선언을 기본 행동 강령으로 하여 직접적인 투쟁 방법인 암살, 파괴, 테러 등을 통해 독립운동을 전개하였다.

오답 체크

② 대한민국 임시 정부는 비밀 행정 조직으로 연통제를 실시하여 국내와의 연락망을 확보하고 독립운동 자금을 모았다.

③ 임병찬이 고종의 밀명을 받아 조직한 독립 의군부는 조선 총독부에 국권 반환 요구서를 보내고, 복벽주의를 내세워 의병 전쟁을 준비하였다.

④ 김구는 침체된 독립운동의 새로운 활로를 모색하기 위해 한인 애

국단을 결성하였다. 한인 애국단원 이봉창은 도쿄에서 일본 국왕의 행렬에 폭탄을 투척하는 의거를 거행하였다.

⑤ 서간도 삼원보 지역에서 신민회 회원들이 중심이 되어 독립군 양성 학교인 신흥 강습소를 설립하였다. 이는 1919년에 본부를 옮기면서 신흥 무관 학교로 명칭이 바뀌었다.

283 김원봉

정답 ③

키워드 정답 체크

일제 강점기에 김원봉과 의열단 지도부는 난징에 조선 혁명 군사 정치 간부 학교를 설립하고 독립군을 양성하여 군사력을 강화하였다.

③ 조선 의용대는 김원봉이 주도하여 중국 국민당의 지원을 받아 중국 관내에서 결성된 최초의 한인 무장 부대로, 조선 민족 전선 연맹 산하에 있었다.

오답 체크

① 이상설은 연해주에서 공화정을 목표로 하는 대한 광복군 정부를 조직하였다. 이후 정통령 이상설, 부통령 이동휘를 선출하여 독립 운동을 전개하였다.

② 박상진은 공화 정체의 근대 국민 국가의 수립을 지향하는 대한 광복회를 조직하고, 초대 총사령으로서 독립군 양성에 힘쓰는 한편, 친일파 처단 활동도 전개하였다.

④ 이상설은 연해주에서 공화정을 목표로 하는 대한 광복군 정부를 조직하였다. 이후 정통령 이상설, 부통령 이동휘를 선출하여 독립 운동을 전개하였다.

⑤ 신채호는 김원봉의 요청을 받아 의열단의 행동 강령인 조선 혁명 선언을 작성하였다.

284 한인 애국단

정답 ②

키워드 정답 체크

한인 애국단원 윤봉길은 상하이 훙커우 공원에서 열린 일본군 전승 축하 기념식장에서 폭탄을 던졌고, 이봉창은 도쿄에서 일본 국왕의 행렬에 폭탄을 투척하였다.

② 김구는 상하이에서 한인 애국단을 결성하여 적극적인 의열 투쟁활동을 전개하였다.

오답 체크

① 김원봉이 결성한 의열단은 신채호가 작성한 조선 혁명 선언을 활동 지침으로 삼아 직접적인 투쟁 방법인 암살, 파괴, 테러 등을 통해 독립운동을 전개하였다.

③ 강우규는 노인 동맹단 소속으로 서울에서 사이토 총독에게 폭탄을 투척하였다.

④ 1920년대 이상재, 이승훈, 윤치호 등의 주도로 한국인을 위한 고등 교육 기관인 민립 대학 설립 운동이 시작되어 조선 민립 대학 기성회가 조직되었다.

⑤ 한국인 학생과 일본인 학생의 충돌로 광주 학생 항일 운동이 발생하자 신간회가 진상 조사단을 파견하여 지원하였다.

주제 46 1920년대 무장 독립 전쟁

285 1920년대 무장 독립 전쟁

정답 ④

키워드 정답 체크

(나) **봉오동 전투**(1920.6.): 홍범도는 의병장 출신으로 대한 독립군을 이끌면서 대한 국민회군, 군무도독부 등의 독립군과 연합하여 봉오동 전투에서 일본군을 상대로 큰 승리를 거두었다.

(다) **청산리 전투**(1920.10.): 김좌진이 이끄는 북로 군정서와 홍범도가 이끄는 대한 독립군이 주축이 된 독립군 연합 부대는 청산리 전투에서 일본군에 대승을 거두었다.

(가) **3부 성립**(1925): 만주 지역의 독립군 부대들은 대한민국 임시 정부 소속의 군정부로서 참의부, 정의부, 신민부 등 3부로 재편되었다.

286 한국 독립군

정답 ⑤

키워드 정답 체크

지청천을 중심으로 북만주에서 결성된 한국 독립군은 중국 호로군과 연합하여 한중 연합군을 조직한 뒤 한중 연합 작전을 전개하였다. 이후 중국 의용군이 분화하면서 한국 독립군은 길림구국군과 함께 대전자령 전투를 전개하여 일본군에 승리하였다.

⑤ 한국 독립군은 한국 독립당 산하의 군사 조직으로서 북만주에서 결성되었다. 또한, 한중 연합 작전을 전개하여 쌍성보 전투, 사도하자 전투, 동경성 전투, 대전자령 전투 등에서 일본군에 승리하였다.

오답 체크

① 한국 광복군은 충칭에서 대한민국 임시 정부의 직할 부대로 창설되었다. 이후 영국군의 요청으로 인도 · 미얀마 전선에 파견되었으며, 미국 전략 정보국(OSS)의 협조를 받아 국내 진공 작전을 준비하였으나 일본이 항복하여 무산되었다.

② 대한 독립 군단은 간도 참변으로 인해 러시아 자유시로 근거지를 옮겼으나, 군 지휘권을 둘러싼 분쟁에 휘말려 자유시 참변을 겪으면서 세력이 약화되었다.

③ 조선 의용대는 김원봉의 주도로 중국 국민당의 지원을 받아 중국 관내에서 결성된 최초의 한인 무장 부대로, 조선 민족 전선 연맹 산하에 있었다.

④ 김좌진이 이끄는 북로 군정서와 홍범도가 이끄는 대한 독립군을 중심으로 한 독립군 연합 부대는 청산리 전투에서 일본군에 대승을 거두었다.

287 간도 참변

정답 ②

키워드 정답 체크

일제는 봉오동 전투와 청산리 전투의 패배에 대한 보복으로 독립군의 근거지를 소탕하기 위해 간도 지역의 수많은 한국인을 학살하는 간도 참변을 저질렀다.

② 대한 독립군은 의병장 출신 홍범도를 총사령관으로 하여 대한 국민회군, 군무도독부 등의 독립군과 연합 작전을 전개하며 봉오동 전투에서 일본군을 상대로 큰 승리를 거두었다.

오답 체크

① 중국 화북 지역에서 활동하던 조선 의용대 화북지대는 중국 팔로군과 함께 호가장 전투에서 일본군을 상대로 승리하였다.

③ 남만주 지역 조선 혁명당 산하의 군사 조직인 조선 혁명군은 양세봉의 주도로 중국 의용군과 연합하여 영릉가 전투에서 일본군에 승리하였다.

④ 지청천을 중심으로 북만주에서 결성된 한국 독립군은 한중 연합 작전을 전개하여 쌍성보 전투, 사도하자 전투, 대전자령 전투에서 일본군에 승리하였다.

⑤ 만주 지역의 독립군 부대들은 대한민국 임시 정부 소속의 군정부로서 참의부, 정의부, 신민부 등 3부로 재편되었다.

주제 47 1930년대 이후 무장 독립 전쟁

288 조선 혁명군

정답 ②

키워드 정답 체크

② 양세봉은 남만주 지역에서 조선 혁명군을 조직하였다. 1931년 일본이 만주사변을 일으켜 만주를 점령하고 독립군 기지를 공격하자 조선 혁명군은 중국 의용군과 연합 작전을 전개하여 치열한 접전 끝에 영릉가 전투에서 일본군에 승리하였다.

오답 체크

① 대한 독립 군단은 간도 참변으로 인해 러시아 자유시로 근거지를 옮겼으나 군 지휘권을 둘러싼 분쟁에 휘말려 자유시 참변을 겪으면서 세력이 약화되었다.

③ 조선 의용대 화북 지대는 조선 의용군으로 개편되어 조선 독립 동맹 소속 군대로 활동하였다. 이후 중국 공산당 팔로군에 편제되어 항일 전선에 참여하였다.

④ 한국 광복군은 충칭에서 대한민국 임시 정부의 직할 부대로 창설되었다. 이후 영국군의 요청으로 인도 · 미얀마 전선에 파견되었으며, 미군과 협조하여 국내 진공 작전을 추진하였다.

⑤ 조선 의용대는 김원봉이 주도하여 중국 국민당의 지원을 받아 중국 관내에서 결성된 최초의 한인 무장 부대로, 중일 전쟁 발발 이후 우한에서 창설되었다.

289 조선 혁명군

정답 ①

키워드 정답 체크

양세봉은 남만주 지역에서 조선 혁명군을 조직하였다. 1931년 일본이 만주사변을 일으켜 만주를 점령하고 독립군 기지를 공격하자 조선 혁명군은 중국 의용군과 연합 작전을 전개하여 치열한 접전 끝에 영릉가 전투에서 일본군에 승리하였다.

① 양세봉이 이끄는 조선 혁명군은 중국 의용군과 연합하여 흥경성 전투에서 일본군에 승리하였다.

오답 체크

② 대한 독립 군단은 간도 참변으로 인해 러시아 자유시로 근거지를 옮겼으나 군 지휘권을 둘러싼 분쟁에 휘말려 자유시 참변을 겪으면서 세력이 약화되었다.

③ 조선 의용대 중 일부 세력은 중국 화북 지역으로 이동하여 조선 의용대 화북 지대를 조직하였다. 이후 중국 팔로군과 함께 항일 전선에 참여하며 무장 투쟁을 전개하였다.

④ 한국 광복군은 충칭에서 대한민국 임시 정부의 직할 부대로 창설되었다. 이후 영국군의 요청을 받아 인도 · 미얀마 전선에 파견되었다.

⑤ 한국 독립군은 한국 독립당 산하의 독립군 부대로 조직되었다. 이후 북만주 지역에서 중국 호로군과 한중 연합 작전을 전개하였다.

290 조선 의용대

정답 ②

키워드 정답 체크

② 조선 의용대는 김원봉의 주도로 중국 국민당의 지원을 받아 중국 관내에서 결성된 최초의 한인 무장 부대이다. 조선 의용대의 일부 대원은 충칭 지역의 한국 광복군에 합류하여 항일 전선에 참여하였고, 나머지 주력 부대는 화북 지역으로 이동하여 조선 의용대 화북 지대를 조직한 뒤 중국 팔로군과 함께 무장 투쟁을 전개하였다.

오답 체크

① 대한 독립 군단은 간도 참변으로 인해 러시아 자유시로 근거지를 옮겼으나 군 지휘권을 둘러싼 분쟁에 휘말려 자유시 참변을 겪으면서 세력이 약화되었다.

③ 지청천을 중심으로 북만주에서 결성된 한국 독립군은 쌍성보 전투에서 한중 연합 작전을 전개하여 승리하였다.

④ 박용만은 미국 네브라스카에서 독립운동과 인재 양성을 목적으로 한인 소년병 학교를 설립하였다.

⑤ 김좌진이 이끄는 북로 군정서는 홍범도가 이끄는 대한 독립군과 연합하여 청산리 전투에서 일본군을 상대로 대승을 거두었다.

291 조선 의용대

정답 ④

키워드 정답 체크

④ 일제 강점기에 김원봉은 만주에서 윤세주 등과 함께 의열단을 조직하였고, 난징에 설립한 조선 혁명 간부 학교를 통해 독립군을 양성하며 군사력을 강화하였다. 이후 중국 국민당의 지원을 받아 중국 관내에서 결성된 최초의 한인 무장 부대인 조선 의용대를 조직하였다. 조선 의용대 중 일부 대원은 충칭 지역의 한국 광복군에 합류하여 항일 전선에 참여하였고, 나머지 주력 부대는 화북 지역으로 이동하여 중국 팔로군과 함께 무장 투쟁을 전개하였다.

오답 체크

① 대한 독립 군단은 간도 참변으로 인해 러시아 자유시로 근거지를 옮겼으나 군 지휘권을 둘러싼 분쟁에 휘말려 자유시 참변을 겪으면서 세력이 약화되었다.

② 지청천을 중심으로 북만주에서 결성된 한국 독립군은 한중 연합 작전을 전개하여 쌍성보 전투, 사도하자 전투, 대전자령 전투에서 일본군에 승리하였다.

③ 중국 공산당은 항일 세력의 규합과 노동자의 주도권 강화를 강조하면서 만주에서 활동하고 있는 조선인과 중국인의 유격대를 통합하여 동북 인민 혁명군을 편성하였다. 이후 동북 항일 연군으로 개편하여 유격 활동을 계속하였다.

⑤ 김좌진을 중심으로 한 북로 군정서는 홍범도가 이끄는 대한 독립군 등과 함께 독립군 연합 부대를 결성하여 청산리 전투에서 일본군을 크게 격파하였다.

292 한국 광복군

정답 ②

키워드 정답 체크

② 한국 광복군은 충칭에서 대한민국 임시 정부의 직할 부대로 창설되었다. 이후 영국군의 요청으로 인도 · 미얀마 전선에 파견되었으며, 미군과 협조하여 국내 진공 작전을 추진하였다.

오답 체크

① 김좌진이 이끄는 북로 군정서와 홍범도가 이끄는 대한 독립군을 중심으로 한 독립군 연합 부대는 청산리 전투에서 일본군에 대승을 거두었다.

③ 지청천을 중심으로 북만주에서 결성된 한국 독립군은 쌍성보 전투에서 한중 연합 작전을 전개하여 일본군에 승리하였다.

④ 양세봉의 주도로 남만주 지역에서 조직된 조선 혁명군은 조선 혁명당 산하의 군사 조직으로, 중국 의용군과 연합하여 흥경성 · 영릉가 전투를 승리로 이끌었다.

⑤ 중국 공산당은 항일 세력의 규합과 노동자의 주도권 강화를 강조하면서 만주에서 활동하고 있는 조선인과 중국인의 유격대를 통합하여 동북 인민 혁명군을 편성하였다. 이후 동북 항일 연군으로 개편하여 유격 활동을 계속하였다.

주제 48 민족 문화 수호 운동

293 신채호

정답 ⑤

키워드 정답 체크

신채호는 『을지문덕전』, 『이순신전』 등 위인의 전기를 저술하여 애국심을 고취시키고 민족의 독립 의지와 역사의식 함양을 위해 힘썼다. 또한, 일제 강점기에는 우리 고대 문화의 우수성과 독자성을 강조한 『조선상고사』를 저술하여 과거의 사대주의적 이념에 따라 한국사를 서술한 유학자들과 식민주의 사가들을 비판하였다.

⑤ 신채호는 김원봉의 요청을 받아 의열단의 행동 강령인 조선 혁명 선언을 작성하였다.

오답 체크

① 정인보는 안재홍과 함께 조선학 운동을 주도하여 정약용의 저술을 모은 『여유당전서』를 간행하였다.

② 박은식은 『유교 구신론』을 저술하여 실천적인 유교 정신의 회복을 강조하는 등 애국 계몽 운동을 적극 전개하였다.

③ 일제는 식민 지배를 위해 한국사 왜곡을 목적으로 조선사 편수회를 설치하고 『조선사』를 편찬 · 보급하였으며 이 작업에 이병도, 신석호 등의 학자들도 참여하였다.

④ 백남운은 『조선사회경제사』를 통해 한국사가 세계사의 보편적인 발전 법칙에 맞게 발전하였음을 강조하면서 식민주의 사관의 정체성론을 반박하였다.

294 조선어 학회

정답 ④

키워드 정답 체크

④ 조선어 학회는 한글 맞춤법 통일안과 외국어 표기법 통일안을 제정하고 우리말의 체계화를 위해 노력하였다. 이후 『조선말 큰사전(우리말 큰사전)』의 편찬을 시작하였으나 일제는 조선어 학회를 독립운동 단체로 간주하여 관련 인사를 체포한 후 학회를 강제 해산시켰고(조선어 학회 사건, 1942), 이때 이극로, 최현배 등이 구속되어 옥고를 치렀다. 이로 인해 중단되었던 『조선말 큰사전』의 편찬은 해방 이후 완성되었다.

오답 체크

① 제국신문은 민중 계몽과 자주독립 의식을 고취하기 위해 이종일이 한글로 간행한 신문으로, 주로 서민층과 부녀자들을 대상으로 하였다.

② 신민회 조직에 참여한 이승훈은 평양에서 계몽 서적이나 유인물을 출판 · 보급하고자 태극 서관을 설립하여 민족 기업을 육성하였다.

③ 대한민국 임시 정부의 모체인 신한 청년당은 파리 강화 회의에 김규식을 파견하여 독립 청원서를 제출하는 등 외교 활동을 전개하였다.

⑤ 학부 안에 설치된 국문 연구소는 지석영과 주시경을 중심으로 한글의 정리와 국어의 이해 체계 확립에 힘썼다.

295 일제 강점기 종교의 활동 정답 ③

키워드 정답 체크

③ 박중빈이 창시한 원불교는 새생활 운동을 추진하여 허례허식 폐지, 근검절약, 금주 · 단연 등을 추구하고, 개간 및 간척 사업과 저축 운동을 적극적으로 장려하였다.

오답 체크

① 나철이 창시한 대종교는 단군 숭배를 통해 민족의식을 고취하고, 북간도에서 중광단, 북로 군정서 등을 조직하여 적극적인 항일 투쟁을 전개하였다.

② 천주교는 만주에서 독립운동 단체인 의민단을 조직하여 활동하였다.

④ 미국인 개신교 선교사 아펜젤러가 세운 배재 학당은 근대적 사립학교로 신학문 보급에 기여하였다.

⑤ 방정환, 김기전 등이 주축이 된 천도교 소년회는 5월 1일을 어린이날로 제정하고 『어린이』라는 잡지를 발간하는 등 소년 운동을 주도하였다.

296 대종교 정답 ③

키워드 정답 체크

나철은 을사늑약 체결을 주도한 을사오적을 처단하기 위해 오기호와 함께 암살을 계획하였지만 계획이 사전에 드러나면서 유배를 가게 되었다. 이후 1910년 한일 병합 조약으로 국권을 완전히 빼앗기자 대종교를 창시하고 단군 숭배를 통해 민족의식을 고취하며 교세를 확장하였다.

③ 북간도로 이주한 한인들은 대종교를 중심으로 중광단을 조직하여 항일 무장 투쟁을 전개하였다.

오답 체크

① 조선 불교 유신회는 일제가 시행한 사찰령에 저항하여 민족 불교의 자주성을 지키기 위해 사찰령 폐지 운동을 전개하였다.

② 천도교는 『개벽』, 『신여성』, 『어린이』 등의 잡지를 간행하여 민족의식을 높였다.

④ 미국인 개신교 선교사 아펜젤러가 세운 배재 학당은 근대적 사립학교로 학문 보급에 기여하였다.

⑤ 박중빈이 창시한 원불교는 새생활 운동을 추진하여 허례허식 폐지, 근검절약, 금주 · 단연 등을 추구하고, 개간 및 간척 사업과 저축 운동을 적극적으로 장려하였다.

297 천도교 정답 ④

키워드 정답 체크

동학의 제3대 교주 손병희는 동학을 천도교로 개칭하였고, 3 · 1 운동에 적극적으로 참여하였다. 1920년대에는 일제의 식민지 통치 방식이 문화 통치로 변화한 것을 이용하여 출판 · 교육 등 문화 운동을 전개하여 『개벽』, 『신여성』, 『별건곤』 등의 잡지 간행하기도 하였다.

④ 방정환, 김기전 등이 주축이 된 천도교 소년회는 1922년 5월 1일에 어린이날을 제정하고 1923년에 『어린이』라는 잡지를 발간하는 등 소년 운동을 주도하였다.

오답 체크

① 박중빈이 창시한 원불교는 새생활 운동을 추진하여 허례허식 폐지, 근검절약, 금주 · 단연 등을 추구하고, 개간 및 간척 사업과 저축 운동을 적극적으로 장려하였다.

② 북간도로 이주한 한인들이 대종교를 중심으로 중광단을 조직하여 항일 투쟁을 전개하였다.

③ 배재 학당은 미국인 개신교 선교사 아펜젤러가 세운 근대적 사립학교로, 신학문 보급을 위해 노력하였다.

⑤ 천주교에서 애국 계몽 운동의 일환으로 주간 신문인 경향신문을 창간하였다.

CHAPTER 08 현대

주제 49 통일 정부 수립을 위한 노력

298 모스크바 3국 외상 회의 정답 ③

키워드 정답 체크

③ 1945년 8월 15일 일본이 항복하면서 북위 38도 이남 한반도에 미군이 진주하게 되었고, 1948년 8월 15일 대한민국이 수립될 때까지 3년간 미군정이 실시되었다. 그러던 중 세계 대전 전후 문제 처리를 위해 소련의 모스크바에서 열린 모스크바 3국 외상 회의에서 한반도 미소 공동 위원회 설치와 최대 5년간의 신탁 통치 협정이 결정되었다(1945.12.).

오답 체크

① 해방 이후 좌우 대립이 격화되면서 분단의 위기를 느낀 중도파 세력들은 여운형, 김규식을 중심으로 좌우 합작 위원회를 수립하였다. 이후 통일 정부 수립을 위해 좌우 합작 7원칙을 합의하여 제정하였다(1946).

② 모스크바 3국 외상 회의의 결정에 따라 미소 공동 위원회가 개최되었다(1946). 그러나 미국과 소련의 입장 차이로 결렬되었다.

④ 5 · 10 총선거를 통해 구성된 제헌 국회는 일제의 잔재를 청산하고 민족정기를 바로 잡기 위해 반민족 행위 처벌법을 제정하였고, 이에 따라 반민족 행위 특별 조사 위원회가 구성되었다(1948).

⑤ 제2차 미소 공동 위원회가 결렬되자 미국은 유엔 총회에 한반도 문제를 상정하였고 유엔 총회는 한반도에서 인구 비례에 따른 총선거 실시를 결의하였다(1947). 그러나 소련이 38선 이북 지역의 입북을 거부하자 유엔 소총회는 선거 실시가 가능한 남한만의 단독 선거를 지시하고 임시 위원단을 파견하여 선거를 감시하라는 결정을 내렸다.

299 김구, 여운형

정답 ②

키워드 정답 체크

(가) 김구는 대한민국 임시 정부의 곤경을 타개하고 침체된 독립운동의 새로운 활로를 모색하기 위해 상하이에서 한인 애국단을 결성하여 적극적인 투쟁 활동을 전개하였다(1931). 단원으로는 이봉창, 윤봉길 등이 활동하였다. 해방 이후에는 남한만의 단독 선거에 반대하여 김규식과 함께 평양으로 가 김일성과 남북 협상을 전개하기도 하였다(1948).

(나) 여운형은 김규식과 상하이에서 신한 청년당을 결성하여 독립운동을 전개하였고, 1919년에는 조선 독립을 알리기 위해 파리 강화 회의에 대표를 파견하였다. 또한, 상하이 임시 정부 초대 내각의 외무부 차장을 역임하기도 하였으며, 광복 이후에는 일제의 패망에 대비하여 조선 건국 동맹을 결성하였다(1945).

오답 체크

ㄴ. 김원봉은 난징에서 의열단 지도부와 함께 조선 혁명 간부 학교를 설립하여 무장 항일 투쟁을 위한 군사력을 강화하였다.

ㄹ. 이승만과 민족주의 정당을 중심으로 각 정당과 단체들이 자주독립 촉진을 목표로 하는 독립 촉성 중앙 협의회를 결성하였다.

300 대한민국 정부 수립 과정

정답 ④

키워드 정답 체크

- **이승만의 정읍 발언**: 모스크바 3국 외상 회의의 결과, 한국에 임시 정부 수립이 결정되었다. 이에 대한 논의를 위해 서울 덕수궁 석조전에서 제1차 미소 공동 위원회가 개최되었다(1946.3.). 소련은 모스크바 3국 외상 회의의 결정에 찬성하는 정당만을 참여할 것을 주장한 반면, 미국은 이를 반대하면서 미국과 소련의 입장 차이로 제1차 미소 공동 위원회가 결렬되었다. 이후 이승만은 정읍 발언을 통해 남한 단독 정부 수립을 주장하였다(1946.6.).
- **제2차 미소 공동 위원회**: 제2차 미소 공동 위원회가 개최되었으나 의견 차이를 좁히지 못하고 결렬되었다(1947.5.). 이에 미국은 유엔에 한반도 문제를 상정하였다(1947.9.).

④ 해방 이후 좌우 대립이 격화되자 분단의 위기를 느낀 중도파 세력들은 여운형, 김규식을 중심으로 좌우 합작 위원회를 수립하였다. 이후 통일 정부를 수립하는 것을 목적으로 좌우 합작 7원칙을 합의하여 제정하였다(1946.7.).

오답 체크

① 전남 여수에 주둔하던 일부 군인들이 남한 단독 정부 수립에 반대하여 일어난 제주 4 · 3 사건의 진압을 거부하며 여수와 순천 지역 일대를 장악하였다(1948).

② 제2차 미소 공동 위원회가 결렬되자 미국은 유엔 총회에 한반도 문제를 상정하였고 유엔 총회는 한반도에서 인구 비례에 따른 총선거 실시를 결의하였다(1947.11.). 그러나 소련이 38선 이북 지역의 입북을 거부하자 유엔 소총회는 선거 실시가 가능한 남한만의 단독 선거를 지시하고 임시 위원단을 파견하여 선거를 감시하라는 결정을 내렸다. 이에 따라 남한에서만 우리나라 최초의 보통 선거인 5 · 10 총선거가 실시되었다(1948).

③ 광복 직후 송진우, 김성수 등이 한국 민주당을 창당하여 보수 정당의 역할을 하였다(1945).

⑤ 광복 직후 조직된 조선 건국 준비 위원회의 좌익 세력은 미군의 진주에 대비하여 서둘러 국가 체제를 갖추고자 조선 인민 공화국을 선포 · 수립하고 각 지방에 인민 위원회를 조직하였다(1945).

301 제주 4 · 3 사건

정답 ③

키워드 정답 체크

제주 4 · 3 사건은 남한만의 단독 정부 수립에 반대한 남로당 제주도당의 무장 봉기와 이에 대한 미군정 및 경찰 토벌대의 강경 진압이 원인이 되어 발생하였다. 진압 과정에서 법적 절차를 거치지 않고 총기 등을 사용하여 민간인을 학살하면서 제주도민들이 큰 피해를 입었다.

③ 2000년에 제주 4 · 3 사건 진상규명 및 희생자 명예회복에 관한 특별법이 제정되면서 제주 4 · 3 사건에 대한 정부 차원의 진상 조사가 착수되었다.

오답 체크

① · ② 박정희 정부는 유신 헌법을 발표하여 대통령 임기 6년과 중임 제한 조항 삭제 및 통일 주체 국민 회의를 통한 대통령 간접 선거, 긴급 조치권, 대통령의 국회 해산권 등의 내용을 담은 제7차 헌법 개정을 단행하였다. 이에 장준하는 각계 인사들과 함께 유신 헌법 철폐를 주장하는 개헌 청원 백만인 서명 운동을 전개하고 '박정희 대통령에게 보내는 공개서한'을 발표하기도 하였다.

④ 전두환 정부 때 박종철 고문치사 사건과 4 · 13 호헌 조치에 반발하여 대통령 직선제 개헌과 민주 헌법 제정을 요구하는 6월 민주 항쟁이 전개되었다. 시위가 전국적으로 확산되면서 호헌 철폐와 독재 타도를 요구하는 6 · 10 국민 대회가 개최되었다.

⑤ 광복 직후 미군정은 일제 강점기 때 동양 척식 주식회사와 일본인과 일본 회사의 소유였던 토지 및 귀속 재산을 관할 · 처리하기 위하여 신한 공사를 설립하였다.

302 남북 협상

정답 ③

키워드 정답 체크

③ 유엔 총회에서 결의한 전체 한반도 내 선거가 무산되자 유엔 소총회에서 가능한 지역에서만 선거를 실시하라는 결정이 내려졌다. 이에 남북 분단을 우려한 김구와 김규식은 남북 협상을 추진하였다.

오답 체크

① 4·19 혁명의 결과 이승만이 하야하고 임시적으로 허정 과도 정부가 수립되어 부정 선거를 단행한 자유당 간부들을 구속하였으며, 국회는 내각 책임제와 양원제를 골자로 한 개헌안을 통과시켰다.

② 박정희 정부는 유신 헌법을 발표하여 대통령 임기 6년과 중임 제한 조항 삭제 및 통일 주체 국민 회의를 통한 대통령 간접 선거의 내용을 담은 제7차 헌법 개정을 단행하였다.

④ 이승만 정부의 제헌 국회에서 농지 개혁법을 제정하여 유상 매수, 유상 분배를 원칙으로 농지 개혁을 실시하였다.

⑤ 이승만의 자유당 정권은 정부에 대한 비판 세력과 국민 여론을 통제하기 위해 국가 보안법 개정안을 마련하여 여당 단독으로 법안을 통과시키는 보안법 파동을 일으켰다.

주제 50 제헌 국회와 6·25 전쟁

303 제헌 국회

정답 ③

키워드 정답 체크

UN 소총회의 결정에 따라 우리나라 최초의 보통 선거인 5·10 총선거가 실시되어 제헌 국회가 구성되었다. 이를 통해 제헌 헌법이 공포되고 임기 2년의 제헌 국회의원이 선출되었다.

③ 발췌 개헌과 허정 과도 정부의 제3차 개헌에서는 국회를 참의원과 민의원으로 구성하는 양원제를 채택하였다. 이를 바탕으로 내각 책임제와 양원제가 적용된 장면 내각이 출범하였다(1960).

오답 체크

①·②·④·⑤ 북한이 유엔 한국 임시 위원단의 입북을 거부하여 유엔 총회의 결정에 따라 남한에서만 우리나라 최초의 보통 선거인 5·10 총선거가 실시되었다. 이 당시 남한만의 단독 정부 수립에 반대한 남로당 제주도당의 무장 봉기와 이에 대한 미군정 및 경찰 토벌대의 강경 진압이 원인이 되어 발생한 4·3 사건으로 인해 제주도는 선거에서 제외되었다. 5·10 총선거를 통해 구성된 제헌 국회는 제헌 헌법을 제정하였으며, 이를 바탕으로 이승만이 국회에서 대통령으로 선출되어 제1공화국이 출범하였다(1948). 이후 일제의 잔재를 청산하고 민족정기를 바로 잡기 위해 반민족 행위 처벌법을 제정하였고, 이에 따라 반민족 행위 특별 조사 위원회가 구성되어 활동하였다. 또한, 농지 개혁법을 제정하여 유상 매수, 유상 분배를 원칙으로 농지 개혁을 실시하였다.

304 이승만 정부

정답 ⑤

키워드 정답 체크

⑤ 5·10 총선거를 통해 구성된 제헌 국회는 제헌 헌법을 제정하였으며, 이를 바탕으로 이승만이 국회에서 대통령으로 선출되어 제1공화국이 출범하였다(1948). 제헌 국회는 일제의 잔재를 청산하고 민족정기를 바로 잡기 위해 반민족 행위 처벌법을 제정하였고, 이에 따라 반민족 행위 특별 조사 위원회가 구성되어 활동하였다. 또한, 농지 개혁법을 제정하여 유상 매수, 유상 분배를 원칙으로 농지 개혁을 실시하였다. 이후 6·25 전쟁이 발발하고 전황이 교착 상태에 빠지자 판문점에서 정전 협정이 체결되었다(1953).

오답 체크

① 전두환 신군부는 국가보위비상대책위원회를 조직하고 전국 각지의 군부대 내에 삼청 교육대를 설치하여 사회 정화라는 명분하에 가혹 행위와 인권 유린을 자행하였다(1980).

② 박정희 정부 시기인 1970년대에 공업화로 인해 상대적으로 낙후된 농어촌을 근대화시켜 균형 있는 발전을 이루기 위해 새마을 운동이 추진되었다.

③ 박정희 정부는 경제 개발 계획에 필요한 자본 확보를 위해 일본과의 국교 정상화를 추진하여 한일 기본 조약(한일 협정)을 체결하였다(1965).

④ 김영삼 정부는 지방 자치 단체장을 선거로 직접 뽑으면서 지방 자치제를 전면 실시하였다(1995).

305 광복 직후 미군정 시기

정답 ④

키워드 정답 체크

④ 1945년 8월 15일 일본이 항복하면서 북위 38도 이남 한반도에 미군이 진주하게 되었고, 1948년 8월 15일 대한민국이 수립될 때까지 3년간 미군정이 실시되었다. 이 시기 미군정은 일제 강점기 때 동양 척식 주식회사의 소유였던 토지와 일본인 및 일본 회사의 소유였던 토지, 귀속 재산을 관할·처리하기 위하여 신한 공사를 설립하였다.

오답 체크

① 이승만 정부는 6·25 전쟁 휴전 이후 한미 상호 방위 조약을 체결하여 미국과 군사적 동맹을 맺었다(1953.10.).

② 박정희 정부 때 제1차 경제 개발 5개년 계획이 추진되었다(1962).

③ 제헌 국회는 일제의 잔재를 청산하고 민족정기를 바로잡기 위해 반민족 행위 처벌법을 제정하고 반민족 행위 특별 조사 위원회를 설치하였다(1948).

⑤ 이승만의 자유당 정권은 정부에 대한 비판 세력과 국민 여론을 통제하기 위해 국가 보안법 개정안을 마련하여 여당 단독으로 통과시키는 보안법 파동을 일으켰다(1958).

306 6 · 25 전쟁

정답 ①

키워드 정답 체크

대성동 마을은 일명 자유의 마을로, 한반도 군사 분계선 남쪽 비무장 지대에 위치한 민간인 거주 지역이다. 1953년 정전 협정 체결 직후 남북한 양측이 비무장 지대에 마을을 하나씩만 남긴다는 후속 합의에 따라 조성되었다. 행정 구역상의 소재지는 경기도 파주시이지만, 유엔군 사령부의 관리를 받는 특수한 지역이다. 이 마을은 6 · 25 전쟁으로 인한 한반도의 분단과 대치 상황을 상징적으로 보여준다.

① 미 국무 장관인 애치슨이 한국을 미국의 태평양 방위선에서 제외한다는 내용을 포함한 애치슨 선언을 발표하여 6 · 25 전쟁 발발의 원인을 제공하였다(1950.1.).

오답 체크

②·③·④·⑤ 1950년 북한의 남침으로 6 · 25 전쟁이 시작되어 서울이 점령당하였고, 이승만 정부는 전쟁에 제대로 대응하지 못한 채 후퇴하다가 부산을 임시 수도로 정하였다. 유엔군 파병 이후 국군은 낙동강을 사이에 두고 공산군과 치열한 공방전 끝에 인천 상륙 작전의 성공으로 전세가 역전되어 압록강까지 진격하였다. 그러나 중국군의 개입으로 전세가 불리해진 국군과 유엔군은 후퇴하는 과정에서 함경남도 흥남에 고립되었다. 이에 흥남 철수 작전을 전개하여 수많은 피란민을 구출하였으나 1 · 4 후퇴로 인해 서울이 재함락되었다. 한편, 1 · 4 후퇴 과정에서 국민 방위군 간부들의 방위군 예산 부정 착복으로 철수 도중 식량 및 보급품이 지급되지 못하여 많은 병력이 병사한 사건이 국회에서 폭로되기도 하였다(1951). 이후 전쟁이 교착 상태에 빠지자 유엔군과 공산군은 판문점에서 정전 협정을 체결하였다(1953).

307 6 · 25 전쟁

정답 ④

키워드 정답 체크

④ 1950년 북한의 남침으로 6 · 25 전쟁이 시작되어 서울이 점령당하였고, 이승만 정부는 전쟁에 제대로 대응하지 못한 채 후퇴하다가 부산을 임시 수도로 정하였다. 유엔군 파병 이후 국군은 낙동강을 사이에 두고 공산군과 치열한 공방전을 벌인 끝에 인천 상륙 작전을 성공시켜 전세를 역전한 후, 서울을 수복하고 압록강까지 진격하였다. 1965년 박정희 정부 때는 6 · 25 전쟁 당시의 수도 탈환 15주년을 기념하여 우표를 발행하였다.

오답 체크

① 6 · 25 전쟁 당시 이승만 정부는 유엔군의 휴전 협상 진행에 반대하여 전국 8개 포로수용소(부산 거제리, 부산 가야리, 광주, 논산, 마산, 영천, 부평, 대구)의 반공 포로를 석방하였다(1953.6.).

② 이승만 정부는 6 · 25 전쟁 휴전 이후 한미 상호 방위 조약을 체결하여 미국과 군사적 동맹을 맺었다(1953.10.).

③ 국군과 유엔군은 인천 상륙 작전의 성공으로 전세가 역전되어 압록강까지 진격하였다. 그러나 중국군의 개입으로 전세가 불리해져 후퇴하는 과정에서 함경남도 흥남에 고립되었다. 이에 흥남 철수 작전을 전개하여 수많은 피란민을 구출하였다(1950.12.).

⑤ 6 · 25 전쟁 중 자유당은 이승만의 대통령 재선을 위해 부산 지역에 비상계엄을 선포하고 대통령 직선제와 내각 책임제를 포함한 개헌안을 국회에 제출하여 토론 없이 기립 표결로 통과시키는 발췌 개헌을 단행하였다(1952).

주제 51 이승만 정부와 4 · 19 혁명

308 이승만 정부

정답 ②

키워드 정답 체크

이승만과 자유당 정권은 정부에 대한 비판 세력과 국민 여론을 통제하기 위해 국가 보안법 개정안을 마련하여 여당 단독으로 통과시켰는데 이를 보안법 파동이라고 한다(1958).

② 박정희 정부가 유신 헌법을 통해 장기 집권을 시도하자 전국적으로 유신 반대 투쟁이 일어났다. 이에 중앙정보부는 투쟁을 주도하던 민청학련 배후에 북한의 지령을 받고 국가 변란을 기도한 '인혁당 재건위'가 있다고 조작 · 발표하면서 관련자 천여 명을 체포하고, 그중 도예종 등 8명의 사형을 집행하였다(인민 혁명당 재건위 사건, 1974).

오답 체크

① 이승만 정권 시기 조봉암은 제3대 대통령 선거에 출마하였으나 낙선하였다. 이후 진보당을 창당하고 평화 통일론을 주장하다가 국가 변란, 간첩죄 혐의로 체포되어 사형에 처해졌으며 진보당은 해체되었다(진보당 사건, 1958).

③ 이승만 정권은 여당에 비판적인 보도를 하였던 경향신문을 폐간시키며 언론 탄압을 자행하였다(1959).

④ 이승만 정부와 자유당은 이기붕을 부통령으로 당선시키기 위해 3 · 15 부정 선거를 자행하였고, 이승만과 이기붕이 압도적인 표차로 대통령과 부통령에 당선되었다(1960).

⑤ 제헌 국회는 일제의 잔재를 청산하고 민족정기를 바로잡기 위해 반민족 행위 처벌법을 제정하였고, 이에 따라 반민족 행위 특별 조사 위원회가 구성되어 활동하였다. 그러나 반민 특위는 이승만 정권과 친일 잔재 세력의 방해 공작에 시달려 친일파 처벌은 이루어지지 못하였다.

309 발췌 개헌

정답 ①

키워드 정답 체크

① 6 · 25 전쟁 중 자유당은 이승만의 대통령 재선을 위해 부산 지역에 비상계엄을 선포하고 대통령 직선제와 내각 책임제를 포함한 개헌안을 국회에 제출하여 토론 없이 기립 표결로 통과시키는 발췌 개헌을 단행하였다(1952).

310 진보당 사건

정답 ②

키워드 정답 체크

② 제3대 대통령 선거에서 야당인 민주당은 정권 교체를 이루려 하였으나 자유당의 이승만이 사사오입 개헌을 바탕으로 또다시 선거에 출마하여 대통령에 당선되었고, 장기 집권을 이어가게 되었다(1956). 이 당시 조봉암도 선거에 출마하였으나 낙선한 후 진보당을 창당하고 평화 통일론을 주장하였다. 이승만 정부는 조봉암과 진보당의 간부들을 국가 변란, 간첩죄 혐의로 체포하였고, 조봉암의 사형을 집행하였다(진보당 사건, 1958).

311 제3차 개헌

정답 ③

키워드 정답 체크

③ 4·19 혁명 이후 허정을 중심으로 수립된 과도 정부는 의원 내각제를 기본으로 민의원과 참의원의 양원제 국회를 구성하는 제3차 개헌을 단행하였다(1960.6.). 이를 통해 내각책임제와 양원제가 적용된 장면 내각이 출범하였다.

오답 체크

① 제헌 국회는 일제의 잔재를 청산하고 민족정기를 바로잡기 위해 반민족 행위 처벌법을 제정하고 반민족 행위 특별 조사 위원회를 설치하였다(1948).

② 광복 직후 모스크바 3국 외상 회의의 결정에 따라 두 차례에 걸쳐 미소 공동 위원회가 개최되었으나(1946.3.,1947.5.) 미국과 소련의 입장 차이로 결렬되었다.

④ 이승만 정권 시기 조봉암은 제3대 대통령 선거에 출마하였으나 낙선하였다. 이후 진보당을 창당하고 평화 통일론을 주장하다가 국가 변란, 간첩죄 혐의로 체포되어 사형에 처해졌으며 진보당은 해체되었다(진보당 사건, 1958).

⑤ 이승만 정부의 제헌 국회에서 농지 개혁법을 제정하여(1949) 유상 매수, 유상 분배를 원칙으로 농지 개혁을 실시하였다.

312 4·19 혁명

정답 ①

키워드 정답 체크

① 이승만의 장기 집권과 자유당 정권의 3·15 부정 선거에 저항하여 4·19 혁명이 발발하였다. 대학 교수단이 대통령의 하야를 요구하는 행진을 전개하는 등 시위가 전국적으로 확산되었으며, 학생 시위대가 서울 경무대로 진입하는 과정에서 경찰의 총격을 받아 수많은 사상자가 발생하기도 하였다. 그 결과 이승만이 하야 성명을 발표함으로써 자유당 정권이 붕괴되었으며, 임시적으로 허정 과도 정부가 수립되었다. 이후 구성된 국회를 통해 제3차 개헌이 단행되어 내각책임제와 양원제가 적용된 장면 내각이 출범하였다.

오답 체크

② YH 무역 노동자들의 폐업 항의 농성이 신민당사 앞에서 일어나자 박정희 정부는 야당 총재 김영삼을 국회의원직에서 제명하였다. 이로 인해 김영삼의 정치적 근거지인 부산, 마산에서 유신 정권에 반대하는 부마 민주 항쟁이 전개되었다. 집권층 내에서 부마 민주 항쟁 진압 문제를 두고 대립하던 도중 박정희 대통령이 피살되는 10·26 사태가 일어나면서 유신 체제가 붕괴되었다(1979).

③ 박정희 정부의 한일 회담 진행 과정에서 한일 국교 정상화 추진에 대한 협정 내용이 공개되자 학생과 야당을 주축으로 굴욕적 대일 외교에 반대하는 6·3 시위가 전개되었다(1964).

④ 신군부의 비상계엄 확대와 무력 진압에 항거하여 광주에서 5·18 민주화 운동이 일어났다(1980).

⑤ 전두환은 국민들의 민주화 요구를 거부하고 일체의 개헌 논의를 중단시킨 4·13 호헌 조치를 발표하였다. 이와 더불어 박종철 고문치사 사건이 불거지면서 '호헌 철폐, 독재 타도'라는 구호와 함께 민주적인 헌법 개정을 요구하는 6월 민주 항쟁이 전국적으로 확대되었다(1987).

주제 52 박정희 정부

313 유신 헌법

정답 ③

키워드 정답 체크

박정희 정부 시기 유신 헌법을 제정하면서 대통령의 명령으로 국민의 자유와 권리에 무제한의 제약을 가할 수 있는 초헌법적 권한인 대통령 긴급 조치권을 규정하였다. 이에 장준하는 각계 인사들과 함께 유신 헌법 철폐를 주장하는 개헌 청원 백만인 서명 운동을 전개하다.

③ 박정희 정부는 유신 헌법을 발표하여 대통령 임기 6년과 중임 제한 조항 삭제 및 통일 주체 국민 회의를 통한 대통령 간접 선거, 긴급 조치권, 대통령의 국회 해산권 등의 내용을 담은 제7차 헌법 개정을 단행하였다.

오답 체크

① 4·19 혁명의 결과 이승만이 하야하고 임시적으로 허정 과도 정부가 수립되어 부정 선거를 단행한 자유당 간부들을 구속하였으며, 국회는 내각 책임제와 양원제를 골자로 한 개헌안을 통과시켰다.

② 박정희는 자신의 장기 집권을 위해 제6차 개헌을 단행하여 대통령의 3선 연임을 허용하는 내용의 3선 개헌안을 통과시켰다.

④ 전두환 정권은 제8차 개헌을 단행하여 선거인단에서 7년 단임의 대통령을 선출하는 대통령 간선제를 실시하였다.

⑤ 발췌 개헌과 허정 과도 정부의 제3차 개헌에서는 국회를 참의원과 민의원으로 구성하는 양원제를 채택하였다.

314 박정희 정부 정답 ⑤

키워드 정답 체크

박정희 정부 시기 유신 헌법을 제정하면서 대통령의 명령으로 국민의 자유와 권리에 무제한적인 제약을 가할 수 있도록 대통령 긴급 조치권을 규정하였다. 1974년 제1호를 시작으로 제9호까지 선포된 긴급 조치는 10·26 사태가 있기까지 4년 이상 지속되었으며, 청원·선동 행위 등을 일절 금지하고 위반자를 유언비어 유포라는 죄목 등으로 영장 없이 체포·구속하였다.

⑤ 박정희 정부가 유신 헌법을 제정하자 김대중, 함석헌 등의 정치인과 기독교 목사, 대학 교수 등은 유신 독재 체제에 저항하여 긴급 조치 철폐 등을 요구하는 3·1 민주 구국 선언을 발표하였다.

오답 체크

① 6·25 전쟁 당시 중국군의 투입으로 많은 병력이 필요해지자 이승만 정부는 국민 방위군 설치법을 공포하였다(1950).

② 4·19 혁명 이후 허정을 중심으로 수립된 과도 정부는 의원 내각제를 기본으로 민의원과 참의원의 양원제 국회를 구성하는 제3차 개헌을 단행하였다(1960). 이를 통해 내각 책임제와 양원제가 적용된 장면 내각이 출범하였다.

③ 광복 직후 미군정은 일제 강점기 때 동양 척식 주식회사와 일본인과 일본 회사의 소유였던 토지 및 귀속 재산을 관할·처리하기 위하여 신한 공사를 설립하였다(1946).

④ 이승만 정권 시기 조봉암은 제3대 대통령 선거에 출마하였으나 낙선하였다. 이후 진보당을 창당하고 평화 통일론을 주장하다가 국가 변란, 간첩죄 혐의로 체포되어 사형에 처해졌으며 진보당은 해체되었다(진보당 사건, 1958).

315 유신 반대 운동 정답 ①

키워드 정답 체크

① YH 무역 노동자들이 폐업에 항의하여 일으킨 농성이 신민당사 앞에서 일어나자 박정희 정부는 신민당 총재 김영삼을 국회의원에서 제명하였다. 이로 인해 김영삼의 정치적 근거지인 부산, 마산에서 유신 정권에 반대하는 부마 민주 항쟁이 전개되기도 하였다(1979).

오답 체크

② 박정희 정부 시기 김대중, 함석헌 등의 정치인과 기독교 목사, 대학 교수 등이 유신 독재 체제에 저항하여 긴급 조치 철폐 등을 요구하는 3·1 민주 구국 선언을 발표하였다(1976).

③ 이승만과 자유당 정권의 3·15 부정 선거에 대한 항거로 4·19 혁명이 발발하였고, 이승만이 하야한 뒤 제3차 개헌을 통해 내각 책임제와 양원제가 적용된 장면 내각이 출범하였다(1960).

④ 박정희 정부가 한일 회담을 진행하면서 한일 국교 정상화 추진에 대한 협정 내용이 공개되자 학생과 야당을 주축으로 굴욕적 대일 외교에 반대하는 6·3 시위가 전개되었고 정부는 비상계엄령을 선포하였다 (1964).

⑤ 평화시장의 노동자였던 전태일은 저임금과 열악한 노동 환경을 사회에 알리기 위해 근로 기준법 준수를 요구하며 분신하였다(1970).

316 제2차 경제 개발 5개년 계획 정답 ②

키워드 정답 체크

② 박정희 정부는 경제 개발 5개년 계획(1962~1981)을 통해 외국에서 자본을 끌어와 수출 산업을 특별히 지원하는 '국가 주도 – 대외지향적 방식'으로 산업화·공업화 정책을 추진하였다. 제1·2차 경제 개발 5개년 계획은 경공업을 중심으로 수출 산업을 성장시키는 것이 목표였다. 제1차 경제 개발 5개년 계획(1962~1966)을 성공적으로 마친 박정희 정부는 경제 개발 계획에 필요한 자본을 확보하기 위해 일본과의 국교 정상화를 추진하여 한일 기본 조약(한일 협정)을 체결하였다(1965). 이후 1967년부터 1971년까지 제2차 경제 개발 5개년 계획이 실시되었으며, 1968년에 착공된 경부 고속 도로는 1970년에 준공되었다. 1972년부터 1981년까지 중화학 공업이 중심이 된 제3·4차 경제 개발 5개년 계획을 실시하면서 100억 달러 수출 달성을 이루기도 하였다(1977).

317 박정희 정부의 경제 상황 정답 ⑤

키워드 정답 체크

박정희 정부는 경제 개발 계획에 필요한 자본 확보를 위해 일본과의 국교 정상화를 추진하여 한일 기본 조약(한일 협정)을 체결하였다. 1970년에는 경부 고속 도로를, 1973년에는 포항 제철소 1기 설비를 준공하였으며, 1977년에는 수출액 100억 달러를 달성하였다.

⑤ 1970년대 박정희 정부 때 공업화로 인해 상대적으로 낙후된 농어촌의 근대화를 목표로 새마을 운동이 추진되었다.

오답 체크

① 노무현 정부 때 한미 자유 무역 협정(FTA)이 체결되었다(2007).

② 전두환 정부 때 저금리·저유가·저달러의 3저 호황으로 물가가 안정되고 수출이 증가하여 높은 경제 성장률을 기록하였다.

③ 이승만 정부인 1950년대에는 6·25 전쟁 이후 미국의 원조에 기반을 두고 면화, 설탕, 밀가루를 중심으로 한 삼백 산업이 활성화되어 소비재 공업이 성장하였다.

④ 김영삼 정부 때 부정부패와 탈세를 뿌리 뽑기 위해 대통령 긴급 명령으로 금융 실명제를 실시하여 경제 개혁을 추진하였다(1993).

주제 53 전두환 정부

318 5 · 18 민주화 운동

정답 ④

키워드 정답 체크

④ 전두환을 비롯한 신군부 세력의 12 · 12 쿠데타에 저항하여 '서울의 봄'이라는 대규모 민주화 운동이 일어나자 신군부는 비상계엄 조치를 전국적으로 확대하였다. 비상계엄 해제와 신군부 퇴진, 김대중 석방 등을 요구하는 광주 시민들의 항거가 이어지자 신군부는 공수 부대를 동원한 무력 진압을 강행하였고, 학생과 시민들이 자발적으로 시민군을 조직하여 이에 대항하면서 5 · 18 민주화 운동이 전개되었다(1980).

오답 체크

① · ③ 박종철 고문치사 사건과 4 · 13 호헌 조치에 반발하여 대통령 직선제 개헌과 민주 헌법 제정을 요구하는 시위가 전개되었다. 시위 도중 경찰의 최루탄에 맞아 연세대 재학생 이한열이 사망하자 시위는 더욱 격화되어 6월 민주 항쟁이 전국적으로 확산되었다(1987).

② 이승만의 장기 집권과 자유당 정권의 3 · 15 부정 선거에 저항하여 4 · 19 혁명이 발발하였다(1960). 대학 교수단이 대통령의 하야를 요구하는 행진을 전개하는 등 시위가 전국적으로 확산되었으며, 학생 시위대가 서울 경무대로 진입하는 과정에서 경찰의 총격을 받아 수많은 사상자가 발생하기도 하였다.

⑤ 박정희 정부가 유신 헌법을 제정하자 김대중, 함석헌 등의 정치인과 기독교 목사, 대학 교수 등은 유신 독재 체제에 저항하여 긴급 조치 철폐 등을 요구하는 3 · 1 민주 구국 선언을 발표하였다(1976).

319 5 · 18 민주화 운동

정답 ⑤

키워드 정답 체크

전두환을 비롯한 신군부 세력의 12 · 12 쿠데타에 저항하여 '서울의 봄'이라는 대규모 민주화 운동이 일어나자 신군부는 비상계엄 조치를 전국적으로 확대하였다. 비상계엄 해제와 신군부 퇴진, 김대중 석방 등을 요구하는 광주 시민들의 항거가 이어지자 신군부는 공수 부대를 동원한 무력 진압을 강행하였고, 학생과 시민들이 자발적으로 시민군을 조직하여 이에 대항하면서 5 · 18 민주화 운동이 전개되었다(1980).

⑤ 2011년에 5 · 18 민주화 운동 관련 기록물이 유네스코 세계 기록 유산으로 등재되었다.

오답 체크

① 4 · 19 혁명의 결과로 이승만이 대통령직에서 하야하고 내각 책임제를 기본으로 하는 허정 과도 정부가 성립되었다(1960).

② 박정희 정부가 한일 회담 진행 과정에서 추진한 한일 국교 정상화의 협정 내용이 공개되자 학생과 야당을 주축으로 굴욕적 대일 외교에 반대하는 6 · 3 시위가 전개되었다(1964).

③ 전두환 정부 때 박종철 고문치사 사건과 4 · 13 호헌 조치에 반발하여 대통령 직선제 개헌과 민주 헌법 제정을 요구하는 6월 민주 항쟁이 전개되었다. 시위가 전국적으로 확산되면서 호헌 철폐와 독재 타도를 요구하는 6 · 10 국민 대회가 개최되었다(1987).

④ 이승만 정부는 장기 집권을 위해 3 · 15 부정 선거를 자행하였다. 이로 인해 마산에서 부정 선거와 이승만의 장기 집권에 저항하는 대규모 시위가 일어나자 정부는 이를 강경 진압하였고, 시위 도중 경찰의 최루탄에 맞은 채로 마산 해변가에 버려진 학생 김주열의 시신이 발견되며 4 · 19 혁명이 전국적으로 확산되었다(1960).

320 전두환 정부

정답 ①

키워드 정답 체크

민주화 운동을 진압하고 무력으로 정권을 잡은 전두환 정부는 언론을 규제하기 위해 언론 통폐합을 단행하였고(1980), 각 언론사에 기사 보도용 가이드라인인 보도 지침을 전달하여 언론을 통제하였다.

① 노태우 정부는 자본주의 국가와 공산주의 국가가 함께 참여한 서울 올림픽 대회를 성공적으로 개최하였으며(1988), 이를 기점으로 적극적인 북방 외교 정책을 추진하였다.

오답 체크

② · ④ 전두환 정부는 국민 유화 정책으로 해외여행 자유화(1981), 야간 통행 금지 해제(1982), 프로 야구 출범(1982), 중고생 두발 및 교복 자율화(1983) 등을 실시하였다.

③ 전두환 정부 때 서울대 학생 박종철이 경찰의 고문으로 사망하는 사건이 발생하자 시민들은 박종철 고문치사 사건의 진상 규명을 요구하며 시위를 전개하였다(1987). 이는 6월 민주 항쟁의 도화선이 되었다.

⑤ 전두환 정부 때 서울과 평양에서 최초로 남북한의 이산가족 상봉이 이루어졌다(1985).

321 6월 민주 항쟁

정답 ⑤

키워드 정답 체크

⑤ 전두환은 국민들의 민주화 요구를 거부하고 일체의 개헌 논의를 중단시킨 4 · 13 호헌 조치를 발표하였다. 이와 더불어 박종철 고문치사 사건이 불거지면서 '호헌 철폐, 독재 타도'라는 구호와 함께 민주적인 헌법 개정을 요구하는 6월 민주 항쟁이 전국적으로 확대되었다(1987).

오답 체크

① · ② 전두환을 비롯한 신군부 세력의 12 · 12 쿠데타에 저항하여 '서울의 봄'이라는 대규모 민주화 운동이 일어나자 신군부는 비상계엄 조치를 전국적으로 확대하였다. 비상계엄 해제와 신군부 퇴진, 김대중 석방 등을 요구하는 광주 시민들의 항거가 이어지자 신군부는 공수 부대를 동원한 무력 진압을 강행하였고, 학생과 시민들이 자발적으로 시민군을 조직하여 이에 대항하면서 5 · 18

민주화 운동이 격화되었다(1980). 2011년에는 관련 기록물이 유네스코 세계 기록 유산으로 등재되었다.

③ 이승만의 장기 집권과 자유당 정권의 3 · 15 부정 선거에 저항하여 4 · 19 혁명이 발발하였다(1960). 이때 학생 시위대가 서울 경무대로 진입하는 과정에서 경찰의 총격을 받아 수많은 사상자가 발생하였다.

④ 박정희 정부 시기 김대중, 함석헌 등의 정치인과 기독교 목사, 대학 교수 등이 유신 독재 체제에 저항하여 긴급 조치 철폐 등을 요구하는 3 · 1 민주 구국 선언을 발표하였다(1976).

322 4 · 19 혁명, 6월 민주 항쟁 정답 ③

키워드 정답 체크

(가) **4 · 19 혁명**(1960): 이승만의 장기 집권과 자유당 정권의 3 · 15 부정 선거에 저항하여 4 · 19 혁명이 발발하였다. 대학 교수단이 대통령의 하야를 요구하는 행진을 전개하는 등 시위가 전국적으로 확산되었으며, 학생 시위대가 서울 경무대로 진입하는 과정에서 경찰의 총격을 받아 수많은 사상자가 발생하기도 하였다. 그 결과 이승만이 하야 성명을 발표함으로써 자유당 정권이 붕괴되었으며, 임시적으로 허정 과도 정부가 수립되었다.

(나) **6월 민주 항쟁**(1987): 전두환 정부 때 박종철 고문치사 사건과 4 · 13 호헌 조치에 반발하여 대통령 직선제 개헌과 민주 헌법 제정을 요구하는 6월 민주 항쟁이 전개되었다. 시위가 전국적으로 확산되면서 호헌 철폐와 독재 타도를 요구하는 6 · 10 국민 대회가 개최되었다.

③ 6월 민주 항쟁의 결과 정부는 6 · 29 민주화 선언을 발표하여 5년 단임의 대통령 직선제를 골자로 하는 개헌을 단행하였다(1987).

오답 체크

① 박정희 정부가 한일 회담 진행 과정에서 추진한 한일 국교 정상화의 협정 내용이 공개되자 학생과 야당을 주축으로 굴욕적인 대일 외교에 반대하는 6 · 3 시위가 전개되었다(1964).

② · ④ 전두환을 비롯한 신군부 세력의 12 · 12 쿠데타에 저항하여 '서울의 봄'이라는 대규모 민주화 운동이 일어나자 신군부는 비상계엄 조치를 전국적으로 확대하였다. 비상계엄 해제와 신군부 퇴진, 김대중 석방 등을 요구하는 광주 시민들의 항거가 이어지자 신군부는 공수 부대를 동원한 무력 진압을 강행하였고, 학생과 시민들이 자발적으로 시민군을 조직하여 이에 대항하면서 5 · 18 민주화 운동이 전개되었다(1980).

⑤ 이승만의 장기 집권과 자유당 정권의 3 · 15 부정 선거에 저항하여 4 · 19 혁명이 발발하였다(1960). 그 결과 이승만 대통령이 하야하고 내각 책임제를 기본으로 하는 허정 과도 정부가 성립되었다.

주제 54 노태우 정부~현재

323 김영삼 정부의 경제 정책 정답 ②

키워드 정답 체크

② 김영삼 정부 때 부정부패와 탈세를 뿌리 뽑기 위해 대통령 긴급 명령으로 금융 실명제를 실시하여 경제 개혁을 추진하였다 (1993). 또한, 국제 경제의 세계화와 개방 경제 체제 확산에 따른 대응을 위해 경제 협력 개발 기구(OECD)에 가입하였다(1996). 임기 말에는 외환 위기로 인해 국제 통화 기금(IMF)으로부터 구제 금융 지원을 받게 되었으며, 김대중 정부 때 이를 극복하기 위해 국민들이 자발적으로 금 모으기 운동을 전개하였다(1998).

오답 체크

① 박정희 정부 때 수출이 증대되어 처음으로 수출액 100억 달러를 달성하였다(1977).

③ 김대중 정부 시기인 2000년 남북 정상 회담을 통해 개성 공단 건설 운영에 관한 합의서를 체결하였으나, 노무현 정부에 이르러서 비로소 개성 공단 착공식이 추진되었다(2003).

④ 노무현 정부는 미국과 자유 무역 협정(FTA)을 체결하였다(2007).

⑤ 김대중 정부는 극심한 양극화의 해소를 위해 생활 유지 능력이 없거나 생활이 어려운 국민의 최저 생활을 국가가 보장하는 국민 기초 생활 보장법을 제정하였다(1999).

324 김영삼 정부 정답 ①

키워드 정답 체크

김영삼 정부는 역사 바로 세우기와 민족정기 회복을 위해 국립 중앙 박물관으로 쓰고 있던 조선 총독부 청사 해체를 추진하였다. 아픈 역사를 되풀이하지 않기 위한 반면교사로 삼아 보존하자는 의견이 대두되며 논쟁이 일기도 하였으나 김영삼 정부는 일제의 잔재를 청산하기 위해 철거를 강력하게 추진하였다. 이후 광복 50주년을 맞는 1995년 8월 15일에 해체가 진행되었고, 이듬해 11월 철거가 완료된 뒤 해체된 건물의 부재들은 천안 독립기념관으로 이전되어 전시되었다.

① 김영삼 정부 시기 한국 경제의 세계화를 위해 경제 협력 개발 기구(OECD)에 가입하였다(1996).

오답 체크

② 노무현 정부 시기에 한국 – 칠레 간 자유 무역 협정(FTA)을 체결하였다(2004).

③ 노무현 정부 시기 호주제 폐지를 결정하여 양성평등을 실현하고자 하였다(2005).

④ 6월 민주 항쟁의 결과 정부는 국민들의 민주화 요구를 수용하여 6 · 29 민주화 선언을 통해 5년 단임의 대통령 직선제 개헌을 단행하였다(1987).

⑤ 박정희 정부의 한일 회담 진행 과정에서 한일 국교 정상화 추진에 대한 협정 내용이 공개되자 학생과 야당을 주축으로 굴욕적 대일 외교에 반대하는 6 · 3 시위가 전개되었다(1964).

325 김대중 정부 시기 경제 상황 정답 ⑤

키워드 정답 체크

⑤ 김영삼 정부 말인 1997년 외환 위기로 인해 국제 통화 기금(IMF)으로부터 구제 금융 지원을 받게 되었다. 김대중 정부 시기에는 이를 효과적으로 극복하기 위해 다각적으로 노력한 끝에 국제 통화 기금(IMF) 지원금을 조기 상환하였다. 국민들은 자발적으로 금 모으기 운동을 전개하였으며, 정부에서는 대통령 직속 자문 기구인 노사정 위원회를 설치하였다(1998).

오답 체크

① 김영삼 정부 시기에 862개의 노동조합이 모여 전국 민주 노동조합 총연맹을 창립하였다(1995).

② 전두환 정부 때 저유가, 저금리, 저달러의 3저 호황으로 물가가 안정되고 수출이 증가하여 높은 경제 성장률을 기록하였다.

③ 박정희 정부 시기 제2차 석유 파동으로 원유 가격이 폭등하여 경제 위기를 맞았다(1978~1980).

④ 김영삼 정부 때 탈세와 부정부패를 없애기 위해 대통령 긴급 명령으로 금융 실명제를 실시하였다(1993).

주제 55 통일을 위한 노력

326 정부별 통일 노력 정답 ③

키워드 정답 체크

(가) **6 · 15 남북 공동 선언**(2000): 김대중 정부는 북한과의 화해 협력 기조를 유지하며 적극적으로 북한과의 교류를 확대하였고, 평양에서 최초로 남북 정상 회담이 이루어져 6 · 15 남북 공동 선언을 발표하였다.

(나) **10 · 4 남북 정상 선언**(2007): 노무현 정부는 제2차 남북 정상 회담을 진행하여 10 · 4 남북 공동 선언을 발표하였다(2007).

③ 김대중 정부 시기인 2000년, 남북 정상 회담을 통해 개성 공단 건설 운영에 관한 합의서를 체결하였고, 노무현 정부에 이르러서 비로소 개성 공단 착공식이 추진되었다(2003).

오답 체크

① · ② 박정희 정부 시기 서울과 평양에서 7 · 4 남북 공동 성명을 발표하고, 남북 조절 위원회를 설치하였다(1972).

④ 노태우 정부 때 핵전쟁 위협을 제거하고 평화 통일에 유리한 조건을 조성하기 위한 한반도 비핵화 공동 선언을 채택하였다(1991).

⑤ 전두환 정부 시기에 분단 이후 최초로 이산가족 고향 방문단 및 예술 공연단 등 총 151명이 서울과 평양을 동시에 방문하였다(1985).

327 현대 정부의 통일 정책 정답 ③

키워드 정답 체크

(나) **남북 이산가족 최초 상봉**(1985): 전두환 정부 때 서울과 평양에서 최초로 남북 이산가족 상봉이 이루어졌다.

(가) **7 · 7 선언**(1988): 노태우 정부 때 6개 조항으로 구성된 민족 자존과 통일 번영을 위한 대통령 특별 선언을 발표하였다. 이는 남북한 동포 간의 상호 교류, 문호 개방, 사회주의 국가와의 수교 등의 내용을 담고 있다.

(다) **개성 공단 조성 합의**(2000): 김대중 정부는 북한과의 화해 협력 기조를 유지하며 교류를 확대하였고, 평양에서 최초로 남북 정상 회담을 개최하여 6 · 15 남북 공동 선언을 발표하였다. 이를 통해 금강산 관광 사업 활성화와 개성 공단 조성에 합의하였다.

328 노태우 정부의 통일 노력 정답 ④

키워드 정답 체크

④ 노태우 정부 때 남북한 화해 및 불가침, 교류 · 협력 등에 관한 공동 합의서인 남북 기본 합의서를 채택하였으며, 적극적인 북방 외교 정책을 추진하여 남북한의 유엔 동시 가입이 이루어졌다(1991). 또한, 소련 · 중국 등의 사회주의 국가들과 외교 관계를 수립하고, 핵전쟁 위협을 제거하고 평화 통일에 유리한 조건을 조성하기 위한 한반도 비핵화 공동 선언을 채택하였다(1991).

오답 체크

① 박정희 정부 시기 서울과 평양에서 7 · 4 남북 공동 성명을 발표하고, 남북 조절 위원회를 구성하였다(1972).

② 김대중 정부 시기 평양에서 최초의 남북 정상 회담이 이루어져 개성 공단 건설 운영에 관한 합의서를 체결하였고(2000), 노무현 정부에 이르러서 비로소 개성 공단 착공식이 진행되었다(2003).

③ 노무현 정부는 제2차 남북 정상 회담을 진행하여 10 · 4 남북 공동 선언을 발표하였다(2007).

⑤ 전두환 정부 시기에 분단 이후 최초로 이산가족 고향 방문단 및 예술 공연단이 서울과 평양을 동시에 방문하였다(1985).

329 노태우 정부의 통일 노력

정답 ④

키워드 정답 체크

노태우 정부 때 남북한의 유엔 동시 가입이 이루어졌으며, 남북한 화해 및 불가침, 교류 · 협력 등에 관한 공동 합의서인 남북 기본 합의서를 채택하였다(1991).

④ 노태우 정부 때 적극적인 북방 외교 정책을 통해 소련(1990) · 중국(1992) 등의 사회주의 국가들과 외교 관계를 수립하였다.

오답 체크

① 노무현 정부는 제2차 남북 정상 회담을 진행하여 10 · 4 남북 공동 선언을 발표하였다(2007).

② 김영삼 정부는 한국 경제의 세계화를 위해 경제 협력 개발 기구(OECD)에 가입하였다(1996).

③ 박정희 정부 때 서울과 평양에서 7 · 4 남북 공동 성명을 발표하고, 남북 조절 위원회를 설치하였다(1972).

⑤ 김대중 정부 시기 평양에서 최초의 남북 정상 회담이 이루어져 개성 공단 건설 운영에 관한 합의서를 체결하였으나(2000), 노무현 정부에 이르러서 비로소 개성 공단 착공식이 진행되었다(2003).

330 전두환 정부의 통일 노력

정답 ⑤

키워드 정답 체크

(가) **7 · 4 남북 공동 성명**(1972): 박정희 정부 때 서울과 평양에서 7 · 4 남북 공동 성명을 발표하고(1972), 이를 실천하기 위해 남북 조절 위원회를 설치하였다.

(나) **남북 기본 합의서**(1991): 노태우 정부 때 남북한의 화해와 불가침 및 교류 · 협력 등에 관한 공동 합의서인 남북 기본 합의서를 채택하였다(1991).

⑤ 전두환 정부 때 분단 이후 최초로 이산가족 고향 방문단 및 예술 공연단 등 총 151명이 서울과 평양을 동시에 방문하였다(1985).

오답 체크

① · ② · ④ 김대중 정부 때 평양에서 최초로 남북 정상 회담이 이루어져 6 · 15 남북 공동 선언이 발표되었고, 이에 대한 영향으로 개성 공업 지구 건설 운영에 관한 합의서가 체결되었다(2000). 이후 노무현 정부 때 금강산 육로 관광이 정식으로 시작되었으며, 남북의 경제 협력을 위한 개성 공업 지구 착공식이 진행되었다(2003).

③ 남한과 북한은 단일팀으로서 여자 아이스하키팀을 구성하여 평창 동계 올림픽에 참가하였다(2018).

331 김대중 정부의 통일 노력

정답 ①

키워드 정답 체크

① 김대중 정부는 북한과의 화해 협력 기조를 유지하며 적극적으로 북한과의 교류를 확대하였고, 평양에서 최초로 남북 정상 회담이 이루어져 6 · 15 남북 공동 선언을 발표하였다. 이를 통해 남북은 금강산 관광 사업 활성화와 개성 공단 조성에 합의하였다.

오답 체크

② 박정희 정부는 남북 유엔 동시 가입 제안, 공산권 국가와의 외교 관계 확대 등의 내용이 담긴 6 · 23 특별 성명을 발표하였다(1973).

③ 노태우 정부 때 남북한 화해 및 불가침, 교류 · 협력 등에 관한 공동 합의서인 남북 기본 합의서를 채택하였다(1991).

④ 노무현 정부 때 제2차 남북 정상 회담을 개최하고 남북 관계 발전과 평화 번영을 위한 10 · 4 남북 공동 선언을 발표하였다(2007).

⑤ 박정희 정부 때 서울과 평양에서 7 · 4 남북 공동 성명을 발표하고, 이를 실천하기 위해 남북 조절 위원회를 설치하였다(1972).

좋은 책을 만드는 길, 독자님과 함께 하겠습니다.

2025 시대에듀 PASSCODE 한국사능력검정시험
시대별 · 주제별 기출문제집 심화(1 · 2 · 3급)

개정1판1쇄 발행	2025년 02월 05일 (인쇄 2024년 12월 18일)
초 판 발 행	2024년 03월 05일 (인쇄 2024년 01월 22일)
발 행 인	박영일
책 임 편 집	이해욱
편 저	한국사수험연구소
편 집 진 행	이미림 · 박누리별 · 백나현
표지디자인	박수영
편집디자인	신지연 · 임창규
발 행 처	(주)시대고시기획
출 판 등 록	제10-1521호
주 소	서울시 마포구 큰우물로 75 [도화동 538 성지 B/D] 9F
전 화	1600-3600
팩 스	02-701-8823
홈 페 이 지	www.sdedu.co.kr
I S B N	979-11-383-8547-3 (13900)
정 가	20,000원

시대에듀 한국사능력검정시험 심화(1·2·3급) 대비서 시리즈

나에게 딱 맞는 한능검 교재를 선택하고 합격하자!

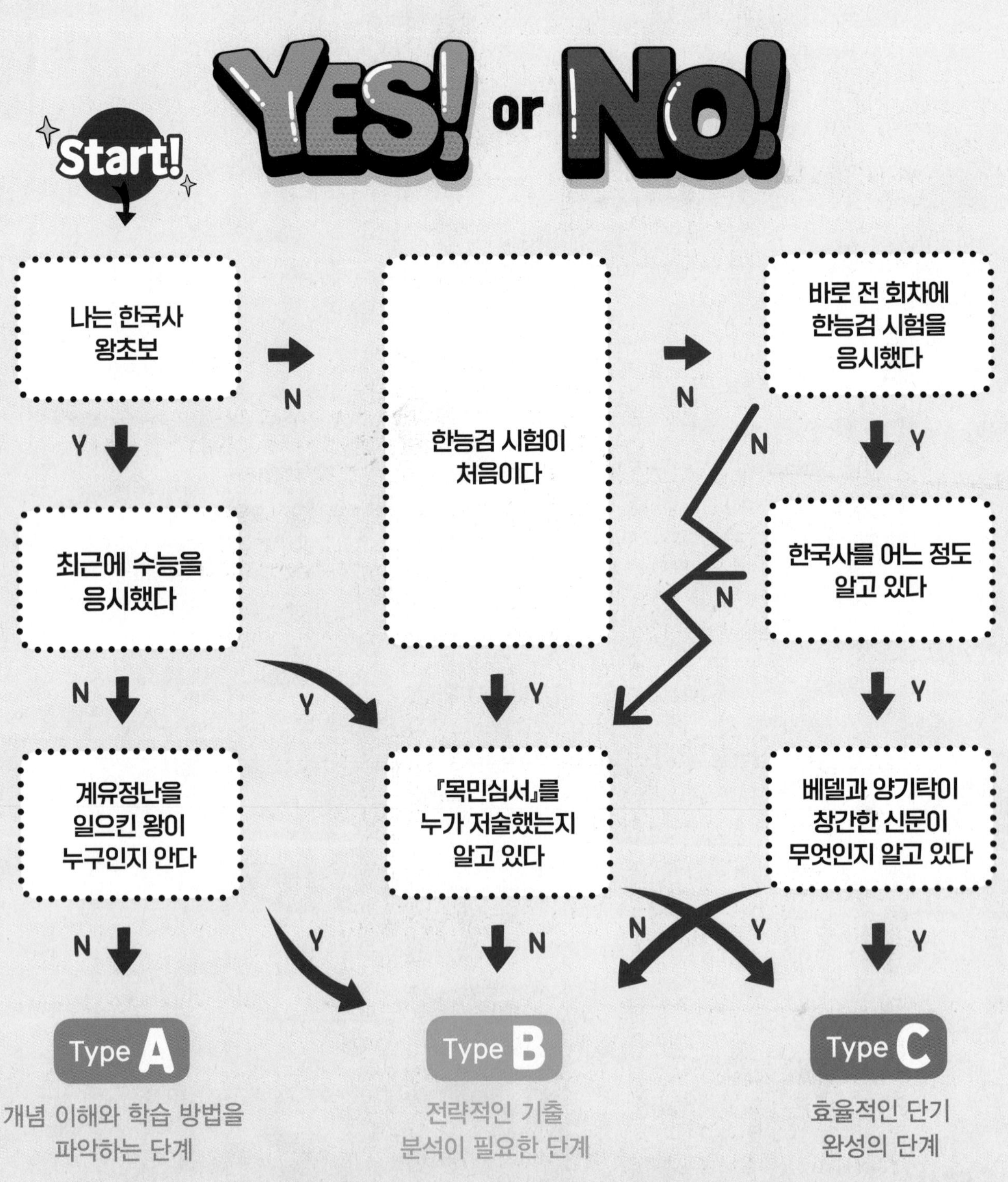
YES! or NO!
Start!
나는 한국사 왕초보
N
Y
한능검 시험이 처음이다
N
바로 전 회차에 한능검 시험을 응시했다
Y
N
최근에 수능을 응시했다
한국사를 어느 정도 알고 있다
N
Y
N
Y
Y
Y
계유정난을 일으킨 왕이 누구인지 안다
『목민심서』를 누가 저술했는지 알고 있다
베델과 양기탁이 창간한 신문이 무엇인지 알고 있다
N
Y
N
N
Y
Y
Type A
Type B
Type C

개념 이해와 학습 방법을 파악하는 단계

전략적인 기출 분석이 필요한 단계

효율적인 단기 완성의 단계

옆 페이지로 커리큘럼 계획하러 가기